동아시아 국제사회와 동아시아 상상

서울대학교 아시아연구소총서 기초연구시리즈 9

동아시아 국제사회와 동아시아 상상

한국국제정치사상 연구

초판 1쇄 발행 2017년 12월 15일
초판 2쇄 발행 2018년 9월 28일

지은이 장인성
펴낸이 성낙인
펴낸곳 서울대학교출판문화원

출판등록 제15-3호

주소 08826 서울 관악구 관악로 1
대표전화 02-880-5252 | 팩스 02-888-4148
홍보마케팅팀(주문상담) 02-889-4424, 02-880-7995
이메일 snubook@snu.ac.kr
홈페이지 www.snupress.com

ISBN 978-89-521-1982-7 94340
978-89-521-1475-4 (세트)

이 연구는 서울대학교 아시아연구소 아시아기초연구사업 연구비에 의하여 수행되었음.

서울대학교 아시아연구소총서
기초연구시리즈 9

동아시아 국제사회와
동아시아 상상

한국국제정치사상 연구

장인성 지음

서울대학교출판문화원

Imagining International Society in East Asia:

International Political Thought of Korean Intellectuals

Jang In-Sung

Seoul National University Press

머리말

본 연구는 동아시아 국제사회의 형성과 이를 둘러싼 상상의 방식을 국제사상론의 관점에서 고찰한 것이다. 동아시아 담론과 동아시아 상상의 역사적 존재양태와 성격을 동아시아 국제사회론의 관점에서 해명한 것이다. 한국인의 동아시아 국제사회의 구성에 관한 역사적 존재 양태의 현실과 이상에 관한 존재론, 인식론을 해명한 것이다. 저자는 동아시아 국가들의 사회적 관계에 관한 상상력을 탐색함으로써 일부나마 근현대 한국인의 국제정치사상의 내용과 특질을 밝히고자 했다. 동아시아 국제사회는 실재인 동시에 상상된 것일 수밖에 없다. 동아시아 국제사회와 동아시아 상상이라는 주제를 병치시킨 까닭이다.

이 연구는 동아시아론에 나타난 지역 국제사회와 지역상상이 국제관계 구도의 역사적 맥락에서 발현되는 양상에 주목한다. 19세기 말 개항과 국제화, 20세기 말 21세기 초 탈냉전과 지구화의 두 맥락에서 각각 '동양'과 '동아시아'에 관한 지역 상상을 통해 한국인의 국제정치사상이 드러난다는 점에 주목한다. 또한 동아시아 담론과 상상이 동아시아를 규율하는 국제체제와 세력구도에 의존한다는 사실을 전제로 한다. 동아시아 국가들은 오랫동안 중화제국, 일본제국, 냉전제국 등 제국이 주도하는 (지역)세계를 경험하였다. 주권국가체제는 제국의 사이, 혹은 제국 이후 아주 짧은 시기에 출현한 예외적인 국제체제였다는 사실을 새롭게 인식하면서 동아시아 국제사회와 동아시아 상상이 제국 사이에서, 혹은 제국 이후에 주권국가체제가 불완전하게 작동하는 맥락에서 영위되는 양상을 밝히고 있다.

이 연구는 동아시아론이지만 지역국가들의 사회적 관계에 관한 존재론, 인식론을 다룬다는 점에서 지역협력과 지역공동체 형성을 다루는 일상적인 동아시아론과는 다르다. 이 책은 국제정치학 연구이지만 동아시아 국제체제의 현실과 역사를 성찰한다는 점에서 주류 국제정치이론에 의거해 과학적 분석을 시도하는 일반적인 국제정치학 연구는 아니다. 이 연구서는 정치사상 저술이지만 역사적 콘텍스트에서 발화된 정치언어들의 의미와 개념에 주목한다는 점에서 관념사, 이념사에 의존하는 정치사상사 저술과는 구별된다. 이러한 점에서 이 연구는 영역을 특정하기 어려운 애매성을 갖는다. 이러한 애매성은 이 연구가 독자성과 차별성을 갖지만 동시에 한계를 내장한다. 이러한 애매성은 동아시아에 즉응하여 그 실재와 상상을 해명하고자 할 때 불가피한 일이다. 국제정치사상이라는 것이 원래 복합적인 내용을 담지 않을 수 없기 때문이다.

한국국제정치사상 연구는 한국의 국제정치적 변수를 탐색하고 그 조건 위에 세계와 국제관계를 상상하는 한국인들의 심성을 탐구하는 영역이다. 한국인의 국제정치적 상상력을 해명하는 작업이다. 한국인의 국제정치적 삶과 역사적 경험에 축적된 정치언어의 흔적과 편린을 모아 언어의 의미를 캐내고 장소적 현실을 재구성하는 작업이다. 근현대 한국인들은 언어와 실제가 분리되는 심각한 질서변동을 겪어 왔는데, 이러한 때와 장소에서는 언어의 의미 변용을 정확히 읽어 내는 노력이 필요하다. 국제정치학적 상상력을 동원하여 텍스트와 콘텍스트를 왕래하면서 정치언어와 격투하면서 그 의미를 찾아내야만 한다.

이 책은 충분치 않지만 그러한 노력의 산물이다. 초장소적인 보편이론이나 이념은 한국과 동아시아의 역사와 현실을 이해하는 중요한 준거를 제공하지만 그것이 모든 것을 설명해 주지는 못한다. 어쩌면 얻는 것보다 더 많은 것을 버릴 수도 있다. 중요한 것을 놓칠 수도 있다. 이 연구는 보편적 (국제)정치이론이나 정치철학을 가지고 개별 현상을 다 해석할 수 있다고 믿는 이들에 대한 하나의 대답이다. 구체적인 상황에 구속되는 정치적 의미를 간과하는 관념사, 이념사에 대한 하나의 답변이다. 역사에서 편의적으로 자신이 의도한 것을 추출하여 단순화시켜 버리는 (국제)정치학자들의 습성에 대한 하나의 응답이다.

이 연구서는 지난 15년 동안 수행해 온 필자의 동아시아 관련 논문을 토대로 저술되었다. 제2부, 제3부의 각 장은 기왕에 발표한 개별 논문을 토대로 상당 부분 재서술하고 많은 수정 보완을 거쳤다. 하지만 서로 관련된 주제여서 내용이 겹치는 곳이 없지 않다. 각 장의 구성과 내용도 꼭 정합적은 아니다. 하지만 각 소주제들은 나름대로 상관성을 갖고 있다. 서장과 제1부, 그리고 종장은 새로 집필한 것이다. 개별 연구를 관통하는 동아시아 국제사회와 동아시아 상상을 보는, 혹은 한국 국제정치사상에 관한 필자의 관점과 방법론을 서술한 것이다. 이 저서는 한국인의 국제사회관과 동아시아 상상을 다루었지만, 일본인의 국제사회관과 동아시아 상상을 다룬 글 세 편도 관련된 주제라서 함께 실었다.

텍스트와 언어의 의미를 캐는 장시간의 작업은 많은 이들의 도움과 양해로 가능하였다. 그들에게 미안함과 감사함을 전한다. 오랜 시간의 연구를 마무리할 기회를 준 서울대학교 아시아연구소에도 심심한 사의를 표한다.

정유년 늦은 가을날 정릉골 포월재(抱月齋)에서
장인성

차례

서장

동아시아 상상과 '국제사회'

방법으로서의 국제사회와 상상력

1. 동아시아, 담론과 상상

동아시아는 동아시아 지역의 현실뿐 아니라 동아시아 담론을 통해 상상된다. 동아시아론은 바람직한 동아시아의 구성을 위한 정책론인 경우도 있고, 동아시아의 불평등한 현실을 비판하는 담론인 경우도 있다. 국민국가를 극복하려는 국가론인 경우도 있다.[1] 동아시아 표상은 1980년대 이래 동아시아 국가들이 비약적인 경제발전을 이룩하면서 출현하였지만, 동시에 동아시아 지역의 재구성을 모색하는 지식인, 학자, 전문가들의 활발한 담론 활동과 상상력이 만들어 낸 것이기도 하다.

그런데 동아시아 표상은 탈냉전, 지구화 상황의 21세기 전환기에

1 동아시아 담론에 관한 전반적인 리뷰로는 박광주, 「아시아공동체, 현실인가 신화인가」, 세종연구소 편, 『아시아와 세계화: 동아시아국가의 대응』(성남: 세종연구소, 1998); 박승우, 「동아시아 담론의 현황과 문제」, 동아시아공동체연구회, 『동아시아공동체와 한국의 미래』(서울: 이매진, 2008); 윤여일, 『탈냉전기 동아시아 담론의 형성과 이행에 관한 지식사회학적 연구』(서울대학교 대학원 사회학과 박사논문, 2015)를 들 수 있다.

처음 출현한 것이 아니다. 서세동점과 개항, 국제화가 전개된 19세기 후반 20세기 전환기에도 안보문제가 발생하면서 '동양', '동아'의 표상과 상상이 출현하였다. '동아시아'는 오래된 '동양'에 탈냉전, 지구화의 맥락적 함의를 담은 개념과 표상으로서 담론세계에 재등장한 것이다.

동아시아의 경제협력을 논의하고 공동체를 구상하는 동아시아 담론의 부상은 싱가포르의 리콴유 수상과 관변학자들이 '아시아적 가치'를 표방하면서 동아시아 문명과 경제발전을 설명하고, 말레이시아의 마하티르 수상이 이를 받아 동아시아공동체(동아시아경제그룹EAEG) 구상을 제안한 데서 비롯된다. 동아시아론은 한국, 대만, 홍콩, 싱가포르 등 이른바 네 마리의 용을 필두로 동아시아 지역이 괄목할 만한 경제발전을 이룩하면서 부상하였다. 동아시아 공동체론은 한국에서도 담론권력을 확보하였고, 대만에서도 지지자를 얻었으며, 일본에서도 한때 의미 있는 학술 담론이 되었다. 중국에서도 약하나마 동아시아에 관한 논의가 없지 않았다.[2] 동아시아론은 경제협력의 정책적 필요성에서 시작하여 인문학적 탐구와 사회과학적 분석으로 확산되었다. 국제관계론에서도 지구화에 대응하여 동아시아 지역경제를 효율적으로 재구성하고 탈냉전에 따른 지역의 안보불안을 해소하기 위한 지역화론이나 지역주의론이 출현하였다.[3]

2 총서 『동아시아의 비판적 지성』 전6권(창비, 2003)에는 중국인 학자 쑨커, 추이 즈위안의 저서가 들어 있다. 중국의 동아시아 인식을 엿볼 수 있지만 중국의 일반적 동아시아관을 보여 주는 것은 아니다. 이태환, 「동아시아공동체와 중국」, 하영선 편, 『동아시아공동체: 신화와 현실』(서울: 동아시아연구원, 2008); 이한우, 「동아시아공동체에 대한 일본과 중국의 시각과 이해」, 박사명 외, 『협력에서 공동체로』(서울: 이매진, 2009).

3 탈냉전기 지역주의에 관한 사회과학적 논의로는 Louise Fawcett and Andrew Hurrell, eds., *Regionalism in World Politics: Regional Organization and International Order* (Oxford: Oxford University Press, 1995)가 대표적이다. 동아시아 지역주의를 다룬 저

동아시아 담론과 표상의 출현은 이 지역의 국가들이 어느 때보다 국제적 위상이 높아지고 동아시아 지역이 세계정치와 세계경제에서 비중이 커졌음을 시사한다.[4] 동아시아 담론과 표상의 재부상을 촉발한 계기는 동아시아 발전과 탈냉전, 지구화 맥락의 도래다. 탈냉전으로 역외대국(냉전제국)의 외재적 규정력이 약해지면서 경제, 문화 등 비안보 영역은 기왕의 안보 영역 못지않게 중요해졌다. 냉전체제를 지탱했던 복수의 양자 간 안보동맹이 아직도 분절적으로 병존하지만 경제, 문화 영역에서는 다자교류가 활성화되었다. 경제적 지구화가 동아시아를 엄습하면서 경제(자본금융)와 과학(정보기술)의 영토 침투성도 커지고 비국가 주체들의 초국적 행위도 늘었다. 탈냉전, 지구화 맥락에서 동아시아 지역은 담론과 상상을 통해 되살아나고 있다. 냉전기에 동아시아 지역의 실재와 상상은 이념과 안보 요인에 의존하였다. '동북아' 개념은 안보와 이념이 지역의 현실을 규율하는 냉전적 사고에서 호명된 지역의 이미지가 강했다. 안보 영역에서는 여전히 이 말이 쓰인다. 하지만 경제, 사회, 문화 영역에서 동아시아 상상이 배양되면서 '동아시아' 개념이 널리 유통하게 되었다.[5]

작으로는 T. J. Pempel, ed., *Remapping East Asia: The Construction of a Region* (Ithaca: Cornell University Press, 2005). Peter J. Katzenstein and Takashi Shiraishi, eds., *Beyond Japan: The Dynamics of East Asian Regionalism* (Ithaca: Cornell University Press, 2006); Christopher M. Dent, *East Asian Regionalism* (London & New York: Routledge, 2008)을 들 수 있다.

4 동아시아 표상은 협력 연대를 지향하는 동아시아론의 긍정적 측면뿐 아니라 국가이익을 우선하는 동아시아 국제관계의 부정적 측면에서도 고양된다. 동아시아 표상은 동아시아 지역의 이상주의적 구성뿐 아니라 동아시아를 위협하는 현실주의적 권력 작용이 서로 상관하면서 표상력이 커지는 것이다.

5 이는 '동아시아'가 단순한 지리 개념이 아니라 경제, 문화, 안보를 포괄하는 총체적 개념으로 쓰이게 되었다는 말이다. '동북아'라는 용어도 여전히 통용되고 있다. '동북아'는 '동아시아'보다 한정된 지리적 범주를 가리키는 지리적 용어이지만, 한국인

새로운 동아시아 상상은 탈냉전, 지구화로 세계와 동아시아의 양태가 바뀌고 동아시아 국제관계가 양적, 질적으로 변모한 데서 비롯된다. 시간적 계기로서의 탈냉전과 공간적 계기로서의 지구화는 국가와 지역의 양태를 규율하는 국제체제의 변동을 초래하였다. 탈냉전은 동아시아 상상을 바꾸는 시간적 계기를 제공하였다. 냉전 종식과 더불어 냉전제국 중심의 국제체제는 주권국가들이 경쟁하는 국제체제로 이행하였다. 동아시아를 규정한 국제체제의 성질이 바뀌면서 동아시아의 지역과 국가를 재성찰하게 되었다. 글로벌 냉전제국의 규율과 동북아 지역국가들의 자율 사이의 균형 위에 성립하는 동아시아 지역공간은 글로벌 냉전이 해체되고 동아시아 냉전이 약해지면서 재발견되었다. 한편 경제적 자유주의 이념과 지구자본주의 경제현상은 냉전제국의 규율 방식에서 벗어나 국제체제의 성질을 바꾸는 계기였고 안보, 이념 쟁점을 경제, 문화 쟁점으로 바꾸는 동력이었다. 지구자본주의와 신자유주의에 추동된 경제적 지구화는 경제와 문화를 매개로 동아시아 상상의 지리적 범주를 확대하는 공간적 계기를 제공하였다.

거듭 말하지만 동아시아 담론과 상상의 출현은 21세기 탈냉전, 지구화 맥락에 한정된 현상이 아니다. 19세기 후반에도 서세동점의 시공간적 계기성이 작용하면서 동양연대의 담론과 '동양' 표상이 출현하였다. 개항기 동아시아 지역과 이를 지칭하는 '동양' 개념은 글로벌 세력

에게는 총체적 의미를 갖는다. 오늘날 한국의 지식사회에서는 '동북아'보다는 '동아시아'의 용례가 일상적이다. 냉전기 안보관념과 결부된 '동북아' 관념이 여전히 존속한 가운데 탈냉전, 지구화 맥락에서 동남아까지를 포괄하는 동아시아를 생각하는 동아시아 상상이 성장하고 있음을 시사한다. 경제와 문화를 매개로 동아시아 상상이 안보 영역에 머무르지 않고 확대되었음을 보여 준다. 하지만 한국인은 '동아시아'를 '동북아'와 동일시하는 습성이 있다. 한국인의 동아시아 상상에 보이는 특징이기도 하다. 이에 관해서는 본론에서 논의할 것이다.

이 근대적 조약의 체결을 강요하면서 동아시아 지역에 주권국가체제가 부과되고 글로벌 세력구도가 동아시아에 작동하는 가운데 출현하였다. 중화제국이 주도하는 비경쟁적 중화체제에서 국가들이 경쟁하는 주권국가체제로 이행하고 동양삼국이 서세동점에 대응하는 과정에서 '동양' 개념이 성립하고 '동양'의 존재방식을 성찰하는 동양(연대)론이 나타났다. 글로벌 세력에 대응하기 위해 문명개화를 통한 근대국가 형성이 모색되었고, 동아시아 국가들이 상호작용하는 지역 국제관계가 성립하였다. 글로벌 세력에 대응하고 지역국가들의 연대협력을 모색하는 의지에서 동양 상상이 출현하였다.

본 연구에서는 다르면서도 비슷한 시공간적 계기성에 의해 19세기 말 20세기 전환기에 동양 개념/관념과 동양연대론이 출현하였고 20세기 말 21세기 전환기에 동아시아 개념/관념과 동아시아론이 부상했다는 사실에 주목한다. 국제화internationalization와 지구화globalization는 동아시아 공간을 변형시킨 계기로서 각각 제국 이후와 냉전 이후의 시간적 변용을 촉발하면서 동아시아 지역에 관한 상상을 새롭게 구성하였다. '동양'의 출현과 '동아시아'의 부상은 이 지역의 실재와 상상이 새롭게 전개되었음을 뜻한다.

19세기 후반 '동양'의 출현과 20세기 후반 '동아시아'의 부상은 서로 연관된다. '동아시아'가 '동양'의 재판再版이라는 말이 아니다. 제국(중화제국, 냉전제국) 이후의 맥락에서 주권국가체제의 수용 혹은 부활을 매개로 지역이 출현했다는 점이 서로 통한다는 말이다. '동양', '동아시아' 개념은 동아시아에 제국(중화제국, 냉전제국)이 약화되면서 주권국가체제가 출현하고 글로벌 표준이 부과되는 개방(국제화, 지구화)의 맥락에서 부상하였다. 19세기 말의 개항과 국제화, 21세기 말의 탈냉전과 지구화는 동아시아의 담론과 표상이 출현하는 조건이었다. 19세기 말의 동양 상상은 서구 열강에 의해 주권국가체제가 강제되면서 중국 주도의 중화체제를 벗어나 주권국가들이 출현하고 서양문명을 받아들이는 국제화가 전개되는 과정에서 나타났다. 20세기 말의 동아시아 상상은 냉전제국에 의해 규정된 글로벌 냉전이 무너지고 지역이 경제적 지구화에 대응하는 과정에서 모습을 드러냈다.

본 연구는 제국(중화제국)과 제국(일본제국)의 사이, 혹은 제국(냉전제국) 이후에 동북아를 중심으로 한 동아시아 지역에 관한 담론과 상상을 국제관계론과 국제사상론, 그리고 역사적 관점에서 조명한다. 달리 말하면 동아시아 국제관계를 규정하는 요소들과 결부된 동아시아 담론과 동아시아 상상의 역사적 존재양태를 성찰하고자 한다. 동아시아 담론과 표상은 동아시아 국제체제와 동아시아 국제관계의 구도, 성격과 밀접히 연관된다. 지역의 탄생은 국제체제의 변형과 상관적이다. 정치적 공간으로서의 지역region은 제국 이후의 주권국가체제가 작동하는 맥락에서 출현한다. 제국체제에서는 중심과 주변 관계가 성립한다. 제국의 주변에 포섭된, 혹은 배치된 지역은 지문화적 독자성은 갖지만 정치적 공간으로서는 지방local area에 지나지 않는다. '동양', '동아시아'라는 지역 개념은 주권 개념을 가진 지역국가들이 국제관계의 주체로 등장하면서 제국의 중심 기능이 상실되거나 약해져 지방을 얽어맨 제국의 끈이 끊어지거나 느슨해지는 상황에서 출현하였다.

동아시아 담론과 동아시아 상상은 담론과 상상을 규율하는 국제체제의 동아시아적 전개양상에 의존한다. 중화체제(중화제국)와 국민제국체제(일본제국)의 사이, 냉전체제(냉전제국) 이후에 모습을 드러낸 주권국가체제와 그것을 전제로 출현한 지역에는 제국의 그림자가 드리워지기 마련이다. 제국 사이에 놓인, 혹은 제국 이후 동아시아에서 영위된 주권국가체제의 실재와 관념은 국제체제의 큰 틀에서 파악할 필요가 있다. 그렇다면 동아시아에서 제국이 무엇인지 따져야 하며, 제국 이후 국가와 지역의 실재와 상상을 동아시아 국제관계의 양태와 결부시켜 봐야 할 것이다. 역사에 투영된 동아시아 담론과 상상을 포착하는 데는 동아시아 지역을 구성하는 국제관계의 실재를 파악하는 사회과학적 시선과 현실의 모순에 민감히 반응하면서 바람직한 지역을 몽상하는 인문학적 관점이 동시에 요구된다. 이 연구는 동아시아 지역의 실재와 상상을 포착하는 한국인들의 국제사상에 주목한다.

2. 동아시아 상상의 유형

이익, 가치, 방법

1990년대 이후 동아시아 담론은 몇 가지 유형을 보인다. 어느 분류에 의하면, 동아시아 담론에는 동아시아 경제공동체 형성을 모색하는 경제공동체 담론, 강대국의 패권 추구와 이에 대한 대응이라는 관점에서 동아시아 지역주의를 논하는 지역패권주의 담론, 동아시아를 문화적 동질성을 지닌 단일한 지역 공동체로 보고 이 지역에 특수한 정치경제 체제를 구상하는 동아시아 정체성 담론, 서구 근대를 극복할 대안 체제로서 동아시아를 상정하는 대안적 공동체로서의 동아시아론이 있다.[6]

6 박승우, 「동아시아 담론의 현황과 문제」, 310-321쪽. 한편 김희교는 아시아적 가치에 주목한 동아시아론, 국가권력 차원의 동아시아론, 민간 차원의 연대와 '지적 실험으로서 동아시아'에 주목하는 동아시아 공동체론 등으로 구분한다(김희교, 「한국의 동아시아론과 '상상된' 중국」, 『역사비평』 2000년 겨울호, 역사문제연구소, 35쪽). 한편 윤여일은 동아시아 문화정체성론, 동아시아 대안체제론, 동아시아 발전모델론, 동아시아 지역주의론으로 구분한다(윤여일, 『탈냉전기 동아시아 담론의 형성과 이행에 관한 지식사회학적 연구』, 122-137쪽). 흔히 동아시아 담론에 관한 리뷰는 이러한 유형론을 벗어나지 못한다. 이러한 유형론에서는 담론에 나타난 주장과 견해의 추이 혹은 이동(異同)을 보여 줄 뿐, 담론의 권력적 성격을 드러내기는 어렵다. 동아시아론의 존재론적 성격을 밝히기 어려울 뿐 아니라 담론과 실제 사이의 간극을 해명하

각각 경제, 안보, 문화 영역별로 지역주의를 모색하거나 이들 영역을 총체적으로 파악하는 일반적 유형이다. 그런데 담론의 (권력적) 속성을 생각한다면, 달리 말하면 담론이 현실에서 기능하는, 혹은 현실을 규정하는 양상 혹은 방식을 감안했을 때 동아시아 담론(그리고 동아시아 상상)은 '이익', '가치', '방법'의 세 측면에서 파악될 수도 있다.

동아시아 담론은 탈냉전과 지구화 맥락의 동아시아 국제관계를 반영한 다양한 동아시아 상상을 보여 준다. 동아시아협력체론, 동아시아공동체론은 경제적 관점에서 동아시아 국가들의 연대협력을 모색하는 가장 일반적인 동아시아론이다. 이것들은 경제적 지구화와 신자유주의 경향에 대응하여 지역협력이나 지역공동체 형성을 통해 개별국가의 발전을 모색하고 경제적 이익을 추구하는 구상이다. 안보 이익을 공유하면서 자국의 안보를 확보하고자 하는 안보협력체 구상이 제시되기도 한다. 경제, 안보 부문에서 협력체나 공동체를 주장하는 동아시아론에서 동아시아는 흔히 이익의 관점에서 상상된다('이익으로서의 동아시아').

가치를 척도로 동아시아 경제현상(경제발전 혹은 경제적 위기)이나 정치발전을 설명하는 아시아적 가치론, 유교자본주의론, 유교민주주의론도 한때 동아시아 지식사회를 풍미한 유력한 동아시아론이었다. 이들 담론의 담지자들은 공통의 가치나 사상을 상정하면서 동아시아를 상상한다. 공통의 가치나 사상은 새로운 지역과 공동체를 형성하는 요소로서 상정된 것이 아니라 동아시아 국가들의 발전과 민주화를 설명하는 변수로서 동원된 것이다('가치로서의 동아시아'). '가치로서의 동아시아'는 이익을 만들어 내는 문화적, 사상적 기반에 관심을 갖는다는 점에서 동아시아협력체론, 공동체론과는 다르다. 전통에서 가치를 찾는 동아

기 어렵다.

시아 문명론의 성격을 띠는 경우가 많다.

이익과 가치의 측면에서 동아시아를 파악하는 동아시아론이 동아시아 발전을 정당화하거나 지역공동체 형성을 열망하는 차원에서 성립한 것과 달리, 지역을 매개로 지역의 시선을 통해 국민국가를 비판하고 그 한계를 극복하는 방법적 수단으로서 '동아시아' 개념을 동원하는 논의도 있다('방법으로서의 동아시아'). 동아시아의 인문학자들, 특히 한국, 대만의 성찰적 동아시아론자들은 탈냉전과 지구화에 관한 역사적 성찰을 토대로 동아시아에 내재된 국가의 폭력성을 비판하고 국가권력에 의해 왜곡된 시민/인민의 자유와 생존권을 신장시키고자 동아시아 (인민)연대를 모색하기도 한다. 주변의 시각에서는 동아시아 국가들의 일국주의와 패권주의를 지양하고 동아시아 국가들의 비차별적 관계의 형성을 모색한다. 동아시아는 '기획' 혹은 '지적 실험'을 위한 방법적 매개로서 이해된다.[7]

이익, 가치, 방법은 동아시아 지역세계를 하나의 결집력 있는 공간으로서 상상하는 매개로서 기능한다. 여기에는 발전된 아시아를 지향하는 자긍심과 다른 지역과 대면하는 동아시아의 전망(비전)을 담고 있다. 그런데 이익, 가치, 방법으로서의 동아시아는 동아시아 현실을 반영하기는 하지만, 소망과 전망을 담은 상상인 한 현실 그 자체일 수는 없다. 소망과 전망에서 성립하는 동아시아 상상은 문명이라는 말에 의탁해서 표현되곤 한다. 논자들은 서구문명에 대항하는 동아시아문명을 상정함으로써 동아시아의 일체감, 정체성을 확인하기도 한다. 동아시아인의 동아시아 상상은 서구문명 대 동아시아문명의 대립적 사고

7 이러한 동아시아적 시각은 최원식, 백영서 등 창비를 중심으로 활동한 인문학자들에게 보인다. 창비 지식인들의 동아시아론을 보여 주는 출판물로는 전술한 『동아시아의 비판적 지성』 총서가 있다. 상세한 논의는 제12장을 참조.

에 의존한다. 이러한 점에서 21세기 전환기의 동아시아 상상은 동서대결적 문명관에 입각한 20세기 전환기의 동양 상상과도 닮아 있다. 문명은 공간적으로 세계(지구화)에 대응하는 수단적 매개인 한편, 시간적으로 피압박 동아시아의 복권이라는 이중 과제에 대응하는 전망의 표현이다.

논리와 경험, 합리성과 비합리성

그런데 세 유형의 상상과 그 종합으로서 상상된 동아시아문명을 동원한다고 해서 동아시아 지역이 꼭 온전하게 포착되는 것은 아니다. 동아시아론 혹은 동아시아 지역주의론은 논리와 경험의 간극, 합리성과 비합리성의 차질이라는 문제를 안고 있다. 동아시아 바깥에서 동아시아 지역의 새로운 구성을 조망하는 구미학자들의 과학적 시선은 논리적 합리성과 경제적 효율성에 의거하여 동아시아를 지역화할 수 있다는 믿음, 즉 지역주의에 기초한다. 지역주의, 지역화는 동아시아 지역에 작동하는 상호의존 네트워크를 사회과학적 혹은 국제정치학적 관점에서 설명하는 조작적 개념일 수도 있다. 합리적 이성과 논리적 추론에 의탁하여 동아시아의 지역 형성을 구상하는 합리적 기획이다. 이러한 동아시아 기획은 역내 국가들의 상호의존과 상호소통을 확대시킴으로써 지역통합을 이루고 하위정치의 경제협력이 고위정치의 정치통합으로 확산된다는 기능주의에 기초한다.

합리주의적 지역화론, 지역주의론은 동아시아인들의 동아시아 구상에도 보인다. 동아시아 역내에서 발신되는 공동체론은 논리적 합리성과 경제적 효율성을 표방하는 구미학자들의 지역화, 지역주의 발상을 공유한다.[8] 합리성과 효율성은 경제협력체, 경제공동체 구상에서 전형적이며, 문화공동체, 심지어는 인식공동체에 관한 논의에서도 가정된다. 흔히 유럽통합의 경험이 동아시아 지역화의 이상적 준거로 상정되는 것도 논리적 합리성의 표현이다. 지역정체성도 역사적 형성물이 아니라 합목적적 기획의 산물로 여겨진다. 그런데 합리성과 효율성에 의한 동아시아 기획은 비합리적, 비효율적 실재를 만들어 내는 동아시아의 경험과도 공존한다. 동아시아의 국가를 규정하는 서로 다른 문화와 전통, 근대 역사가 만들어 낸 국가 간의 구조화된 갈등을 빚어내는 동아시아의 경험은 공동체 성립을 저해하는 비합리성과 비효율성의 근원으로 간주된다. 유럽의 경험과 동아시아의 경험 사이의 간극은 합리성과 비합리성 사이의, 효율성과 비효율성 사이의 차질에 해당한다. 동아시아 공동체론은 합리성, 효율성(기능주의)과 비합리성, 비효율성(역사주의)의 기묘한 결합 위에 성립한다.

이 기묘한 결합은 논리와 경험 사이의 괴리를 내장한다. 이 괴리는 동아시아에 기능주의가 작동할 여지를 줄게 하지만, 동시에 공동체에 대한 상상력을 부채질한다. 공동체론자들은 이 괴리를 민감하게 감지한다. 공동체 형성을 향한 의지는 이 괴리를 극복하려는 소망적 사고에서 비롯한다. 공동체 구상과 공동체론은 되풀이해서 재생산되는 것은 이러한 괴리 때문이다.

동아시아공동체론은 동아시아 기획(지역화, 공동체 형성)에 의해 합리성과 효율성을 일거에 높일 수 있다는 낙관주의에 서 있으며, 역사적

8 동아시아공동체에 관한 논의는 대단히 많다. 몇 가지를 들자면, 최영종·이승철, 『동아시아공동체: 비전과 전망』(서울: 한양대학교출판부, 2005); 동아시아공동체연구회, 『동아시아공동체와 한국의 미래』(서울: 이매진, 2008); 하영선 편, 『동아시아공동체: 신화와 현실』(서울: 동아시아연구원, 2008); 동아시아공동체연구회, 『동아시아공동체』(서울: 아산정책연구원, 2014); 김기봉, 『역사를 통한 동아시아공동체 만들기』(서울: 푸른역사, 2006) 등을 들 수 있다. 최근의 연구로는 김기석, 『동아시아 공동체로의 머나먼 여정』(서울: 인간사랑, 2015)이 사례들의 경험 분석을 통해 동아시아 지역화, 지역주의의 형성을 실증적으로 보여 주고 있다. 다만 기능주의적 사례분석과 공동체 이념 사이의 간극을 메우고 있지는 못하다.

으로 구조화된 비합리성과 비효율성이 집요하게 공동체 형성을 저해한다는 비관주의를 주시하지 않는다. 합리적 기획은 이익의 합리적 조정을 생각하지만 동아시아 국제관계의 역사적, 문화적 규정성이 만들어 내는 지역현실을 간과하거나 역사적, 문화적 구속성으로 인해 이익 추구의 욕망이 작동하는 동아시아 국제관계의 현실을 간과하기 쉽다. 그런데 합리성은 논리적 합리성뿐 아니라 경험적 합리성까지 포괄한다. 동아시아론의 존재론적 분석은 당위론적 문제설정을 만들어 내는, 합리적 기획을 일정 부분 허구일 수밖에 없게 만드는, 실재의 구조화된 기반을 탐색할 것을 요구한다. 비합리적인 동아시아 상상의 역사적 존재 양태를 성찰할 것을 요구한다.

동아시아론은 1990년대 이래 한국의 지식사회에서 적지 않은 동조자를 확보하면서 널리 유통되었고 지금도 재생산되고 있다. 경제 쟁점뿐 아니라 안보 쟁점을 둘러싼 동아시아 역내 갈등이 깊어지고 담론이 현실을 규정할 수 없다는 한계가 드러났음에도 불구하고 끈질긴 생명력을 보이고 있다. 동아시아 국제관계가 세계체제나 국제체제의 동학과 결부되어 전개되고 강고한 주권개념과 국가이익에 집착하는 역내 국가들이 갈등과 분절의 양상을 드러내는 한 목적론적 지역구상은 현실과의 괴리를 노정할 수밖에 없지만, 바로 그러한 이유로 합리적 기획의 동아시아 구상은 언제든 재생산될 여지가 있다. 어쩌면 동아시아론은 동아시아 역내의 길항과 갈등, 대립이 지속되어야만 생존할 수 있는 숙명인지도 모른다.[9]

9 담론은 말할 수밖에 없는 어떤 절실한 현실이 존재하고 그 현실이 바뀌어야 한다는 어떤 절박한 필요성이 있을 때 생산되고 유통된다. 동아시아론도 말할 수밖에 없는 현실과 필요성을 전제로 한다. 그런데 현실과의 절박한 긴장감 없이 담론이 담론을 재생산하고 소비를 강요하는 측면도 없지 않다. 동아시아론은 주제와 대상에 대한 지적 긴장감 없이 숱한 프로젝트에 의해 무자각적으로 재생산되는 측면이 있다.

현실을 규율하는 규제력을 갖지 못할 때 담론은 현실과의 괴리를 드러낸다. 이러한 간극이나 괴리를 생각한다면 동아시아론의 정책적 의미를 구성하는 작업은 허망으로 끝날 공산이 크다. 동아시아의 현실을 무시한 동아시아 상상이나 동아시아 기획은 허구에 지나지 않는다. 그런데 허구로 판명되었다는 사실에서 오히려 동아시아 담론을 면밀히 음미할 필요성이 생겨난다. 동아시아론이 허망하다는 사실은 담론의 존재론적, 인식론적 성찰을 요구한다. 동아시아 담론의 존재론적 의미를 따지고 인식론적 구조를 밝혀냈을 때, 동아시아의 실제와 상상 사이의 간극을 확인할 뿐 아니라 담론 주체의 의식과 존재도 해명할 수 있을 것이다. 한국인의 동아시아 상상은 동아시아의 다른 어떤 국가의 그것을 압도할 정도로 활발한데, 이러한 사실이야말로 한국인의 동아시아 상상에 잠재된 실제와의 괴리가 다른 어느 나라보다 크다는 것을 뜻하며, 한국인의 동아시아론을 해명하는 작업이 더 절실하다는 것을 의미한다. 이 작업을 수행할 때 다음과 같은 점에 유의해야 한다.

첫째, 탈냉전, 지구화 맥락에서 동아시아 '지역'의 부상은 '국가' 표상과 연동되어 있음에 유의할 필요가 있다. 탈냉전, 지구화 맥락에서 동아시아 역내의 물질적 관계와 사회적 소통이 크게 늘고 동아시아 표상이 강해졌다고 해서 국가 표상이 약해지는 것은 아니다. 동아시아의 지역 표상과 국가 표상은 상관적인 상승작용을 보인다는 사실에 유의해야 한다. 지역을 말하는 것은 국가를 생각하는 것과 통한다.

둘째, 동아시아 지역과 동아시아 표상의 부상과 유통이 탈냉전, 지구화 맥락에서 전개된다는 사실에 주목해야 한다. 탈냉전과 지구화에 추동된 글로벌리즘이 동아시아 지역에 투사되고 이에 대응하는 맥락에서 동아시아 담론과 표상이 부상한 것이다. 동아시아의 담론과 표상은 글로벌 냉전제국의 규정력이 약해지고 글로벌리즘이 지역을 자극하는 맥락에서 출현하였다. 이 지역은 단순히 냉전기 지역개념의 변태變態가 아니라 구조적 산물임에 유의해야 한다. 일본제국의 제국이념이 동아시아 지역을 압도하는 과정에서도 '대동아' 담론과 표상은 생산되었다. 거슬러 올라가 19세기 후반 중화제국이 쇠락하고 일본제국이 부상한 맥락에서도 '동양' 담론과 표상이 나타났다. 탈냉전, 지구화 맥락의 동아시아론에서 논자들이 개항기의 동양연대론과 동양주의를 호출해 내고 일본 제국주의와 연관된 지정학적 언어인 '동아', '대동아'의 부활을 우려하는 것은 우연이 아니다. 지역 개념, 지역 이념의 단순한 유사성을 가리키는 것이 아니다. '동양', '동아', '동아시아'를 말하게 만드는 국제관계의 구도와 구조라는 조건의 유사성과 글로벌리즘과 내셔널리즘의 상관작용을 통해 동아시아 지역이 생성되는 맥락적 유사성을 말한다.

셋째, 동아시아 표상은 근대와 조우했을 때 부상한다. 공통의 전통적 가치를 동원하여 동아시아를 규정하는 아시아적 가치론이나 유교자본주의론은 동아시아론의 중요한 유형이다. 동아시아를 말하는 것 자체가 가치지향을 내포한 발화행위인 한, 이러한 동아시아론은 얼마간 불가피할 것이다. 19세기 후반 질서변동기에도 중체서용론, 동도서기론, 화혼양재론에서 보듯이 동아시아적 가치를 끌어들이는 시도는 있었다. 더 중요한 것은 동아시아 표상이—근대문명에서 상정하든, 근대국가에서 상상하든, 근대주권국가체제에서 도출하든, 아니면 근대적 가치에 의해 표상하든—근대에 대면했을 때 혹은 근대를 받아들였을 때 부상하고 근대가 절실할수록 동아시아 상상이 더욱 깊고 강해진다는 사실이다. 경제발전을 근거로 유교자본주의를 말하거나, 개항 이전의 동아시아 발전상을 기억해 내면서 동아시아 문명을 말할 때에도, 이러한 화법에서는 동아시아 문명이 전통보다는 근대에 의해 규정된다는 점이 중요하다. 19세기 말 국제화이건 20세기 말 지구화이건 글로벌리즘에 대면한다는 것은 근대문명을 받아들여야만 하는 맥락에 놓여 있음을 뜻한다. 동아시아는 근대 수용을 요구받는 상황에서 상상되는 것이다.

동아시아 담론과 상상은 실천론, 인식론, 존재론의 세 측면을 갖는다. 지금까지 동아시아론은 동아시아의 지역협력과 연대의 방법, 공동체 구축의 방법, 동아시아 지역주의의 형성에 주목해 왔다. 특히 동아시아공동체론, 동아시아공동체 구상은 정책상의 기획을 내장한 실천론의 전형이다. 인문학적 상상력에 기초한 비판적 동아시아론은 인식론의 측면이 강하지만 역시 당위적 실천을 지향한다. 본 연구에서는 동아시아 담론과 상상의 존재론적 측면에 주목한다. 한국(그리고 일본)에서 전개된 동아시아 담론과 상상을 지탱하는 인식과 실천의 존재론적 양태에 관심을 갖는다. 동아시아론은 동아시아를 살아가는 주체들(개인, 국가 등)의 자기존재 증명의 성격을 갖기 때문이다. 동아시아론의 존재론적 성찰은 담론과 상상의 주체들이 어떤 구도와 맥락과 조건에서 왜 동아시아를 말하고 동아시아를 상상하는지를 따지는 작업이다.

3. 제국 이후의 국제사회

'지역'과 '국제사회'

동아시아론은 국가이익을 우선하는 국가들의 에고이즘과 내셔널리즘이 역내 긴장과 갈등을 초래하는 동아시아 현실을 응시하면서 지역의 미래상을 구상해야 하는 과제를 안고 있다. 동아시아론은 동아시아 지역의 존재론적 이해와 목적론적 구상 사이에서 아포리아(난관)를 내포한다. 현실주의 입장을 취할 경우 동아시아론은 지역국가들의 권력 관계와 강대국의 권력 자장에 매여 역내 국가들에 의한 지역의 주체적 형성을 생각할 전망을 결여할 것이다. 목적론적 미래 기획에 집착하여 자유주의적 지역화나 지역주의를 표방할 경우 동아시아론은 갈등대립을 보이는 지역 현실과 유리된 이상주의적 몽상이 되기 쉽다. 역사적으로 구조화된 동아시아의 지정학적, 정치경제학적 성격에서 초래된 난관이다. 하지만 비단 동아시아론에만 국한된 현상은 아니다. 담론과 현실 사이에는 늘 괴리가 있기 마련이다.

이러한 괴리는 인문학적 상상력이 투사된 동아시아론에서 더 심하다. 현실의 권력 작용을 간과한 자유주의적 제도 구상도 이 난관을 벗어나기 어렵다. 괴리를 줄이고 실제와의 적실성을 높이려면 동아시아론은 얼마간 동아시아 국제관계론의 성격을 지녀야 한다. 대립갈등의 현실과 연대협력의 이상이 착종하고 동아시아 공간의 타율적 제약과 자율적 구성이 혼재하는 양상을 해명하려면 국제관계론의 영역과 겹치지 않을 수 없다. 동아시아 지역이 국제관계의 장인 한, 동아시아 상상은 국제정치학적 상상력과 결부될 수밖에 없다. 기왕에 동아시아론이 인문학적 접근을 취하건 사회과학적 방법에 기초하건 얼마간 동아시아 국제관계 현상을 다룰 수밖에 없었던 까닭이기도 하다.

문제는 동아시아론에 국제관계론적 관점과 방법을 어떻게 반영할 것인가에 있다. 동아시아론은 주체들의 상상력을 규정하는 국제(지역)적 요소를 읽어 내고, 이들 요소가 구성하는 조건에서 자국의 생존과 발전을 위해 국가들이 동아시아 지역에서 영위하는 관계의 성격을 해명할 수 있어야 한다. 주체들의 국제적 삶(국제생활), 지역적 삶(지역생활)을 규율하는 구조를 이해하고 그 구조 속에서 공동체(국가)의 생존과 발전을 상상하는 방식을 탐색할 필요가 있다. 동아시아 상상의 내용과 성격을 밝혀냄으로써 주체의 지역적 존재양태를 성찰해야만 한다. 동아시아 상상은 동아시아를 타자로서 상정하는 상상을 배제하지는 않지만, 주로 동아시아를 즉자적으로 이해하고 주체들의 의식에 내면화된 동아시아(지역)적 요소와 심성, 그리고 이것을 규정하는 요소를 포착하는 심리를 가리킨다. 동아시아 지역을 하나의 국제사회로 상정하는 관점은 동아시아의 즉자적 상상의 요체일 수 있다. 국제정치학적 상상력으로서의 동아시아 상상은 동아시아 지역 주체들의 사회적 관계에 주목한다. 동아시아 국제지역의 주체들이 만들어 내는 지역의 사회적 구성에 기초했을 때 동아시아 상상은 현실감(리얼리티)을 가질 수 있다.

'국제사회로서의 동아시아'는 지역 개념에 기초한다. 동아시아 지역을 대타적인 수동적 존재가 아니라 대자적인 능동적 존재로 상정하기 위해서는 동아시아를 하나의 지역으로 엮어 내는 물적 토대를 구축하거나 하나 됨을 상상하게 만드는 요소를 찾아내야 할 것이다. 지역은 세계와 국가 사이의 영역을 구성하는 지리적 실재지만 지리적 인접성에 기초한 단순한 자연(지리)적 장소가 아니라 재화, 정보, 사람의 상호교류가 만들어 내는 작위적 장소이다. 지역은 인간 활동이 개재하는 역사적 실재와 공간의식의 양면에서 성립한다.[10] 경제네트워크는 지역의 성립뿐 아니라 지역 상상을 유발하는 유력한 조건일 수 있다. 동아시아에는 개항 이전에도 중국 연안의 해양이나 인도양-남중국해의 해양공간을 중심으로 교역 네트워크가 성립해 있었다. 중화체제의 주변에는 중심-주변 간의 조공책봉 제도와 무관하게 상인들이 이익을 추구하는 경제활동 공간이 영위되었다. 상하이 교역네트워크는 근대 동아시아 지역의 경제적 관계를 지탱하는 틀이었다.[11] 한편 지역은 상호교류나 전쟁 등에 관한 집합적 기억이나 습속, 종교, 문자 등을 매개로 한 공

10 이철호는 지역이 '역사적 실제'(historical practice)와 '공간의 인식'(notion of space)의 양면에서 성립한다고 본다(이철호, 「지역의 재등장과 새로운 아시아」, 『국제정치논총』 제41집 2호, 2001, 56-57쪽). 실재와 의식의 양면을 포괄한 확장된 지역 개념이라 할 수 있다. 다만 이 개념이 지역의 사회적 형성을 보여 주지는 않는다.

11 浜下武志, 『東アジアの国際的契機: 朝貢貿易システムと近代アジア』(東京: 東京大学出版会, 1990); 古田和子, 『上海ネットワークと近代東アジア』(東京: 東京大学出版会, 2000); 이철호, 「지역의 재등장과 새로운 아시아」.

속共屬의식을 통해 상상되는 장이기도 하다.[12] 동아시아 지역은 '사상기축', '사상연쇄', '투기'投企(프로젝트)가 작동하는 사상공간으로 이해될 수도 있다.[13] 지역은 유사하거나 공통된 의식과 제도가 만들어 내는 지知와 사상의 권역이기도 하다.

그런데 지역은 사상의 회로나 경제네트워크로 한정할 수 없는 권력 작용이 추동하는 공간이기도 하다. 인간과 국가가 활동하는 장인 지역의 실재성을 포착하려면 지역에서 인간과 국가의 활동을 규율하는 권력의 양상까지도 파악해야 한다. 지역의 양태는 대국과 소국, 강국과 약국의 역학이 만들어 내는 국제관계의 동학에 의존한다. 지역 국제관계의 동학은 세계와 국가 사이에서 작동한다. 부잔Barry Buzan은 지역을 인접 국가들이 지리적 근접, 공동이익, 우호와 적대의 패턴, 안팎의 안보관계, 그리고 문화, 인종, 경제와 같은 요소들에 의존하면서 안보인식과 상호관심을 갖는 안보 공간, 즉 안보복합체security complex로서 파악한다.[14] 지역은 세계와 국가 사이에서 국가들의 복합적 상호의존성에 의해 성립하는 국제안보의 공간이다. 동아시아 지역은 안팎의 권력관계에 의

12 山室信一, 「日本と東アジアの関連をめぐる新視角を求めて」, 古屋哲夫·山室信一 編, 『近代日本における東アジア問題』(東京: 吉川弘文館, 2001), 8-9쪽.

13 '사상기축'(思想基軸)은 지역세계의 공간을 식별하고 지역세계의 동질성을 구획하는 문명, 인종, 문화, 민족과 같은 지표를 가리킨다. '사상연쇄'(思想連鎖)는 사상 제도의 수용과 거절에서 생기는 국제(國制)나 학지체계(學知體系)의 상사화(相似化)와 지역세계에 대한 공속감각이 생성되는 동학을 포착하는 시각과 '평준화', '유동화'(類同化), '고유화'의 벡터를 제공한다. '투기'(投企)는 현실의 대외행동에서 생기는 단절, 비약, 모순을 밝히기 위해 국제질서나 국력 등의 제약을 감안하면서 '상상의 아시아'와 '현존의 아시아'가 교착되는 장에서 아시아 지역질서를 '당위의 아시아'로 변경하려는 언동을 규명하는 것이다(山室信一, 『思想課題としてのアジア』, 東京: 岩波書店, 2001. 특히 서장을 참조).

14 Barry Buzan, *People, States and Fear: An Agenda for Intertional Security Studies in the Post-Cold War Era* (Boulder: L. Rienner Publisher, 1991), pp. 187-202.

해 힘의 동학이 작동하는, 안보가 작동하는 공간이다.

동아시아를 지역 수준의 국제사회로 파악하는 것은 동아시아 안보 공간이 동아시아 역내의 사회적 관계에 의존하기 때문이다. 국제사회는 지역을 국제관계의 장으로서 파악할 때 상정된다. 국제사회는 국가들이 일정한 소속의식, 공통의 양해나 정체성을 갖고 상호작용하는 국제영역의 사회로 정의될 수 있다. 국제사회 개념은 국제영역에서 사회적 생활을 규정하는 구도와 주체들의 행동 양식이 역사적으로 형성되고 지속되는 것으로 상정한다. 국제사회의 관점에서 보면 안보 공간으로서의 지역 국제사회의 짜임새와 사회적 생성에 주목하게 된다. '국제사회'는 동아시아의 지역과 국가의 실재와 상상을 포착하는 방법적 개념일 수 있다.

국제사회는 국가들의 비대칭적 권력이 작동하는 장이기에 국제영역의 사회생활은 불평등하거나 왜곡되기 쉽다. 그리하여 국제영역에서도 정의와 규칙이 통용되는 사회가 성립해야 한다는 당위론이나 그러한 사회의 도래를 열망하는 소망적 사고가 출현한다. 지역은 불공정한 국제사회의 현실과 공정한 국제사회의 당위를 가장 민감하게 접하는 장소다. 지역 국제사회는 이러한 실재(현실)와 당위(상상) 사이에 존재한다. 지역 국제사회가 평등한 권력관계와 공정한 규칙에 의거할수록 당위를 향한 상상력은 약할 것이며, 그렇지 않을 때 국제사회의 불공정성과 불평등을 비판하고 이를 교정하고자 하는 비판적 상상력이 발동한다.

탈제국과 동아시아 '국제사회'

지역international region은 주권국가들이 경쟁하는 구도에서 생겨난다. 제국의 제어가 강하면 지역은 성립하기 어렵다. 중화제국이 주도했던 중화세계는 전체적 세계the whole world였고 중심과 주변은 하나의 세계에 포괄되었기에 지역 개념은 성립하기 어려웠다. 냉전제국이 주도한 냉전세계에서 지역은 냉전제국의 주변으로 규정되는 타율적 존재였다. 동아시아 지역은 글로벌 세계가 출현하면서 제국세계가 상대화될 때 출현하였다.[15] 동아시아 국제사회는 제국 이후 동아시아 지역의 출현과 맞물려 모습을 드러냈다. 특정 제국이 주도하는 제국체제가 기울고 복수의 주권체들이 행동하는 주권국가체제로 이행하거나 이행한 맥락에서 지역 국제사회는 출현하거나 의식된다.

동아시아 국제사회의 실재와 상상은 탈제국의 두 맥락에서 상정할 수 있다. 하나는 19세기 말 중화제국이 약화되면서 제국의 동아시아 규정력이 해체되고 주권국가체제가 작동하기 시작한 탈중화, 국제화 맥락이다. 다른 하나는 20세기 말 글로벌 냉전의 종식으로 냉전제국의 동아시아 규정력이 약해지고 지구자본주의의 세계적 확산이 전개된 탈냉전, 지구화 맥락이다. '동양', '동아시아'의 담론과 상상이 부상한 것은 이들 두 맥락에서였다. '동양', '동아시아' 표상의 출현은 동아시아 지역을 하나의 국제사회로 인식하는 정치적 사고가 성립하기 시작했음을 뜻한다. 지역 국제사회는 글로벌리즘이 강하게 부과되고 주권 관념을 갖게 된 지역 국가들이 이에 대응하는 구도를 성립시키면서 나타났다.

제국은 동아시아 지역의 존재 양상을 규정한다. 동아시아에서 중화체제, 일본제국체제, 냉전체제를 규정한 제국들은 성격과 질서 원리가 달랐다. 역사적으로 동아시아에 관여한 제국들은 각각 예, 직분, 동맹의 원리에 기초하여 동아시아에 책봉-조공(혹은 종속), 지배-피지배(혹은 주종), 후견-피후견의 관계를 성립시켰다. 제국체제의 성격에 따

15 이와 달리 일본제국체제나 냉전체제에서 '지역'은 제국의 세계경영과 관련해 상정되었다. '지역연구'는 이러한 경영을 위한 토대작업이었다.

라 동아시아 지역의 존재 양태와 국가들 관계의 양상은 달랐다. 각 제국 질서에서 동아시아 국제관계는 제국의 형태와 제국을 구성하는 국가들의 속성에 의존하였다. 역내 국가들끼리 상호작용하는 국제관계는 제한적이었다. '제국사회'가 성립할 뿐 '국제사회'는 성립하기 어렵다. 역내 국가들끼리의 관계, 즉 역내 국제관계의 성립은 '제국 이후'의 현상이다. 제국(중화제국, 냉전제국)의 규정력이 약해졌을 때 국가의 대외적 자율성이 증가하면서 역내 국가들의 사회적 관계가 형성될 여지가 커지며, 역내에서 '국제'國際를 상정할 가능성이 열린다. 역내 국가들의 상호작용(사회적 관계)이 작동할 때 '국제사회'의 가능성이 열리며, 지역 국제사회의 바람직한 구성을 논하는 동아시아 담론이 출현한다.

'제국 이후'는 주권국가체제가 배태되고 작동하는 시기를 뜻한다. 동아시아 국제사회의 존재와 상상은 주권국가체제의 출현과 관련된다. 19세기 말 개항과 국제화의 맥락에서는 중화제국체제가 무너지고 주권국가체제가 성립하였다. 20세기 말 탈냉전, 지구화 맥락에서는 냉전체제가 붕괴되고 주권국가체제가 새롭게 작동하였다. 전자의 경우 주권국가체제의 원리가 새롭게 작동하였지만 동양삼국 사이에 적응력과 발전 양상과 국력이 현저히 차이가 났기에 주권국가체제는 불완전하게 작동할 수밖에 없었다. 후자의 경우 냉전제국의 규정력이 약해지면서 어느 때보다 동아시아에 주권국가체제가 제대로 작동할 여지가 커졌다. 물론 제국의 그림자가 완전히 걷힌 것은 아니다. 지역 국제사회는 '제국 이후' 패권의 영향력이 남아 있는 가운데 개별 주권국가들이 국제화, 지구화에 대응하여 생존과 발전을 모색하는 과정에서 모습을 드러낸다. 이에 부응하여 각 맥락에서 동양담론과 동아시아담론이 출현하였다. 각 맥락에서 주권국가체제의 실제와 이상을 논하는 동양담론과 동아시아담론의 내용이 차이가 있는 것은 당연한 일이다.

대립갈등의 현실이 전개되고 연대협력의 담론이 제기되는 것은 지역 국제사회의 존재를 알리는 지표이다. 제국체제에서 제국이 동아시아 지역을 규정하는 동안에는 동아시아 국가들은 분절되었고 역내 국가들 사이에 갈등과 협력을 따질 만한 상호소통 자체가 적었다. 제국 이후 주권국가체제에서 국익을 위해 경쟁하고 권력을 행사하는 일이 늘면서 지역 국가들의 사회적 관계가 형성되고 국제사회가 출현하였다. 갈등은 협력과 더불어 사회적 관계의 형성을 나타내는 지표이며 사회적 관계를 만들어 내는 역내소통의 한 표현이다. 제국체제의 지배-종속 관계에서 갈등은 쉽게 표출되지 않는다. 갈등의 표출은 사회적 관계가 출현하거나 정당한 사회적 관계를 기대하는 의지가 작동하고 있음을 시사한다. 갈등은 상대 주체에게 대등함을 요구하거나 주체들 사이의 권력불균형을 개선하려는 의지가 강할 때 나타난다. 갈등은 상호성과 대등성을 확보하려는 의지의 표현이다. 국제사회는 국가들 간에 평등성과 상호성을 향한 의지가 경합할 때 모습을 드러낸다.

동아시아 국제사회는 동아시아 국제공간의 구조와 역사에서 역내 국가들의 사회적 관계가 성립하는 동시에 국제사회의 모습은 국내사회와의 유비類比를 통해 추론할 수 있다는 가정에서 그 존재를 상정할 수 있다. 국내사회에서 공동체의 구조와 역사가 교착하면서 주체들의 사회적 관계는 만들어 내듯이, 국제사회에서도 국제지역의 구조와 역사의 작용을 통해 주체들의 사회적 관계가 생성된다고 볼 수 있다. 국내사회에서건 국제사회에서건, 주체들의 성질과 행동 양식은 고유한 속성도 있지만 사회의 규칙과 관습과 제도에 의해 규율되는 사회적 관계에서 생성된다.[16] 동아시아 역사상 탈제국 맥락에서 사회의 출현은 국제

16 흔히 국내사회와 국제사회의 유비에 관해서는 부정적인 견해가 많다. 국제사회에는 국내사회와 달리 최종적인 권력(주권)을 행사하는 최고 권위(authority)가 존재하지 않으며, 대내적 주권을 행사하는 정부와 같은 조직체(세계정부)가 없다는 이유에

와 국내 양쪽에서 동시적이다. 사회는 질서변동 과정에서 개체와 전체의 문제가 의식될 때 제기된다. 사회 개념은 19세기 개항 개방의 맥락에서 개인 개념과 더불어 처음 출현하였다. 주권국가체제에 부응하는 국가의 형성이 모색되는 과정에서 개체(개인)와 전체(국가), 자유와 질서라는 문제가 제기되었을 때 사회라는 현상과 개념도 등장한 것이다. 21세기 전환기에도 동아시아 국가들은 탈냉전, 지구화에 대응하는 과정에서 사회의 변용을 경험하였다. 민주화(한국), 개혁개방(중국), 보수화(일본)가 탈냉전, 지구화 맥락에서 진행된 것은 우연이 아니다.

국제사회도 국내사회와 마찬가지로 전체와 개별의 구도에서 성립한다. 국가들을 규율하는 국제체제와 개별 국가들 사이의 동학에서 지역 국제사회는 모습을 드러낸다. 그리하여 지역 국제사회의 실재와 상상은 국제체제를 움직이는 글로벌 세력구도(세계정치)에 대응하는 국가들의 행동 방식에서 드러난다. 지역 국제사회는 그 결과로서 생성되는 것이다. 지역 국제사회는 세계와 국가의 중간 영역에서 자연적으로 자명하게 존재하는 것이 아니다. 지역 국제사회를 움직이는 리저널 세력구도(지역정치)는 세계와 국가의 동학에서 생성된다. 동아시아 국제사회의 실재와 상상은 이러한 동학이 작동하는 현실과 이러한 동학을 이해하는 의식이라 할 수 있다.

서다. 주권의 관점에서 사회를 이해할 때 이러한 견해가 타당하다. 하지만 조직체의 사회적 관계라는 측면에서 본다면 국내사회와 국제사회는 유사성을 가지며 양자의 유비가 성립할 수 있다.

4. 동아시아 국제사회론과 의제들

동아시아 국제사회론

국제사회는 국제영역에서 국제적 주체들이 특정의 목표와 이익을 위해 정책을 실행하고 상호작용하는, 상호작용이 일정한 규칙과 규범에 의해 제어되는 영역이다. 국제사회는 실재하지만, 추상적 세계이기도 하다. "국제사회가 아프리카의 빈곤, 독재국가의 인권 상황에 관심을 가져야 한다", "북한을 국제사회로 끌어내야 한다"라고 말할 때, 국제사회는 국가들의 보편의사나 공공규범이 통용되는 추상적 세계를 가리킨다. 보편의사나 공공규범은 국제연맹이나 국제연합 같은 국제조직의 활동과 결부시켜 생각하는 일도 많다. 동아시아 국제사회는 동아시아의 지역 국제사회regional international society를 뜻한다. 지역 국제사회는 지리적 근접성과 유사한 문명을 기반으로 글로벌리즘과 내셔널리즘 사이에서 공통의 관심사를 갖고 국가, 비국가 주체들의 사회적 관계가 영위되는 국제영역을 가리킨다.

동아시아 국제사회론은 '국제사회'를 분석 단위로 삼아 동아시아 국제관계의 존재양태와 동아시아 국제지역의 사회성에 관한 역사적, 사상사적, 사회과학적 해명을 시도한다. 동아시아 국제사회론은 동아시아의 국가와 정치적 사유와 제도를 규정한 국제체제, 특히 주권국가체제에서 영위된 동아시아 국가들의 사회적 관계와 동아시아 국제지역의 사회성의 역사적 존재양태를 규명하고, 동아시아 국제사회의 특질을 해명하여 역사와 사회의 관점을 투사시켜 동아시아 국제공간의 역사적, 사회적 재구성을 탐색한다. 이 탐색은 동아시아의 역사적 공간들('중화', '동양', '동아', '동아시아', '동북아')의 생성과 전개에 연루된 체제와 지역과 사회의 의미를 따지는 작업과도 관련된다. 동아시아 국제사회론은 동아시아 국제지역이 이상적 상상물이 아니라 규범(제도)이 작동하는 실천적 공간이자 권력(이익) 관계가 작동하는 정치적 공간임을 상정한다.

동아시아 국제사회론은 동아시아 국제공간에 대한 주류 국제정치이론과 거리를 둔다. 신현실주의, 자유주의(제도주의)로 대변되는 주류 국제정치학의 관점과 이론은 동아시아 국제관계를 파악하는 데 일정 부분 적실성을 갖는다. 현실주의 이론과 자유주의 이론은 국제관계의 본질을 권력에 둘 것인지 제도에서 찾을 것인지, 경쟁 투쟁의 측면을 중시할 것인지 협력 공존의 측면에 주목할 것인지 등 차이가 있지만, 공히 합리성을 전제로 한다. 이들 이론에서는 흔히 지역 국제관계의 경험은 간과되고 비합리적인 문화 요소는 배제되곤 한다. 구미의 세계정치 경험이 반영된 주류 국제정치이론은 동아시아 국제관계가 세계정치와 어떻게 연루되는지를 보여 주지만, 동아시아 국제관계의 특수성과 역사성을 보여 주기는 어렵다. 동아시아의 역사적 실제가 반영된 현실과의 간극을 메우지 못하는 한, 구미 주권국가체제의 경험에서 생성된 주류 국제정치 이론은 동아시아 국제관계를 해석하는 데 한계를 가질 수밖에 없다.

동아시아 국제사회론은 국제사회의 역사적 경험을 성찰함으로써 국제관계를 이해하는 영국학파 국제사회론에서 일정한 함의와 시사를 얻는다(제1장 제2절 참조). 유럽 국제사회의 역사적 경험은 근현대 동아시아 공간에 점철된 갈등과 대립의 사건들, 지배와 피지배의 구조를 이해하는 데 일정한 의미가 있기 때문이다. 하지만 동아시아 국제관계의 경험과 동아시아 국제사회의 실제는 유럽과 다르다. 유럽의 경험에서 성립한 영국학파 국제사회론의 의미는 제한적일 수밖에 없다.[17] 유럽

17 흔히 동아시아의 지역을 생각할 때 현재의 유럽을 비교 준거로 삼는 일이 많다. 유럽연합을 모델로 삼아 동아시아 공동체를 구축해야 한다는 주장이 그 전형이다. 하

국제사회는 중세 이후 타자화된 이슬람 국제사회(문명권)의 위협에 대응하고 역내국가 간 갈등과 분쟁을 경험하는 과정을 통해 형성되었다. 특히 베스트팔렌체제를 통해 주권국가체제의 형태를 갖추었기 때문에 주권국가체제와 유럽 국제사회는 상호구성적으로 형성되었다. 이와 달리 동아시아에서는 역외로부터 부과된 주권국가체제에 부응하여 국제사회를 형성하였고, 짧은 기간 동안 불완전하게 작동했으며, 주권국가체제와 동아시아 국제사회 사이에는 차질差跌이 보였다.

동아시아 국제사회론은 동아시아의 개별성과 역사성에 주목하면서 세계정치가 동아시아 지역에 연루되는 양상을 성찰하는 전략을 취한다. 동아시아 국제사회론은 구조, 행위자, 상호작용을 상정하는 구조적 현실주의보다는 권력과 규범을 중시하는 고전적 현실주의나 이념, 규범, 권력의 상호구성적 과정을 중시하는 구성주의에 더 친화적이다. 동아시아 국제사회론에서 역사와 사회의 관점을 투사시켜 동아시아 국제공간의 사회적 재구성을 탐색한다. 동아시아 지역이 세계정치나 타 지역의 국제사회와 연루되는 공간적 측면과, 동아시아 역내 국제관계의 역사적 형성이라는 시간적 측면이 교착하는 지점에 주목한다는 말이다. 동아시아 국제사회를 규정하는 국제체제의 구도에 주목하며, 그러한 구도와 결부된 국가들의 사회적 관계의 성질과 양상에 관심을 갖는다. 동아시아 국제사회는 독자적 영역이 아니라 글로벌 수준의 국제관계가 깊이 간여하는 가운데 리저널 수준의 국제관계를 영위하는 형

지만 유럽 모델은 시간적 요소를 고려해서 보아야 한다. 유럽연합은 베스트팔렌체제 이후 주권경쟁을 벌이는 가운데 형성된 유럽 내 국제관계나 국제사회의 경험에서 나왔다. 탈냉전기 동아시아를 이해하는 데 유럽의 경험이 참조 준거로서 유용하다면 21세기 유럽연합 형성의 경험보다는 19세기 유럽 국제사회 형성의 경험에서 찾아야 할 것이다. 탈냉전, 지구화 맥락의 동아시아를 주권국가체제의 형성이란 관점에서 파악하는 것도 이와 관련된다.

태로 되어 있다. 국제사회는 글로벌, 리저널 구도뿐 아니라 시간(역사) 속에 축적된 국가들의 경험(내셔널 구도)에 의해서도 규정된다. 어떤 사회가 같은 체제에서도 다른 사회와 모습을 달리한다면 그것은 그 사회에 축적된 역사적 경험이 다르기 때문이다. 따라서 사회의 역사적 존재 방식에 유의해야 한다. 동아시아 국가들 간의 사회적 관계는 시간적(역사적) 성찰을 필요로 한다.

탈식민화와 근대화 과정은 국제사회 형성의 개연성을 높인다. 동아시아 국제사회에서는 역사상 지배와 종속, 가해와 피해의 상호관계가 있었고, 지금도 정치, 경제, 문화 등 제반 분야에서 역내 불균형과 균열과 차별이 존재하며, 완전한 균형을 이루기 어려운 불균형이 일상화되어 있다. 따라서 동아시아 국제사회론은 일정 부분 동아시아의 균형을 지향하는, 역내 불평등의 해소를 의도하는 비판적, 규범적 국제관계론이 될 수밖에 없다. 특히 역내 불균형에서 소국으로서 생존과 발전을 모색해야만 했던 한국의 경우는 더욱 그렇다. 동아시아 국제사회론이 동아시아 역내의 세력불균형과 폭력을 윤리적 차원에서 극복하는 공공성과 윤리의 문제를 모색하지 않을 수 없는 까닭이다.

국제사회론의 의제들

동아시아 국제사회를 포착하는 몇 가지 의제가 상정될 수 있다.[18] 우선 정치외교사적 접근을 통해 동아시아 지역 수준의 국제경험을 밝히는 성찰이 요구된다. 동아시아 국제사회를 규율하는 권력과 규칙, 그리고 그에 입각한 상호작용의 모습을 드러내는 작업이다. 여기에는 동아시

18 동아시아 국제사회론의 의제에 관해서는 장인성, 「동아시아 국제사회론을 찾아서: 방법론적 성찰」, 서울대학교 국제문제연구소 편, 『세계정치10 국제사회론과 동아시아』(서울: 논형, 2009)에 의거하였다.

아에서 작동한 국제체제와 국제사회의 존재 양태를 다루는 것이 포함된다. 중화체제, 주권국가체제, 제국체제, 냉전체제, 탈냉전체제로 이어지는 국제체제의 변동을 밝히고, 이에 연동하여 동아시아 국제지역에서 영위된 사회적 관계의 변용을 드러내야 할 것이다. 이 변용은 변화와 지속의 복합으로서 이해될 수 있다. 사회적 관계는 무정부질서와 위계질서, 도덕과 권력, 외세의 타율적 규정의 현실과 역내 국가들의 자율적 구성의 이상이 착종하면서 전개되는 양상도 포함된다.

'국제', '사회', '국제사회'에 관한 개념사 연구도 필요하다. 개념사 연구는 국제영역의 사회를 구성하는 조건과 원리에 관한 탐색과 연관된다. 동아시아 국제영역에서 체제system, 사회society, 공동체community 개념이 갖는 의미에 주목해야 한다. 몇 가지 국면을 상정할 수 있다. 개항기에 주권국가체제(국제체제)와 중화질서의 사회적 관계가 접합하는 가운데 새로운 갈등이 생겨나고 이를 조정하는 사회적 관계의 규칙과 규범이 생성되는 과정을 밝혀야 할 것이다. 국민제국체제에서 일본이 동아시아 지배를 구축하는 가운데 동아시아 지역의 '사회'를 구성하고 '제국국제법'을 동원해 제국질서를 구성함으로써 주권국가체제를 '초극'하고자 했던 질서관념도 밝힐 필요가 있다. 냉전체제에서 동아시아 국제사회가 해체되고 외부 세력이 양자 관계를 분단하는 양상도 드러나야 할 것이다. 국제사회의 사회성을 파악하려면 국가들이 만들어 내는 정치권력의 상호작용뿐 아니라 비국가 주체들이 영위하는 경제, 문화 영역의 초국적 행위가 만들어 내는 소통을 보아야 한다.

국제사회관도 중요한 의제다. 국제사회관은 단순히 국제사회나 내부의 타자에 대한 인식일 뿐 아니라 국제사회의 실재에 대한 비판 혹은 실재의 바람직한 구성에 대한 자각이며, 따라서 국제사회의 현실과 이상을 내포한다. 영국학파 국제사회론에서 상정된 홉스적 전통, 그로티우스적 전통, 칸트적 전통이라는 세 가지 국제사회 이미지도 국제사회의 실재라기보다는 국제사회의 가능태를 보여 준 것이다. 동아시아에서 정치가나 지식인의 국제사회관은 국제체제의 이념, 제도, 권력을 동아시아의 맥락에서 이해하고 받아들이는 방식이며, 기존 관념과 자기 문제(자율성, 공존 등)에 대한 고민을 담고 있다. 국제사회관은 단순히 관념만이 아니라 국제사회의 현실을 담은, 실재의 반영이다. 국제사회관은 실재와 동떨어진, 혹은 실재의 대립항이 아니라 실재의 암묵적 존재 혹은 가능성, 혹은 출현을 암시한다.

질서와 정의도 주목할 주제다. 질서와 정의는 동아시아 국제사회의 현실과 이상을 측정하는 중요한 지표이다. 동아시아에서의 질서와 정의의 의미를 포착한다면 유럽 국제사회와의 차이를 파악할 수 있을 것이다. 아나키, 세력균형, 국제법이 동아시아에서 작동하는 방식과 의미는 유럽과 같을 수 없다. 유럽의 세력균형체제는 제국주의의 세계적 확산과 세계전쟁의 출현을 초래한 제도였고, 이를 극복하려는 '세계평화'(국제연맹, 국제연합)도 이것에서 비롯되었다. 유럽연합 성립의 선행조건이기도 했다. 동아시아 지역에서는 유럽체제(제국주의, 전쟁)의 세계적 확산에 따른 대응 구도와 역내 세력불균형 체제가 상관작용을 하는 가운데 전쟁과 평화의 문제 영역이 생겨났다. 동아시아는 질서와 정의의 양상이나 질서와 정의의 함수관계의 표현인 전쟁과 평화의 존재 양식도 유럽과 같지 않았다. 유럽에서 정의(문명 전파, 인도적 개입)는 유럽 강국 간의 질서를 보전하기 위한 것이었지만, 동아시아에서는 질서[現狀]를 바꾸는 수정주의(현상변경) 행위가 정의였다. 정의의 함의도 동아시아 국가들마다 달랐다. 동아시아인들의 국제정치적 사유를 점철해 온 '만국평화', '동양평화', '동북아의 안정과 평화', '동아시아 공동체'와 같은 언어에서 질서와 정의, 전쟁과 평화의 동아시아적 이해理解 방식과 개별국가의 이해利害 관계를 읽어 낼 필요가 있다. 여기에는 도덕과 권력을 둘러싼 국제정치적 사유에 대한 성찰도 요구된다.

국제사회론은 공공성 문제도 제기한다. 국제사회는 상호소통을 토대로 일정한 양해와 질서의 체계를 갖는 공공의 의미권이며, 국가들 사회의 공공성을 상정한다. 공공성은 규칙과 메커니즘, 관습과 규범을 토대로 국제적 주체들이 언설의 공적 교환(대화, 토론, 협의)을 통해 관심사를 공유하고 상호작용을 행하는 양해의 영역인 국제공공권international public sphere[19]에서 확보될 수 있다. 국제공공권은 문명 간 혹은 지역 국제사회 간 대립갈등의 해소를 지향하며 국제공공성의 생성과 발전에 대한 소망을 담은 말이다. 국제공공권은 현실 자체는 아니지만 현실의 국제사회를 규율하는 일정한 규범임을 상정한다.

이상은 동아시아 국제사회를 규명하고자 할 때 논의될 수 있는 의제들이다. 이 의제들은 충분치는 않아도 동아시아 국제사회를 해명하는 데 필요조건일 수는 있다. 이들 의제를 통해 글로벌리즘과 내셔널리즘에 간섭되는 동아시아 지역의 국제사회의 보편성과 특수성은 상당 부분 드러날 것이다. 다만 본 연구에서 이러한 의제들은 제한적으로 다루어질 것이다. 19세기 말, 20세기 말 제국 이후의 주권국가체제에서 부상한 동아시아 담론과 상상에 관련된 의제들에 집중해야 하기 때문이다.

19 Marc Lynch, "The Dialogue of Civilisations and International Public Spheres," *Millennium: Journal of International Studies* 29:2 (2000), pp. 315-316. 국제공공권은 하버마스의 공공권 개념을 국제영역에 확장한 개념이다. 이에 관해서는 종장에서 언급할 것이다.

제1부

동아시아 국제사회

개념·구도·동학

제1장
'국제사회'와 동아시아

1. '국제사회'의 개념사

'만국'과 '방국의 교제'

동아시아 국제사회와 동아시아 상상의 출현을 보여 주는 지표는 사회 개념의 등장이다. 사회 개념은 중화체제와는 다른 주권국가체제를 받아들이면서 국내질서와 지역질서가 변동하는 가운데 출현하였다. 1840년대부터 1880년대에 걸쳐 중국, 일본, 한국은 서양열강과 화친조약과 통상조약을 체결하면서 국제법체제를 받아들였다. 또한 1870년대 이래 동아시아 국가들끼리도 청일수호조규(1873), 조일수호조규(1876), 한청통상조약(1899) 등을 체결하면서 근대적 조약관계에 들어섰다. 구미 열강과 동아시아 국가들 사이, 동아시아 역내의 양 수준에서 주권, 국제법, 세력균형을 원리로 삼는 주권국가체제에 상응하는 근대적 외교관계가 전개되었다. 아울러 주권국가체제에 부응하는 근대국가와 사회가 출현하였다.

일본의 계몽지식인들은 개항과 개방에 대응하여 근대국가의 형성과 이에 부응하는 근대적 사회의 출현을 목도하면서 국가와 사회를 구성하는 인민의 주체화를 시도하였다. 메이지초기 일본의 사회 형성은 'society'의 다양한 번역어가 출현한 데서 엿볼 수 있다. 후쿠자와 유키치福澤諭吉는 버튼John Hill Burton의 『정치경제학』[1]을 번역한 『서양사정 외편』(1868)[2]에서, 그리고 『학문의 권장』(1872-1876)에서 '인간교제'라는 말로 사회를 표현하였다. 인간교제는 "어른과 어른의 동료"이자 "타인과 타인의 사귐"을 뜻하는,[3] 즉 사람들의 사회적 관계를 가리키는 말이었다. 『문명론의 개략』(1875)에서는 전제적인 상하관계를 초래하는 "권력의 편중"(권력불균형)을 힘의 평균으로 대체하는 사회를 상정하였다.[4] 한편 계몽사상가 나카무라 마사나오中村正直는 밀의 『자유론』을 『자유지리』自由之理(1872)로 번역했을 때 'society'의 번역어를 문맥에 따라 다양하게 구사하였다. 동료집단을 뜻하는 '나카마렌추'仲間連中, '나카마'仲間와 같은 기존의 일본어를 차용하거나 '정부', '세속', '인민의 회사', '회사' 등을 사용하였다. 나카무라는 사회를 사회적 관계(인간교제)를 영위하는 사람들의 집합체로 파악했던 것이다.

'society'의 번역어 '사회'는 후쿠자와도 『학문의 권장』에서 쓴 적이 있는데, 대략 1870년대 명륙사明六社 계몽사상가들이 사용하기 시작했고 1880년대 들어 유력한 번역어로서 성립하였다.[5] 번역어 '사회'의

1 John Hill Burton, *Political Economy, for Use in Schools and for Private Instruction* (Edinburgh: William and Robert Chambers, 1852).

2 후쿠자와의 버튼 번역에 관해서는 Albert Craig, *Civilization and Enlightenment: The Early Thought of Fukuzawa Yukichi* (Cambridge: Harvard University Press, 2009).

3 福沢諭吉, 『学問のすすめ』(福沢諭吉全集 第3巻, 東京: 岩波書店, 1959), 97쪽.

4 福沢諭吉, 『文明論之概略』(福沢諭吉全集 第4巻, 東京: 岩波書店, 1959).

5 근대일본에서의 '사회' 개념의 번역어 성립에 관해서는 柳父章, 『翻訳語成立事情』(東京: 岩波書店, 1982), 3-17쪽. 김태진, 「근대 일본과 중국의 'society' 번역: 전통적 개념 속에서의 '사회적인 것'의 상상」, 『개념과 소통』 제19권(한림대학교 한림과학원, 2017).

성립은 메이지 국가의 형성과 결부된다. 자주독립을 위한 부국강병과 식산흥업을 위한 문명개화가 추진되고 천황제 국가가 성립하면서 기존 언어로 설명하기 어려운 사회 현상이 전개되었다. 1880년대 1890년대 일본, 한국에서는 공적 영역인 사회가 출현하였다. 일본에서는 문명개화를 거치면서 근대적 언론매체가 출현하고 계몽활동과 자유민권운동이 전개되는 가운데 공공권이 모습을 드러내고 공론(여론)이 형성되었다.[6] 한국에서도 근대적인 언론이 출현하고 독립협회, 협성회 등 단체, 만민공동회와 같은 토론회가 성립하면서 공적 영역이 나타났다.[7] '개인', '자유', '권리', '의무'와 같은 개념들이 성립한 것도 사회 현상의 출현을 말해 준다.

국제사회에 관한 이해도 사회 개념의 성립과 연관된다. 개항기 동아시아인에게 '만국'萬國은 세계에 '별처럼 널려 있고 바둑돌처럼 포진한' 국가들을 총칭하는 말이었다. 얼마간 국제사회를 표상하는 말이기도 했다. 서세동점과 개항의 맥락에서 국제사회는 춘추전국시대에 소국들이 할거하던 이미지와 중첩되었다. 전국시대의 영웅이나 무사들의 투쟁적 행위에서 유비된 만국할거의 국제사회는 만국투쟁의 세계로 상상되었다. 만국투쟁적 세계관은 개항 전후 한국의 지식인에게도 없지 않았지만, 도쿠가와 말기 일본의 무사나 지식인들에게 널리 보였다.[8]

6 이에 관해서는 三谷博 編, 『東アジアの公論形成』(東京: 東京大学出版会, 2004).

7 근대한국의 사회 개념의 형성에 관해서는 박명규, 「한말 '사회' 개념의 수용과 그 의미 체계」, 『사회와 역사』 제59권(한국사회사학회, 2001). 근대한국의 공공권 형성에 관해서는 김용직, 「개화기 한국의 근대적 공론장과 공론형성 연구: 독립협회와 『독립신문』을 중심으로」, 『한국동북아논총』 제38권(한국동북아학회, 2006).

8 佐藤誠三郎, 『「死の跳躍」を越えて — 西洋の衝撃と日本』(東京: 都市出版株式会社, 1992); Shogo Suzuki, "Japan's Socialization in Janus-faced European International Society," *European Journal of International Relations* 11: 1 (2005); Kenneth Pyle, *Japan Rising: The Resurgence of Japanese Power and Purpose* (New York: PublicAffairs, 2007).

'만국'에 투쟁 이미지만 투사된 것은 아니다. 동아시아에 국제법체제가 성립하면서 '만국'은 외교와 법규범에 기초해 관계를 영위하는 국가들의 이미지를 내포하게 된다. 만국공법은 국가들이 투쟁하는 무질서의 세계가 아니라 국제법이 국가들을 규율하고 질서를 보전하는 국제사회의 이미지를 확산시키는 데 기여하였다. 'International law'의 번역어 '만국공법'은 윌리엄 마틴William Martin의 번역서 『만국공법』을 통해 동아시아에 널리 유통하였다. 마틴이 'international'을 '만국(의)'으로 번역한 것은 당시 '국제'에 합당한 말이 없었기 때문이겠지만 기존의 '만국'이라는 용어로도 자연법적 공법관을 반영할 수 있다고 생각했기 때문일 것이다.[9] 이 번역어 선택은 '만국' 개념과 이미지에 중요한 의미를 가진다. 마테오리치의 『곤여만국전도』(1602)에서 보듯이 '만국'은 원래 중화(중국)를 제외한 세계를 표상하는 말이었다. 그런데 주권국가의 법적 평등을 전제로 하는 '만국공법'(국제법)이 유통되었을 때 '만국'은 중국을 포함한 주권국가들의 사회를 상상하는 언어로 변용하게 된다. '만국'은 자연법적 이미지와 투쟁 이미지를 통해 국가들의 사회를 연상시키는 매개어로 기능하였다.

동아시아의 지식인들은 조약체제가 성립하면서 만국투쟁의 사회가 아니라 만국교제의 사회를 상정하게 된다. 일본에서는 만국교제의 국제사회를 상정하게 된 1860년대부터 '외국교제', '방국의 교제'라는 말이 유통하였다. 후쿠자와 유키치는 『서양사정』에서 '각국교제', '외국교제'라는 말을 썼고, 후쿠치 겐이치로福地源一郎는 마르텐스Karl von

9 윌리엄 마틴의 『만국공법』 번역 의도와 과정에 관해서는 김용구, 『만국공법』(서울: 소화, 2008); 이근관, 「동아시아에서의 유럽국제법의 수용에 관한 고찰: 『만국공법』의 번역을 중심으로」, 『서울국제법연구』 제9권 제2호(국제법연구원, 2002).

Martens의 책을 번역하면서 '외국교제'라는 말을 사용하였다.[10] '각국교제', '외국교제', '방국의 교제'는 외교를 뜻하지만, 국가들의 사회적 관계를 함축한 말이기도 했다.[11] 이 말들은 만국투쟁의 세계가 아니라 개별국가들이 서로 교제하는 국제사회를 상정한다. 메이지 계몽사상가들은 '인간교제'라는 말에서 국내사회를 상정한 것과 마찬가지로 '외국교제', '방국의 교제'라는 말에서 국가들이 교제하는 국제사회를 상상하였다. 이러한 번역어들의 성립은 국제사회의 규칙과 관습에 관한 일정한 이해가 생겨나기 시작했음을 뜻한다. '인간교제'에 대한 상상과 '방국의 교제'에 대한 상상은 서로 결부된 것이었다. 국제사회와 국내사회의 양면에서 실재와 상상은 거의 동시에 출현하였다.

번역어 '국제사회'의 출현

국제사회의 존재는 개항 이후 일찍부터 인지되었지만, 국제사회를 뜻하는 용어는 뒤늦게 성립하였다. 개념(명목)은 현상(실재)보다 늦기 마련이다. 번역어 '국제'도 번역어 '사회'와 더불어 1870년대 후반에 등장하였고 1880년대에 정착하였다.[12] 근대일본에서 'international law'의 번역어가 '만국공법'에서 '국제법'으로 대체된 것도 이때였다. 이러한 변화는 우연이 아니다. 번역어 '사회'가 성립한 것과 관련된 변화였다.

10 馬児顛(マルテンス), 福地源一郎 訳,『外国交際公法』(東京: 無鳥郷, 1869).

11 '방국의 교제'는 마틴의『만국공법』과도 관련이 있을 것이다. 마틴의『만국공법』에 "방국교제"라는 항목이 있다. 'diplomacy'의 번역어다.

12 근대일본에서 사용된 '국제'와 '사회'의 사전적 용례에 관해서는 平野健一郎,「概念の文化触変 ―『〈国際〉社会』という日本語の登場と変遷」, 平野健一郎 外 編,『国際文化関係史研究』(東京: 東京大学出版会, 2013); 강상규,「동아시아 문명권에서 '주권'과 '국제' 개념의 탄생:『만국공법』의 판본 비교와 번역」,『중국학보』 제62집(2010)을 참조할 것.

국제사회를 추상적 세계가 아니라 권력과 규범이 작동하는 구체적 세계로 보는 관점이 확립된 것이다. 그렇지만 'international society'의 번역어 '국제사회'는 '사회'보다 늦게 나타났다.

'외국교제', '방국의 교제'의 용례를 거친 뒤 번역어 '국제사회'가 등장한 것은 1880년대 후반이었다. '국제'와 '사회'가 결합한 '국제사회'가 'international society'의 번역어로 채용된 사례는 요시미 게이린吉見經綸의 『윤리학』(1888)에 보인다. 요시미는 사회를 '가족사회', '국부사회', '일반사회', '국민사회', '국제사회'의 다섯 가지로 분류하였다. 그는 이들 유형의 사회들이 어느 하나라도 없어서는 안 될 상호연관된 것으로 보았다. 요시미에 따르면, '국제사회'는 국민사회들로 구성되는데, 국민사회는 타국의 자유를 해치지 않고 타국의 독립, 재산을 중시할 의무가 있으며, 이 자유와 의무가 훼손되면 정당방위권을 사용할 수 있다. 개인은 사회의 공권력(公力)을 빌려 정당방위권을 행사하지만, 국제사회는 보편적인 법률과 법정이 없기 때문에 전쟁에 호소할 수밖에 없다.[13] 요시미는 가족사회에서 국제사회에 이르는 일련의 사회 형태를 윤리 관념을 토대로 연속적으로 파악하였다.

후쿠모토 마코토福本誠가 프랑스 국제법학자 데자르댕Arthur Desjardin의 『중국과 국제법』*La Chine et le Droit de Gens*(1900)을 번역한 『국제지나』国際支那(1901)에도 '국제사회'의 용례가 보인다. 데자르댕의 중국론은 '국제사회', '국제도의', '국제조약'을 분석개념으로 삼아 국제도의를 중시하는 관점에서 중국의 국제관계를 비판적으로 논한 것이다. 번역자 후쿠모토는 역자 서문에서 만국평등의 관점을 표방하면서 국제사회에 통용되는 국제도의에 입각해서 중국에 국제법적 제재를 가해야 한다는 자

13 吉見経綸, 『倫理学』(東京: 徳育書屋, 1888). 요시미는 정당한 전쟁으로서 '방어의 전쟁', '배상의 전쟁', '인서(仁恕)의 전쟁'을 들고 있다.

르댕의 주장에 동조하였다.[14]

번역어 '국제사회'의 성립 과정을 보면 'international society'의 번역어로서의 '국제사회'는 국제법적 관점에서 보편적인 국제사회관이나 국제도의를 강조하는 문맥에서 사용되었음을 알 수 있다. 1880년대 일본에서는 문명개화와 식산흥업을 토대로 근대국가를 형성하면서 실정법적 관점이 우세해진 가운데 'international law'의 번역어가 '만국공법'에서 '국제법'으로 바뀌고 국제사회의 권력정치에 관한 이해가 강해졌음을 상기할 필요가 있다. 번역어 '국제사회'가 국제사회에 관한 규범적 이해와 결부되어 뒤늦게 출현한 것은 실정법적 국제법 관념이 확립된 상황에서 규범적(혹은 자연법적) 관념을 '국제사회' 개념에 의탁하는 심리가 등장한 것으로 해석될 수 있다. 번역어 '국제사회'가 국제법 분야에서 성립한 것도 이와 무관하지 않을 것이다. '국제법'은 외교나 국제교섭의 규칙(실정법)이고, '국제사회'는 근대문명의 국제적 표준이 통용되는 유럽 국제사회를 가리킨다. 요시미가 윤리학적 관점에서 국제사회를 논했을 때, 후쿠모토가 보편적 국제도덕에 입각한 국제법적 제재를 중국에 부과해야 한다는 데자르댕의 견해에 동조했을 때, '국제사회'는 유럽문명에 기초한 국제사회였다.

이러한 관점은 권력정치의 신봉자였던 도쿠토미 소호德富蘇峰에게서도 확인할 수 있다. 러일전쟁 때 도쿠토미는 "우리 일본국민도 종래 흑인의 위, 지나인의 아래에 있었다. 지금은 그 위치를 전도해서 지나인의 위에 있다고 하지만 아직 전혀 백색(白皙)인종과 동등한 위치에 있는 것으로 승인되었다고 안심할 수 없다. 본디 개정조약을 실시한 이래

14 アルチュール·デジヤルダン, 支那調査会 訳, 『国際支那』(東京: 文献社, 1901). ジョン·ウエストレーキ, 深井英五 補訳, 『国際法要論』(東京: 民友社, 1901)에서도 '국제사회'를 다른 사회와 비교하고 있다.

공통적 문명의 국제사회에 가입한 것에 틀림없지만, 저들 대다수는 이것을 추삼지극推參至極이라 마음속으로 비하할 것이다. 즉 백색인종의 동포주의는 지금까지는 불행하게도 아직 전혀 우리 일본제국에 적용되었다고 할 수 없다."[15]라고 말한다. 국제사회는 "공통적 문명의 국제사회"인 유럽 국제사회를 지칭한다. 이는 도쿠토미의 다른 글에서도 분명히 드러난다.

> 저들의 국제사회라는 관념은 매우 협애하다. 저들은 백색인종, 기독교 국민이 아니면 그 무리(仲間)에 가입할 권리가 없는 것으로 본다. 그리하여 우리나라가 적십자사 조약에 가맹하는 것도 결코 용이한 일이 아니다. 단지 인도주의를 표방하는 적십자사 조약인데도 그렇다. 하물며 국제법의 적용을 유감없는 범위까지 향수하는 지위를 취득하는 데 있어서랴. 우리나라는 감히 애원하지 않고 간청하지 않고 우리 실력으로써 금일의 국제적 지위를 취득했지만 지금도 자칫하면 이방인시될 우려가 없을 수 없다. 이는 우리나라의 행동이 공통적 문명의 상규常規에 맞지 않기 때문이 아니라 서구국가들이 필경 우내宇內 공통문명의 본의에서 아직 정당한 각성(醒覚)에 달하지 못했기 때문일 따름이다. 만일 우리 제국이 금후의 사명을 분석해서 그 경중을 헤아린다면 우리는 동아를 향해 서구문명을 선전하기보다도 오히려 서구에 이 각성을 부여하는 것이 중차대하다고 믿지 않을 수 없다.[16]

이 언설에서는 국제법적 관점을 넘어 문명으로서의 국제사회가 상정되어 있다. '국제사회'는 유럽 국제사회를 가리킨다. 도쿠토미는 일본이 실력으로써 러시아와 전쟁을 벌이는 수준까지 되었는데 유럽 국

15 徳富蘇峰, 「日露戦争の副産物」, 『蘇峰文選』(東京: 民友社, 1916), 766쪽.
16 徳富蘇峰, 「東亜の日本と宇内の日本」, 『蘇峰文選』, 776-777쪽.

제사회로부터 이방인 취급당하는 것을 우려하였다. 유럽 국제사회에 가입하고 싶은 욕망을 드러내면서 일본이 "공통적 문명의 상규(규범)"에 도달한 문명국가라는 사실을 서양열강이 알게끔 각성시켜야 한다는 말이다. '국제사회'는 러일전쟁을 전후로 유럽 국제사회에 가입할 수 있다는 자신감이 들었을 때 강하게 의식되었다.

일본제국이 지역패권을 장악하고 세계정치에 참여하려 했을 때 국제사회관은 변곡점을 맞는다. 1910년을 전후한 때 사회학자 다케베 돈고建部遯吾는 사회적 구성의 관점에서 확장된 국제사회를 상상하였다. 그는 『사회정학』社会静学(1909)에서 유럽에 한정되지 않는 세계국제사회를 상정한다.

> 국가가 아직 생기지 않았을 때 사람과 사람 사이의 관계, 혹은 집과 집 사이의 관계는 사회조직의 정점이었다. 지금 또한 나라와 나라 사이의 관계, 즉 국제國際라는 것에 불과하고 열국의 이상이 진정 일대체제一大體制의 사회를 보는 데 이르지 않음은 피차가 정말 함께 한탄할 일이다. 본디 열국이 이미 우내에 존립한다면 자연적으로는 물론이고, 다소 인위(人意)적으로 상관적 존립을 영위하지 않을 수 없다. 즉 열국의 상관으로 성립하는 하나의 사회가 본래 없지 않지만, 이는 실로 유치한 사회이고 무질서인 사회이며 체제 없는 사회다. 그 체體가 이처럼 방연尨然하기 때문이고 그 체제體制가 이처럼 아직 발달하지 않았기 때문이다. 어찌 그 분요紛擾가 극심하고 참화가 맹렬하지 않기를 바랄 수 있겠는가. 오늘날 사회정학社會靜學에서 국제國際를 논함은 현재 존립하고 않고를 논하지 않고 체제상 있어야만 하는 각 단段의 발달을 말하는 것이며 흡사 가족의 경우나 국가의 경우와 같을 것이라 기대한다.[17]

여기에는 국가들 간의 '국제', 즉 후쿠자와가 말한 '교제'의 수준을 넘어선, "일대체제의 사회"를 구상한다. 열강들의 역학 관계에서 자연히 생성된 국제사회는 "유치한" "체제 없는 사회", "무질서인 사회"일 뿐이며, 국제사회는 궁극적으로 "체제"를 갖춘 사회를 지향해야 한다는 것이다. 사람과 사람 사이, 집과 집 사이의 관계에서 유추하여 "일대 체제의 사회"로서 국제사회를 구성하는 발상이 보인다. 다케베는 『사회학강의』(1910)에서도 모든 국가들이 질서를 갖추고 "규합혼일"糾合混一해서 "선미완전善美完全한 질서"를 갖춘 "일대 체제의 사회"를 만드는 것, "문명세계에 질서 있는 제도를 건설하는 것"이야말로 국제사회의 궁극적인 목표이며, 이를 위해 "초군"超群의 특정 국가가 "중국가"衆國家를 멸망시켜 세계를 통일하든가, 아니면 중국가가 합의로써 "문명세계의 혼일사회"를 건설해야 한다고 말하고 있다.[18]

도쿠토미에게 '국제사회'가 일본이 가입해야 할 현존의 유럽 국제사회였다면, 다케베의 경우 모든 국가들을 통일해서 새롭게 구성해야 할 "선미완전한" 문명세계였다. 다케베는 일본이 동아시아 패권을 장악한 상황에서 세계질서의 새로운 구축을 구상하는 국제사회관을 제시했던 셈이다. 일본이 근대문명과의 거리를 의식하는 한 '국제사회'는 유럽 국제사회를 지칭하지만, 일본이 문명화와 강국화를 토대로 제국화와 세계정치를 향한 의지를 투영시키는 순간, 이 번역어는 일본의 장소성을 드러내는 말로 변용하게 된다. 다케베의 국제사회론은 일본을 포함한 세계정치를 지향하는 '국제사회' 개념이 출현했음을 보여 준다.

근대한국의 국제사회 개념

근대일본에서 국제사회 상상과 번역어 '국제사회'의 출현 및 의미변용은 일본의 국가경험, 국제경험과 관련된다. 국제사회 상상(국제사회관)

17 建部遯吾, 『社会静学』(東京: 金港堂, 1909), 207-208쪽.
18 建部遯吾, 『社会学講義』(東京: 早稲田大学出版部, 1910), 140-142쪽.

은 메이지 일본이 주권국가(근대국가)로서 성장하고 세계국가로서 팽창하는 과정과 연관된다. 근대한국의 경우도 마찬가지였다. 한국에서도 1870년대 초 박규수에서 볼 수 있듯이 국제사회를 만국할거와 만국투쟁과 국가들의 동맹이 이루어지는 세계로 상상하는 관점이 출현하였다. 1870년대 후반 이유원과 이홍장의 왕복 서한을 보면,[19] 대국들이 생존경쟁을 벌이고 대국이 소국의 독립을 훼손하는 권력정치가 작동하는 유럽 국제관계의 현실을 어느 정도 알고 있었다. 다만 이러한 이해는 권력정치를 보여 주는 유럽의 제한된 사례에서 형성된 것이다.

1880년대 한국에서도 사회현상으로서 국제사회를 생각하는 상상이 출현하였다. 유길준은 계몽과 문명개화의 관점에서 사회 현상을 파악하였다. 유길준은 서양체험을 통해 서양의 각종 사회 — 노동자사회, 법률가사회, 정치사회 등 — 는 규칙과 공론에 의거한다는 사실에 주목하면서 한국에서 문명사회의 가능성을 모색하였다.[20] 유길준은 『서유견문』(1895)에서 '인세'人世 즉 인간세상이라는 말로 사회를 표현하였다. 이를테면 경찰의 직분을 소개하는 대목에서 유길준은 "순찰의 본의는 국가의 치평을 도와 개명한 진보를 지키는 데 있다. 그러므로 법제의 질서를 파괴하여 인세人世의 안녕에 방해되는 자를 쫓아내고, 온평한 큰 뜻에 장애가 되고 사회社會의 화호에 손상되는 자를 억제한다. 민생의 복지와 안녕[安康]에 유관한 사항은 모두 그 직이 간여한다."[21]라고 말하였다. 사회를 지칭하는 말로 '인세'와 '사회'를 쓰고 있다. 그런데 '사회'

19 장인성 외 편, 『근대한국 국제정치관 자료집』 제1권(서울: 서울대학교출판문화원, 2012), 47-57쪽.

20 『西遊見聞』(東京: 交詢社, 1895), 148-149, 175, 177, 292쪽.

21 『西遊見聞』 제10편 제3절 「巡察의 規制」, 272-273쪽. 『서유견문』은 1895년에 발간되었지만 서문은 1889년에 작성되었다. 내용상으로도 1880년대 유길준의 사상이 반영된 저작이다.

용례는 이 대목이 유일하다. 유길준은 『서유견문』의 도처에는 '인세'를 의도적으로 사용하였다.[22] '인세'는 인민들이 사회적 관계를 영위하는 세상이었다.

유길준은 '인세'의 연장선에서 '방국의 교제'가 이루어지는 세계를 상정한다. 향리에서 볼 수 있는 '인세의 광경'과의 유비를 통해 국제사회를 유추한다.

> 이는 방국이 스스로 가진 권리니 그 하나라도 없으면 나라(國)가 나라(國) 될 수 없으며 또한 되어서도 안 된다. 이제 **세계**의 광대함을 들어 하나의 향리에 비한다면 저마다 한 모퉁이(一隅)를 점거한 나라들은 같은 마을에 울타리를 서로 접한 집들과 같다. 이웃(比隣)의 경황은 우목友睦하는 신의를 맺으며 자익資益하는 편리를 통해 **인세**人世**의 광경**을 조성하는 것이다. 만물이 같지 않기 때문에 사람들의 강약과 빈부는 반드시 차이가 있겠지만, 각기 일가一家의 문호를 세워 평균한 지위를 보수하는 것은 국법의 공도로서 사람의 권리를 지키는 것이다. **방국의 교제**도 공법으로 제어(操制)하여 천지의 무편無偏한 정리正理로 일시一視하는 도를 행하기 때문에 대국도 일국이고 소국도 일국이다. 나라 위에 나라가 다시 없고 나라 아래에 나라가 또한 없어 일국의 나라 되는 권리가 피차의 동연同然한 지위로 터럭만큼의 차이(差殊)가 생기지 않는다. 그러므로 모든 나라가 우화友和

22 『서유견문』은 1895년에 발간되었지만, 『서유견문』 총20편은 모두 1880년대에 저술된 것이다. 서문도 1889년에 작성되었다. 유길준은 1882년부터 1년 반 정도 일본에 유학했는데 그때 이미 확립된 번역어 '사회'를 접했을 터다. 하지만 유길준은 사회에 관해 논하면서 번역어 '사회'를 채용하지 않고 전통적 용어인 '인세'를 사용하였다. 1880년대 독자들의 이해를 생각했기 때문이겠지만, 메이지 초기 일본에서 'society'를 전통적 언어로 번역했던 것과 상통할 것이다. 인용한 대목에서 번역어 '사회'가 유일하게 사용된 것은 참고로 했던 일본 텍스트에서 무심코 차용한 것으로 추정된다.

한 뜻으로 평균한 예를 써서 약관約款을 호환互換하고 사절을 교파交派하여 강약의 분별을 세우지 않고 권리를 서로 지켜 감히 침범하지 못한다. 타방의 권리를 공경치 아니하면 이는 자기의 권리를 스스로 해치는 것이므로 자수自守하는 도道에 근신하는 자는 타인의 주권을 해치지 않는 까닭이다.[23]

유길준은 방국의 주권이 행사되고 '방국의 교제'[24]가 이루어지는 세계, 이웃하는 집들이 모여 마을을 이루듯이 방국들이 구성하는 세계를 상정한다. '방국의 교제'는 국제사회를 상정한 말이다. 유길준은 향리의 모습에서 국제사회의 모습을 유추한다. 이웃들이 우애하는 신의와 서로 돕는 편리에 의해 만들어 내는 '인세의 광경'에서 대국과 소국이 우애의 뜻을 가지고 만국공법에 의해 규율되고 신의와 평등이 통용되는, 방국의 교제가 실현되는 방국들의 세계를 유추해 낸다. 만국공법은 주권평등과 국제평화를 보장하는 '천지무편의 정리', '일시의 도', '지공의 도'로서 간주된다. 국법(국내법)은 국내사회의 공공성과 평등성을 부여하는 공적 기제이며, 만국공법(국제법)은 국제사회의 공공성과 평등성을 보장하는 공적 장치로 여겨졌다.[25]

유길준은 방국(국가)과 세계(국제사회)의 상관적 존재양태를 민감히 읽어 내는 국제정치 감각을 보여 주었지만 이는 예외적인 사례였다. 근

23 유길준, 『西遊見聞』(東京: 交詢社, 1895), 88-89쪽.

24 유길준이 사용한 "방국의 교제"는 두 용법에서 영향을 받은 것으로 보인다. 마틴의 『만국공법』에 지금의 외교에 해당하는 번역어로 '방국교제'라는 말이 사용되고 있다. 이를테면, 『만국공법』 제2장 「論邦國自治自主之權」의 제1절에 "人成羣立國而邦國交際有事而此公法之所論也"라는 대목이 있다. 후쿠자와의 『서양사정 외편』에서 사용한 "인간교제", "외국교제", "각국교제"라는 용례에서도 영향을 받았을 것이다.

25 이러한 견해는 유길준의 「국권」이란 논설에서도 보인다(「국권」, 『유길준전서』 IV, 30-39쪽).

대한국에서는 만국 이미지가 일반적이었다. '만국'은 국가들이 포진한 세계를 가리킨다. 김윤식이 서문을 붙인 『만국정표』萬國政表(1886)는 세계 51개국의 정치경제에 관한 주요 통계지표를 실은 책인데,[26] 여기에서도 '만국'은 세계와 같은 의미로 사용되었다. '만국'의 용법은 헤이그평화회의가 '만국평화회(의)'로 불린 데서도 엿볼 수 있다. 일본에서는 1880년대를 지나면서 '만국공법'이 '국제법'으로 바뀐 데서 보듯이 '만국' 용례가 약해졌지만 한국에서는 국망 때까지 널리 사용되었다. '만국'은 상투어였다.

'만국'의 의미는 아주 빈번하게 사용된 '만국공론'과 '만국공법'이라는 말의 용례에서 추론할 수 있다. 유길준은 사회 영역뿐 아니라 국제사회 영역을 규율하는 규범으로서 규칙과 공론을 상정했는데, 만국공법과 만국공론은 국제영역에서 작동하는 규칙, 공론이라 할 수 있다. 이러한 점에서 유길준의 국제사회관은 예민한 국제정치 감각에서 비롯되었지만 동시대 유학자들의 국제사회관과도 상통하는 면이 있었다. 거문도사건(1885) 때 영국과의 교섭을 담당했던 외무독판 김윤식은 만국공법에 비추어 영국의 거문도 점거가 불법이라는 사실을 '동맹' 각국에 성명하고 만국의 공론에도 호소함으로써 영국의 거문도 철수를 실현시키고자 했다.[27]

만국공론은 대국의 침략성과 국제사회의 권력정치를 비판하는 한편 국제사회의 공정성을 상정한 말이다. 만국공론을 표방하는 데는 "내가 내 도리를 하야 세상공론을 지켜 갈 것 같으면 아무리 강한 나라가 그 약한 나라를 뺏고 싶으나 공론에 무서워 못하는 것이라"[28]는 심리

26 『萬國政表』(博文局, 1886).

27 『고종실록』 고종 22년 4월 7일조.

28 『독립신문』 1898년 3월 5일자 논설.

가 작동하였다. 만국공법은 만국공론을 지탱하는 유력한 준거였다. 만국공론은 만국공법에 대한 기대와 권력정치 현실 사이의 간극을 없애는 규제적 수단으로 여겨졌다. 명성왕후 시해와 단발령에 대응하여 만국공법과 만국공론을 준거 삼아 조선의 의리를 밝히고 시비를 가려야 하며, 조선의 주권을 침해하는 일본의 침략성을 세계만국에 '공개'하고 만국공론의 심판에 맡겨야 한다는 견해도 제시되었고, 만국은 한국의 국권을 침탈한 일본의 포악무도한 만행을 국제공법에 따라 응징해야 한다는 주장도 나왔다.[29] 만국공법과 만국공론은 힘이 약한 소국이 대국의 폭력을 비판하고 주권을 보전하는 명분으로 동원되었다. '만국'은 세계를 지칭하지만 추상적인 국제사회를 상정한 말이었다. 규범론적 정치관이 투사된 말이었다. 만국의 보편적 규칙과 공론을 담보하는 한 만국공법과 만국공론을 얘기할 때 세계국제사회를 상정하지 않을 수 없다. '만국'의 의미는 전통적인 지리적 세계를 넘어 보편적 가치와 공통의 이해와 공공성이 상정되는 세계로 확장되어 있다.

그런데 세계국제사회를 상정하는 '만국'과 더불어 동아시아 국제사회를 생각하는 동양 상상도 제시되었다. '만국'과 '동양'의 관계는 오늘날 말하는 세계와 동아시아의 관계와 유사하다. 문명개화론자들은 만국공론을 한국의 '야만'을 치유할 '문명한 나라의 의견'(문명사회의 국제여론)으로 보았다. 가혹한 형벌의 관습을 수치로 여기도록 만드는 '인류의 보통[보편] 권리'나 '인도의 통의'를 공론의 근거로 보는 한편, 러시아에 대항하기 위한 동양삼국의 연대협력을 주장하기도 했다.[30] 위정척사론자들도 만국공법과 만국공론을 말하면서도 동양삼국의 '정립'鼎立에 의거한 동양평화를 주장하였다. 이를테면 만국공법에 의거해 신의

29 이에 관해서는 제5장에서 상세히 논할 것이다.

30 『독립신문』 1898년 10월 7일 논설 「만국공론」.

를 지켜야 하며, '동양일국'東洋一局에서 지리적 근접, 동종, 동문의 보거순치 관계를 영위하는 한일 양국이 신의와 화호를 지켜야만 동양평화를 보전할 수 있다는 견해도 제시되었다.[31] 문명개화론자와 유학자들은 만국공법과 만국공론의 공적 기능에 관한 견해를 달리하였다. 하지만 이들이 사용한 만국공법과 만국공론의 용례에서는 개별국가를 초월하는 보편적 가치를 담지한 국제사회에 대한 상상과 더불어 한국의 생존에 사활적인 의미를 가진, 이웃한 나라들끼리 상호작용하는 영역으로서 '동양' 국제사회에 관한 상상을 엿볼 수 있다.

한국에서 'international society'의 번역어 '국제사회'의 출현은 일본에 비해 훨씬 늦었다. 번역어 '국제사회'는 러일전쟁 이후에야 발견된다. 특히 1907년 이후 일본제국주의에 의해 한국의 주권이 침탈당하는 한편 한국인의 일본유학이 급증하면서 한국의 지식사회가 일본의 지식체계에 포섭되는 상황과 관련된다. 번역어 '국제사회'는 김성희의 「독립설」(1907)에 보인다. 김성희는 이렇게 말한다.

> 강식약육과 우승열패는 오늘날 동서양 역사상 하나의 연극의 무대라. 강자強者 우자優者가 열자劣者 약자弱者를 대하는 것은 호랑이가 양을 대하고 고양이가 쥐를 대하는 것과 같지 않을 뿐만이 아니니다. 그 세는 반드시 탄서呑噬를 보고서야 그치는지라. 전지구상 제국, 왕국, 대공국大公國, 공국公國, 후국侯國, 보호국, 종국從國의 명칭이 각기 다르지만 혹 보수保守를 품고서 목적을 이루지 못하며, 혹 교육에 어두워서 개발하지 못하며, 혹 병압兵壓으로써 미란糜爛하며, 혹 채관債款으로써 양도하며, 혹 식민을 당하여 동화하며, 혹 재고財庫를 맡기고서 먹을 것을 구하며, 혹 외교를 잃고서 쇄고鎖錮하며, 혹 경찰권(警權)을 잃고서 반박反縛하는 자는 일절 국제사

31 이에 관해서는 제7장과 제8장 참조.

회의 숲에서 병립할 수 없은즉 6, 7개 최강국의 장목신비張目伸臂가 또한 진실로 그러한지라. 그러므로 세계 제1등 독립 외에 사람이 있을 수 있겠는가 나라가 있을 수 있겠는가.[32]

김성희는 경쟁을 통해 한국의 독립을 모색하는 의식에서 '국제사회'를 상정한다. 약육강식, 우승열패의 세상에서 6, 7개 강대국이 주도하는 '국제사회'에서 병립하기 위해서는 '세계 제1등 독립'을 이룩해야만 한다. 번역어 '국제사회'의 출현은 국망에 이르는 상황에서 한국의 지식사회에 근대적 사회, 국가 관념이 급속히 유포된 것과 상관된다. 김성희는 단체와 독립의 상관성을 강조하면서 "한 몸의 단체로써 한 몸의 독립을 심고, 천만인 단체로써 천만인 독립을 조합하여 국가독립 존재의 실을 이룬다"고 주장하였다. "개인 한 몸의 단체"는 사지오관四肢五官과 같은 생리상 조직이며, "한 몸의 독립"은 개인 한 몸을 자수자강하여 "군거群居하되 불의不倚하고 처약處約하되 불외不畏하여 자유행동"하는 것을 가리킨다.[33]

김성희의 견해는 후쿠자와 유키치의 "일신 독립해서 일국 독립한다"라는 명제를 떠올리게 한다. 김성희의 '국제사회' 개념은 개인("한 몸의 독립")과 국민("한 몸의 단체")을 전제로 한다. 또한 사회("군거") 속의 개인의 "자유행동"을 상정한다. 여기에는 국망에 이르는 상황에서 사회진화론이 급속히 유포되는 가운데 권력투쟁을 자각하는 홉스적 정치관

32 金成喜, 「독립설」, 『대한자강회월보』 제7호(1907. 1). 15쪽. 원문은 국한문 혼용체.

33 김성희가 관여한 대한자강회는 "독립의 성(性)으로써 두려워하지 말고 사회를 결합하여 풍기를 쇄신하며 국가를 조직하여 세계와 직접(直接)하여 흘연히 경쟁의 장에서 자존하는" 데 설립 취지를 두었다(金成喜, 「독립설」, 15-17쪽). 이 취지문에서도 사회진화론적 분위기 속에 개인, 사회, 국가의 개념들이 서로 결부되어 있음을 알 수 있다.

념이 부상하면서 '개인', '국민', '사회', '국가'의 개념들이 근대적 형태를 갖추고 분출하게 된 지적 상황이 연관되어 있다. 개념어 '국제사회'의 출현은 사회진화론적 국가관이 크게 유행하게 된 지식 상황과 관련된다. 번역어 '국제사회'의 성립은 국가평등 관념이 투영된 '만국' 개념의 퇴조를 시사한다.

개념어 '국제사회'는 1910년대, 특히 제1차 세계대전이 끝나는 시점부터 일상화되었다. 세계대전 발발과 국제연맹 창설은 '국제사회' 개념의 확산에 기여하였다. 제1차 세계대전은 언론지상에 보도되는 세계문제를 통해 세계국제사회를 인식하는 계기를 제공하였다. 국제연맹은 보편적 국제사회의 실재를 상상하게 해 주는, 국제사회의 자유주의적 구상을 자극하는 계기였다. 이를테면 김양수는 "인도정의의 관념"에서 창설된 국제연맹이 불완전하나마 "인류 정로正路에 대한 제1보"이며 "국제사회의 협조"를 촉진할 것으로 기대하였다.[34] 세계대전과 국제연맹이라는 세계문제는 칸트적 이미지로서 세계국제사회를 상상하는 기회를 제공하였다. 국제적 민주주의의 세계적 조류에 부응하여 '인도정의'와 '세계평화'를 희구하는 상상력은 3·1운동기의 독립선언문들에서도 엿볼 수 있다.[35] 하지만 다른 한편 일본제국이 세계정치의 주체로 등장하면서 국제사회는 영미 중심의 국제세력(현상유지세력)과 신질서를 구상하는 국제세력(현상변경세력)이 대결하는 장으로 바뀌게 된다. 홉스적 이미지의 국제사회가 출현한 것이다.

국제사회는 실재와 상상의 사이에서 성립하였다. 국제사회에 대한

34 若嬰生(김양수), 「세력균형주의와 국제협조주의」, 『개벽』 제46호(1924. 4).

35 이에 관해서는 장인성, 「3·1운동의 정치사상에 나타난 '정의'와 '평화'」, 『대동문화연구』 제67집, 성균관대학교 대동문화연구원, 2009(박헌호·류준필 편, 『1919년 3월 1일에 묻다』, 서울: 성균관대학교출판부, 2009에 재수록)를 참조.

상상과 개념어 '국제사회'의 성립은 국가의 존재양태나 주권 상황과 연관되었다. 주권국가와 제국 형성의 과정에서 국제법과 국제교섭(외교)에 깊이 연루된 일본의 경우 국제사회는 대국들의 권력이 행사되는 실재였다. 반면 주권이 약했던 한국의 경우 국제사회는 외교 실천의 장이기보다는 독립을 보전해 주는 정의의 실현이 기대되는 규범론적 상상물이었다. 한국에서는 국제법이 국제사회의 공공성을 실현하는 윤리로서 상정되었고 이 때문에 '만국공법'이란 용어가 국망 때까지 살아남았다. 대체로 국제사회의 실재와 상상은 유럽 국제사회 내지 세계 국제사회를 대상으로 한 것이었지만, 근대한국의 '동양' 개념에는 동아시아 수준의 지역 국제사회를 상정하는 사유가 있었다.

2. 유럽의 경험과 '국제사회'

영국학파와 '국제사회'

'동아시아 국제사회' 개념은 동아시아 국제영역에 국가들 관계의 특수한 구조와 경험과 구상이 담겨 있음을 상정한다. 국제사회는 국가들의 사회society of states다. 국제사회는 하나의 지구세계global world에서 세계국제사회world international society나 글로벌 국제사회global international society로 성립할 수도 있다. 유럽세계, 아랍세계, 동아시아세계 등 특정 지역세계regional world에서 유럽 국제사회, 이슬람 국제사회, 동아시아 국제사회 등으로 나타나기도 한다. 국가의 속성에 따라 왕조국가들의 사회, 국민국가들의 사회, 주권국가들의 사회 등을 상정할 수도 있다. 국가들이 주권평등의 원칙에 입각한 사회적 관계를 영위한다면 '주권국가들의 사회'가 되며, 국민국가로서 사회적 관계에 참여한다면 '국민국가들의 사회'가 될 것이다. '제국들의 사회'도 있다. 국제사회의 유형은 단일할 수도 있고 중첩될 수도 있다. 근대 국제사회는 왕조국가들의 사회, 국민국가들의 사회, 주권국가들의 사회의 복합으로 성립하였다.

동아시아 국제사회를 생각할 때 영국학파 국제사회론을 떠올리지 않을 수 없다. 영국학파 국제사회론자들은 국제사회를 규범과 법, 규칙, 문명기준, 제도 등을 공유하고 공통의 규범에 기반을 둔 상호이해가 이루어지는 국가들의 사회로 정의한다. 학파를 주도한 불Hedley Bull에 따르면, 국제사회는 "어떤 공통의 이익들과 공유의 가치들을 의식하는 일단의 국가들이 다른 집단에 속한 국가와의 관계에서 스스로 공통의 규칙군에 의해 구속받는 것으로 인지하고 공통의 제도들의 운용에 함께 한다는 의미에서 하나의 사회를 형성할 때" 존재한다.[36] 상호소통과 공통의 이해shared understanding는 국제사회의 조건이며, 공통의 문명, 문화는 상호소통과 공통의 이해를 위한 기반으로 간주된다. 공통의 문명 요소는 상호소통과 밀접히 관련된 인지와 이해를 가능하게 함으로써 공통의 규칙을 정의하고 공통된 제도를 생성하는 것을 원활히 한다. 공통의 이해를 높임으로써 국가들이 공통의 가치를 인식하고 공통의 규칙과 제도를 받아들이도록 한다. 국제사회는 이러한 공통의 양해와 규범, 그리고 세력균형, 전쟁, 외교 같은 제도로 운영된다. 규칙, 규범, 제도의 틀은 사회적 구성의 조건이며, 권력은 이 틀에서 운용되는 것으로 이해된다. 이해와 규범, 규칙과 제도는 진보하는 역사적 형성물로 여겨진다. 불은 질서와 정의의 법적·규범적 이해, 규범 공동체의 정치적·물질적 조건에 주목하는 한편, 국제사회의 규칙들이 제도, 정치구조, 세계정치와 연결되는 방식에 관심을 가졌다.[37]

36 Hedley Bull, *The Anarchical Society: A Study of Order in World Politics* (New York: Columbia University Press, 1977), p. 13.

영국학파는 영국 국제정치론 위원회를 중심으로 국제사회의 역사적 형성에 관한 관점과 견해를 공유한 마틴 와이트Martin Wight, 헤들리 불과 그 제자들을 포함한 일군의 학자를 가리킨다.[38] 국제사회론자들은 특정의 탐구 전통에 대한 자기 동일화, 해석학적 접근, 규범이론으로서의 국제이론을 공유한다. 국제사회에서 공유되는 이익과 가치, 법적 도덕적 규칙에 대한 공통의 양해를 중시하며, 국제사회의 역사적 전개와 관행, 규범으로서의 국제법을 중시한다. 추상적 이론의 비역사적 합리주의를 지양하고 구체적 사실에 입각한 역사적 합리주의를 지향한다. 규칙과 제도가 기능하는 방식에 대한 생각은 제도주의와 통하지만, 제도주의에 내재된 추상적인 비역사적 합리주의에는 동의하지 않는다. 불은 인간의 추상적인 이성보다 국가들 간의 합의에 의존하는 국제사회의 관행에 유의하며, 공통이익을 이해하는 방식의 진화 과정에 주목한다. 국제사회론자들은 국제사회의 제도와 문화에 대한 역사적 이해를 강조하며, 성찰적 역사연구와 감정이입에 의한 이해와 해석을 중시한다.[39]

37 Andrew Hurrell, "Forword," Hedley Bull, *The Anarchical Society*, 3rd edition (New York: Columbia University Press, 2002), pp. xiv-xv.

38 영국학파는 매닝(Manning)에서 시작하여 와이트, 불, 빈센트(Vincent) 등을 거치면서 지적 흐름을 형성하였고, 스가나미(Hidemi Suganami), 윌슨(Peter Wilson), 허렐(Andrew Hurrell), 던(Tim Dunne), 부잔(Barry Buzan) 등이 뒤를 이었다. 영국학파는 구성원과 비구성원 사이의 경계가 엄격하지 않으면서도 집단의식을 갖고 학파의식을 형성하면서 사상 패턴을 공유하게 된 일종의 클러스터였다(Andrew Linklatter and Hidemi Suganami, *The English School of International Relations: A Contemporary Reassessment*, Cambridge: Cambridge University Press, 2006, pp. 39-42).

39 Hurrell, "Foreword," pp. x-xi. 영국학파 국제사회론의 국제사회 개념과 질서-정의론에 관해서는 장인성, 「영국학파 국제사회론과 근대동아시아의 국제사회화에 관한 고찰: 동아시아 국제사회론의 구축을 위한 시론」, 『세계지역연구논총』 제27집 1호(한국세계지역학회, 2009)를 참조. 영국학파 국제사회론에 관한 소개로는 마상윤, 「영국

아나키와 질서

국제사회론자들은 권력정치의 현실을 인정하고 국제사회를 아나키 상태로 본다. 하지만 국제사회는 전쟁, 강대국, 세력균형, 외교와 같은 제도에 의해 질서가 유지된다고 생각한다. 국제사회론자들은 질서의 혁명적 변화를 부정한다. 불은 세력균형과 강대국의 양해가 없다면 국제법, 국제기구, 가치와 같은 국제질서의 연성 요소들은 사상누각이 될 것이라 주장한다. 이 점에서 영국학파 국제사회론은 현실주의와 친화적이다. 하지만 현실주의자와는 국제사회를 보는 눈이 다르다. 현실주의자들이 국제사회의 아나키를 상위 권위체가 없는 무질서 상태이며 국제사회의 질서는 권력과 이익을 추구하는 단위들 간의 권력배분에 의해 유지된다고 생각하는 것과 달리 국제사회론자들은 국제사회의 아나키가 무질서anomie가 아니라 질서order가 있는 상태라고 본다. 그들은 공통의 양해, 규칙, 규범에 의존하는 질서를 상정한다. 따라서 권력과 이익보다는 규범과 제도, 관념과 정체성을 중시한다. 현실주의자들이 규범을 국가들의 행동을 규율하는 기제로 보는 것과 달리, 국제사회론자들은 권력정치, 주체들의 성격과 정체성, 그리고 폭력 행사나 주체들의 행위를 정당화, 합법화하는 방식을 형성하는 데 규범이 갖는 역할을 중시한다. 분쟁과 전쟁조차도 고도로 제도화, 법적, 도덕적, 정치적 규범 위에서 발생하는 규범적인 현상으로 간주한다. 세력균형은 국가들의 행동을 규제하는 장치나 힘forces이 아니라 행위자들이 그 의미와 규칙, 역할에 대해 토론하고 논쟁하는, 의식적이고 지속적인 관행으로 이해된다. 강대국의 질서 부여도 힘에 의해서가 아니라 타국이 정당한 것

학파의 국제사회론」, 『세계정치』 제10호(서울대학교 국제문제연구소, 2008); 전재성, 「영국의 국제사회학파 이론」, 우철구·박건영 편, 『현대국제관계이론과 한국』(서울: 사회평론, 2004) 등이 있다.

으로 인지해 주었을 때 의미를 갖는다. 권력은 사회적 속성으로 간주된다.[40] 권력과 이익을 추구하는 국가들의 상호작용에 관여하는 규범, 규칙, 가치는 공통의 문화, 문명에 의존하는 것으로 본다.

질서는 국제사회의 성립과 유지에서 빼놓을 수 없는 요소다. 주권, 국제법, 세력균형은 질서의 원리다. 불에 의하면 국제사회의 질서는 대국이 주도한다. 질서유지자(강대국)에 의한 세력균형은 질서의 유력한 조건이다. 그런데 질서는 정의의 문제를 수반한다. 질서는 정의를 결여해서는 정당성을 확보하기 힘들다. 질서유지(세력균형)의 대상인 소국이 이익의 정당한 배분에서 배제되는 한 정의의 문제가 뒤따르기 마련이다. 영국학파 국제사회론자들은 정의보다 질서에 주목하였다. 불은 국제사회에서 질서를 보전하려는 힘과 정의를 실현하려는 열망 사이의 긴장 관계를 인지하였지만, 보편(세계시민)적 정의에 포함되는 공통선을 배려하지는 못했다. 국제사회의 보전, 즉 질서를 가장 중요한 가치로 보았기 때문이다. 질서는 사실order as fact일 뿐 아니라 가치order as value였다. 따라서 생존, 신의, 소유권과 같은 질서의 기본 목표에 관해 말하는 것 자체가 정의였다.[41] 정의는 질서를 토대로 실현된다고 보았다. 질서를 위협하는 정의는 용인하지 않았다. 불의 경우 국제질서와 세계시민적 정의 사이에서 긴장을 유지하는 것보다는 국제사회를 주도하는 대국들의 충돌을 예방하는 일이 더 중요했다. 인권은 국가들의 공존에 관한 기본 계약을 위협하는 것이었다.[42]

불의 질서관은 19세기와 20세기 초반 국제사회를 주도한 영국의 경험과 관점이 반영된 것이다. 영국학파 국제사회론은 1950년대, 60년

40 Hurrell, "Forword," pp. vii–ix.

41 Bull, *The Anarchical Society*, ch. 3.

42 Bull, *The Anarchical Society*, pp. 4–7, 82–86, ch. 3.

대 탈식민지와 신생국 독립으로 비서구사회를 포괄한 확장된 세계국제사회world international society가 전개되면서 부의 재분배와 국제평등, 인권 등이 세계문제로서 부상한 데 대응하여 유럽국가들의 이익이 반영된 유럽국제사회의 질서원리를 제시한 것이었다. 그런데 새로운 질서 형성에는 이에 걸맞은 정의의 실현이 요구된다. 세계사회world society, global society를 상정했을 때 질서는 유럽사회를 넘어선 보편적 정의로 재구성될 것을 요청받는다. 불의 제자 빈센트R. J. Vincent는 스승이 유보했던 정의 문제를 제기한다. 빈센트는 규범적, 철학적인 정의론을 받아들여 국제정의의 문제를 성찰하고, 인권의 도덕적, 법적 지위와 인도적 개입의 정당성 문제를 국제사회론의 영역에 끌어들였다.[43] 배분적 정의는 질서의 불평등을 해소하려는 의지를 담았고, 인도적 개입은 보편적 인권을 명분으로 국제정치의 재구성을 의도하였다. 제3세계 국가들이 국제정치의 중요 주체로서 행동하게 되었을 때 세계정치의 차원에서 정의 문제를 다루지 않을 수 없었다. 빈센트가 정의를 중요한 의제로 삼은 것은 불이 집착했던 '유럽 국제사회'의 불가피한 변용을 뜻한다. 부잔Barry Buzan도 국제사회에서 세계사회world society로 이행하는 콘텍스트의 변화를 감지하였다.[44]

영국학파가 상정한 국제사회의 역사적 모델은 유럽 국제사회였다. 영국학파 국제사회론은 주권, 국제법, 세력균형이 주요 원리로 작동하는 주권국가체제를 형성하고 갈등의 학습과정을 거쳐 협력의 규범과 제도와 유럽정체성을 생성한 유럽 국제사회의 역사적 경험을 중시한

43 R. J. Vincent, *Human Rights and International Relations* (Cambridge: Cambridge University Press, 1986).

44 Barry Buzan, *From International Society to World Society?: English School Theory and the Social Structure of Globalisation* (Cambridge: Cambridge University Press, 2004).

국제관계론이다. 영국학파의 국제사회 개념은 주류 국제정치이론과 달리 지역 국제관계의 존재방식을 이해하고 동아시아 국제사회를 성찰하는 데 의미 있는 함의를 제공한다. 역사적 합리주의에 기초한 영국학파의 성찰적 방법과 관점은 지역 국제관계의 양태를 지역 국제사회regional international society의 관점에서 이해하는 데 일정한 시사를 제공한다.[45] 다만 영국학파 국제사회론이 미국 국제정치학의 행태주의와 과학주의에 대응하는 대항담론이며, 글로벌 국제사회나 세계사회의 출현에 즈음하여 유럽 국제사회의 규범과 가치와 질서를 옹호하는 의도에서 성립한 국제정치론이었음을 확인해 둘 필요가 있다.

3. '세계국제사회'와 '동아시아 국제사회'

'팽창'과 '편입'

영국학파 국제사회론은 주류 국제정치학에 대응하는 대항 담론의 성격을 갖기 때문에 지역 국제사회의 규범과 가치와 질서를 생각하는 데 일정한 함의를 줄 수 있다. 역사와 사회적 구성에 관한 개념과 방법론은 중요한 시사를 준다. 하지만 유럽 중심적인 국제정치론이라는 점도 간과할 수 없다. 영국학파 국제사회론이 유럽적 경험에 기초하는 한 역사적 경험과 특성이 다른 동아시아 국제관계에 그대로 적용될 수는 없다. 빈센트가 인권과 인도적 개입을 논한 것은 정의 개념을 받아들여 국제

45 Hurrell, "Forword," p. xvii. 부잔의 '안보복합체'(security complex) 개념도 지역 국제사회의 발상을 담고 있다. Barry Buzan, *People, States and Fear: An Agenda for International Security Studies in the Post-Cold War Era* (Boulder: L. Rienner, 1991), 김태현 역, 『지구화시대의 국가안보』(서울: 나남출판, 1995).

사회론의 영역을 확장한 것이지만, 그의 논의는 서구적 인권, 정의 개념에 입각한 것이었고 비서구 국제사회들의 인권, 정의까지를 포괄한 보편성을 지닌 것인지는 논란의 여지가 있다.

세계정치 수준에서 질서와 정의의 문제를 생각하는 국제사회론자들의 머릿속에는 19세기 중후반 이래 유럽 국제사회European international society가 세계적으로 '팽창'expansion하여 세계 국제사회world international society가 성립했다는 믿음이 있다. 영국학파 국제사회론자들은 복수의 국제사회international societies를 상정하고 국제사회의 다원성을 인정하면서도 19세기 중후반 20세기를 거치면서 세계 국제사회로 팽창한 유럽 국제사회의 모습을 보았던 것이다. 유럽 국제사회의 지구적 팽창은 영국학파 국제사회론의 중요 의제의 하나였다. 불과 제자들은 19세기 유럽 국제사회가 비서구 지역으로 '팽창'하고 비서구 지역이 유럽 국제사회에 '편입'entrance되면서 유럽의 문명표준standard of civilization의 세계적 확산과 더불어 세계 국제사회가 성립했음을 논증한 바 있다. 공Geritt Gong은 중국의 사례를 통해, 스가나미Suganami는 일본의 사례를 통해 각각 유럽의 문명표준이 동아시아에 전파되고 동아시아가 유럽 국제사회에 편입되는 과정을 보여 주었다.[46]

왓슨Adam Watson에 따르면, 유럽 국제사회는 네 국면을 거치면서 팽창하였다. 첫째 국면은 중세에 이베리아와 발틱해 연안에서 행해진 십자군전쟁이며, 둘째 국면은 3세기에 걸친 경쟁적인 해양탐험 및 팽창, 그리고 이와 병행해서 수행된 유럽 국제사회의 혁명이다. 셋째 국면은 19세기 산업혁명과 더불어 나타나 유럽 협조체제의 지구적 확산을 보

46 Hedley Bull and Adam Watson, eds., *The Expansion of International Society* (Oxford: Clarendon, 1984); Gerrit W. Gong, *The Standard of 'Civilization' in International Society* (Oxford: Clarendon, 1984).

였다. 20세기에 들어 전개된 네 번째 국면에서는 주권국가체제에 기초한 세계 규모의 국제사회가 성립하였다. 유럽의 지배가 퇴조하고 유럽의 역할이 완화되었다.[47]

이러한 견해는 역사적 사실에 부합한다. 동아시아 국가들이 서세동점의 맥락에서 유럽의 국제법과 외교제도를 받아들여 조약체제에 편입되면서, 즉 주권국가체제를 받아들이면서 동아시아 지역에 이전과는 다른 국제관계가 전개된 사실을 생각한다면, 영국학파 국제사회론자의 팽창-편입 관점은 타당할 수 있다. 하지만 이러한 시각을 가졌을 때 유럽 국제사회의 지구적 확산에 치중하게 되어 국제사회들의 지역적 전개의 양상과 특질을 보지 못할 수도 있다. 팽창-편입 관점만으로는 동아시아 국제사회의 즉자적 전개를 파악하기 어렵다.

동아시아 출신의 제3세대 국제사회론자들은 이러한 한계를 인식하고 이를 극복하고자 했다. 장용진Yongjin Zhang은 중국이 국제사회의 일원이 되기 위해 문명화를 모색한 외무 관료들의 자발적 노력에 주목하였다.[48] 스즈키 쇼고Shogo Suzuki는 메이지 일본의 정치인, 관료들이 만국투쟁의 홉스적 국제사회관을 보이는 한편 유럽 국제사회의 원리를 능동적으로 수용하는 야누스적 양면성을 지녔음을 논증하기도 했다.[49] 이

47 Adam Watson, "European International Society and Its Expansion," Hedley Bull and Adam Watson, eds., *The Expansion of International Society* (New York: Oxford University Press, 1984), p. 32. 유럽 국제사회의 팽창과 비서구사회의 편입 과정에 관해서는 Hedley Bull and Adam Watson, eds., *The Expansion of International Society*; Immanuel C. Y. Hsu, *China's Entrance into the Family of Nations: The Diplomatic Phase, 1858-1880* (Cambridge: Harvard University Press, 1984); Gerrit W. Gong, *The Standard of 'Civilization' in International Society*를 참조.

48 Yongjin Zhang, "China's Entry into International Society: Beyond the Standard of 'Civilization'," *Review of International Studies* 17:1 (1991).

49 Shogo Suzuki, "Reimagining International Society through the Emergence of Japanese

들은 동아시아 국가들이 유럽 국제사회의 원리를 주체적, 능동적으로 수용하였음을 밝히고자 했던 것이다. 하지만 주권, 국제법, 세력균형, 외교 등 유럽 국제사회의 원리를 받아들이는 유럽 국제사회로의 사회화socialization를 당연한 전제로 삼았고, 때문에 동아시아 국가들의 수동성을 전제로 하는 영국학파 국제사회론자들의 팽창-편입의 관점을 극복한 것은 아니다. 유럽 국제사회의 운용 원리를 습득하는 사회화 과정에 주목했을 때 국제사회의 동아시아적 전개의 실상을 드러내기는 어렵다. 스즈키의 경우 홉스적 국제사회관이 일본 제국주의로 연결되는 개연성은 제시하였지만, 유럽 국제사회의 수용이 일본형 제국체제로 변형되는 양상을 해명하지는 못했다. 일본이 동아시아 국제사회에 연루되는 방식을 해명하려는 문제의식이 없었기 때문이다.

한편 탈냉전기 국제사회론자들은 세계정치의 관점에서 국제사회의 존재 양태를 성찰한다. 앞서 언급했듯이 부잔은 탈냉전 맥락에 들어 세계와 국가 사이에서 지리적 근접성, 문화적 유사성, 경제적 상호의존 등을 매개로 성립하는 안보복합체로서 지역을 포착하는 관점을 제시하였다. 안보복합체로서의 지역은 세계 국제사회에 환원될 수 없는 지역 국제사회의 가능성을 제시하는 것으로 평가할 수 있다. 허렐Andrew Hurrell은 불의 『무정부사회』 제3판을 펴내면서 덧붙인 서문에서 영국학파 국제사회론에서 간과한 국제사회의 지역성에 주목하는 한편, 불의 국제사회론에서 복수의 지역 국제사회를 조사하고 비교할 여지가 있다는 점을 지적한다.[50] 부잔과 허렐의 관점은 탈냉전, 지구화 맥락에서 지구

Imperialism," *Working Paper* 2003/3, Department of International Relations, RSPAS, ANU (Canberra, 2003); Shogo Suzuki, "Japan's Socialization in Janus-faced European International Society," *European Journal of International Relations* 11:1 (2005).

50 Hurrell "Forword," p. xvii. 불은 세계국제사회가 성립하면서 편입된 비서구지역의 이질성을 의식하고 복수의 국제사회가 지닌 특수성을 인정했지만, 유럽 국제사회의

사회의 출현이 운위되는 가운데 오히려 지역의 존재 의미가 부상한 현실을 반영한 것이라 하겠다. 지구사회 혹은 세계국제사회의 일부로서가 아니라 세계정치와 지역국가의 동적 구도에서 성립하는 지역 국제사회의 존재 양태에 생각이 미친 것이다.

영국학파 국제사회론이 영국의 경험을 반영하여 유럽 국제사회의 역사적 전개를 성찰한 작업에서 추론한다면, 비서구 지역의 경험과 지역 국제사회의 역사적 전개를 반영한 성찰을 생각해 봐야 할 것이다. 동아시아 지역의 경험과 유럽 국제사회로의 '편입'을 둘러싼 현상과 의식을 세밀히 따져 봐야 할 것이다. 동아시아의 경험과 관점을 반영한 동아시아 국제사회론의 가능성을 모색할 필요가 있다.

한국에서도 일찍이 지역 국제사회의 가능성을 모색한 논의가 있었다. 1950년대 중후반 1960년대 초반 영국학파가 유럽 국제사회를 논의하기 시작한 바로 그 시기에 한국의 국제정치학자 이용희(1917-1997)도 동아시아 공간에서 국제사회를 성찰하였다. 이용희는 기독교문화권, 유교문화권, 이슬람문화권 등 역사상 존재했던 문화권에 성립한 국제사회의 유형을 논하였다. 규칙, 제도, 예법 등이 상이한 국제사회를 문화권과 결부해서 파악하였다. '문화권' 개념을 매개로 지역 국제사회가 고유한 속성을 지녔음을 보여 주었다. 이용희는 비록 논의를 더 진전시키지는 못했지만 비교 국제사회론적 관점을 제시하였다.[51]

이용희의 국제사회론은 유럽 국제법의 전통에 대한 이해에서 출발한다. 이용희가 영국학파 국제사회론의 영향을 어느 정도 받았는지는 향후 해명이 필요하지만, 유럽 국제법 지식과 이해를 토대로 국제사회

'질서'에 대한 집착으로 적극적으로 드러내지는 못했다.

51 이용희, 『국제정치원론』(서울: 장왕사, 1955); 이용희, 『일반국제정치학(상)』(서울: 박영사, 1962).

를 논의하였음은 분명하다. 이용희가 냉전기 한국에 미국 국제정치학이 수용되는 상황에서 미국의 현실주의 국제정치학을 숙지하였음에도 불구하고 선구적으로 국제사회를 논할 수 있었던 것은 유럽의 지식을 받아들이는 한편 한국학을 모색했던 젊은 날의 지적 경험이 국제정치론에 투사되었기 때문이 아닐까 추정된다.[52] 이용희의 국제사회론에는 유럽 국제법에 관한 이해를 매개로 영국학파 국제사회론과 통하는 지적 성향을 엿볼 수 있다.

다만 이용희가 (비교)국제사회론을 본격적으로 전개했다고 보기는 어렵다. 이용희의 논의는 유럽 국제사회가 보편적 국제사회로 성장하는 근대 이전에 한정되어 있다. 그의 국제사회론은 근대 이전의 문화권을 대상으로 한 것이다. 이용희의 국제정치론은 경제국가, 군사국가, 식민지국가의 속성을 가진 근대국가가 주권국가체제의 세계적 확산과정에서 다른 문화권 국가들을 압도하여 보편화되는 모습을 규명하는 데 있었다. 때문에 지역 국제사회가 어떻게 유럽 국제사회에 포섭되고 변용되었는지, 유교 국제사회가 근대동아시아 국제사회로 어떻게 변용하는지를 따지지는 못했다. 이용희는 근대 비서구사회에 전개된 지역 국제사회를 논할 여유를 갖지는 못했다. 그렇지만 이용희는 국제사회를 문화권과 결부시켜 성찰할 가능성을 제시하였다. 지역 국제사회와 문화의 근대적 전개 혹은 변용을 생각할 여지를 제공하였다.

국제체제와 국제사회

국제체제international system는 동아시아 국가들의 성격과 국제관계를 규율하는 환경적 조건이다. 국제체제는 국제영역의 구조, 행위자, 상호작용

52 이용희의 국제정치학 형성에 관해서는 옥창준, 「이용희의 지식체계 형성과 한국국제정치학의 재구성」, 『사이』 22(2017).

의 기계적 시스템이며, 사회를 공간적, 구조적으로 규정한다. 국제체제는 체제의 원리와 제도를 통해 국가들의 사회적 관계에 일정한 성질을 부여한다. 하지만 그 자체가 국제사회는 아니다. 국제체제의 물리적(제도적) 속성은 사회적 속성을 규율하지만, 체제의 물리적 속성도 어찌할 수 없는, 관습과 문화, 가치에 의해 규정되는 사회적 속성의 유산들은 일정 부분 전승되기 마련이다.[53] 국제사회international society는 사회적 관계가 영위되는 일정한 국제영역이며, 사회적 관계는 국제체제의 조건하에서 시간적, 역사적으로 규정된다.

근대유럽에서는 국제사회가 국제체제(주권국가체제)와 동시에 진행되었다. 베스트팔렌조약 이후 주권국가의 제도들이 생기면서 국제사회가 형성되었기 때문이다. 영국학파 국제사회론자들은 유럽 국제사회가 국제체제와 중첩되면서 전개되었다는 사실에 의거해서 국제체제의 팽창과 국제사회의 확산을 동일시하는 경향이 있다. 주권, 국제법, 세력균형을 유럽 국제사회의 원리로 간주한다. 하지만 주권, 국제법, 세력균형은 주권국가체제라는 국제체제의 속성 내지 제도로 봐야 할 것이다. 이것들은 주권국가체제의 원리로서 작용하면서 유럽 국제사회의 형성과 전개에 관여하였다. 영국학파 국제사회론자들은 동아시아(혹은 비서구)에 유럽 국제사회의 원리가 수용되었다고 생각한다. 하지만 근대유럽에서 전개된 국제체제, 즉 주권국가체제의 원리가 도입되었다고 봐야 한다.

근대 동아시아에서는 근대 유럽과 달리 국제체제와 국제사회가 비동시적으로 전개되었다. 주권국가체제와 국제사회의 비동시성 때문에

53 마틴 와이트가 국가들 체계의 효율적 운용에는 문화적 통일성이 필요하다고 보면서 세력균형 원리의 보편성에 의문을 제기한 것이나, 헤들리 불이 세계국제사회가 형성되면서 문화적 이질성이 증대함을 우려한 것도 국제사회의 사회적 속성을 의식한 것으로 볼 수 있다.

국제사회가 취약했다. 동아시아 국제사회는 유럽 국제체제의 원리를 받아들임으로써 새로운 형태를 띠지만, 국제체제의 수용이 국제사회를 규정하지는 못했다. 유럽 국제체제의 운용 원리를 받아들였지만, 국가의 성격, 이념과 규범과 권력의 양상, 그리고 국제사회의 대내외적 조건 등이 유럽 국제사회와 달랐다. 중화체제가 주권국가체제로 이행하면서 주권, 국제법, 세력균형의 원리가 동아시아에 작동했지만, 주권국가체제에 합당한 국제사회가 형성된 것은 아니다. 중화세계의 이념(질서관, 세계관, 도덕관념)이 존속한 가운데 국제체제의 원리와 국제사회의 운용은 괴리가 생길 수밖에 없었다. 동아시아 국제관계에 작용한 사회적 관습과 국제문화로 인해 주권국가체제의 원리가 온전히 작동하기는 어려웠다. 동아시아 국제사회의 성질은 동아시아의 국제적 위상과 국제체제(중화체제, 주권국가체제, 국민제국체제, 냉전체제)에서의 권력관계에 크게 의존한다. 동아시아 국제사회를 규정하는 관념, 제도, 권력의 양태는 동아시아의 경험에 의존하였다.

근대 동아시아에서 주권은 국제법이 적용되는 과정에서 상정되었지만 주권평등은 명분이었을 뿐, 실제로는 주권 불평등이 동아시아 국제관계를 규율하였다. 세력균형도 역외 열강의 대립견제에서 상정된 것이었다. 동아시아 역내에서는 세력불균형이 일상적이었다. 국제법은 실정법으로서 작동했지만 역내 국가의 자주독립을 보장하는 규범이 되지는 못했다. 일본은 주권국가체제의 원리를 수용하여 이를 동아시아 역내에 적용하였고 부단히 주권 팽창을 통해 세력균형의 지리적 범위를 확장시켜 나갔다. 일본제국은 주권 팽창을 통해 동아시아 국제사회를 왜곡하였고 일본의 '직분' 원리를 동원하여 동아시아 제국사회를 구성하고자 했다. 근대 동아시아에서 주권국가체제는 불완전했을 뿐 아니라 일본제국체제로 대체될 때까지 짧은 동안 작동했을 뿐이다.[54] 일본제국 이후에는 미소 대결의 냉전체제가 동아시아 국제영역을 분절시킨 결과 동아시아 국제사회는 성립하기 어려웠다. 주권국가체제와 동아시아 국제사회의 간극이 좁혀진 것은 탈냉전, 지구화 맥락에 들어서다.[55]

사회화와 문화, 사회성

국제체제와 더불어 동아시아 국제사회를 규율하는 동아시아의 경험은 어떻게 이해해야 할까. 동아시아의 경험은 '세계'가 동아시아 지역을 규정하고 역내 '국가'들이 그러한 세계에 부응/대응하여 만들어 낸 혹은 만들어 내고자 하는 권력, 규범, 이념의 상관작용에서 생성된 물질적·정신적 관행을 뜻한다. 동아시아의 경험은 문명과 문화의 관계를 빌려 설명할 수도 있다. 국제체제의 원리나 제도는 국가들 사이에 공유된 표준적 문명이며, 특정의 국제체제가 보편화한다는 것은 그 국제체제를 운용하는 원리나 제도, 즉 문명표준의 확산을 뜻한다. 그런데 새로운 문명표준은 수용자의 주관적 이해와 해석에 의해 변용할 수밖에 없다. 이러한 주관적 이해와 해석에 관여하는 것이 문화다. 문화는 특정의 문명을 우산으로 삼아 역사적 과정을 거쳐 축적된 관행 내지 관습을 말한다.

'사회화'는 이러한 문화 개념으로 설명할 수 있다. 영국학파 국제사회론자들의 경우 사회화는 유럽 국제사회의 운용 원리 및 제도를 수용하는 것을 뜻한다. 일종의 문명 수용이다. 근대동아시아 국가들은 주

54 장인성, 「동아시아 국제사회론을 찾아서: 방법론적 성찰」, 『세계정치』 제29집 2호(서울대학교 국제문제연구소, 2008), 19-20쪽.

55 연대협력을 모색하는 동아시아론이 회자되고 근대유럽 국제사회가 동아시아에 적실성을 높이게 된 것은 동아시아 국제공간에서 주권국가체제와 국제사회의 상관성이 높아졌음을 시사한다. 이러한 관점에서 본다면 탈냉전, 지구화 맥락의 동아시아 지역주의에 시사를 주는 것은 현재의 유럽연합보다는 근대유럽 국제사회의 존재양태일 것이다.

권국가체제의 원리 혹은 제도인 주권, 국제법, 세력균형을 받아들임으로써 중화체제에서 벗어났다. 앞서 말했듯이 영국학파 국제사회론자들은 이러한 이행을 유럽 국제사회로의 '편입' 내지 '사회화'로 이해한다. 근대동아시아 국가들이 유럽 국제사회의 규범, 가치, 관습을 받아들이는 것을 사회화로 본다. 구성원이 사회의 문화나 관습을 습득하고 기존 질서에 적응하는 사회화의 국제판이라 할 수 있다. 스즈키 쇼고는 근대일본에서의 '유럽 국제사회로의 사회화'socialization into European international society[56]를 해명하고자 했다.

이러한 이해가 전혀 잘못된 것은 아니다. 일반적으로 사회화는 가족을 매개로 학습을 통해 자신이 속한 문화를 받아들이는 것, 기존 문화에 편입하는 것을 뜻한다. 마찬가지로 개별 국가가 국제사회에의 편입을 통해 기존 국제사회의 문화를 받아들이는 것을 국제영역에서의 사회화로 볼 수도 있다. 그런데 문화인류학에서 말하는 사회화가 주어진 사회에서 기존의 문화를 학습하는 것이라면, 영국학파 국제관계론에서 말하는 사회화는 이질 문명의 원리나 제도를 수용하는 것을 의미한다. 그런데 이질적인 문명(원리, 제도)을 수용하여 기왕의 문명을 대체한다고 하더라도 기존 문명에서 형성된 관습, 관행, 사고의 습성은 금방 없어지는 것이 아니다. 이질 문명의 원리, 제도는 수용자 측의 기존의 관행과 습성, 즉 문화에 의해 이해/오해되고 재해석된다.

수용자 측의 이해방식에 주목할 때 문화인류학에서 말하는 문화변용(문화접변)acculturation[57] 개념은 유용하다. 새로운 문명요소에 의해 기존 관행이 변용하는 양상에 주목할 때, 동아시아 국제사회의 내재적 전개를 성찰할 가능성이 열린다. 그런데 보편문명(유교문명)과 문화권이 상응

56 Shogo Suzuki, "Japan's Socialization in Janus-faced European International Society."
57 히라노 겐이치로, 장인성·김동명 역, 『국제문화론』(서울: 풀빛, 2004).

했던 조선 유교사회 때와는 달리, 주권국가체제 형성기의 동아시아에서는 문명과 문화 간에 간극이 발생한다. 여기서는 새롭게 부과되는 근대문명의 틀 속에서 기존 문화의 존속과 작용, 새로운 문화의 형성이 문제가 된다. 이용희나 영국학파 국제사회론자들은 문화권과 지역 국제사회를 대응시켜 기독교 국제사회, 이슬람 국제사회, 유교 국제사회 등 복수의 국제사회들international societies을 상정하는데, 이는 개항 이전의 역사적 유형에서 의미를 갖는다.[58] 하지만 역사적 유형만으로 지역 국제사회를 논하는 것의 의미는 제한적일 수밖에 없다. 주권과 이익을 추구하는 근대국가들이 출현하는 맥락에서 문화권 개념만으로 국가들의 사회를 규정할 수만은 없다. 주권국가체제에 편입되고 근대문명을 수용하는 과정에서 동아시아 국제사회가 변용하는 모습을 보여 주지 않으면 안된다.

근대동아시아 국제사회의 변용을 생각할 때 사회를 주어진 것이 아니라 형성하는 것으로 보는 관점이 필요하다. 즉자적인 동아시아 국제사회론은 동아시아 지역에서 국제사회의 전개를 주권국가체제라는 서구의 '문명'과 동아시아의 관습적 '문화'가 교착하여 만들어 내는 '형성'이나 '창생'으로 논의한다. 주권국가체제의 원리, 제도(문명표준)는 동도서기론, 중체서용론, 화혼양재론에서 보듯이 변용과 재해석이라는 방식을 통해 수용된다. 변용과 재해석에는 동아시아 문화권과 개별 국가들에서 영위된 문화가 관성으로서 작용한다. 시간의 경과와 공간의 변형이 결합하면서 그러한 변용과 재해석이 심화되기도 하고 영

58 서울대학교 국제문제연구소는 한때 '비교국제사회 총서'를 기획한 바 있고 서울대학교 외교학과(현 정치외교학부)에서는 '비교국제사회론'이라는 과목을 개설한 적이 있었는데, 이들 비교국제사회론은 지역 국제사회의 역사적 유형을 비교하는 수준을 벗어나지 못했다.

역이 확대되기도 한다. 동아시아 국제영역은 그러한 과정을 통해 어떤 형태의 사회를 구성할 것이다. 이 과정에는 사회성과 국제문화라는 요소가 개재한다.

사회성sociality, sociability은 사회적 관계에서 생겨나고 또한 그것을 규율하는 국제사회의 성질을 가리킨다.[59] 사회성은 사회적 관계의 경험적 축적에서 형성된, 정치, 경제, 문화 등 제반 영역에서 이루어지는 주체들의 상호작용의 성질이며 사회적 관계의 속성이다. 국제관계에서 사회성은 국제사회의 성질을 뜻한다. 국제사회의 사회성은 국제적 주체들의 속성과 관계성에서 이루어지는 상호작용의 성격이다. 국제사회의 사회성은 중심과 주변, 문명과 문화, 주체(국가)의 속성과 권력관계 등이 만들어 내는 사회적 관계에서 생성되고 사회적 관계를 규율한다. 국제사회에서의 권력, 규범, 이념의 상관작용, 특히 힘의 우열을 산출하는 권력(현실주의, 권력주의)과 힘의 우열을 완화하거나 제도화하는 규범(규범주의)의 동학은 사회성을 규정한다. 평등과 불평등, 경쟁과 협력, 적대와 동맹, 권력지향과 규범지향, 보수(현상유지)와 진보(현상변경) 등도 사회성의 표현이다. 위계성hierarchy과 무정부성anarchy은 가장 중요한 지표다. 제국체제에서는 국제적 위계international hierarchy를 규정하는 예법(예, 왕도, 책봉)이 제국사회의 사회성을 규율한다. 주권국가체제에서는 국제무정부international anarchy가 국제사회의 사회성을 나타낸다. 무정부사회anarchical society에서 무정부anarchy가 무질서disorder가 아닌 것은 이러한 사회성 때문이다.

사회성은 국제체제에서 작동하는 세력구도들의 상관(공존, 긴장) 관

59 '사회성'에 주목한 논고로는 송기돈, 「국제정치의 '사회성(Sociality)'에 관한 이론적 분석: 국제시스템과 국제사회론 논의를 중심으로」, 『한국정치외교사논총』 제23권 2호(2002)가 있다.

계, 이념과 규범과 권력의 상관작용이 만들어 낸다. 국제체제가 바뀌면 국제사회의 사회성도 변질한다. 국제체제가 확립된 동안에는 국제사회의 질서는 안정되고 사회성은 국제문화(지역문화)와 같은 의미를 갖는다. 중화체제와 냉전체제에서는 제국이 규정한 냉전문화에 의해 동아시아 지역의 사회성이 규정되었다. 반면 개항기와 탈냉전기 동아시아 국제사회에서는 주권국가체제가 처음으로, 혹은 다시 작동하면서 사회성은 새롭게 생성해야 하는 것이었다. 글로벌 세력구도와 리저널 세력구도의 상관작용에서 사회성을 새로 만들어야 했다. 실제 사회성의 생성은 주체들(동아시아 국가들)이 능력과 속성에서 적지 않은 차이가 난다는 사실,[60] 그리고 공간적으로 글로벌 대국이 주도하는 국제체제의 원리(명분)와 지역 국제사회의 현실(실제) 사이에 어긋남이 발생하고, 시간적으로 주권국가체제의 원리와 제국체제의 사회적 관행 사이에서 편차가 생겨난다는 사실로 인해 지체되었다. 혹은 용이할 수 없었다.

사회성은 문화와 결부된다. 과거에 기독교문화가 유럽 국제사회를 지탱하고 유교문화가 유교권 국제사회를 뒷받침했듯이, 지역 국제사회는 국제지역의 문화(지역문화, 국제문화)를 공유할 때 온전히 성립한다. 이미 확립된 국제사회에서 국제문화는 사회성을 유지하는 토대로 기능한다. 기존 문화에 적응하는 사회화가 수행된다면 사회성은 기존 문화에 의거한다. '국제 수준의 사회화'international *socialization*는 이미 확립된 유럽 국제사회에 '진입'entrance하는 것으로서 유럽 국제사회의 사회성을 공유하는 것을 뜻한다.

그런데 이러한 사회화 개념으로는 동아시아 국제사회의 질서와 사

60 따라서 단위(국가)의 동질성을 전제로 하는 신현실주의 국제정치론이나 자유주의 국제정치론이 질서변동기의 동아시아 국제관계에서 적실성을 갖는 데는 한계가 있다.

회성을 드러낼 수는 없다.[61] 동아시아 국제사회의 사회성은 동아시아 지역에 수용된 주권국가체제의 원리들이 기존의 사회적 관습(규범, 가치, 관념)과 결부되어 국제영역에서 문화변용을 거치는 과정에서 **생성**되는 것이다. 여기서 유럽발 **국제체제의 원리**와 동아시아 **국제사회의 관행**이 교착해서 만들어 내는 사회성을 상정할 수 있다. '국제영역에서의 사회 형성', 즉 **'국제사회의 형성'**international *societalization*은 사회성을 갖추는 과정이다. 여기서 동아시아 국제사회를 생성 과정에 있는 것으로 보고 동아시아 국가들을 국제사회 형성의 주체로 보는 관점이 생겨난다. 사회성은 체제에서 축적되지만 체제가 이질적인 것으로 바뀐다고 금세 없어지지는 않는다. 사회성은 체제의 요소들에 의해 형성되지만, 문화로서 축적되어 체제가 바뀌어도 잔존하는 경향이 있다. 국제사회가 지역성(특수성)을 띠는 지역 국제사회일 수밖에 없고 국제체제의 원리들이 재해석되거나 오해되는 까닭은 이러한 사회성 때문이다.

개항기 동아시아 국제사회는 주권국가체제의 새로운 요소들을 받아들이면서도 지역의 구도와 역사성이 만들어 낸 동아시아의 장소성으로 인해 유럽 국제사회와는 다른 사회성—불균형적 사회성, 혹은 불균형에서 비롯된 왜곡된 사회성—을 보였다. 일본제국이 패권화를 통해 역내 세력불균형을 심화하고 서구에 대항하는 서양-동아시아 간 세력균형의 주체로 부상하면서 일본형 제국체제가 성립하고 일본적 문명기준을 내세워 국제체제와 국제사회의 간극을 해소하려는 국제사회(제국사회)관이 출현하였다. 냉전체제에서는 두 진영의 강력한 권력이 동

61 이러한 사회화 개념은 서구문명을 지향하고 유럽 국제사회로의 진출을 꿈꾸었던 근대일본의 경험에서 나왔다고 할 수 있다. 하지만 이 개념은 근대중국과 한국의 경험을 포괄하지 못하며, 동아시아 지역의 맥락 자체를 성찰할 가능성을 제공하지 못한다. 일본에 국한하더라도 제국 형성 이후에 두드러진 탈유럽 지향적 사고, 동아시아적 세계를 지향하는 신질서 구상의 출현을 설명해 주지 못한다.

아시아를 강력하게 횡단 혹은 분단하면서 동아시아 국제사회의 자율적 형성을 억지하였고 이로 인해 사회성은 성립하기 어려웠다. 탈냉전=탈제국의 맥락은 동아시아 국제사회와 사회성의 새로운 형성을 촉구한다.

제2장

구도와 동학

1. 국제체제와 세력구도

국제체제와 세력구도

주권국가체제가 구현되는 양상은 동일한 원리나 규범이 부과된다 해도 지역 국제사회에 따라 다르다. 지역을 규율하는 구조와 지역을 움직이는 동학이 같지 않기 때문이다. 중화체제 이후의 개항기 동양과 냉전체제 이후의 탈냉전기 동아시아와 관련된 실재와 상상은 주권국가체제의 원리와 동아시아 국제관계가 만들어 내는 구도와 동학에 의존한다. 동아시아 국제영역의 사회적 구성의 실재와 상상은 동아시아를 규율하는 국제체제, 세력구도, 세력관계의 상관작용에 의존한다. 동아시아 국제사회의 존재양태를 알려면 19세기 후반 개항기와 20세기 후반 탈냉전기 동아시아를 규율한 주권국가체제에서 세력구도와 세력관계가 어떻게 작동하는지를 알아야 한다.

흔히 외교정책을 분석할 때 세계정치world/global politics, 지역정치regional politics, 국내정치national politics의 세 수준을 상정한다. 외교정책 분석가들은 흔히 세계, 지역, 국가 층위에서 전개되는 연계정치의 양상에 주목한다.

한국 외교정책의 실제와 방향도 세 층위에서 생각할 수 있다. 그런데 세 층위의 정치는 상호연계적임에도 불구하고 분절적으로 관찰되는 경향이 있다. 동아시아론, 동아시아공동체 구상에서도 지역 수준에 작동하는 상호작용과 정치형태를 상정하며, 역내 주체들은 그러한 지역정치 혹은 지역 국제관계에 정책과 행위를 통해 참여하는 것으로 이해된다. 하지만 이처럼 정태적인 층위별 분석으로는 층위별 정치가 권력관계를 통해 상관작용을 하는 실상을 보여 주기는 어렵다. 역사적으로 동아시아 국제관계는 세 층위의 정치가 권력으로 추동되는 상관작용의 전개과정임을 보여 준다. 세 층위의 정치는 세계, 지역, 국가가 상호작용하는 권력관계의 산물이다. 지역 국제관계는 세계정치와 국내정치의 상관작용의 소산이다. 그렇다면 이러한 상관작용의 양상에 주목하지 않을 수 없다.

개항기, 탈냉전기 동아시아에서는 주권국가체제가 작동하는 동안 세 형태 혹은 수준의 세력구도가 성립하였다. 글로벌 세력구도, 리저널 세력구도, 내셔널 세력구도다. 세 세력구도는 국제체제(주권국가체제)가 동아시아에 부과되고 내셔널 세력이 반응하면서 출현하였다. 개항기의 주권국가체제는 세계정치를 주도하는 글로벌 세력(유럽 열강)이 동아시아 개별국가에게 무역을 위한 시장(항구) 개방을 강제하면서 부과되었고, 탈냉전기의 주권국가체제는 세계경제를 주도하는 글로벌 세력이 시장개방의 확대를 강제하면서 새롭게 부활한 것인데, 이것들은 내셔널 수준의 질서변동을 초래하였고, 내셔널 수준의 대응에서 동아시아 지역 국제관계와 동양 상상, 동아시아 상상이 출현하였다.

리저널 세력구도는 글로벌 세력구도와 내셔널 세력구도의 상관작용의 소산이다. 리저널 구도는 지리적 근접성에 기초한 역내 상호작용을 통해 자발적으로 성립하는 것이 아니다. 그것은 글로벌 구도가 동아시아에 부과되었을 때 글로벌 세력을 의식한 내셔널 세력들이 이에 대응하는 과정에서 생기거나 상상되는 것이다. 글로벌 대국이 동아시아 지역정치에 관여할 때 세계열강과 동아시아 사이에 글로벌 세력구도가 성립하고, 동아시아 역내 국가들은 주권국가체제의 원리에 따라 상호작용하는 리저널 세력구도를 형성하게 된다. 글로벌 세력구도가 상정되지 않거나 너무 강할 경우, 혹은 내셔널 세력구도가 지나치게 약하거나 강할 경우 리저널 세력구도는 상상되기 어렵다. 대국들(세계대국, 지역강국)은 안정되고 발전된 내셔널 세력을 기반으로 세계정치, 지역정치를 주도한다. 세계대국은 세계정치를 주도하고 지역정치과 국내정치에 연루되면서 역내 국가들의 행위와 정책을 규율한다. 지역대국은 지역정치와 국내정치에 간여하면서 역내 국가들의 행위와 정책을 규율한다.

세 세력구도의 양태와 상관작용의 양상은 국제체제에 의존한다. 제국체제에서는 세 개의 세력구도가 성립하기 어렵다. 통일 중국이 중화세계를 구성하던 중화제국체제에서는 지역이 위계적 관계에 의해 세계에 포섭된 동심원적 단일세계가 작동하였고 세계와 지역의 구별은 성립할 수 없었다. 글로벌 세력구도와 리저널 세력구도, 글로벌 정치와 리저널 정치가 성립할 여지가 없었다. 일본제국체제에서도 일본제국이 하나의 제국세계를 지향하고 식민지나 동아시아 민족들의 거주지는 제국 속의 지방으로 존재하는 세계구성이 시도되었다.[1] 구미열강 대 일본제국의 글로벌 세력구도는 성립했지만 리저널 세력구도는 역내 국가/민족들의 힘의 현저한 격차 때문에 성립할 수 없었다. 냉전제국체제에서는 미소 대결의 이원적 글로벌 세력구도가 리저널 세력구도의 분단

1 일본제국의 동아시아정책과 맞물려 성립한 아시아를 대상으로 한 '지역연구'(area studies)는 아시아민족들을 대상으로 한 것이었다. 민족학적, 인류학적 분석에서 '지역'은 국내지역을 가리킨다. 말할 나위 없이 본서에서 말하는 '지역'은 주권국가체제와 주권국가를 전제로 성립하는 국제지역을 지칭한다. 따라서 제국체제에서 상정되는 '지역'은 '지방'이 될 수밖에 없다.

을 초래하는 특이한 모습을 보였다. 동아시아의 경우 지역 분단으로 역내 세력구도가 성립하기 어렵고, 따라서 동아시아 지역과 세계열강 사이에 역간域間 세력구도도 존재할 수 없었다.[2]

한편 탈냉전체제에서는 글로벌 세력구도(냉전제국)가 동아시아를 압도하고 동아시아 지역국가들은 냉전제국과의 양자관계만 성립하였다. 동아시아 지역은 글로벌 구도를 형성하는 역외 대국(미국과 소련)에 의해 이념적 글로벌리즘이 강제되고, 양자 동맹에 의해 전략적으로 규정된 타율적이고 분절된 공간이었다. 역내 국가들이 자율적으로 지역을 구성할 여지는 없었다. 탈냉전과 지구화는 글로벌 세력구도와 내셔널 세력구도의 변동을 유발하였다. 소련의 붕괴로 글로벌 세력구도의 전략적 성격이 약해지면서 경제적 자유주의를 표방한 글로벌리즘이 성립하였다. 또한 냉전의 구속력이 완화됨과 동시에 역내 국가들이 경제발전을 이룩하면서 내셔널 세력구도는 강한 의미를 갖게 되었다. 글로벌 세력구도와 내셔널 세력구도가 결부되면서 리저널 세력구도가 부상하였고, 동아시아에서는 분절된 양자 관계가 복합적 양자관계로 전환되고 다자관계의 형성이 모색되고 있다.

글로벌, 리저널, 내셔널 세 세력구도의 작동과 상관작용은 주권국가체제에서 상정된다. 세 구도가 성립하는 것은 내셔널 세력이 적어도 명분상 주권평등과 자주독립을 표방하는 주권국가로서 존재할 때 상정된다. 두 측면에서 리저널 세력구도는 글로벌 세력구도와 내셔널 세력구도의 상관작용으로서 출현한다. 우선 주권국가체제의 원리가 중화제

2 동아시아의 경우는 냉전기 동남아의 경우와도 대비된다. 동남아 국가들은 동남아조약기구(아세안)를 운용하였는데, 아세안은 역내 세력구도의 표현이며 이를 토대로 냉전 열강과의 역간 세력구도를 상정할 수 있었다. 이는 동남아 지역이 동북아냉전과는 다른 냉전 상황에 있었음을 보여 준다.

국체제의 원리와 공존하거나 혹은 이것을 대체하고 동아시아 국가들 간에 주권 개념과 국제법 규범에 의한 역내 조약관계가 성립하면서 역내 상호작용이 이루어지는 지역이 탄생한다. 또한 취약한 내셔널 세력(동아시아 국가)이 글로벌 세력에 대응하기 위해 지역협력과 지역연대를 구상할 때 지역이 상상된다. 글로벌 대국이 개항을 통해 주권국가체제를 강제하고 이에 대응하여 개항의 맥락에서 서양열강에 의해 식민지가 될 수도 있다고 생각했을 때, 탈냉전기 맥락에서 신자유주의적 지구화로 경제주권을 침해당할 수 있는 열세한 위치에 있거나 열세하다고 믿었을 때, 동아시아 국가들은 글로벌 권력현상에 공동 대처함으로써 생존과 발전을 모색하고자 지역 수준의 연대협력을 추구한다.

역내 조약관계의 형성은 지역의 실제를 보여 주지만, 실상 리저널 세력구도는 내셔널 세력의 능력과 의지가 투영된 지역 상상의 소산이다. 글로벌 세력과 내셔널 세력의 상관작용은 지역의 실제와 상상을 구성한다. 실제의 측면에서 리저널 세력구도는 글로벌 세력(세계열강)과 내셔널 세력(동아시아 국가들)의 동학에 의존한다. 엄밀히 말하면 리저널 세력구도와 리저널 정치는 글로벌 세력에 대응하는 내셔널 세력의 능력과 상상력에 의해 성립한다. 리저널 세력구도의 성립과 발전 여부는 글로벌 세력이 어떠한 성격을 가졌는지, 글로벌 세력에 침투된 내셔널 세력(동아시아 국가들)의 생존력과 발전도가 어느 정도이며 동아시아 국가들 사이에 얼마나 편차가 있는지에 달려 있다. 한편 상상의 측면에서 동아시아 상상은 정책결정자나 지식인들의 국제정치관, 국제사회관에 투영된다. 동아시아 상상은 동아시아라는 지역을 매개로 자국의 생존과 번영을 모색하는 능력과 상상력이다.

동아시아에서 글로벌, 리저널, 내셔널 세력구도들이 상호 연관된 모습은 내셔널 세력구도를 리저널 세력구도가 포괄하고 리저널 세력구도를 글로벌 세력구도가 포괄하는 방식이 아니다. 유럽 국제사회에서는 주권국가체제하에서 주권체로서의 국가들이 상호작용하는 가운데 리저널 세력구도를 성립하고 이를 토대로 글로벌 세력구도가 성립하였다. 이와 달리 개항기 동양이나 탈냉전기 동아시아에서는 주권국가체제가 불완전하게 작동하는 가운데 역내 국가들(내셔널 세력)이 글로벌 세력구도에 대응(부응/저항)하는 과정에서 리저널 세력구도가 부상하는 형태였다. 글로벌 세력이 주권국가체제를 부과하거나(19세기 말) 글로벌 세력의 상대적 약화로 주권국가체제가 부활하는 맥락에서(20세기 말) 리저널 세력구도가 형성되었을 때 '동양', '동아시아' 개념/관념은 출현하였다.

역간 세력구도와 역내 세력구도

동아시아 지역의 관점에서 본다면 글로벌 대국과 동아시아 간에 성립한 글로벌 세력구도는 역간域間/inter-regional 세력구도, 동아시아 역내국가들 사이에 성립한 세력구도는 역내域內/intra-regional 세력구도라 부를 수 있다. 동아시아에서는 유럽 열강과의 역간 세력구도는 실재와 상상의 양면에서 작동하였다. 초기 연대론에서 역간 세력구도와 역내 세력구도의 상관작용에 관한 사유는 지역연대론과 동양 상상을 규정하였다. 세력구도들의 상관작용은 유럽 국제사회의 경험에서 학습된 것이었다. 메이지초기 일본의 아시아연대 구상에서 "아세아 특별의 국력평균"을 창출하고 이를 통해 유럽국가의 침략을 막고 "구아歐亞의 권형權衡"을 유지한다는 발상이 보였다.[3] "연횡"連衡을 통한 "항형"抗衡이란 표현도 보였다.[4]

3 草間時福, 「東洋連衡論」, 265-268쪽. 단 논자는 두 세력구도에서의 세력균형을 일본이 동양 맹주가 되어 리더십을 행사해야 한다는 전제에서 말하고 있다. 이러한 발상은 청일전쟁 이후 일본을 맹주로 하는 동양평화론으로 이어진다.

4 장인성, 『장소의 국제정치사상』(서울: 서울대학교출판부, 2002), 133-134쪽.

"아세아 특별의 국력평균"과 "연횡"은 리저널 세력구도를, "구아의 권형"과 "항형"은 글로벌 세력구도를 상정한 말이다. 두 세력구도의 성립과 보전은 세력균형 원리에 의존한다.

구한말 한국의 국제정치론에서는 역간 세력구도와 역내 세력구도의 상관작용에 관한 사유는 국제사상의 상수적 요소였다. 일본의 세력구도론이 국권팽창에 나서기 이전, 근대국가(천황제국가) 성립 때까지의 메이지초기에 한정된 일시적인 발상이었다면, 한국의 그것은 국망 때까지 지속된, 아니 국망 이후에도 그 잔영을 남긴 상수적 발상이었다. 유길준의 「중립론」(1885)은 그 단초를 보여 준 전형적인 사례다.

> 우리나라는 땅이 아시아의 인후咽喉에 처함은 유럽에서 벨기에의 경우와 같고, 지위가 중국의 공방貢邦임은 터키에 대한 불가리아의 경우와 같다. … 불가리아를 중립으로 삼은 조약은 유럽 대국들이 러시아를 막으려는 계책에서 나온 것이고, 벨기에를 중립으로 삼은 조약은 유럽 대국들이 서로 스스로를 지키는 방책이다. 이로써 논하면 우리나라가 아시아의 중립국이 되는 것은 실로 러시아를 막는 큰 기틀이며, 또한 아시아 대국들이 서로를 지키는 정략이다.[5]

유길준은 유럽 국제관계에서 역간 세력구도와 역내 세력구도를 읽어 내고 있다. 불가리아의 중립은 역간 세력균형에서 나왔고 벨기에의 중립은 역내 세력균형에서 성립했다는 말이다. 유길준은 동아시아에서도 글로벌 대국(러시아)이 개재된 역간 세력구도와 역내 세력구도를 상정하면서 양 세력구도에서 세력균형을 보전하는 방책으로서 한국의 중립화를 제시하였다. 친청중립은 청국의 한국 내정에 간섭하는 상황을

5 유길준, 「중립론」(1885), 『유길준전서』 IV(서울: 일조각, 1971), 320-321쪽.

고려한 구상이었다.

역간 세력구도와 역내 세력구도의 상관적 존재와 작용은 청일전쟁 이후 국망 때까지 간단없이 표출된 한국인의 동양연대론, 동양평화론에서 구조화된 모습을 보였다. 한국의 생존을 모색한 정치적 사유인 '정립'鼎立, '정족'鼎足의 발상에는 역간 세력구도와 역내 세력구도의 상관작용에 관한 사유가 내면화되어 있다. 정립론은 동양삼국의 한중일(솥발)이 자주독립을 보전해야만 동양 전체(솥)가 온전하여 서양 열강(러시아)에 대항할 수 있으며, 어느 일국이라도 독립을 상실하면 동양 전체가 무너져 다른 두 나라도 붕괴한다는 논리였다. 연대와 균형에 기초한 역내 세력구도의 안정화를 통해 역간 세력구도에 대응하는 것이었다. "협심평화"協心平和와 "연합실력"聯合實力이라는 말로 역내 세력구도와 역간 세력구도에서 세력균형을 모색한 경우도 있었다. 둘을 포괄하는 "정치연맹"鼎峙聯盟이란 용어도 보였다. 식민지 상황에서도 한중일 세 '지방'의 역내 세력구도와 동양 세 지방과 서양세력 사이의 역간 세력구도를 상정하면서 "내부적 동양평화"와 "외부적 동양평화"를 말하는 사례가 있었다.[6]

역간 세력구도와 역내 세력구도는 실제와 상상의 양면에서 한국인들의 국제사상을 규정하였다. 두 세력구도는 동아시아의 국제관계와 국제사회를 규율하는 한편, 동아시아의 평화와 안정을 위한 체제적 조건이었다. 하지만 글로벌 세력에 주체적 대응을 못하고 리저널 세력구도의 운영에서 수동적인 위치에 있었을 때, 두 세력구도에 작동해야 할 세력균형은 상상된 것일 수밖에 없었다. 역내 세력구도가 글로벌 세력과 내셔널 세력의 상관작용에 의존하는 한, 동양평화/동아시아 평화

6 정립과 세력균형에 관해서는 제6장과 제7장에서 상세히 논할 것이다.

는 세력구도를 주도하는 대국이 규정하기 십상이었다. '동양평화', '동아신질서', '동북아의 안정과 평화', '동아시아의 평화와 번영' 등 동아시아 평화를 뜻하는 상투어들은 특정 국제체제에서 성립한 역간 세력구도와 역내 세력구도의 상관작용이 만들어 내는 동아시아 국제관계의 실제와 동아시아 상상을 간직한다. 두 세력구도는 실재했지만, 이들 세력구도에 대한 상상은 국제체제의 유형과 한중일의 위상에 따라 달랐다.

두 세력구도는 국민제국체제(일본제국)와 냉전체제에서는 왜곡된 형태로 전개되었다. 중화체제는 세계(천하)와 지역이 일치하거나 중첩되는 국제체제였기 때문에 두 세력구도가 성립할 여지는 없었다. 일본제국은 러일전쟁 이후 글로벌 세력구도의 주체로 등장하였고 한국의 주권상실과 중국의 반식민지화를 야기하면서 동양삼국의 역내 세력구도를 무너뜨렸다. 국민제국체제는 글로벌 세력구도에서는 주권국가체제를 상정하는 한편 리저널 세력구도에서는 일본을 정점에 놓는 직분체제를 설정하는 혼성체제였다. 냉전체제에서는 동북아 국가들이 미소대결의 글로벌 세력구도(글로벌 냉전)에 종속된 형태로, 즉 글로벌 냉전이 동아시아 냉전을 압도하는 형태로 상호 대결적인 양자동맹을 유지하면서 동아시아 지역은 분절되었고, 따라서 리저널 세력구도가 온전히 성립할 여지는 없었다.

2. 권력균형/불균형과 이념

권력균형과 권력불균형

세력구도는 실제와 상상의 양면성을 가진다. 동아시아에서 경험한 글로벌 세력구도와 리저널 세력구도의 실제는 권력불균형이다. 동아시아에서 역간 권력불균형과 역내 권력불균형은 상수적이다, 내셔널 세력(역내 국가들)의 권력 편차는 일상적이다. 개항기에는 역간 세력불균형이 현저하였고 내셔널 세력(한중일)의 주권능력의 차이로 인해 역내 세력불균형도 심했다. 역간, 역내 세력불균형은 구조적이며 일상적이었다. 탈냉전기에는 동아시아 국가들의 발전과 주권능력의 증대로 역간 권력불균형은 완화되었다. 주권평등이 구체화되면서 역내 권력불균형도 완화되었다. 이러한 사실은 개항기보다 탈냉전기에 주권국가체제가 잘 작동한다는 것을 의미한다. 하지만 경제규모나 국가규모 등에 기인하는 구조적인 권력불균형은 여전하다.

그런데 글로벌 권력불균형과 리저널 권력불균형은 동아시아 국제관계에 동력(역동성)을 부여한다. 권력불균형의 현실에서는 힘의 균형을 추구하는 욕망이 생기기 쉽다. 세력구도를 설정한다는 것 자체가 세력불균형의 현실을 인식한다는 것을 뜻하며, 세력균형을 달성함으로써 그 현실을 교정하려는 의지를 내포한다. 세력불균형이 작동하는 현실과 세력균형을 지향하는 이상이 국제관계의 동학을 만들어 낸다. 동아시아 국제공간에 갈등대립의 현실과 연대협력의 이상을 조장한 것은 힘의 불균등이다. 역간 권력불균형은 주권국가체제의 온전한 작동과 동아시아 국제사회의 올바른 형성을 방해한다. 역간 권력불균형을 극복하고 권력균형을 이루려는 정치적 의지에서 연대협력 구상이 부상하며, 역내 연대협력을 위해 역내 국가들이 세력균형을 이루어 독립과 발전을 실현해야 한다는 소망적 사고wishful thinking가 성립한다. 역내 권력균형은 역간 권력균형을 이루는 조건으로 인식된다.

19세기 유럽의 세력균형 개념은 권력을 지배력, 영향력, 강제력 등으로 파악하고 도덕과 권력을 분리하여 권력 자체의 균형을 추구하는 것이었다. 유럽의 경험에서 세력균형은 대체로 힘의 배분, 평형, 패권, 안정과 평화, 불안정과 전쟁, 권력정치, 역사의 보편 원리, 정책결정의

체계 및 지침 등과 같은 뜻을 갖는다.[7] 세력균형은 권력의 양태와 제어에 관한 것이다. 이러한 정의들은 유럽 국제지역의 권력불균형을 조정하거나 권력균형을 보전할 능력을 갖춘 대국들과 그 주위에 소국들이 포진하면서 대국들이 현실의 세력균형(정책)을 주도하는 유럽적 특수성이 반영된 것이었다. 세력균형은 단순히 실제의 권력균형이거나 권력균형을 구현할 개연성이 있는 현상이다. 대국들의 능력과 유럽의 지정학적 구도에서 대국들의 정책을 통해 권력불균형은 권력균형으로 전화될 수 있고 권력균형은 보전될 수도 있다.

19세기 후반 동아시아의 연대론자들은 유럽 국제사회에 작동하는 세력균형에 주목하였고 이러한 세력균형이 동아시아에 구현되기를 기대하였다. 하지만 동아시아는 유럽과 달리 세력균형을 구현하기 어려운 장소였다. 무엇보다 역내 권력균형을 정책적으로 구현할 역내 대국이 복수가 아니라 단수로 존재하였다. 세력균형의 가능성은 역외 대국들의 역내 관여에서 찾을 수도 있었지만 실제 한반도 세력구도에 관여한 역외 대국들(영국, 프랑스, 독일, 러시아, 그리고 미국)도 복수가 아니라 단수(러시아)였다. 결국 동아시아 진출을 꾀하는 역외 대국 러시아와 역내 강국화를 추구하는 일본이 세력균형을 주도하였다. 역내에 복수의 대국이 작위하는 세력균형체제를 발판으로 역외 대국(러시아)에 대응한다는 유럽의 이상화된 모델이 구현되기에는 동아시아 국제관계는 권력불균형이 구조화되고 일상화되어 있었다. 동아시아 국제관계에서 유일하게 국제권력을 행사한 일본이 역간 권력불균형을 역간 권력균형으로 전환시켰는데, 이는 역내 권력불균형을 심화시킨 일본의 강국화, 패권

7 Ernst Haas, "The Balance of Power: Prescription, Concept, or Propaganda," *World Politics* 5 (July 1953), pp. 447-459. 세력균형의 동아시아적 의미와 전개에 관해서는 제6장에서 상세히 논할 것이다.

화로 가능하였다. 일본은 제국주의 정책을 통해 역내 세력구도를 붕괴시킴으로써 동아시아를 무대로 한 역간 세력균형을 이루었고, 세계를 무대로 한 역간 세력균형을 시도할 발판을 마련하였다.

근대 한국인들이 글로벌 세력구도와 리저널 세력구도의 상관작용을 의식하면서 '중립'이나 '정립'을 통해 소국 한국의 생존을 모색했을 때 작동한 질서 원리는 세력균형이었다. 세력균형을 주도하거나 조정할 능력을 결여한 한국에서 세력균형은 실제의 정책적 선택일 수 없었다. 두 수준의 권력불균형에 대응하려면 권력불균형을 권력균형으로 바꾸려는 노력이 필요하다. 내셔널 차원의 대응이 요구된다. 외교와 근대화(부국강병, 문명개화)는 세력불균형을 교정할 능동적 수단이었다. 하지만 한국은 외교와 자강을 제대로 실천하지 못했고 이로 인해 역내 권력불균형이 심화될 수밖에 없었다. 고종의 중립화 구상, 중립화 제안은 단순한 선언이었을 뿐 실제적 의미를 갖지 못했다. 불균형이 심해질수록 주권과 세력균형은 소망적 사고를 넘어 필연적 당위를 위한 명분으로 작용한다.

한국의 지식인들은 역내 세력균형을 통해 생존을 모색하고자 했고 세력균형에 입각한 연대협력을 통해 역외 위협에 대응하고자 했다. 역내 권력불균형이 구조화된, 혹은 심화되는 현실에서 권력균형을 말하는 것은 규범주의적인 비판의 행위였다. 세력균형은 권력불균형의 현실을 교정하려는 질서 원리이지만 그러한 교정이 일어나지 않는 한 세력균형은 이상적 상태로서 상정될 수밖에 없었다. 역내 권력균형과 연대협력을 통해 역간 권력균형을 구현한다는 연대론자들의 정립론은 역내 권력불균형을 심화시키고 대립갈등을 초래하는 일본의 침략적 행태를 비판하는 담론이었다. 이들에게 세력균형은 실제의 정책이 아니라 상상의 구성물이었다. '동양평화', '동아시아의 안정과 평화' 등은 세력균형의 이상적 구현을 상정하는 슬로건으로 해석될 수 있다.

이념의 동학

역간 및 역내 권력불균형의 현실을 교정하려는 정치적 의지는 이념을 수반한다. 글로벌 세력구도, 리저널 세력구도, 내셔널 세력구도의 각 구도에서 불균형을 균형으로 바꾸는 것을 추동하는 이념은 글로벌리즘, 리저널리즘, 내셔널리즘이다. 이들 세 이념은 서로 결부되면서 각 구도를 규정하고 다른 구도에 영향을 주는 이념적 동력으로서 기능한다. 글로벌리즘은 글로벌 파워를 확보한 특정 대국의 내셔널리즘이 이념적 보편성을 획득하고 세계적으로 확장된 것으로 볼 수 있다. 이 글로벌리즘에 대항하여 동아시아 국가들이 보인 내셔널 차원의 대응이 근대화(근대국가 형성, 발전)와 내셔널리즘이다. 글로벌, 리저널 세력 구도에서의 권력불균형이 초래할 안보위협은 내셔널 구도에서 국권 확대와 내셔널리즘을 자극하는 요소다. 내셔널리즘은 글로벌 세력구도와 리저널 세력구도에 놓인 국가(민족)의 생존과 발전을 모색하는 이념이다. 리저널리즘은 개별국가가 취약하여 개별 수준에서 대응하기 어려울 때, 내셔널리즘만으로 글로벌리즘에 대응할 수 없을 때, 역내 국가들과의 연대협력을 통해 지역 수준에서 글로벌리즘에 공동 대응함으로써 자국의 생존과 발전을 모색하는 의지로서 출현한다. 동양연대론, 아시아연대론, 동아시아공동체 구상 등에 나타난 지역주의가 그것이다. 이러한 점에서 리저널리즘은 실체적 이념이 아니라 도구적 이념이다. 개항기, 탈냉전기의 '동양', '동아시아' 개념은 동아시아 개별국가들이 글로벌리즘에 대항하는 이념적 지향의 소산이었다.

현실의 권력불균형을 이상적 권력균형 상태로 치환하고자 하는 심리가 구조화되면 강력한 경향성을 보이게 된다. 이러한 경향성은 흔히 내셔널리즘에 의거한다. 탈냉전기 동아시아론에서 보듯이 리저널리즘은 글로벌리즘에 대응하는 내셔널리즘에 촉발되어 생겨난다. 리저널리즘, 글로벌리즘, 내셔널리즘은 서로 결부되면서 각 구도를 움직이는 이념으로서 작용한다. 리저널리즘은 지역 자체를 대상으로 지역 자체에 국가초월적인 가치를 두는 지역 상상일 수 있다. 이 경우 리저널리즘은 지역제도의 형성에 관한 이론적 논의에서 생성된다. 하지만 리저널리즘이 궁극적으로 현실을 제어하는 규제 이념regulative ideas으로 기능할 수 없는 동아시아 현실에서 이러한 지역 상상(리저널리즘)은 비현실적일 수밖에 없다.

리저널리즘은 글로벌리즘과 내셔널리즘의 상관작용의 소산이다. 리저널리즘은 세계에 대응하는 네이션의 존재양태에 관한 이념으로서 내셔널리즘의 일정한 표현이다. 앞에서 얘기했듯이 리저널리즘은 권력이 취약한 내셔널 세력이 내셔널리즘만으로 글로벌 세력과 글로벌리즘에 대응할 수 없을 때 연대협력을 통해 공동 대응하고 자국의 생존 발전을 모색하는 의지로서 표현된다. 리저널리즘은 현실의 긴밀한 상호작용을 나타내는 실체적 이념이 아니라 내셔널 세력을 증진시키려는 도구적 이념이다. 개항기 동양연대론, 탈냉전기 동아시아론은 역내 연대협력의 실제에 관한 설명이라기보다는 국제화/지구화와 인터내셔널리즘/글로벌리즘에 대응하는 당위론이다. 리저널리즘의 이념이 강력하고 이것을 구현하려는 열정이 뜨겁다면, 이는 현실의 세력구도에서 권력불균형, 주권불평등이 심하다는 것을 보여 준다. 이러한 리저널리즘은 현실과의 격절을 내장한 상상이나 사상 혹은 열정에 그치기 쉽다. 이와 달리 권력균형과 주권평등이 상대적으로 보전된다면 국가이익을 추구하는 열망의 표현일 가능성이 높다. 본래 리저널리즘은 견고한 이념이나 이론을 장착하기 어려운 이념체계인 것이다.

리저널리즘이 글로벌리즘에 대응하는 내셔널리즘의 상관작용의 표현이라면 리저널리즘은 그 자체의 고유한 이념을 장착하기 어렵다. 리저널리즘은 제도 형성의 현실에 기초하거나 그것과 병행되지 않는 한 현실성을 갖기 힘들다. 더구나 내셔널리즘이 확립되지 않은 상황에서는 더욱 그렇다. 여기서 다른 지역과 차별화하면서 자기 지역에서의 연대를 정당화하는 논의들이 전개된다. 서양 열강의 절대적 위협을 전제로 설정하고 역내 국가들의 상호의존성을 강조하는 언어들('순치보거')이 동원되었고 유대감('상애의 정')을 강조하며 연대협력('동심합력')의 당위성을 강조하게 된다. 이러한 연대감정을 조성하는 요소로서 지리적 근접성, 문명적 유사성, 인종적 동질성 혹은 경제적 공통이익이 동원되었다. 또한 공법이나 공론과 같은 보편적 준칙을 동원하여 글로벌, 리저널 권력불균형의 현실과 역내 대립갈등을 초래하는 폭력적 행위를 비판하는 언설이 부단히 재생산되었다.

글로벌리즘, 리저널리즘, 내셔널리즘의 상관작용은 장소적이다. 동아시아에서 이들 이념이 작동하는 양상은 유럽과 달랐다. 유럽 국제사회에서는 주권을 신장하기 위한 국가들의 투쟁이 내셔널리즘(네이션의식)을 낳았고 내셔널리즘이 경쟁하는 과정에서 리저널리즘(유럽정체성)이 상정되었다. 유럽 국제사회는 세계정치가 작동하는 장소였기에 글로벌 세력구도와 리저널 세력구도가 동시적이었고 세력균형의 양태는 내셔널리즘에 의해 규정되었다. 또한 산업화와 자본주의 발달에서 비롯된 제국주의(글로벌리즘)에 추동되어 유럽 국제사회는 세계적으로 팽창할 수 있었다. 동아시아 국제사회는 이와 달랐다. 동아시아에서는 리저널 세력구도 위에 글로벌 세력구도가 성립한 것이 아니라 글로벌 세력구도가 내셔널 세력구도를 압박하는 형태였다. 또한 네이션(국가, 국민) 형성도가 크게 달라 내셔널리즘의 편차가 심했고 따라서 리저널리즘이 경쟁적 내셔널리즘을 통해 형성될 수 없었다. 일본이 강국화를 통해 리저널 권력불균형을 심화하는 형태로 글로벌 권력불균형을 수정하는 형태로 전개되면서 리저널리즘은 왜곡되지 않을 수 없었다.

이러한 양상의 기본 구도는 탈냉전, 지구화 맥락에서도 크게 다르지 않다. 다만 개항기 동양이 정치안보의 차원에서 세 이념의 의미가 강하게 드러났다면, 탈냉전기 동아시아는 이들 세 이념이 경제문화적 의미를 강하게 띠게 되었다는 차이가 있다. 소련의 붕괴로 글로벌 세력구도의 전략적 성격이 약해지고 세계무역체제의 성립으로 경제적 자유주의를 표방하는 글로벌리즘이 동아시아에 부과되고, 경제발전을 토대로 역내 국가들의 내셔널리즘이 19세기보다 의미를 갖게 되었다. 이는 탈냉전기 동아시아의 리저널리즘이 개항기의 그것보다 견고할 수 있음을 뜻한다. 경제적 상호의존과 문화교류가 깊어지고 자율적인 사회적 관계를 형성할 여지가 많아지면서 동아시아 리저널리즘은 실체적 의미를 더하고 있다. 하지만 내셔널리즘 위에 리저널리즘이 구축될 여지는 여전히 적다. 한중일의 국가(체제)의 성격에 차이가 있고, 경쟁적 내셔널리즘이 전개되기에는 한중일의 안보 상황이 너무 다르기 때문이다. 궁극적으로 동아시아에 작동하는 주권국가체제는 여전히 유럽과 달리 역내 국가들의 이질성을 내포하고 있기 때문이다.

3. 질서와 정의

현실의 질서와 정의

국제사회의 구성과 운용에서 질서와 정의는 핵심개념이다. 사회에 질서가 요구되듯이 국제사회도 질서, 즉 국제질서가 있어야 성립한다. 국가나 국민의 생존, 안정, 평화를 유지하고 증진하려면 국제사회의 질서가 보전되어야 한다. 대국은 우월적인 국제적 위상과 권력을 유지하기 위해, 소국은 생존과 주권보전을 위해 질서가 필요하다. 질서는 소극적(혹은 보수적) 의미로는 현상유지, 즉 국제사회에서 국가들의 안정된 배열과 평화를 뜻한다. 중세유럽에서는 절대자의 뜻이 정의였으며 이 정의(신의 의지)에 의해 지상세계의 질서가 성립하였다. 주권국가체제에서도 자연법적 규범을 정의로 상정하고 이 정의(자연법적 규범)가 국제관계의 질서를 규율한다는 인식, 즉 만국평등/주권평등 관념이 작동하기도 했다. 하지만 현실 세계에서는 질서가 정의를 구성한다.

국제질서의 원리는 국제체제에 따라 다르다. 동아시아 지역질서는 중화제국체제에서는 대국(종주국)과 소국(조공국) 간의 위계적 배열(사대질서), 일본제국체제에서는 일본제국과 동아시아 국가들 간의 차별적 배열(직분질서), 냉전체제에서는 냉전제국과 동맹국가들 간에 복수의 병렬적 배열(후견-피후견질서)이 형성되었다. 이들 각 제국체제에서는 사대자소의 예법과 조공책봉이라는 제도, 직분 원리, 권력적 지배에 의해 질서가 유지되었다. 주권국가체제가 작동한 개항기와 탈냉전기의 동아시아에서는 국제법, 세력균형, 외교를 원리로 하는 주권평등과 경쟁의 세력균형 질서가 작동하였다. 국가들의 평등한 배열을 상정하는 질서다.

질서의 원리는 실제의 국제관계에 온전히 구현되는 것은 아니다. 현실의 국제질서는 각 국제체제를 전제로 영위되는 세 개의 세력구도가 만들어 내는 국제관계의 동학에 의존한다. 주권국가체제에서 글로벌, 리저널, 내셔널 세력구도가 안정적으로 작동할 때 질서는 확보된다. 일차적으로 글로벌 세력구도가 안정되어야 리저널 세력구도의 질서는 보전될 수 있다. 역간 권력(불)균형과 역내 권력(불)균형이 안정될 때 지역의 질서(평화)가 성립한다. 역간 세력불균형의 상황에서 역외 대국이 역내 세력구도를 규제할 때 혹은 역내 세력균형이 견고할 때, 국제질서는 보전된다. 역외 대국이 역내 세력구도를 규제하는 능력을 갖지 못할 때 혹은 역내 세력균형이 불안정할 때, 질서는 위협을 받는다. 권력균형과 권력불균형의 어느 쪽도 질서(안정, 평화) 유지에 기여할 수 있다. 이는 국제체제에 달려 있다. 제국체제에서는 권력불균형이 질서를 유지하는 조건이 되지만(패권질서), 주권국가체제에서는 권력균형이 질서를 보전하는 조건이 된다(세력균형질서).

정의는 질서의 운용에 필요한 근거 혹은 명분이다. 정의는 질서를 규정하는 도덕적, 규범적 원리로 간주된다. 국제사회에서도 국제질서를 유지하기 위한 국제정의를 상정한다. 흔히 국제정의는 국제사회의 질서를 정당화하는 근거로서 동원된다. 중화제국체제에서는 '예'나 '천도'가 사대자소의 위계질서를 정당화하는 정의의 근거였고, 일본제국체제에서는 '왕도'가 팔굉일우의 직분질서를 정당화(이상화)하는 정의의 명분이었다. 한편 주권국가체제에서 국제질서를 규율하는, 혹은 정당화하는 국제정의의 근거는 몇 가지가 있다. 신의 의지나 초월적 보편 원리에 입각한 자연법적 도덕성, '힘이 곧 정의'라는 세속적 권력의지에서 나오는 권력적 기능성, 그리고 국제법, 세력균형과 같은 규범으로 세속적 권력을 규율하는 제도적 합리성—각각 국제사회의 칸트적 이미지, 홉스적 이미지, 그로티우스적 이미지에 해당한다—은 질서를 규정하는 정의의 근거다.

권력정치의 국제사회에서는 정의의 권력적 기능성이 작동한다. 자연법적 규범과 제도적 합리성은 각각 권력정치의 현실을 규율하는 규제적 원리로서 작용한다. 자연법적 규범이 당위론적 정의 개념의 성격이 강하다면, 제도적 합리성은 권력의 현실적 질서 조절에서 모색되는 정당성의 근거다. 그런데 자연법적 규범이나 제도적 합리성에서 표방되는 정의도 권력과 결부되는 경우도 많다. 어떤 바람직한 질서를 구현하기 위한 수단으로서 동원될 때 정의는 권력의 다른 표현에 지나지 않는다. 정의는 질서유지와 질서변경의 어느 쪽에도 관여한다. 대국은 자국에 유리한 국제질서를 보전하기 위해 정의를 내세운다. 대국에게 유리한, 대국의 기득권이 보장된 질서를 온존하는 것이 정의다. 이러한 점에서 정의는 현실의 권력과 밀접히 연결되어 있다. 특히 질서의 변경이 행해지는 질서변동기에는 더욱 그렇다.

정의의 근거들은 국가 간 권력불균형의 현실에서 상정된다. 근대

동아시아의 질서와 정의의 문제를 배태한 동력은 물리적인 권력불균형과 심리적인 질서관이었다. 19세기 후반 동아시아에서는 역간 세력불균형과 역내 세력불균형의 구도가 일상적인 질서를 규정하였고 정의는 권력불균형의 현실을 변경하거나 심화하려는 의도에서 표출되었다. 권력불균형의 현실은 세력균형을 지향하는 심리와 이상을 배태하였다. 여기서 실재로서의 권력불균형을 직시하는 현실주의 국제사회관과 당위로서의 권력균형을 상상하는 이상주의 국제사회관이 길항한다. 권력불균형의 현실을 극복하고 권력균형의 당위적 질서를 구축하려는 심리는 정의 관념을 추동하는 파토스였다. 자연법적 보편원리와 세속적 법규범의 어느 것을 정의로서 동원할 것인지는 경우에 따라 달랐다.

상상의 질서와 정의

현실의 국제사회에서 질서를 위해 정의가 동원된다면, 즉 질서가 정의를 구성한다면, 질서를 파악하는 방식, 즉 질서관이 정의의 성격을 상당 정도 규정하게 된다. 질서는 객관적 실재(실재로서의 질서)만이 아니라 주관적 상상물(상상으로서의 질서)이다. 질서는 실현되기를 바라거나 실현되어야 한다고 믿는 어떤 바람직한 상태로서 상정되기도 한다. 지역질서, 세계질서에 관한 정책 구상은 바람직한 이상적 질서를 전제로 강구되는 경우가 많다. 제국이건 소국이건, 강국이건 약국이건, 자국의 생존과 발전을 모색하면서 어떤 이상적 상태의 질서를 상정한다. 자국에게 불리한 현행 질서의 부당성을 비판하고 이상적인 당위의 질서를 설정하면서 주권 확보/팽창과 국익 보전/확충을 위한 현상변경을 꿈꾼다. 주권의 위협을 받는 약소국은 주권평등과 권력균형이 실현된 바람직한 질서, 정당한 질서를 상정한다. 주권을 확장하려는 강대국은 권력불균형이 확대된 패권적 질서를 구현하고자 한다.

　정의는 현상변경의 의도에서 동원된다. 이상적 질서가 구현되어 있지 않을 때, 혹은 기존 질서가 위협받을 때, 정의는 이를 초래한 권력을 비판하고 이상적 질서를 이룩할 명분으로 제시된다. 강대국(패권국)은 자국에 유리한 질서를 유지하는 데 필요한 힘의 우위와 권력의 사용을 정당화하는 명분으로서 자연법적 규범을 정의로서 동원하거나 권력 자체를 정의와 동일시하는 일이 많다. 정의는 강자에게는 권력을 행사하기 위한 명분이다. 약자에게는 질서(현상)의 불공정성을 비판하는 도덕적 명분인 경우가 많다. 질서는 권력불균형에서 비롯되는 현실의 불공정한 세력 관계를 넘어 공정한 상태를 지향하는 의지를 내포할 때 상상된 것일 수밖에 없다. 약소국의 경우 힘의 논리에 대항하여 이상적 질서를 상정하면서 자연법적 도덕을 정의로 내세운다. 현실세계의 불의(不正義)가 제도적 비합리성과 세력불균형에서 생겨나고 비합리성과 불균형을 교정할 힘을 갖지 못했을 때, 자연법적 도덕성은 정의감을 일깨우는 유력한 근거가 된다. 법규범은 권력불균형이나 주권 침해를 극복하기 위해 의탁할 수밖에 없는 윤리적 정당성의 근거가 된다. 세력불균형과 주권불평등을 극복하기 위한 세력균형과 주권평등(만국평등)이 정의의 명분이 된다. 강대국의 경우 자국에 유리한 질서의 현상유지를 꾀하거나 권력을 확대하기 위한 정의로서 권력 보전, 국제법 준수, 국가이익 보호 등을 표방한다.

질서와 정의는 도의적 원리일 수도 있지만, 전략적 의도를 담지한 정치적 행위일 수도 있다. 근대동아시아 국제사회에서는 실제의 권력관계가 정의에 대한 상상력, 즉 정의관을 만들어 냈다. 초월적인 보편적 원리가 권력과 제도를 규율한 것이 아니라 세속적 권력과 제도가 보편적 원리를 동원하면서 정의를 표명한 것이다. 동아시아의 권력 현실(질서)과 정의관 사이에는 괴리가 생길 수밖에 없다. 질서의 규범을 제공하는 주권평등의 원칙과 질서의 현실을 보여 주는 권력불균형의 실제 사이에는 늘 간극이 있기 마련이다. 이러한 괴리나 간극에서 도덕성, 합리성, 기능성의 원리를 정의로 상정하고 현실의 비도덕성, 비합리성, 불능성을 비판하는 정의가 출현한다.

정의의 원리성(규범성)과 전략성(기능성)은 정의를 말하는 주체가 속한 나라의 국제적 위상(존재)과 관련된다. 국제체제의 변동기에 국제질서가 바뀔 개연성이 높거나 자국의 국제적 위상을 높이려는 질서변경을 시도할 때 (국제)정의는 표명된다. 패권국과 종속국 간의 정치적 불평등, 가진 나라와 못 가진 나라 간의 경제적 불평등은 권력(군사력, 경제력)의 불균형뿐 아니라 국제사회의 불평등 구조의 소산이다. 질서는 구조의 표현이다. 여기서 정의(정의감, 사명감)는 국제사회의 구조를 문제 삼는 의식, 혹은 불균형적/비대칭적 구조를 균형적/대칭적 구조로 변경시키려는 의지의 표현이다. 국제적 불의를 만들어 내는 국제사회의 불평등 구조를 해소하려는, 현상 변경의 의지를 내장한 배분적 정의가 국제정의로서 상정된다.

정의의 표명은 국제적 불평등, 국제적 불의를 개선할 가능성이 보일 때 강렬해진다. 변동은 권력불균형에서 야기되며, 권력불균형의 현실은 권력균형을 이루려는 동력을 초래하기 때문이다. 변동기에는 생존과 자주독립을 바라는 소망에서 이상적 질서가 상상되곤 한다. 특히 글로벌 대국이나 리저널 강국이 자국에 유리한 질서를 만들고자 폭력을 행사할 때 상상력은 고조된다. 신의 의지나 종교적 원리에서 나오는 절대정의가 상정되지 않는 한, 정의는 의도적으로 동원된다. 질서가 현실의 세력관계(권력균형/권력불균형)를 긍정하는 것이라면, 정의는 현실의 세력관계를 수정하려는 의도를 내포한다. 변동기에는 기존의 질서를 보수하려는 정의와 질서를 혁신하려는 정의가 충돌한다. 주권국가체제에 적응치 못한 한국과 중국의 경우 기존 질서관에 입각한 도덕적 명분을 정의로서 표방하였지만, 일본은 새로운 질서에 부응하는 권력에 기초해 정의를 내걸었다. 청일전쟁, 러일전쟁 때는 질서변경을 위한 정의로서 '의전'義戰을, 대동아전쟁 때는 아시아 피압박 민족의 해방을 위한 정의로서 '성전'聖戰을 표방하였다.

제3장
상상력과 정체성

1. 국제사회와 국제사회관

국제사회관과 동아시아

국제사회는 역사적 형성물이지만, 국제사회를 상상하는 방식은 주체에 따라 다르다. 와이트Martin Wight와 불Hedley Bull이 제시한 국제사회의 세 가지 이미지는 상상 방식의 차이를 보여 주는 것이라 할 수 있다. 국제사회의 세 가지 이미지는 홉스적 이미지, 칸트적 이미지, 그로티우스적 이미지다. 홉스적 이미지는 국제사회를 만국투쟁의 상태로 이해하며(realism), 칸트적 이미지는 세계정부와 같은 중앙 권위가 질서를 유지하는 국제사회를 상정한다(revolutionism). 그로티우스적 이미지는 국제규범(국제법)이 국제질서를 보전하는 국제사회를 설정한다(rationalism).[1] 이들 세 이미지의 국제사회는 국제사회의 실재를 반영한 것이지만 관찰자들의 시선이 반영된 이미지이기도 하다.

1 Martin Wight, *International Theory: The Three Traditions*, edited by Gabriel Wight and Brain Porter (New York: Holmes & Meier, 1992).

국제사회론자들은 현실주의나 급진주의를 배제하지 않고 세 유형이 결부된 다원주의를 옹호하지만,[2] 그로티우스적 이미지의 국제사회관에 더 친화적이다. 그로티우스적 이미지의 국제사회는 국제관계의 경험을 중시하는 역사적 합리주의에 기초하기 때문이다. 유럽 국제사회가 세력균형과 규범과 유럽적 가치를 토대로 형성되었고 여기서 질서가 생겨났다는 역사적 사실을 생각한다면 이러한 친화성은 자연스런 일이다. 아나키 이미지는 세력균형과 규범과 양해체계가 질서를 이루는 유럽에서 성립한 국제사회를 전제로 한다. 강대국이 주도하는 세력균형의 권력현상이 규범으로 인식될 때 질서가 성립하며, 이러한 점에서 만국투쟁적, 급진주의적 이미지는 제한적일 수밖에 없다. 아나키적 질서관념에는 질서유지자(대국)의 세력균형 정책을 정당화하는 관점이 깔려 있다.

동아시아 국제사회에서 주권국가체제에서 생성된 세력구도가 객관적 요소라면, 세계정치나 지역 국제관계를 파악하는 관점인 국제사회관은 주관적 요소다. 동아시아 국제사회의 이미지는 동아시아 국제관계의 실재와, 유럽 국제사회를 상상하는 동아시아적 시선과 그 시선을 통해 동아시아 국제관계의 실재를 구성하려는 의지에서 나온다. 동아시아 국제사회는 지역 국제관계에 연루된 무정부질서anarchy와 위계질서hierarchy, 세력균형과 세력불균형, '도덕적 규범'(자연법)과 '법적 규범'(실정법)이 공존하는 가운데 그 실재를 구성하려는 이념을 통해 성질을 갖추거나 모습을 드러낸다. 국제사회가 직접 경험하기 어렵고 인식과 상상에 의해 관념되는 한, 주관적 인식으로서의 국제사회관은 동아시

2 Barry Buzan and Richard Little, *International Systems in World History: Remaking the Study of International Relations* (New York: Oxford University Press, 2000), pp. 396-398.

아 국제사회를 파악하는 핵심 요소가 된다. 국제사회관은 타자와 세계에 대한 인식뿐 아니라 자기 정체성을 함축한다. 국제사회관은 국제사회에 대한 인식이나 이미지일 뿐 아니라 국제사회의 구조와 성질, 질서에 관한 생각을 반영하며, 때로 정의를 향한 의지까지도 포함한다.

국제사회관은 실재에 대한 인식과, 실재와 이상 사이의 괴리에 대한 인식이라는 양면성을 지닌다. 동아시아 지역에서 세력불균형과 권력정치의 양태는 국제사회관을 규정한다. 주권평등이라는 주권국가체제의 명분과 동아시아 권력불균형의 실제 사이의 간극에 대해 정책결정자나 국민이 어떠한 생각(대외관념)을 영위하는지도 국제사회관을 이해하는 데 중요하다. 타자인식이 타자와 자기의 차이나 간극을 인지하는 것과 마찬가지로 국제사회관은 국제사회의 이상적 상태와 현실적 양태 사이의 차이나 간극을 포착하는 인식이기도 하다. 동아시아인의 국제사회관은 동아시아 국제사회의 모델과 현실 사이의 갭을 함축한다. 근대유럽 국제사회는 모델로 상정되었다. 흔히 동아시아 지역협력과 공동체의 모델로서 유럽연합을 상정하곤 한다. 제국일본의 경우 유럽 국제사회를 극복할 대상으로 인식하기도 했다. 유럽 국제사회가 이해/오해되는 양상은 동양삼국의 국제적 위상과 동아시아 지역이 세계정치에서 차지하는 비중에 의존한다.

동아시아에서는 역간 세력구도뿐 아니라 역내 권력불균형과 결부해 생겨난 지역관념도 국제사회관에 적지 않은 의미를 갖는다. 지역 관념은 글로벌 세력구도를 어떻게 이해하고 내셔널 차원에서 어떠한 대응을 하느냐에 따라 달라진다. 1880~1900년대에는 동아시아 국제사회를 규정하는 질서주도 국가는 글로벌 차원에서는 영국과 러시아였고, 리저널 차원에서는 1880년대는 청국과 일본, 1890년대에는 일본과 러시아였다. 1880년대 동아시아는 글로벌 세력구도가 부과되면서 한중일의 지역 관념이 형성되는 과정에 있었다. 글로벌, 리저널 세력구도의 상관작용이 성립하면서 동아시아삼국은 각각 '중국 속의 동아시아', '일본 대 아시아', '동아시아(동북아) 속의 한국'이라는 공간관념을 갖게 되었다.

동양 상상은 동양삼국의 지리적 상상력에 따라 달랐다. 상상의 공간적 범주와 주체의 정체성이 다르기 때문이다. 우선 동아시아 상상은 자국과 주변을 규정하는 관습적 방식에 의존한다. 상상된 '동양'의 지리적 범주는 상이하다. 광범한 아시아 지역에 걸쳐 있는 중국의 경우 자국을 아시아 대륙의 중심에 놓고 주변을 규율하는 동심원적 중화형 지역관념을 가졌다. 1880년대 중국의 한국 속방화 정책은 중화형 지역관념을 주권국가체제에 맞추어 변형시킨 것이었다.

일본은 청국의 지역질서 주도권을 빼앗아 서양 대 일본의 대립적 지역 구도를 형성하였다. 일본은 장기간 동북아 국가들과의 정치, 경제적 관계뿐 아니라 동남아와 경제적 관계를 지속하면서 동북아와 동남아를 포괄하는 동아시아 상상을 영위하였다. 일본인들은 서양 대 일본 구도에서 동아시아 지역을 발판으로 권력을 확대하는 이항대립적 파상波狀형 지역관념을 보였다.

한국인들의 동아시아 상상은 안보 차원뿐 아니라 경제, 문화 차원에서도 한국인들의 국제적 삶과 의식을 규정하는 일차적 국제공간인 동북아를 대상으로 한다. 한국인들은 한중일 삼국 구도에서 역내 세력균형을 통해 역간 세력균형을 실현시킴으로써 한국의 생존을 보전하려는 소망을 담은 삼국균형의 정립鼎立형 지역관념을 보였다.

중원형, 파상형, 정립형 지역관념에 나타난 지정학적 상상력은 한, 중, 일의 지리적 상황뿐 아니라 동아시아 국제관계에 연루되는 방식에 의존한다. 한, 중, 일의 상이한 지역관념은 현재의 심상지리에도 살아 있다. 탈냉전기 중국은 냉전기의 자폐적 심상지리에서 벗어나 중화 발상을 가지고 광역 아시아를 바라보며, 일본은 경제적 관점에서 구미 선진국들과의 경제경쟁을 의식하면서 동아시아를 경제협력권으로 간주해 왔다. 한국은 경제공동체 형성을 지향하면서도 동북아의 역내 세력 균형을 중심으로 안보를 생각하는 지역관념을 영위한다.

한, 중, 일 사이에 지역 관념이 다르다는 사실은 동아시아 국제사회의 온전한 형성과 전개가 쉽지 않을 것임을 시사한다. 하지만 이러한 차이는 '하나의 동아시아'와 동아시아 국제사회를 소망하는 상상을 자극하는 동인이 되기도 한다. 지역 관념의 차이를 줄이기 위한 연대협력의 지역 전략이 모색되고 지역정체성의 필요성이 강조되는 것이다. 연대협력의 지역전략과 지역정체성은 지역 국제사회의 실재는 아니지만 이를 구성하려는 의지와 전망을 내포한다. 국제사회가 상호작용의 객관적 실재일 뿐 아니라 주관적 상상물이라면, 지역전략과 지역정체성은 지역 국제사회와 사회성의 형성을 추동하는 지표가 될 수도 있다.

제국과 동아시아 상상

동아시아 국제사회와 동아시아 상상은 주권국가체제가 형성되는 개항기와 탈냉전기의 탈제국 맥락에서 출현하였다. 하지만 탈제국의 맥락에서도 제국은 여전히 동아시아 국제사회와 상상에 관여한다. 동아시아 상상은 제국 유산과 주권국가 현존의 상관적 소산이다. 제국의 권력과 제도가 끝날지라도 흔히 제국체제에서 생성된 이념이나 사회적 관습은 그림자를 드리운다. 개항기의 동양 상상은 중화제국 이후에도 중화적 도덕관념의 영향을 받았다. 탈냉전기의 동아시아 상상은 냉전제국이 만들어 낸 동아시아 분단과 양자 동맹의 구조, 냉전적 사고의 영향을 받는다. 일본제국과 냉전제국의 유산은 역사의 기억으로서, 권력의 기억으로서 제국 이후의 심성을 일정 부분 규정하는 것이다. 제국이 만들어 낸 구조(지정학적 공간, 세력구도)의 유산과 관계성(사회성)의 유산은 동아시아 국제사회의 온전한 전개를 방해하기도 한다. 어쩌면 이러한 제국의 유산이 온전한 전개를 소망하는 동양 상상, 동아시아 상상을 부추겼다고 말할 수도 있다.

역외 제국도 동아시아 국제관계에 관여한다. 세계사는 제국들의 역사다.[3] 제국은 인종적, 민족적 차이를 토대로 복수의 영역(법영역, 행정영역)으로 분할되고, 이들 사이에 계층질서가 형성된 다민족 정치공동체다. 제국은 자기중심적이며 자기팽창적이다. 제국의 권력은 중앙집권의 구심성과 영토팽창의 확산성을 보인다.[4] 제국은 정복에 의해 창출되고 지배적인 중심과 종속적인 주변, 때로는 원격지 주변으로 구별되는, 다인종 혹은 다민족의 대규모 복합적 정치단위를 가리킨다.[5] 제국은 중심의 이념과 문명이 일정한 규정력을 가지면서 주변이 중심의 이념과 문명을 공유하는 세계다. 제국은 "국제질서의 중심과 주변의 관계에 대한 일정한 관념을 내포한 질서표상의 개념"[6]으로 성립한다. 제국의 세계는 불변적인 대륙의 지리적 형태나 지구라는 물리체를 통해 확정되는 것이 아니라 문명의 시야와 인식지평을 통해, 지리적 요소보다는 문화적·기술적 요소를 통해 결정된다.[7]

제국은 수천 년간 세계정치의 주역으로서 뭇 대륙과 지역을 연결하는 문명을 구축하였고 많은 문화유산을 만들어 냈다. 제국은 근대 국제관계의 전개에도 관여하였다.[8] 제국은 근대 이전의 역사에서 하나의,

3 Stephen Howe, *Empire: A Very Short Introduction* (Oxford: Oxford University Press, 2002), p. 1.

4 山本有造, 『帝国の研究 ― 原理·類型·関係』(名古屋: 名古屋大学出版会, 2003), 10-11쪽.

5 Stephen Howe, *Empire*, p. 30. 제국의 역사, 개념, 해석에 관한 상세한 논의로는 이삼성, 『제국』(서울: 소화, 2014); 헤어프리트 뮌클러, 공진성 옮김, 『제국: 평천하의 논리』(서울: 책세상, 2015); 山本有造, 『帝国の研究』; Stephen Howe, *Empire*.

6 이삼성, 『제국』, 24쪽.

7 뮌클러, 『제국』, 44쪽.

8 Michael Doyle, *Empires* (Ithaca: Cornell University Press, 1986), p. 12.

혹은 각각의 세계를 통치하였다. 제국은 하나의 지배권하에 성립하는 국가들의 연합으로 이해되었고 세계를 포괄하는 말이었다. 다수의 제국들은 각기 자신들의 공간이 있었기에 다른 제국에게 부정당하지 않았다. 중국제국과 로마제국은 수백 년 동안 두 세계가 접촉하지 않은 채 병행제국Parallel-imperien으로서 병존하였다. 영국제국과 러시아제국도 20세기 초까지는 공존하였다.[9] 하지만 제국은 주권국가들의 근대세계도 규율하였다. 근대세계는 제국이라는 주권국가가 경쟁하는 세계였다. 다수의 제국들이 서로 경쟁한다는 관념은 근대적인 것이다.[10]

동아시아 역사도 제국들의 역사였다. 중원에 성립한 중화제국은 2천 년간 동아시아세계를 규율하는 중심체로서 기능하였다. 개항 이후 주권국가의 출현과 더불어 황제의 행정력과 권위가 미치는 판도로서의 중화제국은 소멸하였다. 하지만 동아시아 주권국가체제는 영국제국과 러시아제국이 동아시아에 관여하는 형태로 전개되었다. 무엇보다 그 전개 과정은 일본제국이 역외 제국에 대응하면서 역내 제국인 중화제국을 대체하고 국민국가와 제국이 결합한 국민제국으로 등장하는 과정과 중첩된다. 한편 역외 제국인 냉전제국은 이념과 군사력으로 동아시아에 깊숙이 관여하였고 동아시아의 분절을 야기하였다.

제국체제는 특정 제국이 국제관계와 국제사회를 규율하는 국제체제를 말한다. 역사상 동아시아에서는 중화제국, 일본국민제국, 냉전제국이 중심이 되는 중화체제, 국민제국체제, 냉전체제가 작동하였다. 중화체제는 중심과 주변을 조공책봉제도를 규율하면서 주변에 자주국가의 존재를 허용하는 국제체제였다. 중화체제에 성립한 천하라는 세계에서 지역은 성립하지 않는다. 국민제국체제는 국민국가 일본이 천황

9 뮌클러, 『제국』, 45-46쪽.

10 山本有造, 『帝国の研究』, 25쪽.

제국가라는 제정국가(중앙집권적 관료제국)를 넘어 제국주의를 통해 동아시아에 구축한 제국체제를 가리킨다. 즉 국민국가의 질서 원리와 제국의 질서 원리가 결합하여 만들어진 제국체제를 말한다. '근대의 제국' 즉 '국민국가 단계의 제국'은 국민국가를 중핵으로 하는 제국적 지배라는 형태로서 나타났다. 근대의 제국은 국민국가와 제국적 지배라는 다른 원리 사이에서, 세계 규모의 자기팽창이라는 욕망과 국민국가체제에서의 공존이라는 국제적 요청 사이에서 타협을 보인 것이다.[11]

제국체제의 형태는 이처럼 달랐지만 동아시아 지역을 지속적으로 규정한 것은 중심과 주변의 틀과 관계성이다. 국제체제의 상이를 넘어 통시적으로 작용하는 요소는 중심-주변 틀이다. 동아시아 국제사회의 온전한 형성을 방해하는 것은 중심-주변의 관계성, 사회성이다. 이러한 중심-주변의 관계성, 사회성을 극복하는 것이 과제가 된다. 중화체제에서 중심(대국)과 주변(소국)은 위계적이면서도 소국의 자주가 허용되는 관계였다. 국민제국체제에서 중심(국민제국)과 주변(식민지, 약소국)은 지배와 피지배, 주도와 협력이 혼합된 관계였다. 중화체제와 국민제국체제에서는 동아시아 국가가 중심(제국)이고, 중심-주변 관계는 동아시아 역내에서 성립하였다. 이와 달리 냉전체제에서는 글로벌 레벨에서 중심과 주변이 성립하였다. 역외 제국(미국, 소련)이 중심으로 기능하고 동아시아는 주변으로서 상정되었다. 중심-주변 틀은 개항기, 탈냉전기 동아시아에 주권국가체제가 작동하기 시작하면서 약화되었지만 그 동력은 영향을 미쳤다. 기왕의 제국의식과 주변의식이 길항하면서 동아시아 국제사회의 실현을 저해하였다.

중화체제는 구조와 이념에서 주권국가체제의 동아시아적 양상에

11 山本有造, 『帝国の研究』, 25쪽.

영향을 미쳤고 국민제국의 지배 양태에 일정한 의미를 가졌다. 중화체제는 중심과 주변 사이의 영토나 군사력, 경제력의 상당한 차이 위에 성립한 것이었다. 또한 중심의 간접 지배로 주변에 자주가 허용되었고 특히 일본이 중화체제 바깥에 위치하였다는 사실은 개항 이후 주권국가체제의 운용에 중요한 의미를 가졌다. 소천하의 존재는 주변에서 분열할 가능성을 내포한다. 중화체제의 붕괴는 주변에서 조약관계가 형성되고 주변의 소국들이 열강의 식민지가 되면서 시작되었다. 개항 이후에도 중심의 자장은 지속되었다. 일통적 천하세계에서 중국과 주변 사이에 전개된 이질적이고 분절적인 양자 관계는 개항 이후에도 지속되었다. 다자 관계의 사회성을 상정하기 어려운 구조가 전승되었던 것이다. 동아시아에 형식상 주권국가체제가 온전히 작동한 것은 조공책봉체제가 공식적으로 폐기된 1895년 갑오개혁 때부터 1905년 외교권 박탈로 한국의 주권이 상실될 때까지 10년간에 불과하다. 일본은 중화를 대체하고 새로운 중심의 국민제국으로 등장하였다.

2. 동아시아 상상과 정체성

국제정치학적 상상력과 동아시아 상상

국제정치학적 상상력은 주체들의 국제정치 의식과 사상을 규정하는 국제정치적 조건을 읽어 내고, 또한 그 조건들이 그러한 의식과 사상을 규정하는 방식을 성찰하는 힘이다. 글로벌, 리저널, 내셔널 세력구도의 상관적 작동 방식이 주체들의 존재와 의식을 규율하는 양상을 읽어 내는 힘이다. 동아시아 상상은 동아시아라는 장소에 투영된 국제정치학적 상상력이다. 동아시아 국제사회의 실재는 동아시아의 국제관계사나 외교사를 통해 묘사된다. 그런데 동아시아 국제사회가 온전히 구현되지 않는 한, 실재의 사회적 장으로서 체험하지 못하는 한, 동아시아 국제사회는 바람직한 모습을 기대하는 주체들의 소망이 투사된 상상의 영역이기 쉽다. 동양연대론, 동아시아론은 동아시아 실재와 동아시아 상상 사이를 교호하는 언설이다. 그렇다면 동아시아론, 동아시아 국제관계론은 실재가 상상을 만들어 내고 상상이 실재를 규율하는 양상을 얘기할 수 있어야 한다.

동아시아 국제사회와 동아시아 상상의 출현은 개항기에는 글로벌 제국(영국, 러시아)이 동아시아에 글로벌 세력구도를 부과한 가운데 기존의 중화제국과 새로 부상한 일본제국이 길항하는 리저널 세력구도가 형성되고 일본제국이 중화제국을 대체하는, 즉 세계정치에 등장하면서 글로벌 세력구도에 관여하게 되는 일련의 국면과 관련된다. 역외 제국이 글로벌 세력구도의 공간적 관여를 통해 동아시아 국제사회와 동아시아 상상에 간여했다면, 역내 제국은 리저널 세력구도의 시간적 변형을 통해 주권국가체제의 원리가 작동하는 것을 방해하고 동아시아 국제사회의 사회성, 상상력의 변질 혹은 왜곡을 초래하였다. 탈냉전기에는 주권국가(국민국가)를 통제한 글로벌 세력구도의 해체와 더불어 주권국가체제가 작동할 여지가 커지면서 리저널 세력구도가 성립하였고 동아시아를 재구성하는 상상력이 부상하였다.

동아시아 상상은 동아시아 국가들이 주권평등을 표방하는 주권국가체제의 권력관계에 진입하고 근대적 국제관계와 국제사회를 규율하는 규범(국제법, 국제제도, 국제윤리)을 수용하였을 때 성립한다. 동아시아 상상은 글로벌, 리저널 세력구도가 만들어 내는 동아시아 상상의 보편성과 개별성에 의한 상이한 지역관념이 결합하여 유발된 것일 수 있다. 이 상상은 주권, 국제법, 세력균형의 주권국가체제 원리가 작동하면서 촉발되었지만 동양삼국의 지역관념은 동아시아 개별 국가들의 정책과 대외관이 반영된 것이다. 글로벌 세력구도가 동아시아 지역의 지정학적 조건을 역외로부터 규정한다면 내셔널 세력구도는 동아시아 지역의 지정학적 조건을 역내로부터 규율한다. 동아시아 지역은 지리적 조건과 동아시아 국가들이 구성하는 리저널 세력구도에 의해 실재하지만, 동아시아 상상은 글로벌 세력구도가 구성하는 지정학적 상황과 이에 대응하는 내셔널 세력구도의 정책구상이 만들어 내는 지정학적 상상에 의존한다. 역내 국가들은 자국의 독립과 발전을 어느 수준에서 어떤 방향으로 모색하느냐에 따라 지향을 달리한다. 지향의 차이는 지역(국제사회)을 만들어 내는 주권, 세력균형(균세), 국제법(만국공법)의 기능과 성격에 대해 주체들이 규범과 권력의, 원리와 실제의 양면에서 어떻게 포착하느냐에 달려 있다.

한국에서 동양 개념과 동양연대 발상의 출현은 1880년대 동아시아 전략 상황과 관련된다. 동아시아 개별국가의 취약성이 서양 열강에 대한 공동 대응의 필요성을 생각하게 만들었고, 안보 문제를 매개로 동아시아 국제사회에 관한 상상이 출현한 것이다. 황준헌의 『조선책략』(1880)은 동아시아 안보 상황을 매개로 동양 관념이 나타난 것을 보여준다. 방아(러시아 방어)를 위한 친중, 결일, 연미의 외교정책 구상을 통해 근대한국인의 국제정치관을 규율하는 전략공간으로서 '동양'(동아시아) 개념이 부상하였다. 『조선책략』은 한국문제를 둘러싼 중국 정책결정자들(이홍장, 하여장 등)의 '동양'의 지정학적 심상지리가 근대한국의 관료와 유학자들에 전유되는 계기를 제공하였다.

주권국가체제의 초기 형성 단계에서는 만국평등관념이 표출되었다. 군사적, 경제적 열세인 소국의 지식인들은 글로벌 세력에 대응하는 논리로 만국평등론을 표방하였다. 앞에서 보았듯이 1880년대 유길준은 만국공법을 방국의 교제를 규율하는 "천지의 무편한 정리로 일시하는 도를 행하"는 공적 수단, 즉 보편적인 자연법적 규범으로 보면서 "대국도 일국이고 소국도 일국이다. 나라 위에 나라가 다시없고 나라 아래에 나라가 또한 없어 일국의 나라 되는 권리가 피차의 동연한 지위로 터럭 만큼의 차이가 생기지 않는다"[12]는 만국평등관을 피력하였다. 일본에서는 이미 1860년대, 1870년대에 보였다. 후쿠자와 유키치는 미국독립 선언서의 경구를 인용하면서 "하늘은 사람 위에 사람을 만들지 않고 사람 밑에 사람을 만들지 않는다"는 천부인권설과 더불어 "천리인도"天理人道가 통하는 만국평등의 국제관계를 주장하였다.[13] 나카무라 마사나오中村正直도 만국공법을 대국의 폭력을 견제하고 소국 일본의 안보를 보장하는 공적 원리로 보았고 만국평등의 국제관계를 상정하였다.[14]

자연법적 만국공법관과 보편적 도리에 의거한 만국평등관념은 윌리엄 마틴의 자연법적 공법관이나 유학적, 특히 주자학적 '천리', '도리'의 보편 이념에서 나온 것으로 이해되는 경향이 있다. 하지만 무리한 해석이다. 내셔널 차원에서 이루어진 현실주의적 대응의 소산으로 봐야 한다. 자연법적 만국공법관이나 보편적 도리관념은 권력불균형에서 기인한다. 후쿠자와는 『서양사정 외편』(1868)에서 국내사회와 국제사회의 유비를 부정하면서 국내사회는 정부의 법으로 통제되지만 천하는 국가들의 '부정강포'不正强暴를 제어하지 못한다고 지적한 바 있다.[15] 후쿠자와의 만국평등론은 일본이 아직 소국인 상황에서 서구열강에 대항하는 수단이었다. 국가가 치욕을 당할 때 일본인 모두 목숨을 버리고 '나라의 위광'을 지켜야 한다는 대의명분을 나타낸 것이다.[16] 만국평등론의 정치성은 후쿠자와가 글로벌 세력에 대응할 부국강병과 국가형성

12 유길준, 『西遊見聞』(東京: 交詢社, 1895), 88-89쪽.

13 『学問のすすめ』 初編(1872).

14 中村敬宇, 「送李月南序」, 『敬宇文集』 卷4, 17-18張.

15 福沢諭吉, 「各国交際」, 『西洋事情外編』(『福沢諭吉全集』 第1巻, 東京: 岩波書店, 1959).

16 『学問のすすめ』(『福沢諭吉全集』 第3巻, 東京: 岩波書店, 1959).

이 시도되는 맥락에서 권력정치관을 내세우고 교역을 통한 부국강병을 통해 '광위'를 떨치는 국가를 만들 것을 주장한 데서 엿볼 수 있다.[17] 유길준도 「세계대세론」(1883)과 「국권」(1888)에서 동아시아의 권력관계를 리얼하게 파악하였고, 「중립론」(1885)에서는 청국이 한국의 내정에 영향력을 행사하는 현실을 고려하여 친청중립의 자주독립책을 제시하였다. 유길준의 만국평등론도 한국의 국제관계 현실을 고려한 정치적 언설이었다. 『서유견문』 제5편 「방국의 권리」에서 주권론이 만국평등론과 함께 제시된 것은 시사적이다. 도의와 정의를 표방한 자연법적 만국공법관은 소국이 권력불균형의 국제관계 현실에 대응하는 수단이었다. 일본에서는 만국공법의 공적 기능에 대한 믿음과 만국평등관이 오래가지 못했다. 1880년대 부국강병과 국권을 추구하는 천황제국가를 형성하는 과정에서 자연법적 만국공법관은 급속히 퇴조하였다. 반면 한국에서는 외세의 내정간섭이 심해지고 정치적 혼란을 거듭하는 가운데 만국공법의 공공성과 주권평등을 주장하는 견해들(동양연대론)이 1890년대 중후반에 널리 나타났다.

한편 유럽 국제사회와의 대비에서 동아시아 국제사회를 상상하는 방식에서도 국제정치학적 상상력은 드러난다. 일본의 탈아론자나 문명개화론자들은 일본 대 서양(유럽)의 구도에서 유럽의 근대문명을 지향하였고 유럽 국제사회를 보편 국제사회로 보았다. '개국'은 일본 대 서양 구도가 등장하고 유럽 국제사회를 보편적 국제사회로 보는 관점이 출현하였음을 상징한다. 마루야마 마사오丸山眞男는 이러한 국제사회관을 잘 보여 준다.

'동양'이 존재하는지를 둘러싼 논쟁이 어떤 결말을 보여 주든, '동양'에

17 『文明論之概略』(『福澤諭吉全集』 第4卷, 東京: 岩波書店, 1959), 191쪽.

> 는 역사와 전통에서 아주 고도의 자족성을 지닌 인도, 중국, 일본이라는 문화권이 병렬해 있으며 그 사이에 다양한 교섭 관계가 있었다지만 그것이 유럽적 의미에서의 공동체 내지는 국제사회를 구성하고 있지 않았음은 분명하다. 오히려 많건 적건 간에 이들의 폐쇄적인 세계에 대해 '국제사회'international society는 일제히 '개국'을 강요하였다. 바꿔 말하면 동양의 국가들은 국제사회의 안에서 자신을 자각한 것이 아니라 오히려 '국제사회'에 무력 혹은 무력의 위협에 의해 강제적으로 끌려 들어간 것이다.[18]

인도, 중국, 일본의 문화권이 고도의 자족성을 가지고 교섭을 이루지 못하고 병렬상태에 있어 유럽 같은 공동체나 국제사회를 구성하지 못했다는 마루야마의 동양관에는 동아시아 국제사회를 상상할 여지가 없어 보인다. 동양은 '폐쇄적인 세계'였고, 동양 국가들은 "(유럽) 국제사회의 안에서 자신을 자각한 것이 아니라" "(유럽) 국제사회에 강제적으로 끌려 들어간 것"이라는 마루야마의 견해에서 유럽 국제사회가 유일한 국제사회이고 동아시아 국제사회의 자율적 구성은 가능하지 않다는 생각을 읽어 낼 수 있다.

유럽 국제사회를 유일한 국제사회로 상정한 탈아입구 의식이 유럽 국제사회의 구성원 자격을 확보하는 대외정책과 맞물려 전개된 것은 이상한 일이 아니다. 이러한 국제사회관에서는 동아시아를 하나의 국제사회로 보는 동아시아 상상은 성립하기 어렵다. 동아시아는 하나의 상상이거나 일본의 정책이 투사되는 대상일 수밖에 없다. 마루야마는 "유럽세력의 압력에 대한 반작용"으로 생겨난 "소박한 민족감정",

18 마루야마 마사오, 「일본에서의 내셔널리즘」, 김석근 역, 『현대정치의 사상과 행동』(서울: 한길사, 1997), 201쪽. 마루야마가 일본 내셔널리즘을 논구한 글에서 '국제사회'를 논했다는 것은 일본의 국제사회관을 생각하는 데 중요한 시사를 제공한다.

특히 특권지배층의 '민족의식'이 유럽의 기독교와 산업주의의 침략으로부터 일본사회를 막아 냈다고 주장한다.[19] 동아시아에 부과된 글로벌 세력의 권력작용(글로벌리즘)에 대항하는 민족의식(내셔널리즘)의 발현을 말하는 것이다. 마루야마는 민족의식을 유럽 국제사회에 진출하는 쪽으로 투사시킴으로써 동양 상상의 여지를 배제해 버렸다. 일본의 문명개화론자, 진보 지식인에게 동양은 '악우'惡友(후쿠자와)이거나 '정체'停滯(마루야마)의 지역으로서 초월해야 할 대상이었다.

동아시아 정체성과 민족정체성

유럽 국제사회를 매개로 동아시아 국제사회를 상상하는 경우도 있었다. 글로벌 세력에 대한 대응을 동양삼국의 연대에서 찾는 동양연대론에는 동양 상상이 있었다. 서세동점의 군사적 위협에 대응하는 안보 상황의 출현은 유럽 국제사회를 인식하고 유럽 국제사회와의 대비에서 동양을 상상하는 계기가 되었다. 글로벌 세력구도와 리저널 세력구도에서의 세력불균형과 이러한 안보 현실을 수정하여 세력균형의 국제사회로 만들려는 당위적 전망에서 동양 상상이 나왔다. 동양 상상은 1890년대 한국 유학자들의 동양정립론에서 전형적이었지만, 일시적이나마 1880년대 일본 유학자들에게도 보였다.

유학자이면서 근대문명과 근대사상을 받아들였던 나카무라 마사나오中村正直는 만국공법의 공공성이 작동하는 국제사회를 상정하면서도 서양세력을 동양을 위협하는 "공적"公敵, "공해"公害로 보면서 동양삼국의 "공우"公友화를 통한 공동 대응을 주장하였다.[20] 유학자 모토다 에이후元田永孚도 세계정치가 동아시아에 부과되는 서세동점의 맥락에서 일

19 마루야마 마사오, 「일본에서의 내셔널리즘」, 201쪽.

20 「送李月南序」, 『敬宇文集』 卷四, 17-18張.

본 일국의 "사교사은"私交私恩이나 "사론"私論이 아니라 동양의 "공의대도"公義大道와 "공시"公是, "동맹 각국의 공도"에 입각한 동양삼국의 "일화단결"을 주장하였다. "동맹국의 여론"을 존중하여 삼국연대를 이루어 세계에 "항형"抗衡할 것을 역설하기도 했다.[21] 유학적 사유를 매개로 '공적' 서양 열강과 대결하는—'동양의 악우'와 대비되는—'공우'로서 동양삼국을 상정하고 동양의 '공도', '공시'에 의거한 연대협력을 모색하였다.

유럽과의 대비에서 상상되는 동아시아 국제사회의 가능성은 유학적 소양을 가졌지만 전략적 관점에서 국제관계를 파악한 흥아회 회원들에게서 엿볼 수 있다. 구사마 도키요시草間時福는 쇄국정책이 서양과의 소통을 막았을 뿐 아니라 동아시아 내부의 "소격거절"疎隔拒絶과 상호적대의 폐단을 초래했다고 지적하는 한편, 유럽의 국가들이 "형제간 집안싸움"(鬩墻)과 같은 권력투쟁을 하면서도 "유럽 전체의 명예와 이해의 큰 유대(大紐綱)"를 위해 "일대국정"一大國情(great nationality)을 이루어 서로 단결한다는 사실에 주목하였다.[22] 와타나베 히로모토渡邊洪基는 유럽의 경험에 비추어 동아시아에 지역 정체성이 결여된 까닭을 지리가 불편해서 "교전강화"交戰講和마저 없는 소원한 소통 관계에서 찾았다. 역내 소통은 지역정체성의 필요조건으로, 역내 갈등은 교통의 친밀함을 수반하는 소통의 일종이라 생각되었다.[23] 오월동주吳越同舟의 사유에서는 유럽의 경험에서 국가 간 갈등을 지역전체의 이익으로 전환시키는 지역 정체

21 元田永孚, 「朝鮮処決私案」·「聖論大旨」; 沼田哲, 「壬午事変後における元田永孚の朝鮮政策案」, 『青山史学』 6(青山大学文学部史学科研究室, 1980), 86-90쪽. 이에 관해서는 장인성, 『장소의 국제정치사상』(서울대학교출판부, 2002), 455쪽.

22 草間時福, 「東洋連衡論」, 芝原拓自 外 編, 『対外観』(東京: 岩波書店, 1988), 265-268쪽.

23 『興亜公報』 第1輯(1880), 7-11쪽.

성과 이에 기초한 국제사회의 존재양태에 주목하고 소통과 그것이 초래할 갈등까지를 국제사회 형성의 조건으로 보는 관점을 읽을 수 있다. 아시아의 이해 명예와 평화를 위한 '공공의 정대情帶', '일대국정', '큰 유대'는 유럽세력에 대항할 연대의 지역정체성을 표상한다. '형제싸움'은 국제사회 형성에 필요한 갈등과 협력의 소통과정을 비유한다. 상호소통은 지역연대와 지역정체성을 형성하는 조건이었다.

한국의 경우 리저널 세력구도는 내셔널 세력(동양삼국)이 글로벌 세력에 대항하는 전제조건이며 글로벌 세력과 동양삼국의 구도가 작용하는 한 상수적 요소였다. 때문에 동양 상상은 한국의 동양연대론에서 두드러졌다. 1880년대 한국의 문명개화론자들은 유럽 국제사회를 알았지만 유럽사회 이해가 동아시아 국제사회에 관한 성찰로 이어지지는 않았다. 한국의 문명개화론자들이 후쿠자와와 달리 동양연대론을 주창한 것은 한국의 국제정치적 위상과 국제관념이 일본의 그것과 달랐기 때문이다. 동양연대는 가치나 이념이 아니라 권력과 생존의 차원에서 상상되었다. 반면 1880년대 전통 유학자들은 동양삼국을 하나의 문명권('동문')으로 생각했지만, 『조선책략』의 '허구적인' 러시아 위협론에 입각한 전략적 동양연대 구상에 부정적이었고 동양 상상도 약했다. 주권국가체제의 주권, 국제법, 세력균형을 질서원리를 받아들이지 않는 한 동양 상상과 동아시아 지역구상은 성립하기 어려웠다.

근대한국의 동양 상상은 1890년대, 특히 청일전쟁 이후 자주독립을 위협받고 국권을 훼손당하는 상황에서 강화되었다. 청일전쟁 이후 러시아의 위협이 현실화하고 중국의 약화와 일본의 강국화가 전개되면서 국가와 사직의 존립이 위협받게 되었을 때 위정척사론자들은 주권, 국제법, 세력균형을 받아들였고 이들 원리를 매개로 삼국정립의 동양연대를 주장하게 된다(제7장 참조). 정립론은 만국공법(국제법)을 규제 원리로 권력균형과 상호견제에 기초한 삼국연대를 통해 글로벌 대국(러시아)의 위협에 공동 대응하는 한편, 팽창적인 일본을 견제함으로써 한국의 자주독립을 모색한 국제정치론이다. 정립은 "같은 인종끼리 특별이 더 사랑하는 것은 인정의 당연한 바라. 황인종으로 말할진대 동양에 대한과 일본과 청국 세 나라가 있은즉 그 형세가 비유컨대 솥발과 같아 만약 솥발 하나라도 떨어질 지경이면 그 솥이 기울어지는 것같이 세 나라 중에 한 나라라도 만일 정치가 문란하여 국세가 위태하면 능히 동심합력하여 동으로 나오는 서방형세를 막기가 어려울 터이니, 이때를 당하여 동양삼국이 피차에 더욱 사랑하는 마음이 도저到底할 수밖에 없"다는 발언[24]에서 보듯이, 동양삼국의 연대를 통해 백인종에 대항하는 동시에 동양삼국의 자주독립을 보전함으로써 동아시아의 안정과 평화를 확보하려는 역내 세력균형을 뜻한다.[25] 정립은 역내 세력균형을 통해 역간 세력불균형에 대항하고 동양삼국의 독립과 번영을 모색한 연대전략이었다.

일본에서도 한국에서도 문명개화론자보다는 유학자(위정척사자론자, 개신유학자)들이 동양 상상에 적극적이었다. 동양 상상에서 도의를 중시하는 유교적 심성이 일정한 의미를 가졌음을 뜻한다. 하지만 유교이념이 동양 상상의 절대 요소는 아니었다. 동양 상상은 근대사상보다는 유학사상과 더 친화성이 있었지만, 동아시아 세력구도를 어떻게 파악하고 자국의 위상을 어떻게 설정하느냐가 더 중요한 요소였다. 그것은 권력과 이익의 문제였다. 동양 상상은 주권, 국제법, 세력균형을 원리로 하는 주권국가체제가 청일전쟁 이후 역간 세력구도의 권력불균형을 완화하고 역내 세력구도의 권력불균형을 심화시키는 상황에서 역외 대국과 역내 대국의 폭력을 비판하는 주권 보전의 의지에서 생겨난 것이다.

일본과 한국의 동양연대 구상은 전략적 성격이 달랐다. 단순화의

24 『뎨국신문』 1900년 2월 9일자 논설.

25 『독립신문』 1898년 4월 7일자 논설.

우려가 없지 않지만 동양연대를 얘기할 때 일본에서는 일시적으로 오월동주란 말이 쓰였고, 한국에서는 오랫동안 정립鼎立이란 말이 사용되었는데, 용법의 의미는 달랐다.[26] 오월동주와 정립은 서양세력에 공동 대항함으로써 자국의 독립과 안보를 확보하고자 한 소국의 생존전략을 함축한 말이다. 같은 시기(1885)에 후쿠자와의 탈아론과 전혀 다른 대동합방론을 주장한 다루이 도키치樽井藤吉는 오월동주의 고사성어를 빌려 유럽에 대항하기 위한 동양삼국의 협력을 주장하였다. 동양삼국은 "우내의 일대풍조[서세동점]를 만나 동양에 떠돌아다니는 배"와 같으므로 "동종의 형제"인 승선자들이 오나라와 월나라 사람처럼 적대하지 말고 마음을 합치고 힘을 다해 험난한 풍파를 막아야 한다는 주장이었다.[27] 오월동주는 소국 일본의 위상을 전제로 한, '연횡'連衡를 통한 '항형'抗衡이라는 연대전략을 함축한 말이다. 전략적 언어라는 면에서 오월동주는 정립과 상통한다. 하지만 오월동주 구상은 정립 구상과는 달리 동양삼국의 역내 세력균형이라는 발상을 결여하며, 이러한 의미에서 임시방편적이고 전략적 측면이 강했다. 정립도 소국 한국의 독립과 안보를 확보하는 전략적 사유의 표현이지만, 역외 위협에 공동 대항하기 위해 동양삼국의 자주독립과 세력균형을 강조한 말로서 역내 세력불균형의 현실을 비판하는 규범론적 성격이 강했다. 정립 구상은 동양삼국의 역내 세력균형을 구현하여 한국의 자주독립을 보전하고자 하는 의지가 담겨 있었다.

지역연대 구상은 글로벌 세력에 대한 내셔널 세력의 대응력에 의존하였다. 연횡을 통한 항형은 리저널(역내) 권력균형을 통한 글로벌(역

26 이에 관해서는 장인성, 「동아시아의 문명과 국제사회: 구성원리와 존재방식」, 『한국정치외교사논총』 제24집 2호(한국정치외교사학회, 2002), 132-141쪽을 참조.

27 樽井藤吉, 『復刻大東合邦論』(東京: 長陵書林, 1975), 113쪽.

간) 권력균형을 이룬다는 동양연대 구상의 핵심이다. 서세동점에 대응하는 항형에는 누구나 쉽게 동의할 수 있겠지만, 그러한 항형을 위한 연횡, 즉 역내 세력균형에 관해서는 동양삼국의 전략적 사고가 달랐을 터다. 동양연대의 세목은 동아시아 세력구도와 자국의 위상에 따라 다를 수밖에 없었다.

동양연대론에서 지리, 문명, 인종은 지역정체성을 구성하는 요소였다. 정립론자들은 이 요소들을 가장 명확하게 의식하였다. 지리, 문명, 인종을 요소로 한 동아시아 상상은 지역안보를 통해 국가안보를 확보하겠다는 구상과 결부된다. 지리적 인접은 연대협력을 생각하는 기본 요소였다. 연대론의 문화적 측면을 표상하는 '동문'과 '동종'은 다른 문자와 다른 인종의 존재를 의식하는, 타자를 보는 시선이 성립하면서 표출되었다. 이들 요소는 동양삼국이 지리적으로 인접하고, 장기간 한자, 유학 등 유교문명을 공유했으며, 인종도 거의 같다는 객관적 사실에서 연대를 위한 정체성의 근거로서 쉽게 상정될 수 있었다.[28] '동문'은 한자문화권의 바깥 지역을 차별화하는 의식을 내포한 말이며, '문자'는 자기와 타자를 구별하는 일차적 기준이었다. '동종'은 백인종 대 황인종의 대결구도에서 인종정체성을 표상하는 말이었다.

이들 요소는 동서양 대결을 전제로 상상된 것으로서 세력구도에 따라 요소들의 의미는 가변적이었다.[29] 동일함은 타자와의 차이를 강조

28 장인성, 「자기로서의 아시아, 타자로서의 아시아: 근대조선지식인에 나타난 '아시아'와 '동양'」, 『신아세아』 제5권 3호(신아세아질서연구회, 1998), 22-25쪽.

29 영국학파 국제사회론자들 사이에 공통의 문화는 논쟁거리였다. 와이트는 '국가체계'(states-system)가 출현하기 위해서는 구성국가들 사이에 단일 문화(cultural unity)가 있어야 한다고 주장하였다. 하지만 불은 공통의 문화는 국제사회의 요소이지만 국제사회 출현에 필요 불가결한 것은 아니라고 보았다. 이에 관해서는 Evgeny Roshchin, "(Un) Natural and Contractual International Society: A Conceptual

할 때 상정된다. '동문', '동종'은 서양세력과의 대결 구도에서 상상된 말이다. '동문', '동종'은 일본의 세력팽창을 위한 명분(프로파간다)으로서 제시되었고, 연대를 넘어 지배와 통합(동화)을 위한 슬로건으로 전화할 개연성을 지닌 말이었다. 특히 '동종'은 서양 국가들의 아시아 침략에 대항하는 대결의식을 부채질할 때 인종론과 결합하여 동원되었다. 지리적 인접도 가변적 요소였다. 한국에서는 동양삼국의 국제생활과 결부된 지리적 공간에 한정된 지리 관념을 영위한 것과 달리, 일본에서는 세력팽창 과정에서 동양삼국에서 아시아의 피압박 지역까지 포괄하는 지역으로 확대되었다.

연대론자들의 동아시아 상상에서 동양연대와 관련된 동아시아 상상에 경제 변수는 의식되지 않았다. 개항 이래 동아시아 국제관계에서 중요한 비중을 차지한 교역(무역)은 묻혀 있었다. 경제는 지역과 주권국가체제의 형성을 추동한 유력한 동인이었고 부국강병을 추구하는 기반적 요소로서 의미를 가졌지만 지역정체성의 구성 요소로 상정되지는 못했다. 경제 변수가 동아시아 상상에 등장하는 것은 일본의 자본주의 발전과 제국주의 팽창이 결부되면서부터였다. '이익선', '세력범위'가 경제안보의 의미를 더하게 될 때, 최종적으로 대동아공영권을 '국방권'='경제권'으로 설정했을 때, 일본제국이 구축하는 인종과 경제와 안보가 중첩되는 공간으로서 '대동아공영권'을 구상하게 된다.

탈냉전, 지구화 맥락에서 동아시아 상상은 지리, 문명, 경제를 매개로 한다. 인종은 더 이상 지역과 연대협력을 위한 요소로 상정되지 않는다. 경제가 역내 소통과 지역 정체성을 높이는 요소로 부상하였다. 지리적 근접성은 경제적 효율성과 비용의 측면에서 역내 결집력과 상호

Inquiry," *European Journal of International Relations*, 19:2 (2013), p. 260를 참조.

소통을 높이고 지역 정체성을 높이는 요소로서 작용한다. 경제와 문명은 지리적 근접성을 토대로 공통 이익과 공통 감각을 높일 수 있다. 다만 경제와 문명은 지역 지향의 구심력을 가짐과 동시에 지역을 일탈하는 원심력도 지닌 요소다. 문명은 지구화 맥락에서 전통적인 동양문화에 의탁할 수도 없고 역내 개별문화들의 집합일 수도 없다. 동아시아적 지역성을 띤 근대문명일 수밖에 없다. 이는 탈냉전기 동아시아 상상이 개항기 동양 상상과 유사하면서도 새롭게 재구성되어야 함을 뜻한다.

상상력은 정체성의 표현이기도 하다. 동양 상상, 동아시아 상상은 외재적 조건들에 의해 촉발되고 규정되지만 자기 생존을 위한 것인 한 자기 정체성 문제를 안고 있기 마련이다. 19세기 주권국가체제와 근대문명관이 들어오면서 동아시아에서는 인종, 국민 개념/관념이 출현할 계기가 마련되었다(제8장 참조). 세계나 글로벌리즘을 매개로 내셔널 차원의 대응을 모색할 때 내셔널리즘은 필연적으로 출현하지 않을 수 없고, 내셔널리즘에 의해 네이션(민족, 국민) 개념/관념이 창출되는 과정을 거치게 된다. 그런데 19세기 후반 동양 상상은 동아시아 정체성을 모색하는 것으로, 민족정체성의 창출은 시차가 있었다. 일본의 경우 동양 상상은 국가의 생존과 발전을 위한 전략적 선택이었고, 네이션의 형성 내지 창출은 동양 상상과 병행해서 이루어졌다. 민족정체성(내셔널 아이덴티티)은 글로벌 세력에 대응하는 과정에서 표출되었다. 1870년대부터 국민 개념이 출현하고 유통되기 시작하였다. 이와 달리 한국에서는 지역정체성을 모색하는 동양연대론의 출현에도 불구하고 국민, 민족 개념/관념의 출현은 지체되었다. 일본이 내셔널 수준에서 글로벌 세력구도에 대응하는 국가 형성을 추진했던 것과 달리, 한국은 그러한 국가 형성이 좌절되고 지역연대에 의탁했던 것과 관련이 있을 것이다. 국민, 민족 개념과 민족정체성은 1900년대 후반 국망의 맥락에서 출현하였다.

제2부

근대동아시아 국제사회와 동아시아 상상

제4장

아시아와 동양

근대한국의 동아시아 지역개념

1. 아시아 상상의 장소성

한국인들의 삶과 의식에서 동아시아는 어떤 의미가 있을까. 한국인들은 '아시아', '동아시아', '동양', '동아', '동북아'에 대해 어떠한 생각을 갖고 있을까. 아시아, 동아시아 개념과 이에 대한 상상력은 나라마다 다르다. 일본인들은 '일본은 아시아인가'라는 질문에 익숙하다. '동양', '동아시아'도 친숙한 말이다. 일본은 동양, 동아시아에 국익을 추구하는 대외정책을 투사시켜 왔기 때문이다. 19세기 후반 이래 일본의 대외정책과 관련하여 표출된 탈아론과 흥아론은 일본의 아시아 정체성을 둘러싼 사상적 길항을 함축한다. 한편 중국인들은 아시아 지역에 널리 걸쳐 있고 오랫동안 중원을 기반으로 한 판도를 세계로 인식하였기에 지역 관념 자체가 약했다. 오늘날에도 아시아의 중심으로 자처하는 생각이 강해 동아시아, 동북아와 같은 특정 지역에 대해 자기 위상을 설정하거나 자기정체성을 모색하는 동아시아론이 취약하다.

한국인들은 지정학적, 지문화적 조건과 역사적 경험의 차이에서 일본이나 중국과는 동아시아 상상이 달랐다. 한국인들은 '한국은 아시아인가'라는 질문에 익숙하지 않다. 탈아, 흥아를 문제 삼지 않는다. 아시아의 일원이라는 사실이 자명하다고 생각하며 동북아 중심의 국제적 삶과 의식이 강하다. 한국인들은 아시아 일반에 대한 상상이 약한 반면 동북아 중심의 상상력이 매우 강하다. 이는 한국이 대륙과 지리적으로 격절되어 아시아 국가들과 소통이 적었고, 동북아 공간의 한복판에서 열강의 치열한 세력경쟁을 겪어야 했으며, 제국-식민지체제와 냉전체제에서 강대국의 지배와 권력정치에 구속받는 국제적 삶을 살았다는 사실에서 비롯된다. 동북아/동아시아 상상이 강렬했기에 아시아 상상은 취약할 수밖에 없었다.

물론 한국인에게 아시아 인식이 없지는 않다. 서세동점의 상황에서 망국과 피압박 민족의 아시아 국가들은 반면교사로서 주목을 받았다. 제국주의 서구열강과의 대비에서 피압박민족의 아시아가 상정되었다. 냉전기에는 자유 대 공산의 진영 논리에 입각한 아시아 상상이 이루어졌고, 한국의 경제발전과 더불어 아시아가 경제교역과 투자의 대상으로 부상하면서 경제적 관점의 아시아 상상도 커졌다. 아시아는 아시안게임, 아시아태평양 경제협의체APEC와 같은 아시아 레벨의 지역 제도를 매개로 하나의 지역세계로서 인식되기도 한다. 다만 아시아 상상이 성장했어도 중앙아시아, 중동, 서남아, 동남아 지역은 지리적 격절과 역사문화적 차이로 인해 여전히 심리적 거리감을 느끼는 지역일 수밖에 없다.

한중일의 국제생활과 대국의 동북아 정책에서 촉발된 동북아 중심의 아시아 상상은 중화체제에서는 중국과의 조공책봉 관계와 일본과의 교린 관계에 의존하였고, 개항 이후에는 제국주의 열강과 일본이 벌이는 세력경쟁에 규율되었다. 일본제국체제에서는 일본의 제국 상상과 대동아 상상에 부응했고, 냉전체제에서는 냉전제국의 이념과 정책에 의해 분절된 아시아 상상이 영위되었다. 한국인의 국제정치학적 상상력은 국제정치적 삶의 거처(토포스)로서의 동북아 공간에 구속을 받으면서 동북아 공간 속에서 아시아와 세계를 바라보는 방식이었다. 특정 국제체제가 작동하는 가운데 글로벌 세력구도와 리저널 세력구도의 양 구도가 만들어 내는 동북아 국제정치 구도 속에서 네이션(국가, 민족, 국민)의 생존과 발전을 모색하는 것이었다.

한국인들의 국제정치적 삶은 아시아 인식의 범위와 강도와 성격을 규정한다. 한국인의 아시아/동아시아 상상 혹은 인식은 한국인들의 국제적 삶의 반영이며 한국인들의 국제적 삶을 드러내는 자기문제로서의 성격을 지닌다. 이러한 아시아, 동아시아 상상을 이해한다면 국제적 삶에 관한 한국인들의 관점을 파악할 수 있을 터다. 이 장에서는 서세동점과 근대형성의 맥락에서 통용된 '아시아', 그리고 동아시아를 나타내는 '동양', '동아' 개념의 역사적 양태에 관해 살펴보기로 한다. 한국인들의 아시아 상상이 '아시아'에서 '동북아'로 귀결되는 계기와 과정을 검토한다. '아시아'와 '동양', '동아'라는 말의 실제와 표상을 파악하려면 '아시아'가 '동양', '동아'로 구체화되고, 지리적 공간에서 안보적 공간, 문명적 공간으로 변용하며, '동양'이라는 관념적 공간이 형성되는 과정에 주목할 필요가 있다.

아시아, 동양, 동아 상상은 몇 가지 수준의 발상에서 성립한다. 첫째는 '세계는 하나'라는 발상이다. 대동사상, 만물일체관, 사해동포주의의 발상을 가지고 아시아와 동양을 보는 것이다. 둘째는 '아시아는 하나'라는 의식이다. 예술적 공통성이나 인종적 유사성, 공동의 정치적 운명 등과 같은 기준을 가지고 아시아를 하나의 지역으로서 인식하는 사유다. 이러한 사고법에서는 아시아는 자기의 영역으로 포섭하고 다른 지역은 타자화하는 경향이 보인다. 넓은 의미의 아시아주의가 이에 해당한다. 셋째는 '동양은 하나' 혹은 '동북아는 하나'라는 발상이다. 이 발상에서는 동북아가 자기화의 대상이며 다른 지역은 타자화된다. 동양삼국 연대론이나 동북아 공동체론이 이에 해당한다. 넷째는 근대일본의 지식인들이 보였던 '탈아입구'의 발상이다. 유럽을 자기화의 대상으로 상정하면서 아시아를 타자화하는 의식이다. 다섯째, 자민족, 자국의 생존을 우선하는 홉스적 만인투쟁의 발상이다. 서구 열강에 대항하는 일본의 대외정책관에 이러한 발상이 보였다. 이들 유형은 장소에 따라 달리 나타나고 같은 곳에서도 몇 가지 수준이 중첩되어 나타났다. 근대일본의 경우 거의 모든 유형이 보였지만 특히 탈아입구와 만국투쟁의 발상이 강했다. 근대한국의 경우는 첫 번째와 세 번째 유형이 많았다. 하지만 일본보다는 약했다.

2. '중화'와 '동번'

'천하'와 '동번'

주권국가를 전제로 하는 조약체제가 성립하기 이전 동아시아세계(중화세계)는 대국과 소국이 위계적으로 공존하는 '천하'가 있었다. 천하는 중심(華)과 주변(夷)으로 구성된 중화문명의 세계로서 최고 권위를 갖는 천자의 통치와 교화가 미치는 영역(판도)을 가리킨다. 천하는 하나의 완결된, 하지만 이적이라도 교화(덕화=문명화)를 통해 구성원이 될 수 있는 개방성을 지닌, 예법의 세계였다. 천하세계는 동아시아에 주권국가체제가 들어오고 주권 원리가 작동하면서 해체의 길을 걸었다. 이 천하세계는 동아시아 국제사회와 동아시아 상상에 어떤 의미를 가졌을까. '아시아'와 '동양'은 어떤 관련이 있었을까.

천하는 역사적으로 네 유형이 있었다. 네 가지는 '봉건적 천하', '전국戰國적 천하', '일통一統적 천하', '다원적 천하'로 부를 수 있다. 중원 국가의 통일 내지 분열의 정도, 그리고 중원 국가와 주변 국가의 배열 방식에 따른 유형이다. '봉건적 천하'는 주나라 봉건제가 구현한 천하, 즉 천자가 중원을 지배하고 천자의 권위에 복종하는 제후국들이 중원의 주위에 배치된 세계를 가리킨다. '전국적 천하'는 천자의 권위가 약화되고 봉건제가 붕괴하면서 전국시대의 군웅들이 할거하던 열국 투쟁의 천하다. '일통적 천하'는 통일된 중원이 중화를 이루고 천자의 권력과 권위가 조공책봉과 기미羈縻정책으로써 주변의 왕조국가를 규율하고 예법의 질서가 작동하는 일원적 천하를 말한다. 『대명일통지』大明一統志와 『대청일통지』大清一統志에 묘사된 천하가 이에 해당한다. 한편 '다원적 천하'는 복수의 유력한 왕조국가 군장들이 천자로 자처하고 자국을 중심에 놓는 소천하를 설정하면서 왕조국가들 간에 세력경쟁을 벌이는 천하다.[1]

이들 네 유형의 천하는 역사적으로 실재했지만, 천하의 유형에 따라 사대의 이념과 제도의 규제력과 상호 규정성은 달랐다. 조공책봉에 기초한 사대는 봉건적 천하에서 생겨난 유제였고, 다원적 천하에서 역동적으로 기능했으며, 일통적 천하에서 정태적으로 작동하였다. 동아시아세계에서는 진나라 통일 이후 다원적 천하와 일통적 천하가 전개되었다. 봉건적 천하와 전국적 천하는 고대 중국에 실재했을 뿐이다. 다만 두 천하의 질서 이미지는 유학자들의 뇌리에 각인되어 있었다. 봉건적 천하는 유학자들의 이상적 세계로 상상되었고, 전국적 천하의 기억은 서양세계의 국제질서를 접했을 때 되살아나게 된다.[2] 천하는 중화세

1 세력구도와 천하의 상관성에 관해서는 장인성, 「중화체제와 '사대': 한중사대관계에 관한 정치학적 해석」, 『한국동양정치사상사연구』 제13권 2호(한국동양정치사상사학회, 2014)를 참조.

2 상상과 기억으로서의 천하는 근대적 세계(global world)와 세계정치(global politics)를 조우했을 때 세계질서를 상상하는 근거로 부활하였다. 개항기 조선과 일본의 정치관료들은 세계정치의 만국투쟁적 질서를 '전국적 천하'에 비정하기도 했다. 근대중

계의 중심(중국)과 주변 사이에서 성립한 것이다. 천하질서 속의 소천하 질서는 포섭과 내포의 관계로 볼 수 있다. 천하에서는 글로벌 세력구도와 리저널 세력구도의 관계는 성립하기 어렵다. 중심과 주변, 중앙과 지방(로컬)의 관계였다.

한편 주변의 왕조국가들 사이에는 교린 관계가 성립하였다. 중화체제의 외연(주변)에서 주변과 주변 사이에 교린체제가 작동하였다. 조일 교린체제가 전형적이다. 조선과 여진 부족국가도 교린 관계를 영위한 때가 있었다, 교린체제는 중국 황제의 양해하에 이루어졌지만 주변의 왕조국가들이 '자주'를 영위했기 때문에 가능하였다. 교린체제는 천하세계의 로컬 차원에서 성립한 것이었다. 그런데 천하세계에서 사대체제와 교린체제가 똑같은 비중으로 공존했던 것은 아니다. 교린체제는 중화의 권력과 이념의 자장이 약하거나 부재한 주변에서 성립하였고 사대체제가 안정되었을 때 기능할 수 있었다.

천하의 체제와 이념은 천하의 로컬 영역에서 복제되는 특징이 있다. 주변에서도 화와 이를 상정한 소천하가 성립하였다. 고구려와 백제, 베트남, 조선, 일본 등에서 자국을 중심으로 주변에 소천하가 상정되었다. 고구려, 백제도 자국을 소중심으로 여기는 천하관념을 가졌고, 고려시대에는 고려국왕을 '해동천자'로 자리매김하는 천하관도 성립하였다.[3] 세종대에도 대마와 여진족에 대해 조선을 중심으로 상정하는 화이질서가 성립하였다. 류큐琉球, 에조蝦夷를 주변에 배치하고 일본을 중심에 놓는 일본형 화이질서도 작동하였고, 베트남의 경우 라오스 등 주변

국에서는 캉유웨이(康有爲)의 『대동서』에서 보듯이 확장된 세계를 '일통적 천하'의 이미지를 가지고 파악하는 질서관도 출현하였다.

3 노명호, 『고려국가와 집단의식: 자위공동체·삼국유민·삼한일통·해동천자의 천하』(서울: 서울대학교출판문화원, 2009).

소국에게서 조공을 받는 로컬 차원의 조공체제를 운용하였다. 천하관념은 유학(주자학)으로 세계관을 구성했을 때 자연스럽게 복제될 수 있었다. 중국(문명) 중심의 중화질서와 자국 중심의 화이세계를 공존시키는 소중화의식(혹은 중화주의)은 조선의 유학자들에게 전형적으로 나타났지만, 에도 유학자들도 공유한 사유였다. 소천하는 교린체제가 작동하는 주변에서 성립하였다. 소천하의식은 교린 관계가 영위되는 구조와 맥락에서 성립할 수 있다는 말이다.

천하세계는 문명세계와 정치세계의 두 측면이 있었다. 문명세계로서의 천하는 중화문명이 공유되는 유일한 세계the world로서 세계와 지역이 구분되지 않는 영역이었다. 정치세계로서의 천하는 사대체제와 교린체제가 분절적으로 공존하는 세계였다. 하지만 두 체제의 공존은 비등가적, 비대칭적이었다. 동아시아세계에서는 사대체제가 지속적이고 실질적으로 작동하였다. 교린체제는 일시적이고 형식적이었다. 세종대에 조선이 구축한 화이질서는 한정된 시기의 것이었다. 한일관계에서 교린에 의한 통신사 파견은 간헐적이었고 쓰시마-왜관의 교린(교역) 관계는 동아시아세계에서 정치적 의미를 갖지 못했다.

이러한 천하세계에서 한반도 왕조국가의 유학자들은 '중화' 중국에 대해 자국을 '동번'東藩으로 규정하는 자의식을 영위하였다. '아동'我東, '동방'東方이란 말도 쓰였다. 동번의식은 천하세계의 어떤 국가와도 다른 한반도 왕조국가(특히 조선)의 특수성을 나타낸다. 동번과 더불어 바다 모퉁이에 치우쳐 있다는 '벽재해우'僻在海隅나 해외에 치우쳐 있다는 '벽재해외'僻在海外, 한 모퉁이에 치우쳐 있다는 '벽재일우'僻在一隅, 혹은 '벽재좌해'僻在左海, 그리고 외진 나라를 뜻하는 '편방'偏邦도 지리적 주변성 혹은 고절을 뜻하는 말로 통용되었다. 아주 작은 땅을 의미하는 '편소지양'褊小之壤, '촬토'撮土라는 말도 쓰였다. 소국 조선의 주변성을 나타내는 말들이다. 이들 언어는 지리적 방위나 조건만이 아니라 중화와 밀접히 결부된 주변의 국제정치적, 문명적 위상을 표상한다. 동번은 중화에 대한 지리적 정체성뿐 아니라 대국 중국에 대한 소국의 사대의식이나 문명 중심인 중화에 대한 정체성을 함축한다.

동번, 벽재, 편방, 편소의 지리적 주변성은 조선 문명의 후진성을 규정하는 요소로 의식된다. 이황은 "우리 동방은 바다 모퉁이에 치우쳐 있어 기자의 홍범이 전해지지 못하고 여러 대 동안 어두웠습니다. 여말에 이르러서야 정주程朱의 글이 들어와 도학을 알게 되었고, 본조本朝에 들어 성왕들이 서로 이어받아 창업수통創業垂統하셨는데 그 규모規模와 전장典章은 모두 사도斯道의 발용發用이었습니다"[4]라고 말한다. 중화의 문명을 공유한다고 생각했을 때 지리적 방위와 지리적 고절은 주변의식만을 낳는 것이 아니다. 자부심의 근거가 되기도 한다. 동번과 벽재의 주변성은 예의와 결부될 때 중화에 근접할 수 있는 가능성을 획득한다. 유학자들은 동번을 '예의지방'禮義之邦으로 규정함으로써 중화와의 심리적 근접과 문명국으로서의 자부심을 드러내기도 했다. 예의는 존화사상과 소중화사상의 근거가 된다. 정도전은 "우리 동방은 비록 해외에 있지만 대대로 화풍華風을 흠모하여 학문을 하는 선비가 전후에 끊이지 않았다"[5]고 말한다. 『동몽선습』(1541)은 "우리나라가 비록 바다 모퉁이에 벽재하고 땅은 편소하지만, 예악법도와 의관문물은 모두 중화의 제도를 좇아 인륜이 위에서 밝혀지고 교화가 아래에서 행해졌다. 풍속의 아름다움이 중화를 방불하니 중화인들이 소중화라 일컫는다. 어찌 기자箕子가 남겨 준 교화 때문이 아니겠는가"[6]라고 말한다. 예의는 지리적, 문명적 주변성을 벗어나 중화문명을 공유한다는 자부심의 표현이자 자기존

4 『退溪集』 卷6, 戊辰六條疏.

5 『三峯集』 卷3 陶隱文集序.

6 『童蒙先習』.

재 증명의 근거였다.

'중화' 명조가 멸망하고 '이적' 청조가 중원을 지배하게 되면 이제 조선은 예의를 전유專有하게 된다. 지리적 주변성은 조선이 유일한 중화임을 보장하는 조건으로 바뀐다. 송시열은 다음과 같이 말한다.

> 우리들은 편방偏邦에서 태어나 천하를 두루 보지 못하고 언제나 우물 안에 앉아서 탄식한다. 이제 정군鄭君 선숙善叔[정경흠鄭慶欽]이 편찬한 『황여고실』皇輿考實을 보니, 역력함이 몸소 가서 목격하는 것과 같으니 참으로 일대 쾌사다. … 우리 동방은 한쪽 모퉁이에 벽재하기에 홀로 예의의 나라冠帶之國가 될 수 있었다. "주나라의 예가 노魯 나라에 있다"고 말할 만하다. 설사 성인이 다시 나더라도 반드시 떼를 타고 동래할 것이다. 그러므로 우리가 이 편방에 태어난 것이 또한 다행한 일이다. 다만 이 강역의 나뉨과 산하의 경계는 분별하지 않을 수 없다. 이는 실로 궁리의 일단이다. 회옹晦翁[주희]은 중화에서 생장했는데도 오히려 문견이 미치지 못한 바에서 의심스러운 것을 탄식함이 또한 얼마나 많았던가. 더구나 우리는 만 리 밖에 태어나 좀먹은 잔편殘編[산일散逸되고 남은 책]과 용면龍眠[송나라 화가 이공린李公麟]의 붓끝만을 헤아리고 상상할 뿐인데 그 차질 없음을 보전할 수 있겠는가.[7]

여기에는 중화문명에 대한 주변의 자의식과 한쪽 모퉁이에 벽재한 편방의 지리적 위상으로 인해 조선이 '예의의 나라'가 될 수 있었다는 자의식이 공존한다. 송시열은 숙종에 올리는 소에서 "하늘이 해우海隅를 돌보셨기에 기자가 동쪽으로 오시어 홍범의 도로써 여덟 조목의 가르침을 베풀었으니, 오랑캐가 변하여 하夏나라가 되었고 우리가 동주東周가 되었습니다"[8]라고 말하였다. '이적' 청조가 '중화' 명조를 대체한

7 宋時烈, 「皇輿考實序」, 『宋子大全』 제138권.

것을 계기로 이러한 자의식은 심화되었다. 명조에 대한 대의명분을 바탕으로 성립한 조선 중화주의는 명조에 대한 '3백년 신사'臣事와 명조에 의한 '임진재조'壬辰再造라는 기억에 의존하면서 19세기 중·후반까지 재생산되었다.

'사대'와 '자주'

천하의 중심(중화)과 주변 소국 사이에는 '사대자소'事大字小의 관계가 성립하였다. 사대는 중화제국을 보전하는 질서 원리이자 소국의 자주를 보전하는 생존 원리였다. 사대와 자주는 한중 관계에서 안보와 평화를 보전하는 원리였다. 사대가 한중관계와 조선을 규율하는 양태는 이념(관념), 제도(규범), 권력(이익)의 상관 작용을 통해 파악할 수 있다. 이념으로서의 사대(이념적 사대), 제도로서의 사대(제도적 사대), 권력으로서의 사대(현실적 사대)다. 각각 사대이념, 조공책봉, 사대정책을 뜻한다. 사대는 기본적으로 힘의 우열에서 성립하는 권력 관계의 표현인데, 사대의 권력적 측면이 사대의 이념(중화사상), 제도(조공책봉)와 어떻게 결부되고 상호 규율하는지는 앞에서 말한 천하의 유형에 따라 달라진다. 고대 중국의 봉건적 천하에서는 사대의 세 측면이 이상적으로 결합하여 작동하였고, 전국적 천하에서는 그 결합이 해체되고 권력투쟁이 일상화되면서 사대의 이념적 규제력이 상실되고 조공책봉은 형식화하였다. 다원적 천하에서는 생존을 위한 권력 행위로서 사대의 행위가 이루어지고, 사대의 이념(사대의 정성)과 제도(조공책봉)는 권력 행위를 정당화하는 수단으로서 작용한다. 사대가 기본적으로 권력 행위인 한, 권력투쟁의 긴장감이 높은 천하 구도에서 권력적 사대가 작동하기 마련이다.

8 『조선왕조실록』 숙종 9년 2월 21일조; 『宋子大全』 卷17 疏箚 請以孝宗大王廟爲世室疏 癸亥 2月 21日.

중심과 주변 간의 힘의 우열 관계가 확립되어 권력투쟁의 긴장감이 해소된 일통적 천하에서는 사대의 권력과 이념과 제도가 균형을 이루면서 안정적으로 기능하였다. 조선 초기 태조, 태종대에는 건국 초기의 명나라의 질서 변동과 맞물려 사대의 권력 관계에 긴장이 있었다.[9] 하지만 세종대 이후 이념적 사대(事大之誠)와 제도적 사대(조공책봉)가 확립되면서[10] 정치세계에서 '대국' 중국에 대한 사대제도(조공책봉)와 문명세계에서 중화를 지향하는 심성이 결합하는 양상을 보였다. 조-명 권력관계가 안정되었을 때 중화사상/사대이념이 내면화되고 조공책봉이 의례화하면서 사대의 세 측면이 안정된 결합을 보였다. 이념적 사대가 권력 행위의 수단으로서가 아니라 체제이념으로서 안정적으로 영위되었다. '이적' 청조가 '중화' 명조를 대체한 명청교체는 문명세계에서의 사대와 정치세계에서의 사대가 분열한 계기였다. 정통 유학자들(소중화론자)의 경우 이념적 사대(중화주의, 숭명사상)와 정치적 사대(현실적 사대)의 분열이 지속되었지만, 유학 관료들의 경우 이러한 분열은 점차 해소되었다.

자주는 사대를 통해 구현될 수 있었다. 사대와 자주는 모순 개념이 아니라 상관 개념이다. 사대는 자주를 위한 전략적 선택이었다. 중국의 행정이 미치는, 달리 말하면 중앙 관리가 파견되어 행정을 수행함으로써 중앙권력이 미치는 판도에서 자주는 성립하지 않는다. 자주는 지리적 격절隔絕, 지리적 고절孤絶의 주변에서 가능하였다. 자주는 국제체제의 질서원리와 세력구도의 형태에 의존하며 사대의 이념, 권력, 제도의 상관작용에서 모색되었다.

조공책봉은 원래 국제관계에까지 확대된 봉건제의 유제였다. 중국

9 박원호, 『명초조선관계사연구』(서울: 일조각, 2002).

10 안정희, 「조선초기의 사대론」, 『역사교육』 64호(1997).

의 통치력이 미치지 못해 군현제를 시행하기 어려운 주변 지역의 수장에게 관작을 주어 형식적인 봉신封臣 혹은 신속臣屬 관계를 설정하는 수단이었다. 조공책봉은 중국의 일방적 강압이 아니라 쌍방의 합의에 의해 성립하였다.[11] 조공책봉은 명·청조 중국의 경우 국제안보의 안정적 운용을 보장하는 장치였고, 조선조의 경우 국가안보와 정권안보를 보장하는 효율적인 제도였다. 조공책봉은 중국의 왕조국가는 값싼 비용으로 국제안보를 구축하고, 한반도 왕조국가는 국가안보와 정권안보를 보장받을 수 있는 효율적인 장치였다.[12] 조공책봉은 중원과 주변 국가들의 권력투쟁을 완화시키고 국제평화를 확보하는 제도였다.

자주는 정치의식뿐 아니라 문화의식에서도 보였다. '예의의 나라'는 유교문명을 공유한다는 자부심의 표현이지만, 동시에 조선의 개체성을 증명하려는, 조선도 중국일 수 있다는 가능성의 표시였다. 무엇보다 보편문명 지향의 사대의식과 더불어 개별문화 지향의 자국의식도 있었다. 일찍이 고려의 유학자 최승로는 화풍華風을 흠모하면서도 토풍土風을 잊지 않았다. 그는 "중화의 제도(華夏之制)는 준수해야 하지만 사방의 습속은 각기 토성土性을 따르므로 모두 바꾸기는 어렵습니다. 예악시서의 가르침과 군신부자의 도는 마땅히 중화를 본받아 비루함을 고쳐야 하지만, 그 나머지 거마, 의복의 제도는 토풍土風에 따라 사치와 검약이 중中을 얻게 해야지 꼭 뇌동(苟同)할 필요는 없습니다"[13]라고 말했다. 앞에서 송시열이 중화지향성을 보이면서도 최소한 "강역의 나뉨과 산하의 경계는 분별하지 않을 수 없다"라고 말한 것에 유의할 필요가

11 이성규, 「중화사상과 민족주의」, 『철학』 37호(1992), 48쪽.

12 정용화, 「조선의 조공체제 인식과 활용」, 『한국정치외교사논총』 27(한국정치외교사학회, 2006).

13 『高麗史』 권93, 列傳6 崔承老.

있다. 중화주의자조차도 지리적, 영토적 경계의식에 기초한 개체의식이 없지 않았던 것이다. 조선후기 실학자들(홍대용, 정약용)은 중화문명을 공유하면서도 지리적 상대성을 들어 조선의 개체성個體性을 강조하였다.[14] 조선 후기의 역사가들도 조선사의 기원을 기자箕子에서 찾음으로써 문명정체성을 모색하는 한편 단군에 기원을 둔 '동국'東國의 문화적 개별성을 모색하였다.[15]

서세동점과 '천하-동번'의 해체

19세기 서세동점과 개항의 출현은 천하의 해체를 초래하였다. 서세동점과 개항의 맥락에서 근대적 외교 문제가 발생하고 조약체제에 편입되면서 중국, 일본, 조선은 조약체제에 부응한 주권국가의 자주독립을 모색하게 된다. 천하 이외의 세계가 출현하였고 글로벌 수준의 전국戰國 상황이 새로이 전개되는 한편, 동아시아 국가들과 서양 국가들 사이에, 그리고 동아시아 국가들 사이에 새로운 조약관계가 성립하였다. 천하 질서에서 못 보던 글로벌 세력구도와 리저널 세력구도가 생겨난 것이다. 천하의 주변이 안보 지역으로 부상하면서 동북아를 관심영역을 하는 '동양', '동아'의 개념/관념이 탄생하게 된다.

서세동점의 콘텍스트를 만났을 때 동번의식은 분화하게 된다. 이제 '예의'는 두 방향에서 변용하게 된다. 위정척사론자들은 더욱더 '예

14 정약용은 '동이'(東夷)는 "인선"(仁善)을 행하고 "정동(正東)의 땅"에 위치하여 "예를 좋아하고 무(武)를 낮게 여기며 오히려 약할지언정 포악하지 않은" "군자의 나라"라는 자의식을 갖고 조선도 '중국'일 수 있다는 자부심을 표명하였다(정약용, 「東胡論」, 이익성 역, 『다산논총』, 서울: 을유문화사, 1972, 141쪽). 익히 알려져 있듯이 홍대용은 『의산문답』에서 중심을 상대화하면서 조선도 중화가 될 수 있다고 말하고 있다.

15 이에 관해서는 허태용, 『조선후기 중화론과 역사인식』(서울: 아카넷, 2009).

의'를 독점하게 된다. 이들은 '이적' 청조에 대한 저항에 덧붙여 '금수' 서양을 부정하면서 조선만이 '예의의 나라'라는 생각을 더욱 굳혔다. '예의'는 자기를 규정하는 보편적 가치를 상실하고 개별적 의미를 강하게 띠게 된다. '이적' 청조가 중원을 유린하고 그 위에 '금수' 서양세력이 출몰한 상황에서 존화사상과 숭명사상은 더욱 깊어졌다. 이항로는 "태조대왕은 명을 받아 나라를 세워 대대로 동번의 신臣이 되었다. 자소字小의 은恩과 충정忠貞의 절節은 3백 년간 바뀌지 않았다. 임진왜란(龍蛇之役)에 이르러 신종 황제가 천하의 병사를 움직여 토우土宇를 재조再造하시니, 비록 의義는 군신이지만 은恩은 실로 부자이다. 동한천리東韓千里의 초목곤충은 하찮은 것인들 제덕帝德이 베풀어지지 않음이 있겠는가"[16]라고 말하였다.

한편 서세동점의 국제정치적 의미를 간파한 박규수는 조선 유학자들의 '예의의 나라' 의식을 비판하였다. 박규수는 제너럴셔먼호 사건(1866)과 신미양요(1871)와 관련하여 대미 교섭에 임했는데, 청조에 보낸 외교문서(자문)에서는 "우리나라는 대대로 동번을 지켜 왔으며 [중국으로부터] 오랫동안 큰 보살핌을 입었고 내복內服으로 여겨져 왔습니다"[17]라고 말하였다. 하지만 아우 박선수朴瑄壽에게 보낸 편지에서는 조선 유학자들의 예의지방론을 비판하였다. '예의의 나라'는 원래 조선이 이적인데도 예의를 갖추었음을 가상히 여긴 중국이 붙여 준 호칭이며, 따라서 천하에 자랑하기는커녕 부끄러워해야 할 일이라 비판했던 것이다.[18] 서세동점이 강해질수록 '예의'라는 말은 천하와 동번을 규율하는 질서 원리로서의 의미를 상실하게 된다.

16 「辭職告歸兼陳所疏」, 『華西集』 卷3 疏箚, 27張.

17 「美國兵船滋擾咨」(1871), 『朴珪壽全集』(上)(서울: 아세아문화사, 1978), 466쪽.

18 「與溫卿」, 『朴珪壽全集』(上), 558-559쪽.

‘예의’의 독점화(위정척사론자)와 타자화(박규수)는 서세동점이 심화되면 천하와 동번을 규율했던 질서 원리가 바뀔 것임을 예시豫示한다. 천하가 변동할 것임을 암시한다. 물론 ‘예의’ 자체가 소멸한 것은 아니다. 어쩌면 문명세계로서의 천하(중화세계)와 정치세계로서의 천하가 분리되기 시작했다고 말하는 것이 합당할 것이다. 박규수는 유학의 문명세계에 대한 존화사상을 견지하는 한편, 만국투쟁이 벌어지는 정치세계의 출현을 감지하였다. 정치세계가 변동하면 예의는 어느 시점에 천하의 질서 원리로서의 의미를 잃어버리고 국가 간의 국제윤리로서의 의미를 갖게 될 것이다.

서양 열강과의 조약 체결을 통해 주변에서부터 천하가 해체되면서 안보 공간으로서 ‘동양’, ‘동아’가 부상하게 된다. 천하의 해체는 주변에서 시작되었는데, 주변에 서세동점의 세력구도가 걸쳐 들어오면서 주변에 대한 중국의 통제력이 약해지고 주변에 새로운 질서원리(주권, 국제법, 세력균형)가 작동하면서 주변을 축으로 한 국제관계가 형성되기 시작하였다. 여기서 오늘날 말하는 동아시아 지역이 탄생한다. 중화체제(사대체제)와 주권국가체제가 긴장하는 가운데 ‘동양’, ‘동아’ 개념이 출현한다. 두 국제체제 간의 긴장이 점증하는 가운데 동아시아 지역에 안보 문제가 발생한 것은 약화되는 중국, 부상하는 일본, 그 사이에 낀 한국이 시차를 보이며 조약체제에 편입되면서 주권 개념을 접하게 된 것과 관련된다. 러시아의 남하가 예상되고 일본이 1870년대 들어 청국과 수호조약을 맺고 류큐병합을 단행한 것을 계기로 한국을 조약체제에 넣어 러시아와 일본을 견제하려는 중국의 동아시아 정책이 전개되고 영러 대결의 글로벌 세력구도가 전개되는 가운데, 천하의 자장을 유지하려는 중국과 이에 대항하는 일본이 경쟁을 벌이고 한국이 그 사이에서 자주독립을 모색하는 리저널 세력구도가 성립하였다.

중원 중심의 일원적 천하세계에서는 글로벌 세력구도와 리저널 세력구도가 성립할 여지가 없었다. 중심과 주변, 달리 말하면 중앙과 지방(로컬)이 존재했을 따름이다. 일본은 절역絶域이었다. 여기서 '동양', '동아' 개념이 도출될 여지는 없었다. 일본이 조약체제의 세례를 받아 절역 상태에서 벗어나 주권 개념을 무기 삼아 적극적으로 중국과 한국에 대해 관계 변용을 시도했을 때 안보 문제가 발생하였고, 이 안보 문제를 매개로 '동양', '동아'의 개념/관념이 출현하였다. 안보 쟁점이 개재했을 때 '자주'는 의미를 변용하게 된다. 사대의 안보장치(조공책봉)가 흔들리고 중심의 자장이 예의에서 권력으로 바뀌면서 '자주'는 주권 관념과 결합하여 독립의 의미를 띠게 된다.

박규수의 제자 김윤식의 경우도 주권국가체제를 받아들이면서 천하 관념은 깨졌다. 그래도 중국의 '담임'擔任하에서 조선의 자주를 보전한다는 김윤식의 발상에는 사대자주 의식의 잔영이 남아 있었다. 하지만 조약체제가 형성되는 가운데 안보 문제가 발생했을 때 '자주'는 새로 체득한 주권 개념과 결부될 수밖에 없었다. '자주' 개념은 천하에서의 자율성이 아니라 점차 주권국가 대 주권국가 관계에서의 자율성을 의미하게 된다. 박규수의 또 다른 제자 유길준은 "우리의 공물을 받고 우리의 권리를 침범하지 말라는 큰 뜻으로 강국과 약국이 서로 인정하는 약장約章", 즉 처지와 형세에 따라 설정된 대국-소국 간 계약으로 변환시키고, 만국공법을 계약 위반에 제재를 부과하는 "천하의 공도"로 설정함으로써 사대(조공)의 의미를 격하시켰다. 조선이 중국에 대해서는 증공국이지만 제3국에 대해서는 주권국이라는 사실을 변증하였다. 자주는 주권과 결부되었다.[19] 주권 관념이 생겼을 때 '동양', '동아'라는 지역과 리저널 세력구도가 출현한다. 1880년대 중반 유길준은 친중 중립

19 兪吉濬, 『西遊見聞』(東京: 交詢社, 1895), 94-95쪽.

을 통한 자주를 모색했는데, 유길준의 중립 구상은 영러 대결의 글로벌 세력구도와 한중일의 리저널 세력구도에 대한 인식과 상상력이 주권 개념에 입각한 자주의 발상과 결부되었음을 보여 준다.

안보 문제의 발생이 '동양', '동아' 개념의 출현을 촉발하고 정치세계로서의 천하는 붕괴되기 시작했지만, 문명세계로서의 천하에서 체화된 습성과 사유는 얼마간 그림자를 드리웠다. 사대체제와 교린체제에서 왕조국가들은 서로 분절된 채 양자 관계로만 존재했다. 조선은 중국과 조공책봉 관계를, 류큐는 중국과 일본 양쪽에 조공하는 양속 관계를, 일본은 중국과 정치적 관계는 없이 교역관계만 유지하였다. 동아시아세계는 같은 한자문화권이었지만 정치적으로는 분절되어 있었다. 동일한 문명권으로 상정된 문명으로서의 천하와 분절된 양자 관계로 구성된 정치세계로서의 천하는 구별된다. 명·청시대 중화세계(천하)에서 양자관계의 분절적 병존이라는 양상은 비록 양자관계의 내용과 형식은 바뀌었지만 개항 이후 국제법체제(주권국가체제)에 편입되어서도 유산처럼 남게 된다.[20] 중원 중심의 지리적 인접성과 중심(중화)과의 양자 관계로 구성된 정치세계의 양태는 개항 이후에도 동아시아 국제관계를 규정하였던 것이다. 문명세계로서의 천하의식, 즉 '동문동궤'同文同軌의 문명의식은 동양연대의 상상력을 제공하는 요소로서 작용하였다. 동문의식은 중화세계가 해체되고 주권 관념이 작동하게 되었을 때도 동양연대를 위한 지역정체성의 근거로서 작용하였다.

20 냉전기, 탈냉전기에도 양자 관계의 분절적 공존은 지속되고 있다. 동아시아에 다자관계가 성립하지 못하고 국제이론이 성립하기 어려운 이유가 여기에 있는 것이 아닐까.

3. '아시아'와 '동양': 개념과 표상

'아시아'와 '동양'

'아시아'는 중화세계에서 낯선 말이었다. 중화세계의 주변이었던 조선에도 '아시아' 개념은 있었다. 마테오리치의 『곤여만국전도』坤輿萬國全圖(1602)가 출판된 이래 이 세계지도에서 사용된 한어 음차音借의 외래어가 근대지리적 세계상과 세계의 구체적 모습을 나타내는 지리적 명칭으로서 유통되었다. 마테오리치의 세계지도에서 '아세아'亞細亞는 'Asia'의 음차였다. 태평양을 지칭하는 용어는 음차가 아니라 방향을 지시하는 '대동양'大東洋이 사용되었다. '아세아'와 '동양'은 그 실체가 어떠한지를 떠나 마테오리치의 세계지도를 통해 지리적 표상으로서 알려졌다. 도상圖像이미지를 통한 지리적 기호로서 인지되었다.

'아시아'Asia는 원래 '아시리아'Assyria에서 기원한 말이다. 아시리아는 해가 뜨는 곳을 뜻하는데, 소아시아 지역을 가리키는 말이었다. '아시아'보다 기원이 더 오래된 말은 '오리엔트'Orient였다. 오리엔트는 '동양'이나 '동방'으로 한역되었는데, 고대문명의 발상지인 메소포타미아 지역과 그 동쪽을 지칭하는 말이었다. 오리엔트는 지리 공간이 점차 동쪽으로 확대되면서 공간 범위가 아시아와 겹치게 되었다.[21] 오리엔트의 지리 범주는 유럽 국가들이 무역과 선교, 식민주의와 제국주의를 통해 동방으로 진출하면서 확대되었다. 유럽에서 '오리엔트'는 문화적 함의가 강하고 '아시아'는 정치적 함의가 강한 말이었다. '아시아'는 유럽이 팽창하면서 생겨난 정치언어였다. 그런데 '오리엔트'('동양')의 지리 공간이 확대되고 식민지주의와 제국주의의 정치군사적 맥락이 시작되어

21 竹內好, 「日本人のアジア觀」, 『日本とアジア』(『竹內好評論集』 第3卷, 東京: 筑摩書房, 1966), 85-86쪽.

정치적인 '아시아'와 중첩되면서 '동양'도 정치적 색채를 띠게 된다.

중세 이래 유럽인들이 유럽이 아닌 곳을 '오리엔트'로 간주한 데서 보듯이 아시아는 유럽과의 대비에서 산출된 대對개념이자 관계개념이었다. '오리엔트'는 유럽인들이 자기 정체성을 확립하기 위해 설정된 타자였다. 그리고 아시아, 동양은 문명-야만의 틀에 의해 규정되었다. 유럽인들은 유럽의 방식과 기준을 문명으로, 아시아인들을 야만으로 간주하였고, 자신들 방식과 기준을 전파시켜 세계를 문명화하는 것을 의무라 생각하였다. 17, 18세기 유럽의 팽창은 유럽의 안정, 무역, 세력 균형에 대한 관심과 결부되었지만, 19세기에 들면 비서구 사회에 유럽의 행정과 문명을 강요하였고, 비서구 사회는 유럽 국제사회의 규칙과 제도를 따를 것을 강요받았다.[22] 우월한 과학기술과 군사력에서 비롯된 것이었다.

'아시아' 개념은 서세동점이라는 정치군사적 상황을 거치면서 도상 이미지를 벗어나 점차 동아시아인들의 자기 정체성을 구성하게 된다. 서세동점은 아시아의 지리적 공간에 대한 가시력을 높였다. 유럽의 팽창을 의식하고 유럽과 대결하는 관점을 형성하는 과정을 통해 동아시아인들은 아시아를 하나의 정치공간으로서 인식하게 된다. '동양'은 '오리엔트'의 번역어나 유럽인이 호명하는 타칭他稱이 아니라, 동아시아인의 용법을 토대로 스스로를 규정하는 자칭自稱으로서 부상하게 된다. 유럽인이 아시아의 타자화를 통해 유럽 정체성을 확인했다면, 19세기 이래 동아시아인들은 유럽과의 대비를 통해 정체성을 자각하였다.

'동양' 개념은 유럽의 타율적 구성물이 아니라 동아시아의 자율적

22 Adam Watson, "European International Society and Its Expansion," Hedley Bull and Adam Watson, eds., *The Expansion of International Society* (New York: Oxford University Press, 1984), p. 27.

구성물로서 출현하였다. '동양'은 '오리엔트'의 번역어로서만 유통된 것이 아니다. 번역어로서의 '동양'이 타율적이라면, 자생어로서의 한자어 '동양'東洋은 자율적이었다. 원래 중화문명권에서 사용된 '동양'은 자바 섬 일대를 가리키는 말이거나 한국, 일본 지역을 지칭하는 말이었다. 전자가 중국 화남에서 생각한 동쪽 바다라면, 후자는 화북 혹은 중원에서 바라보는 동쪽 바다인 셈이다.[23] 후자의 용례에서 나온 '동양삼국'이란 용어는 '동양'이 실제적인 지역 개념이 될 가능성을 내포한다. 동아시아에서 '동양'이 타율적인 번역어가 아니라 오히려 자생적인 개념이었음을 보여 준다. 물론 중화세계에서 사용된 '동양'은 중화적 발상이 담긴 말이었다. '동양'이 중화적 발상을 벗어나 일본에 의해 새로운 제국 구상을 담은 말로 탈바꿈하는 과정은 일본제국이 지역 패권국으로 부상하는 것과 관련된다. 스테판 다나카Stefan Tanaka는 일본이 제국 형성 과정에서 '동양학' 구축을 통해 '동양'이란 말을 창출했다고 주장하면서 '동양' 개념의 정치성을 간파한 바 있다.[24] 다나카의 견해는 '동양' 개념이 일본제국의 이데올로기성을 띠게 되는 양상을 보여 주었지만, 일본제국의 창안물임을 지나치게 강조함으로써 '동양'이 개항기 이래 한국, 중국을 포함한 동아시아에서 영위된 보편적 지역개념이었음을 놓치고 있다. '동양'은 주권국가체제 형성과정에서 지역정체성을 담

23 마테오리치는 『곤여만국전도』에서 'the Pacific Ocean'(太平洋)을 '대동양'(大東洋)으로 번역하였다. 한국, 일본 지역보다 훨씬 큰 바다를 상정한 번역어일 것이다. 자바섬 일대와 한국, 일본 일대를 포괄하는 큰 바다를 상정한 것이 아닐까. 번역어 '대동양'이 '태평양'으로 바뀐 것도 글로벌 세력구도의 출현과 관련될 것이다. 16세기 명말청초에 있었던 과학기술 차원의 제1차 서세동점과 19세기 개항기에 전개된 정치군사적 차원의 제2차 서세동점이라는 맥락의 차이에서도 기인할 것이다. 면밀한 개념사적 규명이 필요하다.

24 스테판 다나카, 박영재·함동주 역, 『일본 동양학의 구조』(서울: 문학과지성사, 2004).

아 넓게는 아시아, 좁게는 동북아를 가리키는 개념으로 재규정된, 한국, 중국, 일본에서 공유된 개념이었다. 지리, 인종, 문명의 지역정체성을 담은 동아시아 상상을 표상하는 언어였다. 이러한 '동양' 개념은 일본이 지역패권을 장악하고 제국을 형성하면서 일본제국의 질서관념을 투사한 말로 이념화한다.

서세동점의 정치군사적 계기에서 성립한 글로벌 세력구도와 위기감, 서양에 대한 대결의식은 '동양'이 지역 개념으로 재탄생하는 중요한 매개였다. 주권, 국제법, 세력균형과 같은 유럽 국제체제의 원리들이 수용되면서 '동양'은 사회성을 만들어 가는 지역으로서 구체화된다. '동양삼국', '동양연대', '동양평화'라는 언어들은 '동양'이 국제체제와 국제정치적 조건들을 매개로 지역 개념으로서, 그리고 동아시아 국가들 간의 사회적 공간으로서 성장하고 있었음을 보여 준다. '동양' 개념은 글로벌 세력구도와 내셔널 차원의 사고(내셔널리즘)가 서로 연관되면서 보편화되었다. 이 과정에서 동아시아인들이 감지하는 국제영역 혹은 지역은 '아시아'에서 좁은 의미의 '동양'으로 이행하였다. '아시아'의 타자화에 대비해서 '동양'의 자기화가 진행된 것이다.

아시아의 타자화와 자기화에는 문명-야만의 틀도 기능하였다.[25] 유교권에서 문명은 '성인의 도'가 행해지는 교화된 지역이며, 야만은 교화되지 못해 '덕화'(문명화)가 필요한 대상으로 간주되었다. 유럽인과 아시아인의 세계인식에는 문명-야만 틀과 문명화 의지가 공유되어 있었고, 자민족 중심주의에 의해 지탱되었다.[26] 동아시아인에게 유럽은

25 Gerrit W. Gong, *The Standard of 'Civilization' in International Society*, pp. 7-8.

26 단 서구와 중국의 '문명화' 의지는 차이가 있었다. 유럽의 '문명'(civilization)은 외부와의 차별뿐만 아니라 도시(city) 바깥을 문명화(civilize)하는 것을 의미한다. 기독교의 선교 운동은 서양의 문명을 확대하는 것이었다. 반면 중국의 '문명'은 스스로를 중국의 권외(圈外)에 확대시키는 것이 아니라 알고 싶으면 중국으로 찾아올 것을 요

야만의 세계였고, 유럽의 팽창(서세동점)은 야만적인 행위였다. 동아시아인들도 유럽이라는 타자를 통해 자기 정체성을 확인하였다. 유럽의 팽창은 역사적 사실로서는 '아시아', '동양'의 지리적 확대와 유럽 국제사회의 지구화를 가져왔지만, 관념 차원에서는 유럽과 아시아 모두에게 자민족 중심주의에 기초하여 상대방을 타자화하고 자기 정체성을 형성하는 계기를 제공하였다.

문화적, 정치적 공간의 의미가 강해졌을 때 유럽과 아시아의 지리적 구분은 약해지기 마련이다. 지역은 인간들이 다양한 활동을 펼쳐 나가는 물리적 경계, 즉 지리적 구분으로만 규정될 수는 없다. 지역이란 지역 현실을 구성하는—개념화 활동을 포함한—인간활동의 공간적, 시간적 움직임들을 물리적인 범주들 속에다 담아 들이고자 하는 하나의 추상적인 표현 이상일 수 없다. 지역의 경계와 구조는 유동적이기 때문에 지역을 구체적으로 파악하려면 역사적 맥락에서 지역의 변화를 촉발시킨 경제적, 정치적, 문화적 관계 및 인간활동에 비추어 지역의 범위와 구조, 개념에 일어난 변화를 설명할 필요가 있다.[27]

그런데 아시아 레벨에서 생각했을 때 타자는 유럽에만 국한되지 않는다. '아시아', '동양'은 유럽의 눈에는 하나의 집합체로 비치지만, 아시아 국가들은 역사적, 문화적, 사회적인 차이가 적지 않다. 아시아를 하나의 관념으로 포착했을 때 **표상으로서의 아시아**는 상정될 수 있고 동질성은 얘기될 수 있지만, 역사적 개념으로 포착했을 때 **실체로서의 아시아**는 동일하지 않다. 차이는 아시아 국가들이 각자 서양이라는 타자에 대응하는 과정을 통해 확인될 수 있다. 차이를 의식하지 않을 때 동

구하는 것이었다(柳父章, 『一語の辞典文化』, 東京: 三省堂, 1995, 20-22쪽).

27 아리프 딜릭, 「아시아-태평양권이라는 개념」, 정문길 외 역, 『동아시아, 문제와 시각』(서울: 문학과지성사, 1995), 42-44쪽.

아시아세계는 성립하며, 차이를 없애고자 할 때 지역공동체 발상이 생겨난다. '아시아는 하나'라는 명제는 동양미의 동질성을 상정했던 오카쿠라 텐신岡倉天心이나 타고르Tagore, 그리고 정치적 연대를 주장했던 쑨원孫文의 아시아주의나 대동주의 발상에서 보듯이 하나의 관념, 사상일 수는 있지만 역사적 개념일 수는 없다.

과학, 종교와 아시아 상상

마테오리치의 세계지도가 명말청초 중국 지식인의 세계인식에 영향을 미쳤음은 잘 알려져 있다. 마테오리치의 지도는 조선에도 전래되었지만, 그 영향은 제한적이었다. 마테오리치의 세계지도는 필사본 형태로 지식인 사회에 제한적으로 유통되었을 뿐이다. 마테오리치의 『천주실의』天主實義(1594)는 조선에 전래되어 천주교도의 출현에 일정한 영향을 미쳤지만 동시에 이를 비판하고 천주교를 억압하는 강렬한 반발을 초래한 사실을 떠올릴 필요가 있다. 『곤여만국전도』의 근대적 세계지리상이 조선 후기 실학자의 세계를 보는 눈을 바꾼 것은 아니다. 중화세계상을 깬 것이 아니다. 세계지도에 표기된 '아세아'라는 명칭이 지리 영역으로서의 아시아를 상기시키는 표상(혹은 기표)으로서 작용한 것도 아니다.

중화 표상이 조공책봉의 사대관계에 의해 뒷받침되고 '동번'과 '해우'의 정체성이 강하게 작동하는 조선에서 근대적 세계지리상은 중화세계관을 해체하지는 못했다. 조선 중기 이래 제작된 원형 천하도는 마테오리치의 지리적 세계를 『산해경』山海經의 도교적 세계관과 유학적 세계관에 포섭시킨 중화 중심의 세계지도인데,[28] 이는 근대지리의 세계

28 원형 천하도에 관해서는 오상학, 「조선후기 원형 천하도의 특성과 세계관」, 『국토지리학회지』 제35권 3호(국토지리학회, 2001); 오상학, 『조선시대 세계지도와 세계

관이 전통적 세계지리관을 바꾸지 못했음을 보여 준다. 세계지도상의 지리적 명칭은 도상적 기호로서는 살아남았지만 정치적 의미를 갖지 못했다. 과학적 세계관의 전환이 곧장 전체적 세계관의 변환을 유발하는 것은 아니다. 중화체제가 견고한 동안에는 근대과학이나 근대적 세계지리가 수용되었다고 세계관이 바뀌는 것이 아니다. 근대과학과 근대적 세계지리가 현실세계에서 의미를 갖고 널리 유포된 것은 정치군사적 계기—이른바 대외문제의 발생—를 거쳤을 때다. 서양 열강이 군사력을 동원하여 군사적 분쟁을 일으키고 개항을 강제하는, 즉 서세동점이 과학의 차원에서 정치군사의 차원으로 전환되는 과정에서 과학적 지식은 정치적 의미를 갖게 된다.

동아시아 개항기 지식인들의 세계인식에 영향을 미친 『해국도지』海國圖志, 『영환지략』瀛環志略과 같은 세계지리서가 아편전쟁이라는 군사적 충격 이후에 출현한 것은 우연이 아니다. 이들 세계지리서에서 세계는 대륙과 바다로 분류되고 국가들의 연혁과 산물, 풍습 등이 서술되는 가운데 그 명칭들이 확인되고 있다. '아시아', '동양'은 지역과 국가들을 구획하는 말로 쓰이면서 점차 도상적 이미지를 벗어나 기존의 언어적 관습과 새로운 언어적 현실을 동시에 반영하게 된다. 하지만 『해국도지』, 『영환지략』과 같은 텍스트의 유통이 '아시아', '동양' 혹은 '서양' 인식의 자동적 전환을 유발하는 것은 아니다. 텍스트가 어떠한 지적 맥락에서 수용되는지에 따라 의미가 다르기 때문이다.

최한기의 경우를 보자. 최한기는 이들 두 책을 저본으로 『지구전요』地球典要(1857)를 편찬한 바 있다. 최한기는 이 세계지리서에 '아세아' 편을 설정하고 '아세아'에 '중국', '동양 2국'(일본, 류큐), '남양빈해각

인식』(파주: 창비, 2011).

국'南洋濱海各國(越南, 暹羅, 緬甸, 南掌), '남양 각도'南洋各島, '동남대양 각도'東南大洋各島, '5인도'五印度, '인도 이서 회부 4국'印度以西回部四國, '서역 각 회부'西域各回部 등 권역별로 배치하였다.[29] 여기서는 마테오리치 이래 확립된 '아세아'가 아시아 지역을 구성하는 나라들을 총칭하는 말로 사용되고 있다. 본래 '아세아'는 중국적 세계관과 무관한 기표에 지나지 않기 때문에 이러한 총칭은 수용될 수 있다. 하지만 '동양' 용례에는 중국적 지리 관념이 반영되어 있다. '중국'과 '동양 2국'은 따로 쓰였다. '동양'은 '중국'과도 구별되고 아시아 다른 지역과도 구분되고 있다. '동양'은 일본과 조선을 지칭한다. 최한기는 중국적 세계관에서 유통된 '동양' 개념을 사용한 것이 된다.

최한기가 군사적 충격을 받아 저술된 『해국도지』와 『영환지략』을 저본으로 세계지리서를 편술한 것은 서세동점이 지식세계에 일정한 의미를 주었음을 시사한다. 하지만 '아시아', '동양'의 지리 표상 혹은 상상을 촉발한 것은 아니다. 『지구전요』는 개인적인 지적 호기심의 표현이었을 뿐 공간되지 않았고 따라서 사회적 의미를 갖지 못했다. 『해국도지』, 『영환지략』조차 조선의 벽사론적 분위기에 묻혀 조선 지식사회에 영향을 주지 못한 상황이었다. 지리적 세계는 벽사론적 사유에 묻혀 있었다. 최한기는 보편주의 문명론의 관점을 가지고 서양의 과학문명을 수용하는 저술 활동을 했지만, 그의 아시아 인식은 지리적 관심보다는 종교적 관심에서 간헐적으로 보였을 뿐이다. 아시아 지역과 관련해서는 유교, 불교, 회교의 분포와 성격 등에 관한 서술이 보이는데, 이는 아시아가 종교적 관심에서 상상되고 있었음을 암시한다.[30] 이는 '사교'(천주교)와 결부시켜 서양을 보는 벽사론적 분위기와 연관될 것이

29 「地毬典要」 卷2-卷4, 『明南樓全集』 三(서울: 여강출판사, 1990).

30 『推測錄』 第5卷.

다. 젊은 날의 박규수도 벽사론에 의탁하여 아시아와 서양을 바라보았다.[31] 박규수의 친구였던 윤종의尹宗儀도 『해국도지』를 본받아 『벽위신편』(1848)을 편술하면서 조선의 해방(해안 방비)을 구상하는 한편 벽사론 논설을 다수 전재轉載하였다.[32] 아시아 상상은 유교(正教) 대 천주교(邪教)의 세계관에 의존하였고, 해방의 전략적 사고는 종교적 사고에 제약받았다.

1880년대 문명사회 구상을 담은 유길준의 『서유견문』西遊見聞은 기존의 아시아 상상이 잔존하면서도 '아시아'와 '동양'의 미묘한 구별이 엿보인다. 『서유견문』은 서양문명의 제도와 법규범을 본받아 한국식 문명개화를 구상한 것이기에 아시아 상상은 미미할 수밖에 없었다. 『서유견문』 제1편, 제2편에서도 근대적 자연과학과 세계지리를 소개하면서 근대적 통계를 동원하여 세계와 국가들을 구획, 분류하고 있는데, 서양 국가와 대비해 거론한 아시아 국가들은 중국과 일본—즉 '동양'(동아시아)—뿐이었다.[33] 다른 아시아 국가들은 인도와 주변 국가들이 불교를 숭상하고 터키와 주변 국가들이 회교를 신봉한다고 소개한 데서 보듯이 종교와 관련해서 언급되었을 뿐이다.[34] 유길준은 종교만 주장하는 나라는 아무리 훌륭할지라도 빈곤에서 벗어날 수 없다면서 인도 불교에 비판적이었다. 인도가 식민지가 된 원인을 불교에서 찾기도 했다.[35] 유길준은 천주교의 침략성을 지적하면서 프랑스는 천주교를 동원하여 베트남을 차지할 수 있지만, 조선은 유교가 있어 차지하지 못했다고 말

31 「朴瓛齋集」, 『朝鮮学報』 第87集(1979).

32 尹宗儀, 『闢衛新編』(서울: 한국교회사연구소, 1990).

33 예컨대 유길준은 주요 17개국의 인구와 조세액, 세계 각국의 군함수를 소개하면서 아시아 국가로서는 중국과 일본만을 목록에 넣고 있다. 『서유견문』 제7편 및 제9편.

34 『西遊見聞』(『유길준전서』 I, 일조각, 1971), 358쪽.

35 『西遊見聞』, 376-377쪽.

하기도 했다.[36] 박영효도 아시아가 유교, 불교, 기독교, 회교의 발상지였음에도 인민을 노예로 간주하여 '인의예지'를 가르치지 않기 때문에 추락하였다고 보았다.[37] 아시아 상상은 종교적 세계관에 구속받고 있었다.

천주교 비판의 벽사론적 사유는 아시아 상상의 확장 가능성을 제한하였다. 위정척사론은 개항의 맥락을 맞이하여 유교(정교) 대 천주교(사교)의 이분법적 구도를 종교 레벨뿐 아니라 문명과 대외정책 레벨로까지 확장하였는데, 여기서도 종교 차원에서 생각하는 한 아시아 상상이 들어설 여지는 없었다. 박규수, 윤종의의 전략적 사고나 유길준의 문명론적 사유도 서양과의 대비에서 '아시아', '동양'을 하나의 결집된 공간으로 인식할 개연성을 보이지는 않았다. 다만 위정척사론자들과 달리 아시아 상상을 유교 대 천주교의 종교 레벨에 묶어 두지 않을 여지를 남겨 두었다고 할 수 있다. 위정척사론자들은 이들과 달리 서양과의 대비를 통해 '동양' 상상을 영위하게 된다.

조공체제가 공식적으로 종식된 1895년 학부는 중등 교과서인 『국민소학독본』을 발간하였다. 이 교과서에는 "우리 대조선은 아세아주 중의 일 왕국이라. 그 형태는 서북에서 동남으로 나온 반도국이니 기후가 서북은 한기가 심하나 동남은 온화하며 토지는 비옥하고 물산이 요족饒足하니라. 세계만국 중에 독립국이 허다하니 우리 대조선국도 그 중의 일국이라"[38]는 서술이 보인다. '대조선'을 아시아의 일원으로 자리매김하는 자의식이 표현되어 있다. 아울러 한국을 독립국의 지위를 가진 '만국'의 한 나라로 상정하고 있다. 한국을 '아세아'와 '세계' 속에 자리매김하는 지리적 사유가 성립한 것이다. '아세아'는 대륙명으로 사

36 『西遊見聞』, 366쪽.

37 「朝鮮国内政ニ関スル朴泳孝建白書」, 『日本外交文書』 第21巻.

38 『國民小學讀本』(학부편집국, 1895).

용되고 있다.

아시아 표상의 정치화와 '동양'

상상은 자기 문제와 연관될 때 깊어진다. 아시아, 동양 인식은 자국 인식과 밀접히 관련된다. 아시아 상상, 동양 상상은 군사적 충격을 직접 경험했을 때 출현하였다. 서세동점에서 비롯된 전략적 상황과 개항의 출현은 중국, 일본, 한국에서 시차를 보였는데 이를 계기로 아시아, 동양 인식은 깊어졌다. 일본의 경우 이미 19세기 전반에 사토 노부히로佐藤信淵나 사쿠마 쇼잔佐久間象山은 서세동점을 감지한 가운데 선진적, 침략적인 유럽과 후진적, 피침략적인 아시아의 대결 구도를 상정하였고, 유럽의 위협에 대한 위기감에서 통일된 일본을 표상하는 '황국'皇國을 재발견하였다. 이러한 지적 분위기에서 막말유신의 정치변동이 뒤따랐다.[39]

한국에서도 서세동점의 맥락에서 글로벌 세력구도가 자각되는 가운데 유럽 대 아시아의 대결 구도가 부상하였고, 위정척사, 동학, 문명개화 등 다양한 형태의 사상과 운동을 통해 서양열강과 서양문명에 대응하고 이에 부응하는 국가 형성을 모색하였다. 아시아 표상의 확산과 정치화는 1870년대 후반 이후부터 진행되었다. 강화도조약 체결 이후 1879년 청국의 북양대신 이홍장李鴻章은 원임대신 이유원李裕元에게 서한을 보내 서양국가들과 조약을 체결하도록 권유했는데, 이유원은 답신에서 아시아 약소국들의 식민지화 상황에 관한 정확한 지식을 보여 주었다.[40] 아시아 표상의 확산과 정치화는 1880년대 들어 한국이 서양 열강과 잇달아 개항조약을 체결하면서 글로벌 세력구도에 편입되고 청국과 일본의 간섭으로 임오군란, 갑신정변 등 국내 정치변동이 속출하면

39 竹内好, 「日本人のアジア観」, 85-86쪽.
40 「橘山答書」, 『龍湖閒錄』 4(서울: 국사편찬위원회, 1980).

서 내셔널 차원의 정치운동과 내셔널리즘이 출현한 것과 관련된다. 영국과 청국이 주입한 프로파간다로서의 러시아 위협론이 한국인의 국제정치관념을 규정하는 가운데 '아시아'는 리얼한 정치적 표상으로 부상하게 된다. 자기문제의 피사체로서 식민지, 피침략의 아시아가 눈에 들어왔다.

식민지 인도에 대한 인식과 더불어 새롭게 동아시아 국가들이 독립을 상실하거나 위협받는 상황의 출현, 특히 1879년 일본의 류큐병합, 1880년대 초 안남에서 벌어진 청불전쟁은 '아시아', '동양' 개념을 확산시키는 계기였다. 유럽 열강의 침략성과 아시아 약소국들의 식민지화, 피침략 상황이 주목을 받았다. 터키는 러시아가 병탄할 가능성이 있어 언급되었고, 인도는 영국의 식민지 정책 때문에 관심을 끌었다. 베트남, 버마(미얀마), 류큐는 망국의 사례로서 관심을 끌었다. 특히 1880년대 초반 프랑스의 베트남 침략과 청불전쟁이 아시아 국제정치에 대한 관심을 자극하면서 인도차이나는 아시아 인식의 핵심 지역으로 부상하였다. 베트남 사태와 청불전쟁이라는 사건을 통해 '아시아'는 도상 이미지에서 벗어나 리얼리티를 갖게 된다. '아시아', '동양' 표상의 정치화가 시작된 것이다.

『한성순보』, 『한성주보』는 청불전쟁의 전황을 전하는 상당수의 기사를 싣고 있다. 두 신문에서 쓰인 '아시아', '동양' 용례를 보면, 대체로 '동양'은 중국, 조선, 일본의 삼국을 지칭한다. "동양은 즉 아주亞洲의 동경東境으로 일본이 여기에 있다"[41]라는 서술을 보면 '동양'은 아시아의 동쪽 경계에 있는 동아시아(특히 동북아)로 여겨졌음을 알 수 있다. 중화적 사고에서 영위된 지리적 방위로서의 동양 개념은 남아 있다. 하지만

41 「續瀛海各國統考」, 『漢城周報』 제32호.

『한성순보』 창간호를 보면 안남(베트남)을 '동양'으로 표현하는 용례도 보인다.[42] 류큐와 버마, 태국, 심지어 인도까지 '동양'으로 지칭하는 경우도 없지 않았다. 서세동점을 계기로 '동양'의 지리적 범주가 확장된 것이다. 지리적 범주가 확장되면서 지정학적 관념에서 '아시아', '동양'을 상상할 여지가 커졌다.

> 오직 우리 아시아亞細亞 한 주洲만이 대륙이 처음 열리면서 제일 먼저 성인이 탄생하여 예악법도와 의관문물의 질서가 정연하였고 나라를 태평하게 다스리는 방법을 갖추었으므로 만국의 흠모의 대상이 되어 왔다. 지금에 와서는 운기運氣가 비색하여 북쪽의 반은 러시아에 잃었고 서쪽 국경 지방은 터키에 잃었다. 남쪽 국경 지방도 영국, 프랑스 사람들에게 점거당했다. 간혹 태국暹羅, 페르시아波斯 등의 나라가 지금까지 독립을 보전하고는 있지만 그 위급한 형세는 거의 멸망당하기에 가까운 실정이다. 그렇다면 오주五洲의 대륙과 만국의 인민들이 거개가 유럽의 각국에 신복臣服당하고 있는 셈이다. 유독 스스로 지키고 있는 나라는 우리나라와 중국, 일본뿐이다. 이 세 나라가 앞으로 어떻게 해야 독립 자강하여 영원히 걱정 없을 것을 보장할 수 있겠는가. … 우리 아시아주에서는 실제로 두 개의 대국[베트남과 미얀마]을 잃었으니 말해 뭐하겠는가. 동양 각국의 위정자들은 의당 신중히 살펴서 사전에 방지하는 대책을 세워야 한다.[43]

여기에서는 문명의 우월성에 대한 자부심과 정치적 추락에 대한 공감을 매개로 아시아 표상이 지탱되고 있다. 아시아 공감에서 우리 의식의 가능성이 엿보인다. 하지만 1900년대에 오카쿠라 덴신岡倉天心이 예

42 「安南與法人議和」, 『漢城旬報』 제1호.

43 「論天下時局」, 『漢城周報』 제6호.

술미의 차원에서 하나 된 동양의 이상을 상정했던 것과 같은[44] 문명정체성까지 느꼈던 것은 아니다. 훗날 일본의 아시아주의자들이 피압박 민족의 해방을 표방하면서 아시아 표상을 전유했던 방식의 연대의식을 생각하기는 어렵다.

이 글에서 '아시아'와 '동양'은 구별되고 있다. 이러한 구별 짓기는 한국인들의 머릿속에 유럽 열강이 세계정치를 주도하는 글로벌 세력구도가 의식되기 시작하고 국가적 차원에서 이에 대응하는 의식이 출현하였음을 뜻한다. 식민지 국가와 피침략 지역을 인지하고, 이와 대비해서 아직 자주, 독립을 보전하는 한국, 중국, 일본을 상상하는 것은 서로 연관된다. 아시아 상상과 동양 상상은 서로 결부된다. 아시아 상상과 동양 상상은 글로벌 세력구도가 부과되면서 주권 상실의 위험에 처하게 된 상황에서 출현한 것이다. 『한성순보』에서 "우리 동양국가들"이 자국의 내정만을 중시하고 만국공법과 외교를 경시함으로써 "만국상통"萬國相通의 상황에 대응치 못하고 있다고 비판하는 대목에서도[45] 주권국가체제와 만국소통에 대응하여 동양 표상이 부상하고 있음을 알 수 있다.

그런데 '우리 아시아'와 '우리 동양'은 일정 부분 아시아와 동양에 대한 감정이입을 나타내는 말이지만, 양자를 구별 짓는 호명이기도 하다. 구별 짓기는 심리적 거리를 내장한다. 아시아 표상과 동양 표상 사이에는 심리적 거리가 감지된다. 아시아에의 감정이입은 이 심리적 거리에 의해 제한되었다. 감정이입은 아시아 약소국의 멸망 가능성이 소국 한국의 국제정치적 운명에서 하나의 거울이 된다는 것을 의미하는데, 근대한국의 지식인들은 글로벌 세력구도와 리저널 세력구도가 형

44 Kakuzo Okakura, *The Ideals of the East with Special Reference to the Art of Japan* (London: John Murray, 1903).
45 「公法說」, 『漢城旬報』 제34호.

성된 가운데 자기보전적인 보수성을 벗어나기 어려웠고, 때문에 아시아 약소국의 운명을 바꾸고 유럽국가의 폭력적 행태를 바로잡으려는 의지를 드러내지는 못했다.[46] 아시아 약소국의 운명에 감정이입을 보이면서도 간여할 수 없는 심리적 거리감이 있었다.

『한성순보』를 보면 부강을 추구하여 사력詐力을 숭상하고 침벌侵伐을 일삼는 유럽 열강의 권력투쟁이 아시아 국가들을 능이凌夷하고 식민지로 만드는 국제정치 현실에 대한 비판도 있다.[47] 하지만 유럽국가의 침략성을 비난하기보다 아시아 약소국들의 자기책임을 추궁하는 태도도 엿볼 수 있다. 박영효는 터키가 러시아에게 병탄당할 우려가 있음을 지적하면서 그 원인을 터키 자신의 혼란에서 찾았다.[48] 윤치호는 약육강식의 국제정치 현실을 탄식하면서도 인도가 멸망한 원인을 인도의 잘못에서 찾았다. "아시아 여러 나라가 다 잔약하여 그 권리를 보전 못하고 서양 사람의 수중에 드는 나라가 많은데 시강능약恃强凌弱하는 서양 정략이 옳지 않지만 아시아 여러 나라가 학정으로 그 인민을 잔약하게 하여 외환을 스스로 청하는 허물을 어찌 면하겠는가"[49]라고 말하면서 외환을 자초한 아시아 국가들의 허물을 문제 삼았다. 김윤식은 베트남, 버마(미얀마), 류큐가 잘못된 외교정책을 취하여 멸망을 자초했다고 비판하였다. 조약체제를 받아들이는 과정에서 구 수공국인 청국과의

46 근대한국 지식인들의 대외사유에 보이는 수동성은 막말 메이지 일본의 지식인들이 대외지향적, 질서변혁적 의지를 보이면서 글로벌 세력구도가 부과되면서 중국과 한국에서 발생한 사태에 '분개'하고 직접 해외에 '도항'하여 정치적 의지를 실천하려 했던 것과 대조를 보인다. 이에 관해서는 장인성, 「토포스와 아이덴티티」, 9-13쪽 참조.

47 「論天下時局」, 『漢城周報』 제6호; 『漢城旬報』 제16호; 「朝鮮国内政ニ関スル朴泳孝建白書」 등 참조.

48 「朝鮮国内政ニ関スル朴泳孝建白書」.

49 『국역 윤치호일기』(하), 303쪽.

관계를 끊어버리고 오직 한 나라에 의존하는—안남, 버마(미얀마)는 각각 프랑스, 영국과 조약을 맺고, 류큐는 일본에 복사服事하는—잘못된 외교정책을 취했기에 청국이 도와줄 수 없는 "고립무원" 상태에 빠져 주권을 상실했다는 것이다.[50] 유길준은 아시아 추락의 원인을 전제군주정에서 찾기도 했다.[51] 아시아 상상에는 공감과 책임 추궁의 양가적 감정이 들어 있었다. 양가적 감정은 아시아에 대한 심리적 거리를 나타낸다.

아시아 약소국의 자기책임을 추궁하는 심정과 여기에 보이는 심리적 거리는 아시아문명 비판으로 이어질 가능성을 지닌다. 『한성순보』에는 아시아 국가들이 부강한 유럽에 모욕을 당하는 까닭을 "실학"(과학을 가리킴)을 행하는 유럽과 달리 "허문"을 숭상하는 데서 찾았다.[52] 유길준은 서양 열강의 "실상"의 문명개화와 대비하여 한국과 중국의 "허상" 문명을 비판하였다.[53] 박영효는 "유럽의 문명강대"와 "아시아의 미개약소"를 대비시키면서 유럽 문명국가의 침략성과 더불어 아시아 국가들의 미개성—나태함과 어리석음, 무치함, 기상의 부족—을 비판하였다.[54]

50 김윤식은 이들 세 나라가 지난날 수공국이었던 청국과 조약을 체결하지 않아 청국이 구원해 주고 싶어도 간여할 수 없었음을 지적한다. 김윤식은 대국 중국이 여전히 아시아의 중심이라 생각하였고, 이러한 관점에서 인도차이나 국제정치 현실을 이해하였으며, 한국도 이를 반면교사로 삼아야 한다고 보았다(「天津奉使緣起」, 『김윤식전집』 2, 513쪽; 『속음청사』(상), 서울: 국사편찬위원회, 1960, 228쪽).

51 『西遊見聞』 제5편 「정부의 종류」, 167-168쪽.

52 「伊國日盛」, 『漢城旬報』 제16호.

53 『西遊見聞』 제14편 「개화의 등급」 참조.

54 「朝鮮国内政ニ関スル朴泳孝建白書」.

4. '동양의 요충'

'만국'과 '전국'

개항기의 동아시아 상상은 '만국'萬國 이미지가 확산되고 서세동점과 개항과 근대국가 형성의 맥락에서 지역 표상이 시간의 추이에 따라 '아시아', '동양' 그리고 '동아'가 중첩되는 가운데 이루어졌다. 이들 지역 표상의 중첩적 전개는 서양 열강이 중화세계를 약화시키고 일본이 지역 패권을 장악해 가는 과정과 연관된다. '동양'의 탄생은 동아시아 국제체제의 변형과 관련된다. 19세기 중후반 동아시아 국제체제의 변형은 정치군사적 서세동점이라는 외적 조건과 이에 대응하는 국가, 사회의 변형이라는 내적 조건으로 촉발되었다. 정치군사적 서세동점은 천하의 외연을 넓혔을 뿐 아니라 천하의 성질도 바꾸었다. 통일된 질서를 갖춘 '천하'는 '만국'이 점재하는 전국 상태의 '세계'로 바뀌어 갔다.

동아시아에서는 장기간 중화체제가 지속되었다. 중원 통일 이후 중국에서는 왕조교체와 화이변태는 있었지만 천하의 판도나 중화체제의 속성이 바뀌지는 않았다. 왕조국가와 화이관념에 토대를 둔 중화체제의 질서원리가 오랫동안 존속하였다. 명말청초의 문화적 서세동점이 서양의 과학을 수용하고 세계인식을 넓히는 계기를 제공했지만 왕조국가와 중화질서의 틀을 바꾸지는 못했다. 아시아, 동양 개념이 실감성을 가지려면 중화(상국)-주변(소국)의 위계질서를 위협하는 군사적 서세동점의 도래를 기다려야만 했다. '만국'이란 말은 서양 열강의 포함이 내항하고 이들과 군사충돌이 벌어지는 서세동점에서 유통하였다. 만국 표상이 통용되면서 중화질서관이 약해지고 아나키를 상정하는 만국투쟁의 국제사회관이 성장하게 된다. 만국이 각자의 영토에 할거한 모습은 흔히 "별처럼 널려 있고 바둑돌처럼 포진해 있다"라는 수사로 표현되었다. 만국 표상이 곧장 중국 중심의 세계질서관을 약화시킨다고 할 수는 없지만, 세계에 수많은 국가들이 포진한다는 사실은 중화와 주변 소국으로 구성되는 중화세계를 낯설어 하는 상황이 출현할 것임을 예고하였다.

만국 이미지는 중첩적 의미를 가졌다. 일본의 무사들은 만국 표상에서 군웅이 할거하여 쟁투하는 전국戰國 이미지를 떠올렸다. 한국에서는 박규수가 예외적으로 혹은 선구적으로 만국병존의 세계를 인지하면서 전국 이미지를 떠올렸다. 여기에서 홉스적 만국투쟁관과 유사한 질서관을 상기할 수 있다. 일본의 무사들은 전국의 무질서를 투쟁상태로 이해하였고, 투쟁적 무질서의 만국 국제사회에서는 생존하고 발전하기 위해 부국강병의 능력을 갖춘 국가가 요구된다. 그런데 '만국'이 무질서 상태만을 의미하지는 않는다. 윌리엄 마틴이 'international law'를 '만국공법'으로 번역했을 때 이 번역어는 'international' 즉 '국제'를 규율하는 공적 규범을 상정한 것인데, 여기에서 '만국'은 국제사회의 무정부성anarchy뿐 아니라 국가들의 평등성을 표상하는 말일 수도 있다. 실제 서세동점과 개항 초기에 만국평등의 보편적 사유가 출현하였다. 일본에서는 개항기에 '만국공법'을 만국평등의 원리로 이해하는 관점이 유통되었지만, 1870년대 후반 1880년대 전반을 거치면서 '국제법'이 번역어로 정착하였다. '만국공법'의 자연법적 이해가 소멸되고 국제관계의 권력정치적 이해가 일상화되었음을 뜻한다. 일본과 달리, 중국과 조선에서는 '만국' 용례가 오래 지속되었다. '만국공법'이란 말도 늦게까지 살아남았다. 주권을 위협받는 상황에서 만국공법의 공적 규범에 의탁하는 심리가 지속되었기 때문이다. '만국'은 개별국가의 생존투쟁을 유발하기보다는 세계 국제사회 혹은 보편적 세계를 상정할 여지를 함축한 말이었다.[55]

만국 이미지는 과학적 세계관과 근대적 지리관이 형성되면서 글로벌 세계가 시야에 들어왔을 때 성립하였다. 만국 상상은 서양의 과학기술과 만국교통의 세계에 의해 촉발되었다. 만국 표상은 '사해불통'四海不通에서 '만국교통'萬國交通으로,[56] '화이격절'華夷隔絶에서 '중외연속'中外聯屬, '화이연속'華夷聯屬으로 변모하는 세계를 상상하게 만들었다.[57] 유길준은 『서유견문』 제1편, 제2편에서 자연과학과 근대적 세계지리를 통해 방국邦國을 분류, 배열하고 있다. 만국이 할거된 모습을 과학과 지리를 통해 파악한다. 1902년에 발간된 중등교과서에도 눈에 띄는 대목이 있다.

> 천하고금의 변화는 그 또한 기이하도다! 옛 시절에는 사람들의 발자취가 사해[중국] 밖을 벗어나지 않아서 지리를 말하는 자는 항상 연무煙霧에 가로막힌 채 해와 달을 보는 듯하여, 추연鄒衍의 비해구주설裨海九州說이 황당한 것으로 돌아가고 말았다. 오늘날에 화륜선의 항해는 숨 쉬는 사이에 지구 팔만 리 전체를 돌 수 있어, 만국의 산천과 인물을 모두 눈으로 접하고 마음으로 느낄 수 있기에 다시 의심하고 막힐 바가 없다. 인간으로서 오늘의 세상에 태어난 것은 유쾌하고 즐겁다고 할 만하다.[58]

동아시아 공간에서 국가들이 대외문제 발생을 계기로 갈등과 분쟁의 여지를 높이면서 상호작용하게 되는 과정은 근대적 소통수단이 촉발한 것이다. 동아시아 국제체제의 변동을 초래한 소통수단은 화륜선(증기선), 철도, 전보였다. 화륜선은 국가권력의 통상 의지를 표상하며 서양의 군사적 위협을 상징한다. 전보는 임오군란이나 영국의 거문도

55 훗날 헤이그 평화회의를 '만국평화회의'로 지칭한 데서 그 용례를 엿볼 수 있다.

56 崔漢綺, 「四海文字變通」, 『神氣通』 卷一, 16張.

57 佐藤愼一, 『近代中國の知識人と文明』(東京: 東京大學出版會, 1996).

58 민영소, 「중등만국지지서」(1902), 민족문학사연구소 엮음, 『근대계몽기의 학술·문예사상』(서울: 소명출판, 2000), 254-255쪽.

점령에서 보듯이 전투 상황에서 시간을 단축시키는 전략적 의미를 가졌다. 철도는 1890년대, 1900년대 만주와 한반도를 둘러싼 러일 경쟁에서 보듯이 대륙에서의 지리적 거리와 시간을 줄여 주는 전략적 의미를 지녔다. 특히 화륜선의 출현은 페리내항, 운요호 사건에서 보듯이 안보 공간의 출현을 유발하는 계기였다.

'아세아의 요충': 『조선책략』의 안보관념

'동양', 즉 동아시아 공간의 출현은 서세동점과 러시아 인식과 관련된다. 영국과 러시아의 글로벌 경쟁이 동아시아에 전개되고 동아시아 국가들이 이에 대응하는 과정에서 발생한 안보 상황과 결부되어 '동양' 개념과 관념이 출현하였다. 주일 청국공사관 참사관 황준헌黃遵憲이 작성한 『조선책략』(1880)은 동아시아 국제관계와 안보에 관한 한국인의 새로운 인식을 촉발한 텍스트였다. 『조선책략』은 러시아 위협에 대응하기 위해 조선에게 '친중, 결일, 연미'의 외교정책을 제안한 중국의 논책이었다. 이홍장은 러시아의 남하를 막고 일본을 견제하면서 한반도에 대한 영향력을 보전, 강화하고자 했다. 그 이면에는 러시아의 동아시아 남하를 견제하는 영국의 세계전략이 작용하였다. 수신사 김홍집이 가져온 『조선책략』은 필사본 형태로 한국의 유교사회에 유포되었고, 이를 둘러싼 찬반논쟁을 통해 개항의 정당성과 대외전략, 부국강병에 관한 근대적 정치언어와 전략적 사고가 확산되었다.

『조선책략』의 러시아 위협론은 한국인의 안보관념에 큰 영향을 주었다. 개항기 한국인의 동아시아 상상과 안보관념은 러시아 위협을 전제로 성립하였다. 러시아는 열악한 지리적 여건으로 인해 대외팽창을 추구하여 중앙아시아를 차지했고 동유럽 진출을 시도했지만 좌절되자 동아시아로 방향을 돌려 사할린과 흑룡강 동부지역을 획득한 호랑과 이리와 같은 존재로 설정되었다.[59] 러시아 위협론은 영국, 중국, 일본의 국제관계에서 생성된 것이다. 글로벌 세력구도에서 아프가니스탄 지역에서 러시아와 대립했던 영국은 펜제사건(1885) 이후 러시아가 동아시아 방향으로 남하하는 것을 막기 위한 전략을 취하면서 러시아의 위협을 부각시켰고 거문도사건(1885)을 일으켰다. 중앙아시아에서 러시아의 국경 문제로 분쟁 상태에 있었던 중국에서도 러시아 위협론은 중국이 중앙아시아에서 직면했던 실제 러시아의 위협에 근거한 것이었다. 중국은 러시아의 동아시아 진출을 우려하였다. 한편 일본은 북쪽 국경에서 러시아의 어업 활동이나 상인들의 교역 요구에 간헐적으로 접하면서 이에 대응해야 했고, 특히 러시아 군함이 측량을 명분으로 일본 연안에 출몰한 것을 위협으로 받아들였다. 난학자를 비롯한 경세가들은 러시아 위협론을 국가통합과 대외진출을 위한 명분으로 이용하기도 했다.

러시아의 위협은 한국에게는 일종의 허위의식(이데올로기)이었다.[60] 러시아는 1891년 시베리아 철도부설 구상을 구체화하면서 동아시아 진출을 가시화하고 1890년대 후반 한반도와 만주를 둘러싸고 일본과 세력경쟁을 벌일 때까지 한국에게 직접적인 위협은 아니었다. 위정척사론자들은 러시아 위협의 허구성을 간파하면서 러시아는 본래 조선과 "혐의가 없는 나라"인데 공연히 "남(청국)의 이간"을 들어서는 안 되며, 원교遠交를 핑계로 근린近隣(러시아)을 배척한다면 오히려 분쟁을 야기하게 된다는 인식을 보였다.[61] 하지만 이러한 비판에도 불구하고 러시아 위협론은 널리 유통되었다.

59 「朝鮮策略」, 『修信使記錄』(서울: 국사편찬위원회, 1971), 160쪽.

60 조선조를 통해 러시아와의 관계는 북방변경에서 상인들의 접촉에 한정된 것이었을 뿐 러시아의 구체적인 위협이 있었던 것은 아니다. 이와 관련된 자료는 李能化, 『朝鮮基督敎及外交史』(京城: 朝鮮基督敎彰文社, 1925).

61 「嶺南萬人疏」, 『日本外交文書』 卷14.

러시아 위협을 전제로 한 안보 관념은 두 가지 방향을 갖는다. 한국을 '동양의 요충'으로 여기는 지정학적 사고와 동양연대의 발상이다. '요충'과 '연대'의 발상은 한중일 삼국으로 구성된 안보 공간으로서 '동양'의 탄생을 뜻한다. 그런데 이 두 발상은 『조선책략』에서 기본 틀을 제공하였지만 한국인들의 지정학적 관념에 의해 일정한 변용을 거치게 된다. 『조선책략』은 중국의 안보전략이 반영된 것이며, 이 텍스트의 정치언어들은 한국의 안보전략에 맞게 변용하였다.

『조선책략』은 러시아의 팽창을 견제하기 위한 한국의 전략적 연대(친중, 결일, 연미)를 제시하면서 "실로 아세아의 요충을 차지하고 있어 형세가 반드시 다투게 마련이며, 조선이 위태로우면 중동中東[중국과 일본]의 형세도 날로 위급해질 것"이라 하여 조선을 "아세아의 요충"으로 규정하였다. 또한 "[중국과 조선은] 휴척休戚이 상관되고 환난을 같이해왔다. 그것은 베트남越南의 소원함과 미얀마緬甸의 편벽됨과는 본래 크게 다르다"라고 말하고 있다.[62] 한국이 '아세아의 요충'이라는 발상은 중국의 안보 관념에서 비롯된 것이다. 한국은 동남아 국가들과는 달리 중국과 친밀한 관계에 있다는 말도 이와 관련된다. '아세아의 요충'은 중국의 아시아 전략, 동아시아 전략과 관련된 중국적 안보 관념의 표현이었다. 여기서 '아세아'는 마테오리치 이래의 용법인 지리적 표상으로 쓰였다. "러시아가 호랑이 같은 진秦나라가 되어서 힘껏 정복하고 경영한 것이 300여 년인데, 처음에는 유럽에서 시작했다가 중아세아中亞細亞(중앙아시아)로 이어졌고, 금일에는 다시 동아세아東亞細亞로 옮겨졌는데 조선이 마침 그 폐해를 입게 되었다"[63]라는 서술에서 보듯이 '아세아'와 더불어 '중아세아', '동아세아'도 지리적 명칭으로 사용되고 있다.

62 「朝鮮策略」, 161쪽.

63 「朝鮮策略」, 160쪽.

'중아세아', '동아세아'는 아시아대륙(아세아주)의 부분을 나타내는 지리적 호칭이다. '아세아'와 '동양'은 구별해서 쓰였다.

> 그 나라[미국]의 강성함이 항상 유럽의 여러 대국들과 함께 동서양의 사이에 달려든다. 그러므로 항상 약소국을 부조해서 공의公義를 유지하여 유럽인들이 그 악독함을 제멋대로 부릴 수 없게 하는 것이다. 그 국세國勢는 **대동양**大東洋과 두루 가깝지만, 그 상무商務는 **대동양**에서 홀로 번성해 있다. 그러므로 또 **동양**東洋이 각자 자기 나라를 지켜서 무사히 안거하기만을 바랄 뿐 그 사절들을 오지 못하게 하는 것이다.[64]

마테오리치의 『곤여만국전도』에서 '대동양'은 미국 연안의 북태평양을 가리키며, '소동양'은 일본 동쪽의 태평양을 지칭한다. 마테오리치의 지리적 명칭이 여전히 통용된 것이다. '동양'은 마테오리치의 지도에는 나오지 않는데, 이 글에서는 중국의 동쪽바다, 구체적으로 한국과 일본을 가리킨다. 중국은 제외된다. "동양이 각자 자기 나라를 지켜 무사히 안거하기만 바랄 뿐 그 사절들을 오지 못하게 하는 것이다"라는 서술에서 엿볼 수 있다.

『조선책략』에서 '아세아'와 '동양'의 용법은 중국의 전통적 용례에서 벗어난 것은 아니었다. '동아세아'와 '동양'의 용례도 차이가 있다. '동아세아'—'동아'라는 약칭도 조만간 등장하게 된다—는 아시아 전체에서 바라본 아세아의 동쪽 부분을 가리키는 지리적 명칭이며, '동양'은 중국의 안보와 관련된 지정학적 명칭이었던 것으로 보인다. '아세아의 요충'은 러시아 위협에 대응하는 중국의 동북아전략의 표현이

64 원문은 다음과 같다. "其國之强盛 常與歐羅巴諸大 馳驟於東西兩洋之間 故常能扶助弱小 維持公議 使歐人不敢肆其惡 其國勢偏近大東洋 其商務獨盛 大東洋 故又願東洋 各保其國 安居無事 則使其使節不來爲朝".

었다. 중국은 글로벌 세력구도가 부과되고 '동아세아'에 안보 공간이 출현하는 상황에 전통적인 지리적, 지정학적 관념을 가지고 대응했던 것이다.

'동양의 요충': 안보관념의 전유

『조선책략』이 러시아 위협을 전제로 제시한 '아세아의 요충' 발상은 한국인의 국제정치론에도 투사되었다. 유길준은 「언사소」言事疏(1883)에서 러시아 위협론과 한국요충론을 드러낸 바 있다. 그는 "지금 우리 국가의 영토는 바로 아시아(亞洲)의 인후咽喉에 해당하고 이웃에는 강국 러시아와 접하고 있으니 천하가 반드시 다툴 지역입니다. 또한 러시아인은 호랑과 같아 호시탐탐한 지 이미 여러 해가 됩니다. 그들이 움직이지 않는 것은 단지 틈이 없기 때문일 뿐입니다. 그들은 공법을 지키지 않는다는데 아직 이를 두려워하는 바가 있기 때문입니다"[65]라고 말하였다. '아시아의 인후'는 '아시아의 요충' 발상의 재판일 수 있다. 러시아 위협을 전제로 한 요충론이다. 유길준의 「중립론」(1885)에도 『조선책략』의 영향이 엿보인다. 그는 "미얀마나 베트남 같은 나라는 그 유무가 중국에는 큰 무게를 갖지 않는다. 하지만 영국과 프랑스의 발호는 중국의 성위聲威를 손상시켰다. 지금 러시아가 우리나라를 원하는 것은 영국이 미얀마를, 프랑스가 베트남을 원한 것과 같다. 우리나라가 방어하지 못한다면, 중국의 환난은 이가 입술을 잃은 것과 같아 위태로움이 더 심해질 것이다. 어찌 성위를 논할 겨를이 있겠는가"[66]라고 말하였다. 중국의 안보문제와 관련해서는 한국이 미얀마, 베트남보다 훨씬 중요하다는 말이다. 『조선책략』에 보였던 안보 논리다. '아시아의 인후' 발상도 이와

65 「言事疏」, 『유길준전서』 제4권, 68쪽.
66 「中立論」, 『유길준전서』 제4권, 325쪽.

관련되기 마련이다. 유길준은 요충(인후) 한국을 아시아의 시선에서 규정하였다.

민영환도 청일전쟁 발발 직전에 저술한 『천일책』에서 폴란드를 멸하고 터키, 중앙아시아를 경략한 러시아의 침략성을 환기시키면서 러시아가 웨이하이웨이海參威에 진출하고 시베리아 철도를 부설하게 되면 "동아 제국諸國의 요해要害"를 압박할 것이라 예상하였다.[67] 아시아 대륙의 추세 속에서 동북아 안보상황을 읽고 있었다. 아시아를 시야에 넣으면서 한국을 동북아의 안보중심에 놓는 관점은 국망 직전까지도 보였다. 현채玄采가 편찬한 『유년필독』(1907)에는 "러시아는 탐욕이 많아 수백 년래에 인근 제국을 병탄하여 세계의 요란이 날마다 일어난다. … 한국(我韓)은 **동아 추요지**東亞樞要地라 만국이 주목하나니, 오직 나의 처사를 정대광명케 하여 타인의 의단疑端을 일으키지 말고 나의 자강력을 양성할 것이외다"[68]라는 구절이 보인다. 세계와 만국의 시선에서 '동아 추요지' 한국을 규정하고 있다. 『조선책략』이 제시한 '아세아의 요충' 관념은 러시아의 위협이 존속하는 한, 러시아의 위협을 글로벌 세력구도에서 인지하는 한, 지속적으로 재생산될 수 있었다.

그런데 '아세아의 요충'에서 '동아의 요충'에 이르는 요충론은 글로벌 정치의 관점에서 성립한 것이다. 글로벌 세력구도와 리저널 세력구도의 양 수준에서 '요충'을 상정한 국제정치론도 성립하였다. 유길준의 요충론은 세계정치와 지역정치를 매개하는, 혹은 양자의 사이에 놓인 한국의 국제적 위상을 상정한다. 「중립론」(1885)에서 유길준이 제시한 중립화 구상은 세계정치와 지역정치의 양 수준에서 성립하였다.

67 「千一策」.

68 玄采 編, 『幼年必讀』 권4(서울: 휘문관, 1907), 37쪽.

> 지금 우리나라는 지리적으로 보자면 아시아의 인후咽喉에 위치하고 있어서 유럽의 벨기에와 같고, 지위로 보자면 중국의 공방貢邦이어서 터키에 대한 불가리아의 위치와 같다. 그러나 동등한 예를 통해 각국과 조약을 체결하는 권리는 불가리아에는 없지만 우리나라는 그것을 보유하고 있으며, 조공국의 반열에서 타국의 책봉을 받는 일은 벨기에에는 없지만 우리나라에는 있다. 그러므로 우리나라의 체세體勢는 사실상 벨기에, 불가리아 양국의 전례典禮를 겸한 것이다. 조약을 통해 불가리아를 중립화한 것은 유럽의 강대국들이 러시아를 방어하는 계책에서 나온 것이며, 벨기에를 중립국으로 만든 것은 유럽의 강대국들이 서로 자보自保를 이루는 정책을 취한 결과였다. 이로써 논한다면, 우리나라가 아시아의 중립국이 되는 것은 실로 러시아를 막는 큰 기틀(大機)이자 또한 아시아의 대국들이 상보相保하는 정략이 되는 것이다.[69]

불가리아 중립화는 유럽 열강의 러시아 방어책에서 성립한 것이다. 즉 러시아 대 유럽의 글로벌 세력구도에서 성립한 것이다. 벨기에 중립화는 유럽 열강의 "서로 자보自保를 이루는" 정책에서 나왔다. 즉 리저널 세력구도에서 유럽 국가들 사이에 이루어진 세력균형의 산물이다. 유길준은 한국의 중립은 이 두 가지 사례를 겸한 사례라 말한다. 한국의 중립화는 "러시아를 막는 큰 기틀(大機)"이자 "아시아 대국들이 상보하는 정략"이다. 즉 러시아 대 아시아의 구도에서 글로벌 세력균형을 이루고, 아시아 역내구도에서 리저널 세력균형을 이루는 방책이다. '아시아의 인후'는 두 세력구도를 지탱하는 국제적 위상을 뜻하며, 이 위상을 보전하기 위해서는 한국이 중립을 통해 자주독립을 유지해야 한다는 논리다.

69 유길준, 「中立論」, 장인성 외 편, 『근대한국 국제정치관 자료집』 1(서울: 서울대학교 출판문화원, 2012), 125쪽. 원문은 한문. 인용문은 번역문의 일부를 수정한 것이다.

그런데 한국을 '아시아의 인후'로 설정한 요충론은 앞에서 언급한 요충론과 달리 글로벌 세력구도뿐 아니라 리저널 세력구도를 상정한다. 리저널 세력구도에서 한중일이 서로 '자보'하는 동아시아 국제관계를 상정한다. 『조선책략』에서 한국요충론은 글로벌 세력구도에서 중국의 러시아 방어책을 위해 한국의 외교정책을 상정한 것이었다. 반면 유길준의 요충론은 중국의 안보전략의 재판이 아니라 한국의 생존을 위한 안보전략으로서 한국의 자주독립을 보전할 "아시아 대국들이 상보하는 정략"을 상정한 것이다. 한국의 생존을 동북아 국제관계에서 포착하는 시선이 성립해 있다. 이는 중국을 위한 '조선책략'에서 상정된 안보관념이 한국을 위한 '조선책략'으로 전유轉有되었음을 보여 준다. 유길준은 '동양' 용어를 쓰지는 않았지만 '아세아'라는 지리 명칭을 사용하여 한국의 지정학적 존재양태를 포착하면서 1890년대 동양연대론의 기본구도를 보여 주었다.

'동양' 용어로 동북아 레벨에서 요충의 발상을 피력한 사례가 없지는 않다. 김윤식은 스승 박규수가 신미양요(1871)를 전후한 시기에 "우리나라는 비록 작지만 **동양의 유추**紐樞에 자리한 것이 정鄭나라가 진晉과 초楚나라 사이에 있는 것과 같다"[70]라고 말했다고 회고한 적이 있다. 김윤식의 회고담이어서 박규수가 꼭 이렇게 발언했다고 단정할 수만은 없다. 신미양요 때 박규수가 이러한 생각을 가졌을 수도 있지만 한국을 '동양의 유추'로 보는 발상은 개항 이후의 맥락에서 출현했기 때문이다. "동양의 유추"는 김윤식의 용어법으로 추정된다. 김윤식은 다른 글에서 "오늘날 사해[세계]는 웅雄을 다툰다. 아주 작은 나라라 할지라도 재화를 축적하고 병사를 연마함으로써 자강을 꾀한다. 더구나 우리나

70 金允植의 案文, 『박규수전집』(상), 467쪽.

라는 동양요충의 땅(東洋要衝之地)에 자리 잡고 있다"[71]라고 말한 적이 있다.

청일전쟁 이후 한반도를 둘러싸고 러일 경쟁이 심화되는 상황에서 요충의 발상은 자주권과 결부되어 나타났다. 『뎨국신문』의 한 논설에서는 "대한지방은 천연한 반도국으로 동양에 요충을 당하야 긴요한 목이 되었으매 아라사는 이것을 통히 삼켜 동방에 주인이 되고자 하며 일본은 이 땅을 보호하여 저의 울타리와 병풍을 삼고저 하니 그 형상이 마치 영악한 사자와 사나운 매가 도미 위에 한 덩이 고기를 다투는 것과 같은지라"[72]는 발언이 있다. 홍종우는 "우리 한국(我韓)은 동양과 서양 사이에 위치하여 천하의 축(天下之樞)이 되고 있습니다. 각국이 꼭 우리를 자주 독립하도록 하려는 것과 러시아가 꼭 우리를 도와주고 우리와 친밀하게 지내려는 것이 어찌 우리를 생각해서 그렇겠습니까. 모두 스스로를 위한 계책입니다. 우리로서는 오로지 유지하는 형세(維持之勢)에 의거하여 교섭의 도를 다하도록 힘써야 합니다. 저 나라는 후하게 대하고 이 나라는 박하게 대하는 일이 없어야만 만국과 나란히 하고 자주권(自制之權)을 온전히 할 수 있습니다"[73]라고 말했다. 러시아 위협이 더 이상 허구가 아니라 실제로서 인식되고 러일경쟁으로 자주권을 빼앗길 수도 있는 상황에서는 전통 유학자들도 요충의 발상을 보였다. 유생 김운락은 "우리나라의 형세는 천하의 제일 요충지에 위치해 있어 만국의 주목을 받고 있으니, 만일 자강책을 도모하지 않으면 국가의 권한이 날로 침삭

71 「十六私議」第三 養兵, 『김윤식전집』 제1권(서울: 아세아문화사, 1980), 481쪽.

72 『뎨국신문』 1898년 8월 25일 논설.

73 洪鍾宇 상소문, 『承政院日記』 및 『高宗實錄』 1898년(고종 35) 4월 16일조. "以五大洲全局觀之 俄最强大 各國莫不疑忌 而我韓處東西洋之間 爲天下之樞也 各國之必欲自主我獨立我 與俄國之必欲扶護我親密我 曷嘗惠我而然哉 皆自爲計也 其在我 特因維持之勢 務盡交涉之道 無有厚薄於彼此 後可以竝於萬國 以全自制之權也".

되어 끝내는 자기 뜻대로 할 수가 없을 것입니다"[74]라고 말하였다.

스스로를 '동양의 유추', '동양 요충의 땅'으로 규정하는 자의식이 성립했을 때, '동번', '벽재', '편방', '편소'의 자의식은 약해질 수밖에 없다. '벽재해우'는 중화에 대한 존숭이나 조선의 위상에 대한 겸칭이 아니라 부정적 의미를 띠게 된다. 김윤식은 "우리 동번은 해우에 벽재하여 이제껏 외국과 교섭한 적이 없다. 그래서 견문이 넓지 않고 조약을 삼가고 자수自守한 지 오백 년이나 된다"[75]라고 말한 바 있다. '벽재해우'는 주권국가체제와 근대문명에 뒤떨어진 조선의 폐쇄적 상황을 초래한 근거로 인식된다. 지석영도 "우리나라는 해좌海左에 벽재하여 조판肇判 이래로 일찍이 [외국과] 사귄 적이 없고, 그리하여 견문이 아직 넓지 못하고 … 문장과 경제를 행하는 자들은 오늘날의 천하대세에 어둡지 않음이 없다. 교린이 무엇인지 알지 못하고 조약(聯約)이 무엇인지 모른다"[76]라고 말하고 있다. '해우', '벽재'의 지리적 조건은 외교 부재, 견문 부족, 세계정치에 대한 무지를 초래한 원인으로 지목되는 상황이 된 것이다.

그런데 요충론은 자주독립에 대한 소망에서 성립한다. 요충론은 국제사회의 중심이라는 사실에 관한 논증이 아니라 주변의 자기존재 증명이다. 요충의 발상은 주변의식의 역설적 표현이다. 그렇다면 자주독립에의 전망이 사라지게 되면 요충의 발상도 소멸할 것이다. 주변의식이 다시 노출될 것이다. 1908년 국망이 가까워진 시점에서 윤효정은 이렇게 말한다.

> 오호라 우리 한국(我韓)이 동아 한 모퉁이(東亞一隅)에 나라를 세워 세운世運

74 金雲洛 상소문, 『承政院日記』 1897년 4월 21일.
75 「曉諭國內大小民人」, 『김윤식전집』 제2권, 80쪽.
76 池錫永 上疏文, 『承政院日記』 고종 19년 8월 23일조.

과 더불어 나아가지 못함이 수백 년에 미침에 정치는 문폐紊廢하며 교육은 이퇴弛退하며 산업은 쇠핍衰乏하여 마침내 자립의 힘을 잃고 우방의 도움을 받기에 이르렀으니 흥언급차興言及此에 부앙괴작俯仰愧怍이라.[77]

오호라 우리나라는 아시아대륙 동쪽모퉁이(東隅)에 벽재僻在하여 세계문명에 진보가 실시失時함으로 오늘에는 선진 문명국의 지도指導에 의하여 국사를 정리하고 인문을 장려하여 지금 이후로 국민이 협동일치하여 문명을 흡수하고 시정施政을 개선하여 능히 국부국강國富國强을 증진하며 열국에 병견並肩함을 기일가대期日可待할새….[78]

한국은 더 이상 '아시아의 요충'이 아니라 '동아 한 모퉁이', '아시아대륙 동쪽모퉁이'에 벽재한 주변적 존재로서 상정되어 있다. 주권상실에 직면한 상황에서 요충의 발상이 소멸한 것이다. 전략론적 요충론은 문명론적 벽재일우론으로 재귀하고 있다. 조선이 중화의 동번으로서 '벽재일우'한다는 조선조 유학자들의 주변의식이 근대문명관이 개재된 변형된 형태로 부활했다고나 할까. 어쩌면 일본의 지역 패권화로 한반도가 전략 공간으로서의 의미를 상실하고 있음을 시사할 수도 있다. 역내 권력균형을 지향하는 동양 상상이 한국의 국권 피탈로 성립하기 어려워졌을 때 '벽재'의 사유가 부활했다고 볼 수 있다. 물론 중국의 '동번'으로서가 아니라 '동아', '아시아'의 '동쪽모퉁이'로서였다.

77 「大韓協會趣旨書」, 『대한협회회보』 제1호(1908), 1쪽.
78 尹孝定, 「大韓協會의 本領」, 『대한협회회보』 제1호, 47쪽.

5. '동양주의'

지리와 '순치보거'

1880년대, 1890년대 한국 지식인의 동아시아 상상은 요충의 발상 이외에 동양연대 구상이 골자였다. '아시아의 요충', '요새', '아시아주의 인후', '동아 국가들의 요해' 등의 언어들은 국가안보와 지역안보가 개항기 한국 지식인의 국제관념을 규율하기 시작했음을 의미한다. 한반도에 새로운 지정학적 위상을 부여하고 이를 토대로 동양삼국의 관계를 재설정하는 상상력이 출현한 것이다. 한국을 아시아/동양의 요충으로 생각하는 자의식은 글로벌 세력구도를 인식한 데서 비롯된다. 동아시아 국가들(한중일)이 동아시아에 부과된 글로벌 세력구도에 대응하는 과정에서 지역안보가 구상되었다. 러시아 위협을 전제로 동양과 요충의 발상은 상승작용을 하면서 개항기 한국인의 국제정치사상의 핵심을 이루었다.

앞에서 보았듯이 한국의 요충을 상정하는 국제정치관에서 '아세아'와 '동양'은 거의 동의어로 쓰이는 경우도 있고 구별되는 경우도 있다. 요충의 발상이 한중일 동양삼국을 지칭하는 좁은 의미의 동양 관념과 바로 직결되지는 않음을 시사한다, 김윤식이 동양의 요충을 말했을 때 동양은 중국적 상상력을 벗어나 이미 한국의 지정학적 관점에서 상상되었다. 동양이 중국의 전통적 용법을 벗어나 한국의 안보와 관련된 지정학적 의미를 담게 된 것이다. 동양은 청일전쟁 이후 거의 아시아와 같은 의미로 사용되었다. 홍종우가 서양과의 대비에서 동양을 설정하고 한국을 '천하의 축'으로 규정한 데서도 알 수 있다. 서재필도 "동양은 세계 오대주 중에서 제일 큰 대륙이다. 그 가운데 큰 섬도 많이 있고 인구도 제일 많지만 지금 동양의 경계는 대단히 참혹하다"[79]라고 말했을 때 '동양'을 아시아와 같은 의미로 사용하였다.

그런데 청일전쟁 이후 동북아를 지칭하는 좁은 의미의 동양 개념도 유통하였다. 글로벌 열강(러시아)의 위협에 대항하여 동양삼국을 하나의 운명공동체로 인식하는 연대구상이 출현한 것이다. 운명공동체로서의 동양삼국의 관계성을 생각하는 동양 상상은 한중일 어디에서나 나타날 수 있지만 한국에서 가장 심도 깊게, 그리고 지속적으로 나타난 한국적 특수성을 가진 국제관념이었다. 한중일 삼국의 관계성은 지리, 문명, 인종의 세 측면에서 상정되었다. 한중일 삼국의 안보관념을 나타내는 언어로서 '보거순치'와 그 유사어들, '합종연횡', '오월동주', '정립'과 같은 말들이 유통되었다. 합종연횡과 오월동주의 전략적 사고에 관해서는 제3장에서 살펴보았다. 여기서는 순치보거를 중심으로 살펴보기로 한다.

'순치보거'脣齒輔車 — '순치', '보거', '순망치한'脣亡齒寒, '보거상의'輔車相依, '보거순치'輔車脣齒 등 — 는 전략적, 지정학적 상호의존성을 표상하는 말이다. 이들 전략을 표상하는 언어들의 의미는 한, 중, 일 각자의 안보 관심에 의존하였다. 『조선책략』에서 한국을 "단지 문자가 같고 정교政教가 같고 정의情誼가 친목할 뿐만이 아니다. 본래 또한 형세가 연접하여 신경神京[베이징]을 공위拱衛함이 마치 왼팔과 같은" "내지군현과 다름이 없는" 존재로 상정하는 한편, 한일관계는 "일본이 만일 땅을 잃으면 [조선] 팔도가 스스로를 보전할 수 없고, 조선에 한번 변고가 생기면 규슈, 시고쿠도 일본이 능히 지킬 수 없는" "보거상의"의 존재로 규정하였다.[80] 보거상의는 내지군현보다 지정학적 전략성이 강조된 말이라 하겠다.

한국의 지식인들에게 순치는 소국 한국의 생존을 위한 전략이었다. 개항 이전 영불연합군의 베이징함락 때 김윤식은 "우리와 청淸은 비록 대소가 다르지만 실로 순치의 나라이다. 청의 불행은 나라[조선]의

79 서재필, 「동양론」, 202쪽.
80 「朝鮮策略」, 161쪽.

복이 아니다. … 대저 소방小邦은 의義로써 하고 대방大邦은 힘(力)으로써 한다"[81]라고 말한 적이 있다. 여기서 순치는 사대체제에서 장기간에 걸쳐 형성된 안보 관념을 나타낸다. 사대 심성의 반영이다. 개항의 질서변동에서 주권국가체제의 원리들을 받아들이고 중국의 위상이 상대화되었을 때 순치에 내재된 사대적 심성은 약해질 수밖에 없다. 지정학적 전략의 의미를 강화하게 된다. 순치는 정책적 슬로건으로서 기능하게 된다. 훗날 을사보호조약 체결 뒤 최익현은 한일 양국이 '순치의 나라'로서 '상보상지'相保相持 관계에 있다고 말한 것도 일례다.[82]

순치가 지리적 인접에 기초한다는 발상은 전통 유학자(위정척사론자)들이 분명히 한 바 있다. 『조선책략』의 외교구상을 배척한 위정척사론자들은 개항 반대의 논리로서 "옛날 6국은 합종하여 진秦을 물리쳤다. 그런데 모두 양지壤地가 서로 접하고 풍속이 서로 비슷했습니다. 이제껏 중저重阻의 경계를 넘고 만 리 바닷길을 건너 순치의 원援을 맺었다는 말은 듣지 못했습니다"[83]라고 주장하였다. '양지상접'壤地相接의 지리 근접성과 '풍속상린'風俗相隣의 문명 유사성은 순치의 조건이었다. 태평양이라는 '중양'重洋, '중명'重溟이 가로놓여 지리적 격절에 있는 미국와의 순치 관계는 상상할 수 없었다.[84]

'동문동종': 문명과 인종

'순치보거', '합종연횡', '오월동주'가 지정학적 전략 관념의 표현이라면, '동문동종'同文同種은 문명적, 인종적 동질성을 표상하는 말이다. 동

81 「奉送瓛齋朴先生珪壽赴熱河序」,『雲養續集』卷2, 4張.
82 崔益鉉,「寄日本政府」,『勉菴集』雜著.
83 「嶺南萬人疏」, 374쪽.
84 이에 관해서는 졸고,「토포스와 아이덴티티」를 참조.

양 상상과 동양연대의 개연성은 동문동종의 발상에서 나왔다. 글로벌 세력구도가 강제적으로 부과된 개항은 동아시아 질서변동을 초래하였고 국가안보와 지역안보 문제를 불러일으켰다. 국가안보를 위한 전략으로서 순치보거, 합종연횡, 오월동주의 사유가 출현하였다. 이러한 전략적 사고에서는 글로벌 세력에 대한 대타적 안보의 가능성을 엿볼 수는 있지만 즉자적 안보의 구성, 달리 말하면 지역안보의 구성과 존재 양태를 찾아내기는 어렵다. 서양 열강(러시아)에 대항하는 전략으로서의 동양 상상은 가능해도 주권국가체제의 원리—주권, 국제법, 세력균형—를 받아들여 '동양'을 재구성할 여지는 생겨나지 않는다. 지리는 지정학적 전략만이 아니라 동문동종에 의해 지문화적 의미를 가질 때 견고해질 수 있다. 지리(인접), 문명(동문), 인종(동종)의 요소가 상관적으로 작용할 때 동양 상상은 깊어질 수 있다.

청일전쟁 이후 한국의 식자층에는 서로 다른 위상을 갖게 된 한국(독립), 중국(약체화), 일본(강국화)이 만주, 한반도 진출 시도로 구체화된 러시아의 실제적 위협에 공동 대항하는 구도가 상정되는 맥락이 형성되었다. 한국의 논자들 사이에는 글로벌 세력구도에 대항하는 동양의 개별국가들이 각자의 국가안보를 확보하기 위해서는 리저널 세력구도(지역안보=지역연대)를 형성해야 한다는 의식이 강해졌다. 한중일의 지역연대는 '동주'同洲, '동문', '동종'을 매개로 구상되었다. 이들 세 요소는 동양삼국의 상호의존성을 표상한다. 동주는 서세동점을 지정학적 관점에서 파악한 요소다. 동문은 같은 한자문명 혹은 유교문명을 공유한다는, 역사적으로 형성된 지문화적 요소다. 동종은 서세동점을 백인종과의 대립이라는 관점에서 확인된 상황 요소로서 특히 러일경쟁이 격화되고 러일 충돌까지 예상되는 상황에서 프로파간다로서 기능하였다. 이 구상을 통해 '동양'은 동북아를 지칭하는 좁은 의미를 갖게 된다.

동주, 동문, 동종을 상정하여 동양연대를 모색하는 방식은 문명관에 따라 차이를 보였다. 문명개화론자와 유학자들은 연대를 둘러싼 동양 상상이 달랐다. 먼저 『독립신문』을 중심으로 문명개화론자의 동양 상상을 보기로 하자.

> 아시아에 있는 각국도 서로 한 대륙에서 사는 직무와 정의를 생각해서 서로 도와주고 북돋워야 하는 것이다. 또 그뿐만이 아니다. 특별히 대한과 일본과 청국은 다만 같이 한 아시아에서 살 뿐만이 아니라 종자가 같은 종자이기 때문에 신체와 모발이 서로 같고, 글을 서로 통용하고, 풍속에도 같은 것이 많다. 이 세 나라가 특별히 교제를 친밀히 해서 서로 보호하고 도와줘서, 아무쪼록 유럽의 학문과 교육을 본받아서 어서 속히 동양삼국이 유럽의 침범을 동심同心으로 막을 수 있어야 동양이 유럽의 속지가 되지 않을 것이다. 그런데 청국이 이 형편을 모르고 그저 구습에 젖어 잠만 자고, 좌우로 토지와 인민을 뺏겨서 형세가 위급한 모양이 대한보다 더 위태로우니 어찌 한심할 일이 아니겠는가? 대한이 어서 물을 쥐어 먹고 청국을 목전에 두고 봐서, 청국처럼 구습에 취하여 잠만 자면 망한다는 것을 증거물로 알고 밤낮으로 배우고 진보해야 한다. 첫째, 군신상하가 이간할 수 없게 상합相合하여 나라의 기초를 단단히 하고, 대한의 사정이 능히 자수自守할 만하면 그때는 일본과 합력해서 억지로라도 청국을 개명시켜서 동양의 형편을 보존해야 한다. 그래야만 이 세 나라가 자주독립권自主獨立權들을 지탱할 수 있을 것이다. 만일 대한이 또 청국 모양으로 자살지계自殺之計만 한다면 일본이 혼자 지탱할 수 없을 것이다. 그리고 청국과 대한이 절단 나는 날엔 일본도 얼마 지나지 않아 유럽의 힘에 견딜 수 없게 될 것이다.[85]

85 『독립신문』 제41호, 1898년 4월 7일자 논설. 아울러 일본인(高下松之助)의 동양삼국 연대론도 소개되어 있다(『독립신문』 제65호, 1898년 6월 7일자).

동양삼국은 한 대륙에 사는 직무와 정의를 생각하여 서로 협력해야 하고, 같은 아시아일 뿐만 아니라 같은 문명, 같은 인종이므로 유럽의 침범을 동심으로 막아야 한다는 주장이다. 사설자는 한국이 구습을 벗어나 진보하고 자주할 능력을 갖춘 후 삼국 연대를 위해 청국을 개명시켜 삼국 연대를 이루고 동양을 보전해야 한다고 말한다. 근대문명론에 입각한 동양 상상인 셈이다. 동양연대는 동양삼국의 '자주독립권'을 지탱하기 위한 방책이었다. 비록 '정립'鼎立이나 '정족'鼎足이란 말을 쓰지는 않았지만, 세 솥발이 제대로 서야만 솥 전체가 온전히 보전될 수 있다는 발상도 피력되어 있다. 이러한 논리를 확대시키면, 국내개혁을 토대로 서양 열강과 대등한 권리를 획득함으로써 "황인종의 지식과 능력을 천하만국에 표출"한 일본을 예찬하면서 동양 황인종도 '일본 형제'의 뛰어난 기개와 정략을 본받아 일본을 맹주로 삼아 독립국의 주권을 회복해야 한다는 주장으로 이어진다. 문명국 지도하에 주권을 확보해야 한다는 논리다. 훗날 김광제도 "일본은 우리 한국에게는 과연 동주동종同洲同種이라. 순치의 세가 아닐 수 없기 때문에 서로 문명부강의 경지에 권도하여 서세동점의 환난을 협력방어하자는 의무"가 있다[86]고 말하였다.

한편 청일전쟁 이후에 한중일이 포진한 동북아를 '동양'으로 인식하는 좁은 의미의 동양 개념도 전개되었다. 전통 유학자들은 동북아(동양삼국)를 국제관념의 터(토포스)로 삼는 동양연대론과 동양 상상을 영위하였다. 제6장에서 상세히 보겠지만, 유학자들은 동양삼국의 상호평등과 연대를 꾀하는 정립을 서양 열강에 대항하여 동양을 유지하고 삼국의 자주독립을 보전하는 조건으로 이해하였다. 동서양 간 세력균형과 역내 세력균형은 동양삼국의 정립(연대와 균형)에서 구현될 수 있다.

86 金光濟, 「六派의 習慣을 劈破然後에 可以自保」, 『대한협회회보』(상)(서울: 아세아문화사, 1978), 457쪽.

역외 세력균형을 위한 연대협력은 역내 세력균형이 전제되어야만 했다. 동양삼국은 두 개의 세력구도가 만나는 지점에 자리잡는 특수한 공간인 셈이다. 여기서 '동양'은 지정학적, 지문화적인 특수성을 가진 공간이 된다. 이러한 동양 상상은 국망 직전까지도 존속하였다.

> 생각건대 우리 한일청韓日淸은 **동양일국**東洋一局에 처하여 인족人族이 원래 동종同種이요, 문사文詞가 또한 일치함이요, 풍속風俗이 태반 흡사하니, 그 고유한 상애相愛의 동정同情이 마땅히 타국과 크게 다를뿐더러 하물며 이 서세동점하는 날에 이르러 순치보거의 관계가 아주 긴밀하고 중요한 땅에 있음이라. 단연코 마땅히 **협심평화**協心平和에 **연합실력**聯合實力이 솥의 세 발을 갖춤과 같은 연후에야 가히 **동양전국**東洋全局을 보전함은 지자智者를 기다리지 않고 능히 알 수 있는지라.[87]

정립은 동양평화와 삼국의 자주독립을 보장하는 원리이며, 정립의 조건은 동양일국東洋一局에 처한 지리적 특성, 인종적 동질성, 문화적 유사성이다. 이 세 가지 요소에서 생겨나는 서로 사랑하는 같은 정과 순치보거에 기초한 관계는 동양삼국의 지역을 동양의 다른 지역과 차별화한다. 동양일국에서 성립하는 삼국정립이 동양삼국의 역내 세력균형을 보전하는 협심평화와 연대를 통해 유럽 열강의 위협에 대응하는 연합실력을 보장할 때 동양전국東洋全局은 보전될 수 있다.

러일전쟁은 동양 상상을 고조시킨 계기였다. 안중근은 동양평화라는 대의가 청천백일의 빛보다 더 밝았기 때문에 한국, 청국의 인사들이 일치동심해서 복종하였고, 러일전쟁이 황백인종의 경쟁이었기에 일대애종당一大愛種黨을 이루었다고 말한 바 있다.[88] '동양주의'는 러일전쟁을

87 李奎濚, 「東洋協和도 亦智識平等에 在홈」, 『西友』 제15권(1908년 2월), 35쪽.

거치면서 우승열패와 적자생존의 사회진화론과 결합하면서 문명국 일본의 지도를 통한 문명화를 정당화하는 논리로 이어졌다.

최익현도 러일전쟁에서 패배한 러시아가 일본에 복수하기 위해 동아시아에 재진출할 가능성이 있다고 보고 동양삼국이 '정립'하여 전력을 다해 이에 대비할 것을 주장하였다. 일본이 동아시아 국가들끼리 "서로 시기 원망하고 아직도 한집안으로서 서로 원수처럼 여기는 것을 벗어나지 못하는" 갈등을 야기하고 "애당愛黨의 마음"을 갖지 않고 도량跳踉의 행동을 계속 보인다면 동양은 공멸할 것이며 일본은 동양의 화를 일으킨 죄를 면치 못할 것이라 주장하였다.[89] 동양삼국은 연대가 필요한 운명공동체로 상상된 것이다. 정립은 연대와 균형의 리저널 세력구도를 구축하고 이를 토대로 서양 열강과 동양 사이의 글로벌 권력불균형에 대응하려는 의지의 표현이었다. 동양은 두 세력구도의 역학 관계에서 상상되었다.

일본의 동양 침략의 의지가 간파되었을 때, 동양연대와 동양평화의 구상은 실제가 아니라 표상에 지나지 않는다는 사실이 폭로되었다. 안중근도 "용호龍虎의 위세로써 뱀이나 고양이 같은 행동을 하는" 나라로서 동양인종이 일치단결하여 서양 제국주의에 대항해야 하는데 오히려 "같은 인종인 이웃 나라를 깎고 우의友誼를 끊어 스스로 방휼蚌鷸의 형세를 만들어 어부를 기다리는"[90] 일본의 행동을 비판하였다. 동양의 이상과 현실 사이의 괴리를 조장한 일본의 행태를 추궁한 비판이었다. 신채호는 동양의 이상 자체를 부정하게 된다. 동양주의를 표방하는 동양

88 안중근, 「동양평화론」, 최원식·백영서 편, 『동아시아인의 '동양' 인식: 19-20세기』(서울: 문학과지성사, 1997), 206-207쪽.

89 崔益鉉, 「寄日本政府」.

90 안중근, 「동양평화론」, 206-207쪽.

연대론을 부정한다. “국가는 주인이요 동양주의는 손님이거늘, 오늘날 동양주의 제창자를 살펴보건대 동양이 주인 되고 국가가 손님이 되어 나라의 흥망은 하늘 밖에 놔두고 오직 동양을 이같이 지키려 하니, 슬프다. 어찌 그 우미愚迷함이 여기에 이르렀는가.”[91]

6. ‘아시아’와 ‘동양’의 사이

서세동점과 개항의 시기부터 한국의 지식인들에게 아시아 표상은 지리적 또는 도상적인 것에서 경험적인 것으로, 바꿔 말하면 문화적인 것에서 정치적인 것으로 바뀌었다. 지리는 변하지 않지만 그것을 바라보는 방식은 변한다.[92] 표상의 변화는 아시아의 존재양태가 변했기 때문이기도 하지만 아시아를 보는 주체들의 시선이 변했기 때문이다. 시선의 변화는 한국의 국제정치적 삶이 변한 것과 관련된다. 객관적, 지리적 요인은 일차적으로 지역 개념을 형성하는 토대가 되지만, 지역 개념은 동태적인 국제적 상호작용의 소산으로서 성립하고 전개된다.[93] 한국의 지식인들은 주권국가체제로 이행하는 과정에서 한국의 국제정치적 삶에 함의를 제공하는 아시아 약소국들의 국제정치적 운명에 주목하였다. 타자는 감정이입을 통해 자기화된다. 감정이입은 타자를 자기의 지향준거로 받아들이는 방식뿐 아니라 타자와의 공통점을 도출하는 방식으로

91 신채호, 「동양주의에 대한 비평」, 최원식·백영서 편, 『동아시아인의 ‘동양’ 인식』, 219-220쪽.

92 Jose P. Leviste Jr., ed., *The Pacific Lake: Philippine Perspectives on a Pacific Community* (Manila: The Philippine Council for Foreign Relations, 1986), p. 2; 딜릭, 「아시아-태평양권이라는 개념」, 64쪽에서 재인용.

93 渡辺昭夫, 『アジア·太平洋の国際関係と日本』(東京: 東京大学出版会, 1992), 79쪽.

도 이루어진다. 아시아 약소국들의 정치적 운명에 대한 감정이입을 매개로 아시아는 공통의 운명을 느끼게 하는 존재로서 자기화될 가능성이 있었다.

그런데 이러한 감정이입은 한정적일 수밖에 없었다. 동북아를 벗어난 아시아 지역은 실제 소통의 대상이 아니었기 때문이다. 아시아의 정치적, 군사적 사건들은 아시아 상상을 자극하였지만 심리적 거리의 존재와 실질적 관계의 부재는 아시아를 자기화할 가능성을 억지하였다. 아시아(동남아)는 **공통의 운명**을 일깨우는 존재일 수는 있어도 **공동의 운명**을 공유할 대상은 아니었다. 공통의 운명과 공동의 운명 사이야말로 아시아 표상과 동양 표상의 차이다. 거리적 근접과 문명 유사성과 인종 동일성이라는 요소가 그 사이를 갈랐다. 거리적 근접과 문명 유사성은 동양(동아시아) 공간에서 상정되었다. 동양삼국도 서로 문화가 다르지만 동양 공간의 존재양태에 관한 의식, 문명에 대한 일정한 공감, 그것을 공동의 운명으로 연결하는 연대감이 있었다. 자기의 행위나 인식은 타자의 존재를 전제로 하고 타자와의 관계에서 즉자적인 양태를 띠며 나아가 대자화하고 커뮤니케이션의 형태를 취한다.[94] 근대한국의 지식인들에게 동아시아는 지리, 문명, 인종을 매개로 소통이 상정되는 공간이었다.

동양연대, 동양평화는 한중일의 복합적 애증을 나타내는 말이었다. 강국으로 성장한 일본에 대한 기대, 또는 그 기대를 일탈하는 일본의 침략 행태에 대한 비판의 표현이었고, 복합적 애증을 초월하여 동양 공간의 자기화를 상상하게 해 주는 말이었다. 한국인들에게 그것은 주권이 취약한 현실을 보완하는 표상이었다. 이러한 동양 상상은 러시아

94 大沢真幸, 「他者·関係·コミュニケーション」, 『他者·関係·コミュニケーション』(東京: 岩波書店, 1995), 8-9쪽.

타자화 전략에서 성립하였다. 아시아 공간의 정치화, 국제정치화의 진행은 동양 상상과 우리 의식을 높였고, 가상적 러시아는 타자로서 동양 상상의 밀도를 높이는 데 기여하였다. 러시아 위협론은 러일전쟁 이후에도 소멸하지 않았다. 패전한 러시아가 일본에 복수할 것이라는 예상이 전후에도 러시아 위협론을 존속시켰던 것이다. 한국인이 영위했던 정립 구상은 한일합방으로 정립의 한 축이 소멸하고 또 다른 한 축인 중국이 분열하면서 구현될 수 없었고 정립의 동양 상상은 지속되기 어려워졌다. 일본제국체제의 질서 원리가 작동하고 일본제국의 팽창정책과 결부된 '동아', '대동아', '대아세아' 개념/관념이 제국의 아시아 상상을 창출하게 된다. 하지만 정립의 발상 자체가 완전히 소멸된 것은 아니다. '동양'(동북아) 공간에서 자주독립과 생존을 모색해야 하는 한국의 지정학적 숙명은 언제든 정립의 발상을 결정 짓기 때문이다.

제5장

주권과 공공성

근대한국의 경험과 관점

1. 지역의 대타성과 즉자성

역사적으로 동아시아 국가들은 다양한 수준의 관계를 맺어 왔고 일정한 관심사를 공유해 왔다. 하지만 동아시아 지역은 이질적인 국가들이 모인 공간이며, 결집력 있는 공동체는 아니었다. 최근 탈이념화가 진행되고 경제적 상호의존이 심화되고 민간교류가 확대되면서 완화될 기미를 보이긴 하지만, 문화적 이질성과 국가중심적 사고, 자국중심주의와 민족주의는 이 지역의 균열대립을 유발하였고 협력의 제도화를 억제해 왔다. 동아시아 국제지역은 균열대립의 현실과 연대협력의 이상이 교착하는 공간이다. 균열대립은 주권과 이익을 추구하는 국가들의 행태에서 비롯되며, 연대협력은 공통의 정체성이나 공동의 가치, 혹은 공익을 근거로 지역의 안정과 국가들의 발전을 모색하는 것이다.

동아시아 국가들은 균열대립의 역사를 넘어 하나의 공동체일 것을 요구받고 있다. 지구적 현상(제국주의, 지구화)의 위협에 공동 대응할 수 있는 지역형성의 필요성이 인식되기도 하고, 대립적 동서문명관이 동아시아 지역에 대한 상상을 불러일으키기도 한다. 흔히 동아시아가 하나의 지역이나 공동체라는 언명은 대타對他적 관점에 의거한다. 그리고 동아시아의 대자對自적 구성은 지리, 인종, 문명 등을 요소로 하는 지역 정체성에 대한 소망에서 성립한다. 타 지역의 존재와 위협에 대한 공동 대응은 동아시아의 대타성을 나타내며, 이 지역에 대한 정체성과 소망은 동아시아의 즉자성을 요구한다. 동아시아 공간은 대타적 관점뿐 아니라 즉자적 관점[1]에서 포착할 것이 요청된다. 대타적인 동아시아 상상과 대자적인 동아시아 상상은 상관적이고 상보적이기 때문이다.

이 장에서는 즉자성에 초점을 맞추어 근대동아시아 지역의 국제사회 형성을 해명하고 지역의 존재방식을 규율하는 제도와 구조를 해명하고자 한다. 글로벌 세력구도가 동아시아에 부과되면서 주권국가체제의 원리가 성립하는 가운데 생성된 동아시아 역내의 사회적 관계의 조건을 살펴본다. 동아시아의 국민국가화와 역내 국제관계 형성이 상호 연관된 모습을 제도와 권력과 이념을 중심으로 분석한다. 근대한국의 경험과 관점에 비추어 동아시아 국제사회의 존재방식을 나타내는 연대성과 공공성, 그리고 국제사회의 공정성을 요구하는 비판적 행위로서의 국제공론에 대해서도 살펴볼 것이다. 근대한국은 동아시아 권력정치에서의 취약성 때문에 동아시아 국제사회의 현실에 비판적이었는데, 그 경험과 관점은 동아시아 국제사회의 공공성에 관한 중요한 시사와 성찰을 제공해 준다. 마지막으로 근대동아시아 공간의 제국화가 동아시아 국제관계와 국가의 존재양식에 어떠한 의미를 가졌는지를 음미하고자 한다.

1 즉자적 관점에 입각한 동아시아론으로서는 溝口雄三, 『方法としての中國』(東京: 東京大學出版會, 1989); 백영서, 「중국에 '아시아'가 있는가?: 한국인의 시각」, 정문길 외 편, 『발견으로서의 동아시아』(서울: 문학과지성사, 2000); 아리프 딜릭, 「역사와 대립되는 문화인가?: 동북아 정체성의 정치학」, 정문길 외 편, 『발견으로서의 동아시아』 등이 있다.

2. 주권과 만국공법

'규격'規格과 '공사'公私: 질서표준의 변용

동아시아 국제사회의 형성은 서세동점의 외적 충격을 계기로 주권국가체제(국제법체제)가 동아시아 지역에 수용되고, 일본의 내적 충격이 동아시아의 주권국가체제 형성을 촉발하는 형태로 이루어졌다. 전쟁(아편전쟁, 베이징사태), 분쟁(타이완정벌, 류큐병합, 운요호사건), 위협(페리내항) 등의 군사적 폭력은 동아시아 질서의 변용과 주권국가체제의 수용을 재촉하였다. 주권국가체제의 제도와 규범이 수용되는 가운데 동아시아의 국제체제와 소통망은 모습을 갖추기 시작하였다. 무엇보다 일본의 동아시아 정책은 과거의 사대교린과 통상에 의거한 복수의 양자관계의 분절적 공존을 구조적 특징으로 하는 중화체제를 해체시키는 한편, 국제법(만국공법)과 주권이 통용되는 동아시아 공간의 균질화[2]를 만들어 냈다.

국제법은 조약과 협정의 형태로 동아시아에 유통되면서 동아시아 국가들의 관계를 법적으로 규율하는 규범으로서 기능하였다. 국제법은 동아시아 국가들을 서양 국가들과 연결하는 규범이었고, 일본의 능동적인 역내 적용과 확산[3]을 통해 새롭게 형성하는 동아시아 역내질서의

2 '공간의 균질화'라는 표현은 李孝德, 『表象空間の近代: 明治'日本'のメディア編制』(東京: 新曜社, 1996)에서 빌렸다. 이효덕은 문학, 미술, 언어 등 여러 영역에 나타난 근대 일본인의 시선의 근대적 변용을 통해 메이지 일본에서의 근대공간의 균질화를 밝히고 있는데, 이 관점은 동아시아 국제사회의 근대적 변용을 성찰하는 데도 시사적이다.

3 기왕에 만국공법의 수용과 적용은 서구 대 동아시아의 수준에서 근대질서와 제도의 수용이란 맥락에서 다루어졌을 뿐 그것이 동아시아 역내 수준에서 어떠한 의미를 갖는지에 관해서는 거의 관심이 없었다. 『東アジア近代史』 第2號(東アジア近代史研究會, 1999)의 특집 「東アジアにおける萬國公法の受容と適用」에서 이와 관련된 문

준거였다. 국제법을 매개로 동아시아 국제공간은 사대교린 관계들의 분절적 병존에서 주권평등을 명분으로 하는 양자관계의 연쇄망으로 이행하였다. 사대교린의 예적 질서는 국제법이 규율하는 법적 질서로 대체되어 갔다.

만국공법은 국제영역의 사회적 관계에서 상정되는 공적 표준과 공공성의 변경을 유발하였다. 만국공법의 수용과 적용이 동아시아 국제체제의 이행을 촉발하면서 동아시아 국가들의 관계에서 공公과 사私의 양상이 바뀌기 시작하였다. 중화체제에서 대국(중국)과 주변 소국 간에는 대국의 권위와 규범이 공이었고 소국의 그것은 사였다. 주변의 소국끼리의 관계도 사적 행위였다. 조공책봉, 회사回賜, 사대사(연행사) 등의 의례로써 규율되는 한중 사대관계에서는 청국 예부의 외교적 관할이 공이었고 청국 이외의 국가들과의 관계는 사였다(人臣無外交). 한편 통신사와 교역의 관계로 성립한 한일 교린관계는 한중 사대관계에서 본다면 사적 행위였고, 정부 레벨에서 본다면 양국 정부가 직접 관여하지 않고 조선 조정의 위임을 받아 초량진과 쓰시마 간에 이루어진 사적 관계였다. 통신사의 정치적 성격을 보면 조선 조정과 에도 막부가 각자 스스로를 상대국보다 우위에 두는 한일관계가 영위되었는데,[4] 이러한 주관적 우월성은 교린관계의 공적 성격이 취약했음을 시사한다.

1868년, 1869년에 벌어진 서계논쟁은 만국공법이 동아시아를 규율하면서 교린관계가 근대적 관계로 바뀌기 시작했음을 보여 준다. 서계사건은 일본이 왕정복고를 조선정부에 통고하는 내용의 서계를 보냈는데 조선 측이 수리를 거절하면서 발생하였다. 왕정복고 이후 메이지

제제기를 하고 있다.

4 와타나베 히로시, 「'조선국' '일본국' 관계와 '도리'」, 현대일본학회 편, 『21세기 한일관계』(서울: 법문사, 1997).

정부가 그동안 쓰시마 번에 위임했던 조선외교의 관할권을 외무성으로 귀속시킨 것이 발단이었다. 서계논쟁은 한일 교린체제에서 관행으로서 확립된 '규격'規格(표준)과 '공사'公私의 변경을 둘러싼 갈등이었다. 일본 측은 조선에 대해 구호舊好 회복을 요구하는 한편 조선정부가 쓰시마 번에 교부하던 도서圖書제도를 없애고 새 인장을 사용할 것을 주장하였다. 도서 수증은 '후의'厚意에서 나온 것이지만 도서를 변경하려는 일본정부의 특명이 '공'이며, 외무성이 조선외교를 관할하게 된 이상 쓰시마 번의 조선외교는 '사교'私交이기 때문에 폐지해야 한다는 논리였다.[5] 이러한 일본 측 주장에 대해 조선 측은 도서 수증이 후의에서 나온 것으로 '사'로써 '공'을 해치는 행위가 아니라 반박하였다. 아울러 서계에 '황'皇, '칙'勅이란 말을 쓰고 3백년간 지속된 관행(도서, 인장, 관직호칭)을 변경하는 일본의 행위는 "규격 외의 일"(規格外之事) 혹은 "파격"破格으로서 허용할 수 없음을 분명히 하였다.[6]

'규격'과 '공사' 문제를 둘러싼 서계논쟁은 만국공법을 준거로 하는 새로운 외교 표준이 출현하였음을 상징한다. 동아시아의 외교 표준은 메이지유신을 계기로 외무성으로 상징되는 근대외교 제도가 창출되고 주권국가를 형성하는 과정에서 바뀌게 된 것이다. 일본 외무성은 만일 서구 열강이 만국공법에 의거해 이 사실을 힐문해 온다면 해명할 수 없다는 논리를 펴면서 국제법의 역내 적용을 시도하였다. 청일수호조규(1871)와 조일수호조규(1876)를 체결한 것을 계기로 나가사키를 매개

5 『龍湖閒錄』 第4卷, 「對馬島主書契」(서울: 국사편찬위원회, 1980), 211-212쪽; 『일본외교문서』 1-2, 691쪽, 「朝鮮國一件伺書」. 일본외무성이 조선외교를 담당하게 된 경위에 관해서는 김흥수, 『한일관계의 근대적 개편과정』(서울: 서울대학교출판문화원, 2009)에 상세하다.

6 서계논쟁에 관해서는 김용구, 『세계관 충돌의 국제정치학: 동양 예와 서양 공법』(서울: 나남, 1997); 原田環, 『朝鮮の開國と近代化』(東京: 溪水社, 1997)에 상세하다.

로 존속했던 청일 간의 사적 통상관계와 쓰시마를 매개로 성립했던 한일 간의 사적 교린관계는 국가 간의 공적 외교관계로 전환되었다.[7] 중국도 총리기무아문을 만들고 한국도 이를 본받아 통리기무아문을 설치하여 국제법체제에 대응해야만 했다. 만국공법은 동아시아 국제관계의 성질을 바꾸었다.

'규격'과 '공사'를 둘러싼 서계논쟁은 만국공법의 규범적 성격과 공적 성격에서 비롯된 것이기도 하다. 일본이 동아시아 국가에 대해 서계문제를 일으키고 수호조규 체결을 시도하는 과정에서 만국공법은 조약이라는 규범(제도)을 창출하는 실정법(계약)으로 이해되었다. 서양 열강과 일본은 만국공법을 실정법으로서 사용한 것이다. 만국공법이 실정법으로서 작용한 것은 정치적 의미를 갖는다. 강대국이 약소국에의 진출을 의도했을 때 만국공법은 권력(폭력)을 행사하는 수단이 되기도 한다. 만국공법에 의거한 조약체결은 국가이익을 얻기 위한 권력 행사라는 측면이 있다. 한편 약소국에게 만국공법은 폭력적인 강대국에 대항하는 도덕적 준거일 수 있다. 주권평등의 원칙을 실현시켜 주는 자연법으로서의 만국공법을 상정할 수 있다. 휘튼Henry Wheaton의 『국제법요강』*Elements of International Law*을 한역한 마틴William Martin의 『만국공법』은 국제법을 실정법과 자연법의 양면에서 포착한 저작이었다. 휘튼의 원 저서는 실정법으로서의 국제법을 다룬 것인데, 선교사였던 마틴은 여기에 자연법적 해석을 가미해서 번역했던 것이다.

조약의 형태로 구체화된 만국공법은 실정법으로서의 국제법이었다. 국제법은 서구 열강과 외교를 영위할 때, 그리고 동아시아 국가들끼

7 1875년 서계논쟁에서는 대원군과 박규수의 서한논쟁에서 보듯이 근대적 주권관념에 입각한 공사 관념의 변용과 교린관계의 근대적 변용이 진행되고 있었다. 『瓛齋集』 卷11, 「答上大院君」.

리 새로운 국제관계를 구축할 때 작용하는 실정법이었다. 실정법으로서의 만국공법은 주권평등을 명분으로 삼았지만, 권력의 차이에 따른 주권불평등의 실제에서 작용한 것이다. 만국공법의 자연법적 성격에 관한 해석과 기대는 이러한 주권불평등의 현실에서 나왔다. 권력불균형의 현실은 만국공법에게 실정법으로서 작용할 권능을 부여하면서 주권국가체제로의 이행을 유발하는 한편, 권력불균형에서 나오는 권력정치를 비판하고 소국의 자주독립을 보전해 주는 자연법적 기능을 가진 만국공법의 존재를 상상하는 계기를 제공하였다. 만국공법을 실정법으로 볼 것인지, 아니면 만국공법의 자연법적 역할을 기대할지는 동아시아 국가들의 국력 수준과 자국이 처한 국제적 위상에 따라 달랐다.

'International law'의 번역어로서 '만국공법'과 '국제법'이 분화하는 지점은 여기에 있다. 번역어 '만국공법'은 현저한 권력불균형으로 열강이 폭력을 행사할 가능성이 있을 때 이에 대응하는 도덕적 근거로서 동원된 측면이 있었다. 일본에서는 개항 이래 번역어로서 '만국공법'이 사용되다가 1880년대부터 '국제법'이란 용어가 확립되었다. 이러한 변화는 국제법을 자연법으로 보는 관점이 약해졌다는 것을 의미하는데, 그 배경에는 메이지 일본이 문명개화와 부국강병을 통해 힘을 갖게 된 것과 관련된다. 일본과 달리 근대중국과 한국에서는 1900년대까지도 '만국공법'이라는 말이 통용되었다. 만국공법은 실정법적 국제법을 지칭할 뿐 아니라 국제법을 약소국의 생존을 보장하는 자연법적 규범으로 보는 인식을 함축한 말이었다. 청일전쟁 이후 일본의 침략성이 노골화되었을 때 '만국공법'은 자연법적 공공성에 대한 기대를 담은 말로서 유통하게 된다. 권력불균형의 현실이 지속하는 한 만국공법의 규범론적 이해는 존속할 수 있었다. '국제법' 용어가 확산된 것은 러일전쟁 이후 국망 직전의 상황에서 일본으로부터 법학, 정치학 등 사회과학의 학술 지식이 대거 유입되고 사회진화론이 널리 수용되었을 때였다.

실정법으로서의 국제법과 자연법으로서의 만국공법이라는 용례에는 조약체제의 현실과 공법질서의 이상이라는 두 측면이 들어 있다. 권력과 정의의 문제가 내포되어 있다. 권력불균형의 현실에서 비롯되는 실정법으로서의 국제법의 폭력성에 대해 자연법으로서의 만국공법은 권력비판, 현실비판을 위한 공공성의 근거로 상정된다. 여기서 권력 비판적 공법론은 조선의 경우에는 권력균형(세력균형)을 지향하는 규범론적 사유를 수반하였다. 그런데 상황이 폭력적일수록 국제법은 폭력을 제어하는 공정한 원리로 인식된다. 근대한국의 만국공법관이 보여 주듯이, 바로 이 지점에서 실정법으로서의 국제법과 자연법으로서의 만국공법은 상통하게 된다. 열강의 위법적 행태를 규제하는 규범(실정법)과 공공성의 원리로 그 행태를 규율하려는 국제윤리(자연법)는 구별하기 어렵게 된다.

국제법은 일차적으로 서양 열강과의 외교 관계를 규율하는 규범이며, 이를 통해 동아시아 지역을 초월하고 주권국가체제로 들어가는 국제화의 매개였다. 국제법 자체가 동아시아 지역을 하나의 지역세계로 한정하게 해 주는 것은 아니다. 그렇지만 국제법은 동아시아 국제관계의 틀을 바꾸는 법적 규범으로서 기능하는 한편, 열강의 폭력을 비판하고 국가의 자주독립을 보전하는 공적 원리로 상정함으로써 동아시아 국가들간의 주권평등의 공공성을 상상하는 근거가 될 수도 있다. 전자의 경우 결국 국제법은 강자의 권력 행사에 무력하다는 논리를 허용한다. "공법 백 권이 대포 일 문보다 못하다"(후쿠자와 유키치)는 발상에서는 동아시아의 공공성을 상상할 여지는 나오기 힘들다, 오히려 탈아脫亞 발상이 강해진다. 하지만 약자의 논리로서는—실제 이러한 말이 쓰인 적은 없지만—"공법 한 권이 대포 백 문보다 낫다"라는 논법도 성립할 수 있다. 여기서 국제정의를 보장하는 만국공법의 공공성과 소국의 생존을 보전하는 만국공법의 공적 기능에 대한 믿음, 혹은 그것을 기대하는 상상력이 발동한다. 여기서 '동양', '동아시아'를 상상할 여지가 생겨날 수 있다.

만국공법의 자연법적 이해가 똑같지는 않았다. 막부 말기 메이지 초기 일본의 지식인들은 주자학의 '천리', '천도' 개념을 매개로 만국공법의 자연법적 이해가 이루어졌다고 알려져 있는데, 이것은 현저한 글로벌 세력불균형 상태에서 서구열강의 위협에 노출된 상황에 한정하여 일시적으로 표출된 이해 방식이다. 일본이 국제법과 부국강병을 통해 우세한 리저널 세력구도(세력불균형)를 구축하고자 했을 때 천리, 천도는 전혀 의미를 갖지 못했다. 한국과 중국에서는 만국공법의 자연법적 이해가 천리, 천도라는 초월적 규범이 아니라 사회질서의 공공성에 기초하였다.

중국과 한국도 달랐다. 이를테면 캉유웨이康有爲는 국제사회의 사회적 구성 원리로서 중국 중심의 대동大同세계를 구상했는데, 이 구상은 중화적 세계관을 글로벌 세력구도에 결부시켰을 때 생겨난 국제사회관이었고, 따라서 리저널 세력구도를 의식해야만 성립하는 동양 상상은 취약할 수밖에 없었다. 근대한국의 지식인들은 동양삼국의 정립鼎立을 상정하는 리저널 권력균형을 상상하면서 동양삼국의 공존(세력균형)을 모색하고 이를 통해 글로벌 권력불균형에 대처하고자 했다. 만국공법의 자연법적 이해가 작동하는 것은 권력균형의 이상적 상태를 상정하여 권력불균형의 현실을 비판했을 때였다. 동아시아 국제사회에 관한 상상도 이에 기초한 것이었다.

외교제도와 주권

동아시아에서 국제법체제의 성립은 이질적이고 분절적이었던 사대(한중), 교린(한일), 통상(중일)의 양자 관계들이 하나의 법체계로 균질화되는 과정이었다. 주권 개념은 대외 문제가 발생하고 국제법과 세력균형이 작동하는 과정에서 생겨났다. 일본에는 막말 개항을 거치면서 일본 전체를 상정하는 '황국' 개념이 출현하였고, 개항은 통일국가의 형성을 유발하였다. 한국도 개항과 조약체결을 통해 국제법에 의거한 대외관계에 들어서면서 주권 개념을 자각하고 왕조국가의 근대적 변용을 시도하였다. 중국도 개항 이후 종주권과 주권의 병존을 지속하다가 청일전쟁 패배 이후 근대국가 형성에 나서게 된다. 동아시아에서 주권 관념은 서세동점의 정치군사적 위협과 국제법의 수용과 적용, 역내 권력작용을 통해 형성되었다. 동아시아 국제사회는 지역 공간을 규율하는 국제법과 이익을 극대화하려는 국가주권이 상호 간섭하는 가운데 근대적 모습을 갖추기 시작하였다.

주권국가체제에 대응할 외교규칙과 외교제도의 형성은 동아시아 국제관계와 상호작용의 제도적 틀을 구성하였다. 유럽 국제사회에서 사신 등급과 외교의례, 상주사절 제도 등 근대 외교제도의 규율 위에 국가들의 사회적 관계가 성립한 것과 마찬가지다.[8] 중국은 서양의 군사적 충격과 베이징 함락을 겪은 뒤 1861년 총리각국사무아문을 창설하였다. 총리아문은 예부로부터는 자립적이었지만 조직상 군기처의 지류였기에 근대적 외교제도로 보기는 어렵지만 이홍장이 직예총독 겸 북양대신이 되어 대외 관계를 주도할 때까지 중앙 외교기관으로서의 역할을 담당하였다.[9] 한편 일본의 경우 안세이安政조약 체결 이후 외국사무를 전담하는 직책을 두어 외국 사무를 처리하였고, 메이지 정부는 외국사무국外國事務局, 외국관外國官에 이어 1869년 외무성을 설치하였다. 한국은 중국의 총리각국사무아문을 본받아 1881년 근대적 외교부서인 통리기무아문을 창설하였고, 이를 1883년에 통리교섭통상사무아문으로 개

8 해롤드 니콜슨, 신복룡 역, 『외교론』(서울: 평민사, 2004).

9 川島真, 『中国近代外交の形成』(名古屋: 名古屋大学出版会, 2004), 83-85쪽.

편하였다.[10] 상주사절 제도도 난징조약(중국)과 개국조약(일본), 강화도 조약(조선)을 계기로 성립하였다.

이러한 외교제도의 성립은 동아시아 국제관계의 근대적 변용을 보여 준다. 하지만 이러한 제도의 성립이 곧 주권의 형성을 뜻하는 것은 아니다. 동아시아의 주권 형성은 국제질서 변동과정에서 관념의 갈등과 지역질서의 이중성, 법의 강제와 폭력 사용 등을 통해 이루어졌다. 종주권-주권 논쟁은 동아시아에서의 주권 개념/관념 형성을 보여 주는 사례다. 종주권-주권 논쟁은 조공책봉체제와 주권국가체제의 충돌을 표상하는데, 조선의 국제적 지위를 둘러싼 '소속방토'所屬邦土와 '자주지방'自主之邦의 대립, 장정章程과 조규條規의 공존으로 나타났다.

메이지 일본은 초기에는 책봉체제와 국제법체제의 공존을 통해 국가주권의 확충을 시도하였다. 소에지마 다네오미副島種臣는 청국과 대등한 관계를 모색하는 한편, 류큐에 대해서는 청국과의 대립을 피하기 위해 양속兩屬 관계를 보전하고 조선에 대해서는 한청 책봉관계를 이용하여 한일 간의 의사擬似적 양속兩屬관계를 설정하고자 했다. 아울러 일본은 타이완정벌(1875)을 계기로 "류큐 양속의 연원을 끊고 조선 자신自新의 문호를 연다"(오쿠보 도시미치大久保利通)는 방침을 세우고 국가주권의 역내 투사를 통해 국제법체제로 일원화하였다.[11] 일본은 '소속방토'를 근대국제법의 속국 개념과 동일시하면서 한일수호조규에 '자주지방' 조항을 설정하여 청한 종속관계를 해체하고자 했다. 청국은 일본과는 주권평등을 유지하지만, 조선에 대해서는 조선의 금령자주禁令自主는 인

10 김수암, 『한국의 근대외교제도 연구: 외교관서와 상주사절을 중심으로』(서울대학교 외교학과 박사논문, 2000).

11 小風秀雅, 「華夷秩序と日本外交: 琉球·朝鮮をめぐって」, 明治維新史学会 編, 『明治維新とアジア』(東京: 吉川弘文館, 2001), 22-23쪽.

정하되 외교권과 종주권은 자국이 행사하고자 했다. '소속방토' 규정을 조선에 대한 청국의 관할권을 명문화한 것으로 이해하였고, 일본이 내세운 주권 개념에 대항하여 '소속방토', '속방'의 전통적 방식을 국제법 체제에 포섭하고자 했다. 또한 조선과 수륙무역장정을 체결하여 종주권의 근대적 변용을 꾀하는 한편, '자주공례'自主公例에 따라 서양국가와의 외교를 허용하면서도 속방의 지위를 보전하는 체제(屬邦分內應行之體制)를 구상하였다.[12]

소속방토 개념과 자주지방 개념의 갈등은 사대체제와 국제법체제의 길항을 의미한다. 소속방토와 자주지방을 둘러싼 야나기와라 사키미쓰柳原前光와 총리아문 측의 교섭, 그리고 모리 아리노리森有礼와 심계분沈桂芬의 대화에서 동양삼국의 관계 설정을 둘러싸고 새로운 외교가 전개되었음을 엿볼 수 있다. 일본은 조선이 중국의 속방이지만 자주지방이라는 사실을 청국 측으로부터 확인받은 뒤 조일수호조규를 체결하였는데, 제1조에 조선의 '자주지방'을 규정함으로써 조선이 조약 체결의 주체임을 확인하였다. 자주지방론은 일본의 국가주권 팽창을 위한 명분이었지만, 한청 종속관계의 변경을 초래하는 계기가 되었다. 여기서 자주 개념은 국제법체제가 전개되고 청국이 종주권을 강화하는 과정에서 주권 개념과 결합할 여지를 갖게 된다. 조공체제에서 내치의 자율을 의미했던 '자주'는 조공체제와 주권국가체제가 병존하는 이중질서를 거치면서 주권국가체제의 '주권' 개념과 중첩될 여지가 있었다. 유길준이 「방국의 권리」에서 조공체제와 주권국가체제가 공존하는 이중체제에서 증공국이 수공국의 '속국'이 아니며 제3국과 조약을 체결할 수 있는 자주국임을 논증한 것도 이것을 나타낸다.

12 '속방분내응행지체제'(屬邦分內應行之體制)에 관해서는 김수암, 『한국의 근대외교제도 연구: 외교관서와 상주사절을 중심으로』를 참조.

조선의 자주와 속방을 둘러싼 종주권-주권 논쟁을 통해 중국, 한국, 일본은 주권 개념을 매개로 리저널 세력구도에 들어서게 된다. 리저널 세력구도는 일본이 주권 개념에 입각해서 기존의 종주권(조공)체제를 흔들고 청일전쟁을 계기로 이를 해체시키는 과정을 거치게 된다. 청일 간 세력투쟁은 근대적 외교와 국제법이 역내에 적용 확산되는 계기가 되었다. 청일전쟁을 거치면서 한중 조공제도가 폐지되고 일본의 승리로 한반도를 둘러싼 이중질서가 해소되었다. 청일전쟁 이후 동아시아에는 일본이 세력권을 확대하는 가운데 한중일이 비대칭적으로 공존하고 러시아와 일본이 만주와 한반도를 둘러싸고 세력경쟁을 벌이는 구도가 형성되었다.

3. 주권과 공공성

내셔널리즘과 국제사회

주권국가체제에서 개별국가가 생존하려면 근대국가의 틀을 갖추어야 한다. 근대국가 형성은 주권국가를 주체로 하는 주권국가체제에 적응하는 동시에 서구 근대문명과 서구 열강의 위협에 대응하는 과정이었다. 유럽의 경우와 마찬가지로 동아시아에서 국제사회의 성립은 근대국가 형성과 연관되며 근대국가 형성은 근대화와 내셔널리즘을 수반하였다.[13] 근대화는 서구문명의 표준(양식과 제도, 가치)을 받아들이는 과정, 즉 근대문명의 수용을 의미한다. 문명개화와 부국강병이 물질적 근대화라면, 내셔널리즘은 정신적 근대화였다. 근대화는 글로벌 세력불균

13 내셔널리즘이 국제사회의 성립과 운용에 갖는 의미에 관해서는 James Mayall, *Nationalism and International Society* (Cambridge: Cambridge University Press, 1990).

형의 권력 작용으로 촉발되었고 리저널 세력불균형의 세력구도를 만들어 냈다. 문명개화와 부국강병의 근대화는 역외 위협에 대항해서 모색되었고 근대국가의 형성과 근대 국제질서의 급속한 변용을 부추겼다. 일본의 근대화는 자국의 근대국가화를 추동하였을 뿐 아니라 중국과 한국의 국가발전을 위한 모델로서 중국과 한국에서의 근대국가 형성의 의지를 자극하였다. 근대국가를 주체로 하는 주권국가체제의 형성을 추동하였다. 물론 중국, 일본, 조선에서 근대화의 과정, 내용, 결과는 차이가 많았다. 근대화를 추동하는 국내체제와 인적 자원이 달랐기 때문이기도 하지만, 동아시아 국제체제의 변동과 국가의 상관성을 민감히 감지하고 대응력을 키우는 감각이 서로 달랐기 때문이다. 그 감각은 근대화와 근대국가를 추동하는 정신 원리인 내셔널리즘이었다.

내셔널리즘은 안의 정신 원리로서 절대왕권 질서와 신분질서가 해체되고 문명개화와 부국강병을 통해 국민국가를 형성하는 가운데 성장하였다. 내셔널리즘은 국내통합의 원리였을 뿐 아니라 동아시아 국제관계의 주체인 국가의 속성을 규정하고 동아시아 국제사회에 영향을 준 요소였다. 동양연대론 혹은 동양주의가 연대협력을 통해 지역국가들의 사회적 관계에 관여한다면, 내셔널리즘은 이익을 추구하는 경쟁을 통해 동양국가들의 사회적 관계에 관여한다. 내셔널리즘은 지역국가들의 사회적 관계를 해칠 수도 있고 북돋을 수도 있다. 유럽에서 내셔널리즘은 국내 차원에서는 봉건질서에 대항하여 절대왕권을 중심으로 민족을 토대로 정치 단위로서 국민을 형성하고 국민국가를 지향하는 정치적 통합과 근대화를 추동하는 동력이었다. 국제 차원에서는 국민국가들이 상호작용하는 주권국가체제를 형성하는 데 기여하였다. 동아시아의 국가들도 비슷한 양상을 보였다. 근대 내셔널리즘은 만국공법, 주권개념과 더불어 동아시아 국가들의 상동성相同性을 높였다.

그런데 유럽의 내셔널리즘이 리저널 세력구도 자체의 동력에서 출현한 것과 달리, 동아시아의 내셔널리즘은 역외로부터 강제된 글로벌 세력구도에 저항하는 형태로 제기되었다. 국가의 위상과 발전의 정도가 달라 국가들마다 다른 모습을 보였다. 이러한 이질성으로 인해 동아시아에서 내셔널리즘은 지역 국제사회의 형성에 부정적으로 작용하였다. 일본에서는 강력한 국가의식 내지 국가주의가 내셔널리즘의 성격과 방향을 규정했지만, 중국과 한국에서는 국가권력과 권위가 취약했기에 내셔널리즘은 강력한 이념과 운동으로 수렴되거나 국민국가를 형성하는 추동력이 되지 못했다. 일본의 국민국가화와 국권 확장도 한국, 중국에서 내셔널리즘의 성장을 방해하고 국민통합과 근대화의 진전을 더디게 한 원인이었다.

19세기 후반 동아시아 지식인들의 내셔널리즘은 글로벌 세력에 대항하는 이념이었고, 내셔널리즘의 이념적 기초는 근대사상과 유학사상이었다. 근대주권사상에 기초한 근대 내셔널리즘은 근대적 국가관념에 입각하여 주권능력을 갖춘 국가의 내적 구성, 즉 국민국가 형성과 국민형성을 지향한 것이었다. 반면 유교 내셔널리즘은 전통적 국가관념에 입각하여 외세에 대항하여 사직과 인민의 보전을 지향한 이념이자 운동이었다. 근대 내셔널리즘이 네이션nation의 즉자적 구성을 통해 대항하고자 했다면, 유교 내셔널리즘은 외세에 대항하는 네이션의 대타적 대응을 모색한 것이었다. 이러한 차이로 인해 양자는 네이션 개념의 편차를 보일 수밖에 없었다. 글로벌 세력에 대한 네이션의 대응 과정에서 표출된 리저널리즘도 달랐다. 근대 내셔널리즘은 국제 권력의 우열관계에 민감히 반응하면서 부국강병을 통해 주권능력(국력)을 배양하는 이념이었다. 근대 내셔널리즘은 힘의 약세가 확연해지고 주권회복이 난망해졌을 때 협력적 내셔널리즘으로 전화될 개연성이 있었다. 한편 유교 내셔널리즘은 도의와 윤리에 민감하였고, 도덕적, 윤리적이어야 하는데 그렇지 못한 일본의 침략적 행태를 비판하는 파토스를 만들어 냈다. 양자는 모두 주체성 보전을 지향하였다. 다만 근대적 내셔널리즘이 즉자적 주체성을 모색했다면, 유교적 내셔널리즘은 대타적 주체성을 추구했다고 볼 수 있다.

동양 상상, 동아시아 국제사회에 대한 상상력은 유학사상에 기초한 저항 내셔널리즘의 에토스에서 강했다. 유학자들의 강력한 문화정체성은 동양 상상을 자극하였다.[14] 유학적 정신 혹은 에토스는 한국과 일본에서 다르게 작용하였다. 근대국가의 에고이즘을 철저히 비판한 한국의 저항 민족주의를 관통한 유교적 심성과 열성은 주권국가체제에서 요구되는 국가이성에 부합한 것은 아니었지만, 오히려 이 유교적 에토스가 있었기에 세력균형의 국제원리와 공공성의 국제윤리에 기초한 동양 상상이 가능했다. 동양삼국의 자주독립과 연대협력을 강구한 정립론자들이 만국공법과 만국공론의 공공성에 의탁한 것은 저항 내셔널리즘과 연대의 발상을 추동한 유교적 심성과 주권 개념에 입각한 세력균형 관념이 결합한 것으로 볼 수도 있다. 이러한 의미에서 본다면 동양연대는 국가의 생존과 발전을 꾀하는 내셔널리즘을 내장한 발상이라는 해석도 가능하다.

14 18세기 조선과 일본에서 중화체제의 보편문명에 대항하여 문화정체성(cultural identity)과 개체의식을 모색했던 데서 찾을 수 있다. 도쿠가와 시대의 정치적 사유에서는 유학을 공유하면서도 일본사회의 독자성과 특수성을 강조하는 인식도 보였고(徂徠學), 유교의 문명표준을 '가라고코로'(漢意)로 상대화하면서 일본어의 재발견과 고대 일본인의 자연적 심성의 회복을 통해 일본문화의 독자성과 상대적 우월성을 내세우는 의식도 나타났다(國學). 조선조 한국에서는 서양의 과학기술을 수용하면서 중화문명의 중심성을 상대화하고 정치적 개체로서의 조선의 독자성을 확보하려는 개체의식이 출현했다(實學). 이것은 중심의 보편성에 대해 개체의 특수성을 주장하는 문화정체성의 표현이었다. 다만 중국이 절대적인 문명권력으로서 기능하던 동안에는, 그리고 막번체제와 왕조체제의 정치권력이 작동하는 상황에서는 이러한 문화정체성을 드러낸 지식체계가 학술권력을 확보하지는 못했다.

한편 메이지 초기 일본에서 유학은 국권 팽창을 추구하는 내셔널리즘과 국가이성에 압도당한 채 천황제국가를 지탱하는 윤리와 질서원리로서 기능하였다. 도쿠토미 소호德富蘇峰가 일본의 제국주의 팽창을 정당화하면서 왕도적 제국주의를 표방했을 때, 맹자의 왕도이념은 제국주의의 질서원리로 왜곡해서 사용되었다. 실제 일본제국 말기에 왕도, 협화의 유교 이념은 천황을 정점에 놓는 일본적 직분 원리와 세계관(팔굉일우)과 결합하면서 대동아공영권의 질서원리로서 유통되었다. 내셔널리즘과 제국주의가 결합한 일본의 국민제국주의, 즉 제국적 내셔널리즘은 한중일 중심의 '동양'(동아시아 국제사회)을 넘어 남양까지 포괄하는 '대동아', '대아시아'의 제국사회를 구상하였다.

일본의 문명개화와 부국강병에 의해 추동된 내셔널리즘은 국제법과 주권 원리와 더불어 동아시아 주권국가체제를 형성하는 동력이 되었을 뿐 아니라 동아시아 국제질서의 변형을 결정하는 요소였다. 일본 내셔널리즘의 대외 팽창성은 동아시아 주권국가체제의 형성을 자극함과 동시에 좌절시키는 양면성을 보여 주었다. 근대일본의 팽창적 내셔널리즘의 대외적 확장성은 한국과 중국의 근대국가 형성의지를 유발하는 자극제가 되어 동아시아 국가의 변용을 유발하였고 동아시아 국제질서의 근대화(주권국가체제화)를 자극하였지만, 동아시아 국제질서의 올바른 성장을 저해하고 동아시아 국제사회의 왜곡과 사사화를 초래하였다.

연대성과 공공성

서세동점에 촉발된 개항 개방의 상황에서는, 혹은 중화세계와 서구세계가 조우하여 세계국제사회world international society가 상정되는 상황에서는, 자기와 타자를 같은 범주에서 이해하는 보편주의가 출현하기 쉽다. 근대동아시아에 출현한 대동사상이 그것이다. 대동사상은 주권국가체제를 받아들이면서 혹은 그것을 초월하고자 하는 보편주의에서 성립한 것이었다. 여기에서는 만국공법이 규율하는 국가 간 관계를 전제로 한 법적 공공성과 국가 간 경계를 초월하는 대동세계가 구상되었다. 캉유웨이의 대동사상이 전형이지만, 근대일본과 한국에서도 나타났다. 메이지 초기 일본의 나카무라 마사나오中村正直는 만국공법과 국제사회의 공적 제도를 통해 공공성이 구현되는 보편적 대동세계를 구상하였다. 근대한국에서도 유길준은 후술하듯이 대국과 소국이 평등한 세계를 상정하고 만국공법이 "천지무편의 정리", "지공至公의 도"로서 기능하는 보편적 국제사회를 상정하기도 했다. 캉유웨이康有爲의 영향을 받은 이승희李承熙는 '만국대동의원'의 설치를 주장하는 등 대동세계의 구상을 보였다.[15] 만국공법과 국제제도의 형성은 국가의 사사로움을 규율하고 국제사회의 공공성을 생각하는 보편주의 국제관념을 유발하였다.

그런데 개항 개방은 정치군사적 서세동점의 결과로서 글로벌 세력이 동아시아 질서변동을 촉발하는 과정이었고, 동아시아 국가들에게 국가 생존, 주권 보전과 결부된 동아시아 상상을 자극하였다. 동양 상상은 역외로부터의 위협에 대한 공동 대응과 유럽 국제사회에 비견되는 지역 국제사회를 형성하려는 욕망이라는 두 계기에 의해 촉발되었다. 우선, 러시아는 연대의식을 자극한 타자였다. 1880년대에 중국의 경험(중앙아시아에서의 중러대립)에서 상정된 러시아의 위협은 동양 상상과 동양연대 구상의 전제였다. 청일전쟁 이후 러시아 위협은 러시아가 한반도와 만주에 개입하면서 구체화하였고 러일전쟁 직전에 최고조에 달했으며 이후에도 러시아의 복수를 예상하는 심리가 퍼지면서 러시아 위협론은 지속되었다. 또한 유럽 국제사회의 존재도 동아시아 국제사회

15 이에 관해서는 장인성, 『근대한국의 국제관념에 나타난 도덕과 권력』(서울: 서울대학교출판부, 2006).

에 대한 상상을 자극하였다. 유럽 국제사회의 양태는 동아시아를 하나의 지역으로 상상하는 지역정체성을 유발하였다. 역내에서 집안싸움을 하면서도 유럽 전체의 명예와 이해를 위해서는 서로 단결하는 유럽 국제사회에 주목하는 사례는 일본에서도 나타났고, 한국에서도 보였다. 『황성신문』을 보면, "서양 열강의 강함이 우의를 돈독하여 곧 일가의 기상을 이루었으니 아주 빠르게 동점하는 뜻이 장차 동양의 큰 걱정을 빚어낼지니 그 방어할 방책이 어찌 일국에 있으리오. 실로 삼국의 용력연합勇力聯合할 바이다"[16]라는 서술이 보인다. 유럽 국제사회는 역내에서는 호상적시互相敵視하는 모습을 보이지만 역외 진출을 위해서는 연합평화를 이룬다는 견해도 있었다.[17]

러시아 위협론과 유럽 국제사회 이해는 동양 상상의 양면성을 보여 준다. 러시아 위협이 동양 상상을 촉발하는 대타적 요소라 한다면, 유럽 국제사회 이해는 동아시아 역내의 지역정체성과 연대의 즉자적 구성에 관한 생각이었다. 지역정체성과 동양연대를 위해서는 서로 소원하여 서로 적시하는 폐단을 극복하는 역내 소통이 필요하다는 견해가 제시되었다. 역내 갈등까지도 역내 소통의 한 형태로 보기도 했다. 여기서 동양연대를 정당화하는 '오월동주'의 비유나 '순치보거'의 고사성어가 동원된다. 아울러 1890년대, 1900년대 한국의 지식인들은 지리적 근접성(지리), 인종적 유사성(동종), 문명적 동질성(동문)을 들면서 동양삼국의 상호의존성과 정체성을 강조하였다. 지리적 근접이 동양연대 혹은 동아시아 국제사회의 즉자적인 토대를 이루는 것이라면, 동문과 동종은 타 문명과 타 인종과 구별하는 대타 의식의 준거라 할 수 있다. 동서양 대립구도하에서 인종정체성과 문명동질성은 역내 소통

16 『皇城新聞』 1899년 4월 12일자 논설.

17 『皇城新聞』 1909년 5월 27일자 논설 「宇內大勢觀」.

을 높이는 요소로 여겨졌다. 동문동종은 지역정체성과 연대의 표상이었다.

그런데 동문동종은 서구문명에 대항하여 연대성을 추구하는 지역정체성의 요체였지만 공공성을 보증하지는 않는다. 진정한 연대성은 공공성이 확보되어야 가능하다. 사회적 공공성은 행위주체들이 자율성을 전제로 공공의 규범과 가치에 따르는 사회적 소통과 연대를 행할 때 확보될 수 있다. 한국의 지식인들은 정립, 정족 개념을 빌려 역내 세력균형에 기초한 연대와 공공성을 말한다. 정립은 솥발의 자립과 균형을 요구한다. 정립은 동아시아 국제사회에서 행위자의 자율성(자주독립)을 전제로 삼국의 소통을 행하는 지역 공공성을 지향한다. 국제사회의 공공성은 연대를 전제로 하지만 이 연대는 주권의 안정과 주권들 사이의 균형을 필요로 한다. 정립은 동양삼국의 자주독립을 통한 지역안정과 삼국연대를 통한 서양에의 공동대항을 통해 동양평화를 지향하는, 이중의 세력균형을 통해 연대성과 공공성을 확보하려는 정치적 사유를 표상한다. 그것은 일본의 패권화를 억지하고 한국의 주권을 확보하려는 의지의 소산이었다. 정립 구상에 함축된 연대성과 공공성의 여지는 일본의 패권화, 제국화로 좌절하지 않을 수 없었다.

여기서 동아시아 공공성의 근거로서 만국공법과 만국공론이 제기된다. 동양 정립이 실현되기 어려웠을 때 만국공법은 동양평화를 파괴하는 일본의 이기적 행동을 비판하고 일본에 신의와 공공성을 요구하는 규범적 준거로서 존재 의미를 강화하였다. 만국공론은 정립의 동양평화를 깨는 일본의 에고이즘과 권력정치를 비판하는 근거였다. 또한 이것은 국제신의와 규범을 중시하는 유교적 심성에 기초하여 동아시아 국제사회의 공공성을 요구하는 행위였다. 일본의 대외행동을 비판하고 세계만국에 공공성을 주창하는 근거로서 제시되었다.

4. 만국공법과 만국공론

원리적 공공성과 규범적 공공성

세력불균형에 따른 차별과 불평등 관계에서는 정의와 공공성의 문제가 제기된다. 정의, 공공성의 쟁점화는 세력불균형의 상황이 사회적 관계를 해치고 차별 구도를 만들어 내고 있음을 반증한다. 강자건 약자건 이익과 생존을 위해 정의와 공공성을 표방하는 일이 많다. 강자는 권력불균형을 자신에게 유리하게 이용하고자 할 때, 약자는 권력불균형으로 생존과 발전을 위협받을 때, 정의와 공공성을 꺼내든다. 정치철학이나 법철학에서는 정의와 공공성은 신의 의지나 도덕적 원리에 기초한 객관적 당위성으로 이해된다. 하지만 현실의 정치세계나 국제관계에서는 이것들은 정치적 의도에 의해 해석되고 편의적으로 동원되곤 한다. 세력불균형이 심할수록 정의와 공공성은 오히려 더 절실하게 요구된다.

정의와 공공성은 국제사회에서는 국제정의와 국제공공성으로 나타난다. 동아시아 국제사회에서도 구성국가들 사이에 권력 불평등이 심해지고 역내 강국(일본)의 팽창 정책과 폭력이 강화될수록 국제정의와 국제공공성의 정치적 의미는 커졌다. 근대한국에서 국제정의와 국제공공성의 의탁처는 만국공법과 만국공론이었다. 만국공법과 만국공론은 각각 공적인 법과 여론에 해당하며 원래 서로 구별되는 개념이다. 그렇지만 만국공론은 만국공법을 토대로 얘기되는 경우가 많았다. 만국공법과 만국공론은 공공성의 표상으로서 서로 결부되어 이해되었다. 만국공법과 만국공론은 공공성 자체에서 상정되는 경우도 있고, 국익과 생존을 모색하는 방편으로서 동원되는 경우도 있다.

공공성은 원리(이념)적 공공성, 규범(제도)적 공공성, 권력(이익)적 공공성의 측면이 있다. 제도적 공공성은 주권국가체제의 형성과 관련된, 국제법과 조약, 외교제도 등 공적 소통제도, 그리고 비국가 주체들이 영위하는 국제 네트워크와 같은 사적 소통망을 통해 형성된다. 규범적 공공성은 제도적 공공성을 토대로 주권평등과 같은 근대국가체제의 규범, 신의와 같은 유교적 행동윤리, 당위적 질서를 지향하는 도덕적 의지 등에서 표현된다. 국제규범은 제도적 공공성에 일정한 가치를 제공하며 국제사회의 공정성을 위협하는 권력적 공공성에 대한 비판의 준거로서 기능한다. 한편 권력적 공공성은 국가의 에고이즘이나 권력이 국제사회의 공공성을 독점적, 배타적으로 규정하는 비자유주의적 공공성[18]이다. 일본제국이 권력팽창을 통해 지역패권을 확대하고 동아시아 공간을 사사화한 것은 권력적 공공성을 보여 준다. 패권국가의 사적 영역(국가)이 공적 영역(국제사회)을 압도하고, 권력적 공공성으로 규범적 공공성을 규정함으로써 대화와 협의의 소통에 의거해야 할 제도적 공공성이 기능부전에 빠졌을 때, 지역 국제사회는 자유주의적 공공성을 상실하게 된다.

'만국공법'의 원리적 공공성은 법적, 공적 성격에서 비롯된다. '법'은 국가를 통제하는 규제력과 강제력이며, '공'은 주권평등에 기초한 공공성이다. 국제법은 주권을 보장하고 국가 행위를 규율할 때 규범적 공공성을 발휘하며, 규범적 공공성이 제대로 작동할 때 국제사회의 공공성을 보전하는 자연법적 규범으로서 원리적 공공성을 상정하게 된다. 일본의 초기 만국공법관이나 근대한국, 중국에서의 '만국공법' 용례들에서는 이러한 공공성과 규범성에 대한 기대를 엿볼 수 있다. 만국공법은 국가의 사사로움을 규제하고 국제사회의 공공성을 보장하는 공적 법규범으로 여겨졌다.[19] 여기서 공적 법규범에 의한 원리적 공공성

18 '비자유주의적 공공성'이란 개념은 佐藤卓己, 「ファシスト的公共性: 公共性の非自由主義的モデル」, 井上俊 外 編, 『民族·國家·エスニシティ』(東京: 岩波書店, 1996)에서 차용한 것이다.

이 상정된다. 국제법은 주권을 보장하고 국가 행위를 규율함으로써 국제사회의 공공성을 보전해 주는 자연법적 규범으로 인식될 때 원리적 공공성을 부여받는다. 만국공법의 원리적 공공성은 공적 성격과 법적 성격에서 비롯된다. '공'은 주권평등에 입각한 공공성이며, '법'은 국가를 통제할 수 있는 규제력과 강제력이다.

한편 만국공론은 국제사회의 공적 여론을 뜻한다. 여기에는 국제 행위자들이 합의하거나 동의한 공통의사나 준수해야 할 규범적 당위성과 공공성이 상정된다. 만국공론은 제도적 공공성과 규범적 공공성이 제대로 작동하지 않거나 권력적 공공성에 압도될 때, 또한 그렇게 될 우려가 있을 때 제기된다. 국제법과 조약, 외교를 통해 규범(제도)적 공공성을 확보할 수 있다면 만국공론을 동원할 필요는 없을 것이다.

근대한국에서 만국공론은 일본이 지역패권을 장악해 비자유주의적 권력적 공공성을 독점함으로써 규범적 공공성이 작동하지 못한 맥락에서 강하게 의식되었다. 만국공론은 국제여론이지만 단순한 여론이 아니라 공공성의 함의를 띤다. 『독립신문』의 한 논설에서는 "약한 나라가 강한 나라 틈에서 대접받고 사는 것도 이 경계와 똑같하여[원문] 남에게 책잡힐 것이 없으며 내가 내 도리를 하야 세상공론을 지켜 갈 것 같으면 아무리 강한 나라가 그 약한 나라를 뺏고 싶으나 공론에 무서워 못하는 것이라"[20]고 말한다. 만국공론은 강대국의 폭력을 규율하는 초월적 규범으로 이해되고 있다.

자국을 제어하는 객관적 규범으로서 만국공론이 상정되기도 했다. 『독립신문』의 다른 논설에서는 만국공론을 "문명한 나라의 의견", 즉

19 이러한 원리적 공공성은 『易言』「論公法」, 3-4張: 丸山眞男, 『「文明論之概略」を讀む』(下)(東京: 岩波書店, 1986), 236-237쪽에서 엿볼 수 있다.

20 『독립신문』 1898년 3월 5일자 논설.

문명사회의 국제여론으로서 한국의 '야만'을 치유하는 준거로 보았다. 만국공론의 원리적 근거는 혹형의 관습을 수치스럽게 여기도록 만드는 "인류의 보통 권리" 즉 인류의 보편적 권리, 혹은 "인도人道의 통의通義"였다.[21] 초월적 원리에 의한 공론의 원초적인 발상은 『서유견문』에도 엿보인다. 유길준은 법과 규칙에 의거한 공공정치를 중시하는 한편 만국공법의 공공성에 관해 얘기하기도 했다. 또한 서양의 종교사를 개관하는 가운데 마르틴 루터에 대해 언급하면서 "천하의 공론"을 말하고 있다. 유길준은 루터가 교황의 권위에 대항한 행위를 정당화하면서 정당성의 근거를 '천하의 공론'에서 찾았다. 공론정치는 '천하의 여론'에 따르는 정치였다.[22]

만국공법과 만국공론에서 원리적 공공성과 규범적 공공성을 떠올리는 것은 근대적 국제사회가 출현하고 있음을 뜻한다. 이는 유길준이 사회의 출현을 감지하면서 사회의 작동 원리로서 규칙과 공론에 주목한 것과 상통한다. 유길준은 서양의 사회를 들어 말한다. 서양의 노동자 사회에서 등짐꾼, 마부와 같은 노동자들이 무게와 거리를 정하는 규칙을 영생營生하는 도로 삼고 무리들徒中의 공론에 따라 합당한 짐삯을 받는다.[23] 법률가 사회에서는 율사들의 공론이 시비를 따지고 법관이 법규칙에 따라 공결公決을 내린다.[24] 정치사회에서는 정부가 민간의 공익을 위해 규도規度를 세우지만 동시에 시정市井의 공론을 좇아 인민의 자주가 구현되고 있다.[25] 유길준은 군주와 백성이 함께 준수하는 군민공치와, 정령과 법률이 민의 공론에 부응하는 공론정치에도 주목하였

21 『독립신문』 1898년 10월 7일 논설 「만국공론」.
22 『西遊見聞』, 344쪽.
23 『西遊見聞』, 『유길준전서』 I(일조각, 1971), 177쪽.
24 『西遊見聞』, 292쪽.
25 『西遊見聞』, 175쪽.

다.[26] 유길준은 국가 정령의 편부便否와 득실, 인민 경황景況의 이해利害와 선악을 고려하여 정당의 공의公議를 이루고 은밀한 사적 견해가 아니라 천하의 여론으로써 시비를 따지는 정치, 공론으로써 정부의 권력 남용을 견제하는 정당의 공론정치에도 주목하였다.[27] 유길준은 규칙과 공론을 사회적 공공성의 요체로 보았다. 공론은 다수 의견의 단순한 집합이 아니라 사회의 법제도와 규칙에 기초한 공공성을 갖춘 공적 여론public opinion이었다.

만국공법과 만국공론의 법적 규범성, 공공성은 규칙과 공론이 사회영역뿐 아니라 국제사회영역에서도 구현된다는 생각에서 상상된다. 유길준은 국제영역에서도 규칙과 공론에 기반을 둔 공공성을 모색하였다. 유길준은 대국과 소국이 평등권을 갖는 위계 없는 국제사회를 상정하고 만국공법을 주권평등과 국제평화를 보장하는 보편적 원리로 보았다. 국제사회의 공공성은 "천지무편天地無偏의 정리正理", "일시一視의 도", "지공至公의 도"로 표현된 보편적 원리(원리적 공공성)와 "타방의 권리를 존중하지 않으면, 자기의 권리를 스스로 해치는" 상호성(규범적 공공성)에 기초한다. 유길준은 국법을 국내사회의 공공성과 평등성을 부여하는 공적 기제로 보았고, 만국공법을 국제사회의 공공성과 평등성을 보장하는 공적 장치로 보았다.[28] "공법(만국공법)의 확단선재確斷善裁한 규범"은 약소국의 주권과 독립권을 보장하며 '정리'正理를 침탈하는 "불의한 폭거", "무도한 악습"을 불허한다는 것이다.[29]

1880년대, 1890년대 동아시아 국가에서도 공적 영역으로서의 사

26 『西遊見聞』, 148-149쪽.
27 『西遊見聞』, 280-282쪽.
28 「國權」, 『유길준전서』 IV, 30-39쪽.
29 『西遊見聞』, 88-91쪽.

회가 출현하였다. 일본에서는 문명개화를 거치면서 사회가 출현하였고, 근대적 언론매체가 출현하고 계몽 활동과 자유민권 운동이 전개되는 가운데 공공권(공공영역)이 출현하고 공론이 형성되고 있었다.[30] 한국에서도 근대언론이 출현하고 독립협회, 협성회 등 단체, 만민공동회와 같은 토론회가 출현하면서 공적 영역이 나타났다. 이러한 현상에 부응하여 『독립신문』의 한 사설은 이렇게 말하고 있다.

> 나라마다 공론을 가지고 백사百事를 하는데 대한은 공론하는 사람들이 없는 고로 정부에서 세상공론이 어떠한지 알 수도 없고 또 공론이라 하는 것은 공변되어야 공론이어늘 그저 사랑에나 모여 한두 사람이 말하는 것은 공론이 아니라. 그런 고로 나라마다 인민들이 모이는 처소가 있어 여럿이 규칙 있게 모여 정제하게 만사를 토론하야 좌우편 이야기를 다 들은 뒤에 작정한 의론이 공론이라.[31]

공론은 인민의 토론에 기반하며, 토론은 규칙을 갖춘 회會와 결부되었다. 회는 기왕의 "편쌈[편싸움]하는 회"나 "아亞자 걸음으로 향음주례하는 회"와 같은 사당私黨이 아니라 정부나 사회에 가장 긴요하고 학문적, 경제적으로 가장 필요한 근대적 공공권의 기초였다.[32] 공론은 공공성이 작동하는 공공권의 여론이었다.

도구적 공공성과 비판적 에토스

만국공법과 만국공론의 원리적 공공성은 초월적 원리에 관한 정치철학적 성찰이 아니라 동아시아 국제관계에 대처하는 수단으로서 제시된

30 三谷博 編, 『東アジアの公論形成』(東京: 東京大学出版会, 2004).

31 『독립신문』 1898년 2월 24일자 사설.

32 『독립신문』 1898년 2월 19일자 사설.

것이다. 공법과 공론은 폭력을 수반하는 권력적 공공성 때문에 규범적 공공성이 작동하지 않을 때 동원된다. 만국공법과 만국공론을 거론하는 것, 달리 말하면 원리적 공공성을 말하는 것은 강자건 약자건, 대국이건 소국이건, 자신의 주장을 정당화하거나 자신의 의도를 달성하려는 정치적 행위다. 특히 소국의 경우 만국공법과 만국공론을 행위의 준칙으로 상정하는 것은 대국의 폭력성과 권력정치를 비판하고 국제사회의 공정성을 요구하는 정치적 행위이다. 만국공법과 만국공론은 권력비판과 주권 보전의 명분으로서 동원된 측면이 강했다. 공법과 공론의 공공성은 공적 원리의 객관적 존재에서가 아니라 취약한 주권과 권력정치 현실에서 도출되는 경우가 많다. 소국은 힘의 취약성을 보완하고 대국의 강제력이나 폭력을 규제하기 위해 만국공법과 만국공론을 내세운다. 만국공법의 원리적 공공성을 믿었기 때문이 아니라 국제폭력에 대응하고 주권을 보전하고자 도구(수단)로써 동원했던 것이다. 도구적 공공성이라 부를 수 있다.

도구적 공공성은 몇 가지 사례에서 확인할 수 있다. 거문도사건(1885) 때 영국과의 교섭에 임했던 외무독판 김윤식은 만국공법에 비추어 영국의 거문도 점거가 불법임을 동맹 각국에 성명하는 한편, 거문도 철수를 촉구하기 위해 만국의 공론에 호소하였다.[33] 유길준이 규칙과 공론, 만국공법과 만국공론에서 원리적 공공성을 찾아낸 것도 이러한 관점에서 이해할 수 있다. 유길준은 원리적 공공성을 자연법적 추론을 통해 이끌어 낸 것이 아니다. 유길준이 만국공법의 공적 기능과 만국평등의 원칙을 제시한 것은 영국과 러시아가 대립하는 글로벌 세력구도와 청국과 일본이 길항하는 리저널 세력구도, 이들 두 세력구도가 교착

33 『高宗實錄』 高宗 22년 4월 7일조.

하는 동아시아 국제관계에서 소국 한국의 생존을 모색하는 정치적 행위의 표현이었다. 유길준은 규칙과 공론으로 규율되지 않고 강권이 공도公道를 압도하는 국제사회의 현실을 잘 알고 있었다. 『독립신문』에서 "강한 나라는 만국공법을 버리고 대포 한 자루만 쓸지라도 약한 나라는 만국공법을 쓰는 것이 관중(貫中)할 바"[34]라고 설파한 것도 만국공법의 도구적 공공성을 보여 주는 사례다.

이처럼 만국공법과 만국공론은 소국 한국의 생존을 위해 호소와 의탁의 대상으로 삼았을 때 도구적 공공성으로서 기능한다. 공법과 공론을 보편적인 준거로 끌어들이고 자기주장을 정당화하는 명분이나 근거로서 동원하는 행위는 도구적이다. 도구적 공공성은 소국의 주장을 정당화하는 명분이다. 도구적 공공성은 원리적 공공성에 기초하지만 오히려 원리적 공공성이 도구적 공공성에 의해 상상되는 것일 수도 있다. 만국공론은 국제사회의 불공정성에 직면했을 때 의식되며, 대국의 사사로운 행위나 국제사회의 권력정치에 대항했을 때 언설화한다. 만국공법과 만국공론의 도구적 공공성은 현실과 이상 사이의, 권력과 규범 사이의 괴리를 추궁하는 행위로서 권력적 공공성이 규범적 공공성을 압도하는 상황을 비판하기 위해 동원된다.

공법과 공론과 어긋난 일본의 에고이즘과 침략적 행태가 심해질수록 도구적 공공성은 더욱 강하게 기능하며, 이와 더불어 만국공법과 만국공론의 원리적 공공성에 대한 믿음은 상승한다. 위정척사론자들이 청일전쟁 이후 일본의 침략적 행태가 노골화되는 맥락에서 만국공법과 만국공론에 의탁하게 된 것이 이를 말해 준다. 최익현은 명성황후 시해사건과 단발령사건을 당하여 만국공법과 만국공론을 준거로 삼아 조선

34 『독립신문』 1898년 1월 20일자 사설.

의 의리를 밝히고 시비를 가릴 것을 주장하였다. 또한 조약을 강요하여 조선의 주권을 침해한 일본의 침략성을 세계만국에 "공개"하고 만국공론의 심판에 맡겨야 한다고 주장하였다.[35] 박제황朴齊璜도 만국공법의 원칙을 들어 국왕의 승인과 비준 없이 위협과 압박으로 체결된 보호조약을 폐지해야 한다고 주장하는 한편, 세계만국의 구원을 호소하였다.[36] 이석용李錫庸도 세계만국은 한국의 국권을 침탈한 일본의 "포악무도"한 만행을 '국제공법'에 따라 응징해야 한다고 역설하였다.[37] 곽종석은 "내정에 간섭해서 남의 나라를 모해하는 말썽을 일으키는 것은 공법을 금지하는 것이 아닙니까. 공법이 만국에 다 통하는데 유독 우리 한국에만 통하지 않는 것은 무엇 때문입니까. 공公을 넓히고 약속을 강구하는 것, 이 한 가지 방안을 끝낸다면 우리 한국의 독립은 만국의 독립과 같고, 우리 한국의 교섭은 만국의 교섭과 같습니다"[38]라고 말한다. 한국에 공공(세계)적 의미를 부여함으로써 공공성을 확보하고자 했던 것이다.

대화와 협의와 토론이 가능한 국제사회라면 규범적 공공성에 기초한 국제공론이 국가행동을 규율할 것이다. 하지만 대국의 폭력과 강제력이 작동하고 소국이 이에 대처하지 못하는 맥락에서는 흔히 도구적 공공성이 동원된다. 도구적 공공성이 공법의 합리적 규칙과 공론의 이성적 판단에서 도출되는 것은 아니다. 일차적으로 공법과 공론의 원리적 공공성은 권력불균형의 국제관계 현실에서 상상된다. 달리 말하면 공공성에 대한 상상은 글로벌, 리저널, 내셔널 세력구도의 상관작용에

35 「請討逆復衣制疏」(1895)·「宣諭大員命下後陳懷待罪疏」(1896), 『국역 면암집』 1 (서울: 민족문화추진회, 1967); 「倡義討賊疏」(1906), 『韓末憂國名上疏文集』(서울: 서문당, 1985).

36 『高宗實錄』 高宗 42년 11월 26일조.

37 李錫庸, 「布告萬國文」, 『韓末憂國名上疏文集』, 203-206쪽.

38 前參贊 郭鍾錫 상소문, 『高宗實錄』 高宗 42년 11월 5일조.

의존한다. 원리적 공공성은 실재가 아니라 만국공법과 만국공론의 공적 기능을 제약하거나 무력화하는 권력정치를 비판할 때 상정되는 상상물이다.

그런데 원리적 공공성에 대한 상상은 주체의 고유한 에토스와도 관련된다. 유학적 원리와 윤리관은 공법과 공론의 원리적 공공성을 이해하는 데 일정한 의미를 가졌다. 이를테면 중국의 정관응鄭觀應은 유교의 우월성에 기초해서 자연법과 실정법의 양면에서 만국공법의 원리적 공공성을 포착하였다. 만국공법을 논하면서 유도有道의 나라와 무도無道의 나라라는 맹자적 정치관과 덕화德化의 논리를 동원하였다.[39] 유신기 일본에서도 만국공법은 천리, 천도, 천지의 공도, 본연의 성 등 유교(주자학)관념을 매개로 자연법적 원리로 이해되었다.[40] 나카무라 마사나오中村正直는 유교적 공사公私관념에 기초하여 만국평등의 질서를 구현하고 전쟁상태를 없애는 만국공법의 원리적 공공성을 상정하면서 국가의 사私를 국제사회의 공公인 만국공법에 귀속시켜야 한다고 주장하기도 했다.[41] 공법과 공론을 초월적 규범으로 이해하는 사고법은 유교적 사유와도 얼마간 상통한다.

하지만 근대한국의 유학 지식인은 이와 달랐다. 특히 위정척사론자들의 경우 유교적 에토스는 공공성의 원리적 이해보다는 공공성의

39 『易言』, 「論公法」, 4-5張. "故惟有道之邦 雖彈丸 亦足自立 無道之國 雖富强 不敢自雄 通九萬里 如戶庭 聯數十邦 爲指臂 將見干戈戾氣 銷爲日月之光 蠻貊遠人 胥沾雨露之化也".

40 丸山眞男, 「近代日本思想史における國家理性の問題」, 『忠誠と反逆』(東京: 筑摩書房, 1992), 206-207쪽; 植手通有, 『日本近代思想の形成』(東京: 岩波書店, 1974), 264쪽.

41 中村敬宇, 「萬國公法蠡管序」, 大久保利謙 編, 『明治啓蒙思想集』(東京: 筑摩書房, 1967), 289쪽.

수단적 이용, 즉 도구적 공공성에서 의미를 가졌다. 곽종석郭鍾錫은 대의와 신의를 국제관계의 요체로 간주하면서 한국을 협박하여 예의와 풍속을 바꾸고 이권을 약탈하는 일본을 비판하는 준거로서 약장約章(규칙)과 공법을 들었다. 조선의 예속禮俗과 권리를 보전하는 신의를 만국에 선포할 것을 일본에 요구하고 '천하의 공의'天下之公議를 들을 것을 국왕에 호소하였다.[42] 최익현은 동양삼국이 정립의 연대를 통해 러시아에 대응해야 하는데 동양의 화를 일으킨 일본은 괴수의 죄를 면하지 못할 것이라 분개하면서 신을 지키고 의를 밝힐 것을 촉구하였다.[43] 조약과 약속을 위반하고 동양평화를 해치는 행위는 '천하의 공의'인 만국공론에 비추어 비판받아야 한다고 말하였다.[44] 유생 김동필金東弼도 신의는 만국공법의 관건이라 말하면서 동양일국東洋一局에서 지리적 근접, 동종, 동문의 보거순치 관계에 있는 한일 양국이 신의와 화호를 지켜야만 동양평화를 보전할 수 있다는 주장을 폈다.

> 무릇 나라와 교린하는 데는 신의가 있을 따름입니다. 널리 역사를 상고하면 신의로써 사귀지 않음이 없습니다. 또한 신의를 잃고 다투지 않음이 없습니다. 근세의 만국공법도 또한 신의로써 일부 관건을 삼습니다. 하물며 폐방이 귀국과는 양지壤地가 서로 접하여 작은 배로 항해하며, 인종이 같고, 인문이 같습니다. 동양일국에 처하여 보거순치의 세에 있어 신의를 지키고 화호를 힘쓰는 바는 다른 나라와 크가 다릅니다. 신의를 지키고 화호를 힘써야만 동양은 보전할 수 있고 그렇지 않으면 동양은 보전하기 어렵습니다. 이는 귀국의 대동합방록[大東合邦論—樽井藤吉]이 이미 선견지명을 보인 것입니다. 제가 어찌 감히 여기에 쓸데없는 말을 더하

42 『高宗實錄』 고종 42년 11월 5일(양력) 前參贊 郭鍾錫 상소문.
43 「寄日本政府」(1906), 『국역 면암집』 2(서울: 민족문화추진회, 1967), 223-231쪽.
44 「日本의 對韓政策」, 『대한매일신보』 1905년 10월 7일자 논설.

겠습니까.[45]

신의는 정립의 동양평화를 보전하는 행위규범이자 일본의 기만성과 침략성을 비판하는 윤리적 준거였다. 신의를 지킨다는 것은 만국공법을 준수하고 만국공론에 합당한 행동을 하는 것을 뜻한다. 비판정신을 관통한 유교적 에토스는 원리적 공공성에 대한 상상과 도구적 공공성에 관한 주장을 뒷받침하였다.

공공성에 관한 이러한 상상과 주장에 관통한 유학적 에토스는 현실정치를 비판하는 유학자(유생)들이 상소의 행위를 지탱한 유학적 에토스와 많이 닮아 있다. 공법과 공론의 원리적 공공성을 동원하여 대국의 침략성을 비판하는 행위는 국제적 맥락에까지 연장된 상소의 행위로 볼 수 있지 않을까. 만국공론도 조선조 유교정치에서 보인 공론의 확장 개념으로 볼 수 있다. 조선조에 공론은 국가의 흥망이나 유학의 성쇠를 대의명분으로 삼는 공공의 의론이었고, 공론의 주체는 사간원, 사헌부, 홍문관의 언관이나 재야 유생들이었다. 언론은 왕권과 신권, 언관권이 길항하는 정치구조에서 중요한 정치적 기능을 수행하였고, 붕당은 공론의 정치적 우위를 확보하고자 하는 정치집단이었다. 유생의 언론은 상소를 통해 공론화하고 승정원을 거쳐 국왕에게 전달되었다. 상소의 공론정치는 군주나 붕당에 의한 정치의 사사화를 견제함으로써 정치의 공정성을 확보하는 기능을 수행하였다.[46] 유생의 언론으로서의 공론, 상소의 형태로 나타난 공론정치는 근대의 맥락에서도 살아남았던

45 『大韓每日申報』 광무 9년 11월 11일자 잡보. 원문은 한문.

46 조선조의 공론정치는 조선 후기에 정조가 왕권을 강화함으로써 공론을 장악하고 유생의 정치 참여를 규제하면서 점차 쇠퇴하였고, 사적 정치가 일상화되고 붕당이 사당화하면서 기능을 상실하였다. 이에 관해서는 설석규, 『조선시대 유생상소와 공론정치』(서울: 선인, 2002) 참조.

것이다.

만국공법과 만국공론은 보편적 규칙과 공론을 담보하는 만국의 존재를 상정하며, 따라서 동아시아(동양)의 지리적 한정성을 약화시키는 요소라 할 수 있다. 공법과 공론은 일정한 양해와 질서의 체계를 갖는 공공의 의미권이 성립했을 때, 달리 말하면 규칙과 메커니즘, 관습과 규범을 토대로 국제행위자들이 언설의 공적 교환(대화, 토론, 협의)을 통해 관심사를 공유하고 상호작용하는 양해의 공간으로서 국제공공권 international public sphere[47]이 성립했을 때 작동한다. 그런데 근대한국의 유학지식인들이 글로벌 수준의 이상적 상태의 국제공공권을 상정한 것은 아니다. 국제적 공공성은 글로벌 세력구도와 리저널 세력구도에서 전개되는 안보적 긴장과 대립이 초래할 소국 한국의 존립 위기를 전제로 하며, 따라서 '동양'을 국제적 장으로 삼는 정립의 동양평화와 한국의 자주독립을 보전하고자 하는 의지의 표현이었다. 만국공법과 만국공론을 매개로 한 원리적 공공성과 도구적 공공성은 '동양'과 안보 쟁점에 귀일하며, 공공성은 한국의 자주독립을 위해 동양삼국의 연대성을 실현해야 한다는 당위적 요구에서 상상된 것이었다.

5. 패권제국과 공간의 사사화

근대한국의 유학지식인들이 상상한 동양은 주권국가체제의 규칙과 규범이 동아시아 국제관계를 규율하고, 지리, 인종, 문명의 요소에 토대를

47 Marc Lynch, "The Dialogue of Civilizations and International Public Spheres," *Millennium: Journal of International Studies* 29:2 (2000), pp. 315-316. 국제공공권에 관해서는 종장에서 논의할 것이다.

둔 상호의존과 연대의식이 지역정체성을 형성함으로써 중화질서의 동아시아 국제사회와는 다른 모습을 보였다. 역내외의 군사적 위협과 더불어 동아시아 국제영역에서 근대적 권력현상의 출현은 제도와 지역정체성의 형성을 추동하고 연대성과 공공성에 관한 의식을 불러일으켰지만, 동시에 규칙과 규범의 올바른 운용을 저해하는 대립갈등을 초래하였다.

1890년대 '동양'은 1880년대 '동양'과는 의미가 달랐다. 1880년대의 '동양'은 영러 대결의 글로벌 세력구도와 청일 대결의 리저널 세력구도가 병존한 가운데 일본이 주도하여 구성된 개념이었다. 1890년대에는 청일전쟁에서 일본이 승리하면서 청일 대결의 리저널 세력구도가 해소되는 한편, 글로벌 세력인 러시아가 한반도 국제관계에 깊숙이 관여하고 한반도를 둘러싸고 러시아와 일본이 대결을 벌이는 리저널 세력구도가 성립하였다. 일본이 리저널 세력구도를 주도하면서 한국의 자주독립을 크게 위협하였다. 일본은 '동양평화'를 적극 표방하면서 동양 개념을 주도하게 된다. 하지만 한국도 자국의 생존과 관련하여 적극적으로 동양 개념의 운용에 관여하였다. 동양정립론이 1890년대 중후반부터 널리 공유된 것은 이러한 세력구도의 변형과 관련된다.

청일전쟁 이후 러일전쟁 때까지의 1890년대 중후반에 한국의 지식인들은 리저널 세력구도의 주체로서 지역패권을 장악하려는 일본의 '동양평화' 개념에 대항하여 한국의 자주독립을 모색한 '동양평화'를 정립론에서 모색하였다. 일본의 패권지향적 동양 개념과 한국의 정립지향적 동양 개념이 경쟁하는 상황에 있었다. 동양 개념의 경쟁은 동양평화를 보는 관점의 대립과 밀접히 관련된다. 한국인의 동양평화 개념은 '동양' 국제사회의 존재양태에 관한 발상을 담고 있다. 1880년대 유학지식인들이 만국공법과 만국공론을 인용하여 공공성을 말하는 것은 주권 보전의 의지에서 나온 정치적 행위였다. '동양평화'는 한국이 자주독립을 보전하는 조건이었다. '동양평화'는 동양삼국의 역내 균형을 통해 연대성을 확보하고 이를 토대로 글로벌 세력 러시아에 대항했을 때 확보될 수 있는 것이었다.

동아시아 지역의 공공성에 대한 상상 혹은 기대는 러일전쟁을 계기로 러시아와 일본이 한반도를 중심으로 형성한 리저널 세력구도가 붕괴되면서 파탄하게 된다. 일본이 제국주의 팽창을 통해 글로벌 대국으로 성장하고 글로벌 세력구도의 한 축을 담당하게 되었을 때, 동아시아국가들의 주권평등과 동아시아의 공공성은 왜곡되거나 소멸하게 되며, 더 이상 '국제사회'를 매개로 한 동아시아 상상은 어려워진다. 일본제국과 대동아공영권의 출현은 '정립'의 파탄을 초래한 비자유주의적 공공성의 출현, 동아시아 공간의 사사화私事化라 말할 수 있다. 근대일본의 공공권은 인민주권이 주장되는 공간이 아니라 리더십이 비판에 의해 검증되고 규율되는 공간이다.[48] 일본이 글로벌 세력구도에 가담하면서 일본의 지역 관심과 제국권력이 투사되는 영역이 확장됨에 따라 지리적 범위를 확장시킨 '대동아', '대아세아' 개념이 유통하였다. '대동아', '대아세아'가 정치적 함의를 강하게 띠는 반면 '동양'은 문화적 의미가 짙어지는 개념상의 분화가 발생하게 된다.

48 Mary Elizabeth Berry, "Public Life in Authoritarian Japan," *Daedalus* 127:3 (1998). 동아시아 공간의 사사화는 동아시아공간에서의 비판과 견제의 부재에 기인하는 것이기도 하다.

제6장

균세와 정립

근대한국의 세력균형 개념

1. 세력균형과 개념

세력균형[1]balance of power은 국제법, 주권과 더불어 주권국가체제를 움직이는 원리 혹은 정책이다. 근대유럽의 국제체제에서 세력균형은 강대국 간의 갈등과 분쟁을 초래하기도 했고 국제체제의 안정과 평화를 가져오기도 했다. 세력균형은 강대국이 경쟁국의 힘을 억지하고 자국에 유리한 국제질서를 형성하고 유지하려는 의도의 산물이었지만, 때로 약소국의 생존을 보장하는 원리나 정책으로 작동하기도 했다. 동아시아인들은 19세기 중후반 서세동점의 상황에서 서양에 관한 정보가 크게 늘어나는 가운데 유럽의 국제관계의 현황이 알려지면서 유럽의 세력균형 현상을 인지하기 시작하였다. 또한 동아시아에 주권국가체제가 형

1 이 글에서 세력균형을 'balance of power'의 번역어 내지 개념으로 사용하거나 유럽(혹은 동아시아) 주권국가체제의 원리 내지 현상을 지칭하는 경우 인용부호를 붙여 '세력균형' 혹은 당대의 용어였던 '균세'로 표기한다. 주권국가체제의 운용 원리 혹은 정책을 가리키는 보통명사로 사용할 때는 인용부호를 생략한다.

성되고 세력균형이 정책적 의미를 가지면서 세력균형 개념은 확산되었다. 세력균형은 근대 동아시아 국제관계를 규율함으로써 동아시아의 안정과 평화를 보전하고 국가안보를 보장하는 질서 원리 내지 외교정책 원리로 이해되었다.

한국인들도 1860년대 무렵 대외문제가 발생하면서 국제관계에 작동하는 세력균형을 인지하기 시작하였고, 1870년대 말 1980년대 초반 조약체제에 편입되면서 새로운 질서 원리로 받아들였다. 세력균형은 '균세'均勢라 불렸다. '균세'는 질서 원리나 정책이었을 뿐 아니라 근대 한국인들의 국제정치 관념을 함축한 말이다. '균세' 개념은 근대동아시아 국제사회의 중요한 속성을 드러내는 한편 한국인이 경험한 역사적 특수성을 담고 있다. 세력균형은 개항기, 대한제국기뿐 아니라 냉전기에도 동아시아 지역의 안정과 평화, 그리고 한국의 생존에 필요한 유력한 질서 원리로 간주되었다.

근대한국의 세력균형 개념은 어떻게 수용되었고 어떠한 내용과 성격을 지녔을까. 세력균형 개념이나 관념은 장소적, 상황적 여건과 한국인들의 국제정치 경험에 따라 어떠한 변용을 보였을까. 세력균형은 근현대 한반도 국제관계를 규정하는 질서 원리이자 정책 원리일 뿐 아니라 한국인의 국제정치관의 요체라 할 수 있다. 근대한국인들이 영위한 세력균형의 개념과 관념의 성격과 장소적 함의를 밝힐 수 있다면 한국적 국제관념 내지는 국제정치사상의 핵심적인 부분을 밝힐 수 있을 것이다. 세력균형의 개념과 관념을 포착하는 데는 개념의 사회사적 의미에 주목하는 개념사적 접근이 유용하다.[2] 세력균형은 국제사회의 경험

2 개념사에 관해서는 Reinhart Koselleck, *Futures Past: On the Semantics of Historical Time* (Cambridge: MIT Press, 1985); Melvin Richter, *The History of Political and Social Concepts: A Critical Introduction* (New York: Oxford University Press, 1995)

을 반영한 국제정치적 개념이다. 한국인의 세력균형 개념과 관념은 동아시아 국제사회나 한반도 국제관계의 (국제)사회사적 맥락에서 파악해야 할 것이다.

그런데 근대한국의 세력균형 개념은 그 원리와 정책을 산출하는 국제체제의 경험을 통해 스스로 획득한 것이 아니라 글로벌 세력구도가 동아시아에 부과되면서 출현한 것이었다. 따라서 유럽의 세력균형을 유럽 국제관계사의 전개와 결부시켜 파악하는 방식[3]은 동아시아에서는 제한적일 수밖에 없다. 개념의 형성과 운용에 주체적으로 관여하지 못한 동아시아에서는 개념이 (재)해석되고 그 의미가 변용되는 양상에 주목해야 한다. 개념의 수용과 변용은 문화 수용과 변용의 관점에서도 포착할 수 있지만,[4] 근대한국의 세력균형이 실천의 문제가 아니라 인식과 규범의 문제라면 그 수용과 변용을 관념의 차원에서도 보지 않을 수 없다. 세력균형을 표상하는 언어들이 특정 콘텍스트에서 어떤 의미를 갖고 사용되는지에 유의해야 한다.[5]

참조.

3 유럽의 세력균형에 관한 연구는 대체로 사실(정책)에 기초한 역사적 분석, 성찰적 접근, 통계적 연구로 구별할 수 있다. 역사적 분석으로는 Edward V. Gulick, *Europe's Classical Balance of Power* (Ithaca: Cornell University Press, 1955), 성찰적 접근으로는 Ernst Haas, "The Balance of Power: Prescription, Concept, or Propaganda," *World Politics* 5:4 (July 1953); Martin Wight, "The Balance of Power," H. Butterfield and M. Wight, eds., *Diplomatic Investigations* (London: Allen & Unwin, 1966) 등이 대표적이다.

4 히라노 겐이치로, 장인성·김동명 옮김, 『국제문화론』(서울: 풀빛, 2004)은 국제관계를 문화수용과 문화변용의 관점에서 파악한다. 문화수용과 문화변용을 개념 차원으로 확장시켰을 때 '국제개념사'의 영역도 상정할 수 있을 것이다.

5 James Tully, ed., *Meaning and Context: Quentin Skinner and His Critics* (Cambridge: Polity, 1988)[유종선 옮김, 『의미와 콘텍스트』(서울: 아르케, 1999)]; J. G. A. Pocock, *Politics, Language and Time: Essays on Political Thought and History* (New York: Atheneum, 1971).

개념과 관념은 구분할 필요가 있다. 개념과 관념은 사회적 생성물이자 사회를 보는 틀을 제공한다. 사물이나 현상을 표상하거나 그것을 파악하는 준거인 개념이나 관념은 그것을 둘러싼 사회의 관행과 기억을 간직하며 언어를 통해 표상된다. 그렇다면 개념이나 관념은 언어에 내재된 관행과 기억을 사회적 맥락에서 읽어야만 파악할 수 있다. 개념 concept은 어떤 사물이나 현상을 나타내는 확립된 혹은 널리 양해되는, 언어로 표현된 표상을 뜻한다. 사물이나 현상을 나타내는 객관화된 언어나 논리적 실재라 할 수 있다. 관념idea은 이러한 개념을 생성하는 혹은 이를 둘러싸고 생성되는 주관적인 생각을 가리킨다. 개념이 사회적 합의나 객관적인 정의를 통해 확립된다면, 관념은 이러한 개념을 이해하고 해석하는 주관이다. 개념과 관념을 구분해야 하는 까닭은 미지의 개념을 받아들일 때 수용자는 그 개념의 의미나 정의定義를 제대로 알고 사용하는 것이 아니라 자신의 문화나 사회에서 통용되는 관념을 투사하여 개념의 의미를 유추하거나 이해하는 경우가 많기 때문이다. 개념은 관념에 의해 변용되며, 관념은 변용된 개념을 생성한다. 이 글에서 세력균형 개념은 원리나 정책으로서의 세력균형 자체를 가리키며, 세력균형 관념은 그러한 세력균형을 이해하고 받아들이는 주관적 생각을 말한다.

2. 세력균형 개념의 수용: '균세'

'균세' 개념의 수용

한국인들은 19세기 중후반 서세동점을 계기로 유럽의 근대국가 체제를 인지하면서 세력균형 현상을 알기 시작했고 주권국가체제를 받아들이면서 세력균형 원리를 수용하였다. '균세'는 'balance of power'의 번역어였다. 균세는 주변 열강의 역학 관계에서 자주독립을 추구해야 했던 개항기 한국인들에게 힘의 균형을 추구하는 국제관계의 객관적 실재와 자주독립의 주관적 이념을 표상하는 말이었다. 근대 한국의 세력균형 개념의 형성과 전개는 '균세'라는 번역어가 개념으로서 수용되는 양상과 동북아 국제관계와 한국의 국제정치적 위상에 맞게 변용하는 양상을 통해 포착할 수 있다. 세력균형 개념의 수용은 '균세'를 번역어로서 인지하는 과정과 이 '균세'를 국제정치 개념으로서 이해하는 과정을 거쳤다. 각각 개념의 수용과 개념의 내면화(토착화)에 해당한다.

이들 두 과정은 겹치지만 의미상으로는 구별된다. 번역어로서의 수용은 텍스트(『만국공법』, 『조선책략』)에 기술된 '균세'라는 미지의 언어가 텍스트의 사회적·정치적 영향력, 미지의 언어에 효용성을 제공하는 국제정치 상황의 출현, 그리고 새로운 언어의 수용을 허용하는 양해의 틀(유교 관념)이 상호 작용하면서 새로운 언어로 정착하는 과정이다. 국제정치 개념으로서의 수용은 균세 개념에 유럽 국제정치와 동북아 국제정치의 실재가 투사되는 동시에 이 개념을 통해 국제정치를 이해하고 해석하는 관념이 형성되는 과정이다. 유럽의 경험을 이해하고 국제정치적 함의를 발견하는 과정이기도 하다.

세력균형이라는 개념의 내면화 혹은 개념의 토착화는 '균세' 개념이 조선의 국제정치적 조건과 위상, 규범 등에 의해 재해석되거나 장소에 적합한 의미를 덧붙이게 되는 변용 과정이다. 장소성과 적실성을 제공한 계기는 한국, 중국, 일본의 세 행위 주체와 러시아, 영국, 미국 등 열강이 관여하는 동북아 국제체제의 역학 구조, 조선의 국제정치적 위상, 유교 관념과 조선의 자주독립 의지 등이었다. 개념의 토착화 과정에는 영향력 있는 텍스트뿐 아니라 유럽 국제사회의 경험과 동북아 국제정치의 현실이 작용하였다. 개념의 토착화는 유럽의 경험을 발견할 뿐 아니라 동북아의 경험이나 한국의 경험을 모색하는 과정이었다.

먼저 번역어로서의 수용 과정을 살펴보기로 하자. 번역어 '균세'의 수용은 『만국공법』을 매개로 이루어졌다. 『만국공법』(1865)은 청국 동문관同文館에서 서양서 한역을 담당했던 윌리엄 마틴William A. Martin이 헨리 휘튼Henry Wheaton의 『국제법요강』*Elements of International Law*(초판 1836)을 한역한 것인데, 이 책에서 'balance of power'의 번역어가 '균세'였다. 『만국공법』은 발간 직후 한국과 일본에 전래되었다. 한국에는 1866년에 들어온 것으로 알려져 있는데,[6] 이 텍스트는 개항(조약체제의 수용)을 전후하여 늘어난 국제법 수요에 부응하기 위해 발간된 것이었다. 번역어 '균세'의 출현과 유포도 세력균형체제에 부응하는 국제관계 현상이 동아시아에 전개되는 상황과 연관된다.

그런데 자연법론자였던 마틴은 『만국공법』에서 국제법의 자연법적 성격을 부각시켰다. 마틴은 구미의 만국공법이 소국의 자주독립을 보전한 사례들을 예시하면서 세력균형의 자연법적 공공성을 강조하고자 했다. 마틴은 균세의 원리(均勢之法)를 대국이 세력을 균평均平하게 해주고 소국이 이에 의뢰하여 안전을 확보할 수 있는 '태평의 요술'太平之要術로 규정하였다.[7] 이 말은 원래 휘튼의 원저에는 없었다. 마틴이 세력균형의 자연법적 성격을 강조하기 위해 할주割註의 형태로 일부러 삽입

6 이광린, 「한국에 있어서의 『만국공법』의 수용과 그 영향」, 『동아연구』 1(서강대학교 동아문제연구소, 1982).

7 『萬國公法』 卷一, 12張. 원문은 다음과 같다. 蓋歐羅巴亞美利加諸國 奉耶蘇之教者 與亞細亞阿非利加之回回等國 交際往來 彼雖教化 向迥異 亦屢棄自己之例 而從吾西方之公法 卽如土耳其波斯埃及巴巴里諸國 近遵通使之例 而與我互相遣使也 歐羅巴諸國 常以土耳其之自主不分裂 與均勢之法 **所謂均勢之法者 乃使强國均平其勢 不恃以相凌 而弱國賴以獲安焉 實爲太平之要術也** 大有相關 故與土國 互相公議盟約 土國因而服歐羅巴之公法也 歐羅巴亞美利加諸國 奉耶蘇之教者 與中國邇來亦共議和約 中國旣弛其舊禁 與各國交際往來 無論平時戰時 要皆認之 爲平行自主之國也.

한 말이었다.[8] 균세 개념은 『만국공법』에 투영된 자연법적 국제법관과 상관되어 있었다. '균세'는 만국공법의 법적 공공성을 구현하는 정치적 공공성을 함축한 말이었다. 이러한 만국공법관과 균세관은 1880년대 한국의 개혁 구상에 큰 영향을 미친 정관응鄭觀應의 『이언』易言에도 반영되어 있었다.[9] 균세라는 용어는 『만국공법』이 전래된 때부터 인지되었을 수도 있지만, 강화도 조약(1876)과 서양 열강과의 수호조약 체결(1880년대 초반)을 계기로 국제법의 수요가 발생하면서 정치가나 식자층에게 알려졌다.

텍스트는 개념 수용의 발단을 제공하지만 텍스트 자체가 개념의 사회적 유통을 의미하지는 않는다. 텍스트가 많은 사람들이 공유하고 사회적 비평(찬사나 비난)의 대상이 되었을 때 텍스트에 사용된 정치언어는 사회적으로 유통되고 개념으로서 정착한다. 번역어 '균세'의 사회적 확산과 개념화에 기여한 텍스트는 황준헌黃遵憲의 『조선책략』이었다. 이 책자는 수신사 김홍집金弘集이 일본에서 가져온 것인데, 한국 정부에 '친중, 결일, 연미'의 외교정책과 '자강' 정책을 권유한 논책이었다. 이 외교정책 구상은 이홍장李鴻章의 균세 발상에서 나온 것이었다. 이홍장은 한국을 서양국가에 개방시켜 위협 세력으로 상정된 러시아와 새롭게 부상하는 일본을 견제함으로써 동북아에 세력균형 질서를 구축하고 이를 통해 중국의 종주권을 확보하고자 했다. '균세'는 친중, 결일, 연미를 정당화하는 논리로서 동원되었다. 『조선책략』은 필사본 형태로 중앙

8 金容九, 「朝鮮における万国公法の受容と適用」, 『東アジア近代史』 第2號(1999), 40쪽. 『만국공법』의 한역 과정에서 마틴과 조력자들은 의도적으로 유교 개념을 동원하였다. 이에 관해서는 이근관, 「동아시아에서의 유럽 국제법의 수용에 관한 고찰: 『만국공법』의 번역을 중심으로」, 『서울국제법연구』 제9집 2호(국제법연구원, 2002)를 참조.

9 김용구, 『세계관 충돌의 국제정치학: 동양 예와 서양 공법』.

과 지방 유생사회에 유통되면서 개방론자와 척사론자들 간에 개방개혁 논쟁을 불러일으켰다. 이 텍스트에서 제시한 정책의 수용을 둘러싸고 논쟁을 벌이는 과정에서 균세 개념은 개항반대자들(위정척사론자)까지도 그 의미를 파악할 정도로 널리 유포되었다.

이 텍스트의 공론화는 '국제정치 개념으로서의 수용'을 유발하였다. 『조선책략』의 사회적 유통과 정치쟁점화는 식자층에 근대적 국제정치관을 각인시켰고 균세의 원리에 대한 이해를 높였다. 또한 균세 개념이 다른 근대 정치언어보다 먼저 수용된 것은 근대 국제체제가 한국의 생존방식을 규정하고 이와 관련된 개방개혁 논쟁이 벌어지는 콘텍스트가 생겨났기 때문이다. 균세 개념은 한국의 생존을 모색해야만 하는 동북아 국제관계가 전개되면서 현실감을 높였다. 아울러 1880년대 초반은 청국에서 국제정치론과 국제정보가 다량으로 유입되는 시기였다.[10] 개항을 통해 세계정치에 연루되기 시작하고 국제정보가 급증하면서 국제정세에 관한 현실감은 높아졌다. 국제정세에 관한 지식과 현실감을 갖게 되면서 국제정치의 원리와 실제의 양 측면에서 균세(세력균형)가 갖는 의미는 정확히 파악될 수 있었다.

균세 개념이 번역어로서 탄생하고 국제정치 언어로서 유통된 것은 동아시아에 서세동점과 개항의 맥락이 전개된 것과 관련된다. 박규수는 유럽 열강들이 춘추열국의 경우처럼 '제강병치'諸强竝峙와 '회맹정벌'會盟征伐의 국제관계를 영위한다는 인식을 토대로 "정鄭나라가 진晉과 초楚 나라 사이에 있는 것과 같은" 소국 조선을 '동양의 유추紐樞'로 설정하고 미국과 맹약을 맺어 국제적 고립을 벗어나야 한다고 생각하였다.[11] 세력균형을 지칭하는 말을 쓰지는 않았지만 세력균형과 유사한 발상이

10 이에 관해서는 이광린, 『한국개화사 연구』(서울: 일조각, 1985) 참조.

11 金允植의 案文, 『朴珪壽全集』(上)(서울: 아세아문화사, 1978), 466-467쪽.

엿보인다. 서양과의 조약 체결을 권유한 이홍장의 제안을 거부했던 이유원李裕元의 답신에서도 세력균형 관념을 엿볼 수 있다. 1876년 이노우에 가오루井上馨는 조선과의 수호를 추진하면서 권력정치의 국제사회에서 자주독립의 방법은 '동맹'을 다수 체결하여 '우내의 권형'宇內之權衡을 보전하고 '고립자수'孤立自守를 피해야 한다고 주장했다.[12] 후술하듯이 개항의 상황에서는 국제관계에서의 국가 간 동맹을 일종의 '합종연횡'으로 이해하는 경향이 있었는데, 세력균형 개념이 작동할 국제정치적 환경이 전개되었음을 시사한다.

1883년 『한성순보』의 한 기사는, 뒤에 제시할 인용문(제3장 제2절)에서 볼 수 있듯이, 프랑스와 안남 간의 분쟁이 단순히 양국 문제가 아니라 유럽의 세력균형과 결부된 국제 현상임을 인지하였고, 동북아 지역이 지구적 세력균형에 포섭되는 국제정치 현실을 정확히 이해하였음을 보여 준다. "지금 유럽에서 건국한 나라가 열다섯으로 대소와 강약의 차이는 있으나 그다지 큰 차이는 없으므로, 혹 두 나라가 전쟁하면 모든 나라가 흔히 약소한 나라를 도와서 한 나라만 우뚝 강대해지지 못하도록 하니, 이는 바로 만국공법에서 말하는 균세법이다"라는 언설에 보이듯이, 세력균형에 관한 『만국공법』의 원리적 이해와, 유럽 열강들이 '상호맹약'과 '계엄'戒嚴의 동맹 전략을 정교하게 구사하는 세력균형 정책의 실제에 관한 이해가 결부되어 나타났다.[13] 이 기사는 중국의 『호보』滬報와 각국 근신近信을 토대로 작성된 것인데, 세력균형의 원리와 실제가 함께 이해되고 있었음을 보여 주는 사례라 하겠다. '균세'가 번역어로서 수용되는 국면을 넘어 국제정치 개념으로서 수용되는 국면에

12 「倭人答書」(1876), 『龍湖閒錄』 4(서울: 국사편찬위원회, 1980), 393쪽.

13 「오스트리아, 프러시아, 이태리가 동맹하다」, 『한성순보』 제5호(서울: 신영연구기금, 1983), 67-68쪽.

들어섰음을 시사한다. 이제 균세 개념은 자연법적 규범과 현실적 권력 사이를 왕래할 것이다. 1888년 박영효朴泳孝는 "네덜란드와 터키는 원래 미약한 나라가 아니었는데, 둘 다 자국의 혼란 때문에 혹은 분열되고 혹은 축소되어 다시 일어서지 못했다. 비록 만국공법과 균세공의均勢公義가 있다고는 하지만, 나라에 자립자존의 힘이 없으면 빼기고 분열되어 유지할 수 없게 된다"[14]라고 말하였다. 자연법적 원리로서의 균세와 권력 작용으로서의 균세 사이에 일정한 긴장감이 엿보인다.

'균세'와 세력균형

번역어 '균세'의 수용은 세력균형 관념의 형성을 촉발했지만 수용 자체가 자연세계나 정치세계의 균형 현상에 대한 기존 관념에 의존했을 수도 있다. 세력균형 현상은 개념 혹은 용어로 명목화되기 이전에 보편적으로 존재하는 자연 현상일 수 있다. 세력균형 현상은 고대 인도와 그리스에서 이미 인지되고 있었다. 흄David Hume은 세력균형을 유지한다는 원칙은 '상식'common sense과 '분명한 추론'obvious reasoning에 근거한 것이며 고대 이래 실천되어 온 것이라 말한다.[15] 중국의 '춘추전국'春秋戰國이나 일본의 '전국'戰國(센코쿠)과 같은 적대적 상황에서도 힘의 우위나 균형을 확보하려는 전략적 사유가 자연스럽게 성립한다. 특히 힘의 균형을 모색하는 삼자관계에서는 더욱 그렇다. 고구려, 백제, 신라 삼국 간의 정립 상태에서 나제羅濟동맹이나 나당羅唐연합이 모색된 것이 그 예다. '정립' 개념은 청일전쟁 이후 부활하였다.

14 박영효, 「개화에 대한 상소」(1888), 『근대한국 명논설집』(『신동아』 1966년 1월호 부록, 동아일보사, 1966), 16쪽.

15 James E. Dougherty and Robert L. Pfaltzgraff Jr., *Contending Theories of International Relations*, 2nd edition (New York: Harper & Row, 1981), p. 23.

규범 원리로서의 번역어 '균세'가 정책 논쟁에도 불구하고 조선에 원만히 수용된 까닭은 마틴이 창출한 이 말이 유교의 권력 관념이나 균형 관념과 통하는 점이 있었기 때문일 것이다. 흔히 인문·사회과학의 개념들은 기왕의 관념을 갖고 수용되고 해석되는 경향이 있다. 주자학의 이념과 규범이 강한 유교사회에서는 특히 그렇다. 원래 유교 관념에는 힘이나 권력의 균형을 추구하는 경향이 강하다. 지금의 '힘'에 해당하는 '권'權이란 말은 원래 '저울질한다'라는 뜻인데, 세·힘·세력, 작용·능력, 권도, 임시방편 등 다양한 의미를 갖게 되었다.[16] 주자는 '권'의 권모술수론적 해석을 비판하면서 '권'을 '경'經(常道)을 지키면서 사물과 시세에 따라 행동하는 '중'中을 취하는 행위로 보았다.[17] '저울질한다'라는 '권'의 원뜻이 균형을 취하려는 권력 개념에 투영된 해석이라 하겠다.

권력을 '저울질하여'(錘, 衡) 균형(中)을 취하려는 의식은 규범으로써 권력을 규율하려는 정치관으로 연결된다. 유학정치관에서 권력은 권력자(군주)가 균분均分(사민士民의 경제적, 정치적 안정)을 실현시켜 인륜적인 삶을 구현하는 데 필요한 수단이었고, 권력자(군주)는 위협이나 술책보다는 도덕적 감화력(仁)에 기초한 덕치를 통해 백성을 교화하는 존재로 간주되었다. 그러나 실제 현실정치에서는 세습군주제로 인해 권력의 편

16 諸橋轍次, 『大漢和辭典』(東京: 大修館書店, 1955-1960) '權' 항목 참조.

17 한유(漢儒)는 이를 '경'(經), 즉 '상도'(常道)에는 반하지만 좋은 효과를 얻을 수 있는 비상조치로 파악했지만, 주자는 이 해석이 권모술수론을 낳을 수 있다고 비판하면서 '권'을 '경'(상도)을 지키면서 사물과 시세에 따라 행동하는 '중'(中)을 취하는 행위로 보았다(장인성, 『장소의 국제정치사상』, 서울: 서울대학교출판부, 2002, 226쪽). 한편 세력, 위력, 힘, 권위, 형세 등을 가리키는 '세'(勢)라는 말은 인간의 의지를 넘어선 주어진 객관적 형세를 가리키는 중립적 개념이지만, 인간사나 정치현상에 가해지는 다소 부정적 의미의 강제력(force)을 뜻하는 경우도 많았다.

중화와 세속화가 진행되었다. 또한 규범과 '민심'(天命)으로써 권력을 제어하려는 명분은 상존했지만, 권력은 정치술수나 정치욕구를 실현하기 위한 수단으로서 권모술수의 부정적 이미지를 띠었다.[18] 유교사회에서는 권력을 제한하려는 규범적 권력 개념(이념)과 권모술수적 권력 개념(실제)이 공존하였다.

19세기 유럽의 세력균형 개념은 권력을 지배력, 영향력, 강제력 등으로 파악하고 도덕과 권력을 분리하여 권력 자체의 균형을 추구하는 것이었다. 하아스Ernst Haas는 유럽의 세력균형에서 힘의 배분, 평형, 패권, 안정과 평화, 불안정과 전쟁, 권력정치, 역사의 보편 원리, 정책결정의 체계 및 지침 등 여덟 가지 의미를 추출한 바 있다.[19] 보편 원리라는 뜻도 있지만, 국제권력의 존재양태 내지 권력 제어와 관련된 의미가 대부분이다. 유럽의 세력균형 개념이 규범론적인 의미가 약했음을 알 수 있다. 서세동점(서력동점)은 어떤 점에서는 이러한 유럽의 권력적 세력균형 개념이 유교사회에 부과되는 과정이었다고 할 수 있다. 마틴이 '균세'均勢라는 말을 만들어 세력균형의 자연법적 함의를 강조한 것은 유럽에서의 세력균형의 일반적 용법과는 차이가 있었다.

'균세'는 유교의 권력 관념에 부응하는 중국식 한자어였다. 'balance'의 번역어 '균'均은 '평형'의 뜻만이 아니라 토지의 공평한 분배를 통해 '안민'安民—백성의 경제적·정치적 안정, 곧 '태평'—을 모색하는 유교 이념을 담은 '균분'均分, '균평'均平[20]에 쓰이는 '균'의 의미

18 이상익, 「유교와 자유민주주의」, 강정인 외, 『민주주의의 한국적 수용』(서울: 민음사, 2002), 236-244쪽.

19 Ernst Haas, "The Balance of Power: Prescription, Concept, or Propaganda," pp. 447-459.

20 유학사와 중국사상사에서의 '균'의 개념에 관해서는 溝口雄三, 『中国の思想』(東京: 放送大学教育振興会, 1991)을 참조.

를 연상시켰을 것이다. '균세'라는 한자 신조어는 마틴의 의도대로 규범과 공공성을 중시하는 조선 유학자들의 정치 관념에 부합되었고, 국제정보와 지식의 급증에 따른 근대적 국제관념의 성장, 중국의 균세정책, 문호개방이라는 상황과 맞물려 확산되었다. '균세'는 번역어로서의 생경함을 벗어 버리고 세력균형의 원리와 정책을 표상하는 일반명사로서 친밀감을 더해 갔다.

그런데 권력 지향적 '세력균형'balance of power 개념을 규범적 '균세'均勢로 치환시켜 규범 원리로서 관념하게 만드는 가장 중요한 요인은 유교 이념의 영향뿐 아니라 소국 조선의 취약한 국제정치적 위상과 자주 독립의 의지였다. 관념은 자기 존재의 현실을 감지하는 행위다. 세력균형 개념에 대한 규범적 관념(해석)은 주권이 취약한 상태에서 세력균형의 주체가 되기 어렵고 객체가 되기 쉽다는 소국의 현실과 자의식에서 비롯한다. 소국 의식이 강한 장소에서 규범은 권력을 견제하고 비판하는 유력한 수단이 된다. 여기서 권력의 취약성 때문에 규범에 의탁하는 국제정치 관념이 '균세'를 규범적인 개념으로 상상하게 만드는 착시 현상이 나타난다.

근대 한국에서 '균세'라는 용어가 생명력이 길었던 이유는 아마도 규범을 요구하는 현실, 즉 세력균형의 국제체제와 소국의 국제정치적 위상이 지속되었기 때문일 것이다. 이것은 일본의 경우와 대비된다. 일본에서도 서양 열강의 위협에 직면했던 막부 말기의 만국공법 수용 단계에서는 번역어 '균세'가 일반적이었고, 부국강병이 본격화되는 1880년대에도 이 용어가 사용되었다. 다만 서양어-일어 대역사전인 『철학자휘』哲學字彙(井上哲次郎 편찬, 1881년판[초판], 1884년판[수정증보판], 1912년판)[21]

21 각 판본의 명칭은 다음과 같다. 『哲學字彙』(1881), 『改訂增補 哲學字彙』(1884), 『英獨佛和 哲學字彙』(1912).

를 보면, 용어 변화의 추세를 대략 짐작할 수 있다. 'balance of power'의 역어로는 1884년판에 '국세평균'國勢平均이란 말이 보인다. 우에키 에모리植木枝盛가 '국세國勢의 평형'[22]이란 용어를 썼던 때다. 1912년판에는 '권력평형, 권세평형, 권력평균, 균세'이란 역어들이 보인다. '균세'라는 역어는 1881년판과 1884년판에는 없고 1912년판도 최저 순위로 나와 있는데, 여기서 '균세'라는 번역어가 메이지 시대에 점차 약해졌다고 추정할 수 있다.[23] 아마도 1870년대 후반 이후 부국강병을 추진하고 국가 권력과 대외 주권을 강화하면서 규범적 만국공법관이 약해지고 'international law'의 번역어가 '만국공법'萬國公法에서 '국제법'國際法으로 바뀌었던 과정과 관련이 있을 것이다.

대역사전에는 보이지 않지만, 원래 사물의 경중에 따라 균형을 잃지 않게 하는 저울추를 뜻했던 '권형'權衡도 세력균형을 지칭하는 용어로 자주 사용되었다. 앞서 보았듯이 1876년에 이노우에 가오루가 사용한 용례가 보이며, 1880년대 일본 언론에서는 유럽·아시아 간 세력균형을 '구아歐亞의 권형權衡'으로 표기한 용례도 있다. '세력균형'勢力均衡이란 조어가 사용된 것은 일본이 세계정치 무대에 등장했을 무렵부터로 추정되는데, 그 이전에 한자문명권의 '권형'도 세력균형을 가리키는 말로 사용되고 있었던 것이다. 근대 한국에서 '권형'은 언론의 사회적 책임과 관련한 '평윤공정平允公正의 권형'[24], 정치적 힘의 균형을 표현한 '의각권형'猗角權衡[25], '무역의 권형'(무역 수지균형)[26], '남녀의 권형'(남여

22 植木枝盛, 『無上政法論』(1880).

23 한편 'power'는 '세력, 권위'(1881), '권세, 세력, 권위'(1884), '위력, 권세, 세력, 권위'(1912)라는 역어가 쓰였고, 'balance'는 '형평'(衡平, 1881), '평형'(1884), '평형, 평균, 균형'(1912)으로 되어 있다.

24 『皇城新聞』 1908년 8월 21일자, 「言論의 權衡」.

25 『대조선독립협회회보』 제8호(1897년 3월), 잡저 「日政府에 權衡」.

균형)[27] 등의 용례에서 보듯이, 일본과 달리 원래의 의미인 '균형'의 뜻으로 쓰였다. 1920년대 열강 간의 해군 균형을 '권형'[28]으로 표현한 용례도 보이지만, 이것도 '세력균형'보다는 '균형'의 의미에서 쓰인 것이었다.

근대 한국과 일본에서 '균세' 용어의 생명력에 차이가 있었던 까닭은 양국에서의 근대화 과정에서 중국제 언어와 일본제 언어가 보인 언어 권력의 차이에서 비롯하기도 하겠지만, 부국강병의 차이와 이에 따른 국가 주권의 차이로 인해 양국의 국제정치적 위상이 달라졌기 때문일 것이다. 근대 한국에서 '세력균형'이라는 번역어가 보편화된 때는 — 예컨대 『동아일보』 1924년 1월 10일자 "세력균형의 양대 진영"이란 사설에서 엿볼 수 있듯이 — 일제 강점기에 들어서였던 것으로 보인다. 제국-식민지 공간에서 일본제 '세력균형'이 새로운 번역어로서 언어 권력을 획득했을 때였다. 그리고 '세력균형'은 해방 이후 냉전체제가 전개되는 가운데 언론과 학계의 언설들에서 집단안보 체제와 동북아 국제정치를 설명하는 핵심 개념으로 자리잡게 된다.[29]

26 『매일신보』 1915년 2월 13일자; 『朝鮮總督府官報』 1915년 7월 12일자 등.

27 『朝鮮總督府官報』, 『朝鮮總督府統計年報』 등에 보인다.

28 『동아일보』 1922년 7월 22일자. 「米國의 造船計劃, 日英과 權衡을 維持할 範圍에서」.

29 일간지와 잡지에서 다수 확인된다. 논문의 경우 李東洲, 「세력균형과 국제연합」, 『학풍』 제9호(1950년 1월호)가 눈에 띈다.

3. '균세'의 장소성

'전국'과 '합종연횡'

세력균형 개념을 수용하고 재해석하는 과정은 텍스트나 유교 이념뿐 아니라 국제체제나 국제질서도 관련된다. 주권국가체제는 체제의 성격이나 행위자의 행동 원리가 중화체제와 다른 국제체제였다. 중화체제는 위계적·일원적 천하관에 기반한 중심(중국)이 존재하고 중심과 주변은 '자소사대'字小事大 관계로, 주변끼리는 '교린'交隣 관계로 연결되는 국제체제였다. 운용 원리인 사대주의는 예교禮敎 관념에 입각한 예법禮法의 권위와 명분을 중시한 위계적 국제주의였다. 이와 달리, 주권국가체제는 평등적, 다원적 국가관에 입각하여 대국들이 경합적으로 공존하고 소국들이 그 사이에 점철하는 국제체제였다. 운용 원리인 세력균형은 군사력을 토대로 상호 견제를 중시하는 강국주의의 국제정치 원리였다.[30] 중화체제에서 주권국가체제로의 이행은 체제의 성격과 행위자의 행동 원리가 변하는 것을 뜻한다.

새로운 국제체제와 세력균형 개념을 받아들이는 과정에서는 기억 속에 존재하는 전통적 질서 관념들이 동원되었다.[31] 동아시아인들은 대국들의 경합적 공존과 군사적 강국주의의 세계를 접했을 때 '전국'戰國 상황을 떠올렸다. 세력균형의 긴장과 투쟁이 벌어지는 주권국가체제는 만국 투쟁이 일상화된 지구적 규모의 '전국'으로 상상되었다. 박규수나 박영효, 김윤식 등 개명 지식인들은 만국 투쟁의 국제사회를 보면서 중국의 '춘추전국' 상황을 떠올렸고, 막말 지식인들은 에도 시대 이전에

30 이용희(노재봉 편), 『한국의 민족주의』(서울: 서문당, 1977), 155-173쪽.

31 이하 '전국'과 '합종연횡'에 관한 논의는 장인성, 『장소의 국제정치사상』, 116-132쪽 참조.

있었던 '전국'시대 무사들의 할거 상태를 상기해 냈다. 이질적 국제체제를 포착하는 준거 혹은 매개로서 역사적 기억 속에 있는 유사한 국제질서나 질서 관념이 작용했던 것이다.

체제의 운용 원리 혹은 국가의 행동 원리인 세력균형도 '전국' 이미지에 맞게 상상되었다. 한국의 지식인들은 '전국' 이미지에 전략적 동맹 관계를 표상하는 '합종연횡'合從連衡의 관념을 투영시켰다. 전략적 동맹을 상상한다는 것은 상상된 '전국'이 반드시 무질서인 것은 아니며 어떤 질서를 지향한다는 무의식을 내포하고 있음을 암시한다. 강위姜瑋는 1874년 동지사행 이후 국제문제를 '종횡'縱衡의 관점에서 논하였고, 박규수도 '전국' 상황에 대해 '합종연횡'의 발상에 입각한 대응을 모색하였다. 『조선책략』의 균세론도 '합종연횡' 이미지와 중첩되어 받아들여졌다. 미국과의 '수호'修好는 조선의 자주독립을 보증하는 합종연횡의 행위로 이해되었다. 만국공법은 전국적 국제사회를 규율하는, 합종연횡을 이루는 법적 근거였고, 합종연횡은 주권국가체제의 세력균형(동맹)을 읽어 내는 정치적 준거였다.

근대한국에서 '합종연횡'에 관한 상상력은 세력균형 관념의 장소성을 드러낸다. 이 상상력은 일본과 중국의 경우와 달랐다. '전국'의 비유는 비슷하게 나타났지만 대응 방식은 달랐다. 유럽의 세력균형 체제를 일본 전국시대의 할거체제와 결부시켜 생각했을 때, 막말 무사들은 개체적 전투력과 생존 의지에 충만한 무사들의 투쟁적 질서를 상상했다. 그리고 '전국' 이미지는 부국강병을 통해 주권을 확보하고 서양국가의 위협에 대항하려는 개체적, 주체적 생존의식을 낳았다. 청국의 경우 서양국가(미국)를 끌어들여 러·일을 견제하는 동북아 세력균형 — '균세지국'均勢之局 — 을 구상하면서 '이이제이'以夷制夷(혹은 '以敵制敵', '遠交近攻')를 동원하였다. '이이제이' 관념에는 화이질서관의 대국 관념이 남아 있었다. 일본과 중국의 경우와 달리, 1870, 1880년대 소국 관념과 결부된 한국 지식인들의 '합종연횡' 관념은 대국과의 동맹이나 외교정책의 사려prudence를 추구하는 전략 관념의 표현이었다.

'합종연횡'의 동맹 관념은 국제체제 변동과정에서 나타나는 자기 불안insecurity이나 이 불안을 극복하려는 심리에서 나왔다. 19세기 유럽의 세력균형이 경쟁국이나 적국의 강대화나 그 가능성에 대한 불안에서 성립했다면, '합종연횡'의 전략적 사유는 '고약'孤弱, '격절'隔絶(이유원), '고립'(박규수), '고립무원'孤立無援, '고립과조'孤立寡助(김윤식)의 상황에 대한 불안에서 비롯된다. 김윤식은 '합종연횡'의 국제사회에서 '고립무원'의 상태에서 분쟁을 일으킨다면 패망을 자초하기 때문에 만국공법을 준수하고 대국과 동맹을 맺어 '고립무원'이나 '고립과조'의 상태를 벗어나야 한다고 주장하였다. 유길준의 연미聯美론도 외부 열강과의 동맹을 통해 고립을 벗어나기 위한 것이다. '고립의 환'을 벗어나기 위한 '합종연횡'(동맹)은 소국 의식의 소산이었다.[32]

국제체제의 변동은 체제 원리가 '예'와 '사대'에서 '공법'과 '균세'로, 한국의 이상적 존재 방식이 '금령자주'禁令自主에서 '자주독립'自主獨立으로 변용하는 과정이었다. '자주'의 의미는 **'사대'에 의한 자주**autonomy에서 **'독립'에 의한 자주**sovereignty로 바뀌고 있었다. 다만 1880년대는 중화체제와 주권국가체제가 병존하고 사대관념과 주권관념이 공존한 시기였다(조공의 공식 폐기는 1895년 갑오개혁 때였다). 때문에 '사대'와 '균세'는 양립하면서 긴장 관계에 있었다. 고립의 불안과 이를 극복하려는 합종연횡의 발상은 쇠락하는 '사대'와 불확실한 '균세' 사이에서 생성된 것이었다. 고립의 불안을 해소하기 위해 문명개화론자들은 '사대'를 '균세'로 대체하고자 했고, 동도서기론자들은 '사대'와 '균세'의 공존

32 장인성, 『장소의 국제정치사상』, 119-123쪽.

을 생각했으며, 전통론자(위정척사론자)들은 '균세'를 부정하고 '사대'를 견지하려 했다.

'사대'와 '균세'의 양립과 긴장은 중국과 일본의 역학 관계에 의존할 수밖에 없었다. 고립을 벗어나기 위한 합종연횡의 동맹은 부국강병을 통해 주권의 자율성을 높이지 않는 한 수동적, 비주체적 세력균형이 될 수밖에 없었다. '사대'와 '균세'의 공존과 긴장은 1894년 청일전쟁 이후 청국의 패전으로 '사대'가 종식되면서 해소된다. 하지만 그것은 문명개화론자들의 의도가 실현되었음을 의미하지는 않았다. 일본과 러시아가 동북아 세력균형을 주도하고, 일본이 한국의 주권을 침해하는 상황이 이어졌기 때문이다. 이 콘텍스트에 들어서면 세력균형 관념은 후술하듯이 '정립'鼎立 관념으로 내면화된다.

규범과 권력의 사이

전국 이미지와 합종연횡 관념은 세력균형에 관한 전략적 차원의 이해를 보여 준다. 세력균형이 규범 원리일 뿐 아니라 권력정치의 정책이나 전략으로 기능한다는 사실은 이미 1870년대부터 간파되었다. 질서 변동기의 주체는 자기 존재가 불확실할 때 원리(규범)와 현실(권력)의 어느 한쪽에 집착하는 것이 보통이다. 하지만 주체 역시 질서 변동과 더불어 변하기 때문에 어느 한쪽을 고집하기란 쉬운 일이 아니다. 세력균형은 기본적으로 힘의 논리이기 때문에 마틴처럼 종교적 신념에 입각해서 '균세'의 자연법적 공공성을 확신하는 예는 찾기 어렵다. 소국의 안전을 보장해 준다는 '균세' 원리의 규범성은 원리적이라기보다는 장소적이며, 따라서 '균세'의 규범성은 절대적 원리가 아니라 '원리의 현실적 한계'라는 비판에 직면할 수밖에 없다.

개항기 한국인의 세력균형 관념은 지리에 의존하는 장소성을 중시했다. 이유원李裕元은 '강약상유'強弱相維를 실천하는 만국공법의 기능이 영국·프랑스가 러시아의 침략에서 터키를 구해 낸 사례에서는 작동했지만 '고약'孤弱과 '격절'隔絶의 상황에 처한 류큐(오키나와)나 조선의 경우에는 잘 적용될 것으로 보지 않았다. '강약상유'는 세력균형, 혹은 세력균형을 위한 동맹이나 원조의 뜻을 내포한다. 이유원은 지리와 세력균형의 상관성을 의식했던 것이다. '강약상유'(세력균형 혹은 동맹)의 유럽적 함의와 동북아적 함의가 다른 것은 규범이나 원리가 달라서가 아니라 장소가 다르기 때문이다. 이유원의 주장은 만국공법의 보편적 공공성을 부각시켜 터키 사례를 보편화함으로써 균세 정책을 실현시키려 했던 이홍장의 균세관을 비판한 것이었다. 해양(태평양)으로 인한 지리적 격절과 연미聯美의 상관성에 관한 논쟁도 세력균형(동맹) 관념의 장소성을 보여 준다. 위정척사론자들은 '합종연횡'이 중원中原과 같은 지리적 조건에서나 가능하다는 이유를 들어 미국과의 수호를 반대했다. 개화론자의 경우 유길준은 지리적 격절을 초월한 동맹이 가능하다고 본 반면, 강위는 동맹의 지리적 한계를 중시했다.[33] 장소적 특수성에 따른 공적 기능의 한계에 대한 인식은 소국 관념의 표현일 수 있다.

그러나 장소적 특질에 따른 '균세'의 자연법적 원리와 실제 적용 사이의 간극, 즉 원리의 현실적 한계는 국제사회의 권력정치적 속성이 보다 적나라하게 드러났을 때, 규범 대 권력의 이항 대립으로 전개될 가능성이 있다. 1880년대 초반 중국의 신문과 외신을 통해 유럽 국제사회와 동남아 국제관계의 현실을 상세히 전했던 『한성순보』의 한 기사에서 그 가능성을 엿볼 수 있다.

> 지금 유럽에서 건국한 나라가 열다섯으로 대소와 강약의 차이는 있으나 그다지 큰 차이는 없으므로, 혹 두 나라가 전쟁하면 모든 나라가 혼

33 장인성, 『장소의 국제정치사상』, 122쪽.

히 약소한 나라를 도와서 한 나라만 우뚝 강대해지지 못하도록 하니, 이는 바로 만국공법에서 말하는 균세법이다. 그러나 오스트리아 등 세 나라는 모두 유럽에서 큰 나라로 상호 맹약을 체결하고 계엄을 게을리하지 않으니, 그 소견과 사려가 매우 높고 멀다 하겠다. … 오스트리아, 이태리의 지세는 러시아와 프랑스에 접근해 있어서, 러시아가 오스트리아를 공격하면 이태리가 지원하고 프랑스가 이태리를 공격하면 오스트리아가 지원하여 서로 의각지세犄角之勢가 되고 함께 적개심을 나누곤 한다. … 대저 독일은 프랑스에 승리하고도 확장된 국력을 끝까지 보존하는 데 늘 유의하였으므로, 다시 오스트리아, 이태리 두 나라와 연합하여 복심腹心을 체결하고 서로 순치脣齒가 되어 국가의 어려움을 함께하려 한 것이다. 그렇지 않으면 앞으로의 보거지세輔車之勢를 형성할 수 없고, 프랑스의 보복지계를 해소시킬 수 없기 때문이다. 프랑스에서 이들 세 나라의 우호가 견고하여 이간할 수 없음을 알므로 '원교근공'하는 계책을 포기하고, 몰래 국토개척을 도모하여 아프리카주의 모든 나라와 전쟁을 벌이다가 다시 월남에 손을 뻗쳤으니, 그들의 의도는 외부를 점거하여 웅도雄圖가 실현되고 병력이 정예해진 뒤에 기회를 보아 전력을 기울여 독일을 탈취하자는 데 있다. … [프러시아로서는] 지구상의 크고 작은 모든 나라를 모두 맹약에 넣고 사신들을 파견, 좋고 나쁜 일을 함께하여 제각기 그 영토를 지키고 그 평화를 누리도록 하는 한편, 강자가 약자를 침략하거나 많은 수효가 적은 수효를 억압할 경우에는 제3국의 입장으로서 시비를 가려 화의시키고, 만약 여기에 응하지 않는 자는 여러 나라가 연합 공격함으로써, 상호 인연이 되고 상호 견제가 되도록 해야 한다. 이상은 호보滬報와 각국 근신近信에 보인다.[34]

여기에는 보불전쟁 이후 프랑스의 '보복지세'에 대비하기 위해 동

34 「오스트리아, 프러시아, 이태리가 동맹하다」, 67-68쪽.

맹국들과 '의각지세'犄角之勢, '보거지세'輔車之勢를 구성하는 비스마르크의 세력균형 정책이 상세히 그려져 있다. 세력균형이 규범 원리가 아니라 힘의 원리로서 전략의 차원에서 인식되었음을 잘 보여 준다. 이 언설은 '균세'가 『만국공법』의 원리상으로는 강대국이 약소국의 생존을 돕고 특정 국가의 대국화를 막는 법칙이라는 사실에서 출발하지만, 유럽 국제관계의 실상을 통해 실제로는 '균세'가 유럽 열강들, 특히 강대국 프러시아가 작위하는balancing '상호 인연'相互因緣과 '상호 견제'相互牽制의 권력 관계와 책략의 소산이며, 이러한 권력 관계가 지구적 규모의 세력균형을 유발하고 있음을 잘 드러내고 있다.

이것은 유럽정치의 단순한 소개가 아니라 1880년대 조선의 개명 지식인들이 세력균형을 이해한 수준을 보여 준다. 보불전쟁 이후 유럽 세력균형 체제의 현실뿐 아니라 프러시아에 대한 '프랑스의 보복지계報復之計'가 안남, 버마 등 동남아 국가들의 생존을 위협하고 안남 분쟁을 일으키는 동아시아 국제정치 현실은 '균세'의 권력적 측면을 부각시킬 수밖에 없었을 것이다. 여기서 '균세'의 규범적 측면과 권력적 측면은 분화한다. 박영효는 규범과 권력의 분화를 극명히 드러냈다. 앞에서 보았듯이 박영효는 권력정치의 국제사회에서 '균세'가 소국의 안전을 보장해 준다는 것은 허구에 불과하며, '만국공법'과 '균세공의'의 공적 기능은 규범상 당연한 것이 아니라 권력(자강)에 의해 확보된다는 인식을 보였다.

박영효의 주장처럼 '자강'(혹은 '자립자존의 힘')은 주권국가의 생존력을 갖추기 위한 조건이며 균세와 더불어 '고립'의 불안감을 해소할 수 있는 유력한 수단이다. '자강'은 '만국공법'과 '균세공의'의 규범성을 회복하기 위해서도 필요하다. 국가 주권이나 동맹이 균형을 이룰 때 '균세'의 규범 원리가 작동할 수 있으며, 소국의 안전을 보장하는 규범(혹은 명분)이 기능할 수 있을 때 국가 주권은 보전될 수 있기 때문이다.

권력이 규범을 창출할 수 있을 때 세력균형론은 권력론으로 성립하지만, 스스로 권력을 갖지 못하고 타자의 권력을 통제할 수 없을 때 세력균형론은 권력에 대항하는 규범론의 성격을 띤다. 세력균형이 순전히 권력 작용이라는 현실을 인지했다 해도 세력균형을 규범의 관점에서 포착하려는 노력이 무의미한 것은 아니다. 규범은 권력을 비판하는 유력한 수단이고 소국은 이러한 규범에 의존할 수밖에 없기 때문이다.

4. 세력균형 개념의 변용

'중립': 외재적 세력균형

권력정치의 국제사회에서 주권국가로서 행동하고 주체적으로 세력균형을 운용할 수 있는 '자주'와 '자강'을 제대로 갖추지 못할 때, '균세'의 규범이 현실의 권력을 제어하지 못할 때, 소국 조선은 어떠한 선택을 할 수 있을까. 갑신정변 실패 이후 갑오개혁과 광무개혁 등 '자주'와 '자강'을 위한 개혁이 시도되었지만, 청국과 일본, 러시아와 일본의 권력투쟁이 동북아 국제관계를 규정하고 열강의 권력투쟁이 청일, 러일 전쟁의 국제 폭력으로 귀결되는 콘텍스트에서 한국은 '고립'될 수밖에 없었다. 세력균형이 열강의 역학 관계를 의미하고 조선이 '자주'와 '자강'의 부족으로 세력균형의 객체가 되었을 때, '균세'가 국제 행동의 정책 원리로서 내면화될 가능성은 약해질 수밖에 없다. 여기서 '중립'과 '정립'의 세력균형론이 나타난다.

중립 구상은 세력균형의 주체적 실천이 거의 불가능한 소국의 장소적 특질에서 나왔다. 중립은 대국의 세력균형 정책에 의존할 수밖에 없다는 한계를 갖지만, 부국강병에 기반한 주체적 자주독립이 어려운 상태에서 강구될 수 있는 발상이었다. 중립 구상은 이미 갑신정변 이듬

해인 1885년에 유길준에 의해 제시되었다. 유길준은 다음과 같이 주장하였다.

> 우리나라는 땅이 아시아의 인후咽喉에 처함은 유럽에서 벨기에의 경우와 같고, 지위가 중국의 공방貢邦임은 터키에 대한 불가리아의 경우와 같다. … 불가리아를 중립으로 삼은 조약은 유럽 대국들이 러시아를 막으려는 계책에서 나온 것이고, 벨기에를 중립으로 삼은 조약은 유럽 대국들이 서로 스스로를 지키는 방책이다. 이로써 논하면 우리나라가 아시아의 중립국이 되는 것은 실로 러시아를 막는 큰 계기이며, 또한 아시아 대국들이 서로를 지키는 정략이다.[35]

조선의 중립은 주권국가체제와 조공체제가 공존 내지 중첩되는 콘텍스트에서 모색된, 그리고 유럽의 경험에서 유추된 조선의 생존 전략이었다. 유길준은 유럽 국제관계에서 불가리아의 중립이 역외 열강(러시아)과의 세력균형에서 나왔고, 벨기에의 중립이 역내 열강 간의 세력균형에서 성립된 것임에 주목하였다. 그리고 **역간 세력균형과 역내 세력균형**의 이중 구도를 아시아에 적용시켜 조선의 중립을 역외 세력인 러시아를 막고 아시아 열강의 상호 균형을 유지하는 전략으로서 정당화한다. 그런데 유길준은 불가리아와 벨기에의 중립이 이들 소국의 주체적 선택이 아니라 유럽 강대국정치의 소산이라는 사실을 알았고 열강 때문에 조선의 주체적 중립이 한계가 있다는 점을 숙지하였다. 그래서 일본에 맞서 갑신정변을 진압하는 힘을 가졌던 중국을 후견국가로 삼는 친청 중립론으로 귀착시켰던 것이다.[36] 친청 중립론은 중국의 우세

35 유길준, 「中立論」(1885), 『유길준전서』 IV(서울: 일조각, 1971), 320-321쪽.

36 유길준, 「中立論」. 김옥균도 갑신정변 실패 후 친중 중립론을 얘기한 적이 있다. 「與李鴻章書」(1886), 『金玉均全集』(서울: 아세아문화사, 1979).

를 의식한 중립 구상이었다.

그런데 한반도 주변 열강이 힘의 균형을 이루게 되면 보다 주체적인 중립의 발상이 제시된다. 독립협회 지식인들은 1890년대 중후반 러일간의 균세가 성립한 콘텍스트—'균세지국'均勢之局—에서 조선의 자주독립을 위해서는 세력균형을 이용하여 '중립'을 취해야 한다고 주장하였다.

> 가령 말할진대 강한 나라는 만국공법을 버리고 대포 한 자루만 쓸지라도 약한 나라는 만국공법 쓰는 것이 관중(貫中)할 바이로다. 만국과 맹약을 함께할 때에는 간난하고 부한 나라가 섭겨 살매 부국의 재물 많은 세력과 빈국의 넓이 사귀는 수단이 화동하여 지내는지라. 빈약한 나라에서 범백 일은 갖추지 못하고 병비만 베푼들 병비만 믿고 어찌 거만하며 어찌 외국을 겨으리요. … 다른 나라의 힘을 의지하려 말고 힘입으려 하지 말고 다른 나라와 동등 지위와 동등 행세와 동등 권리와 동등 법률이 있은 연후에야 가히 자주 독립국이라 칭할 것이라. … 각국과 사귀는 데는 팔방미인의 정태와 풍신 좋은 장부의 두렷한 처사로 행하야 편벽되이 사귀지 말고 동편 서편에 연합하야 화친하고 서로 제어하는 세를 얽은즉 이는 보호중립에 가까운지라. 중립으로 독립에 이르기는 정치가에 용이한 수단이로다.[37]

'중립'은 특정 열강에 치중하지 않고 '원근', '강약'에 관계없이 모든 열강과 '평등의 예'로써 교섭하며, 만국공법을 준수하여 우의를 두텁게 하고, 적대 관계에 있는 두 열강(러시아와 일본) 양쪽과 '연합', '화친'을 맺어 "서로 제어하는 세"를 얽음으로써 조선을 보전하는 '보호중

37 『독립신문』 1898년 1월 20일자 사설.

립'의 외교를 가리킨다. 여기서는 세력균형을 만들어 내는 주체적 중립 외교의 가능성이 발견된다. 그러나 주체적 다자 외교를 지향하는 '보호 중립'은 강대국의 '대포 한 자루'(권력정치)에도 '만국공법'으로써 대응해야 한다는 규범론에 기반하며, 법제도의 문명화civilization와 "팔방미인의 정태와 풍신 좋은 장부의 두렷한 처사"와 같은 정치가의 예의범절civility에 의존한다. '보호중립'은 유길준의 '친청중립'보다 주체적인 것처럼 보이지만, 실제로는 러·일 세력균형의 콘텍스트에서 그 세력균형에 주체적으로 관여할 수 없는 한계에서 나온 것이었고, 때문에 규범론으로 흐를 수밖에 없었다.

'중립'은 세력균형과 관련되지만 주변 열강의 세력균형을 전제로 한다. 따라서 중립론은 일본의 힘의 우위(지역패권)가 동북아 세력균형을 대체했을 때 파탄할 수밖에 없었다. 특히 보호조약 체결 이후 문명개화론자들은 대국 의존론을 생존 논리로서 제시하였다. 청국 우위의 콘텍스트에서 친청 중립을 구상했던 유길준은 이 콘텍스트에 들어서면 일본 의존적인 평화론을 내세운다. 일본은 한국의 자강과 국권 회복을 통해 '동양의 영원평화'를 보전하기를 원하며, 한국은 '문명'과 '부강'을 통한 '광복'을 달성하는 과정에서 일본과 '지성至誠의 평화'를 보전해야 한다는 주장이었다. '평화'는 일본의 대한정책에 대한 우호적인 협조, 혹은 '대국' 일본에 대한 묵종을 뜻했다. '균세'는 이러한 '평화'를 저해하는 요소로 간주된다. 유길준은 '균세'를 믿고 일본에 '경거망동'해서는 안 된다고 경고하였다.[38] 다른 외세를 끌어들여 일본에 대응하려는 세력균형 정책을 부정하였다.

문명개화론자들이 제시한 '중립' 관념은 세력균형에 대한 민감

38 「平和克復策」(1907), 『유길준전서』 IV(서울: 일조각, 1971), 277-279쪽.

성을 높이고 세력균형을 동북아 맥락과 근대 한국의 상황에 체화시키는 세력균형 개념의 자기화를 얼마간 실현시켰다고 볼 수 있다. 그러나 '중립'은 열강 간 세력균형을 전제로 하는 한, 그리고 '문명'과 '자강'을 토대로 그 세력균형에 일정한 영향을 행사할 수 있는 자율성을 갖지 못하는 한, 열강 간 세력균형의 존재 양태와 열강의 동북아 국제관계에 좌우될 수밖에 없다. '중립'은 세력균형의 주체인 대국들이 만들어 내는 세력균형의 부산물일 수밖에 없고, 따라서 비주체적이고 제한적이며 가변적일 수밖에 없었다. 소국의 영속적 중립—이른바 '영구중립'—은 세력균형이 전략 내지 정책의 수준을 넘어 국제체제의 수준에서 안정성과 지속성을 확보할 때 가능한 것이다.

'정립': 내재적 세력균형

세력균형의 내면화 또는 토착화는 열강의 세력균형을 중시한 중립론과 달리 동북아 공간 내부의 세력균형을 중시하는 또 다른 구상에서 전개되었다. '정립'鼎立 혹은 '정족'鼎足의 발상이 그것이다. '정립', '정족' 개념은 국제체제의 관점에서 동북아 공간의 세력균형을 포착하고 조선을 세력균형의 주체로 상정하는 데 사용되었다.[39] '정립', '정족' 개념은 1890년대 중반 이래 1920년대에 걸쳐 보였는데, 일본이 청일전쟁 이후 세력을 팽창하고 제국을 형성했던 시기에 해당한다. '정립', '정족'은 일본이 지역 패권국가로 성장해 가는 콘텍스트에서 일본에 대응하는 논리로서 제시되었다. 이 개념은 개화 지식인들도 보였지만 특히 유학자들(위정척사파, 개신 유학자들)이 적극적으로 사용했다. 과거 '균세'와 균세적 동맹을 거부했던 위정척사론자들은 일본의 세력 팽창에 직면하자

39 '정립', '정족' 개념에 관해서는 장인성, 「근대동아시아 국제정치와 '인종'」, 국제관계연구회 엮음, 『근대국제질서와 한반도』(서울: 을유문화사, 2003) 참조.

만국공법을 일본 비판을 위한 근거로서 받아들였고 '정립'의 세력균형론을 조선의 생존 논리로서 적극 내세웠다.

'정립', '정족' 개념은 한중일 '동양삼국'과 삼국이 이루는 동북아 공간, 그리고 삼국의 관계 방식으로 구성된다. '정립'은 '동양'(동북아)을 보전하기 위한 세력균형, 동양삼국의 자율성, 그리고 동양삼국의 연대성이 요체였다. '동양'은 동북아 삼국과 삼국의 관계망으로 구성되는 지정·지문화적 공간이자 '서양'에 대항하는 안보 공간이었다. 근대 한국의 '동양' 개념은 대외 팽창의 수준에 따라 지리적, 인종적 범주를 확장시켜 나갔던 근대 일본의 '동양' 개념과는 달리, 동북아의 지리적 공간과 동양삼국의 '민족'에 한정되었다.[40] 정립론자들은 이러한 지정·지문화적 공간, 안보 공간 속에서 한중일 삼국의 자율성과 연대성을 토대로 '동양평화', 즉 동북아의 안정과 평화를 보전하고자 했다. '정립', '정족'은 근대 한국의 위상과 관점이 투사된, 그리고 동북아 국제정치에 의존하는 근대 한국인의 국제정치관을 표상하는 언어였다.

'정족'은 세 발 가운데 어느 한 쪽이 무너지면 솥 자체가 기능할 수 없고 다른 두 발도 무너질 수밖에 없다는 뜻을 가진다. 동서양의 역간 세력균형과 동양의 역내 세력균형은 솥(연대)과 솥발(균형)의 관계처럼 맞물려 있다. 역간 세력균형을 위한 연대협력은 역내 세력균형이 전제되어야만 했다. 개명 유학자 이기李沂의 언설을 빌려 말한다면, '정립', '정족'은 "동양삼국은 정족지세鼎足之勢를 이루고 있어 한 나라가 망하면 모두가 기울어진다. … 지금 한국이 망하면 귀국[일본]이 그 다음에 망하고 귀국이 망하면 청국이 또 망하게 되어 동양전국東洋全局이 하나도

40 장인성, 「자기로서의 아시아, 타자로서의 아시아: 근대조선의 지식인에 나타난 '아시아'와 '동양'」, 『신아세아』 제5권 3호(서울: 신아세아질서연구회, 1998); 大熊英二, 『単一民族神話の起源』(東京: 新曜社, 1995), 174-176쪽.

빠짐없이 와해될 것이다”[41]와 같은 상황을 상정한다. ‘정립’의 존재 방식과 그 성립 조건은 다음과 같다.

> 무릇 솥鼎이라 하는 것은 세 발이 갖추어지므로 능히 안정자립의 세를 보유함이라. … 생각건대 우리 한일청韓日淸은 동양일국東洋一局에 처하여 인족人族이 원래 동종同種이요, 문사文詞가 또한 일치함이요, 풍속風俗이 태반 흡사하니, 그 고유한 상애相愛의 동정同情이 마땅히 타국과 크게 다를 뿐더러 하물며 이 서세동점하는 날에 이르러 순치보거의 관계가 아주 긴밀하고 중요한 땅에 있음이라. 단연코 마땅히 **협심평화協心平和**에 **연합실력聯合實力**이 솥의 세 발을 갖춤과 같은 연후에야 가히 동양전국東洋全局을 보전함은 지자智者를 기다리지 않고 능히 알 수 있는지라.[42]

정립은 솥의 세 발로 동북아의 ‘안정자립의 세’를 보전하는 것, 즉 ‘동양평화’와 삼국의 자주독립을 보장하는 원리다. ‘정족’의 성립 조건은 동북아 삼국이 공유하는 ‘동양 일국’東洋一局에 처한 지리적 특성, 인종적 동질성, 문명적 유사성이다. 이 세 조건은 다른 지역과 차별화되는 “서로 사랑하는 같은 정”을 유발하며, 서세동점의 상황은 동양삼국의 ‘순치보거’脣齒輔車 관계를 요구한다. 정립의 목표는 ‘협심평화’와 ‘연합실력’을 통해 ‘동양전국’東洋全局을 보전하는 것, 즉 ‘동양평화’의 확보에 있다. ‘협심평화’는 동양삼국의 역내 세력균형을 보전하는 것이며, ‘연합실력’은 연대를 통해 외부(유럽 열강)의 위협에 대응하는 역간 세력균형을 뜻한다. 연대협력은 역외국가들에 대항하여 동양삼국의 자주독립을 확보하는 조건으로서 역간 세력균형을 확보하는 방책이며, 그러한

41 『海鶴遺書』 5卷 文錄三 書牘 「與日本伯爵大隈信書」(甲辰).

42 李奎濚, 「東洋協和도 亦智識平等에 在홈」, 『西友』 제15권(1908년 2월), 35쪽.

연대협력은 역내 세력균형을 통해 삼국의 자주독립이 확보되었을 때 가능하다. '정치연맹'鼎峙聯盟[43]은 규범적 연대와 권력적 세력균형의 복합을 표상한다.

역외 세력균형과 역내 세력균형의 이중 구도는 유길준의 중립론의 경우처럼 유럽 국제사회에서 도출되고 있다. 예컨대 "지금 저 서방의 강자는 같은 대륙에서는 세력균형(勢鈞力敵)을 이루어 강하지 않지만 다른 대륙에 가면 성위聲威를 빛내고 떨쳐 강하게 나온다. 같은 인종끼리는 땅은 다르고 덕은 같아 으뜸이 되지 못하지만 다른 인종에 대해서는 의기가 오로지 굳세어 으뜸을 이루니 이것이 서방의 강함이다"[44]라는 언설에서는 유럽의 경험에서 역내 세력균형과 역간 세력균형의 모델을 포착하려는 의지를 읽을 수 있다. 그러나 유길준의 중립론과는 달리 정립론에서는 이중의 세력균형에 삼국의 연대협력과 자주독립에 관한 발상을 결부시키고 역간과 역내의 세력균형을 상관적으로 포착하는 관점이 두드러진다. 유길준은 불가리아의 '중립'을 대외적 세력균형의 모델로 보았지만, 정립론에서는 일본의 패권화가 진행되는 콘텍스트에서 불가리아의 '독립'을 유럽 평화와 결부시키면서 '동양의 평화'를 이루려면 한국의 독립이 필요하다는 견해가 제시되었다.[45]

역간 세력균형을 위한 연대협력의 의식은 '균세' 개념이 출현할 때부터 보였다. '순치'脣齒, '보거'輔車 — '순망치한'脣亡齒寒, '순치상의'脣齒相依, '보거순치'輔車脣齒, '보거상의'輔車相依 — 등 동양삼국의 상호 의존성을 표상하는 언어들은 주로 청국과 일본이 자국의 안보를 위해 동원한, 양

43 閔泳徽가 고종에게 올린 글, 『高宗實錄』 高宗 44年 1月 15日條.

44 「世界平和가 在東洋(續)」, 『皇城新聞』 1906年 12月 11日字 논설.

45 「勃牙利獨立會議에 對하야 我韓問題를 提出할 事」, 『大東共報』 1909年 1月 17日字.

자 관계의 지정학적 유대를 강조하는 지정학적 개념으로 나타났던 것이다. 그런데 1890년대 중후반 러시아가 '상상된 위협'을 넘어 '실제의 위협'으로 다가오면서 조선의 지식인의 연대 감정과 결부되었고 다자(삼국)간 상호의존을 표상하는 국제관념으로 받아들여졌다. 자주독립을 위해 상호의존 관계 속에 스스로를 자리매김해야 하는 현실이 전개되었기 때문이다. 인종적, 문명적 유사성을 표상하는 '동문동종'同文同種도 연대협력을 정당화는 근거로서 동원되었다. '보거순치'와 '동문동종' 개념은 연대의식을 생성하는 근거라기보다는 생존을 위한 연대의 필요성에서 작위된 것이었다.

'정립', '정족' 개념은 일본의 권력에 의해 조선의 자주독립과 동북아의 평화(동양평화)가 위기에 처했을 때 소국 조선의 생존 논리로서 제기되었다. 문명개화의 상대적 후진성과 방어적 안보 관념이 강했던 조선의 지식인들은 역내 균세를 통해 생존을 모색하려 했고 균세에 입각한 연대협력을 통해 역외 위협에 대응하고자 했다. '정립', '정족'은 동북아 국제관계 현실의 표현이 아니라 일본의 압도적 영향력을 배제하려는 당위적 명분이었다. 정립론은 한국, 중국, 일본의 세 행위자로 구성되는 동북아 국제체제의 구조와 행위자 간 관계를 세력균형의 관점에서 보는 비판적 성찰이었다. '중립'과 '정립'은 둘 다 세력균형을 중시한 관념이었다. 하지만 '중립'이 조선이 주체가 되지 못하는 외재적 세력균형에 의존하였기 때문에 지역 패권에 대한 비판이나 긴장감을 결여했던 데 비해, '정립'은 조선을 주체에 포함한 내재적 세력균형을 통해 독립을 유지하려는 긴장감이 있었기에 지역 패권에 대한 주체적 비판이 가능했다. '정립', '정족'은 서세동점의 상황에서 동북아의 평화와 안정을 추구하는 바람직한 동양 국제사회를 상정한다.

'정립'은 세력균형 관념을 동아시아 국제체제의 구조와 주체(행위자)의 조건에 맞추어 동북아 공간에 내재화하는 국제관념의 표상이었다. 세력균형으로서의 '정립' 개념은 주권국가체제와 그 운용 원리인 세력균형 개념이 착근되는 과정에서 한국, 중국, 일본의 행위자와 그 행동 방식으로 구성되는 동아시아 국제체제의 구조를 보는 시선이 성립했음을 시사한다. '정립' 관념을 통해 세력균형은 소국 조선의 생존 조건으로 내면화 혹은 토착화되었다. 다만 동양삼국의 발전단계, 주권의 수준, 안보 관념이 상이한 상황에서 '정립'이 현실적으로 실현될 가능성은 없었다. 또한 '정립', '정족'은 반드시 힘의 동등한 균형을 의미하는 것은 아니었다. 정립론자들도 연대협력과 대외방위를 통해 동양의 평화와 번영을 달성하려면 발전된 일본의 지도(맹주)적 역할이 필요하다는 점은 인정했다. 일본의 지역 패권을 인정하고 내정 지도까지도 용인하는 문명개화론자도 있었지만, 일본에 대해 동양을 연합하고 황인종을 보호하는 의무를 요구하고 '정족'의 동양평화를 유지할 것을 요구하는 주장[46]이 일반적이었다.

현실과 이상의 괴리는 현실에 대한 비판을 수반한다. '정립'이 실현되기 어려웠을 때 '만국공법'은 '동양평화'를 파괴하는 일본의 이기적 대외행동을 비판하고 일본에 '신의'와 공공성을 요구하는 규범적 준거로서 부활한다. 1900년대 후반 현실 지향적인 국제정치관을 가졌던 문명개화론자들은 일본이 지역 패권을 장악해 가는 동북아 현실을 인정하고 이러한 현실에 추종하는 자세를 보였다. 반면 전통론자들은 세력균형을 동북아 공간에 내면화시킨 '정립'의 논리를 통해 일본의 폭력과 패권에 대항하고 조선의 자주독립을 보전하려는 강한 의식을 가졌다. 여기서 만국공법이 일본의 대외행동을 비판하고 세계 만국에 공공성을 주창하는 근거로서 제시되었다.[47] '만국공법'의 규범성과 공공성

46 『海鶴遺書』5卷 文錄一 論辯「三滿論」.

47 張寅性,「近代東アジア国際社会の公共性と'万国公論': 近代韓国の経験と観点」,

은 전통론자들에 의해 부활한 것이다. 지난날 '균세'를 부정했던 전통론자(위정척사론자)들이 '정립'의 세력균형 관념을 강하게 드러낸 반면, 지난날 '사대'를 부정했던 문명개화론자들이 신흥 대국 일본과의 의존 관계를 중시하게 된 것은 역사의 아이러니이다.

5. 세력균형의 형해화와 부활

정립 관념은 동양삼국의 자주독립을 전제로 성립하는 것이며, 논리상 한국이 주권을 상실했을 때 소멸했어야 했다. 하지만 정립 관념은 국권 상실 후에도 당분간 존속하였다. 이 사실은 '동양평화'를 다룬 『동아일보』의 한 사설(1920년 6월 25일)에서 확인된다. 사설자는 '동양평화'를 "외부적 동양평화"와 "내부적 동양평화"로 구분한다. 외부적 동양평화는 동양 이외의 "국민"이 동양을 침범하지 못하게 하여 동양평화를 보전하며, 각자 실력을 양성하여 정의를 행하고 동양이 단결하여 천하의 불의를 일소하는 데 있다. 내부적 동양평화는 "동양 3개 지방의 상호 간 또는 각 지방 내의 평화"를 뜻하는데, 여기에는 "동양 3개 지방" 간의 평등과 권리, 존엄의 상호 존중, 상부상조, 자연개척과 인지人知 계발이 요구된다. 동양평화는 순치 관계에 있는 한중일 "3개 지방"이 폭력이나 무력에 의존하지 않고 각자 "화락한 중심"이 되어 "공존상재"共存相在하는 가운데 "진보"를 이룩하는, 즉 "일본만의 평화와 발전이 아니라 동양 3개 지방의 평화와 발전"을 모색하는 것에 있다. 각 민족은 "평등한 지위"를 갖고 "자유적 정신"으로 "연합"해야 한다는 것이다.[48]

三谷博 編, 『東アジアの公論形成』(東京: 東京大学出版会, 2004).

48 『동아일보』 1920년 6월 25일자 사설 「동양평화의 요체」.

이 사설에서는 국권을 상실한 상황에서 동아시아에서 '정립'의 주체는 지방 혹은 민족으로, 그리고 국가의 자주독립은 민족의 '평등한 지위'로 바뀌어 있고, 역내 세력균형은 지방 간, 민족 간 평등으로 변질되어 있다. 하지만 '외부적 동양평화'와 '내부적 동양평화'의 발상은 정립의 역간 균세와 역내 균세의 논리에 맞닿아 있다. 동양 3개의 지방, 민족이 자율적인 주체로서 공존상재하고 단결을 이루면서 평화와 발전을 달성한다는 발상, 주체의 평등성과 자율성, 동양평화의 안과 밖의 존재 방식, 윤리적 비판 수단으로서의 성격, 공존과 균형의 존재 방식에 관한 성찰은 정립론의 유산이라 말하지 않을 수 없다. '동양평화'의 진정성을 판별하는 정의 대 불의의 준거에서도 유교 규범론의 잔영을 볼 수 있다. 정립 관념과 진보, 자유, 평등 관념의 결합은 윌슨의 민족자결주의와 민주주의론의 영향 때문일 것이다. 진보와 평등, 자유적 정신 등 근대 관념은 새로운 국제 윤리가 모색되는 콘텍스트에서 정립 관념의 변용을 유발하였다.

그러나 지방, 민족의 평등한 지위에 근거한 공존상재는커녕 지방, 민족의 생존 자체가 불확실성을 높여 갔을 때, 정립과 균형의 관념은 설 곳을 잃고 형해화할 수밖에 없다. 『동아일보』 1925년 사설은 "동양의 평화는 동양인의 인화人和에 있으며 동양의 인화는 지리적 또는 역사적 인군人群생활의 자연 상태와 경계를 각자 인정함에 있다"고 역설하면서 조선인은 조선에서 조선인으로, 일본인은 일본에서 일본인으로 살아야 한다고 주장한다.[49] 민족의 사회생활 공간마저 인정받지 못하고 지방, 민족의 존재 자체가 위협을 받는 제국 공간이 진전되고 연대와 균형을 추구한 정립 관념이 소멸하고 있었음을 암시한다. 1910년대에 출현한

49 『동아일보』 1925년 5월 17일자 사설 「일본인의 동양평화」.

번역어 '세력균형'은 1920년대 들어 일상화되고 언어 권력을 획득하고 있었다.[50] 일본의 만주 침략과 '공영권' 형성으로 제국 공간이 팽창하고 '공영' 관념이 새로운 '대동아'를 창출하려는 콘텍스트가 전개되었을 때, "민족의 지리적 또는 역사적 인군 생활의 자연상태와 경계"는 붕괴되고 정립 발상은 파탄하게 된다.

일본이 태평양전쟁에서 패배하면서 '대동아공영' 관념은 붕괴되었다. 일본 제국이 무너지고 한국이 자주독립을 이룬 것은 동아시아의 '정립'을 상상할 수 있는 구조의 부활을 뜻한다. 그러나 냉전체제가 동북아 국제체제를 규정하고 미·소 열강의 권력 투쟁이 동북아 공간을 규율하면서 '정립'이 상상될 여지는 없었다. 냉전체제하에서는 '동북아의 안정과 평화'라는 용어가 '동양평화'를 대체하여 동아시아의 세력균형을 표상하였다. 미소 간의 세력균형, 즉 외재적 세력균형이 '동북아의 안정과 평화', 즉 내재적 세력균형을 규정하게 됨에 따라 '정립'의 발상을 구성했던 역간 세력균형과 역내 세력균형의 두 축은 성립할 여지가 없었다.

탈냉전과 동북아 국가들의 발전과 자율성 증대는 이중적 세력균형을 상상할 여지를 제공할지도 모른다. 역내 균열을 초래했던 역외 국가(특히 미국)와 양자 관계를 유지하면서 역내 다자간 협력관계를 구성하려는 의지와 실천이 출현하는 가운데, 정립 개념은 어떤 현재적 함의를 줄 수도 있다. 물론 이 정립이 19세기 후반의 그것과 같을 리는 없다. '정립'을 출현시킨 동아시아의 국제정치적 조건이 다르며, 특히 공간의 범주와 공간에 대한 상상력이 바뀌었기 때문이다. 하지만 글로벌 세력

50 이것은 일본이 세계정치 무대에 등장하고 워싱턴 회의와 군축회의 등을 계기로 세계정치 수준의 세력균형에 관여하게 된 상황과 연관될 것이다. 번역어 '세력균형'이 부상하고 '정립' 발상이 소멸되어 가는 상황은 서로 맞물려 있었던 것으로 보인다.

균형과 리저널 세력균형이 교차하고 외재적 세력균형과 내재적 세력균형이 복합된 동아시아 공간을 성찰할 때, 또한 역내 갈등과 협력의 모순을 풀어야만 하는 동아시아의 향후 과제를 생각할 때, '정립'의 개념과 관념에서 일정한 상상을 얻을 수는 있지 않을까.

제7장

동양과 평화

근대한국의 평화관념

1. '동양평화'라는 말

전쟁과 평화는 인간사회의 보편적 현상이다. 인류는 평화를 이룩하기 위해 전쟁을 수행하기도 했고 전쟁을 없애기 위해 평화를 구상하기도 했다. 평화사상가들이나 국제정치학자들은 인간의 심성, 정치제도, 국가 그리고 국제사회의 여러 수준에서 전쟁의 원인과 평화의 조건에 관해 성찰해 왔다. 그런데 전쟁과 평화에 관한 성찰은 서구의 경험에 바탕을 둔 것이 대부분이었다. 동아시아의 경험은 상대적으로 간과되어 왔다.

전쟁과 평화는 인간의 보편적인 현상이지만 그것들이 전개되는 양상과 그것을 생각하는 심성은 얼마간 장소의 제약을 받지 않을 수 없다. 근대한국의 평화관념도 동양평화론에 잘 드러나듯이 보편성을 띠면서도 근대한국의 경험과 근대한국인들의 국제정치적 심성을 담은 것이었다. 동양평화론은 근대한국인의 국제정치적 삶과 국가와 민족의 생존에 대한 의지를 담은 국제정치론인 동시에 근대한국인의 평화관념이 투사된 평화론이었다. 근대한국의 동양평화론은 일본발 동양평화론에 대응하는 대항담론이었는데, 국제정치적 위상과 외교전략, 국제관념등에서 일본의 동양평화론과 적지 않은 차이를 보였다.

'동양평화'는 오늘날 얘기하는 '동북아의 평화와 안정'이란 말과 마찬가지로 청일전쟁부터 태평양전쟁까지 동아시아 국제관계의 현실을 반영함과 동시에 근대동아시아 국제관계의 이상을 담은 정치언어였다. '동양평화'는 평화의 현실 자체를 말하는 것이 아니라 '동양'의 안정과 평화를 구축해야 한다는 당위의 표현이었다. '동양평화'는 당위론적 구상인 한 상당 부분 허구일 수밖에 없다. '동양평화'의 의미는 그 허구성을 폭로했을 때 비로소 해명될 수 있을 것이다. 더 중요한 것은 '동양평화'라는 정치언어의 용법에서 근대한국인의 평화관념을 파악하고 이를 통해 한국인의 국제정치사상의 핵심을 포착해 내는 일이다. 이 장에서는 동양평화론의 정치언어를 분석함으로써 근대한국의 평화관념의 내용과 특질을 해명한다. 근대한국의 평화관념이 어떠한 내용과 성격의 것이었는지를 드러낼 수 있다면 근대한국인의 정치의식과 국제사상을 상당 부분 이해하게 될 것이다.

2. '동양평화'의 요체

'동양평화의 요체'

3·1운동이 발발한 이듬해 『동아일보』에는 「동양평화의 요체」(1920)라는 사설이 실렸다. '동양평화'를 생각하는 한국인의 국제정치적 심성이 잘 드러난 글이다. 이 사설에서는 '동양평화'를 '외부적 동양평화'와 '내부적 동양평화'로 구분하였다. '외부적 동양평화'는 동양 이외의 '국민'이 감히 동양을 침범치 못하는 것을 뜻한다. 사설자는 외부적 동양평화는 국제연맹과 같은 평화기관이나 인도적 정신을 통해 모색될 수도 있지만 확실한 방법은 스스로 실력을 양성하여 '정의'를 행하고

동양이 단결하여 천하의 '불의'를 일소할 준비를 갖추는 데 있다고 주장하였다. 한편 '내부적 동양평화'는 "동양 3개 지방의 상호 간 또는 각 지방 내의 평화"를 의미한다. 사설에서는 내부적 동양평화는 "동양 3개 지방"의 인사들이 욕심을 버리고 의義를 좇아 평등한 지위에서 서로 권리와 존엄을 지키고 신뢰하며 평화로운 생활 속에서 상부상조하여 자연을 개척하고 인지人知를 계발하는 데 있다고 말한다.[1] 요컨대, 외부적 동양평화는 서양세력에 대항하여 동양의 평화를 보전하는 것이며 이를 위해서는 동양 내부의 단결이 선행조건이다. 내부적 동양평화는 동양의 평화(안정)를 위한 내부적 조건이며 이를 실현하기 위해서는 동양 3개 지방의 평등과 권리, 존엄의 상호존중이 필요하다. 동양평화의 안과 밖의 모습은 '정의'와 '불의'라는 기준으로 구별된다.

이 사설에서 동양은 "호상의뢰하며 보조하는" 순치 관계에 있는 일본, 한국, 중국의 "3개 지방"을 가리키며, 동양평화는 이들 3개 지방 간의 평화를 뜻한다. 동양평화의 목적은 "일본만의 평화와 발전이 아니라 동양 3개 지방의 평화와 발전"(또는 "3개 지방의 단결과 발전")을 이룩하는 데 있다.[2] 사설자는 평화를 다음과 같이 규정한다.

> 평화는 그 본질이 화和라, 무력이나 강력에 압도된 정靜이 아니니, 그러므로 각인이 화락和樂한 중심으로 공존상재共存相在하여 평정平靜한 가운데 진보를 이루는 생활이 곧 평화[이다.] … 동양의 단결과 평화적 발전을 더욱 더 열망하니 그 방도가 어디에 있는고? 오직 각 민족의 권리와 희망을 절대로 존중하며 승인하며 각자 평등한 지위에 서서 자유적 정신으로 연합함에 있다 하노니. 옛날에 공자가 이르길 언충신言忠信하고 행독

1 「동양평화의 요체」, 『동아일보』 1920년 6월 25일자 사설.

2 「동양평화의 요체」.

경行篤敬이면 비록 만맥蠻貊의 곳이라도 가거니와, 언불충신言不忠信하고 행불독경行不篤敬이면 비록 주리州里일지라도 가겠는가 하심이 그 어찌 우리를 속인 바이리오. 개인의 도덕이나 국가의 도덕이 차이가 없도다.[3]

평화는 무력이나 폭력에 압도된 조용함이 아니라 각자 "화락한 중심(개체)으로 공존상재하면서 평정한 속에서 진보를 이루는 생활"을 가리킨다. 이러한 평화의 조건은 각 민족의 권리와 희망이 존중되고 각 민족이 평등한 지위에서 자유적 정신으로 연합하는 데 있다. 『동아일보』의 동양평화론은 평정과 진보의 결합, 진보와 도덕의 공존, 개체적 자유평등과 전체적 화합단결(연합)의 공존을 강조하고 있다.

진보와 개체의 자유평등에 관한 주장은 윌슨의 민족자결주의와 국제민주주의가 반영된 것으로 보인다. 주목할 것은 개인과 국가의 윤리를 연속적으로 파악하는 유교적 사유가 동양평화론을 지탱하는 가운데 주체들의 평등성과 개체성에 입각한 공존이 모색되고 있다는 사실이다. 이 사설에서는 일본만의 평화와 발전을 뜻하는 일본의 '동양평화' 개념을 비판하고 일본의 '동양' 독점을 견제하려는 의도를 읽을 수 있다. 한중일 세 주체의 개체성과 상호의존성에 토대를 둔 평화구상은 근대한국의 동양평화론의 특질을 고스란히 보여 준다.

동양 3개 민족의 평등성은 당위의 표현만은 아니다. 그것은 지리적, 역사적 존재방식의 소산이다. 이러한 사실은 5년 뒤 『동아일보』의 또 다른 사설에서 확인할 수 있다. 1925년 5월 17일자 사설에서는 일본이 동양을 침탈하면서 평화를 주창하는 현실을 비판하면서 동양평화를 이루는 민족 평등성의 조건을 '지리'와 '인화'人和에서 찾았다. 사설에서

3 「동양평화의 요체」. 이하 인용문에서 한글 표기는 현대 철자법으로 바꾸었고 현대 우리말로 번역한 곳도 있다.

는 "동양의 평화는 동양인의 인화에 있으며 동양의 인화는 지리적 또는 역사적 인군人群 생활의 자연 상태와 경계를 각기 인정함에 있"다고 말한다. 조선인과 일본인은 지리와 인화에 순응해야 평화와 번영을 얻고 이를 거스르면 화와 분규를 초래하므로 조선인은 조선에서 조선인으로 살고 일본인은 일본에서 일본인으로 살아야 한다고 주장하였다.[4] 민족들 사이에 존재하는 자연적 경계를 인정하는 것, 즉 민족의 자율성을 인정하고 보전하는 것이 동양평화의 기본 조건이라는 말이다. 동양인의 인화와 지리를 인위적으로 변경한 일본의 동아시아정책과 동양평화론을 비판한 언설이다.

두 사설의 동양평화론은 '동양평화'의 시공간적(지리적, 역사적) 존재방식과 동양을 살아가는 주체들의 국제정치적 삶을 반영한다. 비록 식민지 상황에서 동양평화의 주체는 국가가 아닌 민족이나 지방으로 설정될 수밖에 없었지만, 이들 동양평화론에는 연대와 독립의 존재방식을 생각하는 한국인들의 심성이 담겨 있다. 즉 동양평화를 역간域間과 역내域內의 양 차원에서 파악하고, 동양평화의 조건을 주체의 평등성과 자율성에서 찾는 발상이 엿보인다. 아울러 평화론이 윤리적 비판의 수단으로서 사용되고 있음을 확인할 수 있다. 19세기 후반 한국인의 동양평화론에 연속한 것이라 말할 수 있다.

'외부적 동양평화'와 '내부적 동양평화'

근대한국의 동양평화론에서는 두 가지 인식론적 계기가 발견된다. 하나는 유럽 국제사회의 존재와 유럽열강으로부터의 위협이다. 다른 하나는 동북아의 안정과 평화를 위협하는 일본의 동아시아정책과 일본발

4 「일본인의 동양평화」, 『동아일보』 1925년 5월 17일자 사설.

동양평화론의 존재다. 상술한 '외부적 동양평화'는 전자에 대응하는 것이며, '내부적 동양평화'는 후자에 대응하는 것으로 볼 수 있다. 근대한국의 동양평화론은 서세동점의 상황과 역외세력(유럽)에 대항하는 측면에서는 일본의 동양평화론에 부응하는 측면이 있지만, 일본의 역내 위협을 견제하고 일본의 동양평화론을 비판하는 대항 담론의 성격을 갖는다.

'동양'은 원래 중국의 동쪽 바다를 지칭한 말이다. 그런데 개항 이후 한중일 삼국의 동북아 공간을 가리키게 되었고, 역외 세력에 공동 대응하기 위한 연대협력의 필요성을 인식하면서 유럽의 존재와 위협에 대응하는 주체적 의지를 내포하게 된다. 서세동점은 동아시아 공간을 동양삼국이 구성하는 하나의 국제사회로서 상정하는 인식론적, 존재론적 성찰을 자극하였다. 또한 역외 위협에 대응하기 위한 역내 연대협력의 필요성을 유발시켰다. '외부적 동양평화'의 구상은 유럽의 존재와 그 위협에 대항하는 능동적 의지를 표현한다.

1880년대 일본에서 제기된 동양연대론은 동양평화론의 원형이다. 초기 연대론은 일본의 대외팽창의 잠재적 의지를 내포한 것이지만 서세동점에 대응하는 공동방어라는 측면이 강했다. 초기 연대론을 형성하는 데는 서세동점의 위협과 더불어 유럽국제사회의 경험도 계기로서 작용하였다. 일본의 초기 연대론자들은 유럽 국가들이 역내 투쟁을 벌이지만 "유럽 전체의 명예와 이해의 큰 유대(大紐綱)"를 위해서는 서로 단결하여 "일대국정"一大國情(great nationality)을 이루어 역외 국가들에 대응하는 유럽 국제사회에 주목하였다. 유럽 국제사회의 사례에 비추어 동양삼국도 '연횡'連衡을 이루어 서양 세력에 '항형'抗衡해야 한다고 생각하였다. '연횡'은 동양 내부의 균형과 연대를, '항형'은 유럽과 동양의 세력균형을 뜻한다.[5] 이러한 동양연대의 논리는 일본이 아직 부국강병과 문명개화를 이루지 못해 국력이 취약한 상황에서 제시된 것이다.

근대한국의 지식인들도 유럽 국제사회의 경험에서 '연합'의 평화를 의식하였다. 『황성신문』 1899년 사설에는 "서양 각국은 강함이 저와 같되 우의友誼를 돈목敦睦하여 곧 일가一家의 기상을 이루었으니 아주 빠르게 동점하는 뜻(意想)이 장차 동양의 대환大患을 빚어낼지니 그 방어할 방책이 어찌 일국에 있으리오. 실로 삼국이 용력연합勇力聯合할 바이다"[6]라는 주장이 보인다. 1904년 사설에서도 황인종의 안녕과 동양의 보전을 위해 "일신일국의 사私"를 버리고 "연합대동"聯合大東을 통해 평화를 보전할 것을 주장하였다.[7] "연합대동"의 평화관은 한일합병 직전까지도 지속되었다. 또한 1909년 사설에는 유럽 열강들은 상호 적대하는 동안에는 백인 전체가 동양을 압복壓服하려 드는 일은 없지만 "연합평화"를 이루면 매와 호랑이의 눈동자를 갖고 아시아를 직사直射할 것이므로 동양 사람들은 "동양평화"나 "동종상애"同種相愛를 말로만 하지 말고 "평화의 실사實事"와 "상애相愛의 실정實情"을 이루어 눈앞의 작은 이익이 아니라 백년대계를 도모해야 한다고 주장하였다.[8] 백인종의 연합평화에 주목하면서 동양 황인종의 '동양평화'와 '상애'를 촉구한 것이다.

유럽의 연합평화가 유럽 국제사회의 양태가 바뀌면서 가능해졌다는 인식은 유럽의 연합평화에 대응하기 위한 동양평화의 양태에 관한 성찰을 수반하였다. 불가리아 독립문제에 대한 관심이 일렜다. 『대동공보』의 한 사설은 불가리아가 유럽 열국회의를 통해 평화적으로 터키로

5 장인성, 『장소의 국제정치사상』(서울: 서울대학교출판부, 2002), 133-134쪽.

6 『皇城新聞』 1899년 4월 12일자 논설; 이광린, 「개화기 한국인의 아시아연대론」, 『개화파와 개화사상 연구』(서울: 일조각, 1989), 148쪽.

7 「亞寶先生問答」, 『皇城新聞』 1904년 5월 6일자 논설; 이광린, 「개화기 한국인의 아시아연대론」, 148쪽.

8 「宇內大勢觀」, 『皇城新聞』 1909년 5월 27일자 논설.

부터 독립할 것이라 예상하면서 다음과 같이 말한다.

> [불가리 독립은] 비단 불가리 국민의 행복이 아니라 실상 구주세계의 평화를 보전하는 계획이니 불가리의 독립과 구주의 평화를 어떠한 나라사람이든지 환영치 아니 하리오. 연즉 구주의 평화는 저같이 유지되려니와 우리 한국의 독립문제와 아세아 대륙의 불온한 상태와 웅결한 정략은 어느 날에 능히 해결되리오. … 이제 불가리의 독립문제로 구주 열국이 평화회의를 여는 자리에 우리도 또한 국민의 대표자를 파송하여 우리나라 인민이 처처에 일병과 전투하는 것과 일병이 우리 인민을 학살무여하는 참혹한 정형을 낱낱이 들어 설명하여 아한我韓의 민족을 보존할 일과 아한의 독립을 회복할 일을 도모하고 동양의 평화를 구주의 평화와 같이 함께 유지하기를 힘써 주선할진저.[9]

불가리아 독립은 유럽의 평화를 의미한다. 유럽의 평화가 있기에 불가리아 독립도 가능하였다. 따라서 동양평화를 실현하려면 한국의 독립이 필요하다. 이 글에서 유럽 열국의 평화회의, 즉 헤이그 만국평화회의는 일본의 침략성과 잔학성을 폭로하는 장으로 표상되어 있다. 한국 대표를 평화회의에 비밀리에 파견한 정치적 행위는 자주독립과 평화관념의 상관성을 보여 주는 상징적 사건이라 하겠다.

동양삼국의 역내 세력균형—동양삼국의 자주독립—을 요구하는 경우는 주체들이 약자의식을 가졌을 때다. 근대한국의 동양평화론과 메이지 일본의 초기 연대론에서 동양연대가 평화의 조건으로서 모색된 경우는 자국이 취약하다고 믿었을 때다. 자국의 국력만으로 자주독립을 이루는 데 한계가 있다고 생각했을 때 유럽의 연합평화가 눈에 들어

9 「勃牙利獨立會議에 對하야 我韓問題를 提出할 事」, 『大東共報』 1909년 1월 17일자.

왔다. 따라서 동양연대론과 동양평화론이 출현하는 시기와 내용은 일본과 한국이 다를 수밖에 없었다. 일본이 부국강병과 전쟁을 통해 강국으로 부상했을 때 일본의 아시아연대론과 동양평화론은 유럽적 함의를 상실하고 국권 팽창에 부응하는 논리로 변형하게 된다. 반면 한국의 동양평화론은 일본이 제국주의로 갈수록 주권이 취약해지는 가운데 비판담론으로서 존속하였다.

글로벌 세력구도를 상정한 외부적 동양평화는 동양평화의 동아시아적 존재방식과 연관된 내부적 동양평화와 동전의 양면을 이룬다. 근대 한국인들에게 일본은 서양의 위협이라는 요소와 더불어 동양평화 구상을 촉발시킨 계기였다. 일본이라는 변수는 두 가지 의미를 지닌다. 하나는 일본의 동양평화론이 대항담론으로서 한국의 동양평화론을 촉발했다는 사실이며, 다른 하나는 일본의 강국화와 자국중심적 외교정책이 동아시아 국제관계를 왜곡하고 내부적 동양평화에 의한 동아시아 연대협력과 발전의 가능성을 저해했다는 사실이다.

근대한국에서 동양평화 구상과 동양평화론이 널리 유통된 것은 일본의 역내 정책에 자극받은 바 크다. 동양평화는 일본이 지역패권과 '세계일등 국가'[10]를 추구하는 과정에서, 또한 한국을 식민지화하고 만주사변과 대동아전쟁 등 일련의 침략전쟁을 수행하는 과정에서 대외팽창을 정당화하는 슬로건이었다. '동양'의 공간적 범위는 일본의 세력권에 따라 확장되었고, '평화'의 내용도 일본의 대외정책이 투사되는 지리적 범위와 일본의 국제적 위상에 따라 달라졌다. 일본의 동양평화는 일본의 정책적 상황과 국가이익에 따라 '동양'의 범위와 '평화'의 내

10 근대일본의 제국적 팽창은 '세계일등 국가'로 등고(登高)하는 과정으로 이해할 수도 있다. 이러한 관점에서 근현대 일본사를 서술한 저작으로 W. G. 비즐리, 장인성 옮김, 『일본근현대사』(개정판)(서울: 을유문화사, 2004)를 들 수 있다.

용을 바꾸는 카멜레온 같은 개념이었다.

일본의 동양평화 개념은 청일전쟁 때는 동북아 국제관계에서의 우월적 지위를 확보함으로써 일본의 안보와 이익을 확장하려는 의지를 담고 있었다. 이토 히로부미伊藤博文는 청일전쟁을 동양평화를 유지하기 위한 전쟁으로 규정하였다. 일본의 지식인들은 동양의 문명개화를 동양평화의 조건으로 보았다. 대청 개전을 '야만' 청국을 문명화함으로써 '동양평화'를 이룩한다는 명분으로 정당화하였다. 가시와기 기엔柏木義圓은 "동양평화의 제1 착수는 조선의 혁신, 동양의 평화는 우내의 평화"라 주장하였고, 우치무라 간조內村鑑三도 "전쟁의 목적은 동양의 평화와 진보, 동양의 평화는 지나를 살리는 데서 나온다"라고 역설하였다. 우에무라 마사히사植村正久는 동양을 개조하려면 전쟁이 불가피하며 '도의'는 전쟁을 통해 관철된다고 주장하였다.

러일전쟁 때 일본이 표방한 '동양평화'는 백인종 국가 러시아가 동아시아 패권을 장악하는 것을 방지하고 황인종 국가 일본이 맹주의 지위를 확보하는 것을 의미하였다. 개전의 명분은 "[일본]제국의 안전과 동양의 평화"를 보전하는 데 있었다. 가쓰라 다로桂太郎 수상은 "일러 교전은 일본제국의 안전과 동양영원의 평화를 꾀하고, 세계의 문명, 정의인도正義人道를 위해 발생한 것으로서 전혀 종교의 차이나 인종의 같고 다름에 관련되지 않는다"라고 주장하였다.[11]

한국에서도 '동양평화'라는 말은 청일전쟁을 전후로 출현하였다. 한국에게 청일전쟁은 지역 국제관계와 국내정치를 규율하는 조건이 바뀌는 것을 뜻한다. 일본의 지원을 받은 갑오개혁 추진세력들은 일본의 '동양평화'에 공감을 나타냈다. 총리대신 김홍집金弘集과 군무대신 조희

11 石田雄, 『日本の政治と言葉』(下)(東京: 東京大学出版会, 1989), 前篇 참조.

연趙義淵은 일본이 조선의 독립권을 인정하고 '동양대국東洋大局의 평화'를 보전하기 위해 개전했다고 생각하고 특사를 보내 일본군을 위로할 것을 국왕에 건의하기도 했다.[12] 지역 국제질서의 현상現狀변경을 평화로 인식한 것은 '동양평화'라는 슬로건의 정치성을 간파하지 못했기 때문이든가, 아니면 국제관계에서 소국의 위상이 대국에의 의존을 '평화'로 여기는 일반적 경향 때문이었다.

러일전쟁은 한국인들이 '동양평화' 개념을 널리 인지하게 된 계기였다. 동양평화의 이상과 현실의 괴리를 자각하게 만든 사건이기도 했다. 전쟁 중에 체결된 한일의정서에서 한국은 '항구불역'恒久不易의 '친교'와 '동양화평'을 확립하기 위해 시정개선에 관한 일본의 충고를 받아들였고, 일본정부는 한국 황실의 '안전강녕'安全康寧과 한국의 독립과 영토보전을 보장하였다. 한국 황실의 안녕과 영토가 위협받을 경우 일본은 신속히 필요한 조치를 취할 것을 약속하였다.[13] 한국인들은 일본이 이러한 약속을 지킬 것이라 믿었다. 하지만 일본이 제1차 한일협약과 보호조약을 체결하면서 침략성을 드러냈을 때 '동양평화'의 허구성과 기만성은 폭로되었다. 안중근은 "같은 인종인 이웃 나라를 깎고 우의友誼를 끊어 스스로 방휼蚌鷸의 형세를 만들어 어부를 기다리는" 것과 같은 일본의 대외행동을 비난하였다.[14] 최익현은 "동양평화다, 교의익친交誼益親이다 하고 천하에 큰소리침으로써 만국의 이목을 기만하는" 일본의 행태에 분개하였다.[15]

12 『고종실록』 고종 32년 2월 12일조.

13 日本外務省 編, 『日本外交年表竝主要文書』(上)(東京: 原書房, 1965), 223-224쪽.

14 안중근, 「동양평화론」, 최원식·백영서 엮음, 『동아시아인의 '동양' 인식: 19-20세기』(서울: 문학과지성사, 1997), 207쪽.

15 崔益鉉, 「倡義討賊疏」(1906), 崔昌圭 編, 『韓末憂國名上疏文集』(서울: 서문당,

일본의 침략성과 일본이 표방한 '동양평화'의 허구성이 폭로되었을 때 근대한국인의 동양평화론은 더 강렬해졌다. 동아시아 국제사회의 존재양태를 더욱 의식하였다. 유럽국가의 위협이 외부적 동양평화를 깨닫게 만들고 동양의 내부적 연대를 부추겼다면, 이제 내부적 동양평화를 깨뜨리는 역내국가 일본의 위협은 내부적 동양평화를 비판하는 관점을 유발한 것이다. 한국의 지식인들은 진정한 내부적 동양평화를 위한 조건으로서 동양삼국의 '정족'鼎足을 내세웠다. 장지연張志淵은 "지난번 이토 후작이 한국에 옴에 어리석은 우리 인민이 잇달아(逐逐) 서로 일러 말하길, 후작은 평일 **동양삼국의 정족안녕**鼎足安寧을 스스로 맡아 주선하던 사람이라. … 천만뜻밖에 다섯 조건이 어디에서 말미암아 제출하였는고. 이 조건은 단지 우리 한국뿐 아니라 **동양삼국의 분열하는 조짐**(兆漸)을 빚어내는 것이므로 이토 후작의 당초의 뜻이 어디에 있는고."[16] 라고 개탄하였다. 일본의 한국침략은 동양삼국의 정족안녕을 깨고 동양삼국의 분열을 부추기는 행위로 간주되었던 것이다. 정족(정립)은 지역적 패권 내지 우월을 뜻하는 일본의 동양평화 관념을 비판하는 대항언어였다. 한국인이 구상한 내부적 동양평화의 요체였다. 한국의 장소적 특성이 반영된 말이었다.

3. 평화의 개념과 유형

평화관념의 요소

근대한국의 평화관념에는 몇 가지 요소가 발견된다. 서세동점과 개항

1973), 189-190쪽.

16 「是日也放聲大哭」, 『皇城新聞』 1905년 11월 20일자 사설.

을 계기로 중화체제에서 주권국가체제로 이행한 동아시아 국제체제와 이와 결부되어 변용하는 국가는 평화관념을 규율하는 제도적 요소였다. 또한 유교관념이나 서구 평화사상은 근대동아시아인의 평화관념의 성질을 규정하는 이념적 요소였다. 지역패권화나 제국주의와 같은 권력현상과 동아시아 역내외의 권력관계도 동아시아인의 평화관념을 규율하는 권력적 요소였다. 한중일의 평화관념은 각각의 장소에서 영위된 이들 세 요소(제도, 이념, 권력)의 상관적 양상과 관련된다. '동양평화'는 동아시아 국제정치와 관련된 제도와 이념과 권력의 장소적 상관성을 드러낸 정치언어였다.

평화는 국제체제의 성격과 관련된다. 명·청대 동아시아의 평화는 중화체제와 유교이념에 기초하였다. 중화체제에서 평화는 중심-주변 관계와 주변 간 관계에서 예법에 기초한 사대교린 질서의 정상적인 운용을 뜻한다.[17] 비록 한일 간, 한중 간 전쟁(왜란과 호란)이 발생하긴 했지만, 명·청조 시대의 동아시아세계는 양자 관계를 중심으로 장기간 평화(안정)가 유지되었다. 왜란과 호란은 중원의 질서변동을 유발했지만 동아시아 국제체제의 성격 자체를 바꾸지는 못했다. 이후 250여 년 간 예의에 기초한 사대교린 질서가 작동하였고 동아시아세계에서는 국제질서와 국내질서의 평화와 안정이 지속되었다. 연행사절과 통신사절은 사대교린체제의 안정과 평화를 유지하는 양자 제도였다.

국제법체제의 수용에 수반된 동아시아 국제체제의 변용은 국가생존의 방식을 바꾸었다. 소국 한국의 정치주체들은 주권 개념을 습득하면서 세력균형이나 중립, 혹은 근대적 종속 관계와 같은 국제관계 원리를 가지고 동아시아의 국제평화와 국가생존을 모색하였다. 여기에는

17 사대교린체제에 관해서는 이용희의 정치학적 해석이 탁월하다. 이용희(노재봉 편), 『한국의 민족주의』(서울: 서문당, 1979).

'자립의 평화'와 '의존의 평화'가 존재한다. 『조선책략』에서 볼 수 있듯이, 개항기 한국인의 국제정치관의 기조를 이루는 '균세'均勢와 '자강'自强의 발상은 한중 사대관계의 근대적 변용을 통해 '의존의 평화'를 의도한 것이지만, 한국인들은 이것을 '자립의 평화'(주권과 안정)를 확보하는 생존 방식으로서 받아들였다. 자강이 제대로 안 되는 상태에서 균세는 '자립의 평화'를 보장해 주는 조건이었다. 균세가 무너졌을 때에는 친외세적인 '의존의 평화'가 모색된다.

관념이나 이념은 실재의 반영이다. 국제체제의 성격은 체제에서의 갈등과 협력, 전쟁과 평화에 관한 관념이나 이념, 즉 안보 관념의 양태를 규율한다. 근대국가체제에서 안보 관념은 주권 관념과 세력균형 관념에 의해 규정되지만, 그것이 체제와 규범의 복합적 소산인 한 국제관계를 보는 윤리적 심성의 구속도 얼마간 받지 않을 수 없다. 체제변동기에도 유교관념은 근대한국인의 국제규범에 일정한 영향을 주었다. 이를테면 유인석柳麟錫은 근대를 살면서도 천리에 정초한 예악을 질서와 조화의 규범으로 간주하고 평등과 자유를 무질서와 분쟁의 소인으로 보는 질서관념을 보였다. 동아시아세계의 안정과 평화를 신의, 의리와 같은 유교 윤리로써 구현하고자 하는 국제정치관을 끈질기게 보여주었다.[18] 소국 관념도 한국의 국제정치적 위상이 여전하고 유교사회의 속성이 쉽게 없어지지 않는 한 얼마간 평화 관념의 조건으로 작용하였다. 유교이념은 국제체제의 변화에도 불구하고 체제의존적, 낙관주의적, 소극적 평화관에 일정한 영향을 주었다. 동양평화론은 '동양'을 생각하는 지정·지문화적 시각과 '평화'를 보는 안보 관념이 투사된 것이며, 유학적 도의 관념과 근대적 안보 관념이 뒤섞인 것이었다.

18 서준섭 외 역, 『의암 유인석의 사상: 우주문답』(서울: 종로서적, 1984), 36-44쪽.

근대국가의 폭력성, 제국주의, 사회진화론, 민족주의와 같은 근대적 속성과 이념도 평화관념의 양태를 규정한 요소다. 다만 근대한국인들은 취약한 부국강병과 이에 따른 대외의존성, 전쟁수행 경험의 부재 등으로 인해 근대유럽에서 발원한 인도주의적 평화사상을 내면화할 유인을 갖지는 못했다. 근대일본의 사상가들이 서양의 평화사상을 적극적으로 수용한 것과는 대비된다. 일본의 경우 메이지 전제정부가 부국강병책과 국가주의 정책을 추진하면서 이에 반발하여 서구의 자유주의 사상과 평화사상이 수용되었고, 전쟁(청일, 러일전쟁)과 제국주의 팽창을 통해 현상변경을 시도하였을 때 기독교 평화주의에 기초한 비전非戰의 평화사상이 제기되었다. 일본과 달리 한국에서 평화 관념은 전쟁(폭력) 대 반전(비폭력)의 구도에서 성립하는 절대이념의 성격을 갖기보다는 동아시아 세력관계에 의존하는 세력균형과 연대협력의 전략적 사고로서 성립하였다.

권력은 국제체제나 이념 못지않게 평화관념과 동양평화 개념의 정치적 함의를 규정한다. 동양평화라는 언어와 동양평화론이라는 담론의 출현은 패권을 지향하는 국권 확대와 전쟁이라는 권력 현상에 촉발된 것이다. '동양평화'라는 말은 일본이 지역 수준에서 얼마간 자율성을 확보하고 힘의 우월을 겨냥했을 때 유통되기 시작하였다. '동양평화'는 일본의 팽창정책을 정당화하는 명분이었다. 주권과 자율성을 확보하는데 머무르지 않고 지역패권을 확대해 가는 일련의 팽창 과정에서 일본의 대외팽창과 현상변경을 변호하는 구실로서 기능하였다. 동양의 안정과 평화는 일본의 대외권력과 생존공간의 양태에 의존하였다. 일본의 대외권력이 투사되는 범위는 '동양평화' 개념이 작동하는 공간 범위를 결정하였다. 한국의 동양평화론은 동아시아의 안정과 평화에 대한 전망뿐 아니라 일본의 동양평화론에 대응하면서 그 권력성과 수사성을 비판하는 대항담론이었다.

평화의 개념과 유형

'동양평화'는 '평화'의 이념적 보편성과 '동양'의 지정학적, 지문화적 특수성이 결합된 말이다. 평화는 장소를 초월하는 보편성뿐 아니라 역사적 상황과 장소에 의존하는 특수성을 지닌다. '평화'라는 말은 사실(실재)을 나타내는 경우도 있지만, 당위적 이상을 나타내기도 한다. 전쟁과 갈등의 현실을 호도하는 수사(레토릭)로서 기능하기도 한다. 평화 개념은 보편적인 것이지만, 갈등과 분쟁의 시공간적 양태와 특정 시공간에서 영위되는 윤리적 심성과 이념에 따라 편차가 있을 수밖에 없다. 평화 관념의 편차는 규범(종교)과 정치의 두 요소가 인간, 사회, 국가, 세계의 각 질서영역을 규정하는 방식에 의존한다.

평화 개념은 개인의 심적, 육체적 평온에서 국제질서의 안정에 이르기까지 종교에서 정치에 이르는 여러 영역에서 다양하게 쓰인다. 정치 영역에서 평화는 전쟁이 종식된 상태를, 때로는 힘의 균형을 통한 정치적 안정을 뜻하며, 폭력과 분쟁을 벗어나려는 인간의 몽상인 때도 있다. 일반적으로 평화는 국가 간 혹은 사람들 간에 폭력적 분쟁이나 갈등이 없는 평온한 상태, 또는 갈등이 없는 안정된 마음의 상태를 가리킨다. 정리하자면, 평화는 마음의 평온(개인의 평화), 사회질서의 화평(국내평화), 국제사회의 안정(국제평화, 세계평화)을 지칭한다. 용도와 수준에 따라 조금씩 뉘앙스는 다르지만 '평온', '화평', '안정' 등의 용어도 평화의 의미를 내포한다.

평화 관념의 보편성은 심적 평온과 질서를 뜻하는 용례에서 엿볼 수 있다. 고대 유대교에서 '샬롬'shālōm은 신의神意와 번영을 뜻했고, 그리스의 '에이렌'eirene은 번영과 질서를 의미하는 말이었다. 로마시대의 '팍스'pax와 유교권의 '화평', '평화'라는 말은 질서나 심적 평온을 가리키는 말이었다. 인도에서는 '상띠'śānti라는 말이 심적 평온을 나타냈다.[19] 이슬람권에서 '살람'Salām은 우주의 창시자이며 평화의 샘(As-Salām)인 유일신 알라에 대한 완전한 복종과 순종을 통해 자아의 평화, 인류와의 평화, 신과의 평화를 이룬다는 말이다.[20] 심적 평온이나 신의 의지에 의한 사회질서와 번영을 평화로 보는 관점은 종교인에게 흔히 볼 수 있는 현상이다. 종교가 인간과 사회 영역을 규율하는 세계에서 심적 평온은 종교적 신앙의 대상이자 사회질서와 번영의 조건이었다.

그런데 종교세계와 달리 정치세계에서 평화의 일차적 의미는 사회질서나 국제질서의 안정에 있다. 왕조체제에서는 자연질서에 의탁하는 위계질서의 안정이 평화였다. 파라오의 신적 왕권으로써 사회적, 자연적 코스모스를 포섭하는 보편질서를 구축한 고대이집트에서 평화는 타민족과의 공존이 아니라 특정 국가(이집트)가 주도하는 질서였다.[21] 이슬람 정치세계에서 평화는 이교도 세계인 '전쟁의 집'이 무슬림 세계인 '평화의 집'으로 귀속된 상태였다. 유교권에서는 역사를 치란治亂의 순환과정으로 보았는데, 이상적 평화는 '치'의 상태, 즉 자연의 질서(코스모스)에 조응하는 인간의 질서를 회복하는 것, 혹은 요순삼대의 태평성세와 '대동'大同의 세계를 구현하는 것이었다. 물론 유교권의 실제 정치세계에서도 평화는 중화질서의 안정을 뜻했다.

주권국가와 주권평등 관념의 출현은 평화 관념의 변용을 초래하였다. 주권국가가 물리적 강제력을 독점하고 주권평등 관념이 민족주의를 발양하면서 근대전쟁은 국민전의 양상을 띠고 참혹함을 더했다. 여기서 근대국가와 근대국제체제의 폭력성과 전쟁의 참혹함을 비판하면서 민주정제를 구축하여 국가의 폭력성을 없애거나 세계정부를 구성하

19 石田雄, 『日本の政治と言葉』(下), 11쪽; 宮田光雄, 『平和の思想史的研究』(東京: 創文社, 1978), 5쪽.

20 하병주, 「이슬람문명권의 국제관계사상」, 권선홍 외, 『비서구문명권의 국제관계사상』(부산: 부산외국어대학교 출판부, 1998), 224-225쪽.

21 宮田光雄, 『平和の思想史的研究』, 6-7쪽.

여 국가의 폭력적 행동을 통제하는 것을 구상하는 근대평화사상이 출현하였다. 국가 간 관계를 조정하는 세력균형이나 동맹을 통해, 혹은 규칙(국제법)의 규율을 통해, 국가의 대외적 폭력성을 규제하고 분쟁과 전쟁의 발생을 억지하는 등 근대국가와 국제체제의 존재방식에서 평화를 성찰하는 국제정치적 사유도 나타났다.[22]

동아시아 국가들은 19세기 중·후반에 들어 지역패권이 유동화하고 주권국가체제가 형성되면서 근대 주권개념에 입각한 국제질서관이 전통적인 관념을 압도하기 시작했고 근대적 평화이념이 전통적 평화이념에 중첩되어 갔다. '동양평화'는 근대적 주권국가체제와 전근대적 종속宗屬체제, 혹은 주권평등 관념과 화이 관념이 혼재했던 19세기 후반과 20세기 전반의 동아시아 국제질서를 대상으로 한다. '동양'은 근대라는 보편적 시간이 동북아라는 지리적 공간에 한정해서 생겨난 개념이며, 평화 관념은 이러한 동양 개념에 한국의 국제정치 경험과 유교적 심성이 결부된 것이었다. '동양평화'는 유교관념과 주권국가체제에서 생성된 평화관념이 혼재되어 동아시아 국제질서에 투영된, 근대한국의 생존의지를 반영한 평화관념이었다. 주권과 국가안보가 취약한 한국의 경우 평화는 동아시아의 안정과 폭력의 부재를 뜻한다. 주변 열강들이 상호 견제할 때는 세력균형과 중립이 평화의 조건이었고, 특정 열강이 우세할 때는 친외세 정책이 평화를 위한 선택이었다. 평화의 의미는 열강의 세력관계에서 생존을 모색해야 하는 현실적 상황과 신의, 인仁과 같은 유교 관념이 생존의 명분으로서 기능하는 당위적 전망이 결부되는 지점에서 찾을 수 있다.

'평화'라는 말은 수사(레토릭)로서 사용되기도 한다. '평화'는 평

22 F. Parkinson, *The Philosophy of International Relations: A Study in the History of Thought* (Beverly Hills: Sage, 1977).

화를 달성한 현실(현상)을 나타내기도 하고 그렇게 되어야 한다는 당위(이상)를 표현하기도 한다. '평화'는 정치권력이나 국가권력의 폭력성에 대항하는 사회세력들의 윤리운동과 이념을 표상하기도 하지만, 흔히 정치현실에서는 정치권력을 유지하기 위한 위장된 명분으로서 동원되곤 한다. '평화'는 현상유지국가status quo state에게는 기득권 유지를 위해 국제질서의 안정을 꾀하는 명분이지만, 수정주의국가revisionist state/challenging state에게는 세력의 확대나 균형을 위해 질서의 변경을 노리는 명분으로 기능한다. 이 경우 '평화'는 자국의 우월적 지위나 현상유지에 유리한 환경을 가리킨다. '평화'는 관념의 표현인 동시에 우월적, 독점적 지위를 확보하려는 전략적 의도를 내포한다.

일본의 평화론은 자기중심적이며 이중적인 의미를 보였다. 동아시아 레벨에서 '평화'는 한국병합과 만주국 건설, 중일전쟁과 대동아공영권 구상에 이르는 일련의 팽창 과정에서 보였듯이 팽창을 위한 수사(명분)였다. 반면 동아시아를 넘어 세계정치에 진출하려 했을 때 '평화'는 일본의 세계국가로의 성장을 가로막는 "영미 본위의 평화주의"로 여겨졌다.[23] 역내 강국으로 성장하는 맥락에서는 동아시아의 현상을 변경하기 위해, 그리고 세계 강국으로 등장하는 맥락에서는 구미 열강이 주도하는 세계질서의 현상을 변경하기 위해, '동양평화'를 표방했던 것이다. 한국의 동양평화론은 일본의 이러한 현상변경 의지에 내포된 폭력성과 기만성을 폭로하는 대항담론이었다.

동양평화론은 동아시아 국제관계와 세계정치에 관련된 것이며 따라서 국제평화론의 맥락에서 포착할 필요가 있다. 흔히 평화는 평시보다는 지역이나 세계의 불안정을 유발하는 위협과 폭력, 분쟁과 전쟁 등

23 近衛文麿, 「英米本位の平和主義を排す」(1918), 北岡伸一 編, 『戦後日本外交論集』(東京: 中央公論社, 1995).

[표] 평화의 세 유형

불안요소	안보방식	평화의 조건	평화의 형태	요체	성격
심리적 위협	세력균형/중립/동맹	안정 stability	관계적 평화	전략	상황적
물리적 전쟁	절대평화(非戰)	평화주의 pacifism	이념적 평화	이념	원리적
폭력적 구조	국제평화기구/민주정	제도 regime	제도적 평화	제도	구성적

의 불안 요소를 직·간접으로 경험하는 전시 혹은 준전시의 상황에서 강하게 의식된다. 국제평화의 내용과 성격을 규정하는 불안 요소는 대체로 심리적 위협, 물리적 전쟁, 폭력적 구조로 구분할 수 있다. 평화는 이들 불안 요소 중 어느 것에 대응하느냐에 따라 의미와 성격이 달라진다.

국제질서의 구조적 변동이나 잠재적, 현재顯在적 위협을 전략적 관점에서 포착할 때, 평화는 국제질서의 안정stability을 추구하는 것이 되며, 이 경우 전쟁을 제어하는 것이 대외정책의 요체가 된다(관계적 평화). 그리고 이념적 관점에서 볼 때 평화는 전쟁의 폭력성을 부정하고 물리적 수단(무기)의 사용을 포기함으로써 인도주의가 실현된 상태를 뜻한다. 평화주의pacifism는 이러한 평화를 추구하는 이념이자 추동력이다(이념적 평화). 한편, 평화는 국제사회의 폭력적 구조를 규제하거나 개선함으로써 전쟁을 예방하는 차원에서 모색되기도 한다. 이 경우 평화는 근대의 평화사상가나 현대의 민주평화론자들이 생각하는 것처럼 국가의 호전성과 폭력성을 완화하거나 제거할 수 있는 민주제도를 구축하거나 전쟁예방과 분쟁해결을 위한 국제제도를 창설하는 구상으로 표현된다(제도적 평화). 평화를 방해하는 위협, 전쟁, 폭력적 구조라는 불안 요소와 이에 대응하는 세 유형의 평화는 [표]와 같이 정리할 수 있다.

여기서 관계적 평화는 전쟁이 없는 상태를 지향하는 소극적 평화이며, 이념적 평화와 제도적 평화는 분쟁 요인을 없애려는 적극적 평화로 볼 수 있다. 세 유형의 평화는 객관적 실재일 수도 있고 주관(심리)적 허구일 수도 있지만 서로 얽혀 있는 경우가 많다. 물론 세 유형의 평화가 출현하는 시기는 장소에 따라 다르고 비중도 달랐다. 근대 한국인들의 평화관념에도 이들 세 유형은 중첩되어 있었다. 한국인의 역사적, 문화적 심성, 동아시아 국제정치의 구도와 성격, 일본의 제국주의정책과 동양평화론, 서양제국주의의 양상과 국제정치관과 같은 요인들이 한국인의 평화관념에 연루되었다. 세 유형의 평화 개념은 근대한국의 동양평화론에 어떻게 구현되었을까.

4. '정립'의 동양평화: 관계적 평화

'정립'과 평화

근대한국의 동양평화 개념은 한국의 국제정치적 위상과 처지로 말미암아 관계적 평화의 의미가 강했다. 관계적 평화는 권력적 세력균형과 도의적 연대의식을 함축한 '정족'鼎足, '정립'鼎立의 발상에서 엿볼 수 있다. '정립', '정족'은 동양과 삼국을 터로 삼는 동양평화의 핵심 조건이었다. 근대한국의 국제정치적 위상과 관점이 투사된, 또한 동북아 권력정치를 보는 근대한국인의 국제정치관이 투영된 말이었다. 청일전쟁 이후 한일합방 때까지 널리 쓰였고, 일제강점기에도 간헐적으로 사용되었다. 『독립신문』, 『황성신문』의 사설, 유학자들의 언설에 숱하게 보였다. 이기李沂는 동양삼국의 '정족', '정립'에 관해 이렇게 말한다.

> 귀국[일본]은 동양 패권의 주맹국主盟國이 되지 않으렵니까. 어찌 가까운 이권만 노리고 먼 희망을 빠트리며 적은 지혜는 좋아하고 큰 계책은 잊고 있습니까. 동양삼국은 정족지세鼎足之勢를 이루고 있어 한 나라가 망하면 모두 기울게 됩니다. … 지금 한국이 망하면 귀국이 그다음에 망하고

귀국이 망하면 청국이 또 망하게 되어 동양전국東洋全局이 하나도 빠짐없이 와해될 것입니다.[24]

정족의 세 발은 한쪽이라도 무너지면 솥 자체가 기울어져 솥의 기능을 잃게 되며, 그 결과 다른 두 발도 무너질 수밖에 없다. 역내 세력균형과 역간 세력균형은 솥발(균형)과 솥(연대)의 관계처럼 맞물려 있다. 이러한 정립의 평화는 외부적 동양평화와 내부적 동양평화의 관념과 통한다. 이규영李奎濚은 이들 각각에 대해 "협심평화"協心平和와 "연합실력"聯合實力이란 말을 사용하였다.

무릇 솥鼎이라 하는 것은 세 발이 갖추어진 고로 능히 안정자립의 세를 보유함이라. … 돌아보건대 우리 한일청韓日淸은 동양일국東洋一局에 처하여 인족人族이 원래 동종同種이요, 문사文詞가 또한 일치하고, 풍속이 태반 흡사하니, 그 고유한 상애相愛의 동정同情이 마땅히 다른 곳과 크게 다르다. 하물며 이 서세동점하는 날에 이르러 순치보거脣齒輔車의 관계가 매우 긴밀하고 중요한 땅에 있어서랴. 단연코 마땅히 **협심평화**協心平和에 **연합실력**聯合實力이 솥의 세 발을 갖춘 것과 같은 연후에야 가히 동양전국東洋全局을 보전함은 지자智者를 기다리지 않고도 능히 알 수 있는 바라.[25]

정립은 세 발로 "안정자립의 세"를 이루는 것, 즉 동양평화와 동양삼국의 자주독립을 보장하는 원리다. 정립의 성립조건은 "동양일국"東洋一局에 처한 장소(지리)적 특성, 인종의 동질성, 문명의 유사성이다. 이 세 조건은 "다른 곳과는 크게 다른" "상애의 동정"을 유발한다. 더욱이 서

24 『海鶴遺書』 5卷 文錄三 書牘 「與日本伯爵大隈信書」(甲辰).

25 李奎濚, 「東洋協和도 亦智識平等에 在홈」, 『西友』 제15권(1908년 2월), 35쪽. 원문은 국한문 혼용체.

세동점의 상황에서는 동양삼국은 "순치보거"의 친밀한 관계가 필요하다. 정립의 목표는 "협심평화"와 "연합실력", 즉 동양삼국의 내부적 세력균형을 보전하고 삼국의 연대를 통해 서양열강의 위협에 대응함으로써 동양의 평화를 확보하는 데 있다. 동양평화는 힘의 균형에 의한 정태적 평화만이 아니라 동태적인 발전을 지향한다.

여기서 '정족', '정립'은 서세동점의 상황에서 동아시아의 평화와 안정을 추구하는 동북아 국제사회의 존재방식을 표현하며, 지역 수준의 세력균형, 행위자로서의 동양삼국의 자율성, 그리고 동양삼국의 문화적, 정치적 연대가 복합된 개념임을 알 수 있다. 그것은 보거순치의 양자적 상호의존에서 나아가 삼국의 상호의존을 지향하는 연대와 균세의 복합개념이라 할 수 있다. 연대는 역외 국가들에 대항하여 동양삼국의 자주독립을 확보하는 조건이자 역간 세력균형을 확보하는 방책이었다. 균세는 이러한 연대를 이룩할 조건인 역내 세력균형을 통해 동양삼국의 자주독립을 확보하는 방책이었다. 연대와 균형의 복합개념은 "정치연맹"鼎峙聯盟이란 말로 축약된다. '정치'鼎峙는 정립, 정족을, '연맹'은 연대를 뜻한다.

> 세계만국(環球萬國)은 각자 구분되고 종족이 서로 다르며 풍토도 일치하지 않지만, 인물, 풍습, 문자, 성기聲氣가 서로 같고 땅이 서로 접해 있으며 교린도 친밀하여 그 관계가 다른 나라들과 전혀 다른 곳은 오직 우리나라와 일본, 청나라뿐입니다. 이 삼국은 실로 보거순치輔車脣齒의 세에 있으니, 연합連合하면 강해지고 분리되면 외롭습니다. 이는 지자智者를 기다리지 않고도 헤아릴 수 있습니다. 이 때문에 깊이 걱정하고 멀리 우려하는 자들은 **정치연맹**鼎峙聯盟을 동양 보전의 대계大計로 삼지 않음이 없으며, 힘을 합쳐 분발하여 우리의 평화를 공고히 하려는 자도 또한 오직 교육을 말할 따름입니다.[26]

외부적 동양평화를 모색하는 정립의 대외적 기능을 생각하는 데 있어 유럽 국제사회의 경험은 중요한 함의를 주었다. 『황성신문』의 한 사설은 "저 서방의 강强은 같은 대륙에서는 세력이 균형을 이루어(勢鈞力敵) 족히 강할 수 없지만 다른 대륙으로 가면 성위聲威가 떨쳐 빛나 비로소 강함을 일컫는다. 같은 인종(本族)에 대해서는 땅이나 덕이 서로 비슷해서(地醜德齊) 으뜸이 되지 못하지만, 다른 인종(異族)에 대해서는 의기가 홀로 왕성하여 비로소 으뜸을 일컫는다. 이는 서방의 강함이다"[27]라고 말한다. 유럽의 경험에 관한 성찰에서 동양삼국의 바람직한 존재방식을 모색하고 있다.

유럽의 경험과 동아시아 공간의 양태에 관한 성찰은 지역정체성을 전제로 한다. 동아시아에서 지역정체성은 지리적 근접성, 동종, 동문, 즉 지리, 인종, 문명을 매개로 상상되었다. 지리는 일본의 동양평화론에서는 일본제국의 영향권의 범위와 연동하는 가변적 요소였지만, 한국의 동양평화론에서는 동양평화의 구조와 경계를 정하고 삼국의 상호의존성을 결정하는 상수적 요소였다. 인종과 문명은 역내 소통을 늘리는 요소로 생각되었다. 동종은 백인종 대 황인종의 대결구도에서 인종정체성을 표상하는 말이었다. 문자와 동문은 한자문명권과 유럽문명권을 구별하는 준거였다. 동문, 동종은 유럽의 이질 문명, 이질 인종과 대비해서 강조되었다.[28] '동양평화'는 이들 요소가 만들어 내는 지역정체성을 함축한 말이다.

'동양'은 동북아 삼국이라는 행위자와 이들 요소의 복합관계를 표

26 『고종실록』 고종 44년 1월 15일조. 표훈원(表勳院) 총재 민영휘(閔泳徽)가 고종에게 올린 글.

27 「世界平和가 在東洋(續)」, 『皇城新聞』 1906년 12월 11일자 논설.

28 이에 관해서는 장인성, 「'인종'과 '민족'의 사이: 동아시아연대론의 지역적 정체성과 '인종'」, 『국제정치논총』 제40집 4호(2000)을 참조할 것.

상하는 언어이며, 이 요소들이 서로 얽혀 순치보거의 관계망을 구성하는 지정·지문화 공간이었다. 평화를 어떻게 확보하고 보전하느냐를 둘러싸고는 인식차가 있었다. 일본의 동양평화론에서 동양을 구성하는 요소들은 자기중심적이고 가변적이었다. 동양의 지리적 범주는 대외팽창과 맞물려 확장되었다. 황인종의 범주도 백인종 국가에 대한 경쟁력이 커지면서 동북아 민족에서 백인종의 압제를 받는 아시아 민족으로 넓어졌다.[29] '평화'는 팽창의 명분이든가 아니면 일본의 우세한 혹은 지배적인 상태를 지칭한 말이다. 이와 달리 한국의 동양평화론에서 동양은 동북아의 지리적 공간과 동양삼국의 민족에 한정되었고 세 요소를 매개로 지역 정체성은 상상되었다. 한국인들에게 동양의 확장된 지리적 상상이 성립한 것은 식민지 한국이 일본제국에 포섭되었을 때였다.

정립평화론은 소국의 생존 논리였다. 일본에서도 아직 국력이 취약했던 1880년대 초반 동양연대론에서 정립의 발상이 잠깐 보였는데, 이 사실에서도 정립론이 소국의 생존 논리였음을 알 수 있다.[30] 자국 중심의 대국주의가 강한 장소에서는 정립의 국제정치관은 생겨나기 어렵다. 정립평화론은 역외 권력(서양국가)의 동점東漸과 역내 권력(일본)의 패권화를 견제함으로써 한국의 생존을 모색한 담론이다. 정립평화는 현실의 반영이 아니라 당위의 표현이었다. 동양삼국은 정립을 이루기에는 발전 정도도, 국가주권의 수준도, 안보 관념도 서로 달랐다. 따라서 정립은 힘의 동등한 평형은 의미하지는 않는다. 정립평화론자들은

29 大熊英二, 『単一民族神話の起源』(東京: 新曜社, 1995), 174-176쪽.

30 이와쿠라 도모미(岩倉具視)도 메이지유신 직후 청조와 조선은 옛날부터 일본과 통교해 온 '인근'(隣近)으로, 비록 국세가 약해지긴 했지만 모두 아시아주에 있고 '황국'과 '동문(同文)의 나라'이므로 구호(舊好)를 닦고 '정립(鼎立)의 세'를 세워야 한다고 주장했다. 「外交·會計·蝦夷地開拓意見書」(1869), 芝原拓自 外 編, 『対外観』(東京: 岩波書店, 1988), 9쪽.

동양의 평화와 번영을 이룩하려면 발전국가 일본이 지도(盟主)적 역할을 해야 한다고 보았다. 하지만 일본의 맹주적 역할과 패권국가화는 구별된다. 정립론은 일본의 패권국가화를 비판한 언설이었다.

정립 구상은 약자의 명분이나 이상일 수밖에 없었다. 일본의 동아시아정책은 이기李沂가 기대했던 동양을 위한 "먼 희망"과 "큰 계책"이 없었다. 일본은 정립론자들의 기대를 저버리고 청일전쟁을 통해 내부적 동양평화를 깨뜨렸고, 러일전쟁을 계기로 자기들 방식으로 외부적 동양평화를 재구성하기 시작하였다. 한 솥발의 붕괴가 정족과 동양평화의 파탄을 야기할 것이라는 정립평화론자들의 생각과 달리, 현실세계에서는 한 솥발의 강대화가 초래한 제국질서의 동양평화가 정족평화를 대체하였다. 정족평화의 이상은 이러한 현실과 유리될 수밖에 없었다.

> 아아, 일본이 한 작은 섬나라로 강대한 러시아를 이긴 것은 세계에 영광이거늘 마땅히 분의分義를 지켜 각국에 공포한 일본 황제의 조칙대로 한국에 독립을 실심으로 찬조하고 만주를 청국에 환부還附하고 삼국에 동맹을 체결하여 정족지세鼎足之勢를 이루면 동양에 평화를 유지하고 일본에 무궁한 이익이 자유自由하겠거늘… 아아 일본은 동양에 화수禍首가 아닌가.[31]

현실과 이상의 괴리는 현실에 대한 비판을 수반한다. 정립론자들은 동양평화를 파괴하는 일본의 이기적 행동을 끊임없이 비판하였고 일본에게 신의와 공공성을 요구하였다. 『황성신문』의 한 논설은 일본이 신信과 의義, 그리고 공公과 리理를 조금도 거슬러서는 안 되고 심력을 다해 이웃나라를 자국처럼 걱정하여 "활연豁然히 함께 문명의 경지(域)에

31 『大韓每日申報』 1907년 1월 13일자 논설.

나아가야만" 일본의 세를 오랫동안 보전하고 온 세계가 일본의 문명과 신의信誼를 우러를 것인데, 오히려 "목전의 위력"으로써 이웃나라를 멸시하고 "일시의 성예聲譽"로써 자만한다고 비난하였다.[32] 국력이 취약한 한 규범적 비판을 되풀이할 수밖에 없었다.

'중립'과 평화

관계적 평화를 규정하는 방식에는 '중립'中立도 있다. 정립이 청일전쟁 이후 일본이 한반도에서 우월적 지위를 차지하고 러시아가 한반도 국제정치에 관여하는 맥락에서 모색된 것이라면, 중립은 주변 열강들이 세력균형을 이루거나 힘의 우열이 두드러지지 않은 상황에서 모색된 안보와 생존의 방도였다. 유길준이 1880년대 중반 청국이 우세한 상황에서 친청 중립을 내세운 것이 좋은 예다.

> 우리나라는 땅이 아시아의 인후咽喉에 처함이 마치 유럽에서의 벨기에와 같고, 지위가 중국의 공방貢邦임은 터키에 대한 불가리아의 경우와 같다. … 불가리아를 중립으로 삼은 조약은 유럽 대국들이 러시아를 막으려는 계책에서 나온 것이고, 벨기에를 중립으로 삼은 조약은 유럽 대국들이 서로 스스로를 지키는 방책이다. 이로써 논하면 우리나라가 아시아의 중립국이 되는 것은 곧 실로 러시아를 막는 큰 계기이며, 또한 아시아 대국들이 서로 지키는 정략이다.[33]

중립 구상도 정립의 경우처럼 소국의 중립화가 외세 방어와 유럽 열강의 자주독립을 보장한다는 유럽의 경험에서 유추된다. 중립은 러

32 「世界平和가 在東洋(續)」, 『皇城新聞』 1906년 12월 11일자 논설.
33 「中立論」(1885), 『유길준전서』 IV(서울: 일조각, 1971), 320-321쪽.

시아를 방어하고 아시아 열강을 보전할 한국의 전략으로 상정된다. 중립의 사유도 정립의 사유와 마찬가지로 외부적 동양평화와 내부적 동양평화의 발상을 갖추었다. 다만 유럽의 중립평화의 사례로부터 중립은 그것을 보장하는 주체로서 강대국을 상정한다는 점이 정립 구상과는 다르다는 사실을 추론할 수 있다. 중립평화의 조건은 열강 간의 세력균형과 한국의 자강인데, 자강이 취약한 상황에서 중립은 열강의 세력균형에 의존할 수밖에 없었다. 강력한 외세가 존재할 때 친외세 중립의 구상이 제기된다. 유길준과 김옥균의 친청 중립이 이에 해당한다.[34]

중립 구상은 세력균형이 무너지면 적실성을 잃을 수밖에 없다. 국권 상실을 눈앞에 둔 상황에서 세력균형을 부정하는 사유가 출현한다. 1907년 유길준은 세력균형을 평화를 저해하는 요소로 보는 견해를 피력하였다. 세력균형을 믿고 일본에 경거망동해서는 안 된다는 것이다. 일본의 한국 보호국화는 한국의 문명화와 평화를 위한 선의에서 나온 것이며, 이렇게 된 책임은 오히려 문명화(자강)를 이루지 못한 한국 측에 있다. 일본은 한국이 자강하여 국권을 회복해서 "동양의 영원평화"를 보전하기를 바라고 있다. 한일 양국은 "지성至誠의 평화"를 보전해야 한다.[35] 유길준은 이렇게 말한다. 여기서 '평화'는 일본의 정책에 대한 우호적인 협조, 강대국 일본에 대한 묵종을 뜻한다.

> 진실로 저들의 진의는 평화에 있습니다. 그러므로 우리도 평화로써 응해야 합니다. 외교는 저들의 대변代辦에 맡기고 내치는 저들의 지도를 듣고, 후에 우리의 세가 커지면 문명의 이웃에 들 수 있을 것입니다. 평화

34 김옥균의 경우는 「與李鴻章書」(1886), 『김옥균전집』(서울: 아세아문화사, 1979)에 나타나 있다.

35 「평화극복책」(1907), 『유길준전서』 IV, 279쪽.

의 진의로써 그 대변을 받아들이고 그 지도에 감사한다면 저들도 마땅히 평화로써 응할 것입니다. 그러므로 신이 감히 생각하옵건대 우리의 광복의 길은 오로지 평화에서 비롯되며 그 성취의 방법은 오로지 부강에 있습니다.[36]

세력균형에 기초한 중립은 일본의 절대적 우위가 명백해졌을 때 더 이상 상정할 수 없게 된다. 일본제국의 '동양평화' 개념에 포섭되어 가는 모습의 일단을 엿볼 수 있다. 정립과 중립은 둘 다 세력균형을 중시하는 관념이지만 의미는 달랐다. 정립의 평화론은 동양의 내재적 세력균형에 관한 긴장감이 있었기 때문에 열강 간의 외재적 세력균형이 깨지더라도 외세에 대한 주체적 비판이 가능하였다. 이와 달리 중립의 평화론은 외재적 세력균형에 의존하기 때문에 외세의 세력균형이 무너졌을 때 세력균형에 대한 긴장감과 패권적 동양평화론에 대한 비판의식을 상실하게 된다.

5. '신의'와 '도의': 이념적 평화

'신의'와 평화

정립평화의 구상에는 세력균형 관념과 소국 관념이 섞여 있다. 정립의 동양평화론은 주권관념과 세력균형 개념에 기초하지만 유교적 규범의식도 갖추었다. 근대정치 원리가 수용되었음에도 불구하고 유교 규범은 여전히 정치관념을 규율하였다. 외교권을 박탈당한 후에도 전우田愚

36 「평화극복책」, 277쪽. 원문은 한문.

는 "윤리는 세상의 기둥이며 사람의 몸체다. 따라서 윤리가 서면 나라가 안정되고 황실에 존엄이 있지만, 윤리가 무너지면 나라가 위태로워지고 황실이 조락한다. 조선이 바른 예절과 의리를 버리고 일본의 힘에 의지한다면 평화는 결코 영원할 수 없으며 황실은 절대로 존엄을 가질 수 없다. 이것이야말로 고금천하의 영원한 바른 도리다"[37]라고 주장하였다. 대한제국이 멸망한 뒤에도 유인석은 덕이 "결코 현허玄虛하고 미망迷妄한 것이 아니라 충실하고 현저한 것으로서 그것을 확립하면 체體가 되고 시행하면 용用이 된다"라고 말하면서 실력은 도덕에서 나오므로 도덕을 힘써야 외국을 당할 수 있다고 역설하였다.[38]

신의는 정치적 사려와 더불어 소국의 생존뿐 아니라 국가 간 관계를 규율하는 기본 덕목이었다. 김윤식金允植은 소국 한국의 생존을 대국과의 우호관계를 통해 "고립무원"을 벗어나는 데서 찾았는데, 특히 국가생존의 조건으로서 사려와 신의를 중시하였다.[39] 민영환閔泳煥도 청, 러, 일 사이에서 신중한 행동을 취할 것과 신의와 화호和好로써 조약을 준수하고 예를 다해 안정된 국제관계를 영위해야 한다고 주장하였다.[40]

신의는 국제사회에서 생존하는 데 필요한 덕목일 뿐 아니라 일본의 기만적이고 침략적인 대외정책을 비판하는 윤리적 준거였다. 일본은 남의 분란을 틈타 맹약을 강요하고 새 세력을 이용하여 옛 세력을 이

37 『고종실록』 고종 42년(1905) 12월 7일조.

38 서준섭 외 역, 『의암 유인석의 사상: 우주문답』, 76-77쪽.

39 장인성, 『장소의 국제정치사상』(서울: 서울대학교출판부, 2002), 401-402쪽.

40 閔泳煥, 「千一策」, 『閔忠正公遺稿』(서울: 국사편찬위원회, 1958), 66쪽. 다음과 같이 말하고 있다. "我國 以東方褊壤 間於淸俄日之交 交之之道 敢不愼歟 交之之道 無他也 明德崇敎 使彼隣國 心悅誠服 而向歸敎化者 第一也 政令明白 防守戒嚴 使彼隣國 勿生敢侮之心者 第二也 嚴立條約 各守信義 相爲和好 不生釁隙者 第三也 凡遣使臣 擇其善於辭命[令?] 達諸事理者 以重國體 而他國使臣 則謹其擯接之節 厚其齎送之禮 使生和悅之心 使臣之心和悅 則兩國之交 完久矣".

간하고 작은 나라를 협박하여 큰 나라를 배반하며 약속을 어기고 명분 없는 군사를 동원하는 인仁, 의義, 신信을 결여한, 이익만 좇는 국가로 여겨졌다.[41] 최익현은 동양삼국이 정립의 연대를 통해 러시아에 대응해야 한다는 인식을 보이면서 하늘과 세계열국을 속인 일본은 동양의 화를 일으킨 "괴수의 죄"를 면치 못할 것이라 분개하였고 일본에 대해 신을 지키고 의를 밝힐 것을 촉구하였다. 최익현은 "나라를 사랑하고 사람을 사랑하는 것은 천성이요, 신을 지키고 의를 밝히는 것은 도입니다. 사람에게 이 천성이 없으면 반드시 죽고 마는 것이요, 나라에 이 도가 없으면 반드시 망하고 맙니다. … 개화에 경쟁하는 열국이라도 이것을 버리면 세계에 자립할 수가 없습니다"라고 말한다. 신의와 도의를 중시하는 도덕적 정치관이 읽혀진다.[42] 한국의 독립과 동양평화를 외치면서 국권을 침탈하는 일본의 위선적 행위에서 '신의'의 윤리가 더 강하게 부각되었을 터다.

> 대저 신의란 모국謀國의 대경大經이라. 신의가 한번 이지러지면 필부도 구부릴 수 없나니, 모든 한국의 권리를 빼앗을지라도 2천만 중심衆心을 어찌 빼앗을 수 있을 것이며, 하물며 한국의 독립을 일본정부(日廷)에 외치고 동양평화를 일본정부에 맡겼다가 마침내 그 강토를 침범하며 권리를 양탈攘奪이면 그 천하에 신의를 잃을지니 어찌할 것이며, 천하의 공의公議에 어찌할 것인가. 알지 못하겠도다. 일본정부에서 이 계책을 꾸민 자가 누구인고. 그 생각지 않음이 심하도다.[43]

41 李南珪, 「왜와의 절교를 청한 상소」, 『국역 수당집』 1(서울: 민족문화추진회, 1997), 160-162쪽.

42 「寄日本政府」(1906), 『국역 면암집』 2(서울: 민족문화추진회, 1967), 223-231쪽.

43 「日本의 對韓政策」, 『大韓每日申報』 1905년 10월 7일자 논설. 원문은 국한문 혼용체; 이광린, 「개화기 한국인의 아시아연대론」, 149쪽 참조.

신의는 현실의 정치세계에서는 규칙과 약속을 준수하는 데서 확인할 수 있다. 만국공법과 조약은 신의의 유무를 따지는 준거가 된다. 개항 당시부터 실제 국제관계에서 만국공법의 실효성이 제한적이라는 사실은 이미 알려져 있었지만, 한국의 유학자들은 만국공법과 만국공의萬國公義를 동양의 안정과 공공성을 보전하는 규범으로 여겼다. 주권과 자강이 취약한 한국이 권력정치의 국제사회에서 생존하는 데 유용한 도덕적 규범이었다.

한국의 유학자들은 만국공법과 만국공의를 잣대로 삼아 조약상의 약속을 어기고 동양평화를 해치는 일본의 행위를 비판하였다. 최익현은 명성황후 시해를 언급하면서 일본의 죄목을 동맹 각국들에 알리고 만국공법과 조약에 비추어 따져야 한다고 주장하였다. 국권을 침탈하고 동의 없이 조약을 강제한 일본의 불법적 행위를 '만국공론'에 호소하여 자주권을 회복해야 한다고 역설하였다.[44] 박제황朴齊璜은 만국공법을 내세워 국왕의 승인과 비준을 받지 않고 위협과 압박에 의해 체결된 보호조약을 폐지해야 한다고 말하였다. 그렇게 할 경우 세계만국이 한국을 구원해 줄 것이라 생각하였다.[45] 제6장에서도 언급했듯이 유생 김동필金東弼은 이토 히로부미에게 보낸 장서에서 인접국가와의 관계는 신의에 기초해야 하고 만국공법도 신의가 관건이라는 것, 지리적 근접, 동종, 동문의 보거순치 관계에 있는 한일 양국이 신의와 화호를 지켜야만 동양평화가 보전된다고 주장하였다.[46] 준거로서의 만국공법과 윤리 규범으로서의 신의, 그리고 동양평화는 서로 긴밀히 연관되어 있었다.

44 「請討逆復衣制疏」, 「宣諭大員命下後陳懷待罪疏」(1896), 『국역 면암집』 1(서울: 민족문화추진회, 1967).

45 『고종실록』 고종 42년(1905) 11월 26일조.

46 『大韓每日申報』 1905년 11월 11일자 잡보.

'도의'와 평화

정립의 동양평화론은 권력정치와 제국주의에 비판적이었고 따라서 평화주의의 성격을 띤다. 정립의 평화주의는 유교 규범에 기초한 것이었다. 유교사상이 여전히 정치적 사유를 규율한 근대한국에서 서구의 평화사상이나 기독교 평화주의는 쉽게 자리잡지 못했다. 근대일본의 경우 나카에 조민中江兆民이나 우에키 에모리植木枝盛 등 자유민권론자들이 서구의 평화사상을 받아들여 국민을 희생하는 부국강병과 국권팽창에 수반된 일본국가의 폭력성을 비판하였다. 특히 청일, 러일전쟁을 계기로 전쟁을 부정하는 평화주의가 확산되었다. 기독교인 우치무라 간조內村鑑三의 비전론이나 사회주의자 고토쿠 슈스이幸德秋水의 제국주의 비판이 그 전형이다.

근대한국에서는 유학이 국가폭력과 제국주의를 비판하는 도덕적 규범의 근거로서 지속적으로 작용하였다. 왕도王道-패도覇道 관념과 공公-사私 관념은 평화사상의 성격에 영향을 주었다. 왕도=평화, 패도=폭력의 이미지는 한국인들의 도의적 국제정치관을 규정하였고 일본 제국주의를 비평하는 한국인들의 심성에 투사되었다. 유학사상에서 비롯한 왕도와 공의 이념은 주권국가들의 근대 국제사회에 만연한 사私의 폭력상태를 치유하는 규범으로 여겨졌다. 박은식은 이러한 유학사상이 근대 국제관계를 규율할 것이며 21세기는 동양의 시대가 될 것이라 믿었다.[47] 문일평文一平도 다음과 같이 말한다.

> 아아, 2천만 형제여. 빨리 일어나라. 붉은 해가 동쪽에 뜨니 동양문명의 시대라. 나는 생각하나니 우리나라가 세계무대에 초등超登할 기회인 줄 확신하노라. 그러므로 어떠한 정신으로써 어떠한 문명을 만들어낼고 하

47 「儒教求新論」, 『朴殷植全書』(下) (서울: 단국대학교출판부, 1975).

면 가로되, 우리 국민이 윤리사상이 가장 넉넉함은 세계가 모두 아는 바라. 이처럼 고유한 특질로써 일절 권모술수는 버리고 일시동인一視同仁의 천의天意를 본받아 상천上天의 대명代命으로 세계의 횡도橫道를 토벌초주討伐剿誅하고 만국안전의 방침을 강구하야 평화의 열쇠를 잡는 것이 곧 우리 국민의 특질에 적합하도다. 백두산맥 척골脊骨되고 황해수黃海水로 수족을 삼은 우리나라 삼천리 강역은 부패한 세계에 출중(逈出)하니, 이처럼 뛰어나고 아름다운 산천풍토에 양육 생장하여 군신, 부자, 부부, 형제, 붕우의 도가 올바른 우리 국민은 정의공도正義公道의 신성한 검으로 사욕을 범람시키는 잔적殘敵을 배제소탕하고 미약微弱을 부지유액扶持誘掖하며 교만을 체주염도掣肘厭倒하여 청천백일 하에 세계의 사심을 근절하고 스스로 도덕상의 제왕이 되어 천지대도에 화신化身하여 만국민을 경성警醒할지어다.[48]

유학문명에 대한 확신과 유학적 도의관념이 국제정치관에 강하게 투영된 글이다. 한국인은 권력정치와 제국주의의 세계에서 권모술수를 버리고, 오륜의 도와 일시동인一視同仁의 천의天意를 본받아 정의와 공도로써 "세계의 사심"과 "세계의 횡도"를 근절시켜야 하며, 나아가 "도덕상의 제왕"이 되어 세계의 평화(만국안전)를 강구해야 한다는 것이다. 유학의 공 관념에 기초한 도의적 국제정치관이며 적극적 평화관이다.

이러한 유학 평화관의 핵심에는 인仁 관념이 있었다. 병兵을 '불인'不仁으로 여기는 유학의 병학관은 존속하였다. 『황성신문』의 한 사설에서는 "대저 병兵이라는 것은 흉기凶器라 민을 해치는 일이 비일비재로되 병을 좋아하는 자는 반드시 망하므로 옛적 성왕이 이것을 삼가셔서 용병用兵함이 언제나 부득이한 데서 나오니, 이는 인민의 무고피적無辜被賊

48 문일평, 「한국의 장래문명을 논홈」, 『太極學報』 제12호(1907년 8월), 10쪽; 『호암 문일평 전집』(신문 보유편)(서울: 민속원, 1994), 134쪽.

함을 위함이라"[49]고 말하였다. 앞서 언급한 유인석도 군사력은 없어서는 안 되지만 이치상 사용해서는 안 되고 부득이한 경우만 써야 한다고 말하였다.[50] 캉유웨이의 대동사상과 공자교운동이 평화사상의 한 형태로서 받아들여진 것은 우연이 아니다. 이병헌李炳憲은 공자의 예양禮讓과 대동의 정신에서 국가경계의 소멸과 세계경쟁의 종식, 그리고 세계인종의 통합을 통해 평화를 이룩할 수 있다고 보았다.[51]

한편 유학사상은 사회진화론과 결합하여 '평화'의 허구성을 비판하는 논리로서 기능하기도 했다. 강대국이 "보호를 칭하면서 영토를 탈취하고 평화를 외치면서 무기를 휴대"[52]하는, "평화의 껍질을 쓰고 내심에는 손톱과 이빨을 감춘"[53] 제국주의를 마주하면서 평화는 제국주의 침략의 명분으로 간주되었다. 박은식은 약육강식과 우승열패의 사회진화 법칙이 지배하고 국가와 인종을 멸하는 "부도불법"이 횡행하는 국제사회에서 "평화재판"이나 "공법재판"이 "강권자強權者와 우승자優勝者의 이용利用"에 불과하다고 보았지만, 동시에 "상제上帝의 일시동인一視同仁"과 "성인의 만물일체"라는 유학의 보편주의 관념과 길항한다는 사실도 의식하였다.[54]

현실의 권력과 근대적 발전 양식에 주목한 문명개화론자들은 사회진화론을 수용하면서 제국주의의 현실과 강대국의 권력하에서 평화와 안정을 모색하는 평화관을 보이기도 했다. 국제공법이 발달할수록 "불

49 「東海海岸에 西國戰艦이 林林葱葱」, 『皇城新聞』 1899년 6월 16일자 논설.
50 『의암 유인석의 사상: 우주문답』, 75쪽 및 84쪽.
51 李炳憲, 「儒教復元論」(1919), 123쪽.
52 朴海遠, 「宜有正眼」, 『大韓興學報』 제11호(1910년 3월), 7쪽.
53 金淇驩, 「能行公議者는 其英雄乎」, 『大韓學會月報』 제3호(1908년 4월).
54 박은식, 「夢拜金太祖」, 『박은식전서』(중)(서울: 단국대학교출판부, 1975), 214-215쪽.

인불의"不仁不義의 침략행위가 날로 늘고 평화주의가 전파될수록 잔인포악한 약육강식하는 정략이 갈수록 심해지는, 인도人道 없는 "사기꾼의 활동시대"에 생존경쟁은 사회원리이고 민족제국주의는 천하풍조이며 인간은 이러한 사회원리와 천하풍조를 벗어날 수 없다는 인식[55]도 출현하였다. "어떤 이는 인류는 원래 평화를 주장하고 이것을 사랑한다고 말하지만, 사실에 이르러서는 하루도 그 격렬한 경쟁을 연출하지 아니할 수 없나니, 이는 과연 왜 그런가. 한마디로 논정하건대 그 근본적 원인은 생존에 있도다"[56]는 언설에서 보듯이 생존경쟁의 의식은 평화주의를 압도하였다. 여기서 평화를 위한 전쟁을 정당화하는 평화관도 출현한다. 국민주의의 변형인 식민지주의와 제국주의를 "평화적 전쟁"으로 규정하고 "평화적 전쟁의 최후수단은 무장적 준비"라는 국제정치관도 나타났다.[57]

여기서 동양평화의 준거를 도덕과 국제법이 아니라 근대지식과 발전에서 찾는 정치의식의 변화가 일어난다. 이규영은 "협화합력의 도"나 "협화주의"가 일시적인 외교 수단에 지나지 않는 "병이秉彝의 도덕심" 즉 유학도덕이나 "국제의 약속법" 즉 국제법, 혹은 "단순한 친애정親愛情"이 아니라 개인의 애국정신과 학문지식의 평등진보를 통해 가능하며, 이를 통해 동양삼국의 정족은 평화안정(磐泰安定)을 얻고 불안정(顚覆敲蹶)의 위험성은 사라질 것이라 주장하였다.[58] 문명개화론자들은 문명선진국인 일본의 지도를 받아 발전을 이룩해야 주권의 자율성을 확보할 수 있다고 보았다. "협화"의 수사적 성격을 의식하면서 근대지식의 수

55 최석하, 「平和會義에 對흔 余의 感念」, 『태극학보』 제9호(1907년 4월), 24쪽; 「平和會義에 對한 感念」, 『大韓每日申報』 1907년 5월 15일자.

56 抱宇生, 「競爭의 根本」, 『태극학보』 제22호(1908년 6월), 25쪽.

57 蔡基斗, 「平和的 戰爭」, 『대한학회월보』 제6호(1908년 7월), 17-19쪽.

58 李奎濚, 「東洋協和도 亦智識平等에 在흠」, 35-37쪽.

용과 발전의 가능성을 모색하면서도 정립평화의 구상이 아직 살아 있다. 하지만 협화의 레토릭을 간과하고 일본의 지도와 약속이 문명개화를 가져올 것이라는 환상을 갖는 한, 정립평화론을 지탱한 현실에 대한 긴장감reality은 상실될 수밖에 없다.

"평화적 전쟁의 최후수단은 무장적 준비"라는 사회진화론에 입각한 평화론은 한일합병을 계기로 군비평화론으로서 1910년대를 풍미하게 된다. 총독부 기관지 『매일신보』의 1912년 사설에서 확인할 수 있다.

> 평화운동의 직접요건은 전쟁의 화해禍害를 감소함에 있으니 전쟁의 화해를 감소함으로부터 전쟁이 없게 함을 구할지로다. 이것을 구하되 얻지 못하면 즉 그 근본(本)에 돌아가 인세사회人世社會의 조화調和를 구하는 외에 다른 길이 없으니, 소위 평화운동의 가능성이라 함이 이 범위를 벗어나지 않는도다. 비록 그러하지만 인세의 전국全局에 대하여 이것을 대관大觀하면 평화는 그 일면의 용건되는 동시에 다른 일면에는 경쟁도 또한 인류생존의 상태常態이니 전쟁은 즉 인류 생존경쟁의 일 상태狀態를 벗어나지 않도다. 고래로 전쟁을 절지絶止하기를 논하여 영구평화의 설을 외치는 자가 많지만, 일찍이 인류경쟁이 없게 하기를 정설定說한 자가 없으니, 이미 경쟁을 절지絶止할 수 없다 하면 경쟁의 한 방법되는 것을 절지한다 하여도 결코 절대적인 말이 아님을 알지로다. 또한 금일 국내 또는 국제의 평화를 위태롭게 함은 태반 군비가 충실치 아니함에 있으니 세계 각국민이 모두 생존을 서로 겨루고 또한 오늘날 생존하는 자가 가장 적당適當한 것임은 진화의 이법理法이 보여 주는 바라. 그 적당한 생존력을 가짐에 모두 일정한 팽창력을 갖춤으로써 그 저항력이 없는 곳을 향하여 발동하나니, 소위 국제전쟁 혹 국제충돌이 모두 이것이라. 또한 국가가 무비武備를 잃은 때는 국내의 치안을 지킬 수 없어 일규소요一揆騷擾로부터 내란이 되고 혁명소동이 되어 생민이 도탄에 괴로워하고 국가가 또한 토붕와해土崩瓦解에 이르지 아니할 수 없나니, 현재 청국사건 등이 그 적

례適例라… 평화를 확보하는 것은 군비요 평화운동이 아니라.[59]

경쟁은 평화와 더불어 인류생존의 일상적 모습이며 전쟁도 그러한 경쟁의 하나다. 따라서 전쟁을 폐지하고 영구평화를 논하는 것 못지않게 진화의 법칙인 생존경쟁을 생각하지 않으면 안 된다. 군사력 없이는 국내평화도 국제평화도 보장할 수 없다. 일정한 팽창력은 생존을 위해 필요하다. 일본의 제국주의 논리가 반영된 무장평화론이다. 나카에 조민中江兆民의 『세 취객의 정치문답』三醉人經綸問答에 나오는 '동양호걸군'東洋豪傑君의 군비확장론을 떠올리게 하는 주장이다.

무장평화론의 출현은 군사주의와 자본주의가 제1차 세계대전을 유발한 세계정치 상황과 맞물려 있다. 무장평화론은 군사경제 강국의 국제전략에 편승한 것이었다. 『동아일보』의 한 사설에 따르면, 1910년대, 1920년대 초반 '평화'의 주창자들은 야심을 품고 국제질서(평화)를 교란함으로써 오히려 세계를 "불안의 기氣"에 빠뜨리는 상황에 있었다. 백인종에 대한 식민지 유색인종의 반항, 중일관계나 중국내전에서 보인 유색인종 간 갈등, 태평양의 해상권을 둘러싼 백인종 간 갈등 등 인종 갈등도 깊어지고 노동자들은 자본가에 저항하기 시작한 "반항의 시대"였다.[60] 국내, 국제 수준에서 평화(질서)가 위협받는 상황에서 무장평화의 발상이 만연하였다.

물론 도의적 평화관이 사라진 것은 아니다. 제1차 세계대전 종결을 전후하여 윌슨의 민족자결주의가 유포되고 국제연맹이 창설되고 워싱턴 군축회의가 개최되는 등 세계평화의 분위기가 조성되는 가운데 도덕적 정치관이 재부상하였던 것이다. 식민지 한국에서도 민주주의와

59 『매일신보』 1912년 1월 30일자. 이 신문의 사장과 편집장은 일본인이었다.
60 「世界平和는 虛飾의 文句」, 『동아일보』 1921년 6월 28일자 사설.

평화를 연관시켜 생각하는 평화관이 출현하였다. 민주주의는 편견과 고집과 이해관계를 떠나 각 민족과 인민의 "양심" 또는 "천량"天良을 발휘하고 각자의 인격에 기초한 권리와 의무를 실현함으로써 인류의 행복과 세계평화를 기약하는 조건으로 상정된다.[61] 민주주의는 국가 없는 식민지 상황과 결부되어 민족과 인민의 양심과 인격을 발현하는 계기로 작용하였고 민족자결 의지를 부채질하였다. 민주주의를 평화의 조건으로 보는 관점이 출현한 것은 평화관의 새로운 전개를 시사한다. 칸트의 『영구평화론』이 번역, 소개된 것은 이 맥락에서였다.[62] 물론 국내체제와 국제평화를 연관시켜 민주공화정을 세계평화의 전제 조건으로 본 칸트의 영구평화 구상이 식민지 한국에 적실성이 있었던 것은 아니다.

'정의'와 '인도'人道는 1910년대 말 1920년대 식민지 지식인들의 평화관을 규정한 이념적 슬로건이었다. 민주주의와 자유주의적 정신의 영향을 받아 '정의'와 '인도'라는 말이 일상적으로 사용되고 유학적 윤리 관념을 담은 '인의'仁義도 이들 언어와 더불어 쓰였다. 3·1운동을 전후한 시기에 분출한 수많은 독립선언문들은 '정의'와 '인도'와 '인의'라는 상투어로 평화사상을 나타냈다. 유학자들의 정치적 심성이 반영된 평화사상이었다.[63] 비단 유학자들의 정치관뿐만이 아니다. 이들 상투어가 보편적 언어였음은 신문 사설들에서 확인할 수 있다. 이를테면 『동아일보』 1921년 9월 28일자 사설은 제1차 세계대전의 경험에 비추어 "정의"와 "인도"에 의해 규율되지 않는 군비확장(군국주의)이나 "순연純

61 「세계기자대회에 寄하노라」, 『동아일보』 1921년 9월 28일자 사설.

62 새봄, 「『칸트』의 영원평화론을 讀함」, 『개벽』 제4호(1920년 9월).

63 3·1운동기의 독립선언문에 나타난 '정의'와 '인도'의 평화사상에 관해서는 장인성, 「3·1운동의 정치사상에 나타난 '정의'와 '평화'」, 『대동문화연구』 제67집(성균관대학교 대동문화연구원, 2009). 박헌호·류준필 편, 『1919년3월1일에 묻다』, 성균관대학교출판부, 2009에 재수록.

然한 정신"에 기초하지 않는 경제발전(자본주의)은 세계평화와 인류행복을 저해한다고 주장하는 한편, "무력보다도 양심의 힘을 신뢰하여야 하며, 시기와 적개심보다도 협화와 우의友意를 존중해야 하며, 정복과 오만보다도 공존과 유화柔和를 숭상해야 하며, 경제적 이해보다도 인류의 인의를 대도大道로 만들어야" 한다고 말하고 있다. 정의와 인도, 그리고 인의에 입각한 도의 정치관이다.

그런데 중일전쟁 이후 일본제국의 아시아 침략이 본격화하는 맥락에서 평화론은 굴절한다. '평화를 위한 전쟁'의 논리가 다시 우세해진다. 『조선일보』의 한 사설(1939)에서는 전쟁은 생존욕, 종교욕, 지배욕, 소유욕과 같은 인간의 욕망에서 나온 불가피한 것이며, 이러한 욕망에 맞추어 전쟁의 양상도 생존을 위한 전쟁, 종교적 전쟁, 정치적 전쟁, 경제적 전쟁으로 진보한다고 말하고 있다. 전쟁은 박애, 자비, 인과 같은 윤리에 앞서는 현실의 현상으로서 이해되었다.

> 전쟁이 없이는 평화가 없는 것이 진리이다. 지나사변도 동아에서의 영원한 평화를 확립시키기 위한 전쟁이다. 전쟁을 싫어하고 평화를 얻을 수가 없다. 구차하게 평화를 가졌다고 하여도 그것은 평화가 아니라 굴욕이요 패망이다. 그러므로 전쟁으로써만 오직 진정한 평화가 올 수가 있고 평화를 향락할 수가 있다.[64]

'평화를 위한 전쟁'을 정당화하는, 전쟁을 통해 '동양평화'를 재구축하고자 하는 일본제국의 평화론에 부응하는 국제정치관 혹은 평화관이 드러나 있다. 일본제국주의의 동아시아침략이 확대되고 식민지한국의 병참기지화가 진행되는 상황을 반영한 평화관이었다.

64 「전쟁과 평화」, 『조선일보』 1939년 4월 17일자 사설.

6. 평화제도 구상: 제도적 평화

세계정부와 '대동'

근대한국인의 평화관에서 제도적 구상은 취약한 편이지만 전혀 없지는 않았다. 제도적 평화구상은 만국공법에 의거한 조약, 국제기구, 국제회의 등에 관한 생각에서 엿볼 수 있다. 일본이 한국의 자주독립과 동양평화를 보장한다고 규정했을 때, 한국인들이 이에 대해 일정한 신뢰를 보였을 때, 국제법은 동아시아의 평화와 안정을 보장하는 핵심 기제로서 양해되었다. 하지만 일본의 팽창주의 정책이 한국의 주권을 침해하고 동양평화를 위협했을 때 국제법은 더 이상 평화를 보전하는 장치가 될 수 없었다.

국제법(조약)이 현실 국제관계를 규율하지 못한다는 사실이 드러났을 때 한국의 자주독립과 동양평화를 보전하는 제도로서 국제회의와 국제기구에 주목하게 된다. 1890년대 후반 이후에는 전쟁 예방을 통해 평화를 지키기 위한 국제회의가 개최되었지만, 동시에 전쟁에 대비하기 위한 무기가 진보한 때이기도 했다.[65] 20세기 초의 세계평화는 글로벌 세력평균에 의해 지탱되는 무장평화였다. 평화는 전쟁을 부정하는 절대비전絶對非戰의 평화가 아니라 세계질서의 현상을 유지하고 대국들의 이익을 절충하는 문제로 인식되었다. 하지만 동시에 유럽에서는 민족주의와 제국주의, 동맹과 지역분쟁을 둘러싸고 전쟁을 억지하는 제도적 평화가 모색되기도 했다. 헤이그 만국평화회의가 두 차례(1899, 1907) 열렸고 국제연맹이 창설되었다. 국제사회의 폭력적 구조에 변경을 시도하는 제도 구상이었다.

65 「세계평화의 이상」, 『西友』 제13호(1907년 12월), 15쪽.

평화제도 구상은 1880년대 초부터 한국에 알려지기 시작하였다. 『한성순보』 제6호(1883년 12월 20일자)에 실린 「초병의」銷兵議라는 논설에 보인다. 청말 언론인 왕따오王韜가 일본역사가 기노시타 마히로木下眞弘의 평화론을 소개한 글이다. 이 논설에서는 "대의원"大議院과 "만국의 큰 법"을 만들어 국가 간 교제를 맺고 일국에 한정되지 않는 일을 "공의"公議에 부쳐 시행해야 하며, 개별 국가의 군사력(私軍)을 없애고 "세계 공공의 군사"(公軍)를 창설해야 한다고 주장하였다. 이 주장에는 전쟁은 천리와 인도를 거스르는 행위이며 군사비는 백성의 고혈이라는 인식이 깔려 있었다.[66] 이 견해는 자유민권론자 우에키 에모리植木枝盛의 평화론을 떠올리게 한다.[67] 우에키는 "우내의 전국戰國"과 "무법무정無法無政의 난세"와 같은 국제사회에서 국제평화를 이룩하려면 세계정부(萬國共議政府)와 세계헌법(宇內無上憲法)을 갖춰야 한다고 주장한 바 있다.[68]

이 평화구상은 "공의정부"公議政府를 세워 국가 간 경계를 없애고 인종 간 차별을 없앰으로써 대동의 세계평화를 구현하고자 한 캉유웨이康有爲의 평화구상과도 상통한다. 캉유웨이의 대동사상은 한말 유학자들에게 수용되었다. 이승희李承熙는 "만국대동의원"萬國大同議院을 만들어 "만국공법"을 제정하고 국가들이 문자, 윤리, 헌법, 군사, 기술, 통상에서 소통과 조화를 이룩하여 세계를 "공리功利의 분쟁"에서 "인의仁義의 대

66 「銷兵議」, 『한성순보』 제6호(1883년 12월 20일자).

67 왕따오는 "기노시타 마히로의 의론"이라 적시하고 있다. 그런데 주장 내용은 오히려 우에키 에모리의 견해와 비슷하다. 기노시타 마히로는 태정관 내무성 등을 거쳐서 1879년부터는 수사관(修史館)에서 근무했다. 변리공사다케조에 신이치로(竹添進一郎)와 함께 외무1등속(外務一等属) 자격으로 서울에 부임하여 갑신정변에 연루되어 귀국할 때까지 2년간 서울에서 체재한 경력을 가지고 있다. 『維新舊幕比較論』, 『豊太閤征外新史』를 저술하였다.

68 植木枝盛, 「通俗無上政法論」, 『明治文化全集』(政治篇)(東京: 日本評論社, 1929).

동"으로 바꾸어야 한다고 주장하였다.[69] 어떤 논자는 조약에 의거한 현상유지와 기회균등이 국제의 통의이지만 "세계대연방"을 형성하는 것도 불가능하지는 않다는 견해를 보였다. 무기체제가 발달하면 오히려 참혹한 "극전쟁"極戰爭이 자연히 소멸되고 극단적 파괴가 극단적 평화를 가져올 것이라는 전망에서 나온 주장이었다.[70]

만국평화회의와 '평화'

제도적 평화는 만국평화회의라는 제도를 통해 상상되기도 했다. 만국평화회의는 제도적 평화를 상상할 여지를 제공하였다. 평화의 실현을 기대하게 만든 표상이다. 구조적 폭력과 제도적 평화 사이에 거리가 있음은 일찍부터 인지되었다. 『독립신문』의 한 사설은 다음과 같이 적고 있다.

> 아라사는 청국 요동의 군사를 걷고 덕국은 청국 교주의 점령한 것을 그치고 영국은 청국 위해위[衛海韋]의 갖춘 것을 걷고서 만국평화회의는 청국 북경에다가 열며 또 각국은 일시에 각기 나라의 군기를 놓고 다만 각기 내지에서 나는 란[亂]을 막을 만큼 헌병과 순검을 머물러 두고 바다 위에는 만국이 한가진 경찰할 군함만 띄우며 혹 또 평화에 위태함과 해로움을 끼치는 나라가 있거든 만국이 그 교의를 함께 끊어써 처치를 할지니 이러할진대 만국의 평화를 바라는 것이 혹 가하려니와 그렇지 아니하면 평화라 하는 것을 도저히 가히 바라지 못할 것인 줄을 알지 못하는가.[71]

69 李承熙, 「韓溪先生年譜」, 『韓溪遺稿』(7)(서울: 국사편찬위원회, 1980), 549-550쪽. 금장태, 『한국근대의 유교사상』(서울: 서울대학교출판부, 1990), 127쪽 참조.

70 「세계평화의 이상」, 15쪽.

71 「세계평화의 이상」, 15쪽.

사설자는 구조적 폭력을 없애려면 국가들이 군사력을 포기하고 만국경찰에 개별국가의 치안을 맡겨 만국이 공동으로 평화를 위협하는 국가를 처벌하는 제도를 갖추어야 한다고 말하면서도 제도적 평화가 쉽게 달성될 것이라 낙관하고 있지는 않다. 제1차 만국평화회의의 "아름다운 이름"(명분)과 의미를 나름대로 평가하면서도 평화회의의 성과에 대해서는 유보적이었다. 사설자는 만국평화회의는 법률적 강제가 아니라 도의적 "임의"에 기초해야 한다고 주장한다.[72] 제도적 평화의 이상과 구조적 폭력의 현실 사이의 괴리를 도의적 임의로 메우고자 한 것이다. 제도적 평화관에도 도의적 국제정치관이 작용하고 있다.

권력정치관을 가진 사회진화론자나 문명개화론자는 국제평화회의에 회의적이었다. 안경수安駉壽는 헤이그 만국평화회의가 실효성이 없는 원인을 평화의 허구성에서 찾았다. 그는 유럽열강이 말하는 "외교의 평화"는 타국을 길 위에 버려진 물건처럼 다루는 것과 다르지 않으므로 "세계인도의 통의通義"가 아니라 국가이익을 타산하는 평화일 따름이라고 주장하였다.[73] 사회진화론을 수용하고 제국주의의 현실을 인정한 최석하崔錫夏도 제2차 헤이그 만국평화회의(1907)에 회의적이었다. 최석하가 보기에 평화회의는 명분은 아름답지만 실상은 "멸국신법"滅國新法을 만들고자 하는 강자, 능자能者, 적자適者의 집회에 불과하였다. 만국평화회의는 인도적 측면에서는 가치가 없는, 단지 문명이 발달하고 침략 방식이 경제나 보호의 형태로 진보하면서 출현한 것이었다.[74] 인간의 야만성은 없어지지 않으며 전쟁은 인간의 고유한 권리라는 이유를 들어 평화회의를 비판한 논자도 있었다.[75]

72 「평화론」, 『독립신문』 1899년 7월 22일자 논설.

73 安駉壽, 「日淸韓同盟論(續)」, 『日本人』 第120號(1900年 8月), 21쪽.

74 崔錫夏, 「平和會義에 對흔 余의 感念」.

만국평화회의는 그 자체로도 성과를 내기에는 한계가 있었지만, 특히 동아시아 국제관계 현실에서 구현될 수 없는 이상에 지나지 않았다. 그럼에도 불구하고 국권 상실의 위기에 처한 한국의 지식인에게 만국평화회의는 '만국평화'를 매개로 한국의 국권을 보전할 것을 바라는 유력한 의탁처일 수밖에 없었다. 만국평화회의가 "일장一場의 희극"이며 "위선의 표창表彰"에 불과한 것임은 알았지만 동시에 평화회의에 대한 기대를 버리지는 못했다. 만국평화회의는 성과가 미미하고 당장 실효는 없을지라도 평화사상을 확산시키는 계기가 되며, 전쟁을 없애고 세계평화를 이루는 "일대 진보"로서 이해하는 견해도 있었다. 만국교통의 발달, 통상의 증진, 무기발달에 따른 전쟁의 참혹한 폐해로 인해 평화를 사랑하고 전쟁을 싫어하는 관념이 강고해질 것이라는 믿음에서 나온 주장이다.[76]

대동의 평화관념과 만국평화회의에 관한 단상을 보면 근대한국의 지식인들이 근대국가의 폭력성과 국제질서의 상관성을 의식했을 개연성은 충분히 있다. 다만 서구의 평화사상가들이 국가체제와 국제질서의 상관관계를 이해하면서 항구적인 세계평화의 조건을 성찰했던 것과 같은 국제정치관은 쉽게 보이지 않았다. 전쟁을 수행한 강력한 절대주의국가가 아니었기 때문일 수도 있다. 근대국가체제의 주체로 성장하지 못한 채 수세적 생존에 급급했기 때문일 수도 있다. 유학적 윤리 의식에 기초한 도의적 국제정치관이 강했기 때문일 수도 있다.

75 「海牙會議」, 『大韓每日申報』 1907년 7월 5일자.
76 「평화회의의 성적」, 『西友』 제13호(1907년 12월), 32-33쪽.

7. '동양평화'의 향방

안중근의 동양평화론은 동아시아의 제도적 평화에 관한 독자적 구상을 담았지만, 정립의 논리에 기초한 한국 지식인들의 동양평화 구상이라는 일반적 발상에서 성립한 것이었다. 안중근의 동양평화론은 러일전쟁 이후 일본의 국권 침탈이 구체화하면서 일본 '동양평화'의 허구성을 자각하였음을 보여 준다. 동시에 정립평화의 발상이 파탄하게 되었음을 알려 준다. 정립을 성립시킬 국가주권의 확립과 국력의 뒷받침이 없이 정립평화의 논리는 파탄할 수밖에 없었다.

신채호는 정립의 동양평화론을 지탱한 동양 정체성을 "동양주의"라 부르면서 비판하였다. 신채호는 "동양주의"라는 언어에 미혹된 정신상황이 국가의 멸망을 초래하였다고 보았다. 서세동점에 대응하는 이념으로서 유통된 동양주의는 일본이 만들어 낸 "마설"魔說로서 한국인의 "국가주의"를 망각하게 만들었다는 것이다. 동양주의는 "동양에 있는 나라라면 적국도 아국으로 보고, 동양에 있는 족族이면 수족讐族도 아족我族으로 보게" 만드는 허구적 이념이라는 말이다.[77] 국가주의와의 대비에서 제시된 동양주의 비판은 정립평화의 논리가 작동하기 어려운 국권상실의 현실이 진행되었음을 보여 준다.

정립평화의 발상은 합병 이후 급속히 약해졌다. 글머리에서 보았듯이 민족과 지역의 자율성을 확보하려는 의지와 희망을 가졌을 때 정립의 발상이 작동할 여지는 있었다. 하지만 정립의 동양평화론이 당위의 표현이고 정립을 구현할 힘이 없는 한, 또한 일본제국이 민족과 지역의 자율성을 압도하고 '동양평화'를 운용하는 권력을 보유하는 한, 정

77 「동양주의에 대한 비평」(1909), 『개정판 단재신채호전집』(하)(서울: 형설출판사, 1995), 88-91쪽.

립의 발상은 지속될 수 없었다. 간헐적으로 제시되었을 뿐이다. 일본제국이 주도한 '동양평화'의 공간적 영역은 만주, 중국, 동남아로 확장되었고, '협화'協和와 '공영'共榮의 발상이 동양평화 개념을 새롭게 구성하였다. 만주와 대동아공영권의 질서를 구축하는 과정에서는 '왕도낙토'王道樂土와 '팔굉일우'八紘一宇의 발상이 '동양평화'의 내용을 분칠하였다. 유학사상과 일본의 직분사상이 결합된, 중화주의의 근대적 변용이라고나 할까.

'동양평화'라는 말은 '대동아전쟁'이 실패로 끝나고 '대동아공영권'이 붕괴하면서 소멸하였다. 동아시아 공간이 냉전이념과 냉전체제의 규율을 받는 가운데 미국과 소련이 주도하는 전후냉전의 국제관계를 반영하는 '동북아의 안정과 평화'라는 말이 동아시아의 평화를 가리키는 상투어가 되었다. '동양' 개념은 정치적 의미를 탈색하고 문화사적 의미를 띠게 된다.[78] 한국인에게 냉전체제는 외부적 동양평화와 내부적 동양평화의 두 축과 이에 기초하여 정립을 상상할 구도가 소멸한 것을 의미한다. 동양 상상을 매개했던 지리, 인종, 문명이란 요소는 냉전체제가 동아시아를 분단하면서 의미를 상실하였다. 동아시아의 평화는 제도적 평화와 이념적 평화의 측면에서 상상할 여지가 없어지고 미국과 소련이 주도하는 관계적 평화에 의존하게 된다. 냉전체제에서 '동북아의 안정과 평화'는 관계적 평화를 의미하는 상투어였다.

탈냉전과 지구화의 맥락, 동아시아 국가들의 발전과 경쟁, 경제적 상호의존과 군사적 긴장은 동아시아 평화의 존재양태를 새롭게 성찰할 것을 요구하고 있다. 동아시아를 하나의 지역 국제사회로 상정하고 동아시아 삼국이 주요 행위 주체로서 상호작용하는, 여기에 다양한 주체

78 에드윈 O. 라이샤워·존 K. 페어뱅크, 전해종·고병익 공역, 『동양문화사』(서울: 을유문화사, 1964) 참조.

들이 관여하는 복합적 관계의 양상이 출현하였다. 이러한 상황에서 균세연대의 정립평화를 상상했던 한국인들의 평화관은 어떠한 내용을 담아야 할까. 동아시아의 구조적 변동과 주체들의 성격이 변용한 가운데 관계적 평화, 제도적 평화, 이념적 평화를 새롭게 성찰할 것을 요구받고 있다.

제8장

인종과 정체성

동양연대론의 인종정체성과 지역정체성

1. 지역과 인종의 재발견

동아시아 국가들은 일정 부분 문명을 공유하고 지리적으로 근접해 있으며 얼마간 역사의 기억을 공유한다. 하지만 동아시아는 문화적 특수성과 국가이익, 그리고 민족 간 편견과 차별이 착종된 비단일적인 공간이다. 동아시아는 대립의 현실과 화합의 이상이 교착하는 모순된 공간이다. 동아시아인들은 지역주의와 민족주의 사이에서, 동아시아적 가치와 국가(민족)적 가치 사이에서, 갈등과 대립을 느껴 왔다. 때문에 동아시아의 지역정체성은 당위론적, 인식론적 차원에서 모색되었을 뿐 실천적 함의는 약했다. 즉 동아시아 정체성은 주로 동아시아 연대에 관한 담론, 동아시아 연대론에서 모색되었다.

동아시아 연대론은 서세동점과 더불어 동아시아에 글로벌 세력구도가 성립하고 글로벌 세력이 출현한 가운데 동아시아 국가들이 자국의 생존과 독립을 모색하기 위해 공동 대응을 모색한 언설이다. 동아시아 연대론에는 개별국가의 주권과 권력을 추구하는 근대주의와 일정한 거리를 두는, 또는 그것을 동아시아 문명이나 개별 국가의 문화적 가치에 담아 포착하려 했던 근대동아시아인의 정치적 사유와 정체성이 담겨 있다. 동아시아 연대론은 서양 열강의 위협에 대응하여 동아시아의 안전보장과 지역정체성을 모색한 연대와 차별, 인종과 민족의 정체성에 관한 정치담론이자 문화담론이었다.

지역과 인종은 동아시아 연대론이나 아시아주의의 핵심개념이었다. 동아시아 연대론은 서양열강의 위협에 대응하여 동아시아 안전보장과 역내 국가들의 생존을 모색하기 위해 지역정체성을 모색한 인종과 민족에 관한 담론이었다. 원래 서양 대 동양, 서구 대 동아시아의 이항대립을 상정하는 사유에서는 얼마간 동종으로서의 연대감이 작동하기 마련이다. 동아시아 연대론이나 아시아주의에서 상투어였던 '동문동종'同文同種은 동아시아 문명과 결부된 같은 인종으로서의 연대감을 표상하는 말이었다. 동아시아론에서 인종과 지역은 밀접히 연관된다. 대동아공영권 구상은 인종과 지역이 결합된 극단적인 사례다.

인종은 오랫동안 국제정치학적 관심에서 배제되거나 소외되어 왔다. 흔히 인종은 근대주의와 합리주의를 표방하는 국제정치론에서는 전근대적인 비합리적 요소로 배제되는 경향이 있다. 하지만 "인종주의의 문제를 제시하지 않는 근대론은 일종의 농담에 지나지 않는다."[1] 인종은 민족과 더불어 동아시아 국제정치론에서 중요한 의미를 갖는다. 인종은 동아시아 상상을 매개하는 요소다. 탈냉전기 동아시아론에도 인종 요소가 없지 않다. 경제협력체 구상이 근대적 합리성과 기능주의에 기초한 반면, 동아시아공동체 구상은 명시적이진 않지만 인종을 매개로 한 지역정체성을 상정한다. '동아시아인'은 동아시아라는 지리적 기표에서 성립했지만 같은 인종이라는 정서적 기의도 담고 있다. 한때

1 酒井直樹, 『死産される日本語·日本人: '日本'の歴史-地政的配置』(東京: 新曜社, 1996), 211쪽.

풍미했던 유교자본주의론, 유교민주주의론, 아시아적 가치론 등은 정치경제 현상을 설명하는 언설이었지만 인종과 지역의 재발견을 시도한 담론이기도 했다.

이 장에서는 19세기 후반 일본과 한국의 연대론에 투사된 인종과 민족(또는 종족) 관념의 동아시아적 함의를 밝히고, 초기 연대론의 인종정체성과 민족정체성의 의미를 성찰함으로써 동아시아 연대론에 나타난 지역정체성의 실체를 해명한다. 인종과 민족의 시공간적 함의를 포착하는 작업은 권력현상의 종속변수로 간주되기 십상인 '문화' 내지 '문명'의 함의를 재발견한다는 의미가 있다. 또한 국가와 국민에 주목하는 동아시아 국제정치론의 습성에 대한 반성적 성찰을 제공할 것이다.[2] 이 글에서는 편의상 '동양연대론'은 근대한국의 동아시아 지역협력에 관한 담론을, '아시아연대론'은 근대일본의 아시아 지역협력에 관한 담론을 지칭하는 말로 사용한다. 일본에서는 '아시아연대'와 더불어 '동양연대', '동양연횡' 등의 말이 쓰였고 연대의 범위도 '동양'(동북아 또는 동아)에서 '아시아'까지 다양한 반면, 한국에서는 '동양'(동북아)에

2 최근 일본학계에서도 민족정체성에 대한 관심이 늘었다. 다만 근대국가 및 제국 형성 과정과 관련하여 '일본인' 관념의 역사적 형성에 집중되어 있고 동아시아의 지역정체성이라는 관점은 결여되어 있다. 富山一郎, 「国民の誕生と'日本人種'」, 『思想』 845(東京: 岩波書店, 1994年 11月); 小熊英二, 『単一民族神話の起源』(東京: 新曜社, 1995); 小熊英二, 『'日本人'の境界』(東京: 新曜社, 1998); 石田雄, 「'同化'政策と創られた観念としての'日本'」(上·下), 『思想』 892·893(東京: 岩波書店, 1998年 10月·11月); Frank Dikötter, ed., *The Construction of Racial Identities in China and Japan: Historical and Contemporary Perspectives* (London: Hurst & Co., 1997). 한편 한국에서 '인종'에 대한 학술적 관점은 인종주의의 형성과 인종주의의 사회진화론적 함의를 분석하는 수준에 머물러 있다. 전복희, 「사회진화론의 19세기말부터 20세기초까지 한국에서의 기능」, 『한국정치학회보』 제27집 1호(한국정치학회, 1993); 전복희, 「19세기말 진보적 지식인의 인종주의적 특성」, 『한국정치학회보』 제29집 1호(한국정치학회, 1995).

국한되는 경향이 있었다. 동양삼국을 국제행위의 주체로 설정한 러일 전쟁까지의 연대론을 살펴보기로 한다.

2. 인종과 정체성

인종, 국제관계, 지역

인종은 인류학적 발견물이다. 인류학자 베네딕트Ruth Benedict는 인종을 "유전형질에 기초한 하나의 분류"[3]로 정의한다. 이 정의에서는 유전과 형질이라는 객관적 기준과 분류라는 행위가 인종을 규정하는 조건으로 제시되어 있다. 인종주의는 "양들을 희생양들로부터 분리시키는 새로운 방식"으로 비유된다. 인종주의는 "한 집단이 우월성의 징후를 갖고 다른 집단은 열등성의 징후를 갖는다고 주장하는 새로운 캘빈주의"이며, 궁극적으로는 "우리의 적"을 알기 위한 하나의 방편으로서 이해된다.[4] 여기서 '새로운 방식'이나 '새로운 캘빈주의'라는 표현은 인종주의가 근대적 산물이며 근대의 인종주의가 이전의 분류방식과 전혀 다르다는 것을 의미한다. 분류는 형질이 다른 인종과의 차이를 설정하는 차별화 행위다.

그런데 인종의 유전적 형질의 차이를 드러내는 분류의 행위에서 인종주의가 저절로 생성되는 것은 아니다. 인종주의는 프로파간다와 같은 작위적 행위를 통해 탄생된다. 설령 인종의 과학적 표준화가 가능하다 할지라도 표준에 부합한 인종을 찾기란 거의 불가능하다. 인종을 과학화하고 표준화하려는 시도는 권력적 의도를 내포한다. 클라인버그

3 Ruth Benedict, *Race and Racism* (London: Routledge & Kegan Paul, 1942), p. 6.

4 Benedict, *Race and Racism*, p. 2.

Otto Klineberg도 지적하듯이,[5] 히틀러의 나치가 과학적 정의를 내세워 아리안인종과 유태인종의 형질을 창출하여 인종주의 정책의 준거로 삼았던 것이 대표적인 사례다. 히틀러의 경우 인종주의를 독일 자국민을 통제하는 권력을 획득하고 유지하기 위한 가장 유력한 프로파간다로서 사용하였다.

여기서 인종은 인종주의를 산출하는 것이 아니라 인종주의를 합리화하기 위해 창출되는 상상물임을 확인할 수 있다. 인종은 "많은 모습을 띠고 오직 사람들의 마음속에 존재"[6]하는 주관적 상상물이다. 인종은 "우리와 다르게 보이는 사람들은 반드시 지능적으로, 문화적으로 다르며, 따라서 이방인이어야만 한다"[7]는 일종의 신화다. 그러한 인종을 창출하는 인종주의는 인종편견과 인종차별을 행하는 행위자가 그것을 당하는 대상과 대등하거나 그것보다 우월할 때, 또는 그러한 위상을 확보하고자 할 때, 이데올로기 내지 담론으로서 출현한다(나치의 인종차별, 일본의 대미전쟁을 보라!). 따라서 인종이란 개념도 인종주의와 마찬가지로 정치권력과 밀접히 관련된다. 또한 인종주의는 종족집단을 국민으로 전환시키는 국민국가 형성과정에서 국내통합의 이데올로기로서 기능하였고 그 과정에서 인종의 개념 규정이 이루어졌다. 인종의 개념화는 국내통합을 위해 타자를 적으로 설정하고 타자와의 경계를 획정하는, 달리 말하면 인종의 형질적 규정을 통해 동질적 집단을 국민화하고, 인종의 형질적 차이를 준거로 이질적 집단을 타자화하는 작업이었다.

국민국가 형성과 관련된다는 점에서 인종의 자각과 인종담론의 형

5 Otto Klineberg, *The Human Dimension in International Relations* (New York: Holt, Rinehart and Winston, 1964), pp. 19-20.

6 Klineberg, *The Human Dimension in International Relations*, p. 19. 강조는 인용자. 이하 같음.

7 Klineberg, *The Human Dimension in International Relations*, p. 32.

성은 근대적 현상이다. 발리바르Etienne Balibar에 의하면, 국민국가와 인종 개념은 거의 동시에 발생하였다.[8] 민족이나 국민이 국민국가 형성과정에서 국가와 민족주의에 의해 형성된 '만들어진 전통'(Eric Hobsbawm) 혹은 '상상의 공동체'(Benedict Anderson)이듯이, 인종도 국가와 민족주의에 추동된 구성물이다. 베네딕트의 표현을 빌리자면 "우리 자신들 시대의 창조물"[9]이다. 무엇보다 인종을 개념화하고 인종을 담론화하는 작업은 국제관계론과도 결부된다. 인종은 '우리'의 통합을 지향하는 동일성identity과 '우리'와 '그들'을 구별하는 차이difference를 만들어 내는 정치적 행위를 통해 국제영역에 연루된다.[10] 인종론/인종주의는 국제관계에서 타자의 적성敵性을 규정하고 우리와 적을 차별화하고 사악한 타자에 대한 분개심을 부추기는 가장 유력한 수단이기도 했다. 인종론이 생물학적 특성과 문화적 특성을 갖는 것으로 상상되는 인간집단에 관한 담론이라면 그 내용과 성격은 담론주체의 상상력에 의존하게 된다. 그리고 인종과 관련된 상상력은 정치현실에서는 경계의 획정을 통한 배제와 포섭의 전략을 갖는 한 국제정치 상황에 민감히 반응하는 이념적 성격을 갖지 않을 수 없다. 인종은 인종론의 대상이지만 인종론에 의해 규정된다.

국제관계와 밀접히 관련되는 한 인종 개념과 인종담론의 성격은 국제관계의 존재방식에 의존하지 않을 수 없다. 국민국가의 형성을 지향하는 근대국가체제에서 인종론은 종족집단을 인종이나 민족으로 재

8 Etienne Balibar and Immanuel Wallerstein, *Race, Nation, Class: Ambiguous Identities* (London & New York: Verso, 1991); 李孝德, 『表象空間の近代: 明治'日本'のメディア編制』(東京: 新曜社, 1996), 241쪽.

9 Benedict, *Race and Racism*, p. 2.

10 Roxanne L. Doty, "The Bounds of 'Race' in International Relations," *Millennium* 22:3 (1993), pp. 443-445.

창출하고 타자와의 차이를 드러내는 속성을 지닌다. 한편 세계화의 탈근대적 국제체제가 진행될 경우 지역통합을 위한 종족적/인종적 결집과 종족(민족)갈등에 따른 종족적/인종적 분화라는 상반된 두 양상이 나타날 것이다.[11] 특히 국민국가의 형성과정에서 인종론은 국내 수준에서는 종족집단의 동일화를 통해 단일 민족의 창출을 의도한 반면, 국제 수준에서는 타자(타 인종, 타 국민)와의 차이를 과도하게 드러내는 경향을 보였다. 즉 국내 수준의 동일화와 국제 수준의 차별화가 공존하였다.

국제문제와 국내문제의 영역구분이 완화되고 상호간섭이 증대되는 상황에서 인종은 민족과 국가를 넘어 지역에 관여하게 된다. 인종은 국제체제와 국가의 중간 영역인 지역과 만나게 된다. 지역, 그리고 여기에 성립하는—또는 그것을 창출하는—지역주의는 지리적 분포도에 따라 관념의 수준을 달리하겠지만, 흔히 지역행위자들이 지역정체성을 공유하는 것을 전제로 한다.[12] 동일성과 차이의 틀은 국내 레벨뿐 아니라 지역 레벨에서도 유효하다. 지역정체성은 특정 지역의 사람들이 타지역(의 사람들)에 대해 느끼거나 인식하는 방식으로 타 지역에 대한 구별과 타자화를 필요로 한다. 인종적 동질성은 지리근접성, 문화(문명)유

11 스미스(Anthony Smith)가 전근대적인 종족집단을 강조하고 헌팅턴(Samuel Huntington)이 사회주의권 붕괴 이후 종족정체성이 이념정체성을 대체한다고 본 것이 그러한 변화를 나타낸다. 캘룬(Craig Calhoun)은 민족정체성과 종족정체성의 상호관련성을 강조한다. Anthony D. Smith, *National Identity* (University of Nevada Press, 1993); Samuel P. Huntington, "The Clash of Civilizations?," *Foreign Affairs* 72:3 (Summer 1993); Craig Calhoun, "Nationalism and Ethnicity," *Annual Review of Sociology* 19 (1993).

12 지역주의론자들, 특히 구성주의자들은 '지역 수준의 양해'(regional awareness), '지역정체성', '지역의식'의 강화를 통해 지역결집력을 증대시키는 것을 지역주의의 중요한 조건으로 본다. Andrew Hurrell, "Regionalism in Theoretical Perspective," Louise Fawcett and Andrew Hurrell, eds., *Regionalism in World Politics: Regional Organization and International Order* (New York: Oxford Univesity Press, 1996).

사성과 더불어 지역정체성을 구성하는 요소다.

그런데 인종적 동질성은 자연적인 동시에 작위적이다. 인종은 지역을 성립시키는 조건이지만, 지역은 스스로의 생존을 위해 인종을 창출하기도 한다. 지역은 인종과 마찬가지로 객관적(공간적, 지리적)으로 존재하지만, 동시에 주관적(시간적, 역사적)으로 형성(상상, 표상)되는 것이다. 딜릭Arif Dirlik의 말을 빌리면, 지역은 "지역 현실을 구성하는—개념화 활동을 포함한—인간 활동의 공간적, 시간적 움직임들을 물리적인 범주들 속에다 담아 들이고자 하는 하나의 추상적인 표현",[13] 즉 관념적 공간이다. 지역은 주어진given 것인 동시에 만들어진created 것으로서 지리적 경계나 지질학적 공통성과 같은 자연적 요소에 의해 결정되지만, 공통된 언어나 인종 혹은 문화로 표상되어 인간의 활동영역을 반영하기도 한다. 이러한 의미에서 지역은 사회적 구성물이다.

동아시아와 인종: 근대적 신체의 탄생

동아시아 전통사회와 국가의 주민집단은 근대에 형성된 인종이나 민족, 국민보다는 종족집단ethnic group에 더 가깝다. 중화세계관에서는 인종의 준거틀이나 정치성을 띤 인종담론을 찾아보기 어렵다. 천하도에서 중국문명(華)의 외연에 속하는 야만세계(夷)는 상상의 동물들로 채워졌는데, 이 동물들은 허구적 표상이었지, 배제나 타자화를 위한 배치는 아니었다. 상상의 수인獸人이 인종으로 실제화한 것은 세계지리서와 서양 관련 문헌을 통해 서양(인)을 구체적으로 알게 되면서였다. 19세기까지

13 아리프 딜릭, 「아시아-태평양권이라는 개념」, 정문길 외 편, 『동아시아, 문제와 시각』(서울: 문학과지성사, 1995), p. 43; 장인성, 「자기로서의 아시아, 타자로서의 아시아: 근대조선지식인에 나타난 '아시아'와 '동양'」, 『신아세아』 제5권 3호(신아세아질서연구회, 1998), 12쪽.

도 서양인을 금수로 배척하는 화이론적 문명관이 지속되었지만, 세계 인종에 관한 지식을 갖게 되면서 타자 표상은 점차 바뀌어 갔다. 『해국도지』(魏源), 『영환지략』(徐繼畬), 『지구전요』(崔漢綺) 등 중국과 한국에서 발간된 세계지리서는 피부색과 골상의 형질적 특성을 가지고 인종을 분류하거나 인종과 지역을 대응시키고 있다. 에도 말기에 와타나베 가잔渡邊崋山이 저술한 『외국사정서』에도 이러한 시도가 보였다. 다만 지식이나 표상을 나열하거나 구별하는 수준을 넘지는 못했다.

인종의 우열화, 차별화는 근대인종론을 받아들이면서 보이기 시작하였다. 식민주의나 제국주의가 전개되면서 황인종의 경제적, 정치적 능력의 차이를 자연법칙이나 생물법칙에서 찾는 인종론이 유포되었다. 근대인종론은 인간의 신체(형질)적 특성을 구별하는 시선에서 시작된다. 후쿠자와 유키치福澤諭吉는 독일 생물학자로서 비교해부학과 형질인류학 분야의 권위였던 블루멘바흐Johann Friedrich Blumenbach의 다섯 인종 분류법을 받아들여 『장중 만국일람』(1869)에서 백색 인종, 황색 인종, 적색 인종, 흑색 인종, 다색茶色 인종으로 나누었다. 『세계국진』(1869)에서도 문명발전과 인종의 상관성을 의식한 인종분류를 시도하였다.[14] 후쿠자와는 각 인종의 형질적 특징을 가치 판단을 배제한 채 중립적으로 서술하였다.

근대적 신체관에 입각한 인종론은 1880년대 형질인류학이 일본에 소개되면서 나타났다. 일본에서 활동한 모스Edward Morse, 밸츠Erwin von Baelz 등 서양학자들은 일본민족기원론을 제기하면서 일본의 민족(종

14 『掌中万国一覧』과 『世界国尽』은 『福沢諭吉全集』 第2巻(東京: 岩波書店, 1958)에 수록되어 있다. 블루멘바흐는 1775년 두개골 측정으로 신체적 특징을 파악하여 인종을 코카서스 인종(백색인), 몽골 인종(황색인), 말레이 인종(회색인), 에티오피아 인종(흑색인), 아메리카 인종(적색인)으로 분류하였다.

족)과 인종에 관한 과학적 분석을 촉발하였다. 일본인 인류학자들은 아이누족, 동남아인 등 종족집단과 일본인 사이의 형질 관계를 밝히는 작업을 수행하였다. 일본의 인류학자와 국체론자들은 일본민족의 기원을 둘러싸고 혼합민족론과 단일민족론 간의 담론투쟁을 벌였다.[15] 신체적 형질과 신화적 혈통을 다투는 논쟁이었다. 신체의 형질적 특성은 일본민족의 기원을 밝히고 일본인의 경계를 획정하는 논쟁하는 과정에서 이질의 인종/민족에 대한 포섭과 배제의 준거로서 등장하였다.

그런데 신체의 측정과 분류는 근대적이지만 꼭 과학적인 것은 아니다. 형질학적 인종론의 출현은 문명과 인종을 연결시켜 타자를 분류하고 차별하는 근대 인종의식이 싹텄음을 보여 주지만, 단일민족설과 혼합민족설, 혹은 남방설과 북방설은 과학적 측정과 분류에서 나온 것이 아니라 — 학술적이건 정치적이건 — 주관적 신념의 소산이었다. 신체는 이러한 신념을 증명하는 수단으로서 탄생하였다.[16] 신체의 형질은 타자와의 차이를 드러내 정체성을 다지기 위해 확인되고 증명되었다. 형질학적 인종론은 세계의 구분방식이 문명 대 야만의 동심원적 분류에서 선진 대 후진의 이분법적 분류로 바뀌고 타자와의 관계가 예와 덕화에 기초한 포용에서 권력과 투쟁에 의존한 차별로 바뀌는 과정에 깊숙이 관여하였다.

한국에서도 『해국도지』, 『영환지략』 등의 세계지리서를 통해, 그리고 일본의 계몽서들을 통해 근대적 인종에 관한 지식이 축적되었다. 유길준도 1880년대에 블루멘바흐의 인종분류법을 받아들였다. 유길준은

15 小熊英二, 『単一民族神話の起源』(東京: 新曜社, 1995), 제1장~제4장 참조.

16 형질적 특성의 분류와 측정의 대상은 아이누와 류큐인이었는데, 동일성을 확인하거나 타자성을 주장하기 위해 형질적 특성이 학문상으로 선택되고 설정되는 과정에는 인류학적 담론의 권력작용 내지는 전략성이 개재되어 있었다. 富山一郎, 「国民の誕生と'日本人種'」, 39쪽.

두개골과 신체 형질에 관한 비교 연구를 통해 인간이 하나의 종으로 시작했지만, 기후, 생활양식, 거주지 등 환경이 바뀌고 혼혈이 생기면서 다섯 인종으로 분화되었다고 보았다. 인종별로 피부, 두발, 얼굴이 어떤 형질적 특징을 보이고 어느 대륙에 분포하는지를 상세히 소개하였다.[17] 다만 유길준은 5대 인종의 형질과 주거지역을 소개했지만 문명과 야만의 틀을 적용하거나 타 인종을 차별화하는 인종관을 보이지는 않았다.

근대한국에서 세계의 인종들이 인지의 수준을 넘어 타자화의 대상과 정체성의 매개물로서 여겨지게 된 것은 청일전쟁을 거치면서였다. 형질인류학과 사회진화론이 수용된 것이 계기였다. 형질학적 인종관은 일본인종 기원론을 매개로 받아들여졌다. 형질학적 인종론의 수용은 특히 『독립신문』을 통해 이루어졌다. 『독립신문』 1897년 4월 논설은 인종학에 깊은 관심을 보였고 인종학자를 높이 평가하였다. 일본 "종자"와 일본 "토인"(아이누)의 신체·언어의 유사성을 근거로 일본민족이 아이누족의 발원지인 인도 북쪽과 터키 근처에서 기원한다는 영국 인종학자의 견해를 소개하고 있다. 또한 일본 "종자"와 조선 "종자"의 신체적, 언어적 유사성을 근거로 일본종자가 조선종자의 발원지인 터키지역에서 나왔다는 주일영국공사 사토Ernest Satow의 견해도 언급하고 있다.[18] 신체와 언어라는 인종 판별의 기준과 인종정체성, 민족정체성에 주목하는 관점이 생겨났을 가능성을 시사한다.

인종론과 문명론의 결합은 인종을 서열화, 차별화하는 인종주의를 유발하였다. 두 달 뒤 『독립신문』에 실린 다른 논설은 세계의 인종을 "동양인종들보다 미련하고 흰 인종보다는 매우 천한" 흑인, "생긴 것이 동양 사람과 비스름하나 더 크고 개화된 것이 동양 인종만도 못한" [미

17 『西遊見聞』 제2편 「세계의 인종」, 제14편 「개화의 등급」.

18 『독립신문』 1897년 4월 6일자 논설.

국]토종, 그리고 "제일 영민하고 부지런하고 담대한" 백인종으로 분류하였다. 형질, 인종적 천성, 개화라는 기준에 따른 서열화와 차별화를 시도하기도 했다.[19] 한편 2년 뒤 『독립신문』 1899년 7월 사설에는 인종의 다섯 유형과 문명-야만의 네 유형을 제시하면서 "아프리가종"(흑인종)과 "아미리가종"(적인종)은 인류로 보지 않고 야만국과 미개화국에 대해서는 나라로 간주하지 않는 관점도 보이고 있다.[20] 지식과 덕, 문명화를 기준으로 내세워 "지식과 덕을 겸비한 상위의 인종"인 "문명화된 백인종"을 존경의 대상으로 삼고, "하위의 인종"인 "흑인종 같은 무능한 인종"을 경멸의 대상으로 삼는 인종론도 나왔다.[21] 청일전쟁 이후 한국에서도 형질과 천성(덕)과 문명(지식) 등을 기준으로 인종을 분류하고 차별하는 인종주의가 싹튼 것이다. 인종정체성과 문명정체성이 형성되고 있음을 시사한다. 이는 "인종과 나라의 분별이 이같이 여러 가지가 있는데 대한도 또한 그 가온대 참례하였으나 인종은 일례로 황인종이라 칭하겠으나 인민의 지식은 과연 어떠하며 현금 국세로 말할진대 외양으로는 문명이라 개화라 하지만은 시세와 형편은 실상 어떠한지."[22] 라는 발언에서도 읽어 낼 수 있다.

동아시아 레벨에서 같은 인종(황인종) 내에서 특정 민족이나 종족 집단을 차별화하는 인종의식도 전개되었다. 청국의 패전은 청국인의 열등성을 부각시키고 청국인에 대한 차별화를 부추긴 계기였다. 청국인은 "세계에서 제일 천대 받고 제일 약한 인종"으로 여겨졌고, 청국이 쇠약해진 원인을 중화주의와 외국인 배타주의, 그리고 유학문명관에서

19 『독립신문』 1897년 6월 24일자 논설.
20 『독립신문』 1899년 7월 1일자 논설.
21 『독립신문』 1899년 9월 11일자 논설.
22 『독립신문』 1899년 7월 1일자 논설.

찾았다.[23] 인종차별 의식은 청국을 매개로 싹텄다. 서양의 문명개화와 강병과 애국심을 배우지 못하고 "인민이 악하며 천하며 어리석고 더러우며 나라 위하는 마음이 없으며 남에게 천대를 받아도 천대인줄 모"르기 때문에 패배했다는 비판,[24] 청국인은 "각심"各心이고 청국은 "제일 약한 나라"이므로 미얀마나 베트남처럼 유럽열강에 당할 것이라는 예측[25] 등에서 볼 수 있다.

『독립신문』의 인종론은 청일전쟁을 계기로 동아시아에서 우등-열등의 기준을 내걸고 다른 인종을 재단하는 인종차별과 편견의 국제관념이 생기고 황인종 내에서도 민족/종족집단에 대한 차별의식이 형성되고 있었음을 보여 준다. 인종, 민족 개념을 매개로 동일성과 차이를 따지는 인식이 성립한 것이다. 개명엘리트와 문화전달자들(교육자, 언론인, 학자 등)은 근대적인 혹은 과학적인 언어를 동원하고 생물진화론을 받아들여 '인종'을 창출하고 인종론을 만들어 낸 것이다. 문명과 미개화, 우등인종과 열등인종이라는 기준을 내세워 역외 '인종'에 대한 차이와 역내 '민족'에 대한 차별이 시도되었다. 신체의 형질은 동일성, 정체성을 위한 차이의 근거로 기능하였다.

신체의 형질은 인종론/인종주의의 일차적 근거지만, 형질의 획정은 인종/민족 정체성을 작위하고자 하는 정치적 행위다. 신체 형질의 차이, 즉 인종차人種差는 실제 존재하지만 그것을 인지하고 표현(차별화)하는 방식은 정치적이고 문화적이다. 인종차별과 편견도 신체적 차이의 자연적 소산이 아니라 차이를 의식하고 창출함으로써 생겨나는 것이다. 이러한 점에서 "신체구조는 문화적 차이를 표현한다"[26]는 지적이

23 『독립신문』 1898년 7월 27일자 논설.
24 『독립신문』 1896년 4월 25일자 논설.
25 『독립신문』 1897년 2월 4일자 논설.

나 "인종은 신체적 특성에 기초한 구축물로서 민족정체성의 불가결한 요소"[27]라는 주장은 타당하다. 담론을 통해 신체의 객관적 특성과 차이는 규정되며 주관적 의도에 따라 신체는 가변적이 된다.[28]

인종은 변치 않는 생물학적 특성으로 구별되는 경계를 가진 것으로 상상되는 집단이다. 문화의 공유를 통해 얻은 특성에 토대를 두는 종족집단과는 구별된다. 그런데 근대동아시아에서 민족은 상상된 생물학적 특성에서 파생되었고 문화와 종족성ethnicity과 인종의 여러 개념을 포괄했다. 인종은 문화적 차이를 설명하기 위해 동원되었다. 인종은 신체(형질)와 문화의 복합적 표상이었다. 신체와 문화는 인종의 경계를 획정하는, 달리 말하면 인종의 차별성과 동질성을 규정하는 요소였다. 차별화와 동질화를 위한 경계의 획정은 정체성의 표현이며, 인종은 구성원이 그것에 동일화할 때 성립한다. 이러한 관점에서 인종은 "신체적 특성에 구체화된, 그리고 공통의 사회문화적, 역사적 유대에 의해 공고해진, 한 집단의 내재적 정체성을 정의하기 위해 고안된 하나의 분류"[29]이다. 인종의 문화적 속성은 국제관계에서 인종주의가 문화론과 결부되어 표출된다는 사실에서도 분명해진다.

26 George L. Mosse, "Racism and Nationalism," John Hutchinson and Anthony Smith, eds., *Nationalism: Critical Concepts in Political Science*, vol. 3 (London: Routledge, 2000), p. 1384.

27 Yukiko Koshiro, *Trans-pacific Racisms and the U.S. Occupation of Japan* (New York: Columbia University Press, 1999), "Introduction".

28 유네스코는 「인종과 인종차(人種差)의 본질에 관한 선언」(1951년 7월)에서 순수 인종의 존재를 부정하였다. 그러나 문화와 생활방식의 차이에서 인종을 유추하고 신체적 차이에 연결시키는 인식태도는 상존한다. 신체적 특성을 토대로 구축된 인종은 문화현상의 일부지만 문화처럼 가변적인 것은 아니다.

29 Koshiro, *Trans-pacific Racisms and the U.S. Occupation of Japan*, "Introduction".

3. 동양연대와 인종

황인종과 연대

19세기 동양(동아시아)은 앞에서 얘기했듯이 지역주의와 민족주의의 사이에, 그리고 동아시아적 가치와 국가(민족)적 가치 사이에서 대립의 현실과 연대의 이상이 교착한 공간이었다. 연대의 필요성을 논증하기 위해서는 대립의 현실을 완화하고 공통의 가치와 정체성을 높이고 협력을 정당화하는 어떤 근거를 상정하기 마련이다. 인종은 동양삼국의 이질성을 완화하고 동질성을 높이는 유력한 요소로서 인식되었다. 인종 요소가 동양연대, 아시아연대의 발상에 어떻게 관여하는지를 우선 다루이 도키치樽井藤吉의 『대동합방론』(1885)을 중심으로 간략히 살펴보기로 한다. 다루이의 『대동합방론』은 서양 열강의 동양 진출에 대응하는 방책으로서 서로 가까운 일본과 조선이 먼저 "합방"을 이루고 청국과 "연대"를 한 뒤 훗날 동양삼국이 "합방"을 완수할 것을 제안한 동양연대론이었다. 『대동합방론』은 후쿠자와 유키치福澤諭吉의 「탈아론」과 같은 해에 저술되었다. 「탈아론」은 일본이 문명국가가 되어 서양 열강의 대열에 끼기 위해서는 아시아의 "악우"惡友인 청국과 조선을 "거절"하고 유럽세계로 나아가야 한다는 탈아입구脫亞入歐를 주장한 논책이다.[30] 동양연대론과 탈아론은 1880년대 초중반 일본 지식인들의 상반된 동아시아관을 대변한다.

다루이의 동양연대 구상은 세계의 변용에 관한 인식에서 시작한다. 다루이는 "천 리 길도 하루에 갈 수 있고 만국의 통신이 순간에 통

30 「脱亜論」, 『福沢諭吉全集』 第10巻(東京: 岩波書店, 1970). 탈아입구의 발상은 후쿠자와 유키치뿐 아니라 다른 논자들에게도 보였다. 이를테면, 「東洋の氣運」(1884), 芝原拓自(1988), 277-279쪽.

하는" 세계, "절역"絶域에서 벗어나 "비린"比隣이 되고 "화친"을 추구하는 세계의 출현을 인지하였다.[31] 소통수단의 발달로 시공간이 축소되고 피아 관계의 격절이 해소된 세계를 상정한다. 이러한 세계에서 국가의 존재 양태는 달라졌다. 다루이는 "옛날에는 일국으로써 천하를 삼았고, 오늘날에는 세계로써 천하를 삼는다. 오늘날의 동종국은 옛날의 일국과 같다. 또한 어찌 제齊와 초楚의 구별이 있겠는가"[32]라고 말한다. 일국 규모에서 세계 규모로 공간적 범위가 넓어진 천하에서 황인종 국가들이 일국처럼 통합해야 한다는 것이다.

황인종 국가들이 통합해야 한다는 발상은 백인종의 아시아 진출에 대한 분개심에서 비롯된다. 후쿠자와와 같은 문명개화론자들은 서구문명을 수용하고 부국강병을 이룩하여 '일국 독립'을 확립하고 서양 열강에 대응할 수 있는 국가를 만들어야 한다고 생각하였다. 이와 달리 다루이는 백인종에 대항하는 의식이 강했다. 다루이는 "경쟁세계의 대세"에 따라 "아세아 동종의 우국友國"이 힘을 합쳐 백인종과 경쟁해야 하고 서양 열강으로부터 받은 모욕을 막아야 한다고 주장하였다.[33] 다루이의 동양연대론은 동양 대 서양의 이원적 세계관, 황인종 대 백인종의 대결 구도를 상정한 인종론에 기초한 동시에 경쟁의 논리와 대항의 심리가 섞인 담론이었다. 이러한 인종대결관은 동양연대론에서 널리 보였다. 특히 청일전쟁 이후 러일 경쟁이 심해지면서 크게 확산되었다. 이를테면, 다오카 레이운田岡嶺雲은 국제사회가 국민의 적개심으로 인해 열국이 충돌하는 맥락에서 "인종과 인종의 교섭충돌"이 "황인종과 백인종의 각축"으로 전개될 것이라고 예측하였다.[34]

31 樽井藤吉, 『大東合邦論』, 2쪽.
32 樽井藤吉, 『大東合邦論』(1893), 135쪽. 원저는 1885년 저술.
33 樽井藤吉, 『大東合邦論』, 132-135쪽.

다루이의 『대동합방론』은 한국의 동양연대론자들에게 영향을 주었다. 한문으로 쓰여진 『대동합방론』은 중국의 서점망(樂善堂)과 인천 소재의 조선신보사를 통해 발매되었다. 안경수는 이에 자극받아 일·청·한 동맹을 주장하는 글을 발표하였다.[35] 일진회의 한일합방 구상도 다루이의 대동연대론에서 영향을 받은 것으로 알려져 있다. 물론 한국의 연대론이 다루이의 견해에만 의존했다는 말은 아니다. 오히려 유학자들의 정립연대론은 한국의 경험과 관점에서 독자적으로 성립한 것이며, 청일전쟁 이후 러일경쟁의 맥락에서 인종 변수를 받아들였다고 봐야 할 것이다. 전쟁은 인종론적 연대감을 극대화하였다. 청일전쟁이 문명인종과 미개인종을 가르는 인종론을 부각시켰다면, 러일전쟁은 황인종과 백인종 간의 인종대결을 부추기는 인종주의를 키웠다.

한국의 지식인들도 인종론의 이러한 추세에 부응하였다. 『독립신문』, 『데국신문』의 여러 논설은 문명개화와 자주독립을 표방하는 한편, 인종주의의 관점에서 동양연대를 주장하였다. 적색인종 국가를 멸망시키고 아프리카의 흑색인종을 노예로 삼고 아시아의 갈색인종을 식민지로 만들었으며 이제 아시아의 황인종까지 넘보는 백인종의 침략성을 지적하면서 아시아 황인종들이 "무비망국"에 처해 백인종의 "노예 노릇"을 하는 현실을 개탄하였다. 이러한 현실에 같은 황인종으로서 "두 줄 눈물이 종횡하여 옷깃을 적시는" "강개하고 슬픈 마음"을 토로하였다. 동양삼국의 황인종이 백인종에 포위당할 것을 우려하면서 백인종에 의지하려는 행태를 비판하였다.[36] 특히 러일전쟁은 황인종-백인종

34 田岡嶺雲, 「東亞の大同盟」(1898), 伊東昭雄 編, 『アジアと近代日本』(東京: 社會評論社, 1990), 54쪽.

35 安駉壽, 「日淸韓同盟論」, 『日本人』 第120号~第123号(1900年).

36 『데국신문』 1898년 8월 25일자 및 1899년 2월 20일자 논설; 『독립신문』 1899년 11월 9일자 논설.

대결의식을 부추기고 황인종의 연대감을 일깨운 사건이었다. 김윤식은 러일전쟁을 일본이 러시아의 전제정치와 침략성에 대항하여 "동양을 진동시킬 뿐 아니라 그 광영이 전 지구를 비추는" "세계 초유의 의전義戰"[37]이라 생각하였다. 황인종 일본의 승전은 한국인의 대일 적개심을 "하루아침에" 녹여 버리고 인종정체성을 높였다.[38] 러일전쟁을 인종 대결로 보는 관점은 전쟁 이후 일본의 한국 침략이 노골화한 동안에도 지속하였다. 어느 논자는 이 전쟁을 "황백인종의 본능성 전쟁"이자 "인종경쟁"으로 규정하였다.[39] 『황성신문』의 한 논설에서는 "아아, 우리 동양 인사들이여. 동양평화라, 동종상애同種相愛라 하는 문제를 입으로만 떠들지 말고 평화의 실사를 주거做去하고 상애相愛의 실정을 발표하여 목전의 소리小利를 탐하여 백년의 대계를 그르치지 않으면 우리 아시아주 황종黃種의 무량한 행복일 것이다."[40]라고 말한다.

'동양평화', '동종상애'는 단지 황인종 연대만을 상정한 말은 아니다. 유학자들은 한국의 독립을 훼손하고 주권을 침탈하는 일본의 이기적 행위를 비판하는 심정을 보였다. "황인종 동맹"과 "아시아는 아시아 사람을 위한 것"이라는 슬로건이 일본이 경제적, 정치적, 군사적 특권을 획득하기 위한 기만에 불과하다는 주장은 이미 러일전쟁 중에도 제시되었다.[41] 최익현은 러시아의 재진출 가능성에 대비하여 동양삼국이 정립연대를 해야 한다고 주장하면서 "한집안으로서 서로 원수처럼 여기는" 갈등을 야기하여 동양삼국의 공멸을 초래하는, "애당愛黨의 마

37 金允植, 『續陰晴史』(下)(서울: 국사편찬위원회, 1960), 81쪽.

38 안중근, 「동양평화론」, 최원식·백영서 편, 『동아시아인의 '동양'인식』(서울: 문학과 지성사, 1997), 206-207쪽.

39 抱宇生, 「競爭의 根本」, 『太極學報』 제22호(태극학회, 1908).

40 『皇城新聞』 1909년 5월 26일자 논설.

41 『대한매일신보』 1905년 1월 6일자 논설.

음"을 결여한 일본의 침략 행태를 통렬히 비판하였다.[42] 황인종의 동양 연대를 상정하는 "동종상애", "애당의 마음", "일대 애종당"一大愛種黨은 허구였지만, 일본 비판의 심정을 담은 말이기도 했다. 하지만 일본의 강대국화, 패권화가 진행되면서 '동종상애'는 의미를 상실할 수밖에 없었다. 일본이 세계강국으로 성장하고 미국, 영국의 백인종 국가와의 대결 국면을 조성했을 때 인종론은 보다 강력한 의미를 갖고 부활하게 된다.

안보와 '동종'

동양연대는 황인종 대 백인종의 대결 구도에서만 생성되는 것이 아니다. 연대를 위해서는 동양의 내적 구성을 위한 요소도 필요하다. 와타나베 히로모토渡邊洪基는 1880년 홍아회 연설에서 아시아 국가들이 역외 국가들에 대항하기 위해서는 "동족同族, 동문同文, 동교同教의 한 단결"을 이루고, 지역이익을 확보하려면 "교통(소통)의 친밀"이 선행되어야 하는데, "지리의 불편"으로 인해 교전도 강화도 없을 정도로 소원하여 경쟁과 협력을 행하지 못하고 "타족, 이교異教, 이문異文의 유럽"으로부터 멸시를 받는다고 주장하였다.[43] 와타나베의 발언에서는 두 가지가 주목된다. 하나는 지리와 인종과 문명을 동양연대 내지 지역정체성의 요소로 생각하는 발상이다. 다른 하나는 '타족, 이교, 이문'의 유럽과의 대비에서 '동족, 동문, 동교'의 아시아가 상정되고 있다는 점이다. 이질적 세계의 유럽을 보면서 동질적 세계의 아시아를 상상한다. 동양연대론의 기본 발상을 보여 준다.

비슷한 시기에 구사마 도키요시草間時福도 유럽과의 대비에서 아시

42 장인성, 「자기로서의 아시아, 타자로서의 아시아」, 42-43쪽.
43 渡辺洪基 演説, 『興亜公報』 第1輯(興亜会, 1880), 7-11쪽.

아 정체성을 생각하였다. 구사마에 따르면, 유럽 국가들은 "각자의 이해와 명예에 관해서는 물불처럼 원수처럼 서로 받아들이지 못[하지만] … 만일 이해와 명예가 유럽 일반에 관련되는 때는 진秦과 초楚도 힘을 합치고 오吳와 월越도 정을 함께하고, 또한 각자 일개의 작은 이해를 희생하는 걸 아끼지 않는", "자기가 있음을 알 뿐만 아니라 또한 유럽이 있음을 알고 있다". 즉 지역이익을 위해서는 국가이익을 희생시킬 줄 안다. 유럽 열국은 "혁장"鬩牆, 즉 형제간 집안싸움을 벌이는 양 보이지만, 실제로는 유럽의 명예와 이해의 큰 유대를 위해 "일대국정"一大國情(great nationality)을 가지고 단결한다. 그런데 아시아인들은 자국의 작은 이해를 다툴 뿐 "아시아의 이해, 명예나 평화"를 생각하는 "공공의 정대情帶"가 약하다. 아시아 국가들이 쇄국을 국시로 삼기에 "소격거절"疎隔拒絶하며, 친밀한 것처럼 보이지만 서로 적대하는 폐단을 보인다. 구사마는 "아시아인의 사상 중에는 아직 아시아가 없다"고 단언한다.[44]

한국인들의 동양연대 구상과 동아시아 상상에서도 이러한 사고방식이 공유되었다. 『독립신문』 1899년 사설에서 서양인들은 동양의 황인종을 대할 때는 서로 협동일치하여 동맹이나 협상을 맺는데 동양의 황인종들은 "한 뭉텅이"가 되지 않고 서양 사람들의 "반간질"에 농락당하기만 한다는 자탄이 보인다.[45] 동양은 유럽을 통해 확인되고 있다. 유럽의 침략성에 대한 위기의식뿐 아니라 유럽정체성에 대한 이해에서 동양정체성이 자각되었다. 또한 『독립신문』 1898년 사설에서도 동양삼

44 草間時福, 「東洋連衡論」(1879), 芝原拓自 外 編, 『対外観』(東京: 岩波書店, 1988), 265-268쪽. 소네 도시토라(曽根俊虎)가 직예총독 리훙장에게 보낸 서한이나 다테 무네나리(伊達宗城)가 조선의 수신사에게 한 발언에서도 동아시아 정체성이 유럽의 사례와 비교해서 의식되고 있다(『興亜会報告』 第8集, 1880, 10쪽. 『興亜会会報』 第10集, 1880, 7-8쪽).

45 『독립신문』 1899년 11월 9일자 논설.

국의 자주독립을 보전하려면 한국과 일본이 협력해서 구습에 빠져 있고 위급 상황을 벗어나지 못한 청국을 개명시켜야 하며, 유럽 열강에 공동으로 대응하기 위해선 동양삼국의 상호교류와 상호원조, 그리고 상호독립이 필요하다고 주장하였다. 아울러 다음과 같이 말한다.

> 대한과 일본과 청국은 다만 같이 한 아시아 속에서 살 뿐이 아니라 종자가 같은 종자인 고로 신체 모발이 서로 같고 글을 서로 통용하며 풍속에도 같은 것이 많이 있는지라. 이 세 나라가 별로이 교제를 친밀히 하여 서로 보호하고 서로 도와주며 아무쪼록 구라파 학문과 교육을 본받아 어서 속히 동양삼국이 능히 구라파의 침범함을 동심으로 막어야 동양이 구라파의 속지가 아니 될 터인데.[46]

여기서 '종자'는 인종을 가리킨다. "한 아시아"(지리적 근접), "같은 종자"(동종), "글을 서로 통용하며 풍속에도 같은 것이 많이 있"는 것(동문)은 동양연대와 동양정체성의 근거를 이룬다. 동양연대와 동아시아 정체성은 지리, 인종, 문명의 세 요소를 매개로 상상되었지만, 동종과 동문이라는 요소가 지리 요소보다는 강하게 작용하였다. 지리적 근접은 동양 상상을 규정하는 상수적 요소였지만,[47] 일본제국이 제국주의 팽창으로 '동양'의 지리적 범주를 동양삼국을 넘어 동남아까지 포괄하는 '동아'로 확장시켜 가는 가운데 가변적 요소로 바뀔 수밖에 없었다.

'동문'과 '동종'은 다른 문자와 다른 인종의 존재를 의식했을 때 성립한다. '동문'은 유교문명권에서 전승되어 온 의식이다. '동문동궤'同文同軌는 중화문명권을 표상한다. 문자는 자기와 타자를 구별하는 일차적

46 『독립신문』 1898년 4월 7일자 논설.

47 장인성, 『장소의 국제정치사상』(서울: 서울대학교출판부, 2002) 참조.

기준이다. '동문', '동교'는 원래 한자문화권의 외연을 차별하는 의식을 가진 말이다. 중화세계에서 자기와 타자를 구별하는 말이었다. 조선조에서는 오랫동안 '동문', '동교'라는 말을 통해 같은 문자(한자)와 같은 학문(유학)을 공유하는 중화세계를 상정하였다.[48] 일본에서도 이를테면 18세기 초 니시카와 조겐西川如見이 문자나 종교를 지역을 구분하는 준거로 사용하면서 중국의 외부에서 중화문자를 사용하는 '외국', 가로문자를 사용하는 '외이'外夷를 '아시아'(중화)와 구별한 바 있다.[49]

동종의식은 개항 이후에 출현하였다. 앞에서 보았듯이 일본과 한국에서는 문명개화와 계몽의 상황에서 인종분류법이 수용되었지만, 초기에는 인종분류법이 자동적으로 황인종의 동종의식을 유발한 것은 아니다. 동종의식은 서세동점의 정치군사적 의미를 이해하고 백인종 대 황인종의 대결 도식으로 파악하는 정치심리가 성립했을 때, 특히 러시아의 침략성과 사악함을 강하게 의식했을 때 출현하였다. 동종의식의 출현은 동아시아 국가와 지역의 안보문제 발생과 결부된 것이었다. 따라서 '동종'은 형질학적 인종 개념의 표현이라기보다는 정치적 함의를 띤 말이다. '동종'은 서세동점의 권력정치와 백인종의 위협이 감지되면서 분류나 구별의 차원을 넘어 정치적, 감성적 의미를 띠고 '동문'과 결합하게 된다. '동문동종'은 서세동점의 정치군사적 맥락에서 중화세계에서 생성된 문명의식과 서구세계에서 들어온 근대문명이 결합하면서 정치적 의미를 띠게 된다. 한국인들에게 '동종'은 동양삼국의 '민족'에 국한되고 동아시아의 지리적 공간을 넘지 않은 반면, 일본인들에게는

48 장인성, 「자기로서의 아시아, 타자로서의 아시아: 근대조선지식인에 나타난 '아시아'와 '동양'」, 『신아세아』 제5권 3호(신아세아질서연구회, 1998), 22-25쪽.

49 山室信一, 「日本外交とアジア主義の交錯」, 日本政治学会 編, 『日本外交におけるアジア主義』(東京: 岩波書店, 1998), 5쪽.

동아시아의 민족을 지칭하는 말로, 나중에는 백인종의 압제를 받는 아시아 민족을 지칭하는 말로 유통되었다.

'동종'이 그 자체로 연대를 보장하는 건 아니다. 연대론자들은 동종의 연대의식을 유발하는 수사들을 동원한다. 다루이는 일본과 한국이 "우내의 일대풍조를 만나 동양에 떠돌아다니는 배"와 같고 승선자들은 "동종의 형제"이므로 오나라, 월나라 사람처럼 서로 적대시하지 말고 마음을 합치고 힘을 다하여 풍노파도風怒波濤를 막아야 한다고 역설하였다.[50] 또한 "그 땅은 순치, 그 세는 두 바퀴, 정情은 형제와 같고, 의義는 붕우와 같다. … 일가동족一家同族의 정을 보이고 서로 제휴부지提携扶持하여 세상일을 해야 한다"[51]라고 말한다. 여기에는 동양삼국 혹은 한일의 상호의존성을 표상하는 언어들이 제시되어 있다. '오월동주'吳越同舟, '혁장'鬩牆, '순치보거'脣齒輔車, '형제붕우'와 같은 언어들은 동양연대와 동아시아 상상을 부추기는 상투어였다.

이러한 언어는 지리적 근접에 기초한 상호의존성과 동양안보(국가안보, 지역안보)를 표상한다. 그런데 약간 뉘앙스의 차이는 있다. '오월동주', '혁장', '순치보거'의 용례는 주로 서양 열강의 위협에 공동 대응하기 위한 전략적 연대를 가리킨다. '오월동주'와 '혁장'은 초기 연대론에 드물게 쓰였고, '순치보거'(혹은 '순치', '보거', '보치' 등)라는 말이 빈번하게 그리고 오랫동안 사용되었다. 이 언어들은 주체들의 대등한 상호의존을 의미하지만, 전략적으로 쓰이는 한, 언젠가 주체 간 불평등이 커지고 공동 대응의 필요성을 느끼지 못하면 쓰이지 않게 될 것이다. 일본의 경우 '순치보거'는 동양삼국의 국제적 위상과 전략적 가치를 민감히 측정하면서 우월적 지위를 확보하기 위한 정치적 의도가 강했다. '순치보

50 樽井藤吉, 『大東合邦論』, 113쪽.
51 樽井藤吉, 『大東合邦論』, 2쪽.

거'는 일본의 대외정책의 대상이 아시아 일반까지 확대되면서 지리적 근접성이 옅어질수록 강도가 약해지거나 사용할 수 없게 된다.

구사마는 앞에서 보았듯이 형제간 집안싸움을 뜻하는 '혁장'을 말하면서 아시아인들이 "소견거절"로 인해 "아시아의 이해, 명예나 평화"를 생각하는 "공공의 정대"가 약하다는 사실을 지적했는데, 형제애보다는 공동의 적에 대응하는 전략적 연대의 뉘앙스를 느낄 수 있다. '오월동주'와 비슷한 전략적 연대다. 한국의 연대론자들은 "동포되는 황인종" 국가들이 황인종의 지식과 능력을 세계에 표출한 문명개화한 "일본형제"의 위상과 능력을 인정하고 "황인종 형제의 모든 나라를 권고하고 인도하"는 맹주의 역할을 용인하는 심리를 보였다.[52] "동종상애"의 형제애는 '오월동주'의 전략적 연대와는 달랐다.

한국에서도 동양삼국의 '정치연립'鼎峙聯立을 견지하고 주권의 취약성이 지속되는 한 '순치보거'의 용법은 지속될 수 있었다. 하지만 한국의 유학자들은 '오월동주', '순치보거'보다는 '형제붕우'와 같은 용례를 더 선호하였다. 앞에서 보았듯이 한국의 동양연대론자들은 "동종상애"同種相愛, "애당愛黨의 마음", "상애相愛의 실정", "일대 애종당"一大愛種黨 등 다양한 용례를 제시하면서 형제애와 같은 애정을 가질 것을 요구하였다.

> 같은 인종끼리 특별이 더 사랑하는 것은 인정의 당연한 바라. 황인종으로 말할진대 동양에 대한과 일본과 청국 세 나라가 있은즉 그 형세가 비유컨대 솥발과 같아 만약 솥발 하나라도 떨어질 지경이면 그 솥이 기울어지는 것같이 세 나라 중에 한 나라라도 만일 정치가 문란하여 국세가 위태하면 능히 동심합력하여 동으로 나오는 서방 형세를 막기가 어려울

52 『독립신문』 1899년 11월 9일자 논설.

터이니 이때를 당하여 동양삼국이 피차에 더욱 사랑하는 마음이 도저到底할 수밖에 없[다.][53]

이 언설에서 동종 간의 사랑은 “인정의 당연한 바”, 즉 인간의 자연적 심성으로 이해된다. “동심합력”도 단순히 전략적 연대의 표현만은 아니다. 논설자는 동양정립의 붕괴가 동양삼국간에 나눠야 할 “더욱 사랑하는 마음”의 소멸을 초래할 것을 우려한다.

상호의존을 표상하는 언어들은 현실의 반영이라기보다 당위의 표현이었다. 현실과 당위 사이의 거리는 국가의 위상에 의존하였다. 한국의 동양연대론에서는 이들 언어와 현실 사이의 간극은 커져만 갔고, 연대의 언어들은 도덕적 당위론의 성격을 더할 수밖에 없었다. 일본의 아시아연대론에서는 연대는 탈아입구를 위한 유보전략이었고, 문명개화와 국권팽창이 진행되었을 때 ‘탈아’와 더불어 변질되거나 파탄될 수밖에 없었다.

4. 연대론과 지역정체성

‘인종’과 ‘민족’의 사이

동아시아 연대론에서 인종은 지역 수준에서 민족의 개별성을 넘어서는 동일성 지향의 표상이었다. 정체성은 타자의 존재와 타자와의 관계를 의식했을 때 생겨나는데, 타자를 보는 시선은 자기존재감에 기초한다. 근대한국 지식인들의 경우 백인종과 황인종의 대립 구도를 상정했을

53 『뎨국신문』 1900년 2월 9일자 논설.

때 황인종으로서의 '동종'을 강하게 의식하였다. 동종의식은 연대감의 표현이 된다. 하지만 일본의 강국화로 동양정립이 붕괴되고 한국의 쇠망이 분명해질 경우 동종의식은 동화정책의 표현이 되었다. '동문동종'의 슬로건은 전자와 후자의 맥락에서 각각 의미를 달리한다. 인종은 일본 제국주의와 한국의 자주독립의 상관작용에 따라 표상적 의미를 달리한 것이다.

인종 개념과 민족 개념은 상관적이다. 청일전쟁 후 1890년대 후반 한국에서 동양연대론(정립론)은 인종 개념과 민족 개념의 상관작용 위에서 성립하였다. 1880년대 개화파의 연대론은 서세동점(러시아 위협)에 대응하고 청국으로부터의 독립을 이루고자 하는 전략적 사유에서 성립하였다. 이 초기 연대론에서 '인종'과 '민족'은 아직 정치적 언어로 개념화되지는 못했다. 앞에서 보았듯이 일본에서는 1880년대에 형질학이 도입되면서 '인종'이 정치화politicization하기 시작했지만, 한국에서는 1890년대 후반에 들어서야 동양연대론(정립론)의 틀이 확립되면서 정치화되었다. 이 시기에 동양연대론(정립론)이 분출한 것은 '인종'이 연대의 발상과 결부되면서 정치적 의미를 띠게 되고 아울러 '민족' 개념이 모습을 드러내기 시작했음을 뜻한다. 청일전쟁 이후 한국의 동양연대론은 인종 개념과 민족 개념이 정치적 의미를 갖고 결부되었을 때 출현하였던 것이다.

연대론이 연대의 현실이 아니라 연대의 당위를 주장하는 언설인 한, 인종 개념과 민족 개념은 인종정체성과 민족정체성을 표현하기 마련이다. 인종정체성의 일차적인 구성 요소는 혈통과 신체다. 신체는 형질적 특성과 더불어 문화적, 정치적으로 규정된다. 혈통의 순수성과 단일성 신화도 문화적, 정치적인 의도에서 생겨난다. 연대론에서 인종혈통(황인종)은 민족혈통(조선인, 일본인)을 초월한 동아시아 보편성을 표상한다. 동아시아 연대론에서 인종론은 신체와 문화의 같고 다름을 드러냄으로써 백인종과의 차별성difference을 강조하고 구성원들 간에 동질성identity을 추구하는 언설이었다. 인종정체성은 연대감과 지역정체성을 지탱하는 요소였다. 동아시아 연대론에서 '인종'은 민족과 국가를 초월하는, 동양삼국의 특수성을 넘어 하나 됨을 매개하는 표상이다. '황인종'은 백인종과의 대비에서 지리적, 인종적 특수성을 보이지만, 지역 수준에서는 민족을 넘어서는 동아시아 보편성을 표상한다. 황인종이 표상하는 동아시아 보편성은 백인종과의 대결의식을 통해 확보되었다. 연대론자들은 동종의식과 공동운명 의식에 기초한 지역연대를 통해 민족의 생존을 확보하고자 했다. 민족 간 균형(정립론)인가 아니면 일본민족의 우월(맹주론)인가의 차이는 있었다.

근대한국과 일본에서 '인종'은 대체로 두 가지로 쓰였다. '일본인종'(혹은 '일본종자')'과 '조선인종'(혹은 '조선종자')이라는 용례에서 '인종'은 '일본인', '조선인'과 마찬가지로 종족집단ethnos, ethnic group 내지 민족nation을 가리킨다. 다른 하나는 '황인종', '백인종'과 같은 형질학 개념으로서의 인종race이다. 두 용례는 엄밀히 구분되지는 않았다.[54] '일본인(종)'과 '조선인(종)'으로 표현할 경우에도 형질적 특성을 얘기할 때는 인종의 범주에 들며, '황인종'과 '백인종'이란 용어도 문화적 특성을 논할 때는 종족집단이나 민족과 겹치기 때문이다. '일본인'과 '조선인'은 인종학적 특성과 문화적 특성을 공유하는 용어인데, 그 진정한 의미는 역사적 맥락에서 찾을 수밖에 없다.

일본의 경우 일본민족기원론과 인종학의 상관성에서 보듯이 인종

54 일본에서 사용되는 '민족'이란 말은 서양의 네이션(nation)과 정확히 일치하지는 않는다. 일본의 민족 개념은 네이션과 종족집단(ethnic group, ethnos)의 양면을 공유한다(安田浩, 「近代日本における'民族'観念の形成: 国民, 臣民, 民族」, 『季刊思想と現代』 第31号, 東京: 白石書店, 1992, 62쪽). 한국의 민족 개념도 마찬가지일 것이다.

개념과 민족 개념이 성립과정에서 서로 맞물려 있었다. 인종과 민족은 독립된 범주가 아니라 이념적인 결합을 보였고 형질적 요인과 문화적 요인이 융합된 형태로 존재하였다. 일본의 인종은 '인종적'racial 의미를 가질 뿐 아니라 역사적(문화적) 특수성을 지닌 '인종화된'racialised 정체성을 지닌 개념이었다.[55] 대내적 측면에서 일본의 '인종'은 서구와 마찬가지로 국가와 민족주의에 의해 형성된 구성물이었다. 근대일본의 '민족'은 군권의 지고성을 통합 원리로 삼은 천황제국가의 통치를 정당화하는 이데올로기에 의해 형성되었다.[56] '민족'은 근대국가의 형성과 관련해서는 '국민'으로 나타났고, '국민'은 일본의 근대국가가 천황제국가의 형태를 띠면서 '신민'臣民으로 변모하였다. 한편 대외적 측면에서 '일본인'(인종, 민족)은 인종학적 출처가 다른 종족집단에 대해 경계를 획정하는 과정에서 모습을 갖추었다. 백인종의 위협을 강하게 느낄 때는 일본인종(민족)의 단일성과 순수성이 강조되었고, 황인종의 맹주 역할을 의식했을 때는 일본인종(민족)의 혼합성이 강조되었다.

한국의 경우에는 민족기원론이 인종학 담론에 의해 '인종화된' 경우가 거의 없다. 인종이 민족을 규정하거나 민족의 이익을 위해 인종을 희생시키는 사유도 보이지 않는다. 조선인종의 경계를 획정할 유인의 부재와 국민국가로서의 취약성으로 인해 민족이 근대적인 국민을 적극적으로 창출하지 못했기 때문일 수 있다. 인종은 반외세의 주체인 민족의 모습을 갖기는 했지만, 국민국가의 형성과 통합을 상징하는 국민의 모습을 갖추기에는 한계가 있었다. 조선의 인종과 민족도 형질적 요인

55 Michael Weiner, "The Invention of Identity: Race and Nation in Pre-war Japan," Frank Dikötter, ed., *The Construction of Racial Identities in China and Japan* (London: Hurst & Co.), pp. 96-97.

56 安田浩, 「近代日本における'民族'觀念の形成」, 71쪽.

과 문화적 요인의 복합적 소산이었지만, 일본과는 달리 문화적 특수성은 도의(유교) 관념에 의해 억지되었다.

한일 양국의 연대론에는 이러한 인종과 민족의 모습이 투사되어 있다. 연대론은 자국의 힘이 열세하거나 동아시아에 세력균형이 성립한 상태에서 출현하였는데, 국제정치관념과 국가(국민)의식에 따라 구체적인 양상은 달랐다. 일본의 연대론에서 인종과 민족의 결합이나 상호간섭은 문명개화와 부국강병에서 앞선 일본이 맹주가 되어 황인종의 아시아를 보전해야만 한다는 논리에서 성립하는데, 이 논리는 인종의 이익과 안보를 빌미로 민족의 이익과 안보를 확보하려는 의도에서 성립하였다. 연대관념은 국권확충의 전략과 탈아의 의미를 내장하였다. 한편 한국의 연대론에서는 도의관념이 강한 반면 근대국가(국민)관념이 약했고, 인종의 이익, 안보와 민족의 이익, 안보를 연속적인 것으로 보는 경향이 있었다. 연대의식은 전략적 고려도 없지 않았지만 도의관념의 산물인 경우가 많았다. 한국의 동양연대론자들은 역외 세력(특히 러시아)의 침략이나 역내 세력(일본)의 독점지배를 견제하면서 동아시아 민족들의 공생을 모색했지만, 도덕적 이상과 권력적 현실의 괴리로 인해 실현될 가망은 없었다. 그 결과 일본의 아시아연대론은 현실(국가이익)을 호도하는 명분으로, 한국의 동양연대론은 현실을 간과한 이상으로 흘렀다.

인종정체성과 민족정체성

"나는 일본이 러시아를 물리친 것이 기쁘다. 섬나라인들은 영광스럽게도 황인종의 명예를 지켜 냈다. … 나는 황인종의 일원으로서 일본을 사랑하고 존경한다. 그러나 조선인으로서는 모든 것 독립까지도 빼앗아 가는 일본을 증오한다."[57] 러일전쟁이 종결되고 을사보호조약이 체결된 직후 윤치호는 일본에 대한 애증을 이렇게 드러냈다. 같은 인종으로서의 일본과 다른 민족으로서의 일본을 향한 애증이 교착한 것이다. 황인종으로서의 정체성과 조선인으로서의 정체성이 공존한 데서 비롯한 애증이다.

인종정체성과 민족정체성은 연대론의 핵심이다. 인종정체성의 구성요소는 혈통과 신체다. 신체가 형질적 특성과 더불어 문화적, 정치적으로 규정되듯이 혈통의 순수성과 단일성 신화는 문화적, 정치적 의도에 의해 만들어졌다. 연대론에서 인종적 혈통(황인종)은 민족적 혈통(조선인, 일본인)을 초월하여 동아시아적 보편성을 표상한다. 한국의 동양연대론은 인종적 혈통에 기초하여 동아시아적 보편성을 표방하지만, 일본의 아시아연대론에서는 민족적 혈통이 인종적 혈통을 압도하거나 보편성을 왜곡시키는 경향을 보였다. 동양연대론이 한국의 국망으로 파탄했을 때 인종 관념의 보편성은 민족 관념에 의해 대체되었다. 아시아연대론이 제국화의 이념으로 변질되어 이에(家)적 포섭과정(동화)이 요구되었을 때 민족적 혈통의식은 약해졌고 세계 차원에서 백인종과 대항하여 대동아공영을 구축하고자 인종적 혈통이 보편을 가장하여 소생하였다.

정체성은 타자의 존재와 타자와의 관계에서 촉발되는, 그것을 해석하고 자타관계에서 자기의 존재가치를 확인하는 행위다. 근대한국 지식인들의 인종정체성은 우선 백인종과 황인종의 대립구도를 포착하는 방식에서 드러난다. 순환론의 역사관을 갖고 백인종의 압박을 황인종과 백인종의 순환적 성쇠의 한 과정으로 파악하기도 했고, 문명론의 입장에서 동서문명의 비차별성을 강조하기도 했다. 황백인종 대립구도에 조선인(조선인종, 조선민족)을 자리매김하는 방식도 정체성과 관련

57 1905년 9월 7일자 윤치호 영문일기, 『윤치호일기』 제6권(서울: 국사편찬위원회, 1976).

된다. 동양연대론에서는 흔히 황인종의 연대를 조선인의 생존조건으로 보았다.

인종정체성은 때로는 사해동포주의의 관점에서 인종의 차별화나 인종주의를 부정하는 태도로 연결된다. "지혜와 재능은 동서고금에 피아의 인종을 물론하고 위爲하고 또 위하면 능히 위치 못할 일이 없"[58]다는 인식에서 감지된다. 서구의 인류동종론도 영향을 주었다. 채기두는 인종의 우열을 가르는 이분법과 황화론黃禍論은 "야심가의 이기 탐욕하는 정신"에서 나온 "망론"이며 인종차별은 습관과 심성의 산물이라는 녹스George W. Knox의 인류동종론에 공감을 표하면서, 인종구분은 관습(문화)의 산물이며 이종론異種論은 인종학상의 오류라 비판하였다.[59] 인종 개념이 정치적, 문화적 함의를 탈피하여 과학적 차원에서 이해되기 시작했음을 시사한다.

한편 민족정체성은 국민으로서의 정체성보다는 종족적 특성에 치중하였다. 예컨대 한국의 민족적 특성을 "청인의 유함과 일인의 강함을 겸한", 그리고 "서양과 교통한 지 이십 년에 일인같이 속히 되지는 못하였으나 청인같이 게으르지는 아니"한 데서 찾는 것이 일례다.[60] 인종의 우열함의 고정성을 부정하고 문명인종으로 변경될 수 있다고 기대하는 방식도 있다. 인간의 지혜와 다수의 협력을 요소로 한 "사회력"을 발전시켜 "자연력"(자연적 조건)을 극복하고 사회의 진보를 이룩하면 "상위의 인종"(문명인종)이 될 수 있다는 것이다.[61]

정체성은 타자의 시선을 느끼는 방식이기도 하다. 근대한국의 지

58 李奎濚, 「人의 强弱과 國의 盛衰가 爲與不爲에 在함」, 『太極學報』 제8호(1906).

59 蔡基斗, 「平和的 戰爭」, 『大韓學會月報』 제7호. 녹스의 출전은 George William Knox, *The Spirit of the Orient* (New York: T.Y. Crowell, 1906).

60 『뎨국신문』 1902년 10월 20일자 논설.

61 『독립신문』 1899년 9월 5일자 논설; 전복희(1995), 133쪽.

식인들은 타자의 시선을 감지할 때 한국인의 형질적, 정신적 특성을 규정하는 타자의 시선을 의식하였다. 타자의 시선으로 자국인의 민족적 특성에 주목했을 때, "조선인종의 시기심"을 지적하고 외국인에게 대한 사람이 "조선인종"이란 말을 들어서는 안 된다는 자기비판이 가능해진다.[62] 부정적 자의식은 '조선인종', '조선민족'의 부정적 특성을 고쳐야 한다는 주장을 낳기도 했다.

근대일본인들이 타자의 시선을 느끼는 방식은 달랐다. 일본인들도 자국인을 응시하는 타자의 시선에 민감했는데, 타자(서양인)가 자신들을 다른 황인종(청국인, 조선인)과 동일시하는 것을 무엇보다 우려하였다. 민족적 우수성에 관한 믿음과 다른 황인종에 대한 차별화는 서양인들의 시선(일본관)을 교정시키려는 의도에서 나왔고 탈아론으로 구체화되었다. 일본의 아시아연대론자들도 이러한 시선에서 자유롭지 못했다. 인종담론에 대한 집착은 황인종에의 영원한 귀속을 원해서가 아니라 황인종의 구속에서 벗어날 수 없었기 때문일 것이다. 국가나 국민의 형성(또는 국권의 확장)과 관련된 연대론자들의 견해는 탈아론자나 서구론자들과 다를 바 없었다. '흥아'는 다른 형태의 '탈아'였다고나 할까.

근대일본인들의 인종정체성은 백인종에 대한 열등감과 다른 황인종에 대한 우월감이 공존한 데서 찾을 수 있다. 열등감은 일본인종은 황인종이 아니라는 주장을 낳기도 했다. 청일전쟁 직후 극단적 서구화론자인 다구치 우키치田口卯吉는 언어와 지력의 차이를 근거로 일본인종이 황색인종이 아니라 흉노인종(훈족)의 후손이며, 일본인 가운데 천손天孫인종의 순혈종은 아리안인종보다 낫다는 억설을 폈다. 러일전쟁 중에는 황화론을 경계하면서 천손인종은 원래 백색인데 에조蝦夷나 하야토

62 『매일신문』 1898년 6월 22일자 논설.

準人와 혼혈하여 황색이 되었다고 주장하기도 했고, 일본의 문명개화와 두 차례의 전승을 근거로 일본인종이 백인종이라 강변하기도 했다.[63] 서양인들의 시선을 강하게 의식하여 스스로의 인종정체성마저 부정하는 역설이 생겨난 것이다. 그러나 아무리 우수한들 형질의 변형이 불가능하고 형질이 정치적 함의를 갖는 상황에서 '인종'은 여전히 구속물일 수밖에 없다. 여기서 인종적 열등감은 깊어지고 그럴수록 신체로부터의 일탈 — 백인종으로의 상승, 또는 '신체적 탈아'[64] — 을 꿈꾸게 된다. 외양의 서구화(문명개화)와 신체의 구속(황인종) 사이에서 인종론은 왜곡되었다.

아시아주의자 오카쿠라 텐신岡倉天心은 구화론자들의 서구화나 '인종적 탈아'와는 달리 아시아의 '예술이상' — '동양의 이상' — 을 통해 아시아 정체성을 확인하면서 아시아 회귀를 꿈꾸었다.[65] 여기서 아시아 정체성을 인종이 아니라 문명에서 찾고 아시아적 보편성의 기준을 인종에서 문명으로 넓힐 가능성이 제시되었다. 하지만 오카쿠라는 과거의 아시아문명에 관심을 보였을 뿐, 아시아와 공동 작업을 모색하는 '동시대적 관점'이 없었다.[66] 그는 예술(문화)을 통해 인종의 멍에를 벗어난 아시아 정체성을 모색할 수 있었지만, 그 역시 동양의 이상을 실현

63 小熊英二, 『単一民族神話の起源』, 174-176쪽.

64 전후 일본인의 백인관에는 일본인을 '미(美)의 이상으로서의 백인'과 동일화하고 '현실의 백색인종'을 이질적 존재로 간주하는 상반된 두 관점이 공존하였다. '신체적 탈아'는 전자의 백인관에 대한 비유적 표현이다. 我妻洋·米山俊直, 『偏見の構造 — 日本人の人種観』(東京: 日本放送出版協会, 1967), 88-91쪽. 일본근현대에서 신체적 정체성이 연속적임을 시사하는 대목이다.

65 Kakuzo Okakura, *The Ideals of the East with Special Reference to the Art of Japan* (London: John Murray, 1903); 岡倉天心(淺野晃 譯), 『東洋の理想』(1938).

66 青木保, 「近代日本のアジア認識」, 青木保 編, 『日本人の自己認識』(東京: 岩波書店, 1999), 104-105쪽.

하는 일본의 사명과 연대론의 특질인 맹주적 발상에서 자유롭지 못했다. 민족정체성이 인종정체성을 압도하는 상황은 지속되었다.

5. '인종'과 '민족'의 향방

동아시아에서 인종차별이나 인종편견은 형질인종학, 근대문명론, 사회진화론의 영향을 받아 형성되었다. 그것이 전개되는 과정에서는 차별, 편견의 방식뿐 아니라 미개인종의 계몽을 문화인종의 사명으로 삼은 서구인종주의의 논리도 수용되었다. 인종론은 동아시아의 문명화와 근대국가나 제국의 형성과정에 줄곧 관여하였다. 동아시아의 인종주의는 서구 인종주의가 차별화 논리에 기초했던 것과 다르게 동일화를 지향하였다. 지역 수준에서 본다면 서구 인종주의가 차별을 의도한 특수를 지향하는 것이었다면 동아시아의 인종주의는 보편을 추구한 것이었다. 인종주의는 인종이란 매개물을 통해 타 인종과의 차별을 시도하고 자기 인종의 결집성을 지향하는 이념이다. 인종주의는 흔히 국내 레벨의 인종차별과 관련되지만 국내 인종문제가 국제적 쟁점이 되었을 때 국제관계론적 의미를 갖게 된다. 근대일본의 인종주의는 국내 레벨에서는 일본과 일본인의 경계를 획정하려는 차별화와 동화의 과정에서 출현하였고, 국제 레벨에서는 백인종의 황인종 지배에 대한 대항 심리와 황인종의 연대이념으로 표출되었다. 동질적인 민족 관념과 확정된 경계를 가졌던 근대한국의 지식인들에게 인종주의는 국내 레벨보다는 국제 레벨에서 의미를 가졌다.

인종정체성을 통해 지역정체성을 확보하려는 연대의 발상은 국가와 민족의 가치가 높아지면서 추락할 수밖에 없었다. 역외 세력(백인종)의 위협과 자국의 열세라는 연대론의 성립조건은 일본의 대국화와 제국주의로 인해 외부(백인종)의 위협과 내부(동양삼국)의 정립이 균형을 상실하면서 무너질 수밖에 없었다. 지역 수준에서 영위된 인종주의적 보편성은 민족과 국가의 생존이 심각한 위협을 받고 민족주의와 국가주의가 높아지면서 취약성을 드러냈다. 신채호는 동종의식을 표명하고 동아시아와 한국의 안보 상관성을 인정하면서도 "동양주의"라는 "마설"魔說에 사로잡혀 "동양에 있는 적국", "원수의 종족"을 "우리나라", "우리 종족"으로 동일시하는 경향을 비판하는 한편, 국가경쟁 시대에 "동양주의"를 "국가주의"로 대체할 것을 주장하였다. 여기에서 "국가는 주인이요 동양주의는 손님"이라는 역설이 성립한다.[67] 신채호는 "동주同洲, 동문同文, 동색同色의 인종'이라도 덕의를 무시하고 잔인한 짓을 하는[68] 경쟁시대에 '동문동종'의 신화를 내걸고 연대를 모색하는 인종정체성보다는 민족과 국가의 생존을 모색하는 민족정체성을 요구했던 것이다.

그런데 제국-식민지체제에 들어 일본의 동화정책이 전개되는 가운데 민족정체성과 인종정체성이 보다 분명하게 길항하는 양상을 보였다. '일선동조'의 인종정체성이 표방되는 가운데 식민지 한국인들에게 확실한 민족 개념이 성립하였고 반제국의 민족주의가 운동의 형태로 전개되었다. 역사의 아이러니라 말하지 않을 수 없다. 총력전체제에 들어 내선일체가 전개되면서 인종정체성이 민족정체성을 압도하고 왜곡하는 사태가 벌어졌다. 일본제국은 민족적 이익을 위해 동양 '인종'의 미명하에 백인종을 상대로 '대동아전쟁'이라는 인종전쟁을 일으켰던 것이다.[69] 연대는 '협화', '협동', '공영' 등으로 변질되었다.

67 신채호, 「동양주의에 대한 비평」, 최원식·백영서 편, 『동아시아인의 '동양' 인식』, 218-220쪽.

68 鄭錫迺, 「實業界의 一嚆矢」, 『太極學報』 제11호(1906).

69 태평양전쟁의 '인종전쟁'적 성격에 관해서는 John W. Dower, *War Without Mercy: Race and Power in the Pacific War* (New York: Pantheon Books, 1986)를 참조.

제9장

질서와 정의

근대일본의 국제사회관과 동아시아

1. 국제사회관: 윤리와 권력

흔히 19세기 후반 들어 동아시아는 역사상 유례없는 국제체제 교체와 국제질서 변동을 겪었고, 동아시아 국제관계는 주권, 국제법, 세력균형을 원리로 한 주권국가체제에 편입되었다고 알려져 있다. 그런데 주권국가체제에의 편입은 명분에 불과할 뿐 실제 근대동아시아는 주권불평등과 제국지배로 점철되었다. 이는 근대 국제관계를 규율하는 질서의 원리와 현실의 질서 사이에 간극이 상존했음을 시사한다. 존재와 인식 사이에 편차가 있음을 암시한다. 이러한 간극을 포착하려면 근대동아시아 국제관계의 양태에 관해 성찰할 필요가 있다. 주권국가체제의 보편적 국제원리가 근대동아시아 국제관계에서 작동하는 방식의 특수성과 경험을 고찰할 필요가 있다.

근대동아시아 국제관계는 세계와 지역, 국가의 세 수준이 교착하는 가운데 관련 국가들이 상호작용하는 지역 국제관계를 상정한다. 동아시아 지역의 국제관계는 동아시아 국제영역에서 사회적 행위가 이루어지는 동아시아 국제사회의 존재 혹은 이에 관한 상상을 전제로 한다. '질서'와 '정의'는 국제사회의 현실과 이상을 바라보는 국제정치관의 핵심적 요소다.[1] 질서와 정의는 동아시아 국제관계의 양태와 국제사회의 성질을 포착하는 유력한 개념일 수 있다. 이 두 관념을 통해 주권국가체제의 제도와 원리가 동아시아 역내에서 운용되는 모습을 포착할 수 있다. 정의와 질서의 개념/관념은 국제사회의 현실과 이상을 사고하는 국제사회관과 밀접히 연관된다. 국제사회관은 세계정치를 운용하는 규범적 국제질서 원리와 국제사회의 권력 현실과 이상에 관한 인식이며, 원리와 현실 사이의 간극을 극복하려는 정치적 사유이다.

근대일본의 정치가나 지식인들은 국제사회를 만국투쟁 상태로 보고 권력을 중시하는 홉스적 국제사회관이 강했다.[2] 근대일본의 지식인

1 헤들리 불은 국제사회에서 질서와 정의의 개념이 갖는 중요성을 인식했지만, 유럽 국제사회의 질서를 논하는 데 머물렀다. Hedley Bull, *The Anarchical Society: A Study of Order in World Politics* (London: Macmillan, 1977). 불의 제자 빈센트는 신생국가들이 국제사회의 질서를 변경하기를 요구하는 맥락에서 비로서 정의의 문제를 적극 논의하기 시작했다. R. J. Vincent, *Human Rights and International Relations* (Cambridge: Cambridge University Press, 1986). 동아시아 국제사회론에서도 질서와 정의는 핵심적 문제이지만, 본격적으로 논구된 적이 없다. 질서-정의 문제를 포함한 동아시아 국제사회론의 방법론적 성찰로 장인성, 「동아시아 국제사회론을 찾아서」, 서울대학교 국제문제연구소 편, 『세계정치10 국제사회론과 동아시아』(논형, 2009); 장인성, 「영국학파 국제사회론과 근대동아시아의 국제사회화에 관한 고찰: 동아시아 국제사회론의 구축을 위한 시론」, 『세계지역연구논총』 제27집 1호(한국세계지역학회, 2009)이 있다.

2 홉스적 국제사회관이 일본의 대외정책에 중요한 의미가 있음은 몇몇 연구들에서 언급된 바 있다. 이를테면, Kenneth Pyle, *Japan Rising: The Resurgence of Japanese Power and Purpose* (New York: PublicAffairs, 2007); Shogo Suzuki, "Japan's Socialization in Janus-faced European International Society," *European Journal of International Relations* 11: 1 (2005). 그런데 홉스적 국제사회관이 근대일본 외교정책을 규정하는 유일한 국제관념이었던 것은 아니다. 근대일본의 국제사회관은 홉스적 현실주의만이 아니라 칸트적 자유주의, 그로티우스적 규범주의도 섞여 있었다. 국권을 보전하고자 서구열강에 대응했을 때, 혹은 국권을 확장하고자 동아시아 국제사회와 세계정치의

들은 질서와 정의를 표방하면서 국가이익을 추구했고 동아시아 국제관계의 주체적 구성을 시도하였다. 질서와 정의에 관한 생각에서 동아시아 국제관계의 운용과 관련된 명분과 실제, 보편과 특수, 타자와 자기의 양상을 읽어 낼 수 있다. 세계와 지역과 국가에 관한 정치언설, 혹은 국제질서관과 지역구상에 내재된 질서와 정의의 원리를 읽어 낸다면, 일본이 주도한 동아시아 국제사회의 모습을 얼마간 드러낼 수 있을 것이다. 유럽적 주권국가 관념과 동아시아(일본)적 제국관념이 어떻게 착종하고 있었는지, 일본제국이 지역세계와 제국공동체를 구축하고 세계정치에 대항해 가는 과정에서 지식인들이 어떤 논리와 심리를 보였는지 밝힐 수 있을 것이다.

이 장에서는 근대일본의 국제사회관에 나타난 질서와 정의를 성찰한다. 먼저 국제사회론을 중심으로 국제관계를 둘러싼 질서와 정의에 관한 의제와 쟁점을 검토하고 동아시아적 함의를 생각해 본다. 아울러 문명개화와 부국강병을 토대로 주권국가체제의 질서원리를 효율적으로 운영하면서 중화체제를 대체하고 제국체제를 구성하는 과정에서 근대일본의 지식인들이 어떠한 질서관과 정의관을 영위했는지를 살펴본다. 이를 통해 근대일본의 국제사회관의 특성을 탐색한다. 근대일본이 추구한 '질서'와 '정의'가 어떠한 성격을 가진 것인지를 규명한다면 근대동아시아 국제사회의 존재양태를 어느 정도 밝힐 수 있을 것이다.

질서 수정에 나섰을 때, 권력지향적 현실주의뿐 아니라 특정 이념이나 규범을 상정하는 권력비판적 자유주의가 표명되기도 했다. 홉스적 국제사회관은 얼마간 도쿠가와 정치주체들의 현실주의적 정치감각이 주권국가체제에 맞게 변형된 것으로도 볼 수 있다. 일본의 홉스적 국제사회관에서는 규범 원리까지도 권력 수단으로 동원하는 일이 많았다.

2. 국제사회의 질서와 정의

국제사회와 '질서' '정의'

사회는 질서가 필요하다. 국제사회도 질서 즉 국제질서를 상정한다. 질서는 국가들이 생존하고 공존하는 데 필요한 조건이다. 근대 국제사회는 권력투쟁이 벌어지는 무질서의 세계이며 질서를 모색하는 권력(힘) 추구의 행위가 정당화되는 국가들의 사회로 이해된다. 권력적 기능성을 중시하는 홉스적 국제사회관은 국제사회를 무정부 상태로 보고 자구self-help와 세력균형을 국가의 행동 원리로 여긴다. 근대 국제사회에서는 권력적 기능성이 자연법적 도덕성을 압도하며, 질서는 세력관계의 조절을 뜻한다. 중세에는 초월적 존재(신)에서 발출되는 자연법적 도덕성이 지상세계를 규율하고 신의 의지가 인간세계의 질서를 규정하는 것으로 여겨졌다. 홉스적 국제사회관은 초월적 존재(신)와 종교적 가치에 의거해 질서를 상정하는 중세 자연법적 도덕주의에 대항하는 근대 정치관의 표현이었다.

국제사회의 질서는 법적 제도legal settlement와 정치적 배분political dispensation에 의존한다. 법적 제도는 국가 간 관계에서 위계hierarchy원칙을 억제하고 주권평등 원칙을 구현시키는 규범이며, 정치적 배분은 강대국이 권력을 행사함으로써 자국에 유리한 국제사회를 유지하는 것을 뜻한다. 질서와 정의의 의제들은 법적 제도와 정치적 배분의 상호작용에서 드러난다. 질서는 생존, 신의, 소유권을 추구하는 국제사회의 안정을 뜻한다. 질서의 연원은 자연법적 도덕성(자연법), 세속적 합리성(법규범), 혹은 기능성(세력균형)에서 찾을 수 있다.[3] 자연법적 도덕성은 초월

3 James Mayall, *Nationalism and International Society* (Cambridge: Cambridge University Press, 1990), pp. 10-15. 메이열은 natural morality (idealist), secular rationalism

적 존재와 가치에 의거하여 인간세계와 국가들에 질서를 부여하는 것이며, 세속적 합리주의는 법규범(국제법, 만민법)과 제도를 통해 질서를 얻는 것이다. 기능주의는 국가 간 세력관계를 조정해서 질서를 얻는 것이다. 정의는 질서를 추구하는 과정에서 상정된다.

국제사회는 무정부 상태이지만 무질서는 아니다. 그것은 기능성(세력균형)과 더불어 자연법적 도덕성(자연법), 세속적 합리성(국제법)이 국제사회를 규율하는 규범으로 작용하기 때문이다. 국제사회의 질서는 국가들 사이의 위계를 억지하고 주권평등을 구현하기 위한 제도(국제규범)와 자국에 유리한 국제사회를 유지하려는 강대국의 권력 의지가 서로 작용하면서 전개된다. 국제질서는 국가들의 기능적 권력 관계뿐 아니라 세속적 합리성에서 나오는 실정법적 법규범(국제법)에도 의존한다. 영국학파 국제사회론자 헤들리 불Hedley Bull에 따르면, 국제사회는 무정부anarchy이지만 무질서anomie는 아니며 거기에는 공통의 양해, 규범과 규칙, 제도에 의해 규율되는 질서order가 작동한다. 권력정치가 작용하는 한편, 권력정치를 조정하는 세력균형, 강대국들의 양해, 외교와 같은 제도들도 질서를 구성한다.[4] 여기서 국제사회의 질서는 권력적 기능성과 제도적 합리성의 함수 관계를 통해 구성되는 것으로 이해된다. 역사적으로는 자연법적 도덕성도 권력적 기능성과 세속적 합리성에는 미치지 못하지만, 유럽 국

(materialist), functionalism (existentialist)으로 표현한다.

4 Andrew Hurrell, "Foreword", Hedley Bull, *The Anarchical Society*, 3rd edition (New York: Columbia University Press. 2002), pp. vii-ix. 불의 질서관념은 권력과 세력균형을 중시한다는 점에서 만국투쟁의 자연상태를 상정하는 홉스적 전통의 현실주의 국제사회관realism과도 친화성을 가지며, 공통의 가치와 양해를 중시한다는 점에서는 칸트적 이미지의 급진주의 국제사회관(revolutionism)과도 친밀하지만, 무엇보다 국제규범(국제법)이 규율하는 질서를 상정하는 그로티우스적 이미지의 합리주의 국제사회관(rationalism)과 가장 친화적이다.

제사회가 세계적으로 팽창하는 과정에서 기독교의 자연법적 규범이 국제사회관을 규율하고 신의 의지가 전쟁을 정당화하는 명분으로 동원된 데서 보듯이, 일정 부분 국제질서의 형성에 관여하는 요소였다.

세 요소의 함수 관계에 의존하는 국제질서는 유럽 국제사회를 무대로 성립하였다. 유럽 국제사회와 국제질서는 중세의 종교세계가 분열하면서 세속국가들이 출현하고 국민국가로 발전하면서 상호 경쟁하는 과정에서 생겨난 구성물이었다. 유럽 국제사회에서는 역내 세력균형이 원리 내지 정책으로 작용하면서 힘의 사용을 억지하는 제도화(규범화)가 진행되었고, 세력경쟁을 규율하는 제도적 합리성이 갖추어졌다. 불의 역사적 합리주의는 유럽 국제사회가 세력균형과 규범과 유럽적 가치를 통해 질서가 생겨난 유럽의 경험과 합치된다. 그런데 영국학파 국제사회론에서 말하는 제도적 합리성은 유럽 국제사회의 역사적 전개에 관한 합리적 해석을 보여 주지만, 대국(영국)의 이익이 반영된 현상의 유지를 질서로 여기는 대국 중심의 국제사회관을 지탱하기도 한다. 세력균형과 대국의 양해에 기초한 질서는 대국의 이익에 부합한 현상의 유지를 뜻한다.

'정의'는 질서를 정당화하는 근거다. 질서의 연원들은 동시에 정의의 명분을 구성한다. 이상적인 질서가 구현되어 있지 않을 때, 혹은 기존의 질서가 위협받을 때, 정의는 이상적인 질서를 구축하기 위한 명분으로서 제시된다. 정의는 절대자(신)의 의지나 인류의 보편 원리에서 도출되는, 질서를 규율하는 상수적 원리로 간주된다. 신의 의지나 초월적 보편 원리에 입각한 자연법적 도덕성, "힘이 곧 정의"라는 세속적 권력의지에서 비롯한 권력적 기능성, 그리고 국제법, 세력균형과 같은 법규범을 가지고 세속적 권력을 규율하는 제도적 합리성은 질서의 연원인 동시에 정의의 근거를 이룬다. 유의할 것은 이러한 정의의 근거들이 국가들의 세력(권력)불균형과 이에 따른 주권불평등이라는 조건에서 상정된다는 사실이다. 자연법적 보편 원리와 세속적 법규범을 정의로서 동원하는 방식은 세력불균형과 주권불평등의 현실적 조건에 달려 있다.

국제정의는 자연법적 도덕성을 근거로 표방되는 경우가 많다. 현실세계의 불의injustice(부정의不正義, 무도無道)가 제도적 비합리성과 세력불균형에서 비롯되고, 비합리성과 불균형을 교정할 권력을 갖지 못할 경우, 자연법적 도덕성이 정의감을 일깨우는 유력한 근거로서 상정된다. 현실이 비도덕적이거나 그렇다고 간주될 때 자연법적 도덕성은 정의의 유력한 근거가 된다. 자연법적 정당성에 근거한 정의 관념은 세속적 합리성과 권력적 기능성에 입각한 정의 관념보다 원리적이며 도의적이다. 하지만 실제 정치세계에서 자연법적 도덕성과 정의는 힘과 연관해서 규정된다. 강대국(패권국가)은 자국에 유리한 질서의 형성, 유지에 필요한 힘의 우위와 사용을 정당화하는 명분으로 자연법적 도덕성을 정의로서 동원하거나 힘 자체를 정의와 동일시하는 일이 많다. 반면 약소국은 강대국의 힘의 논리에 대항하기 위해 자연법적 도덕성에 근거하여 정의를 표방하는 경우가 많다.

국제법이나 세력균형과 같은 합리적 제도는 강대국의 권력(힘)을 견제하고 약소국의 주권을 보전해 주는, 즉 현실의 불평등한 권력관계를 규율하는 권력초월적인 공적 원리 혹은 공정한 정의로서 작용할 수 있다. 하지만 실제 국제관계에서 이러한 국제제도는 권력이 우세한 강대국이 자국에 유리한 질서의 현상유지를 꾀하고자 할 때 혹은 힘을 확대하고자 할 때 정의로서 동원된다. 반면 권력(군사력, 경제력)이 취약한 약소국에게 국제 법규범은 세력불균형에 따른 주권불평등 혹은 주권침해를 극복하기 위해 어쩔 수 없이 의탁해야만 하는 윤리적 정당성, 즉 정의의 근거가 되기도 한다. 세력불균형과 주권불평등의 상황에서 세력균형과 주권평등(만국평등)은 정의의 법규범이 된다. 국제법(만국공법)의 원리를 세력불균형과 주권불평등에 대항하는 공적 원리로 이해하고 공정한 국제법의 적용을 정의의 실천으로 간주하는 경우가 이에 해당한다. 요컨대 합리적 법규범의 차원에서도 자연법적 도덕성을 표방하는 정의는 권력적 불능에 항의하는 정치적 행위이다.

근대 국제사회에서 정의는 질서를 유지하거나 그것에의 저항을 정당화하는 윤리적, 권력적, 제도적 명분으로 기능하였다. 하지만 실제로는 현실의 질서를 규율하는 권력관계가 정의에 대한 상상력을 만들어 냈다고 봐야 한다. 초월적인 보편적 원리가 권력과 제도를 규율한 것이 아니라 세속적인 권력과 제도가 보편적 원리를 동원하면서 정의를 표명한 것이다. 이렇게 본다면 질서와 정의는 도의적 원리일 수도 있지만 전략적 의도를 내장한 정치적 행위일 수 있다. 그렇다면 권력적 현실과 원리적 상상력 사이에는 괴리가 있기 마련이다. 질서의 규범을 제공하는 주권평등의 원칙과 질서의 현실을 보여 주는 권력불균형의 실제 사이에는 늘 간극이 있다. 이러한 괴리와 간극에서 도덕성, 기능성, 합리성의 원리를 정의로 상정하고 현실의 비도덕성, 비합리성, 불능성을 비판하는 정의로운 행위가 출현한다. 세력불균형과 주권침해의 현실이 세력균형과 주권평등이라는 이상적 원리와 대비될 때, 국제사회의 현실은 불의로 인식되고 이 불의에 대한 분개심이 정의감(사명감)을 일깨우게 된다. 정의감은 이상적인 질서와 현실의 질서 사이의 간극을 메우고 주권평등의 원칙과 세력불균형의 실제 사이의 거리를 좁히고자 하는 정치적 의지라 할 수 있다. 이 경우 정의는 현실변혁, 질서변경의 비전을 정당화하는 의지와 감성의 주관적 판단이다.

이상적 질서와 현실 질서 사이의 간극은 국제사회의 구조적 산물일 수도 있다. 패권국과 종속국 간의 정치적 불평등, 가진 나라와 못가진 나라 간의 경제적 불평등은 권력(군사력, 경제력)의 외형적 불균형뿐 아니라 국제사회의 불평등 구조에서 비롯된 것일 수 있다. 질서는 구조의 표현이다. 이 경우 간극을 줄이려는 정의(정의감, 사명감)는 국제사회의 구조를 문제시하는 의식, 혹은 불균형, 비대칭의 구조를 균형, 대칭의 구조로 변경하려는 의지가 된다. 여기서 국제정의는 국제 불의를 만들어 내는 국제사회의 불평등 구조를 해소하려는 배분적 정의가 된다.

배분적 정의를 상정했을 때 불의 그로티우스적 국제사회관은 난관에 봉착한다. 그로티우스적 질서관에서 정의는 질서의 기본 목표(생존, 신의, 소유권)를 전제로 실현되며, 질서를 위협하는 정의는 쉽게 용납되지 않는다.[5] 하지만 배분적 정의의 관점은 국제사회에서 질서유지와 질서변경의 대결 구도를 상정한다. 국제사회는 더 이상 안정된 단일의 질서가 아니라 불안정한 복수의 질서다. 적어도 질서의 안정성과 단일성은 상정하기 어렵다. 질서의 복수성 혹은 불안정성은 질서유지와 질서변경의 대립에서 비롯된다.

질서 변동기에는 흔히 기존 질서를 보수하려는 정의와 질서를 혁신하려는 정의가 충돌하는 일이 잦다. 정치적 주체들은 국가의 생존이나 팽창을 정당화하고자 정의를 동원한다. 질서유지자(패권국)는 국제적 위상의 추락을 막기 위해 현상유지를 국제정의로 삼고, 질서변경자(수정주의 국가)는 국제적 위상을 높이기 위해 현상변경을 국제정의로 표방한다. 현상유지 국가의 질서유지를 위한 정의와 도전국가(수정주의 국가)의 질서변경을 위한 정의는 상충적이다. 이 경우 '정의의 충돌'은 '질서(관)의 충돌'을 뜻한다.

5 불은 현실 국제사회의 질서와 이를 바꾸려는 정의의 열망 사이에서 일정한 긴장을 인지했지만, 세계시민적/보편적 정의에 포함된 공통선을 배려하지는 못했다. Hedley Bull, *The Anarchical Society*, pp. 82-86. 불이 정의를 우려했던 때는 탈식민지화와 신생국 독립으로 글로벌 수준의 국제사회가 전개되고 그 과정에서 부의 재분배, 정치적, 경제적, 인종적, 문화적 평등에 대한 요구, 인권 문제 등이 대두하기 시작한, 다시 말하면 유럽 국제사회가 이질적인 비서구 국제사회를 받아들여 글로벌 국제사회를 형성해야만 하는 맥락에서였다.

이러한 질서-정의관은 유럽 국제사회를 상정하는 영국학파 국제사회론의 논의를 얼마간 벗어나 있다. 질서와 정의에 관한 인식론은 국가들의 국제적 위상에 관한 존재론에 의존한다. 그렇다면 질서와 정의에 함축된 원리성(규범성)과 전략성(기능성)도 국가들의 국제적 위상과 관련될 수밖에 없고, 국제적 위상의 변경이나 변경에 대한 의지가 질서와 정의의 양태를 규정한다고 말할 수 있다. 국제체제가 변용하고 국제질서가 변경될 개연성이 높을 때, 그리고 자국의 국제적 위상을 높이려는 의지가 강하고 실제 국제질서의 변경을 시도할 때, 정의(국제정의)를 표방한다.

두 개의 세력불균형과 '질서', '정의'

국제사회의 질서와 정의에 관한 이상의 논의는 주로 유럽의 주권국가체제와 국제사회를 상정한 것이다. 이러한 논의는 주권국가체제를 수용한 이후에 전개된 동아시아의 국제사회관에 대해서도 일정 부분 타당할 것이다. 다만 주권국가체제의 원리들이 적용되었음에도 불구하고 국제사회의 동아시아적 전개가 유럽의 그것과 같을 수 없다는 사실을 감안했을 때 동아시아적 맥락에서 질서와 정의의 관념과 국제사회관을 생각할 필요가 있다.

동아시아 국제사회에서 질서와 정의의 양태는 국제체제와 상관된다. 국제체제는 질서와 정의를 규정하며 국제체제의 변동은 질서와 정의의 변형을 가져왔다. 중화체제에서 사대자소의 질서를 정당화하는 정의의 근거는 유학 이념에서 상정된 '천도'였다. 주권, 국제법, 세력균형을 원리로 질서를 구성하는 주권국가체제에서는 만국의 '평등'이 정의로서 표방되었다. '협화', '제국국제법', 직분의 원리가 만들어 내는 '팔굉일우'의 질서를 상정한 일본제국체제에서는 '아시아 해방'과 '왕도' 실현이 정의의 근거였다. 국제체제가 질서의 변동을 초래하는 한, 질서의 명분으로 기능하는 정의도 변용하지 않을 수 없었다. 또한 기왕의 국제체제에서 생성된 질서와 정의의 관념은 새로운 국제체제가 들어섰다고 폐기되는 것이 아니라 일정한 의미를 갖고 지속적 혹은 단속적으로 표출되었다.

근대동아시아 국제공간에서 질서/정의의 문제군을 배태한 동력은 물리적인 세력불균형과 심리적인 질서-정의관이었다. 유럽-동아시아 간에는 역간域間 세력불균형이, 동아시아 국가들 간에는 역내域內 세력불균형이 성립하였고, 질서와 정의는 이들 두 구도를 전제로 영위되었다. 물리적인 세력불균형의 실제는 심리적인 세력균형의 이상을 배태하였다. 여기서 현실적 실재로서의 세력불균형을 중시하는 권력정치적 국제사회관과 규범적 당위로서의 세력균형을 상상하는 이상주의적 국제사회관이 공존 혹은 길항하게 된다. 물리적인 세력불균형을 극복하고 세력균형의 질서를 구축하기를 바라는 심리, 즉 질서관은 정의를 추동하는 파토스(동력)였다. 질서가 사실일 뿐 아니라 가치인 한, 질서관은 현실의 질서만이 아니라 가치관에 구속받기 마련이다. 근대동아시아 국제사회에서 질서와 정의는, 유럽 국제사회 원리에 대한 저항과 수용, 일본 국가의 역내 팽창(팽창적 생존)과 역내국가(한국, 중국)의 저항(방어적 생존)이 벌어지는, 국가생존을 둘러싸고 원리(이념)와 실제(권력)에서 기존 것들과 새로운 것들이 길항, 대체, 혼융하는 정치투쟁 과정에서 표출되었다.

일본은 동아시아 지역에 작동한 두 개의 세력불균형 구도에 민감하게 반응하였다. 일본은 주권국가체제의 규칙을 의도적으로 적용하면서 주권 개념에 입각한 국제법질서를 추동하는 한편, 중화체제에서 운용된 질서 관념과 일본적 질서 원리를 혼융하는 방식을 통해 주체적인 지역질서의 형성을 꾀하였다. 또한 두 개의 세력불균형 구도 속에서 국제적 지위의 향상을 모색하면서 자신들의 질서관에 부응하는 정의를 표방하였다. 일본국가가 국민제국으로 성장하는 과정은 문명개화와 부국강병을 통해 역내 세력불균형을 확대하고 역간 세력불균형을 축소하는 시도의 연속이었다. 역내 불균형을 확대하고 역간 불균형을 축소하는 과정은 패권 확장을 위해 질서 변경을 시도할 때 정의를 내세웠다. 정의는 질서의 변경을 정당화하는 권력의지의 표현이었다. 근대일본은 '의전義戰', '성전聖戰'이라는 정의를 표방하면서 제국질서를 구축해 갔다.

근대일본에서 사실과 가치 사이의, 실제와 상상 사이의 틈을 메우려는 정의의 감각과 의지는 '국민적 사명감' 혹은 '대의'大義로 표현되었다. 대의는 약자의 지위에서는 방어와 배제의 심정을 간직하는 반면, 지도적 역할을 수행하려는 강자의 위상에서는 팽창과 포섭의 심정을 내포한다. 국민적 사명감은 동아시아 질서의 변경을 통해 일본의 국제적 위상을 높이고 국가이익을 모색하는 현실주의 감각에서 생겨난 정의감의 표현이다. 이러한 정의의 심정(파토스)에는 일본의 국제적 위상을 객관적으로 측정하는 합리성보다는 관습적 가치나 주관적인 윤리의식(에토스)이 의미를 갖는다. 타자를 사악한 존재로 규정하고 적개심을 갖고 배제하는 심리는 보편적 현상이지만, 적개심을 분출시킬 때 명분(정의)을 표방하는 방식은 에토스와 연루된 특수한 현상이다. 국제체제와 연루된 근대적 제도들이 질서와 정의의 틀을 제공한다면, 홉스적 질서관념과 전투적 에토스는 일본적 정의관을 만들어 냈다.

일본의 지식인들은 새롭게 형성되는 주권국가체제의 경쟁 구도에서 도쿠가와 평화의 기간에 잠복해 있던 전투적 에토스를 되살리면서 지속적으로 홉스적 질서관념을 표명하였다.[6] 때로 국제협조와 규범을 중시하는 그로티우스적 질서관도 가세하고 국제사회의 구조적 변경

6 예를 들면, 佐藤誠三郎, 『'死の跳躍'を越えて: 西洋の衝撃と日本』(東京: 都市出版株式会社, 1992); Kenneth Pyle, *Japan Rising* (New York: PublicAffairs, 2007); Shogo Suzuki, "Japan's Socialization in Janus-faced European International Society," *European Journal of International Relations* 11:1 (2005).

을 원하는 칸트적 질서관도 간헐적으로 제시되었지만, 홉스적 질서관은 근대일본의 국제사회관의 주조를 이루었다. 국제사회관은 어느 정도 자연법적 도덕성과 세속적 규범성과 전략적 기능성에 의존했지만, 기본적으로 전략적 기능성이 핵심이었다. 일본의 국제사회관은 두 개의 세력불균형 구도를 동시에 대면해야 했던 동아시아 지역의 특수성과 두 구도를 민감하게 파악하면서 일본의 국제적 위상을 높이려는 정치적 의지에 기인한 것이었다. '정의'는 이러한 정치적 의지의 표현이었다. 절대적인 윤리의 준거가 없는 상황에서 정의는 상황적 판단에 의존하였다.

3. 근대동아시아 '질서'와 일본의 '정의'

'만국투쟁'과 '국민적 자각'

개국 혹은 개항을 계기로 동아시아에는 주권국가체제가 수용되면서 두 수준의 세력불균형 구도가 성립하였다. 서구열강과 아시아 간에는 외부적(역간) 세력불균형이, 아시아 역내에서는 내부적(역내) 세력불균형이 성립하였다. 일본의 지식인들은 내부적 세력불균형을 확대하는 한편, 이를 토대로 외부적 세력불균형을 세력균형으로 변환하려는 권력의지를 보였다. 개항기 한국의 지식인들이 내부적 세력균형을 우선하고 이를 토대로 외부적 세력균형을 모색했던 것과 대비된다. 전자는 대외팽창 정책으로 구체화하였고, 후자는 내부적 세력불균형을 극복하지 못한 채 내부적 세력균형을 상상하는 데 머물렀다.

일본의 개항과 근대화 과정에서 일본의 정치가와 지식인들 사이에는 외부의 군사적 위협을 배제함으로써 자주독립을 확보하려는 수세적 입장과 대외팽창을 통해 국가발전을 모색하는 공세적 입장이 병존하였고, 전자에서 후자로 이행하는 경향이 보였다. 개항기, 메이지 초기 일본에서는 이와쿠라 도모미岩倉具視나 기도 다카요시木戸孝允 등에서 보듯이, 국제사회를 아나키와 만국투쟁의 세계로 보는 홉스적 국제사회관이 우세하였다. 근대국가사회의 만국투쟁 이미지와 일본 전국무사들의 생존투쟁 이미지가 중첩되어 나타났다. 홉스적 질서관에서 '대의'(정의)는 투쟁해서 살아남는 것, 즉 독립과 생존에 있었다.

만국투쟁관은 투쟁의 현실을 비판하는 보편주의적 만국평등관을 수반하는 경우도 있다. 만국투쟁관과 만국평등관은 질서관이 상반되지만 둘 다 국가의 개체성과 평등성을 상정한다. 둘 다 주권국가체제를 전제로 한다.

> 하늘은 사람 위에 사람을 만들지 않는다. … 일본도 서양국가들도 같은 천지간에 있어서 같은 햇볕을 쬐고 같은 달을 보며, 바다를 같이 하고 공기를 함께 하며 정情이 서로 같은 인민이므로, 여기서 남는 것은 저들에게 넘기고 저들에게 남는 것은 우리에게 취하고, 서로 가르치고 서로 배우고, 부끄러워할 것도 없고 자랑할 것도 없고, 서로 편리를 달하고 서로 그 행幸을 바라며, 천리 인도에 따라 서로 사귀고, 리理를 위해서는 아프리카의 흑인노예에게도 황송해하고, 도道를 위해서는 영국·미국의 군함도 두려워하지 않고, 나라의 치욕이 되면 온 일본국의 인민 한 사람도 남김없이 목숨을 던져 나라의 위광威光을 떨어뜨리지 않는 것이야말로 일국의 자유독립이라 하겠다.[7]

후쿠자와 유키치福沢諭吉의 이 유명한 언설은 만국평등관의 전형이다. 이 발상은 도리의 보편성에 의거한 만국공법(국제법)의 자연법적 이

7 『學問のすすめ』初編(1872), 『福澤諭吉全集』第3卷(東京: 岩波書店, 1959), 29-31쪽.

해에서 나온 것으로 알려져 있다.[8] 하지만 이 발언은 주권평등의 명분을 내세워 "나라의 위광"과 "일국의 자유독립"을 확보하려는 정치적 의도에 방점이 있다. 만국공법의 자연법적 이해는 국제법을 지킬 수밖에 없는 약자의 현실적인 선택, 즉 국가 생존을 위한 수단적 선택이었다.[9] 보편적인 '도리'는 절대적인 정의의 근거가 아니라 열세한 약소국이 우세한 강대국에 대항하기 위한 현실주의적 명분이었다. '만국평등'을 표방하는 도의적 국제사회관과 '만국개적'萬國皆敵을 상정하는 권력정치적 국제사회관의 병존은 명분과 실제의 공존이었다.

만국투쟁적 국제사회관은 '일본 대 세계(서양)' 구도를 상정한다. 하지만 일본이 홀로 서양열강에 대항할 수 없을 때 동양연대(아시아연대)를 통한 공동 대응을 상정하는 '아시아 대 서양' 구도가 부상한다. 흥아론과 탈아론이 동시에 유통된 것은 '아시아 대 서양' 구도의 성립을 뜻한다. 역간 세력불균형에 대한 대응은 일차적인 과제로 설정되었는데, '탈아'가 역내 세력불균형을 넓히려는 의지의 표현이었다면 '흥아'는 역내 세력불균형을 유보하든가 아니면 일시적 연대로 역간 세력불균형에 대처하는 발상이었다. 일본은 홉스적 국제사회관에 기초하여 근대문명의 수용(문명개화)과 국제법의 역내적용(조약체제)을 실현하면서 두 개의 세력불균형에 대응하고 대국으로의 등고登高를 지향하였다. '문명 대 야만'의 국제사회관을 형성하였고 현실주의 국제사회관은 아시아의 '문명화'를 표방하는 국제정의관을 지탱하였다.

8 丸山眞男, 『「文明論の概略」を讀む』(東京: 岩波書店, 1986).

9 자유민권론자도 마찬가지였다. "만국공법은 원래 사자도법(死字徒法)으로 만국을 제어할 힘이 없고, 곡직을 판별하고 승패를 결정하는 것은 오로지 병력의 강약에 의한다. 만국공법 따위는 겨우 강대국의 입을 빌려 약소국을 공혁(恐嚇)하는 데 편리한 이법(利法)일 따름"이라는 인식을 보였다. 酒井哲哉, 『近代日本の國際秩序論』(東京: 岩波書店, 2007), 26쪽.

불균형의 현실과 균형 지향의 이상 사이의 격차를 줄이고자 하는 투쟁의식이 강할 때, 보편적이고 객관적인 규범보다는 일본의 생존과 발전을 염원하는 주관적 감정으로서의 사명감이 '정의'로서 표방되는 일이 많다. 이 사명감에는 현실의 '불의'에 대한, 혹은 그것에 둔감한 자기에 대한 '각성'이 수반된다. 역간과 역내의 두 세력불균형 구도를 조망하는 '각성'이 촉구되고, 두 세력불균형을 극복하기 위한 사명감이 고취된다. 우선 개항기와 메이지 초기에는 역간 세력불균형과 그에 따른 위협에 대한 분개의 심리가 일본의 존재 방식을 생각하는 자각—'국민적 의식'(德富蘇峰)—을 일깨웠다. 타율적 개국과 막부의 어설픈 대응으로 야기된 양이攘夷의 분개심과 막부 타도의 대의는 메이지유신 이후 정치개혁의 동력으로 전환되었고 애국심과 사명감의 파토스를 이루었다. 서양열강과 싸우고자 하는 무사적 분투심, 부국강병을 통해 역간 세력불균형을 극복하려는 의지는 국민국가 형성을 촉진하는 강렬한 사명감을 산출하였다. 메이지 신정부가 선언한 〈5개조의 서문誓文〉에는 보편적 공공성과 세계적 기준에 비추어 자기변혁을 시도하는 각성이 제시되었다. 훗날 오카쿠라 덴신岡倉天心은 〈5개조의 서문〉에서 "아시아의 은자隱者의 섬에서 세계의 넓은 무대에 서게 된" 일본인들이 진보를 위해 서구문명이 제공하는 것들에 동화하는 동시에 동양의 고전적 이념을 소생시켜야 한다는 "혁신의 이념"과, "국민의 의무는 보편적인 휴머니티의 넓은 견지에서 생각해야 한다"는 보편의식을 읽고 있다.[10]

일본의 생존발전을 위한 각성이 확립되면, 다음에는 '아시아의 각성'을 요구한다. '아시아의 각성'이란 말은 일본이 혼자의 힘으로 외부적 세력불균형을 극복하기 어렵다고 느낄 때 동원되곤 했다. 여기서는

10 岡倉天心, 「日本の覚醒」(1904), 『東洋の理想 他』(東京: 平凡社, 1983), 259쪽.

'문명-야만' 틀로 일본과 아시아 관계를 설정하고 '아시아의 각성'을 요구하는 사명감이 분출한다. 흥아론자나 탈아론자나, 자유주의자나 국권주의자나 마찬가지였다. 역간 세력불균형에 대항하는 동양연대의 구상에 국익을 확충하고자 하는 비전을 감춘, 동양을 담당하고자 하는 책임감과 사명감이 뒤따랐다. 자유민권론자들도 '자유평등'과 '인간애'를 동원하면서 강한 사명감을 갖고 아시아의 각성을 촉구하였다. 스기타 쥰잔杉田鶉山은 아시아가 수천 년의 "비굴 겁나怯懦의 미몽"을 일시에 씻어 내려면 전제정치를 타파하여 "불기자유不羈自由의 제도"를 확립해야 하고, 나아가 전 지구상에서 구미 국가들과 자웅을 다투기 위해서는 "하늘이 부여한 활발 독립의 정신"을 발휘하여 아시아 전토에 "혁명의 폭풍"을 일으켜야 한다고 주장하였다. 그는 "천지의 진리, 우내宇內의 공도를 본받는다"는 정의를 표방하였다. 갑신정변의 실패에 분개하여 "야만국" 조선의 전제정치를 개혁하고자 도한渡韓을 시도했던 자유민권론자 오이 겐타로大井憲太郎도 도한을 '의군'義軍, '정리'正理의 행위로 자부하였다.[11]

'의전'과 '제국적 자각'

전쟁은 질서(현상) 변경을 요구하는 의지의 표현이며 그것을 정당화하는 정의(프로파간다)를 수반하는 것이 상례다. 근대일본의 전쟁은 역내 세력균형을 세력불균형으로, 역간 세력불균형을 세력균형으로 전환시키고자 한 국권 팽창의 수단이었다. 청일전쟁은 '야만' 청국을 각성시킨다는 '문명' 일본의 사명감을 고취하고, 러일전쟁은 '백인종' 러시아에 대항하는 '황인종' 일본의 사명감을 표방한 '의전', 즉 정의로운 전

11 橋川文三·松本三之介 共編, 『近代日本政治思想史』 1(東京: 有斐閣, 1971), 261-267쪽.

쟁으로 치부되었다. 청일전쟁이 중국과의 세력균형을 넘어 일본이 주도하는 역내 세력불균형을 실현한 것이라면, 러일전쟁은 러시아와의 세력불균형을 교정함으로써 백인종-황인종 간의 역간 세력균형을 지향할 발판을 마련한 것이었다. 일본제국의 확대는 역내 세력균형을 세력불균형으로, 역간 세력불균형을 세력균형으로 변환시키는 것을 의도하였다. 이 과정에서는 '문명화'와 '동양평화'가 구가되었다. 특히 '동양평화'는 일본 중심의 동아시아 질서를 구축하기 위해 동원된 명분, 즉 정의였다.

청일전쟁은 문명 대 야만의 싸움으로 정당화되었다. "문명개화의 진보를 꾀하는 자와 그 진보를 막으려는 자의 싸움", "일종의 종교싸움",[12] "서구적 신문명과 동아적 신문명의 충돌",[13] "신문명을 대표하는 소국"이 "구문명을 대표하는 대국"에 대한 싸움[14] 등으로 그려졌다. 문명화를 위한 '의전'이라는 말이다. 전쟁을 수행하는 중에는 문명의 격차를 없앤다는 대의(정의)가 제시되었다. 신문명과 진보를 옹호하는 자기 정당화의 논리와 구문명과 퇴보를 비난하는 타자 비판의 논리가 공존하였다. 의전의 심리에는 중국의 각성을 촉구하고 일본의 간섭을 정당화하는 정치적 사유가 작동하였다. 비전론자 우치무라 간조內村鑑三도 한때는 "우리들의 목적은 지나支那를 경성警醒하는 데 있고, 그 천직天職을 알게 만드는 데 있고, 그로 하여금 우리와 협력해서 동양의 개혁에 종사하게 만드는 데 있다. 우리는 영구의 평화를 목적으로 싸우는 것이다."라고 하면서 일본의 간섭을 옹호하였다. 방임주의는 "무정, 무감각",

12 福澤諭吉, 「日淸の戰爭は文野の戰爭なり」, 『福澤諭吉全集』 第14卷(東京: 岩波書店, 1961), 491-492쪽.

13 陸奧宗光, 『蹇蹇錄』(東京: 岩波書店, 1933).

14 內村鑑三, 「世界歷史に徵して日支の關係を論ず」, 『內村鑑三全集』 第2卷(東京: 岩波書店, 1933), 221쪽.

"악주의"惡主義이며, "이웃사람이 비상한 속도로 멸망의 절벽을 향해 달려가고 있다고 보일 때 우리는 간섭의 권리를 갖고, 또한 실로 간섭해야만 한다."라는 말이다. "세계의 최대 퇴보국" 조선에 대한 간섭도 "문명의 광휘"라는 미명하에 정당화되었다. "철혈의 도"(무력행사)는 문명국 일본이 "부실불신의 국민"을 대하는 유일한 길이며, "철혈"은 정의를 구하는 수단이었다.[15]

청일전쟁의 진정한 의미는 시선의 확장에서 찾을 수 있다. 후쿠자와 유키치는 청일전쟁을 지켜보는 동안 일본을 바라보는 "문명세계의 공중公衆"의 시선을 의식하였다.[16] 우치무라는 "일본의 승리는 인류 전체의 이익으로서 세계 진보의 필요다."[17]라고 말하는데, 여기서는 인류 전체와 세계진보를 상정하는 의식을 읽을 수 있다. 도쿠토미 소호德富蘇峰는 "일본의 지위의 대변동"에 유의하면서 서양인들의 시선이 "청국을 모든 것으로 보고 일본을 아무것도 아니라 보는 것"에서 "일본을 모든 것으로 보고 청국을 아무것도 아니라고 보는 것"으로 바뀔 것이라 전망하였다. 세계 속의 일본의 위상과 세계의 시선을 자각하였던 것이다. "세계에 대해 일본인임을 부끄러워하는 새벽"을 벗어나 "세계에 대해 일본인임을 부끄러워하지 않을뿐더러 일본인임을 자랑스러워하는 날"이 도래했다는 주장에서도 시선의 이동이 느껴진다. 여기에는 자국의 개체성에 대한 자각이 동반된다. "우리들은 아직 자개自個를 알지 못했다. 세계도 아직 우리를 알지 못했다. 이제야 한 번 자개自個의 힘을 시도하였고, 처음으로 스스로 알았다. 그리고 처음으로 세계에 알려졌다. 또한 세계에 알려졌음을 알았다. 우리들의 대안계大眼界는 처음으로 금일

15 內村鑑三, 「日清戰爭の義」, 『內村鑑三全集』 第2卷, 216-221쪽.

16 福澤諭吉, 「日清の戰爭は文野の戰爭なり」, 491쪽.

17 內村鑑三, 「日清戰爭の義」, 227쪽.

에 열렸다." 세계와 개체의 자각은 동시 발생적이었다. 청일전쟁은 이러한 자각을 제공한 계기였다. "정청"征清(청국정벌)은 일본인들이 "국민적 생활"에서 "세계적 생활"로, "국민적 자각"에서 "제국적 자각"으로 내셔널 아이덴티티를 확장시키는 "신기원"이었다. "국민적 정신"을 토대로 "세계적 경영"을 생각하게 만든 계기였다.[18]

세계의식과 제국적 자각에 맞춘 책임의식도 표출되었다. 도쿠토미는 '제국적 자각'을 "수축적 일본의 쇄국근성"을 넘어 "세계에 웅비하는 자신력"을 갖는 "정신적 해탈"과 동일시하였다.[19] 그가 보기에 청일전쟁은 "일본국민이 세계에 대해 짊어진 책임의 일부를 다하는" "국민적 활동의 일 현상"이었고, 대의를 사해에 펼치는 의지가 실현된 것이었다.[20] 세계로 웅비한다는 대의는 일본의 대외행동이 팽창으로 비칠 것에 대한 변호였다. "팽창이란 타국을 침략한다는 말이 아니라 일본국민이 세계에 웅비하고 세계를 향해 대의를 펴는 데 있을 따름"[21]이라는 것이다. 우치무라는 일본이 이욕을 다투는 것이 아니라 일본의 천직을 다하기 위해, 잠재력을 발양하기 위해, 진眞가치를 지각하기 위해, 조선의 독립보전과 5억 청국인들의 생령을 구하기 위해, 나아가 신문명을 동양 전체에 베풀기 위해, 의전을 수행해야 한다고 외쳤다.[22]

한편 러일전쟁은 '아시아 대 서양' 구도를 강화시키고 탈아의식을 고양시켰다. 백인종에 대한 황인종의 의전으로 여겨졌다. 도쿠토미에게 러일전쟁은 일본제국의 생존을 확보하기 위한 권리의 투쟁, 정당방위였을 뿐 아니라 "세계를 위해 포暴를 치고 학虐을 징벌하는 의거", "세

18 德富蘇峰, 「征淸の眞意義」, 『蘇峰文選』(東京: 民友社岩, 1916), 332-338쪽.
19 德富蘇峰, 「征淸の眞意義」, 315-316쪽.
20 德富蘇峰, 「日本國民の活題目」, 『蘇峰文選』, 411쪽.
21 德富蘇峰, 「日本國民の活題目」, 412쪽.
22 內村鑑三, 「日淸戰爭の義」, 227-228쪽.

계를 위한, 문명을 위한, 인도를 위한 의전"이었다.[23] 도쿠토미는 러시아가 일본 국민의 생존권을 침해한 것에 "의분"義憤을 느끼면서 러시아를 "세계인도의 공적公敵"으로 규정하였다.[24] 젊은 날의 요시노 사쿠조吉野作造도 러시아 응징은 "문명에 대한 의무"이자 "일본국민이 하늘로부터 받은 사명"이며, 일본은 러시아가 세계평화를 해치는 정치를 버리고 문명에 공헌하도록 "반성"하게 만들 책임이 있다고 믿었다.[25]

러일전쟁을 둘러싸고는 '황인종 대 백인종', '아시아 대 서양'의 대결구도가 작용했지만, 동시에 그것을 넘고자 하는 심리도 생겨났다. 도쿠토미 소호는 "세계를 적으로 삼아 일본 개체의 의지를 강행하지 않고 세계를 동지로 삼아 자개自個 또한 그 일 요소가 되는" 방식, 즉 '세계 속의 일본'을 상정하였다. "문명사회 공유의 경복景福"을 취득하고 "보편의 은혜"에 의탁하고자 했기 때문이다. 도쿠토미는 '세계 속의 일본'을 상정한 위에 아시아인도 아니고 동양인도 아니라 일본국민으로서 "세계에 고보高步하는 웅지雄志"를 갖고 일본인으로서 세계의 심판을 받아야 하며, "아시아적인 개괄문자槪括文字"가 아니라 "일본적인 특유명사特有名詞"를 가지고 행동해야 한다고 주장한다.

> 우리 국민의 안중에는 인종도 없고 종교도 없고 언어도 없고 문자도 없고 풍속 습관도 없다. 있는 것은 단지 자국 대 세계다. 우리는 동아를 동지로 삼아서 구주로 향하는 자가 아니고, 황인종을 이끌고서 백인종에 대항하는 자가 아니다. 그렇다고 유럽인의 앞잡이가 되어 아시아 정벌을 꾀하는 것이 아니다. 우리는 자국을 제외하고는 무차별이고 평등이

23 德富蘇峰, 「宣戰の大詔を捧讀す」, 『蘇峰文選』, 737-738쪽.

24 德富蘇峰, 「義憤論」, 『蘇峰文選』, 740-742쪽.

25 吉野作造, 「露國の敗北は世界平和の基也」(1904年 3月), 『吉野作造選集』 第5卷(東京: 岩波書店, 1995), 10쪽.

다. 굳이 차등을 설정할 필요가 있다면, 그 동정同情은 제1등국의 문명적 열강에 있다.[26]

도쿠토미의 국제사회관은 '일본 대 세계'의 대결의식과, 자국을 제외하면 모든 것들이 무차별하고 평등하다는 발상의 기묘한 공존을 보인다. 제1등의 문명대국을 지향하는 정치적 의지에서 나온, 홉스적 질서관의 변형처럼 보인다. 도쿠토미는 일본이 실력으로 국제적 지위를 획득하고 "문명의 표준(常規)"을 따르고 있는데도 국제사회에서 "이방인" 취급을 받는 것을 우려하였다. 그는 백인종과 기독교 국민밖에 받아들이지 않는 유럽 국제사회의 "협애"狹隘함을 비판하면서 "우내 공통 문명의 본의"에 대한 서양열강의 "각성"을 촉구한다.[27, 28]

오카쿠라 덴신岡倉天心의 구도와 '각성'은 도쿠토미 소호의 그것과는 달랐다. 오카쿠라는 "동양의 각성"을 통해 '아시아 대 서양' 구도와 대면하였다. "아시아적 양식"의 재발견을 통해 유럽문명에 대항하고자 했다.

오늘날 아시아의 과제는 아시아적 양식을 옹호하고 이를 회복하는 데 있다. 하지만 그렇게 하려면 아시아 자신이 먼저 이러한 양식의 의미를 확인하고 그 의식을 발전시켜야 한다. 과거의 그림자야말로 미래의 약속이기 때문이다. … 생명은 부단한 자기에의 회귀 속에 있다. … 일본을 개조하고 일본으로 하여금 동양세계의 이렇게 많은 것을 타도한 폭풍을 무사히 극복할 수 있게 만든 것은 작지만 이러한 자기인식이었다. 아시아를 다시 옛날의 확고부동과 강인함으로 구축하는 것은 이러한 자각의

26 德富蘇峰, 「わが國民の抱負」, 『蘇峰文選』, 761-763쪽.

27 德富蘇峰, 「東亞の日本と宇內の日本」, 『蘇峰文選』, 776-777쪽.

28 德富蘇峰, 「わが國民の抱負」, 761-762쪽.

재생이어야 한다.[29]

"아시아적 양식"의 재발견="동양의 각성"은 아시아 회귀를 통해 "동양의 이상"을 찾아내는 자기 확인이다. 여기에는 "일본의 각성"이 선행된다. "일본의 각성"이란 일본이 "아시아문명의 박물관", "아시아의 사상과 문화를 맡은 진정한 저장고"로서 아시아에서 과거 회귀의 근거가 유일한 국가임을 자각하는 것이다. 이 자각은 "만세일계의 천황을 가진 유례없는 축복, 정복된 적이 없는 민족의 자긍심, 팽창 발전을 희생으로 해서 조상 전래의 관념과 본능을 지켜온 섬나라적 고립"이라는 자부심에 기초한다.[30] 오카쿠라는 이러한 각성을 통해 "유럽의 영광"에 꺾인 "아시아의 굴욕"을 불식시키려는 사명감을 보이면서 일본은 아시아의 통일과 아시아의 이상을 자기 속에 체현하고 아시아의 부흥을 주도하는 책무를 가져야 한다고 말한다. 아시아의 연대와 일본의 주도 지위를 상정한 사명관이 엿보인다. 아시아와의 연대는 예술, 종교, 철학에 나타난 공통의 정신으로 묶여진 "혼과 혼의 소통"이다. '문명 일본 대 야만 아시아' 구도는 붕괴되어 있다.[31]

도쿠토미 소호는 일본 대 세계 구도에서 제국팽창을 위한 일본국민의 '제국적 각성'을 요구하였고, 오카쿠라 덴신은 아시아 대 유럽 구도에서 '일본의 각성'과 '동양의 각성'을 촉구하였다. 일본 대 세계 구도에서 아시아는 극복의 대상이었고, 아시아 대 유럽 구도에서 아시아는 회귀의 대상이었다. 서로 다른 인식 틀을 가진 국제사회관이지만, 일

29 岡倉天心, 「東洋の理想」, 『東洋の理想 他』, 126-130쪽.

30 岡倉天心, 「東洋の理想」, 11-16쪽.

31 松本三之介, 「国民的使命観の歴史的変遷」, 唐木順三·竹内好 共編, 『近代日本思想史講座』 第8卷(東京: 筑摩書房, 1961), 94-97쪽.

본의 주도적 역할을 찾으려는 강렬한 사명감은 비슷했다. 이들 국제사회관은 세계(유럽)에 대해 일본의 위상을 설정하고, 동아시아 지역 수준에서 패권을 지향하는 맥락에서 제시된 것이었다.

한편 우치무라 간조는 청일전쟁이 한창이었을 때 일본의 침략성을 간파하고 비전론非戰論으로 전환하였는데, 러일전쟁 때는 국제분쟁의 평화적 해결을 요구하는 '평화주의' 즉 '비전非戰주의'를 강하게 주장하였다. 그가 말하는 평화주의는 병역거부나 군사도발을 반대하기보다는 "전쟁의 비리와 손해를 외치고, 만국이 공동하여 이를 폐지하고 중재재판으로써 이를 대신하고자 하는 것"이었다. 세계지식인들의 여론을 환기시켜 각 정부에 국제분쟁의 평화적 해결을 압박하는 것이었다. 우치무라는 그로티우스가 평화주의를 주창한 이래, 특히 최근에 국제문제를 평화적으로 해결하는 사례가 늘었다고 지적하면서 평화주의가 우원迂遠한 것이 아니라 실효성 있는 방식이라 보았다.[32] 우치무라는 전쟁이 천연의 법칙, 진화의 이치이고, 천연계(자연계)에 우승열패의 이치가 작동한다는 사실을 부정하지는 않았지만, 자연계가 결코 "강자필성強者必盛, 약자필멸弱者必滅의 세계", "수라修羅의 터"가 아니라 "협동일치"와 "애련愛憐희생"의 세계, "사랑과 정의가 최후의 승리를 차지하는 가정家庭의 일종"임을 믿었다.[33]

우치무라는 "평화적 팽창"을 주장한다. 평화적 팽창은 "인류적 관념을 기초로 하는 교육의 보급", "박애심의 주입", "외국어와 세계역사의 연구", "세계 어느 나라에도 쓸모 있는 인물의 양성"을 가리킨다. 우

32 內村鑑三, 「平和主義の意義」(1905), 『內村鑑三全集』 第14卷, 372쪽.

33 內村鑑三, 「非戰論の原理」(1908), 『內村鑑三全集』 第14卷, 402-403쪽. 우치무라는 비유로서 사슴은 싸우면 사자에게 지지만 사자에게 없는 '군거의 성(性)'과 '화합일치, 상호공제(共濟)의 성'이 있어 번식에서는 오히려 사자를 이긴다는 사례를 소개하고 있다.

치무라는 세계를 일본화하고자 한다면 일본은 망할 수밖에 없고, 일본이 세계의 강대국이 되려면 "인류적 관념"을 갖고 "세계인"이 되어야 하며 일본을 "지구화"해야 한다고 말한다. "자기를 세계인으로 해야 세계를 자기의 것으로 할 수 있다"라는 것이다. 그는 "리理는 세계 어느 곳에서든 하나다. 도道에 동서의 차는 없다"라고 생각하였다.[34] 이러한 우치무라에게는 도쿠토미가 영위했던 '일본 대 세계' 구도나 오카쿠라가 제시한 '아시아 대 서양' 구도는 보이지 않는다. 인류적 관념, 도리의 보편성을 믿는 보편주의적 사유에서는 '개인 대 세계' 구도가 의미를 갖는다. 칸트적 국제사회의 이상을 가지고 홉스적 국제사회의 현실을 덮으려는 시선을 엿볼 수 있다.

4. 세계 '질서'와 일본제국의 '정의'

'동서융화'와 '동양자치'

일본의 러일전쟁 승리는 '제국적 팽창'에 새로운 발판을 제공하였지만, 다른 한편으로는 '팽창적 일본'을 위협으로 받아들이는 황화론黃禍論의 발흥을 초래하였다. 제1차 세계대전 이후 일본은 워싱턴체제와 국제연맹에 참여하는 등 세계정치 무대에 모습을 드러내면서 '세계 속의 일본'을 실현하게 된다. 유럽 국제사회에 진입하는 숙원을 이루었던 것이다. 하지만 일본은 영미 중심의 세계정치 무대에서 차별을 당하고 좌절을 맛봐야만 했다. '세계 속의 일본'이 더 이상 이념상의 목표가 아니라 실제 문제가 되었을 때 일본 지식인들의 국제사회관에서는 '일본 대 유

34 內村鑑三, 「平和成る」, 『內村鑑三全集』 第14卷, 378-379쪽.

럽' 구도가 재출현하고 이와 연동하여 '아시아 대 유럽' 구도가 재부상하게 된다.

다이쇼 시대의 도쿠토미 소호는 '동양 대 서양' 구도 대신에 '일본 대 서양' 구도를 설정하였다. 도쿠토미는 이 구도에 대응하는 두 개의 '제국적 사명'을 제시한다. 하나는 인종 간 균형을 회복하고 동서융화를 이룩해야 한다는 사명이다. 도쿠토미는 백인에 순응하여 백인의 보호색을 띠는 "백화"白化를 거부하고, 황인종과 백인종의 대등한 교제를 요구한다. 제국일본에 "동서융화의 중개자", "동서양계의 중개자" 또는 "우내통일"의 "천직"天職을 부여한다. 또 다른 하나는 "약소한 동포"(아시아인)의 유린당한 권리를 회복하는 것이 "동양의 선각자인 야마토 민족의 책임"이라는 사명감이다. 이 사명감은 "일본인에 의해 아시아를 처리하는 주의"인 "동양자치주의", "아시아 먼로주의"로서 표명된다. 도쿠토미는 동양자치론이 백인배척론과 세계정복론으로 오해받는 것을 우려하였다. 때문에 동양자치가 백인을 배척하는 것이 아니라 백인에게 동양을 이해시켜 진정한 "사해형제의 실實"을 거두기 위한 것이라 강조하였다. 일본이 "제한된 힘"으로 백인세력의 "무한한 힘"과 싸울 경우 파멸할 수밖에 없다는 공포심이 있었기 때문이다. 동양자치 구상, 즉 아시아 먼로주의는 역간 세력균형을 달성하기 위한 방편으로 제시되었고, 아시아(황인종)로의 제국팽창과 서양열강(백인종)에 대한 공포의 절묘한 균형 위에서 성립하였다. 팽창과 공포의 절묘한 균형은 역내 세력불균형과 역간 세력균형의 공존이며, 만국투쟁적 국제사회관과 혁명주의적 국제사회관의 조합을 뜻한다.

도쿠토미의 사명감은 "세계통일"에 앞서 동서양 균형, 즉 역간 세력균형의 질서를 구축하고 "물질적 제국주의"와 "정신적 제국주의"를 결합하고자 하는 사유로 구체화된다. 물질적 제국주의는 일본국민의 무장화를 통해 제국의 사명을 수행하는 것이며, 정신적 제국주의는

"[일본]제국이 세계에서 성취해야 할 이상을 내걸고 국제적 정의를 붙잡아 세계의 공도公道를 활보하는 것"을 말한다. 정신적 제국주의는 물질적 제국주의를 "지도"하고, 물질적 제국주의는 정신적 제국주의를 "원호"援護한다. 정신적 제국주의는 "이상"이고, 물질적 제국주의는 "이상을 실행하는 힘"이다. 일본의 사명은 "우리의 의義를 행하는 데 우리의 강強으로써 하고, 우리의 강을 이끄는 데 우리의 의로써 하여" 양자를 결합하는 데 있다. 즉 "강국", "의국"義國을 만드는 데 있다. 여기에는 "우리의 힘으로써 우리의 선을 행하고 이로써 동양인의 비굴을 돕고, 이로써 서양인의 발호를 제한다"라는 사명감이 작용한다.[35] '강'强과 '의'義가 결합된 정의관이다. 군국주의와 인도주의의 결합이 내포되어 있다.

도쿠토미는 힘으로 난제를 해결하고 일의 성패에 따라 "명의"名義(정의)를 만들어 내는 군국주의를 주장하는 한편, "조리가 곧 힘이다. 정의가 곧 힘이다. 이의理義가 있는 곳은 천하에 적이 없다"라는 인도주의도 함께 내세운다. 비스마르크가 "패자의 웅雄"이면서도 "정의"를 말할 필요를 인정했다는 사실을 동원한다. "도리가 없는 힘의 망용妄用은 반드시 어딘가에서 좌절할 수밖에 없다"고 말하면서 "맹자가 패자霸者는 인仁을 빌린다고 말한 것은 빌리지 않을 수 없는 필요가 있기 때문이다. 그 필요가 있는 곳에서 정의 자체가 인사人事로부터 없앨 수 없는 까닭을 알 수 있다"라고 부언한다.[36] 정의('조리')를 권력을 정당화하는 수단으로 동원하는 현실주의를 엿볼 수 있다. 도쿠토미는 권력 팽창을 의도하면서 백인들에 통용되는 '인도'에 대항하기 위해 "세계 공통의 대도리"를 내걸어 정의를 표방했던 것이다. '동양자치'는 정의와 인도의 결합적 표상이었다.[37]

35 德富蘇峰,「大正の青年と帝國の前途」, 235쪽.
36 德富蘇峰,「大正の青年と帝國の前途」, 236쪽.

세계정치의 '일본 대 서양' 구도에서 제시된 "동서융화", "동양자치"의 발상은 힘의 격차에서 생긴 공포심의 소산이며, 이 공포심에서 '의'義를 강하게 내세우면서도 '강'强을 갈구하는 정의관이 표명되고 있다. 힘의 격차를 극복하기 위한 질서변경의 의지는 철저한 권력 감각에 기초한 홉스적 국제사회관의 표출이었다. '정의'가 권력에 의뢰하는 한, 확고한 절대이념을 상정하는 혁명주의적 국제사회관이 의탁할 곳은 없었을 것이다.

'상호부조'와 '국제민주주의'

홉스적 이미지와는 다른 관점에서 국제사회의 사회적 구성을 생각하는 국제사회관도 나타났다. 크로포트킨의 상호부조론이나, 사회의 공동성을 상호부조적 본능에 기초지운 러셀Bertrand Russell의 영향을 받아 국민국가를 넘어 사회의 자율성이나 상호부조성을 중시하는 관점이 그것이다. 다치바나 시라키橘樸가 중국사회의 자율성과 상호부조성에서 국민국가를 초극할 전망과 더불어 보여 준 "사회의 발견"이라는 관점이다.[38] 제국체제하에서 근대국가가 제국에 흡수되는 맥락에서 국민국가를 초월한 동아시아 지역의 존재 방식이 '사회'의 관점에서 상상되었다. 국제사회를 상호부조의 장으로 보는 국제사회관에서는 권력투쟁의 이미지는 배제된 듯이 보인다. 하지만 이 관점은 '제국 속의 아시아' 구도에서 작동하는 아나키즘을 잉태한 제국적, 반근대국가적 사유이며, '일본 대 아시아'나 '아시아 대 유럽' 구도가 재생하면 주권국가의 아나키적 구성을 상정하는 현실주의 국제사회관에 접근할 수 있는 것이었다.

무엇보다 제1차 세계대전을 계기로 국가에 대해 심리적 거리를 두

37 德富蘇峰, 「大正の青年と帝國の前途」, 232쪽.

38 酒井哲哉, 『近代日本の國際秩序論』, 162쪽.

는 개체 중시의 자유주의, 그리고 신칸트학파의 영향을 받은 인격주의가 출현하였고, '인도'와 '정의'를 내건 윌슨주의, 민족자결주의, 국제연맹 구상 등이 통용되는 가운데 자유주의 국제사회관이 출현하였다. 요시노 사쿠조吉野作造가 좋은 예다. 러일전쟁 때 '일본 대 서양' 구도에서 애국주의와 의전을 주창했던 요시노는 '세계 속의 일본' 구도에 들어 변화한다. 요시노는 '정의', '인도', '공도'와 같은 보편적 가치와 국제규범이 작동하는 국제사회를 상정하고 자유평등의 원리에 입각한 "국제민주주의"가 비병합, 무배상, 민족자결의 3대 원칙의 형태로 국제평화의 원리로서 기능할 것이라 전망하였다. 요시노는 '도리'를 중시하는 보편주의 국제정치관과 국제사회의 진보를 믿는 자유주의 국제사회관을 가졌다. '도리'는 일본이 세계적 공동생활에서 제국의 지위를 확립하기 위한 조건으로 여겨졌다.[39] 요시노는 국내사회와 국제사회를 연속적으로 파악하면서 질서(평화)와 정의(국제민주주의)에 대해 말하였다. '도리', '정의'가 개재될 때 역간 세력구도와 역내 세력구도는 느슨해지지 않을 수 없다.

요시노의 전후 국제정치론은 평화론과 국제민주주의론에 집중한다. 요시노의 평화론은 인격의 성장을 믿는 상호부조적 공동사회를 상정하는 이상주의적 인간관과 기독교 인도주의와 불가분하게 결부되어 있는 것으로 알려져 있는데,[40] 그것은 전후 국제사회의 존재 양태를 응시한 것이기도 했다.[41] 요시노는 세계평화론이 학자의 추상적 이상론이

39 吉野作造, 「対外的良心の発揮」, 『吉野作造集』(東京: 筑摩書房, 1976), 291쪽.

40 酒井哲哉, 『近代日本の国際秩序論』, 서장.

41 이 점은 우치무라 간조와의 거리에서도 엿볼 수 있다. 요시노의 도의적 인간관과 윤리관은 우치무라의 영향을 받은 것이다. 그러나 다이쇼 시대의 우치무라는 요시노의 민본주의와 윌슨주의에 의해 "세계개조", "인류평화"를 실현할 수 있다고 보는 견해는 "커다란 미망(迷妄)"이라 비판하였다(内村鑑三, 「聯盟と暗黑」, 『内村鑑三全

라는 것, 소국에게 영구평화론은 생존을 위한 대의명분이며 '정의', '공도', '국제법'은 그 방패라는 것, 대국은 이익 상실을 우려하여 평화론을 경시한다는 사실을 알고 있었다.[42] 평화론의 실상을 간파하고 있었다. 요시노는 전후의 제도적 평화구상—윌슨과 태프트의 평화강제동맹 구상, 그레이 경의 국제연맹 구상 등—에 호의적이었다.[43] 국제사회에서 "도의의 지배"가 점차 "강력의 지배"를 대체할 것으로 믿었고, "도의적 창조력의 큰 조류"가 잠시도 발걸음을 멈추지 않을 것이라 낙관하였다. 국제규범을 명분적 수단이 아니라 당위적 실재로서 인식했던 것이다. 그런데 이러한 낙관적 견해는 이상주의에서 나온 것이 아니다. 요시노는 전후의 제도적 평화구상이 "국제적 정의"를 확립하고 "영구 세계평화"를 실현하려는 대국 정치가의 의지를 반영한 것이라 생각하였다.[44] 요시노는 국제조직에 착목함으로써 '정의', '공도', '국제법'의 수단성을 극복하고 국제정의와 영구 평화를 보장하는 국제법의 법규범적 기능을 강조하였다. 국제사회와 국제조직을 움직이는 대국의 존재를 간과하지 않았다.

이것은 요시노의 국제사회관을 파악하는 단서가 된다. 요시노는 문명의 진보와 함께 국내사회에서 "하나의 통일력"이 태어난 것처럼 국제사회에서도 "국제제재력"이 가능하다고 생각하였다. 국제규범(국제법)은 국제사회의 "사회적 제재력"이다. 국제법은 국제사회의 공통규범으로서 진보하고, 열강의 승인을 얻을 수 있다면 권위 있는 규범으로서 기능하며, "국제제재력", "통일적 제재력"을 갖추어 국제정의를

集』第14卷, 523쪽).

42 吉野作造,「国際聯盟は可能なり」, 4-5쪽.

43 요시노는 앤젤(Norman Angell) 경의 평화론 등 당시 서양에서 출현한 법규범주의적 평화론의 영향을 받았다. 酒井哲哉,『近代日本の国際秩序論』, 서장.

44 吉野作造,「対外的良心の発揮」, 283쪽.

실현할 수 있다고 믿었다. 국제연맹의 창설은 그 실현을 나타내는 것으로 이해되었다. 이러한 규범적 합리성을 전제로 "법이 명하는 바 대국도 소국도 없다. 국제법을 가지고 본다면 모든 국가(諸國)는 평등하지 않으면 안 된다"라는 국가평등 관념도 표명하고 있다.[45]

(국제)정의는 국제적 제재력의 근거가 된다. 정의는 보편적 이념에 의거한 명분으로서 제시된 것이 아니다. 요시노는 "정의는 정의가 유린당할 때마다 더욱 반발적으로 그 힘을 얻게 된다. 그리고 마침내 정의는 국민의 여론이 되어 도저히 이를 유린할 수 없는 엄연한 제재력이 된다. 제재력은 일종의 사회적 세력이 된다. 이해관계를 공통으로 한 일종의 국제법의 원칙이다. 그러므로 사회적으로 국제적 제재력은 사회 전체의 확신이 없으면 행해지지 않는다. 확신이 제재의 근본이다"[46]라고 말한다. 요시노에게 정의란 국민의 여론에 힘입어 질서를 규정하는 사회적 제재력으로 형성되는 것이며, 사회 전체의 확신과 결부된 실체적인 사회적 구성물이었다.[47] 그런데 이처럼 보편적인 절대이념이 아니라 국제여론과 관련된 "(국제)사회 전체의 확신"을 설정한다면 국제법의 사회적 제재력 즉 "국제적 제재력"의 사회적 구성에 있어 대국의 정책을 간과할 수 없게 된다. 요시노가 열강의 승인을 인정하지 않을 수 없었던 까닭이다. 사회적 정의를 규정하는 민본주의가 천황제와의 공존을 허용하는 것과 마찬가지로 국제적 정의를 규정하는 국제적 평등은 대국의 존재와 열강의 승인을 인정했을 때 가능하다. 권력(대국정치가의 의지와 열강의 승인)을 개재한 국제규범과 국제양해의 질서 구상에서

45 吉野作造,「国際聯盟は可能なり」, 5-8쪽.

46 吉野作造,「國際聯盟は可能なり」, 8쪽.

47 '도의'도 사회적 구성물로 이해하는 측면이 있다. 요시노는 정치가 새로운 현상이며 정치에 대한 선악의 판단이 확정되지 않았기 때문에 일본국민은 도의심에 무디다고 생각하였다(吉野作造,「対外的良心の発揮」, 283쪽).

이상주의적 인간관이 국제정치의 영역에 투사되는 것은 억제되어 있다. 요시노가 칸트적 국제사회관revolutionism보다는 그로티우스적 국제사회관rationalism에 근접한 까닭은 여기에 있다. 요시노는 홉스적 국제사회관realism을 거부한다. 절대규범에 의해 상정된 목표를 향한 진보보다는 일정한 권력이 개재된 합의를 통한 사회적 구성을 선호하였다. 국제규범과 국제양해(도의)와 열강의 승인에 기초한 질서 구상은 그로티우스적 국제사회관에 가깝다. 국제정의는 도의적 정의로 상정되지만 질서를 규율하는 절대적 규정성을 갖긴 어렵다.[48]

요시노의 국제사회관은 "일본은 이제 완전히 세계의 일국이 되었다."라는 자의식에 기초한다. 세계대세에 수동적이던 일본국민들이 세계대전 참전을 계기로 세계경영에 적극 참여하려는 "세계적 의식"을 갖게 되고, 일본에 별 관심이 없던 세계(서양열강)도 일본의 발언을 인정하기 시작했다는 것이다.[49] 일본의 높아진 국제적 위상에 대한 자각에서 세계의 대세를 향상 발전시키는, "세계의 진보에 대한 [일본의] 특별한 사명"이 상정된다. 요시노는 개체로서의 자긍심을 드러내기에 앞서 세계의 대세를 받아들여 국제사회의 보편적 가치에 "순응"할 것을 요구한다. 일본의 "특수의 국체"(천황제)가 민본주의에도 유용하고 세계 대세에 부응하면서 세계문명에 공헌할 것이지만, "세계의 일국"으로서 생존 발달의 특별한 권리를 주장하기에 앞서 우선 민본주의에 철저하고 정의를 "국제교통"의 기본으로 삼아야 한다고 주장한다. 사회적 정의의 철저한 실현을 지향하는 '민본주의의 철저'와 국제정의의 확립

48 '도의'도 사회적 구성물로 이해되는 측면이 있다. 요시노는 일본 국민이 '도의심'이 둔한 까닭을 정치가 국민에게 전혀 새로운 현상으로서 이에 대한 선악의 판단이 아직 사회적으로 확정되지 않았던" 데서 찾고 있다(吉野作造, 「対外的良心の発揮」, 283쪽).

49 吉野作造, 「世界の大主潮と其順応策及び対応策」, 14쪽.

을 의도하는 '국제적 평등주의의 확립'은 짝을 이룬다. 양자는 "정의 공평을 나라의 안팎에 펴는 것이며, 실로 인류 공통의 대이상에 기초하는 것"이다. 일본적 특색이나 세계의 진보에 대한 일본의 특수한 사명은 일본이 '정의를 내외에 펴는 나라'가 되었을 때만 의미가 있다.[50] '세계 속의 일본' 구도에서 일본적 특수성은 세계적 보편성 속에서 구현되어야 할 것이었다. 그런데 요시노는 대국을 매개로 성립하는 '국제적 제재력'이 보장하는 세속적 합리성에 동조하는 한편, 국제법의 규범적 합리성을 받아들여 만국평등을 얘기하고도 있다. 만일 대국의 권력 의지에 의해 '국제적 제재력'이 듣지 않게 될 때, 그리하여 국제적 제재력을 전제로 성립한 '세계 속의 일본' 구도가 무너지고 국제적 제재력에 의탁한 질서와 평화도 깨졌을 때, 요시노의 정의 관념은 어찌 될 것인가.

5. 대동아 '질서'와 제국의 '정의'

'국제정의'와 '신질서'

자유주의적 조류와 보편주의적 국제사회관의 낙관주의와는 다른 관점에서 국제질서와 국제정의를 파악한 정치적 사유도 있다. '세계 속의 일본'을 상정하는 자유주의적 국제정치관은 세계강국들의 군사적, 경제적 경쟁으로 국제민주주의의 가망이 사라지게 되면 취약해질 수밖에 없다. '유럽 대 아시아' 구도의 이분법적 세계관을 가지고 세계의 재편을 꾀하는 혁명주의 국제사회관이 고개를 들게 된다. 대아시아주의자 오카와 슈메이大川周明는 그 전형이었다.

50 吉野作造, 「世界の大主潮と其順応策及び対応策」, 15-20쪽.

오카와는 '유럽 대 아시아' 구도와 '투쟁 대 협동호조'의 관점에서 국제관계를 보았다. 오카와는 "세계의 독재자"로 "신성한 사명"을 가지고 세계를 제패하고자 각축하는 자본주의의 "낡은 유럽"과 그들의 각축장이 된 "유럽의 신예臣隷"인 "자복雌伏(피압박) 아시아"를 대치對峙시킨다. 아시아민족의 자유와 통일을 이룩하려면 유럽과 아시아 사이의 역간 세력불균형을 깨야만 한다. 오카와는 역간 세력불균형을 깨기 위해 아시아의 역사적 우월성을 끌어낸다. 유럽이 야만이었을 때 아시아가 문학, 철학, 도덕, 종교 등의 찬란한 문화와 정치제도, 과학기술을 영위했음을 환기시키면서 "역사에 나타난 특질"과 "세계문화에 공헌한 사실"을 보았을 때 아시아는 결코 유럽에 뒤지지 않는다고 보았다.[51] 오카와는 글로벌 관점에서 제1차 세계대전을 계기로 "혁명 러시아"가 소수자의 통일 영도에 의해 민주주의 의회정치를 타파하고 "국민의 경제적 생활"에 입각하여 "유기적인 정치조직"을 단행한 것에서 시작된 "혁명 유럽"과, 자유와 정의의 관념을 가지고 "현상유지에 기초한 국제연맹의 정신을 부수고 유럽의 세계제패에 도전하는" "부흥아시아"가 "새로운 세계사"를 만들어 낼 것이라 전망하였다.[52] 자본주의 유럽의 변화(혁명)와 피압박 아시아의 변화(부흥)라는 계기성은 '유럽 대 아시아' 구도의 재구축, 즉 역간 세력균형의 구축을 도모하는 "새로운 세계사"에 대한 전망을 낳았다.

오카와는 역간 세력불균형을 깨고 새로운 세계사를 구축하기 위해 유럽의 "국제적 정의"를 논박하고, 유럽이 만들어 낸 세계의 "외면적 제도"(국제연맹)에 숨어 있는 "비법"非法을 비판하였다. '정의', '자유'는 유럽 열강의 명분에 지나지 않고 '국제적 정의'는 구미 열강이 이익

51 大川周明, 『復興亜細亜の諸問題』(東京: 大鐙閣, 1922), 2쪽.

52 大川周明, 『復興亜細亜の諸問題』, 2-5쪽, 21-28쪽.

보전을 위한 현상유지를 의미하는 것으로 보였다. 유럽민족의 세계지배는 "정의 인도"가 아니라 다년간 전쟁에서 익힌 "강건무비剛健無比의 전투적 의지"에 의한 것으로 본다. 국제연맹도 불의와 예속을 옹호하고 이법理法을 방해하는 "비법"非法에 불과하다. 하지만 이제 유럽의 "혁명"은 정의의 취약성을 나타내고, "국제적 정의"는 예속 민족의 혼에 진정한 자유와 정의를 요구하는 강한 욕망을 고취한다. 문제는 아시아 부흥의 방법이다. 오카와는 아시아가 찬란한 문화, 정치제도, 과학기술을 영위한 "역사에 나타난 특질"과 "세계문화에 공헌한 사실"을 들어 아시아의 문명성을 강조한다. 아시아의 강함은 유럽보다 뛰어난 "고귀한 사상"에서 나온다는 것이다.[53] 고귀한 사상이 무엇인지는 불분명하지만.

다만 혁명 러시아를 논하면서 국가생활과 정치조직의 유기적 존재방식에 주목한 대목에서 오카와가 정의와 자유를 국가와 사회의 유기적 존재방식과 결부시켜 생각했을 개연성은 있다. 이는 혁명 러시아를 논의할 때 국가생활과 정치조직의 유기적인 모습에 주목한 데서 엿볼 수 있다, 오카와는 자본주의적 사회조직을 비판하고 협동주의적 국가주의 생활을 옹호한다. 오카와는 제1차 세계대전이 끝난 뒤 수백만의 군인이 "협동호조協同互助를 근본 철칙으로 하는 전장생활"에서 "최소의 노력으로써 최대의 이익을 거두는 것을 주의主義로 삼는 경쟁이기競爭利己의 회사 공장"으로 돌아왔을 때 자본주의 사회조직에 대해 품었던 불만을 상기해 내면서 "일개 인간이 단순히 토지, 광산 또는 기계를 소유하는" 자본주의적 생활방식에서는 국민의 자유와 정의를 얻을 수 없다고 주장하였다.[54] "경쟁이기"의 자본주의 세계와 "협동호조"의 국가주의 생활의 대비에서 상정되는 자유, 정의는 "협동호조"의 국가주의 생활에

53 大川周明, 『復興亜細亜の諸問題』, 28쪽.
54 大川周明, 『復興亜細亜の諸問題』, 17-18쪽.

구속된 것이었다. '유럽 대 아시아' 구도의 타파를 주장했을 때 대의명분으로 삼은 아시아 민족의 '자유', '통일'도 "협동호조"의 국가주의 생활의 발상에서 벗어난 것은 아니었다. 오카와의 국제사회관에 보이는 두 개의 구도는 유럽의 혁명과 아시아의 부흥에 대한 각성, 즉 자본주의와 협동적 사회주의의 각성에 대한 낙관적 전망에서 성립한다.

한편, 고노에 후미마로는 '유럽 대 아시아' 구도를 "가진 나라"(현상유지 국가)와 "못 가진 나라"(현상변경 국가) 사이의 불균등한 국제사회의 구도로 대체하였다. 고노에는 1918년 논설에서 미국과 영국이 주도하는 세계질서를 "영미 본위의 평화"로 규정하고 현상status quo의 질서를 타파하고 '신질서'를 구축할 것을 제창하였다. 고노에의 경우 "정의 인도"라는 국제정의는 '가진 나라' 미국, 영국이 주도하는 세계질서를 타파하고 '못 가진 나라' 일본의 국제생존권을 위해 "공정한 신질서"를 구축하는 것이었다.[55] 진정한 세계평화를 위한 국제정의는 경제적 제국주의를 배제하고 황색인의 무차별 대우를 실현하는 것, "경제교통의 자유"와 이민의 자유를 포함한 영토와 자본의 불공평한 분배를 해소하는 데 있었다.[56] 그것은 두 개의 세계를 초월한 하나의 세계질서를 상정하는 것이며, 일본의 생존권을 보전하는 데 그치지 않고 일본의 대륙진출을 정당화하고 국제연맹의 "불공정"에 대항하기 위한 대의명분이기도 했다.

고노에의 분배적 국제정의관은 세계질서의 불평등 구조를 변경하려는 강한 의지를 수반한다. 일본이 만주사변을 일으키고 국제연맹을 탈퇴하는 등 세계질서를 바꾸려는 도전국가로의 길로 나섬에 따라 보

55 近衛文麿, 「英米本位の平和主義を排す」(1918), 北岡伸一 編, 『戦後日本外交論集』(東京: 中央公論社, 1995).

56 庄司潤一郎, 「新秩序の模索と国際正義·アジア主義 — 近衛文麿を中心として」, 『国際政治』 91(日本国際政治学会, 1989), 40-41쪽.

편주의적 국제정치관과 국제법 공동체의 점진적 발전을 기대하는 낙관론은 무너져 갔다. 일본제국의 지식인들은 만주사변을 정당화하고 부전조약의 적용을 피하면서 국제질서와의 조정을 모색하였고, 동아시아의 질서를 변경함으로써 '일본 본위의 동양평화'를 표방하고 아시아주의를 정의로 포장하는 자세를 보였다. 일본 본위의 생존권을 요구하는 국제정의는 제1차 고노에 내각(1937년 6월)이 국제정의에 기초한 평화를 대외정책 기조로 삼았을 때 구체화된다. '국제정의'와 '신질서'의 상관성은 고노에의 시정연설에 잘 드러나 있다.

> 모든 정책을 우리 존엄한 국체의 정수精粹에 귀일시키는 것이다. 이러한 정수의 발로는 밖으로는 국제정의에 기초하고 열국과 함께 진정한 세계평화를 확립하는 데 진력하고 국위를 더욱 선양하는 것이다. 안으로는 대의명분을 밝히고 사회정의에 입각해서 국민으로 하여금 각자 그 바를 얻게 하여 국운의 견실한 발전을 꾀하는 것이다.[57]

고노에는 '국제정의'는 영토와 자원의 재분할, 즉 공평한 분배가 행해지지 않으면 철저할 수 없지만, "경제적 국가주의"가 대두하는 현 국제정세에서는 그러한 분배는 "공상"에 불과하며, 국제정의가 실현될 때까지 못 가진 나라인 일본은 자원획득의 자유, 판로개척의 자유, 노력이동의 자유 등 차선책을 강구함으로써 생존권을 확보해야 하며, 대륙정책은 생존권을 확보하기 위한 필요에서 나왔다고 주장하였다.[58] "일만지日滿支의 공고한 제휴를 추축으로 해서 동아영원의 평화를 확립하고 이것으로써 세계의 평화에 공헌하고자"[59] 하는 정의관은 생존권의 확

57 제71회 제국회의 近衛文麿 수상 시정방침연설, 1937년 7월 27일.

58 庄司潤一郎, 「日中戦争の勃発と近衛文麿'国際正義'論」, 39쪽.

59 제73회 제국의회, 近衛文麿 수상의 시정방침연설, 1938년 1월 22일.

장을 바라는 욕망의 표현이었다. 오카와 슈메이가 '세계(유럽) 대 일본' 구도와 인종대립의 관점에서 '아시아 부흥'을 상정한 것과 달리, 고노에 후미마로는 '가진 나라 대 못 가진 나라' 구도를 상정하면서 '국제정의'의 실현은 경제자원의 공평한 분배와 생존권 확보를 통해 가능하다고 보았던 것이다. '신질서'는 경제문제를 극복하고 '국제정의'를 실현하는 것으로 이해되었다.

1920년대 자유주의 질서-정의관을 대체한 1930년대, 1940년대 수정주의(혁명주의) 질서-정의관은 '동아연맹', '동아협동체', '대동아공영권' 등 지역공동체를 지향한 것이었다. 동아연맹, 동아협동체 구상도 세계 정치경제의 질서에 대한 대응으로서 블록경제에 기초한 일본자본주의 제국질서를 구축하고자 한 수정주의 질서관에 입각한 것이고, 이 점에서 고노에 국제사회관과 궤를 같이하는 것이었다. 로야마 마사미치蠟山政道의 동아협동체론은 앵글로 색슨 자본주의국가의 영토적 제국주의, 식민지주의에 대항하기 위해 "지역개발"이라는 "대륙경영"의 방법을 제시하고 있다. 다만 로야마는 일본정부의 군사적 강압에 의한 화북분리 공작에 대응하여 "문화적 기초", 즉 '도의'를 강조하면서 민생(복지)의 지역화에 의한 운명공동체의 구축을 구상하였다.[60] 로야마의 지역개발은 '민족협화'나 '도의적 경제관계'를 중시한 것이었다. 로야마는 서양의 '패도', '투쟁' 이념과 '왕도', '협화' 이념을 대치시키면서 동양적 윤리를 질서 이념으로 삼고, 이것으로써 '개발', '경영'을 정의로 정당하였다. 정치경제상의 대립 구도를 이념의 대립 구도로 전환시킨 것은 중국 내셔널리즘과의 대치對峙를 간과하지 않는 리얼리즘을 엿보게 하는 것이지만, 협동체론은 신질서론에 비해 지역주의적 색채를

60 로야마 마사미치의 국제질서관에 관해서는 酒井哲哉, 『近代日本の国際秩序論』, 제3장.

띠고, 사명감(정의)보다는 공생적 질서에 대한 배려를 보여 주었다. 로야마의 지역주의는 서양 제국주의와의 투쟁과 아시아민족들과의 제휴라는 이중 과제를 극복하고자 하는 사명감의 표현이었다. "태평양 주변의 나라"이면서 "아시아 주변의 나라"이기도 한 일본의 "지정학적 필연"도 사명감의 토대가 되어 있었다.[61]

공영권의 질서와 정의

1920년대 다이쇼기 일본제국의 지식인들은 공식제국(내지-외지) 내에서 상호부조 관념에 기초한 질서를 재구성하려는 동아시아 수준의 '사회의 발견'을 시도하였다. 한편 1940년대 대동아공영권 구상에서는 동아시아 민족국가들(만주, 중국, 동남아)을 비공식제국에 끌어들여 공식제국과 비공식제국 간의 질서를 '대동아공영권'이라는 새로운 질서원리로서 규정하고자 하는, 동아시아 수준에서의 '사회의 재구성'이 의도되었다. 대동아공영권은 제국과 비제국을 포괄하는 광역권이었다. 일본의 '사명' 즉 정의는 '대륙경영', '민족협화'에 국한되지 않았던 것이다.

제국정부는 중국 내셔널리즘을 용인하는 협동체 구상에 비판적이었고, 중국 내셔널리즘을 포괄하는 광역권 구상을 선호하였다. 이 광역권 질서는 양면성을 지닌다. 우선 '유럽 대 일본' 구도에서 일본 중심의 광역권 질서를 구축함으로써 '영미 본위의 질서'를 타파하려는 측면이 있다. 이 구도에서는 주권국가체제의 원리인 주권, 국제법, 세력균형에 기초한 국가평등을 질서 원리로 한다. 또한 '일본제국 대 동아시아' 구도

61 임성모, 「대동아공영권 구상에서의 '지역'과 '세계'」, 『세계정치』 26-2(서울대학교 국제문제연구소, 2005), 111-114쪽. 로야마는 지정학자 매킨더의 대륙세력-해양세력론에 입각하여 동아시아를 "두 개의 육지[유럽과 미국]와 바다[태평양]의 운동이 상호결합하는 지점"으로 파악하였다(蠟山政道, 『東亜と世界』, 東京: 改造社, 1941).

에서 동아시아를 일본의 질서관념이 투영된 공영권에 포섭해 넣는 측면이 있다. 이 구도에서는 주권국가체제의 틀과 일본적 질서원리를 결합시켜 제국영역imperial sphere으로서의 '동아'를 재편하는 것과, 동아시아의 네이션(민족)을 인정하면서 '네이션의 초출超出'을 꾀하는 '신질서'의 형성이 모색된다. 공식제국 내에서는 지배-피지배 질서가 작동하지만, 비공식제국의 민족들을 포괄하는 대동아 공영권에서는 '민족평등'과 '제국국제법'(이른바 '대동아국제법')으로써 일본민족과 동아민족들 간의 '평등한' 관계를 규율하는 질서가 상정되었다.

혁명주의로서의 대동아공영권 구상은 전통적 제국관념과 근대적 국가관념의 절묘한 결합물이었다. 역간 세력균형을 위한 경쟁적 '투쟁'과 역내 세력불균형을 은닉한 비경쟁적 '공영'이 공존하는 것이며, 홉스(현실주의)적 이미지와 칸트(혁명주의)적 이미지가 혼재한 것으로 해석할 수도 있다. 역간 세력균형을 위한 투쟁과 역내 세력불균형의 공영을 병행시키기 위해서는 절대적인 질서와 그것을 정당화하는 정의가 모색된다. '왕도', '가족국가', '직분', '공영', '팔굉일우'와 '아시아민족 해방'이라는 말은 대동아공영의 질서와 정의를 표방하는 프로파간다 내지 의사疑似 절대이념으로서 제시되었고 유통되었다. 이때 세계와 일본을 바라보는 시선은 전환하지 않을 수 없다. '세계 대 일본'은 '유럽 대 일본'에 한정되었고, '유럽 대 일본'은 '일본 대 유럽'으로 바뀌었다. '세계'는 메이지, 다이쇼 시대에는 '유럽 본위'의 세계로서 추종할 목표였지만, 이제는 '일본'을 포함하여, 또한 일본을 매개로 재구축해야 할 혁명의 대상으로 표상된다. '세계 속의 일본'으로서 세계를 받아들이는 것이 아니라 '일본을 통한 세계'의 재구성이 모색되었다.

이러한 세계의 재구성에 교토학파 지식인들이 관여하였다. 교토학파 학자들은 "세계사의 철학", "세계사적 세계"를 표방하면서 "근대의 초극", "세계사"의 재구성, "세계"의 재구축을 시도하였다.[62] 교토학파의 태두 니시다 기타로西田幾多郎는 "세계사적 사명"을 말한다. 그에 따르면, 19세기 제국주의 시대의 "국가적 자각"에서는 타국을 종속시키는 강국화가 "역사적 사명"이었다면, 20세기 국가들은 각자 세계사적 사명을 자각함으로써 하나의 세계사적 세계, 즉 세계적 세계를 구성하는 "국가민족의 세계적 자각"을 가져야만 한다. 세계사적 사명을 자각하여 각자가 자기에 즉卽하면서도 자기를 넘어 하나의 세계적 세계를 구성해야 한다. 이는 19세기식 추상적 세계이념에 기초하여 민족의 평등한 독립을 인정하는 민족자결주의가 아니라 "각자 자기를 넘어 각각의 지역 전통에 따라 먼저 하나의 특수적 세계를 구성하고, 각 국가민족이 개성적인 역사적 생명을 살면서 각각의 세계사적 사명으로서 하나의 세계적 세계에 결합하는 것", 즉 "개성적 통일"이다. 국가민족을 부정하는 추상적, 비실재적 세계가 아니라 구체적, 실재적 세계다.

니시다의 "세계적 세계형성"은 "다多와 일一의 매개"로서의 동아공영권 형성을 지향한다. 동아공영권의 구성은 유럽 제국주의를 벗어나 "동아민족의 세계사적 사명을 자각하고, 각자 자기를 넘어 하나의 특수적 세계를 구성하고, 그리하여 동아민족의 세계사적 사명을 수행"하는 행위로 정당화된다. 세계 신질서의 원리는 "만방으로 하여금 각자 자리를 얻게 한다"는 "팔굉위우"八紘爲宇 이념이다. 일본민족은 "하나의 특수적 세계"를 구성하는 과제를 맡은 "중심"으로 설정된다. 공영권의 "지도민족"은 국제연맹처럼 추상적으로 선출되지 않고 "세계적 세계형성"의 원리에 의해 역사적으로 형성되며, 그러한 역사적 현실에서 지도민족인 일본인은 세계적 세계형성을 위한 유일한 "도덕적 사명과 책무"

62 이에 관해서는 森哲郎 編, 『世界史の理論』(京都: 燈影舍, 2000); 高山岩男, 『超近代の哲學』(京都: 燈影舍, 2002); 나카무라 미츠오·니시타니 게이지 외, 『태평양전쟁의 사상』(서울: 이매진, 2007).

를 갖는다. 니시다는 '황도皇道'에서 "팔굉위우"의 세계형성 원리를 도출하고, 일본 황실을 "하나의 민족적 국가의 중심"뿐 아니라 "세계적 도의"의 근거로서 설정한다.[63]

광역권 질서와 결부된 제국일본의 정의는 '아시아 대 세계' 구도에서는 "아시아민족 해방"이며, '일본 대 아시아' 구도에서는 "협화공영"이었다. '동아연맹', '동아협동체', '대동아공영권' 등 지역공동체 구상은 유교이념을 가미한 일본적 구성원리에 기초한, 일본적 질서관념과 정의관념의 복합적 소산이었다. '아시아'는 이러한 질서/정의 관념이 투영된 표상이었고, '동양평화'는 두 개의 세력구도에 의해 역내로부터의 저항(중국 내셔널리즘)과 역외로부터의 압력에 대한 대항을 실현하고 동아시아의 새로운 질서를 구축하기 위한 정의, 즉 전략적 슬로건이었다. 질서와 정의는 일본제국의 팽창이라는 전략적 명제로 환원될 수밖에 없었다.

6. '평화헌법', 질서와 정의

근대일본 지식인들의 국제사회관에 보이는 질서와 정의의 감각은 국제체제에서의 일본 국가의 지위와 지위 상승의 의지에서 나왔다. 국제체제에서의 국가 위상과 위상 상승의 의지는 질서와 정의에 관한 생각을 규정하였다. 지위 상승의 의지가 강할수록 현실의 질서는 불만스러운 것으로 비쳤고 수정해야 할 대상으로 인식되었다. 또한 질서 변경에 대한 의지와 행위는 질서 변경에 윤리적 정당성을 부여하는 정의 관념을

63 西田幾多郎, 「世界新秩序の原理」, 『西田幾多郎全集』 第12巻(東京: 岩波書店, 1966).

낳았다. 질서의 수정을 요구하는 정의는 '일본 대 아시아' 구도에서는 '문명화'에, 그리고 '아시아 대 세계' 구도에서는 '민족해방'에 있었다.

윤리적 도덕성은 전략적 의도의 소산이었다. 질서와 정의의 근거는 권력적 기능성과 규범적 합리성에 있었다. '일본 대 아시아' 구도에서는 주권평등의 근대국제법이 규범(합리성)의 근거이자 권력행사(기능성)의 수단이었다. '아시아 대 세계' 구도에서는 일본적 질서원리를 가지고 아시아와 세계를 재규정하려는 강력한 정의관이 표출되었다. 주권평등의 국제법 원리와 위계질서의 직분 원리를 교묘하게 묶어 '지도국' 일본과 동아시아 민족들 간의 주권불평등의 질서를 규정한 이른바 '대동아국제법'이 권력적 기능성과 규범적 합리성을 제공하는 제도적 근거로서 창출되기도 했다.

이러한 국제사회상과 질서관, 정의관을 형성시킨 요인은 세계(유럽)와의 문명적, 경제적, 군사적 격차였다. 이 격차는 두 개의 구도—'일본 대 아시아', '세계 대 일본'—에서 일본의 위상을 높이고자 하는 질서 변경의 의지를 부추겼다. 그리고 질서 변경을 실현하려는 의지가 정의로서 나타났다. 메이지 시대의 질서와 정의는 동아시아를 대상으로 한 것이었고, 부국강병을 위한 '문명개화'와 동아시아 질서를 변경하기 위한 '의전'이 정의로서 표방되었다. 쇼와 초기의 질서와 정의는 '서양 대 일본' 구도에 의해 세계질서의 변경('신질서'의 형성)과 이를 위한 '성전'이 정의로서 지목됐다. 정의는 두 개의 구도에 보이는 역간, 역내의 세력불균형의 재편을 도모하는 권력의지(사명감)의 소산이었다. 동아시아 혹은 아시아는 질서의 변경과 정의의 실천을 위해 제공된 것이었다.

국제사회관/질서-정의관이 국제체제와 높은 상관성을 보였다는 것은 일본이 이념적, 철학적 토대가 취약하다는 사실을 보여 준다. 이념적, 철학적 색채가 짙은 자유주의 국제사회관조차 국제민주주의가 구가된 '전후체제'(베르사유체제)의 특수성과 깊은 관련이 있다. 우치무라 간조, 야나이하라 다다오矢内原忠雄, 난바라 시게루南原繁가 보여 준 기독교적 인류애에 기초한 자유주의도 체제의존적 국제사회관과는 일정한 거리를 두었다고는 하지만 '제국적 민족'의 생존을 모색하는 제국체제의 질서관을 벗어난 것은 아니었다.

또 다른 전후체제에서 성립한 전후일본의 평화체제는 '평화'를 질서와 정의의 절대준거로 상정하는 새로운 질서-정의관의 출현을 촉발하였다. 일본의 평화헌법은 "일본국민은, 항구의 평화를 염원하고, 인간상호의 관계를 지배하는 숭고한 이상을 깊이 자각하며, 평화를 사랑하는 제 국민의 공정과 신의를 신뢰하여 우리들의 안전과 생존을 보지" 할 것을 결의하며, "일본국민은 정의와 질서를 기조로 하는 국제평화를 성실하게 희구"할 것을 선언하였다. 평화헌법은 전후일본의 국제사회관, 질서-정의관을 규율하는 유력한 규범으로서 기능한다. 하지만 "정의와 질서를 기조로 한 국제평화"를 보는 관점은 엇갈린다. 진보적 지식인과 행동가들은 보편이념인 '평화'를 '정의'로 간주하고 '평화'로써 '질서'를 규정하고자 한다. 평화헌법을 민주주의적 정의관과 질서관의 근거, 지켜야 할 가치로 본다. 한편, 보수적 지식인과 행동가들은 '평화'를 권력 관계에 의존하는 현실의 '질서'에 결부시켜서 파악하고, 그 '질서'를 수정하는 것을 '정의'라 생각한다. 전후일본의 평화 관념에 잠복한 '질서'와 '정의'의 관념은 근대일본의 그것들과 어느 정도 연속하는 걸까. 또한 냉전체제와 전후체제에서 어떠한 변용을 보이는 것일까. 전후일본의 질서와 정의의 양태에 관한 분석은 전후일본의 국제사회관을 규명하는 데 필요한 또 하나의 의제가 될 것이다.

제3부

탈냉전의 동북아 국제사회와 동아시아 상상

제10장

문명과 동북아 국제사회

지구화 · 정보화시대 동북아 문명과 지역협력

1. 문명과 국제사회

개항 이래 한중일 삼국은 동북아 공간에서 대립갈등의 현실과 연대협력의 이상을 함께해 왔다. 동북아 국가들은 경제적 발전을 이룩하였지만, 정치, 군사, 경제, 문화 등 여러 분야에서 대립과 갈등을 겪고 있다. 역내 균열은 동북아 국제체제의 성격, 역내 국가들의 발전 수준과 국제적 위상 등과 관련된다. 경쟁적 발전을 추구하는 국민국가 패러다임과 자국 중심적 사고는 동아시아 국제사회의 형성을 방해하고 역내 균열을 초래하는 유력한 요인이다.

한편 역내의 균열을 치유하고 갈등을 극복하려는 지적, 정책적 노력도 꾸준히 있었다. 지역 정체성과 유대감이 필요하다는 인식도 커졌고 경제협력체나 군사안보협력체와 같은 지역 제도를 형성해야 한다는 견해도 있다. 이러한 인식과 견해는 글로벌리즘과 내셔널리즘에 대응해야만 하는 현실에서 비롯되었지만 상상력의 소산이기도 하다. 동아시아 공동체 구상은 이러한 상상력의 표현이다. 그런데 동양연대론과 정립론, 대동아공영권 구상에서 보았듯이 동아시아 상상의 성질은 문명, 문화와도 관련된다. 연대협력과 공동체 구상을 다루는 동아시아론에는 얼마간 문명론의 성격이 엿보인다.

지구화·정보화는 탈냉전기 동북아 국제관계를 규율하는 근대문명의 양태를 바꾸고 있다. 지구화·정보화가 전개되면서 국가들의 영토 침투성은 훨씬 커졌고 비국가 주체들의 활동량도 크게 늘었다. 국민국가와 국민경제를 토대로 하는 주권국가체제의 고전적 형태는 작동하기 어려워졌다. 지구화·정보화에 촉발된 글로벌리즘은 국민생활과 국민경제를 초월하는 두 개의 시선을 자극하였다. 국가를 상대화하는 로컬리즘의 시선과 글로벌리즘에 대항하는 리저널리즘의 시선이다. 지구화·정보화는 탈냉전 맥락과 중첩되면서 국가적 삶을 넘어 국가 이외의 영역(지역, 문명, 세계, 사이버 공간 등)에서 지역적 삶과 개인적 혹은 시민적 삶을 확장시킬 여지를 높이고 있다. 탈국민국가를 주장하는 목소리도 들린다.

그런데 이러한 추세에도 불구하고 동북아 국제관계는 아직도 국가중심적 삶과 사고에 의해 추동되고 있다. 국가는 동북아 국제관계의 핵심 주체다. 탈냉전과 더불어 냉전제국(미국, 소련)의 동북아 규정력이 약화되고 지구화의 경제적 원심력이 작동하면서 개인의 시민적 삶, 지역적 삶, 지구적 삶의 여지가 커졌지만, 이러한 다원적 삶이 국가라는 하중 혹은 자장의 작용을 받고 있음은 부정할 수 없다. 동북아의 국민국가들은 신장된 경제력과 자율성을 토대로 신자유주의적 자본주의가 추동하는 글로벌리즘에 대응하는 과정에서 존재감을 드러낸다. 이 과정에서 한중일 사이에 협력과 갈등이 교착하고 있다. 이러한 양상은 냉전체제가 종언을 고하면서 냉전제국의 규정력이 약해지고 동북아 주권국가체제가 새롭게 재출발한 데서 기인한다.

19세기 중후반 개항기의 동북아 국가들도 비록 21세기와는 양과 질이 달랐지만 역시 자유무역에 기초한 경제적 지구화(국제화)에 노출되었고 증기선, 전보, 철도가 촉발한 정보화를 경험하였다. 19세기 동북아 국제사회와 동양 상상의 출현은 19세기 주권국가체제에 부응하는 지구화·정보화의 글로벌리즘과 이에 대항하는 내셔널리즘의 상관작용에서 기인한 것이며, 이 과정에서 동양문명이 상상되었다. 지구화·정보화는 정치경제 현상일뿐 아니라 문명적 함의를 갖는다. 지리적 초월성을 갖는 지구화·정보화는 국가 영토성을 약화시킬 뿐 아니라 보편문명과 개별문화의 관련성을 변용시킬 수도 있다. 문명충돌론이나 문명융합론이 탈냉전기 지구화·정보화 맥락에서 제시된 것은 우연이 아니다. 21세기 지구화·정보화는 동북아 문명의 존재 양태를 새롭게 규정하고 있다. 탈냉전기 지구화·정보화의 맥락에서 동북아 문명의 존재 양태는 어떠한 것일까. 탈냉전기 지구화·정보화 맥락에서 동북아 국제사회를 재구축하는 데 문명이나 문화는 어떠한 의미를 가질까. 지구화·정보화 문명은 동북아에 어떠한 의미를 가질까.

2. 지구화·정보화와 동북아 지역

지구화 · 정보화

지구화는 경제활동 영역에서 탈국경적 통합이 급속히 진전되고 이와 관련된 정보의 수집, 처리 및 전달에 필요한 강력한 기술이 적용되는 과정으로 이해할 수 있다.[1] 지구화는 탈국경적 통합에 따른 지구 자본주의로의 전환을 뜻하는데, 이는 정보화와도 연관된다. 20세기 들어 국민경제에서 세계경제로의 전환은 소비재 대량생산을 수행하는 산업자본

1 R. J. Barry Jones, *The World Turned Upside Down?: Globalization and the Future of the State* (Manchester and New York; Manchester University Press, 2000), pp. 9-10.

주의(포디즘)에서 비롯되었다. 그런데 20세기 후반에 들어 선진국의 경제정체와 유효수요 부족으로 산업자본주의가 한계에 이르렀고 정보통신기술의 디지털혁명이 새로운 영역의 성장을 구동하고 있다. 정보기술혁명, 즉 정보화는 산업자본주의에서 포스트 산업자본주의(포스트포디즘)로의 이행을 촉발하고 있다.[2] 지구화·정보화는 국민경제를 지구자본주의에 편입시키고 국민생활을 일원화된 지구 정보통신망의 세계로 이끌고 있다.

지구화·정보화는 글로벌 수준에서 시공간의 압축space-time compression을 초래한다. 시공간의 압축은 경제 영역의 통합과 과학기술의 표준화 및 지구적 확산에서 비롯된다. 경제나 과학기술의 차원에 그치는 것만이 아니다. 지구 규모의 경제생활과 인간의 삶, 그리고 사람들의 의식 또한 바꾸고 있다. 지구화와 과학기술 혁명은 지구화 과정(지구자본주의와 자유주의이념의 확산)과 서구문화 팽창에 대항하고 서구식 발전방식에 저항하는 문화적 반발(이슬람적 가치, 아시아적 가치)을 야기할 수도 있지만, 문화와 국제관계를 보다 강력한 보편의 세계로 이끌고 인간의 사회적, 정치적 삶에 커다란 변화를 초래할 수도 있다.[3] 지구화 옹호론은 지구화가 현대의 경제적, 사회적, 정치적 삶의 보다 극적인 특징을 드러내며, 나아가 인류의 조건이 크게 바뀔 것이라는 가정에 입각해 있다. 지구문화론자들은 경제 영역의 단일화(지구화)와 과학기술의 표준화(정보화)가 자본주의 문명의 확산을 유도하고 초국경적 행위를 증대시키며 지구의식을 성장시킬 것이라고 예측한다. 또한 자본주의 문명이 문화

2 原洋之介, 『新東亜論』(東京: NTT出版, 2002), 82-83쪽. 이에 관한 논의는 구춘권, 『지구화, 현실인가 또 하나의 신화인가』(서울: 책세상, 2000)에도 상세하다.

3 R. B. J. Walker, "The Concept of Culture in the Theory of International Relations," Jongsuk Chay, *Culture and International Relations* (New York: Praeger, 1990).

의 개별성과 차이성을 좁히고 국가의 경계성과 중심성을 완화시킬 것으로 전망하고 지구문화와 지구시민사회가 성립할 것이라 예측하기도 한다. 지구화는 정치경제 현상의 지구적 표준화를 바탕으로 미국문화가 지구적으로 확산되는 문화현상을 가리키기도 한다.

지구화 현상은 국민국가의 존재방식에 적지 않은 영향을 미쳤다. 19세기 후반 이래 산업자본주의의 국제화는 서구적 기준과 서구적 발전모델을 받아들여 근대화를 추구하는 국민국가의 지구적 확산을 가져왔다. 이에 비해 21세기 정보사회의 지구화는 국민국가를 뛰어넘는 행위자들이 출현하고 서구적 기준의 세계 표준화를 통해 자유주의 경제와 자유민주주의 이념의 지구적 확산을 유발한다. 산업사회의 국제화가 국민국가의 정치 영역이 타 영역(경제, 사회, 문화, 지식, 정보 등)을 규율한 것과 달리, 정보사회의 지구화는 국민국가의 정치 영역을 약화시키고 타 영역에 대한 침투성을 높이고 있다. 지구화·정보화는 비국가 주체의 초국적 활동의 수준과 영역을 확장시킴으로써 국가의 영토성과 에고이즘을 완화할 수도 있다. 동시에 아시아 금융위기에서 보듯이 자유주의 경제 논리에 입각한 금융자본의 침투가 국가주권을 제약하고 국가제도와 사회를 변용시킬 수도 있다. 과학기술의 세계표준화는 근대문명의 성격을 바꿀 개연성이 있다.

그런데 지구화·정보화가 지구적 동질화global homogenization와 주체들의 평등을 보장하지는 않는다. 지구화·정보화는 글로벌리즘을 지향하므로 국가들 혹은 사회들의 차이를 축소시킬 수는 있어도 지역의 특수성을 온존시키는 많은 요인들로 인해 차이의 축소는 제한적일 수밖에 없다.[4] 자본주의의 지구적 확산과 과학기술의 표준화가 개별문화의 특

4 Jones, *The World Turned Upside Down?*, p. 16.

수성까지 없앨 수는 없는 법이다. 지구화는 개별문화가 반영된 '복수의 지구화' many globalizations[5]일 수밖에 없다. 또한 경제적 지구화는 성장 부문과 쇠퇴 부문 간의 격차를 확대시켜 소득격차와 지역격차를 낳고 정치적, 경제적 불안정을 초래할 수도 있다. 아시아 금융위기(1997-1998)가 보여 주었듯이 자유시장 원리에 따른 금융자본의 침투성은 국가 취약성을 초래하고 국가 생존까지 위협하였다. 경제적 지구화가 경제적 욕구와 경제적 삶의 유사성을 가져오며 지구 규모의 새로운 문화의 생성을 유도할 수 있다는 점은 인정되지만, 국민경제적 삶과 국민문화를 현저히 약화시킨다고 보기는 어렵다.

정보화도 기술력과 제도 형성에서 수준차를 초래한다는 불평등 문제를 안고 있다. 신기술 도입은 제도 형성을 수반하는데, 여기에는 경험과 시간의 제약이 뒤따르며, 따라서 국제와 국내의 양 수준에서 불평등을 초래할 수 있다. 국제적 상호의존이 깊어지고 정보통신망이 경제활동의 주 매체로 활용되면서 정보화의 수준차와 정보네트워크 참여도의 불평등성도 커졌다. 정보화에 부응할 국내제도(정보통신체제)를 갖추는 데도 차이가 존재한다.[6] 이러한 차이는 개별문화의 특수성을 온존시키는 작용을 할 것이다. 예를 들어 보자. 인터넷의 급속한 확산은 삶의 표준화와 이異문화 접촉의 기회를 증대시킨다. 인터넷 공간에서 소통이 늘면 영어가 보편언어가 될 여지가 커질 수 있지만 자국어 사용이 늘 수도 있다. 정보화 문명과 과학정보기술은 개별문화와 문화정체성이 반영된 문화콘텐츠의 제약을 받지 않을 수 없다. 개별문화와 그것을 보전

5 Peter L. Berger and Samuel P. Huntington, eds., *Many Globalizations: Cultural Diversity in the Contemporary World* (Oxford: Oxford University Press, 2002).

6 廣瀨克哉, 「'情報革命'と東アジアの国際秩序」, 大沼保昭 編, 『東亜の構想』(東京: 筑摩書房, 2000), 210-215쪽.

하려는 문화정체성은 지구화·정보화가 열어 줄 새로운 보편문명에 대한 문화적 반발을 통해 표출되기도 한다.

수준차와 불평등성은 지구화·정보화 과정에서 국가의 생존과 발전을 모색하는 방식이 자기중심적이라는 사실, 경제의 일체화와 과학기술의 표준화라는 경향에도 불구하고 이에 연루된 국가들의 국내적 기반과 제도화의 절차에 속도와 정도의 편차가 존재한다는 사실에서 비롯된다. 국가들은 자국의 경제발전과 경쟁력을 위해 지구적 자본과 금융의 시스템을 받아들이고 자국 사회를 국제정보통신 네트워크에 연결하는 경우가 많다. 또한 지구화·정보화에 관여하는 행위는 정책적 선택인 경우가 많은데, 정책적 행위는 개별국가의 정치문화와 정책결정과정의 속성과도 일정한 연관이 있다. 이러한 전략적 이해와 행위는 지구화·정보화 과정에서 국가생활과 국민경제의 자기소외를 발생시킬 수도 있다.

지구화 · 정보화와 지역

지구화·정보화의 수준차와 불평등을 생각하면 개별문화를 포괄하는 보편적 지구문명으로 나아갈 가능성과, 문화정체성에 기초하여 기존의 시공간과 자국문화를 보전하려는 관습 내지 관성 사이에는 좁히기 어려운 간극이 존재한다는 것을 예상할 수 있다. 이러한 간극은 지구적 차원에서 지구화·정보화에 따른 근대자본주의 문명의 동력이 투영되고 개별국가들이 이 같은 동력에 대응하는 과정에서 시공간적 편차를 불가피하게 노정시킬 수밖에 없다는 사실, 소통(통신정보) 수단의 진화에도 불구하고 공간적 거리가 시간적 거리에 일정한 영향을 미치거나 제약을 줄 수밖에 없다는 역사적 경험, 그리고 인간의 시공간 의식이 한정된 실제 경험의 구속을 받는다는 일반적 사실에서 비롯된다. 지구화 현상이 지역 수준의 지역협력 내지 지역주의의 움직임을 가속한 것은 지구화 현상이 지역에 투영되고 지역의 수준에서 대응한다는 상징적 의미를 잘 보여 준다. 지구화·정보화에 따른 행위자의 성격 변화와 행위자간 관계의 변화는 새로운 갈등구조를 만들고 국가와 민족의 개별이익에 대한 선호를 강화시키기도 한다. 반면 지구화·정보화가 국민국가 틀에 일정한 변용을 가하고 정치, 경제, 문화의 복합공간화와 연대협력의 기회를 높일 개연성도 부정할 수 없다.

이러한 모순은 어떻게 극복할 수 있을까. 이러한 양면성을 갖는 지구화·정보화는 동북아 공간에서 어떤 의미를 가질까. 이 물음에 답하려면 우선 지구화·정보화 현상이 지역에 어떤 의미를 갖는지를 살펴봐야 할 것이다. 지구화·정보화는 세계와 지역의 양 수준에 대해 모순된 모습을 지닌다. 지구화는 자유시장의 통합과 시민사회의 확충을 통해 지역의 존재를 약화시킬 개연성을 높이지만, 동시에 지역을 형성하고 강화할 수도 있다. 정보화는 초국적 소통을 증대시킴으로써 국민문화의 개별성을 약화시키고 지구문화의 창출을 유발할 수도 있지만, 지역 수준의 상호이해와 지역문화의 형성을 촉진시킬 가능성도 있다. 기술표준화와 정보통신 기반의 관리 운영을 위한 제도화 과정에서 지역 수준의 합의 형성과 협력체 구성을 유도할 수도 있을 것이다.[7]

지구화·정보화는 글로벌리즘의 현상이며 과정이다. 글로벌리즘은 리저널리즘, 세력균형과 더불어 동북아 국제관계를 움직이는 주된 동력이다.[8] 지역에 부과되는 외부 동력으로서의 지구화는 군사적 갈등과 이념적 편차에서 비롯된 동북아 지역의 정치적 균열을 완화시키고 경

7 廣瀨克哉, 「'情報革命'と東アジアの國際秩序」, 210-215쪽.

8 Lowell Dittmer, "East Asia in the 'New Era' in World Politics," *World Politics* 5:1 (2002), 57-65쪽. 디트머는 탈냉전기 동아시아 지역에 글로벌리즘, 지역주의, 세력균형이 작용하고 있음을 논하고 있다. 이들 세 요소는 근현대 동아시아 국제관계를 규율하는 것이기도 하다.

제적, 사회적 발전에 기초한 연대협력의 여지를 높일 수도 있다. 이 개연성은 지구화의 동학보다는 지구화가 동북아의 문명과 국가를 생각하는 인식 틀이나 정체성에 일정한 변경을 가할 것이라는 추론에서 비롯된다. 신자유주의 지구화에 대한 저항감이 동북아의 문명과 국가를 하나로 간주하는 동질성 신화를 재생산할 가능성도 배제할 수 없지만, 경제적 상호의존과 자유주의 사고에서 동아시아 국제사회나 공적 공간의 형성과 관련된 인식론적 전환에 관한 전망이 모색될 수도 있다. 지구화·정보화가 동북아 국가들의 행동양식을 얼마간 규율하고 이 지역의 동질성과 이질성을 규정한 문명과 국가의 양태를 변용시킬 여지도 있다.

국제정치경제 현상은 글로벌리즘과 리저널리즘과 내셔널리즘이 교착하는 형태로 전개된다. 이러한 동력 사이에는 간극이 발생한다. 세계 규모의 지구화와 이 지구화를 받아들여 정책으로 구체화하는 주체들의 행위 사이에 발생하는 간극 혹은 모순을 해소하는 방식은 지역 수준에서 지역주의나 지역협력의 형태로 나타난다. 지역주의의 부상은 지구적 규모의 경제적 상호의존과 이와 연관된 지구적 문제의 등장, 즉 지구화 현상과 글로벌리즘의 출현과 밀접히 상관된다. 국가 단위의 국제정치체제와 초국경화의 국제경제체제에 불일치가 생기고 국가의 대처능력에 문제가 생기면서 지역은 국제정치와 국제경제의 주체로 부상하였다.

그런데 지역주의나 지역협력 구상은 경제적 글로벌리즘에 대한 대항 논리로서 제시되며 경제 협력제도의 형성이라는 외형적 과정을 상정하는 경우가 많다. 경제적 지역협력의 구상은 지역의 존재가치에 대한 관심을 높이지만 역내차별과 불평등구조를 해결하는 데는 한계가 있다. 이를 극복하려면 지역주의나 지역협력의 내적 구성력을 높이는 인식과 실천이 필요하며, 지역을 지구화 현상의 내재화 혹은 주체화가 이루어지는 영역으로 보는 관점이 요구된다. 지역주의 형성에 관여하는 동력은 자본주의와 국민국가다. 자본주의는 글로벌리즘을 추동하는 한편 국민국가의 성장을 도움으로써 지역주의 형성을 방해하는 요인으로 작용하기도 했다. 글로벌리즘은 지역주의 형성을 자극하지만,[9] 동북아에서는 지난날 자본주의가 국민국가를 강화하고 국민국가의 자기중심성이 지역 형성을 저해했다는 사실을 놓쳐서는 안 될 것이다.

지구화와 탈냉전은 동아시아 지역의 부상을 부채질했고 '동아시아' 표상을 강화하였다. 냉전체제가 지역의 정치적 의미를 강화하고 지역의 정치적 구획을 유발하였다면, 지구화는 지역의 경제적 의미를 높이고 지역의 경제적 구분을 촉진하였다. 경제적 혹은 정치경제적 관점에서 본다면, 분명 동아시아는 경제적 지구화가 진행되는 가운데 지역주의와 지역 형성의 가능성을 높였다. 동아시아의 세계무역 점유율은 일본을 제외하고 1980-1991년 동안 9퍼센트에서 15퍼센트로 성장하였고, 동아시아 8개국은 1980-1995년 동안에 세계경제 성장의 세 배 가까운 성장률을 기록하였다. 직접투자도 1995년에 개발도상국에 이루어진 투자액의 3분의 2를 차지했고, 1992-1996년 동안에는 매년 25-30퍼센트씩 늘려 왔다.[10] 이러한 경제적 부상은 동아시아의 지역 표상을 높이는 효과를 낳았다. 동아시아는 아세안 및 네 마리 용의 경제발전과 일본의 경제전략(일본형 발전모델의 지역화와 모델화)이 연계되어 자유시장과 시장경제 원리가 확산되면서 하나의 경제공간으로서의 지역 표상을 획득하였다.

9 Andrew Hurrell, "Regionalism in Theoretical Perspective," Louise Fawcett and Andrew Hurrell, eds., *Regionalism in World Politics: Regional Organization and International Order* (Oxford: Oxford University Press, 1996).

10 World Bank, *The East Asian Miracle: Economic Growth and Public Policy* (New York: Oxford University Press, 1993); Dittmer, "East Asia in the 'New Era' in World Politics," pp. 57-58에서 재인용.

경제발전에 따른 동아시아 부상은 '동아시아'를 단일지역으로 여기는 습성을 낳았다. 가치 차원에서 경제적 부상을 서구 대 동아시아의 대립 구도로 연결시키는 아시아적 가치론이 그것이다. 유럽, 미주 등 타 지역에서 진행되는 정치적, 경제적 통합도 동아시아인의 지역관념을 자극하였다. 특히 아시아 금융위기는 지구 규모의 자본주의 시장경제가 국가경제나 지역경제를 활성화함과 동시에 국가경제나 지역경제의 취약성을 한층 높였는데, 동아시아 국가들은 금융위기를 계기로 국가경제의 안정적 발전을 위해 지역 수준의 경제적 상호협력이 필요하며 아시아통화기금AMF과 같은 지역 경제제도를 창설해야 한다는 인식을 갖게 되었다.

그런데 동아시아 국가들의 수출주도형 성장과 '동아시아'의 경제공간화는 이를 주도한 일본뿐 아니라 미국시장이 있어 가능하였다. '동아시아'는 이러한 외재적 규정성 때문에 아시아적 가치로 분식했음에도 불구하고 견고한 표상이 될 수 없었다. 흔히 동북아인들은 아세안을 교역투자 대상으로 보는 경향이 강하다. 또한 아세안과 동북아 국가들 간의 접근도 '아세안+3'의 형태로 신중한 전개를 보인다. '동아시아'는 '동북아'인들이 공통의 지역정체성을 투사하기에는 분절적이고 이익지향적이며 쟁점영역도 다양하다. '동아시아' 표상의 취약성은 동아시아가 안보공간을 형성하는 데 한계가 있다는 사실에 의해 더욱 가중된다.

동북아 국가들은 동남아를 경제시장으로 삼는 경제전략을 통해 아세안에 접근을 시도하고, 동아시아 나아가 아태지역Asia-Pacific Basin을 상정하면서 지역의 제도화(아시아태평양 경제협력체APEC 등)에 관여해 왔다. 지구화·정보화에 편승한 동아시아 내지 아태 공간의 경제적 역동성은 아태지역과 동남아지역의 지역네트워크를 높였다. 동북아 공간이 어느 지역보다도 상호의존적이고 역동적인 경제활동을 영위하고 있음에도 불구하고 공간의 결집성과 공간인식이 취약한 것은 '동아시아' 내지 아태 공간에 대한 이 같은 경제적 연루에서 비롯된다. 더 중요한 이유는 동북아 국가들의 에고이즘과 발전주의, 그리고 상호갈등의 역사적 유산이 동북아 공간의 내적 취약성을 야기하고 동아시아 공간을 성찰하는 여유를 박탈한 데서 찾을 수 있다. 양자관계(미일, 한미 등)로 운용되는 동아시아 국제정치(안보)의 타율적 규정성은 동아시아 공간의 취약성을 가중시켰다.

3. 동북아 지역과 국제사회

지역의 균열과 대립

'동아시아'와 '동북아'는 중첩되면서도 개념적 구별이 모호하다. 개념상의 모호성은 동아시아 지역을 경제적 관점에서 포착할 때 두드러진다. 일본의 경제사가들은 지구 규모의 경제활동이 진행되는 시점에서 동아시아 경제공간을 지역의 경제적 형성이라는 관점에서 포착한다. 이들은 인도양-남중국해의 해양공간, 즉 해양아시아에서 영위된 교역과 교통의 양상을 규명함으로써 동아시아 지역의 진화와 경제동학을 포착한다.[11] 여기서 지역은 국가 단위의 정치세계를 벗어나 해양을 매

11 동아시아를 육지문명 대 해양문명으로 이분하고 일본을 해양문명으로 규정하는 생태사관(梅棹忠夫), 역사적 동력에 의한 해역의 경제활동을 포착하여 '해국 중국'의 등장을 설명하는 해양아시아관(濱下武志), 해역을 통해 자본주의가 도입되는 과정에 주목하면서 일본의 산업혁명을 해양의 관점에서 설명하는 '문명의 해양사관'(川勝平太) 등이 그것이다. 경제적 공간으로서 동아시아 해양의 성격을 논한 연구로는 이철호, 「지역의 재등장과 새로운 아시아: 동아시아 지역화 논의와 새로운 국제공간으로서의 지역에 대한 성찰」, 『국제정치논총』 제41집 4호(2001).

개로 하는, 자율성과 역동성을 가진 하나의 경제공간(교역시스템)으로 설정된다. 이러한 분석 수준에서 포착되는 지역은 정치군사 영역의 국가 행위뿐 아니라 경제, 문화 등 비정치군사 영역에서 펼쳐지는 비국가 주체들의 활동에 주목하는 시야를 제공한다. 또한 국가 중심적 사고에 매몰된 지역 수준의 역사적 상호작용과 경제공간의 동학, 그리고 비국가 주체들의 초국적 행위를 조명할 여지를 제공한다.

그런데 지역을 경제공간으로 포착하는 관점은 경제권의 네트워크성을 보여 주지만, 국가나 비국가 주체들이 지리적 근접성과 상호의존성, 문명적 유사성을 토대로 상호작용하는 지문화적 공간의 모습을 포착하기는 어렵다. 지역은 지리경제 공간으로서는 포괄성과 애매성, 비경계성을 보인다. 지역의 포괄성, 애매성, 비경계성은 경제활동의 폭과 깊이에 따라 유동하는, 포괄적이고 가변적인 동아시아를 상정할 뿐이다. 경제적 이익을 추구하는 경제활동은 지역형성의 필수조건이지만 충분조건은 아니다. 동아시아가 경제적 역동성과 경제적 비중에도 불구하고 하나의 지역공간으로 작동하지 못하는 현실은 경제적 동인만이 지역형성의 조건이 될 수 없음을 반증한다. 실제 인접국가들 간의 경제통합은 상호적대와 불신 속에서는 실현되기 어렵고 경제에만 의존해서 지역통합을 시도했을 때 거의 실패로 끝났다는 사실을 상기할 필요가 있다.[12]

'동북아'가 '동아시아'와 일정한 거리를 두고 하나의 지역으로 간주되는 것은 이 지역이 지리적 근접, 상호의존성, 그리고 문명적 유사성에 정초하는 것으로 간주되기 때문이다. 동북아 공간은 결집성과 자기완결성을 일정 정도 확보한다고 여겨지며 경제적 상호의존만이 아니라

12 森嶋通夫, 『日本にできることは何か: 東アジア共同体を提案する』(東京: 岩波書店, 2001), 36쪽.

정치, 군사, 문화, 사회의 여러 영역에서 상호 관계를 맺을 것을 요구받는 공간이다. '동아시아'와 '동북아'는 역사, 문화, 문명의 수준에서는 분명히 구분해야 할 개념이다. '동북아'와 '동아시아'에 투영되는 심성도 차이가 있다. 동북아인들에게 '동북아'가 '동아시아'보다 지역적 친밀도가 높은 까닭은 동북아가 경제활동 공간이나 지리적, 물리적 소통 공간만이 아니라 그 이상의 일체감을 제공하는 역사적, 문화적 공간으로 상상되기 때문이다. 동북아 국가들의 지리, 인종, 문명은 시기에 따라 차이는 있지만 상대적으로 높은 친밀도를 보였다.

이러한 관점에서 본다면 동북아 공동체를 꿈꾸는 공동체론자들의 주장에는 동북아 공간의 제한성이 현저히 드러난다. 동북아 공동체론은 지구화의 세계경제와 타 지역공동체에 대한 공동 대응을 위해 정치, 경제, 안보 등에서 동북아 지역협력체의 제도적 형성을 주장한다. '동북아 공동체', '동북아 공동의 집'[13]이란 말은 동북아 지역주의를 추구하는 의지의 표상이다. 동북아를 공동체community로서 상상하는 행위는 경제 이외에 정치, 문화, 사회 등의 여러 영역을 포괄함으로써 경제 중심의 지역론을 극복할 여지를 제시한다. 하지만 공동체 개념이 전제하는 강렬한 연대감과 생존 관념은 다른 문제를 초래할 수도 있다. '공동체'는 '지역'의 개방성에 비해 결집성과 연대성이 강하다. 공동체론은 상호의존과 협력관계의 당위성을 우선하는 이상주의적 성격이 강하다. 만일 공동체를 경제적 이익만을 고려하는 경제공동체에 한정시킨다면, 경제의 개방성과 이에 따른 영역의 비확정성으로 인해 광역경제권을 지향하는 해양 중심의 '지역'으로 확산되는 자기모순에 빠질 것이다.[14]

13 와다 하루키, 이원덕 옮김, 『동북아시아 공동의 집』(서울: 일조각, 2004); 강상중 · 이경덕 옮김, 『동북아시아 공동의 집을 향하여』(서울: 뿌리와이파리, 2002).

14 森嶋通夫, 『日本にできることは何か』.

공동체 구상의 취약성, 비현실성은 공동체가 권력불균형에 정초했을 때 위험이 뒤따른다는 점에서도 찾을 수 있다. 역사적 사실로서 동북아 혹은 동아시아의 국제관계에서 이상주의적 공동체 구상은 경제와 권력(패권)의 결합을 유발하였다. 서세동점과 동서대결의 맥락에서 안보가 경제공간과 사상공간의 자율성과 역동성을 통제하고 교역네트워크와 상상체에 경계와 실체를 부여했을 때, 지역은 권력 관계와 권력 의지가 강하게 투사된, 강한 지정학적 의미를 갖는 지리, 경제, 사상의 복합공간 혹은 권력공간으로서 나타났다. 이는 '특수권익', '세력범위', '자존권'自存圈, '자원권', '생활권', '남방권', '국방권' 등과 같은 용어에서 확인할 수 있다. 권력(패권)이 지리와 경제와 사상을 규율하는 공동체적 세력권의 형성은 제국주의 맥락에서 일본제국이 국제권력(지역패권)을 장악하고 지역 주체들이 자율성과 권력균형을 상실한 데서 비롯된다.[15]

공동체 구상의 취약성은 동북아 지역공간이 권력경쟁과 문화적 편차로 인해 균열대립이 구조화되어 있다는 사실에서도 드러난다. 동북아의 균열대립은 개항 이래 동북아가 중화체제에서 근대국가체제로 이행하면서 지역질서의 구조, 국가의 양태, 이념 및 문화 등이 새로운 양상을 보이면서 갈등을 일으킨 데서 비롯한다. 특히 냉전체제에서 미국-일본 간 및 한국-미국 간 양자 안보동맹, 북한-중국 간 및 북한-소련

15 1930년대 일본이 구상한 광역질서는 유럽근대의 '계약론적 사회구성체'에 대비되는, 일본 중심의 동아시아의 '협동체적 사회구성체'를 의도한 것이다. 미키 기요시(三木清)가 기초한 쇼와연구회의 '동아협동체론'이 대표적이다. 또한 구미 열강의 아시아 지배가 종식된 이후의 역사를 다양한 문화권이 병존하는 세계신질서를 구축하고자 구상한 교토학파의 '세계사의 철학'도 그 전형이다. 니시다 기타로(西田幾太郎)는 "역사적 지반에서 구성된 특수적 세계가 결합하여 전 세계가 하나의 세계적 세계로 구성되는" 세계신질서 원리를 구상하였다(原洋之介, 『新東亜論』, 42쪽).

간의 양자 군사동맹, 자본주의 경제체제와 사회주의 경제체제의 공존은 동북아 공간을 양분시켰을 뿐 아니라 각 진영 내부의 긴장대립을 유발하였다. 냉전체제의 억압구조는 동북아 공간의 이념적 분단을 초래하였다. 발전의 차이, 군사적 갈등, 이념적 편차, 문화적 편차 등은 균열의 요소로 작용하였다. 한중일의 이기적 자국중심주의와 내셔널리즘은 동북아의 균열과 대립을 부추겼다. 문화적 자존감이 경제발전과 내셔널리즘을 추동하는 가운데 공유된 동북아 문명을 상정하는 지역정체성은 유보될 수밖에 없었다.

이러한 양상은 탈냉전·지구화 맥락에 들어서도 여전하다. 역내교역과 상호교류가 늘면서 상호의존은 높아졌지만 국가의식과 국경관념이 아직 강하다. 국민국가와 국가발전을 지향하는 경향은 오히려 강해졌고 경쟁 구조가 온존해 있다. 경제발전과 민주화로 국가의 내적 규정력은 완화되었지만 동북아 국제관계에서 국가의 존재감은 여전히 크다. 동북아 공간에서 각 정치사회의 자율성은 높아졌지만 국가의 역할과 국가 중심적 사고는 별로 완화되지 않았다. 동북아의 발전지향형 국가들이 보이는 대립경쟁의 심리는 협력의 제도화를 저해하며, 구조화된 경쟁적 양자관계는 다자 협력관계를 어렵게 만들고 있다.

동북아 국제사회와 문명

지역 개념은 지리공간을 기반으로 경제공간, 사상공간, 권력공간의 측면을 공유한다. 하지만 이 공간들이 기능하는 영역이 다르고 경계도 일치하지 않아 시공간적 존재방식을 확정하기가 쉽지 않다. 무엇보다도 지속적으로 생성, 변용하는 공간이 상호 결합하는 모습이나 국가가 사회적 구성방식에 관여하는 모습을 그려 내기 어렵다. 또한 동북아 공간을 규율한 국제체제가 지역에 어떤 의미를 갖고 국제체제에 따라 동북아 공간이 어떻게 변용하는지를 보여 주지 못한다. 한편 공동체 개념은 균열대립의 현실을 간과한 채 동북아 공간의 현실과 미래를 이상주의적으로 포착하는 성향이 강하다. 동북아 공동체는 경제적 이익을 우선하는 경제주의적 관점이나 균열대립의 현실을 극복하고 연대협력을 지향하는 평화주의적 성향에서 상상된다. 하지만 동북아 국제관계를 규정하는 자국중심주의와 권력지향은 이러한 상상을 저해한다.

'국제사회'는 동북아 공간을 포착하는 유력한 개념일 수 있다. 이 개념은 국제관계와 사회의 관점에서 지역의 실제와 이상의 구성적 과정을 포착할 여지를 열어 준다. 국제사회는 지리적 근접을 토대로 지역의 주체들이 질서와 양해체계를 유지하고 주권과 안보를 보전하면서 상호작용하는, 상호관계의 규칙과 제도와 규범이 존재하거나 상정되는 국제지역 수준의 사회적 공간을 가리킨다. 국제사회는 국가안보와 지역안보가 상관적이고 지정학·지문화적 유대성이 강한 질서를 상정한다. 국제사회는 지역에 토대를 두는 한 지역에의 상상과 지역정체성을 유발하는 지리적 근접, 상호의존, 공유된 문명의식 같은 요소를 필요로 한다. 국제사회 개념은 지역이 단지 지리적, 경제적 공간일 뿐 아니라 권력(안보)적 공간임을 일깨운다. 국제사회의 관점은 공동체의 이상이 아니라 권력에 의해 야기되는 균열대립의 현실에 주목하면서 동북아 국제공간의 사회적 구성의 방식과 과정을 중시한다. 이러한 국제사회 개념을 매개로 했을 때 지리적, 경제적 삶의 공간으로 파악되는 지역이나 당위적 구성물로 이해되는 공동체를 넘어설 가능성이 생겨난다.

이러한 국제사회의 개념과 관점은 지역의 주체들 간에 권력이 작용하고 균열대립이 일상적으로 생기는 국제관계의 역사적 실제와도 부합된다. 이는 유럽 국제사회에서 엿볼 수 있다. 근대유럽의 국제사회는 국가들이 대립갈등을 거치면서 주권, 국제법, 세력균형을 구성 원리로 하는 상호소통의 체제를 구축하였다. 유럽의 국제사회 형성은 이들 구성 원리에 기초한 국민국가와 주권국가체제의 구성적 과정이었고 대립

균열의 학습과정을 거치면서 평화협력의 구조를 구축하는 과정이었다. 유럽 국제사회의 경험은 국가들이 국제체제의 구성적 과정을 통해 균열대립에서 협력연대로 진화하는 모습을 보여 준다. 유럽경제공동체와 유럽연합은 국가의 자율성과 주권에 정초하면서 일정한 규범과 제도를 갖춘 국제사회 형성과정을 거쳐 실현되었다. 유럽정체성도 주어진 것이 아니라 유럽 국가들의 경쟁에서 초래된 균열대립의 현실을 극복하고 공동체를 형성하는 제도화의 노력을 통해 형성되었다. 균열대립의 구조에서 평화협력의 구조로 이행하는 유럽 국제사회의 진화는 동북아 국제사회의 형성을 생각할 때 의미 있는 함의를 제공한다. 유럽 국제사회의 진화는 주권의 균형을 이루려는 현실주의와 하나의 유럽을 추구하는 이상주의의 교착을 통해 균열대립을 극복해 가는 제도화 과정이었다.

동북아 국제사회는 개항기에 유럽에서 발생한 주권국가체제의 지구적 팽창에 의해 촉발되었고 서세동점에 대응하는 주권체와 주권국가체제의 상호작용을 거치면서 변용하였다. 서구 열강이 가한 외적 충격은 중화문명권의 해체와 동북아 지역의 경계의식과 내적 공고화를 유발하였고, 일본이 시도한 내적 충격은 동북아 공간의 표준화와 균질화를 자극하였다. 개항기 동북아에는 유럽 주권국가체제의 구성 원리에 입각한 주권, 국제법 개념에 기초한 제도(조약, 근대외교제도)와 세력균형이 작동하는 지역 국제관계의 새로운 틀과 소통공간이 형성되었다. 하지만 유럽의 경우와 달리 동북아 국제사회의 성질은 세계정치의 역내 규정력과 역내 국가들의 권력불균형, 동북아 문명과 문화의 특수성에 의존하였다. 동북아 국제사회는 국제권력의 편차와 일본의 패권 추구로 제대로 성장하지 못하고 왜곡되거나 파탄할 수밖에 없었다.[16] 지역정체성은 동북아 상상을 매개했지만 동북아 국제사회의 성질을 규정하지는 못했다. 동아시아 정체성은 서구열강의 동점(식민지주의와 제국주의)과 근대문명의 동아시아 확산이라는 외적 계기가 부과된 가운데 지리적 근접, 유사한 인종, 공유된 문명이라는 요소를 매개로 상상되었다. 한국인들의 지역정체성은 침략 대 저항, 서구문명 대 유교문명의 대결구도를 상정하는 의식에서 성립하였다. 중국인과 일본인들이 동아시아를 상상하는 방식은 달랐다. 역외 권력과 역내 패권의 세력관계가 지역을 규정하면서 지역정체성을 공유할 여지는 약했다.

4. 동북아 문명과 지역협력

동북아 문명과 지구화 · 정보화

지구화·정보화시대 동북아 국제사회의 전개 양상은 문명의 존재양태와도 상관된다. 동북아 국가들의 연대협력은 국가와 문명의 양태와도 결부된다. 동북아 지역에서 문명이 균열대립의 현실을 극복하고 연대협력의 국제사회를 이끌어 내는 매개로 기능할 수 있을까. 흔히 동북아의 역사와 전통과 결부해서 동북아 문명을 상정하곤 하는데 이러한 동북아 문명이 동북아 국제사회의 존재 근거가 될 수 있을까. 오히려 지구자본주의와 정보기술혁명을 토대로 상정되는—근대문명의 현대적 양태로서의—현대문명이 시간적 격차를 좁히고 공간의 균질성을 유도하는 구심력으로 작용하면서 역내 차별화를 유발한 경계를 완화하고 동북아 공간의 결집력을 높일 수도 있지 않을까.

16 이에 관해서는 장인성, 「동아시아의 문명과 국제사회: 구성원리와 존재방식」, 『한국정치외교사논총』 제24집 2호(한국정치외교사학회, 2002); 張寅性, 「近代東アジア国際社会の公共性と'万国公論': 近代韓国の経験と観点」, 三谷博 編, 『東アジアの公論形成』(東京: 東京大学出版会, 2004) 참조.

동북아에서 탈냉전과 경제발전은 '문명'의 출현, 정확하게는 동북아 '문명론'의 부상을 촉발하였다. 냉전기에는 '이념'과 '발전'이 문명적, 문화적 차이를 배제하면서 동북아 지역의 특수성과 역사성을 무시했던 까닭에 지역문명론이 부상할 계제가 없었다. 탈냉전과 동북아발전을 계기로 동북아 지역의 정치군사적 규정성은 완화되고 동북아 공간을 문명적, 문화적으로 규정하고자 하는 의식이 되살아났다. 문명은 객관적 실재이기도 하지만 문명론을 통해 상상되기도 한다. 동아문명론이나 아시아적 가치론은 서구문명 대 동아문명, 보편성 대 특수성, 물질주의 대 정신주의의 대립적 이항 요소를 동원함으로써 동아문명의 존재 의미를 부각시켰다. 동북아 문명론에서는 동아 문명은 동북아 지역의 지리적, 경제적 실재를 토대로 실체로서 산출된 것이 아니라 타 문명과의 대비를 통해 결집성과 전체성을 가진 하나의 실체인 양 상상된 것이다.[17]

동북아 문명은 개항 이래 근대문명과 대비시키면서 상상된 것일 뿐 실체화된 적은 없다. 지금도 논자들은 서구문명을 의식하거나 지역주의를 생각할 때, 동북아 공동체를 상상할 때, 동북아 문명이 실체인 양 말한다. 지역문명은 보편문명의 간섭을 받음으로써 스스로의 존재를 상정한다. 일본인들은 중국문명과 근대문명의 간섭을 받으면서 일본문화의 독자성과 개별성을 획득하였고 일본문화를 일본문명으로 치환하는 문명의식을 낳았다. 한국인들도 서구문명에 대응하여 조선문화의 개별성과 보편성을 의식하기 시작하였고, 일본의 권력에 압도당했을 때 조선문화를 조선문명으로 확대시키면서 자기의 존재가치를 증명하려는 문명의식을 표출하였다.[18] 동양문명이 상상된 것은 근대문명과

17 새뮤얼 헌팅턴의 문명충돌론도 서구문명 대 이슬람문명의 대립구도를 상정한 것인데, 동아문명에 대한 상상과 성찰을 자극하기도 했다.

조우하면서였다.

인식론적으로 '문명으로서의 동북아'가 성립하는 데는 얼마간 어려움이 따른다. 중국과 일본을 독자 문명으로 보거나[19] 중국을 대륙문명으로, 일본을 해역세계로 여기는 지리적 심상은 동북아 지역에 공통의 문명을 상정하기가 쉽지 않음을 시사한다. 무엇보다 동북아 삼국은 공간관념이 다르다. 중국의 지역관념은 동남아와 중앙아시아, 동아시아를 포괄하는 넓은 영역의 아시아를 대상으로 한다. 동북아나 동아시아 지역에 대한 상상이 강하지 않다. 일본의 경우 "장차 다가올 동아시아 경제제휴의 제도화를 시야에 넣으면서 (자국이) 주도적 역할을 하게 될 한중일 3개국의 높은 레벨의 제휴를 동아시아 차원으로 확대한다"[20] 라는 정부의 인식에서 보듯이 동북아 경제협력을 모색하고 이를 동남아까지 확대하려는 구상이 강하다. 한국의 경우 동북아 공간은 중국, 일본에 비해 경제상, 안보상 중요한 의미를 지닌 절대공간으로 인식된다.[21] 이처럼 공간관념이 달랐을 때 지역정체성에 차이가 날 수밖에 없다. 공통의 양해 구조나 제도의 형성은 쉽지 않기 마련이다.

하지만 동북아 문명은 단순한 허구만은 아니다. '문명으로서의 동북아' 개념은 지구화·정보화의 시대적 상황에 부응하는 방법론적 인식을 제공할 뿐 아니라 균열대립을 극복하고 연대협력을 모색할 때의 준

18 일본의 경우 도쿠가와 국학자들은 일본문화의 개별성을 자각하였고 제국의 맥락에 들어 국학을 계승한 황도론자들이 일본문명의 보편성을 주장하였다. 한국의 경우 문명의식은 문일평, 정인보, 이능화, 안확 등 국학자의 문명론에서 찾을 수 있다.

19 Samuel Huntington, "The Clash of Civilizations," *Foreign Affairs* 72:3 (Summer 1993).

20 日本経済産業省, 『通商白書』(2003年度版).

21 이러한 관점에서 보면 노무현 정권의 이른바 '동아시아 중심국가' 혹은 '동아시아 경제중심'이란 슬로건은 자기실현의 가능성에서 제시된 것이라기보다 절대공간에서의 자아도취적 상상의 표현이라 할 수 있다.

거가 될 수도 있다. '문명으로서의 동북아'는 동북아 공간에 부과되는 지구화에 대한 공간적 대응을 강구하고 동북아 공간의 역사에 대한 시간적 대응을 생각할 때 준거 개념이 될 수도 있다. 동북아 공간은 동아시아와 구별되고 아태지역의 경제공간과 차별화되는 결집력 있는 문명에 기초해 상상될 여지가 있다. 동북아 지역에서 효율성을 제공하는 지리적 근접성, 심화되는 경제적 상호의존성, 유사성을 지닌 근대문명은 '문명으로서의 동북아'를 상상할 요소로서 상정될 수 있다.[22] 타 지역과 차별화되는 비교우위의 조건이 될 수 있다. 지리적 근접성과 상호소통의 수월성은 동북아 지역을 사회의 관점에서 생각할 여지를 높여 준다.

초공간적 확산성이 강한 지구화·정보화가 꼭 동북아 문명 형성에 부정적인 것은 아니다. 동북아 국제사회의 근대적 변용이 근대 과학기술과 자본주의의 세계적 팽창으로 촉발되었다는 역사적 경험을 상기한다면, 자본주의 체제의 지구적 팽창인 지구화와 탈산업 사회의 과학기술인 정보화가 동북아 문명과 국제사회의 양태, 즉 동북아 공간의 비균질성과 균열을 완화할 수도 있을 것이다. 자유민주주의와 자본주의 시장경제와 과학기술의 지구적 확산을 뜻하는 지구화·정보화가 동북아 문명의 시공간적 특수성을 반영하는 형태로 동북아 공간 속에서 재규정된다면 문명의 응집력이나 구심력이 커질 수도 있다.

동북아 문명은 지구 전체가 근대화 경험을 공유하고 근대문명을 받아들이면서 보편화되는 한편 현대문명이 지역의 문화와 분리해서 기능할 수 없다[23]는 사실에 기초한다. 여기서 근대동북아 문명이 근대문

22 크루그만(Paul Krugman)은 현대국제경제에서도 지역주의와 지리적 인접성은 상관적 의미를 갖는다고 보았다(Paul Krugman, *Geography and Trade*, Leuven & London: Leuven University Press & The MIT University Press, 1991).

23 原洋之介, 『新東亜論』, 118-119쪽.

명을 우산umbrella으로 받아들이면서 성립하였다는 주장에 귀 기울여야 할 것이다. 현대동북아 문명도 근대문명을 토대로 삼지 않을 수 없다. 탈냉전과 지구화, 정보화 시대의 동북아 문명은 더 이상 전통적, 혹은 유교적 가치에 기초한 문명에 의거할 수는 없다. 탈냉전, 지구화 맥락의 동아시아에는 어느 때보다 19세기 후반에 결실을 보지 못한 주권국가 체제를 구현할 여지가 높다. 근대문명은 주권평등과 연대협력의 관계를 규율하는 주권국가체제의 온전한 작동을 지탱하는 토대일 수 있다. 동북아의 지역문명과 역내 국가들의 개별문화의 상관성을 어떻게 설정하느냐가 문제다.

흔히 문화인류학에서는 문화를 인간의 삶을 위한 고안물의 총체나 생활양식의 체계로 정의한다.[24] 문명은 이러한 문화들의 집합으로 간주된다. 개별문화들에 공유되는 공통된 문화요소를 문명으로 보는 관점도 있다. 문명을 물질적인 것, 문화를 정신적인 것으로 구별하는 경우도 있다. 어느 경우건 문화는 개별적인 것이며, 문명은 보편적인 것이 된다.[25] 그런데 국제관계론의 관점에서 본다면 문명과 문화는 권력관계로서 이해할 수 있다. 문화는 하나의 자립적인 체계로서 문화요소들이 구조적 연관성을 가지면서 사회질서의 균형을 유지하도록 해 준다. 이러한 문화는 국제영역(국제사회)에서는 주체들의 개별 행동을 규정하는 내셔널 아이덴티티의 근거가 된다. 문명은 특정한 개별 문화가 다른 개별 문화들을 압도하는 능력(권력)을 갖추고 실제로 다른 개별 문화의 문

24 예컨대 문화를 '삶을 위한 고안물', 혹은 '생활양식의 체계'로 정의하는 클루크혼(Clyde Kluckhon)이나 히라노 겐이치로(平野健一郎)가 대표적이다. 이에 관해서는 히라노 겐이치로, 장인성·김동명 역, 『국제문화론』(서울: 풀빛, 2004) 참조.

25 이러한 관점에서 본다면 헌팅턴의 문명충돌론에 대한 비판의 유력한 논거로서 문화와 문명의 혼동이 지적되어 왔는데, 이러한 개념혼동이야말로 헌팅턴이 문명개념의 정치적 성격에 집착한 데서 비롯된 것으로 보인다.

화 요소로서 기능했을 때 성립한다.[26] 패권을 행사하는 특정 개별문화가 다른 개별문화들을 압도했을 때 우월적인 힘을 가진 특정 문화가 문명으로서 등장한다. 국제관계에서도 문화는 개별적인 것, 문명은 보편적인 것이라 말할 수 있다. 보편문명은 개별문화의 단순한 집합이 아니다. 개별문화가 주변의 개별문화를 압도하는 힘을 가졌을 때 보편적인 문명이 되며, 보편문명이 개별문화(문화요소)를 규정하고 규율하게 된다. 문화는 문명에 의해 규정된다. 제국문명이 문화제국으로서 민족들의 문화를 규정하는 사례가 그 전형이다. 동북아 국제사회에서 문명과 문화의 의미를 생각할 경우 국제관계론적 관점이 유용하다.

현대동북아 문명은 동북아 개별문화들의 단순한 집합이 아니다. 중국문화(문명), 일본문화(문명), 한국문화(문명)의 단순한 집합이 아니다. 동북아 문명은 동북아 국가들의 개별문화에 일정한 보편성을 부여하는 방향으로 문화에 관여하며, 특정 개별문화가 다른 개별문화들에 우세한 혹은 지배적인 힘(영향력)을 행사할 때 그 문화는 동북아 문명으로 부상한다. 이 경우 문명은 개별문화들의 이질성을 완화하고 유사성과 결집성을 높이는 쪽으로 기능한다. 그런데 탈냉전기 지구화·정보화 맥락에서는 특정 개별문화가 압도적인 힘을 행사하기 어렵다. 주권국가체제의 온전한 작동을 상정하는 맥락에서는 근대문명을 우산으로 삼고 근대문명이 동북아 국가들의 개별문화를 일정 부분 규정하는 동북아 문명을 상정할 수 있다. 동북아 문명은 타 지역, 타 문명과의 대비에서 상상할 것이 아니라 지역의 보편문명과 개별문화의 상관작용을 통해 생성되는 것이며, 이렇게 했을 때 문명을 매개로 문화적 이질성(개별

26 이러한 이해는 야마자키 마사카즈의 문명 개념을 따른 것이다(山崎正和, 「東アジア文明の誕生」, 『文明の構圖』, 東京: 文藝春秋社, 1997; Masakazu Yamazaki, “Asia, a Civilization in the Making,” *Foreign Affairs* 75:4, July/August 1996).

성)을 완화하고 공통의 양해를 늘릴 여지가 생겨난다. 여기서 동북아 국제사회의 형성에 의미가 있는 동북아 문명의 형성 혹은 창생을 상상할 수 있게 된다.[27]

지역협력과 문명

탈냉전, 지구화 맥락의 동북아에서는 역내 경제활동이 크게 활발해졌고 이를 매개로 역내협력과 민간교류도 현저히 증가하였다. 국가와 비국가 주체들이 함께 협력교류에 관여하는 일도 늘었다. 21세기 들어 경제협력체 구상이 급부상한 것도 이러한 현상의 반영일 것이다. 다자 경제협력체가 성립한다면 동북아 국제사회의 물적 기반과 소통 방식은 크게 강화될 것이며, 국가들의 자율성과 경제발전에 기초한 경제협력은 동북아 국제사회를 형성하는 데 긍정적으로 작용할 것이다. 특히 경제발전에 수반된 국가의 변용과 시민사회의 성장은 동북아 지역협력을 증진시킬 개연성을 높일 수 있다. 예컨대 중국은 개혁개방 이래 경제발전을 추구하는 과정에서 법규칙에 기초한 거래 제도를 갖추고 국영기업의 민영화와 지방분권화, 시장경제 이행을 통해 사적 영역을 늘려 왔는데, 이러한 변화는 언젠가는 국가의 성격을 바꾸고 동북아 국제사회를 형성하는 데 기여할 것이다.

그런데 경제협력 구상은 경제적 이익을 추구하는 이기심의 표현이다. 자유무역지대에 관한 한중일의 구상과 전략은 자국의 경제이익과 대외경제정책과 밀접히 결부되어 있다. 동북아 국가들이 다자협력을 모색함에도 불구하고 양자협력의 관행은 여전한 것도 이와 관련된다. 일본이 경제협력의 주도권을 발휘하지 못하는 까닭은 동북아 경제

27 이와 관련된 상세한 논의는 제13장을 참조.

협력에 대해 실용주의적 접근을 취할 뿐 아니라 다자주의를 양자주의의 대체물이 아니라 보완물로 여기기 때문이다.[28] 이러한 사정은 동북아 경제협력이나 자유무역지대 구상이 동북아 경제의 틀에서 상대화되고, 경제협력이 지역 연대협력에 한계를 가질 수밖에 없음을 뜻한다. 지역 경제협력은 국가들의 이익 추구의 욕망으로 인해 제한될 수밖에 없다. 경제공동체의 형성은 자국의 경제이익을 높일 수 있다는 확신이 섰을 때 가능하며, 여기에는 경제 이외의 논리도 함께 작동하게 된다.

그렇다면 경제협력은 동북아의 문명과 국제사회 형성에 어떤 의미를 가질까. 협력은 문명과 사회 형성에서 필요조건이지만 충분조건은 아니다. 경제이익을 추구하는 경제협력체 구상, 자유무역지대 구상이 공간의 결집력과 문명의 성립을 보증하지는 않는다. 지역주의자들은 경제협력이 지역에서의 정체성과 일체감을 키울 것으로 가정하지만, 협력 과정에 간여하거나 협력을 저해하는 문화의 작용을 간과하는 경향이 있다. 경제협력에서 지역협력을 도출하는 기능주의 사고법은 한계를 보일 수밖에 없다. 연대협력은 합리적 선택의 문제가 아니라 주체와 구조의 상호작용의 결과이다.

'문명으로서의 동북아'는 기능적 사고가 아니라 전체적 사고에서 바라볼 필요가 있다. 경제협력에는 권력 현상이 포함되며 문화 현상이 개재된다는 사실에서 접근해야 한다. 동북아의 역사에서 보건대 연대협력은 일종의 문화적 현상이다. 이러한 점에서 문화적 공통성을 경제협력의 전제로 보고 문화의 수렴과 문명의식의 공유를 경제협력체 창출의 조건으로 보는 헌팅턴의 견해는 적절하다.[29] 하지만 헌팅턴의 문

28 Peter J. Katzenstein, "Japan, Asian-Pacific Security, and the Case for Analytical Eclecticism," *International Security* 26:3 (2001/2002).

29 새뮤얼 헌팅턴, 소순창·김찬동 옮김, 『문명의 충돌과 21세기 일본의 선택』(서울:

화환원론은 문화의 차이성과 불가변성을 전제로 하기 때문에 문명의식과 협력의 생성을 설명하지 못한다. 주체의 속성과 구조의 성격, 그리고 상호작용의 존재 방식은 주권국가체제와 결부된 문명에 달려 있다. 문화와 경제협력 간의 부정합은 고정적인 문화개념으로는 해소하기 어렵다. 근대동북아는 동양삼국의 심각한 주권불평등과 일본의 제국주의적 팽창이 작용함으로써 일본문화가 동북아의 보편문명으로 부상하고 정치경제적 공영권이 강제되는 것으로 귀결되었다. 문화적 동질성은 주권평등을 전제로 했을 때 동아시아 상상의 요소로서 상정되었지만, 주권평등의 이상이 붕괴되었을 때 일본의 제국권력과 일본문명의 공간적 확산을 의도한 패권적 동아공동체(대동아공영권)를 기획하였다. 탈냉전, 지구화 맥락은 이와 다르다. 탈냉전기 동북아에서는 주권의 자율성과 평등성이 상대적으로 높아졌고, 동북아시아에서 특정 권력에 의해 특정 문화가 보편 문명으로 기능할 여지는 거의 없어졌다.[30] 동북아 문명이 성립한다면, 그것은 지구적 보편성을 갖는 근대문명을 우산으로 받아들이고 그 우산하에서 주권평등의 주권국가체제를 바탕으로 개별문화들이 영위되는 형태가 될 것이다.

연대협력은 공동체를 위한 당위적 선택에서 요구되기보다는 이익경쟁의 결과로서 출현할 것이다. 국제사회는 대립갈등과 연대협력의 나선형적 진화를 통해, 그리고 문명과 문화가 그 진화과정에 관여하면서 형성된다. 동북아 국제사회의 문화는 문화의 고유성을 표방하는 전통적 문화개념이 아니라 근대문명을 우산으로 삼아 성립한다. 개별 문

김영사, 2001).

30 이러한 관점에서 본다면 일본문화의 동아시아 확산, 즉 지역적 보편성의 획득이 동아시아 문명과 문명정체성에 대해 갖는 의미에 비관적일 필요는 없다. 일본 고유의 문화도 아닐뿐더러 권력적이지도 않기 때문이다.

화들에서 유사한 문화요소를 발견하고 문화요소들에 공통분모를 제공하는 것은 근대문명이다. 지구화·정보화는 근대문명의 지역적 확산을 유발하는 계기가 될 수 있다. 지구화·정보화가 추동하는 근대문명은 우산으로 기능하면서 동북아 국제사회의 지역문화를 규정한다. 지구화는 근대문명(지구적 자본주의와 과학기술)이 보유한 보편적 문화요소의 지구적 확산을 유발하면서 새로운 문화요소를 추가하거나 기존의 문화요소를 변용시킨다. 정보화(과학기술 혁명)는 데이터베이스화를 통해 문화요소에 관한 정보를 제공하며 문화요소의 수용과 변용을 재촉한다.

동북아 국제사회의 형성은 지구화·정보화의 상황에서 근대문명을 매개로 국가들의 문화를 조정하는 한편, 이들 문화를 통해 근대문명을 동북아 맥락에서 변용시키는 과정이라 할 수 있다. 근대성을 반영한 대중문화가 동북아에 유통되는 사례에서 보듯이, 근대문명은 동북아의 지역문화를 생성하고 동북아 국제사회의 소통력과 결집력을 높이는 매개로서 기능할 수 있다. 문명의식, 문명정체성도 동북아 국가들의 고유문화의 집적이 아니라 새로 형성되는 동북아 문명에서 모색되어야 하는 것이다. 유럽문화와 문명정체성이 근대유럽 국제사회와 유럽연합을 형성하는 데 중요한 의미를 가진 유럽에서와는 달리, 오늘날 동북아에서는 전통적인 문화와 문명정체성이 동북아 국제사회의 형성소가 될 수 없다. 동북아 국제사회에서 문화와 문명은 동북아 국가와 지역 국제관계의 경험을 반영하는 한편 근대성에 의해 새롭게 성찰되어야 한다.

5. 문명사회와 공공성의 모색

동북아 국가들에게 동북아 지역은 지리적 인접성이 효율성을 제공하는 경제활동 공간인 동시에 국가들의 생존이 담보되는 안보공간이다. 오래전 동북아에 중화체제가 작동했을 때에는 중화체제의 규율로 인해 경제공간과 안보공간이 문화공간과 중첩되었다. 동북아 국가들은 중화체제 해체 이후 국제화(19세기 지구화) 과정에서 근대문명을 새로운 우산으로 받아들였다. 하지만 한, 중, 일은 각각 근대문명에 적응하는 양상이 달랐고 또한 일본이 지역패권을 차지하면서 근대동북아 공간에서는 온전한 국제사회가 구축될 수 없었다. 이와 달리, 오늘날 동북아 국가들은 자본주의 문명을 공유하는 한편 발전과 민주화를 통해 상대적으로 안정된 주권과 높은 자율성을 영위하고 있다. 지구화·정보화로 인해 동아시아 공간은 지구적 보편성을 보이는 근대문명에 깊숙이 연루되면서 급격한 사회변동과 의식의 변화를 겪고 있다. 냉전체제 붕괴 이후 주권국가체제가 어느 때보다 유의미하게 작동되면서 구성국가들의 상호작용이 활발히 이루어지고 있다.

지구화·정보화를 통해 자리 잡은 자본주의 근대문명은 동북아 공간에서 주체와 구조가 상호작용하는 과정의 진화를 재촉할 수 있다. '문명으로서의 동북아'는 동북아 국제공간의 문명화, 즉 동북아 국제영역의 문명사회화를 지향하는 개념이다. '문명으로서의 동북아'는 이익사회에서 경쟁과 조정의 과정을 통해 공공성을 구축하는 문명사회를 지향한다. 다자관계의 형성은 공공성의 조건이다. 다자간 안보협력체제와 다자간 경제협력체제의 구축, 그리고 다자간 문화교류 등 다자관계 형성은 지역패권을 배제하고 주체의 확립을 높이는 진화를 촉진할 수 있다. 다자관계 형성에서 상업활동(경제)은 상호소통과 양해를 통해 사회와 질서를 만들어 내는 요체다. 근대사회에서 상업과 교역활동은 사회 형성의 핵심 조건이었다.[31] 오늘날 동북아 국제영역에서도 상

31 상업활동이 사회 형성의 핵심 조건임은 스코틀랜드 계몽사상에서 엿볼 수 있다.

업사회의 유비類比는 유용하다. 제국주의 권력이 배제된 탈냉전 맥락에서 자유무역의 경제활동은 동북아 국제사회를 형성하는 중요한 조건일 수 있다.

국제사회의 온전한 운용은 공공성을 전제로 한다. 공공성 문제는 이익의 경쟁과 충돌이 일어나는 이익사회의 관점에서 생각할 수 있다. 발전국가를 지향하는 동북아 국가들에서 이익 추구의 경쟁을 제쳐두고 동북아 국제사회를 논할 수는 없다. 국제사회에 요구되는 국제공공성은 국가들의 에고이즘을 인정하는 현실주의적 사유와 주체(주권과 자율성)의 확립과 지역패권의 배제를 지향하는 규범주의적 사유의 균형 위에서 모색될 수 있다. 공동사회(공동체)의 형성에 편향된 구상은 동북아 국제관계의 현실과는 유리된 허구일 수밖에 없다. 공공성은 연대성의 조건이다. 연대성은 공공성을 만들어 내는 전제가 아니라 공공성의 결과다. 역외 위협을 상정한 타율적인, 따라서 취약한 연대성을 벗어나 주체적인 견고한 공공성을 구현하기 위해서는 이익을 추구하는 국가들의 자율과 국가들 간의 평등이 요구된다.

제11장

아시아적 가치와 정체성

일본의 동아시아론과 '아시아적 가치'

1. '한 마리의 요괴'

"한 마리의 요괴가 세계를 배회하고 있다—동아시아라는 요괴가". 극작가이자 평론가인 야마자키 마사카즈山崎正和는 마르크스가 "유럽에 배회하고 있다"고 믿었던 '요괴' 공산주의가 붕괴하고 아시아적 정체停滯로 규정된 동아시아가 급성장한 현실을 이렇게 패러디한다. 동아시아가 "거대한 에너지의 존재를 느끼게 만들지만 막 정체正體를 확인하려 들면 확실한 얼굴도 윤곽도 갖지 못한 괴물"과 같으며, 동아시아 개념이 '하나의 지역', '하나의 인종집단', '하나의 문명' 등 극히 모호하고 혼동되게 사용되고 있음을 빗대는 말이다.[1] '요괴', '괴물'은 비실체성, 불정체성, 애매성, 기이함뿐 아니라 거대한 에너지의 존재를 느끼게 만드는 표상이다. 요괴는 실체를 알 수 없는 허구이지만 실체를 상상하게

1 山崎正和, 「東アジア文明の誕生」, 『文明の構図』(東京: 文藝春秋社, 1997), 9-10쪽. 초고는 Masakazu Yamazaki, "Asia, a Civilization in the Making," *Foreign Affairs* 75:4 (July/August 1996).

만드는 힘이 있다.

'요괴' 동아시아의 불정체성은 지리적 분산성과 문화적 다양성, 국가형태와 발전의 이질성, 경제발전과 '아시아적 가치'의 부정합적 결합 등에서 비롯된다. 아시아는 과거 아시아주의자들을 경악시켰던 "배금주의"와 "서양화에 따른 역겨운 자존심"을 드러내고 "경제발전과 아시아적 가치의 본질적 모순"을 보이기도 한다.[2] 근대화에 따른 배금주의와 자존심은 괴물의 속성이다. 그런데 괴물은 동아시아 경제발전을 지칭하는 것만은 아닐 것이다. 혹 발어發語 주체의 괴물성을 드러내는 것은 아닐까. 괴물은 두려움을 느끼게 만드는 객체와 두려움을 느끼는 주체가 존재함으로써 성립한다. 만일 일본이 동아시아의 패자, 아시아적 가치의 생산자로서 동아시아의 절대적 구성자로 자처한다면, 야마자키가 동아시아를 요괴나 괴물로 표현하지는 못했을 것이다. 요괴는 동아시아에 대한 심리적 거리를 표상한다.

동아시아를 괴물로 타자화하고 경제발전과 아시아적 가치의 본질적 모순을 느끼는 것은 정체성 표현의 결과이다. 동아시아를 괴물로 상상하는 행위는 괴물을 경험하거나 경제동물의 욕망을 가져 본 경우에만 가능하지 않을까. 일본인들은 때로는 유럽에 비추어 때로는 동아시아 속에서 아시아를 말하면서 정체성을 드러낸다. 일본인의 동아시아론은 동아시아의 과거, 현재, 미래에 관한 자기성찰의 소산이며 자기정체성의 표현이다. 일본의 아시아적 가치론은 "단지 아시아만을 문제로 삼기 위한 것이 아니라 다가오는 세기에 세계가 안게 될 문제성을 예시預示하면서 새로운 질서원리나 개인의 존재방식, 그리고 거기에서 일본의 위치를 확인하기 위해 다루는"[3] 담론이다. 그것은 (동)아시아와 일본

2 春日直樹, 「東と西, そして南」, 青木保·佐伯啓思 編, 『'アジア的価値'とは何か』(東京: TBSブリタニカ, 1998), 218쪽.

의 사이, 경제발전과 아시아적 가치의 사이에 스스로를 자리매김하는 정체성의 표현이다.

2. '아시아의 복권' 또는 '신화의 초월'

진정 아시아는 요괴나 괴물일까. 요괴는 욕망의 화신이나 두려움의 소산에 불과한 것일까. 가난한 동아시아 국가들이 경제적 욕망을 성취하고자 할 때, 풍요로운 동아시아는 하나의 희망이며, 가치는 자신들의 불정체성이나 치부를 가려 줄 장식물이 되지 않을까. '괴물', '요괴'의 비유는 정치현실에 무책임한 비평가의 문학적 패러디일지도 모른다. 정치현실과 국제사회에 민감한 자라면 이러한 비유를 하지 않을 터다. '동아시아'는 비평적 언어로 간단히 진술되기는 어려운 복잡다기한 역사적 존재로서 일본인의 국제적 삶과 정체성을 규정하는 주된 변수이며, 단순한 상징이나 표상이 아니라 일본이 현실적 이해관계 때문이건 심정적 애증 때문이건 연루될 수밖에 없는 대상이다. 외교관 오구라 가즈오小倉和夫와 가와토 아키오河東哲夫의 아시아론에서 아시아에 대한 연루방식에 나타난 일본 정체성의 일단을 엿볼 수 있다.

오구라는 정치적 독립과 경제적 번영을 달성한 아시아는 지난날 가졌던 "전제와 복종의 상징", "군사적 위협의 원천", "서양문명에 대한 야만적인 무력의 대명사"와 같은 부정적 이미지를 벗어 버리고 서구를 향해 적극적으로 "아시아의 목소리"를 발신해야 하며, 이를 위해 아시아의 가치관에 대한 엄밀한 검토와 탐구가 필요하다고 주장한다. "아

3 山室信一, 「'多にして一'の秩序原理と日本の選択」, 青木保 他 編, 『'アジア的価値'とは何か』, 48쪽.

시아 정신의 복권"과 "미국의 아시아화"를 제시하는 한편, 아시아와 비아시아(특히 미국) 간의 대화를 통해 비아시아를 아시아에 끌어들이는 형태의 "동화"와 "공존"이라는 비전을 제시한다.[4] 아시아는 아직 실체는 분명치는 않지만 부정적 이미지의 허구에서 벗어나 긍정적 이미지의 실체일 것을 요구받고 있다. 이러한 실체를 구현할 "새로운 아시아의 창조"는 미국과 유럽과 아시아로 구성된 세계의 조화로운 관계와 발전을 모색하기 위한 조건이다. 오구라는 다른 논고에서 아시아가 하나의 결집체로서 행동해야 하며 일본은 그 지도를 담당할 때가 되었다고 주장한다.[5]

가와토는 아시아적 가치와 서구적 가치의 이원론을 부정하고 특정 가치에 기초한 일반화의 위험성을 경계한다. 아시아 대 비아시아의 이항구도에 내재된 대립과 배제의 가능성을 없애려는 의지의 표현이다. 그는 경제발전에 따른 개인의 경제력 상승이 아시아인들을 사회나 가족의 지나친 종속에서 해방시키고 있다고 보고, 아시아의 개인주의화 경향을 서구문명의 악영향이 아니라 인간의 본성에서 찾는다. 서구인들이 근대적 가치관과 제도를 비서구사회에 성급히 강요해서는 안 되고, 아시아인들도 "21세기는 아시아의 것"과 같은 감정적인 슬로건을 내걸기보다는 구미의 지배에 대한 반발이 "자신과잉"이 되지 않도록 자주적인 개혁과 열린 지구적 협력관계를 지향해야 한다고 주장한다.[6]

오구라와 가와토는 아시아의 경제발전과 인간의 보편성에 따른 아시아의 변화와 새로운 존재방식, 그리고 서구와 아시아의 새로운 관계

4 小倉和夫, 「'アジアの復権'のために」, 北岡伸一 編, 『戦後日本外交論集』(東京: 中央公論社, 1995), 491-492쪽 및 504-505쪽.

5 小倉和夫, 「新しいアジアの創造」, 『VOICE』(1999年 3月号), 124-125쪽.

6 河東哲夫, 「アジア的価値の神話を越えて」, 『中央公論』(1995年 12月号), 51-53쪽.

에 관한 공통된 인식을 보인다. 그러나 아시아적 가치에 대한 신념과 아시아의 목소리의 적극적인 발신을 전제로 한 아시아와 비아시아 간의 대화, 그리고 미국의 아시아화에 의한 동화와 공존을 추구하는 오구라의 구상은 '아시아적 가치의 신화'를 초월하고 보다 보편적인 관점에서 서구와 아시아의 협력을 모색하는 가와토의 구상과 편차를 보이면서 가와토가 경계하는 "자신과잉"의 조짐을 보인다. 오구라가 보인 "아시아 복권"의 의지는 이항 대립의 공간구도에서 타자를 의식함으로써 성립하는 것만이 아니다. 시간적 연속선상에서 영위된 자기변용의 역사를 담고 있다.

동아시아 경제발전으로 공간적 대화(지역간 대화와 공존)와 시간적 재생산(아시아의 복권)의 구상이 나타나고 이항대립 구도와 동아시아관과 시공간적 거리감이 변용할 때 일본의 아시아적 역할과 정체성도 바뀌지 않을 수 없다. 동아시아의 경제성장은 일본은 국제사회에서 고립하여 배타적인 지역주의를 형성해서는 안 된다는 강박관념을 깨뜨리는 계기가 되었지만,[7] 상찬賞讚의 대상만은 아니다. 동아시아의 경제발전과 '부강한 서구 대 빈약한 아시아' 구도의 붕괴는 빈약한 아시아에 안도감을 느끼고 탈아입구脫亞入歐를 지향해 온 일본인들에게 심리적 공황을 초래할 수 있기 때문이다.[8] 고전적인 탈아입구에 대한 재성찰 ― 입아탈구入亞脫歐나 입아입구入亞入歐 ― 이 인식론적 차원을 넘어 존재론적 현실로 구체화되지 않는 한, 아시아 복권의 구상은 낙관적 전망이나 공허한 이상으로 끝날 수도 있다. '아시아 대 일본'과 '아시아 속의 일본'의 양

7 松本健一, 「日本におけるアジア觀」, 石井米雄 編, 『アジアのアイデンティティー』(東京: 山川出版社, 2000), 80쪽.

8 佐藤光, 「'文明の沒落'のなかのアジア的価値」, 靑木保 他外 編, 『'アジア的価値'とは何か』, 225쪽.

자택일의 구도는 여전히 일본인의 정체성을 규정한다. 따라서 동아시아 경제발전과 아시아적 가치에 대한 일본인들의 정체성을 밝히는 일이 중요해진다. 아시아적 가치론은 일본인들이 서구와 아시아의 사이에서, 과거와 현재의 사이에서, 그리고 가치와 발전의 사이에서 느끼는 정체성을 드러내는 담론이다.

3. 서구와 아시아의 사이

아시아적 가치의 권력성과 장소성

아시아적 가치론은 서구 대 아시아의 대결적 공간구도와 보편적 가치 대 상대적 가치의 양립적 가치구도 위에 성립한다. 동서대결 구도는 냉전이 종결되고 동아시아 국가들이 경제성장을 이룩하면서 이념대결에서 문명대결로 성격이 바뀌었다. 아시아적 가치가 담론의 소재가 된 동기는 경제발전과 서구화로 인해 문화 정체성이 상실되는 것을 막고자 하는 경우부터 서구의 민주화, 개방화 요구에 저항하면서 기득권을 지키려는 경우까지 다양하다. 아시아적 가치 논쟁은 서구적 가치와 아시아적 가치, 산업자본주의와 유교자본주의, 자유민주주의와 유교민주주의 등 몇몇 대립항의 어느 한 쪽에 가담하는 형태를 띠는데, 핵심 쟁점은 아시아적 가치와 서구적 가치, 그리고 가치(이념, 문화)와 발전(경제, 근대화)의 존재방식에 관한 것이다.

'아시아적 가치'는 심리적 차원에서 문명대결 의식을 전제로 하는 한 중립적일 수 없는 개념이다. 특정한 시공간의 맥락에서 발화자의 의도에 따라 바뀌는, 실재성을 결여한 모호한 개념이다. 아시아적 가치론은 청자에게 영향력을 행사하려는 발화자(주체)의 의도를 담은 담론이다.[9] 아시아적 가치론은 서구와 동아시아를 지배와 저항의 관계로서 상정하는 상상력에서 비롯하며, 동아시아의 바깥과 내부를 향해 의도적으로 투사된다는 점에서 권력적 성격을 지닌다. 이들 행위의 방식과 수준을 조합하면 네 가지 담론 기능이 추출된다. 먼저 아시아적 가치론은 서구국가들이 아시아를 포함한 비서구지역에 대한 정치적, 경제적, 문화적 지배를 합리화하는 형이상학적 수사로서 기능하는 오리엔탈리즘적 측면이 있다('밖으로부터의 지배'). 아시아국가 내부의 정치적, 경제적, 이념적 관계에서 권위주의 정권의 기득권을 보전하고자 하는 이데올로기적 장치[10]로서 기능하기도 한다('안에서의 지배'). 한편 서구의 오리엔탈리즘에 대한 저항('밖에 대한 저항')이나 권위주의 정권이나 특정 계급의 지배에 대한 저항('안에서의 저항')으로 표출되기도 한다. 전자의 둘은 아시아적 가치론의 지배담론적 성격을 보여 주며, 후자의 둘은 대항담론적 성격을 드러낸다.

'아시아적 가치'나 '아시아'라는 말은 문화적 다양성을 가진 아시아 국가들의 통일성이나 통합적 이상에 대한 희망뿐 아니라 아시아 국가들의 자기중심 의식도 들어 있다. 리콴유李光耀가 '아시아적'이라 말할 때는 싱가포르나 화교의 문화를, 인도인이 '아시아적'이라 말할 때는 인도를 중심으로 상정하는 것처럼, 아시아 국가들은 자기주장을 펼 때 '아시아'라는 명분을 내세우는 경향이 있다. 일본도 마찬가지다. 아시아적 가치 개념은 아시아 국가들이 다양성(복수의 자기중심성)을 은폐하는 단일성을 추구하는 의식을 담고 있다. 동서대결 구도와 아시아의 다양성(다중심성)은 아시아의 단일성과 통합성에 관한 이념을 산출하는 구조적 조건이다.

9 이승환, 「'아시아적 가치'의 담론학적 분석」, 이승환 외, 『아시아적 가치』(서울: 전통과현대, 1999), 318쪽.

10 이승환, 「'아시아적 가치'의 담론학적 분석」, 327쪽.

이항구도의 대결적 성격과 단순화, 통합성과 자기중심성은 아시아적 가치론의 권력성을 낳고 이러한 권력성은 아시아적 가치의 허구성을 만들어 낸다. 즉 허구성은 담론권력을 획득하기 위한 표상화(단순화)로서 실제성을 상실한 데서 나온다. 아시아적 가치는 서구적 가치를 표준으로 삼는 서구인들의 의도와 목적에 따라 바뀌는 "허구적 구성"[11]이며(전자의 오리엔탈리즘적 측면), 근대성에 저항하거나 그 토대를 제공하기 위해 아시아의 다양한 전통가치들을 적극적으로 표상화하는 "인위적 구성물"[12]이다(후자의 옥시덴탈리즘적 측면). 즉 아시아적 가치는 오리엔탈리즘과 옥시덴탈리즘의 잔영으로서 타자와의 차별이나 타자에 대한 자기우월을 증명하고자 작위해 낸 허구다. 전자가 타의적인 허구라면, 후자는 자의적인 허구라 할 수 있다. 하지만 완전히 허구만은 아니다. 표상(허구)은 존재(실재)의 반영이기 때문이다. 아시아적 가치라는 허구는 동서대결 구도와 아시아의 통일성 지향을 표상하며 일정 부분 실제를 반영한다. 아시아적 가치론의 담론권력은 아시아적 가치가 산출되는 역사적 상황의 배제, 논리의 단순화, 원리의 강조 등과 같은 부작용을 초래했지만, 그렇다고 아시아적 가치의 존재의미까지 완전히 소멸되는 건 아니다. 부작용은 발화자의 권력성과 방관자의 탈상황성에서 나오는 담론의 일반적 특질이다.

아시아적 가치의 허구성과 권력성, 아시아적 가치론의 담론적 기능은 장소적이다. 아시아적 가치론은 동남아에서는 근대화 과정에서 질서와 체제안정을 위해 국가-사회-개인 관계를 권위주의로써 재규정한다. 중국에서는 서구세계를 공격하는 방식인 동시에 중국의 정치현

11 이승환, 「'아시아적 가치'의 담론학적 분석」, 320쪽.

12 Peter R. Moody, Jr., "Asian Values," *Journal of International Affairs* 50:1 (Summer 1996), p. 168.

실에 대한 비판[13]이라는 양면적 기능을 지닌다. 그런데 동아시아에서 아시아적 가치가 열렬히 주창된 곳은 정치경제적 상호의존이 발전의 조건을 삼는 동시에 전통의 연속성이 가장 결여된 다문화사회(싱가포르, 말레이시아)이거나 전통문화에 대한 확신이 가장 취약한 사회(중국)다. 전통의 부재가 새롭게 의식되는 상황, 즉 경제발전에 추동되어 가족, 씨족, 언어에 기초한 전통적인 집합정체성이 국가와 민족에 기초한 근대적인 국민정체성으로 변형되면서 국가와 시민, 공익과 사익의 관계를 재규정해야 하는 상황이 출현하는[14] 장소다.

서구와 아시아와 일본

일본만큼 '아시아'라는 말을 많이 사용하는 나라는 없을 것이다. 일본이 아시아를 지속적으로 강하게 의식한다는 말이지 일본이 가장 아시아적이라는 말은 아니다. 일본인들은 탈아입구를 표방한 이래 '일본은 과연 아시아인가', '일본은 어디까지 아시아인가'라 자문하면서 무수한 아시아론을 산출하면서 자기정체성을 모색해 왔다. 아시아론은 자기정체성을 표출하는 방식이고 일본문화론과 표리를 이룬다. 일본의 내셔널 아이덴티티는 서구와 아시아의 상황, 그 속에서의 일본의 위상, 그리고 일본의 정치적, 경제적 발전단계와 연동해 왔다. 일본의 아시아적 가치론은 아시아와 세계가 안고 있는 보편적 문제를 포착하면서 일본의 위치를 확인하는 개별의식을 담고 있다. 아시아와 서구의 사이에서 어떻게 연루될 것인가라는 존재론적 상황은 '탈아입구'와 더불어 '입아입구', '입아탈구'의 의식을 유발하였다. 일본의 아시아적 가치론

13 Moody, Jr., "Asian Values," p. 189.

14 Lucian W. Pye, "The Asian Values Ballyhoo," *Foreign Affairs* 77:6 (November/December 1998), p. 140.

은 아시아와 서구를 대상화, 타자화하는 21세기 일본의 의식을 반영한 것이다.

'서구 대 아시아' 대립구도를 상정했을 때 일본의 서구화는 반아시아화이고 일본의 아시아화는 반서구화라는 도식도 만들어진다. 일본이 서구(화)를 지향할 때에는 '서구와 일본' 구도가 작동하고 서구적 가치의 상승과 아시아적 가치의 추락을 부채질하는 탈아시아화(탈아)가 진행된다(메이지일본, 전후일본). 아시아적 가치는 '서구와 일본' 구도에 부정적인 요소로 간주되거나 탈정치적 세계에서 형해화하였다. 반면 일본이 서구에 대항하는 현상변경 국가나 발전형 국가로 성장했을 때 '아시아와 일본' 구도가 부상하고 힘을 얻었다. 군사대국화와 제국화가 서구와의 필연적 대결을 초래하는 과정에서 일본의 아시아화와 대아시아주의가 출현하였고, 현대일본의 경제발전과 동아시아 경제성장은 일본적 가치(일본적 방식)의 모델화와 아시아적 가치의 출현을 가져왔으며 '아시아와 일본' 구도에 대한 전향적 성찰을 유발하였다. '아시아와 일본' 구도는 한편으로는 반서구의 양상을 띠고 아시아적 가치는 일본적 가치에 의해 변용되거나 이용되는 보수적 경향을 띠었다(국체론자, 이시하라 신타로石原愼太郎). 다른 한편으로는 일본 중심적 아시아주의와 일본적 가치를 탈색시킨 "일본의 아시아화"나 "입아입구" 구상과 같은 자유주의적 경향(후나바시 요이치船橋洋一)[15]으로 나타났다.

'아시아와 일본' 구도의 부상은 동남아의 부상과 맞물려 있다. 일본의 대외정책에서 동남아 지역이 부상한 것은 1960년대 중반 이후 미국의 동남아 원조와 일본의 동남아 경제정책, 특히 1970년대 이후 일

15 Yoichi Funabashi, "Asianization of Asia," *Foreign Affairs* 72:4 (September/October 1993); 船橋洋一, 『アジア太平洋フュージョン: APECと日本』(東京: 中央公論社, 1995); 船橋洋一, 『日本の対外構想』(東京: 岩波書店, 1993), 제4장.

본이 동남아의 경제발전과 지역형성에 상당한 역할을 수행하고 동남아 국가들(아세안)이 경제성장을 통해 국제정치적 주체로서 부상하면서였다. 동남아 국가들은 경제성장을 토대로 '서구 대 아시아' 구도를 뒤흔드는 아시아적 가치담론의 발화자로 부상하였다. 동남아의 부상은 '서구와 일본' 구도에 대한 '아시아와 일본' 구도의 상대적 중요성을 높였다. 지난날 아시아적 가치의 생산주체였던 일본은 이제 동남아발 아시아적 가치를 소비하고 비평하는 처지로 바뀌었다.

'아시아와 일본' 구도는 입아入亞의 지역주의 구상들이 제기되면서 무게를 더했지만, 일본이 아시아에 속하면서 아시아를 대타對他적 존재로 보는 이중 정체성에서 벗어난 것은 아니다. "일본은 아시아에 있다는 것과 아시아이다라는 것 사이에서 분열되고 자가중독을 일으켜 왔다"[16]는 상징적 표현은 여전히 유효하다. 일본의 이러한 존재론적 분열은 선진국가로서의 위상과 아시아국가로서의 위상의 이중 정체성뿐 아니라 아시아의 상황에 따라 아시아관을 변용시키는 주체적 관점의 결여나 '무사상'[17]의 소산이기도 하다. '아시아 속의 일본'이 아니라 '아시아와 일본'이라는 구도에서 아시아는 대타적 존재일 수밖에 없고, '아시아' 표상은 일본의 주체적 관점에서가 아니라 아시아의 존재양상에 따라 변동하기 마련이다.

16 山室信一, 「'多にして一'の秩序原理と日本の選択」, 46-47쪽.

17 일본 외교정책의 특징을 '무사상'으로 보는 관점은 이리에 아키라, 이성환 역, 『일본의 외교』(서울: 푸른산, 2003).

4. 과거와 현재의 사이

아시아적 가치의 시간성과 역사성

아시아적 가치론에서 아시아적 가치의 실체를 포착하는 방식은 아시아 정체성을 드러내는 행위다. 아시아적 가치를 보는 일본인들의 관점에는 일본의 현재 위상뿐 아니라 아시아와 관련된 역사적 기억이 투사되어 있고, 아시아적 가치론은 일본의 국제적 위상 및 역할과 관련된 아시아 정체성과 일본 정체성을 담고 있다. 아시아와 관련된 가치나 이념은 일본의 아시아관이나 아시아주의를 관통해 왔다. 때문에 일본의 아시아적 가치론은 타국의 그것과는 달리 국제사회와 아시아의 존재방식뿐 아니라 아시아와 일본의 역사적 존재방식에 관한 경험과 기억을 간직하고 있다. 따라서 일본의 아시아적 가치를 파악하기 위해서는 의미론뿐 아니라 담론주체의 인식론이나 존재론도 보아야 한다.

아시아적 가치론은 '서구 대 아시아'의 공간적 대립구도에서만 담론권력을 행사하는 것이 아니라 '전통과 현대' 또는 '과거와 현재와 미래'라는 시간적(역사적) 연속의 구도에서 문화적 심성을 드러낸다. 아시아적 가치는 서구의 가치체계나 철학에 필적할 만한 내용이나 체계를 갖추지 못했지만, 정치가들의 쓸모없는 조잡한 언설에 불과한 것은 아니다. 적어도 아시아적 가치론은 가치가 현실을 반영하며 동아시아의 경제발전이나 민주주의에 대한 문화론적 설명방식이라는 의미가 있는 것이다. 법철학자 이노우에 다쓰오井上達夫는 아시아적 가치론의 여론 형성력과 지적 영향력을 인정하고 그 사상적, 현실적 중요성을 강조하면서 아시아적 가치가 "구미의 제국주의 침략에 대한 분개심과 구미의 선진 산업문명에 대한 열등감이 혼효된 감정을 안고 살아온 아시아인들의 심성"에 기초한 역사적, 정치적 형성물임을 강조한다.[18] 담론의 권력동기를 간파하면서도 "아시아인임에도 불구하고, 아니 아시아인으로서" 존중받고 싶다는 공통 욕구의 추동력에 주목한 주장이다.[19] 아시아적 가치에 비판적인 파이Lucian W. Pye조차도 아시아문명에 대한 자긍심과 서양 식민지주의에 대한 분노라는 추동력은 부정하지 않았다.[20]

그러한 분노와 자긍심에서 성립한 아시아주의는 아시아적 가치의 다른 표현이다. 19세기의 동아시아연대론(아시아주의)은 지리적 근접성, 인종적 일체감, 문명적 동질감으로 구성되는데,[21] 지리적 근접성이 소통 능력의 발전과 국제화에 따른 지리적 공간의 확대로 소멸될 변수인 반면, 백인종에 대한 황인종의 대항 정체성인 인종적 일체감이나 유교문명을 공유한다는 문명적 동질감은 근대화로 크게 변용을 겪었음에도 아시아관념과 아시아적 가치에 연속되는 상수로서 기능하였다. 물론 역사적 단절도 존재한다. 아시아주의가 "잃어버린 것에 대한 향수, 아니면 오지 않는 것에 대한 동경"[22]이라면, 아시아적 가치는 근대화를 통해 미래의 새로운 동아시아의 형성과 변화를 모색하는 이념이다. 문화적 가치는 아시아주의에서는 근대성에 우선하는 이념으로 작용하는 반면, 아시아적 가치론에서는 근대성(경제발전)의 설명변수로서 기능한다.

정체와 진보

19세기 중반 이래 '아시아 대 서구' 구도와 서구의 세계지배, 일본의 발전정도(부국강병)와 국가형태(천황제국가, 제국, 민주국가), 그리고 아시아

18 井上達夫, 「リベラル·デモクラシーと'アジア的価値'」, 大沼保昭 編, 『東亜の構想』(東京: 筑摩書房, 2000), 21-23쪽.

19 井上達夫, 「リベラル·デモクラシーと'アジア的価値'」, 37쪽.

20 Lucian W. Pye, "The Asian Values Ballyhoo," p. 140.

21 장인성, 「'인종'과 '민족'의 사이: 동아시아연대론의 지역적 정체성과 '인종'」, 『국제정치논총』 제40집 4호(2000).

22 「日本はどこまでアジアか」(座談会), 『中央公論』(1998年 7月号), 80쪽.

국가들의 정치경제적 상황(식민지, 독립, 성장)은 일본의 아시아관과 정체성의 틀을 구성하였고, 아시아적 가치도 이들 조건에 따라 부침하고 변용하였다. 서구의 오리엔탈리즘과 세계 지배에서 촉발된 아시아관념의 창출과 아시아의 수동성, 그리고 아시아사회의 전근대적 국가형태와 저발전을 근거로 서구중심주의적 아시아관, 즉 전제와 복종의 상징, 군사적 위협의 원천, 서양문명에 대한 야만적 무력의 대명사, 서구문명에 대한 적대자 혹은 도전자, 서양문명의 착취 수탈의 대상, 부와 환락과 방종의 상징[23] 등과 같은 아시아 표상이 만들어졌다. 서구화와 근대성을 추구한 일본은 서구 오리엔탈리즘이 창출해 낸—봉건사회와 전제정치, 낮은 생산력에서 도출된—'정체'와 '야만'으로 표상된 부정적 아시아관을 받아들였다. 중국의 무력함과 군사적 패배는 일본인의 유교문명 비판을 부채질했고 유교적 가치는 정체와 전제와 무력함의 원인으로 간주되었다.[24] 근대일본은 근대적 자기를 형성하는 과정에서 부정적인 아시아 표상과 아시아적 가치를 이용하였고, 아시아를 타자화, 차별화하는 일본적 오리엔탈리즘인 '동양학'을 창출하였다.[25] 일본의 우월성과 맹주 역할은 부정적인 아시아 표상 위에 성립하였다.

물론 아시아적 가치의 긍정적 측면을 탐색하는 사유가 없지 않았다. 아시아의 식민지적 운명에 분개한 아시아주의자들은 아시아문명에서 서구적 진보를 능가하는 가치를 찾아내고 아시아 정체성을 모색하기도 했다. 오카쿠라 덴신岡倉天心이나 다케우치 요시미竹内好와 같은 아시

23 小倉和夫, 「'アジアの復権'のために」, 483-484쪽.

24 유교비판은 특히 福沢諭吉, 「儒教主義」, 『福沢諭吉全集』 第9巻(東京: 岩波書店, 1960)에 잘 드러나 있다.

25 Stefan Tanaka, *Japan's Orient: Rendering Pasts into History* (Berkeley: University of California Press, 1993); 姜尙中, 『オリエンタリズムの彼方へ』(東京: 岩波書店, 1996).

아주의자들은 아시아정신의 고상함에서 비롯되는 한 “아시아의 정체停滯”는 “천박한 경제발전”과 비교할 수 없는 것이라 보았다. ‘정체된 아시아’는 ‘발전된 일본’보다 자랑스러운 것이었다.[26] 오카쿠라는 동양문명의 존재양식, 특히 예술에서 아시아적 가치의 이상형을 만들어 내어 “아시아는 하나”라는 아시아 정체성을 구축하고 이를 통해 일본의 존재방식과 세계사적 사명을 구현하고자 했다. 여기서 ‘서구의 문명 대 아시아의 야만’이라는 관점은 역전되고 아시아적 존재방식은 적극적 의미를 갖게 된다.

이러한 가치의 역전은 일본국가의 성장 및 대외팽창과 밀접히 연관된다. 탈아입구와 일본의 진보(근대화)라는 명제를 상정했을 때 아시아의 ‘정체’, ‘빈곤’, ‘전제’ 표상을 내세운 아시아 타자화가 필연적으로 뒤따랐다. 하지만 러일전쟁 이후 일본이 팽창적 제국으로 성장하고 서구에 대항하는 현상변경 국가로 등장했을 때 아시아는 일본의 진보—명분상으로는 ‘아시아의 진보’—를 위한 동일화 대상이 되었고, 아시아적 가치는 제국주의 팽창과 동서대결을 위한 이데올로기로서 긍정적 의미를 갖게 되었다. 이는 만주국 건설과 대동아공영권을 위한 유교적 왕도관념과 일본적 국체관념 및 화和관념의 결합, 또는 유교적 가치의 일본적 가치에의 종속이라는 형태로 나타났다. 또한 국제적(동아시아적) 융합을 위한 맹주 역할을 정당화하는 이념으로서 기능하였다. 황국의 대내적 발전이 대외적 팽창—‘팔굉일우’八紘一宇 건설과 ‘아시아해방’을 표방한 아시아침략—으로 확대되면서 아시아는 정치경제적 공간(대동아공영권)으로 구체화되고 타자화 대상에서 융합 대상으로 바뀌었다. 아시아적 가치는 제국 형성을 위한 이데올로기로 이용된 것이다.

26 春日直樹, 「東と西, そして南」, 215-218쪽.

일본의 아시아관이 본질적으로 바뀐 것은 아니다. 아시아 정체는 여전히 대동아전쟁을 정당화하는 명분이었고 전후일보의 자유민주주의자나 마르크스주의자들도 한동안 이러한 아시아관을 보였다.

서구의 아시아정체관은 동아시아 국가들이 경제성장을 이룩하면서 많이 탈색되었다. 그래도 아시아적 가치가 시스템(정치경제체제)의 정체를 초래한다고 보는 서구의 일본시스템론, 일본이질론, 일본봉쇄론에 보듯이 그 잔영은 엿볼 수 있다. 아시아적 가치와 관련된 '정체-진보' 틀은 지속되면서도 서구발 자유민주주의와 자유무역체제가 보편화된 상황에서 변용하지 않을 수 없다. 그리하여 일본은 '아시아와 일본' 구도에서 아시아 정체성의 굴곡에서 벗어나 아시아에 대한 자유로운 접근이 가능해졌다.[27] 이는 얼마간 진보를 이룩한 아시아가 아시아적 가치의 부정적 표상에서 벗어나 자기존재와 주장의 근거로서 의미를 갖게 되고 아시아 국가들이 공통의 방향과 운명을 모색하게 된 것과 관련될 것이다. 아시아적 가치를 정체의 근거가 아니라 발전의—또는 발전을 왜곡시키는—추동력으로 보게 된 것이다.

일본적 정체성은 아시아가 정체停滯 이미지를 띨 때와 진보 이미지를 띨 때 다르게 나타났다. 근대일본은 서구와 아시아의 사이에서 서구에 대해서는 수용과 대항의 과정을 거치면서 진보를 달성하고자 애쓴 반면, 아시아에 대해서는 진보를 위한 맹주로서의 위상을 설정하였다. 오카쿠라도 "동양의 이상"을 실현하는 일본의 사명과 "아시아에서의 일본의 선도적 역할"을 강하게 의식했다는 점에서는 제국주의자들과 크게 다르지 않았다.[28] 인도의 재발견을 통해 "아시아의 부흥"을 주창

27 山室信一, 「'多にして一'の秩序原理と日本の選択」, 48쪽.
28 青木保, 「近代日本のアジア認識」, 青木保 編, 『日本人の自己認識』(東京: 岩波書店, 1999), 104-105쪽.

한 오카와 슈메이大川周明가 "대아시아주의"를 표방하면서 제국주의 일본의 기수旗手가 된 것은 극단적 형태다. 아시아적 가치의 발신처가 일본에서 동남아로 대체되었을 때 맹주의식의 향방은 어떻게 될 것인가. 그 단서는 아시아-태평양 공간에서 동서문명의 융합과 대화를 주도하고자 하는 구상에서 찾을 수 있다.

5. 가치와 발전의 사이

일본의 발전지향성

1970, 1980년대 동아시아 국가들이 발전(근대화와 경제성장)을 모색했을 때, 이미 발전을 성취한 '예외국가' 일본은 과거 메이지시대 때도 그랬듯이 발전모델로서의 위상을 획득하였다. 1980년대 후반 유교 르네상스를 구가한 유교자본주의론에서도 일본모델은 동아시아 경제담론의 존재근거였다. 그러나 1990년대 동남아발 아시아적 가치와 유교적 가치가 부상하면서 일본적 가치를 반영한 일본모델은 상대적으로 퇴조하였다. 네 마리의 용과 아세안국가, 중국이 경제발전을 이룩했을 때 일본은 더 이상 발전을 독점하는 예외국가일 수 없었다. 싱가포르를 위시한 동남아국가들은 발전의 근거를 아시아의 가치에서 찾고 이를 적극적으로 발신하였다.

일본은 가치모델보다는 발전모델로서 기능하였다. 일본의 문명사적 발전은 문화와 가치의 부단한 수용을 통해 일본의 개별적 가치를 높이는 정도였지 동아시아 지역 수준의 보편적 가치를 창출하는 식은 아니었다. 일본적 가치를 아시아적 가치로 포장하여 동아시아에 유포시키고자 했던 제국일본의 가치창출도 발전의 소산이었지 보편적 가치에 근거한 것은 아니었다. 일본의 발전지향형 근대 형성이 가치창출 능력의 결여 — '철학의 부재'(中江兆民) 혹은 '무사상'(Akira Iriye) — 를 초래했을 수도 있다. 일본의 발전지향성은 구조적 소산일 수도 있다. '서구와 일본' 구도는 서구에 대항하거나 추월할 방법으로서의 발전에 대한 집착을 낳았고, 일본은 강대국 주도의 세계구도에 의존하면서 발전을 수행했던 것이다.

그런데 발전을 달성하면 그것을 정당화하는 가치를 창출하고자 하는 욕구가 생겨나는 법이다. 군사대국 제국일본의 경우와 마찬가지로 경제대국 일본도 발전을 설명해 줄 일본적 가치의 복권을 꾀하였다. 발전의 동아시아적 확산은 일본적 가치를 아시아적 가치로 분식하는 계기가 되었다. 소니 회장 모리타 아키오盛田昭夫와 대담 형식으로 저술한 『'NO'라 말할 수 있는 일본: 신미일관계의 방책』(1989)과 마하티르 수상과의 대론對論으로 구성한 『'NO'라 말할 수 있는 아시아: 구미에 대한 방책』(1994)에서 이시하라 신타로石原愼太郎는 일본의 발전과 동아시아의 발전 사이에서 일본적 가치가 아시아적 가치로 분식되는 변화를 상징적으로 보여 주었다.[29] 앞 책이 일본 발전의 상징인 소니의 모리타 회장을 파트너로 삼아 '서구와 일본' 구도에서 일본적 가치를 드러냈다면, 뒤의 책은 동아시아의 발전과 신아시아주의의 상징인 말레이시아의 마하티르 수상을 파트너로 삼아 '서구와 아시아' 구도에 대응하는 아시아적 가치를 보여 주었다.

이들 두 책에서 아시아 국가와의 공존가능성은 절묘한 차이를 보인다. 앞 책에서 공존의 가능성은 "표면적으로는 하이테크놀로지에 의

29 盛田昭夫·石原愼太郎, 『'NO'と言える日本: 新日米関係の方策』(東京: 光文社, 1989); マハティール·石原愼太郎, 『'NO'と言えるアジア: 対欧米への方策』(東京: 光文社, 1994). 영문판은 Mahathir Mohamad and Shintaro Ishihara, *The Voice of Asia: Two Leaders Discuss the Coming Century* (Tokyo; Kodansha International Ltd., 1996).

한 [일본의] 문명, 생활양식이고, 밑바탕에는 미국을 능가하게 된 일본인의 '기술'", "일본인의 뛰어난 지적 능력"과 "기술능력"에 대한 자신감, 일본적 가치와 관련해서 나온 것이었다. 이시하라의 아시아주의 발상은 일본의 우수성에 기초한 자기중심주의의 소산이었지 아시아적 보편성을 가진 가치에서 나온 것이 아니다. "NICs가 NIEs가 되고 점점 쫓아오는 나라들이 생겨나는" 동아시아 발전상황을 상찬하면서도 추월당할지도 모른다는 초조감을 "아시아를 키워 가면서 일본도 공존해 가는" 아시아 전략으로 불식시키려는 심리도 엿보인다.[30] 일본의 아시아 내 지도력을 적극 옹호하는 마하티르와의 대담은 서구(미국)와의 대결의식을 표방하는 수단인 측면이 강하지만, 이시하라가 동남아를 더 이상 일본 기술문명의 피사체가 아니라 경제력과 이념을 가진 주체로 생각하고 동남아발 아시아적 가치론에 동조하면서 서구에 대항하려는 변화를 보였음을 알 수 있다. 발전 자체보다는 서구에 대한 대결의식이 아시아적 가치의 창출과 확산을 유발한 것이다. 동아시아의 발전이 일본의 위협으로 간주되었을 때 이시하라는 극우 정치가로 변모하게 된다.

가치와 발전의 상관성

아시아적 가치론은 문화적 가치로써 동아시아의 정치경제 현상을 설명하는 담론이며, 동아시아 정신을 반영하는 가치(전통)와 서양의 물질문명을 추동한 발전(진보)을 접합시키는 방식을 논하는 담론이다. 아시아적 가치론은 발전의 문제가 제기되었을 때 모습을 드러낸다. '근대적' '발전'이 의식되지 않는 곳에서는 '아시아적' '가치'는 자각되지 않는다. 성취할 발전을 모색할 때는 근대적(서구적) 가치의 필요성이 강조되지만,

30 盛田昭夫·石原慎太郎, 『'NO'と言える日本』, 151-158쪽.

성취된 발전을 해석할 때는 전통적(아시아적) 가치의 역할과 기능이 강조된다. 그런데 아시아적 가치와 서구적 발전 사이에는 모순과 결합의 상반된 사고가 작동한다.

아시아적 가치론자들은 아시아적 가치를 발전의 추동력으로 보거나 아시아적 가치의 우월성을 주장한다. 혹은 아시아적 가치로써 근대적 가치를 상대화한다(문화상대주의). 리콴유, 마하티르, 이시하라 신타로와 같은 정치가들은 아시아적 가치를 발전의 원동력으로 보면서 아시아적 가치가 서구적 가치보다 우월하다고 주장한다. 아시아적 가치와 서구적 가치는 불변이며 서로 모순된다는 전제가 깔린 견해다. 동남아발 아시아적 가치론은 발전과 서구화를 분리시켜 발전과 아시아적 가치를 조화시키려면 아시아인에게는 아시아적 가치가 맞다는 동어반복적 확신에 서 있다. 현대판 아시아주의의 성격이 있다.[31] 반면 아시아적 가치 비판자들은 양자의 상관성을 인정하지만 서구적 가치나 발전의 우위를 주장한다. 아시아적 가치를 발전의 종속변수로 여겨 발전이 가치(문화)를 바꿀 수 있다고 생각하는 견해[32]도 있고, 아시아적 가치를 발전의 원인소原因素로 간주하면서 아시아적 가치의 부정적 영향에 주목하는 견해[33]도 있다.

가치와 발전의 상관성을 따지는 일은 서구문명을 받아들이는 과정에서 흔히 보이는 일반적 현상이다. 아시아적 가치론은 정신과 물질, 가치와 발전, 타자와 자기의 이상적 결합을 표명한 것이지만 실제로는 긴장감이 내포된 불균형적 결합을 보인다. 아시아적 가치론은 개항기 동

31 春日直樹, 「東と西, そして南」, 219-221쪽.

32 Fareed Zakaria, "Culture Is Destiny: A Conversation with Lee Kuan Yew," *Foreign Affairs* 73:2 (March/April 1994); 자카리아, 「문화는 숙명이다」, 이승환 외, 『아시아적 가치』(서울: 전통과 현대), 48-49쪽.

33 Lucian W. Pye, "The Asian Values Ballyhoo," p. 139.

양삼국에 나타났던 '동도서기'東道西器, '중체서용'中體西用, '화혼양재'和魂洋才의 발상과도 연속된다. 다만 발전을 지향하면서 발전과 관련하여 가치의 의미를 생각한다는 점에서 아시아적 가치론은 이들과는 다르다. 아시아적 가치의 우월성은 진보를 전제로 하며 발전에 기초한다. 여기에는 아시아의 가치(문화)를 발전(경제)의 유인으로 보면서도 서구의 가치를 발전에서 분리시키는 모순이 발견된다.

일본의 근대주의자들은 가치와 발전의 문제를 산업화(근대화) 과정에서 나타나는 일반적 현상으로 보면서 가치를 발전에 종속시킨다. 아시아적 가치의 필연성과 보편성에 회의를 보이면서 아시아적 가치의 역할을 경제발전의 부산물인 도덕적 추락을 교정하는 데서 찾는 견해[34]도 있다. 동아시아인들의 소망은 아시아적 가치의 복권보다는 경제발전에 있다는 인식하에 아시아적 가치는 현대산업사회에 널리 보이는 정체성 위기의 아시아적 표출이며, 일본의 공동체 전통과 결부된 일본적 경영의 경우처럼 경제적 가치로서 봉사하는 요소만이 살아남을 것이라는 주장[35]도 있다. 반면 아시아적 가치의 제한적 기능에 주목하기도 한다. 앞서 언급한 이노우에 다쓰오는 아시아적 가치론의 심정적 측면을 중시하면서 아시아적 가치와 서구적 가치의 발전적 결합을 통해 "가치의 진보"를 모색했는데, 그는 경제적 조건을 아시아적 가치론이 출현하는 기회인機會因으로 보고 근본 원인을 역사와 정치의 영역에서 찾았다. 이노우에는 아시아적 가치가 정치경제체제의 구성 원리로서 유용하다고 보면서 "개발주의적 보호 유도"의 조건부 시장경제 원리와 아시아적 가치가 결합한 '아시아적 방식'에 주목하였다.[36]

34 春日直樹, 「東と西, そして南」, 208쪽.
35 佐藤光, 「'文明の没落'のなかのアジア的価値」, 235-238쪽.
36 井上達夫, 「リベラル·デモクラシーと'アジア的価値'」, 21-23쪽.

한편 서구적 가치와 서구식 발전 논리를 전면적으로 비판하면서 아시아적 가치론의 대항문명론적 성격을 강조한 견해도 있다. 사카키바라 에이스케榊原英資는 "역사의 종언"(F. Fukuyama)이나 "자본주의의 승리"(R. Heilbroner), "문명의 충돌"(S. Huntington)과 같은 발상에 보이는 서구중심주의와 진보주의를 비판하면서 세계사의 방향을 "역사의 종언"이 아닌 "진보주의의 종언"으로 규정하였다. 인간의 능력과 기술혁신이 경제성장을 지탱한다는 진보주의자들의 신념은 신화에 불과하며, 지구화로 인해 자유방임주의 경제의 가정은 깨지고 환경, 인구, 에너지 문제로 진보주의적 발상과 서구문명 중심주의와 신고전주의 모델은 한계에 봉착했다는 것이다. 사카키바라는 인간과 자연의 미분화나 자연의 존중을 통해 문명들의 공존과 환경과의 평화적 공존을 추구한 "전근대 아시아의 경험"에서 진보주의와 인간중심주의에서 벗어나 조화와 공존을 모색하고 "문명 간의 상호적응과 문화적 다양성을 존중하는 세계화"의 함의를 찾았다.[37] 이것은 '발전=경제성장, 가치=진보주의'로 도식화되는 서구중심주의에 대한 비판일 뿐 아니라 아시아적 가치와 서구식 경제발전을 모순으로 간주하는 근대론자나 동도서기적 결합을 시도하는 아시아적 가치론자들의 가치-발전론을 대체하는 대안적 성격을 지닌다.

37 Eisuke Sakakibara, "The End of Progressivism," *Foreign Affairs* 74:5 (September/October 1995), pp. 9-14; 榊原英資, 『新世紀への構造改革: 進歩から共生へ』(東京: 読売新聞社, 1997), 제1장·제2장.

6. 문명과 일본적 정체성

유교자본주의와 일본

1980년대 들어 동아시아 경제론은 발전형국가론, 기러기형 성장론에서 보듯이 '일본적 경험'이 반영된 경제발전을 동아시아 경제의 모델로 삼는 경향이 뚜렷해졌다. 여기에 1980년대 후반부터는 동아시아 경제성장과 유교적 가치의 상관성에 관한 논의가 덧붙여졌다. 동아시아의 경제발전은 일본인들에게 일본형 경제발전 모델의 유효성에 자신감을 갖게 하는 기회가 되었다. 서양 중심의 단선적 진보관념과 역사발전이론을 극복하고 일본자본주의의 특수성에 구애받는 강박관념에서 벗어날 수 있는 계기가 되었다.[38] '유교문화권의 시대', '유교르네상스', '유교자본주의'라는 용어는 동아시아 발전양식을 보편화하려는 시각을 담고 있다.

발전의 효율성을 중시하는 일본자본주의체제의 국가-사회 결합모델은 동아시아 국가들이 발전을 지향할 때에는 유력한 모델일 수 있었다. 하지만 동아시아 국가들이 발전 이후 탈냉전 맥락과도 맞물려 민주화 가치들을 요구받기 시작했을 때 일본의 발전형 자본주의 모델은 적실성을 상실하였다. 동아시아 발전은 서구자본주의와 아시아자본주의의 불균형 상태를 완화시키고 일본과 아시아 사이의 상호소통을 증대시켰다. 반면 일본의 초조감은 일본모델과 일본적 방식의 유용성에 대한 회의와 아시아적 방식이나 태평양 방식에 대한 전향적 사고를 유발하였다.

유교자본주의와 아시아적 가치는 무관하지는 않지만 구별되는 개념이다. 유교자본주의가 자본주의발전을 유교적 가치로 해석하는 것

38 宮本光晴, 「日本はどのように'入亜'するのか」, 青木保 外 編, 『'アジア的価値'とは何か』, 68쪽.

이라면, 아시아적 가치는 유교를 포함한 광의의 문화적 요인을 가리킨다.[39] 한때 일본에서 유통된 '유교르네상스', '유교자본주의'는 동아시아 보편성을 지향한 개념이 아니다. 거기에는 동아시아의 발전을 일본 경제나 일본자본주의와 같은 범주에서 해석하고 일본적 발전방식(일본적 경영)과 일본자본주의의 적실성을 동아시아 맥락에서 보편화하려는 심리가 작용하였다. 일본인들은 '일본적 방식'을 좇아 동아시아 자본주의가 발생했다는 사실에 관심을 두었다. 동아시아 자본주의가 문화권별로 어떠한 개별성을 갖는지는 중요하지 않았다. 일본의 유교자본주의론에서 유교는 프로파간다로서 유교문화와 경제체제의 현실과 무관하게 사용되었다.[40] 유교는 원래 이념적인 동시에 실학적이기에 발전과 반개발의 어느 쪽과도 결합될 수 있다. 근면, 절약의 미덕이나 공동체적 사고는 일본자본주의 정신이지만 일본적 방식과 유교적 가치의 필연적 상관성을 증명하지는 않는다.

동아시아 금융위기 이후 유교자본주의에 붙여진 '정실자본주의' crony capitalism라는 오명은 유교적 가치를 금융위기라는 자본주의 현상에 직결시키는 오류를 범했다. 문화(가치)의 양태가 정치경제(현상)에 의해 규정된 것이다. 아시아는 단일적인 허구(전체성)로서의 아시아적 가치(보편)와 중층적인 실체(부분성)로서의 개별문화(특수)로 구성되는데, 자본주의나 경제발전이 맞닿는 부분은 전자의 전체적 허구가 아니라 후자의 부분적 실체이다. 또한 개별문화는 유교뿐 아니라 이슬람, 불교 등 다양한 가치체계로 구성된다. 일본적 방식은 일본자본주의를 지탱하는 개별문화의 요소로서 아시아적 가치로 규정되는 동아시아 자본주의에 우선한다. 따라서 금융위기로 아시아적 가치의 허구성이 드러났을 때

39 김석근, 「아시아적 가치의 계보학」, 『오늘의 동양사상』 제2호(1999), 13쪽.
40 溝口雄三, 『方法としての中国』(東京: 東京大学出版会, 1989), 174-187쪽.

일본적 방식의 안정성에 회귀하는 심리가 나타난 것은 자연스런 일이다. 이는 일본의 결함 경영에 빅뱅은 불가결하지만 일본적 가치를 부정해서는 안 된다는 아오키 다모쓰青木保의 주장[41]에서도 엿볼 수 있다.

일본자본주의에서는 유교적 가치가 약하기 때문에 유교의 함의는 윤리적, 규범적 차원에서 논의될 수밖에 없다. 미조구치 유조溝口雄三는 자본주의 발전과 유교의 관련 양상보다는 유교윤리가 자본주의의 도덕성을 재확립하는 데 유용하다는 견해를 보였다. 21세기 자본주의는 세계 규모의 전체적 조화를 생각해야 하며, 아시아의 원리나 가치관을 재발견하여 도덕을 확립하고 자연과 인류의 조화, 인류 간 도덕적 공존의 문제를 해결해야 한다고 주장하였다.[42] 아시아적 가치가 자본주의와 도덕과 자연환경의 조화를 이루게 해 준다고 보았던 것이다.

유교민주주의와 일본

유교자본주의론이 발전(경제)과 가치(문화)의 상이한 두 차원이 섞여 있는 것과 달리, 유교민주주의론은 가치 차원의 담론이다. 일본은 다른 아시아국가에 비해 서구적이지만 서구에 비하면 아시아적인 자유민주주의를 운용하고 있다. 아시아적 가치와 자유민주주의의 양립 가능성에 관해서는 주장이 엇갈린다. 아시아적 가치나 아시아적 정치문화의 상대성과 특수성을 인정하지만 권위주의체제를 지탱하는 아시아적 가치와 자유민주주의는 양립할 수 없다는 관점(D. Bell; S. Huntington; C. Nehr) 도 있고, 아시아적 가치와 자유민주주의가 양립 가능하다는 관점도 있다. 후자의 경우 서구의 자유민주주의를 표준으로 설정하고 아시아에

41 青木保, 「今なぜ'アジア的価値'論か」, 青木保 外 編, 『'アジア的価値'とは何か』, 8쪽.
42 溝口雄三, 「儒教ルネッサンスを考える」, 溝口雄三 外 編, 『儒教ルネッサンスを考える』(東京: 大修館書店, 1991), 21-22쪽.

서 민주주의와의 친화성을 찾아내려는 시도(김대중)도 있고, 아시아적 가치와 민주주의의 절충을 통해 동아시아적 형태의 민주주의를 만들어 내는 견해(F. Fukuyama; 김영명)[43]도 있다. 자유민주주의와 아시아적 가치의 두 이념형을 대치對置하여 한쪽을 부정하거나 양자를 절충하는 방식이다. 어느 경우건 동아시아의 민주화가 아시아적 가치에 대한 해석을 유발한다는 사실에 주목하고 있지는 않다. 오랜 시간에 걸쳐 형성된 서구의 자유민주주의를 민주화 과정의 아시아에 대입했을 때 생길 수밖에 없는 틈새에 유의하지 않는다. 자유민주주의의 역사성은 망각되어 있다. 민주화라는 절차적 현상에 두 가치가 관여하는 방식을 따지는 일이 훨씬 유용할 것이다.

아시아적 가치와 관련된 일본의 민주주의론은 아시아적 가치와 민주주의의 문화적 불친화성을 강조하거나 아시아적 가치에서 민주주의 이념이나 가치의 단편을 찾기보다는 아시아적 가치와 자유민주주의의 결합 가능성을 모색하는 경향이 강하다. 이노우에 다쓰오는 아시아적 가치의 다양성과 아시아의 주체성에 주목하면서 아시아 맥락에서 자유민주주의의 보편화를 모색한다. 이노우에는 자유주의 대 마르크스주의의 대립구도가 자유민주주의 대 아시아적 체제원리의 대립구도로 바뀌었다는 관점에서 아시아의 다양성을 은폐하고 서구중심주의의 틀에 기생하는 아시아적 가치의 문제점을 비판한다. 그리고 아시아의 "진정한 주체적인 발의發意"를 회복해야 한다고 말한다. 이노우에는 자유민주주의를 아시아의 내적 다양성과 갈등을 포용하고 파생문제를 해결할 사상적, 제도적 자원으로서 중시하는 한편, 서구에서 공동체주의, 공화주

43 Francis Fukuyama, "Confucianism and Democracy," *Journal of Democracy* 6:2 (April 1995), p. 26; 김영명, 「동아시아의 문화와 정치」, 『동아시아비평』 제2호(한림대학교 아시아문화연구소, 1999), 69-73쪽.

의 등이 출현한 것을 염두에 두면서 자기변용을 요구받는 "미완의 기획"으로서 서구의 자유민주주의를 상대화한다. 이 미완의 기획을 완성하는 과정에 "아시아의 목소리"가 참여해야 한다고 주장한다.[44]

아시아의 종교적, 문화적 다양성이 서구와 달리 정치분열과 대립적 권리관념을 보이지 않고 "자기조직적인 공생질서"를 형성해 왔다는 사실에서 "다원성에 따른 몰이해"pluralistic ignorance나 개인 간 대립의 모습을 보이는 서구사회에 어떤 함의를 줄 것으로 기대하는 지웨이동季衛東의 주장[45]이나, 서구근대와의 대결보다는 "간間문화적 시점과 전략"을 가지고 서구 대 비서구의 이원론도 아니고 근대 수렴의 일원론도 아닌 방식으로 광의의 민주주의 개념을 모색하면서 아시아의 민주화를 달성하고 서구민주주의와 서구적 발상의 문제점을 시정해야 한다는 가지와라 가게아키梶原景昭의 견해[46]도 이노우에의 관점과 상통한다.

아시아적 가치를 반영한 확대된 자유민주주의의 구축이란 관점은 인권관념에서도 드러난다. 일본은 보편적 인권을 지지하면서도 미국의 인권외교에 깊숙이 연루되는 것을 회피해 왔고, 동아시아에 대해서는 내정간섭의 비난을 살 만한 인권문제보다는 정치, 경제를 우선하는 정책을 취해 왔다. 보편적 인권관념을 상대화하고 미국의 선택적 인권정책을 비판하는[47] 동아시아 국가들과, 서구적 인권관념을 보편화하려는 사명감과 실용적, 공리적 인권개념을 정치적 수사로서 동원하여 국가이

44 井上達夫,「リベラル·デモクラシーと'アジア的価値'」, 21-24쪽.

45 季衛東,「'アジア的価値'論に基づく道義外交の可能性」,『世界』(1999年 10月号), 288쪽.

46 梶原景昭,「アジアの進展とデモクラシー", 青木保 外 編,『'アジア的価値'とは何か』, 255-258쪽.

47 Kishore Mahbubani, "An Asia-Pacific Consensus," *Foreign Affairs* 76:5 (September/October 1997), p. 155.

익을 추구하는 미국이 보편성 대 상대성 논쟁을 벌이고 인권정책을 둘러싼 대립을 보이는 상황에서, 일본은 서구적 인권 기준의 표준적 적용을 회피하면서 아시아의 상대적 인권관념과 서구의 보편적 인권관념을 동시에 고려하는 이중 정체성과 기권의 정치politics of abstention를 보였다.

이중 정체성과 기권의 정치에서 벗어나려는 지적 노력은 보편적 인권관념과 상대적 인권관념의 조화나 공존을 모색하는 방향으로 이루어졌다. 하나는 아시아적 가치론에 혼재된 정치적 의지와 문화적 가치를 분리시켜 인권을 정치문제로 한정시키고 아시아적 가치의 자율성과 인권개념의 상대성을 도출해 내는 방식이다. 아오키 다모쓰는 동아시아인들이 서구 인권관념의 세계표준으로서의 자부심과 배타성, 문명충돌론의 서구중심적 배타성과 차별성을 감지하면서 상대적 인권관이 성립했다는 견해를 표명하는 한편, 서구의 인권, 민주화 외교라는 정치에 대해 아시아적 가치라는 문화가 아니라 아시아적이든 무엇이든 인권, 민주화라는 정치로 대응해야 한다고 주장하였다.[48] 이 견해는 정치적 문맥을 없애면 문화상대주의가 인권의 보편성을 해치는 것이 아니라 오히려 인권의 내용을 풍부하게 만든다는 아베 고키阿部浩己의 주장과도 맞닿아 있다. 아베는 국권주의 맥락을 갖는 아시아적 인권관념과 문화상대주의에서 양질적인 부분을 되찾아 아시아적 인권관은 국권이고 보편적 인권관은 패권이라는 인식구도를 타파해야만 보편적 인권관은 풍부해진다고 주장하였다.[49] '서구 대 아시아' 대립구도를 없애고 인권이념을 구성하는 복수의 문화요소에 대한 "요소분석"을 통해 인권요소의 보편성과 특수성을 밝혀내야 한다는 히라노 겐이치로平野健一郎의 제

48 青木保, 「今なぜ'アジア的価値'論か」, 10-14쪽.

49 阿部浩己, 「アジアの人権: 地域人権機構への道」, 『国際問題』 第449号(1997年 8月), 15-16쪽.

안[50]도 허구적 대립에서 벗어나 절차적 구성을 통해 새로운 인권관념을 형성하려는 관점을 보여 준다.

포괄적이고 지구적인 맥락에서 아시아의 다양성과 다층성을 무시한 아시아적 인권론과 서구중심적 인권개념, 그리고 일본의 원칙 없는 절충주의적 인권정책을 비판한 국제법학자 오누마 야스아키大沼保昭의 인권론은 가장 주목받는 견해이다. 오누마는 국제질서를 뒤흔드는 세 가지 상극적 현상으로 "경제·정보의 국제화와 주권국가체제의 상극", "인간 존엄의 세계적인 희구希求와 개도국의 피해자의식 간의 상극", "경제력과 지적 패권의 국제적 균열"을 열거하면서 이들 상극적 현상 때문에 기존의 서구중심주의적, 자유권중심주의적, 개인중심주의적 인권개념은 전지구적 정통성을 갖기 어렵다고 주장한다. 대안으로서 "문제적文際的(intercivilizational) 인권관"을 제시한다.[51] 오누마가 말하는 "문제적 인권관"은 "인권을 단지 그것이 생육된 근대 구미중심 문명의 틀 속에서 생각하는 것이 아니라 역사적으로 그것과 병립했고 21세기에는 근대문명의 과도함과 한계를 극복하기 위해 요구될 다른 문명의 관점에서 포착하는 것"[52]을 지향한다. 국제화·세계화가 '근대'의 전지구적 표준화뿐 아니라 다양한 문명의 상호접촉을 유발한다는 인식론적 토대 위에 보편성 대 상대성 논쟁을 극복하고 비서구문명의 인권관념을 포용한 보편적 인권관념과 인권 실현의 공공 메카니즘을 구축하려는 의지가 담긴 개념이다.

50 平野健一郎,「世界人権宣言とアジアの人権」,『国際問題』第459号(1998年 6月), 57쪽.

51 大沼保昭,『人権, 国家, 文明: 普遍主義的人権観から文際的人権観へ』(東京: 筑摩書房, 1998); 大沼保昭,「文際的人権観を目指して」, 渡辺昭夫 編,『アジアの人権』(東京: 日本国際問題研究所, 1997).

52 大沼保昭,『人権, 国家, 文明』, 27쪽.

아시아적 가치론과 문명의 '충돌', '융합'

경제(자본주의)와 정치(자유민주주의)의 복합현상인 아시아적 가치론은 문명론의 한 방식이다. 헌팅턴의 문명충돌론과 리콴유, 김대중의 아시아적 가치 논쟁이 거의 동시에 출현한 사실은 아시아적 가치론과 문명충돌론의 상관성을 암시한다.[53] 문명충돌론과 그 대항담론은 동서양문명론을 지배해 온 서구문명 대 아시아문명, 물질문명 대 정신문명의 양분법적 논리에 기초한다. 문명충돌론과 아시아적 가치론의 상호작용과 상승작용은 아시아와 서구의 군사적, 경제적 권력관계의 우열에 따라 부침한다.

아시아적 가치론은 문명충돌론의 정당성을 부추길 수도 있다. 야마자키 마사카즈는 정치적 동서대립이 지리적, 문화적 동서대립으로 바뀌면서 "문명의 충돌"이란 "악몽"이 인류의 정체성과 귀속의식을 부추기고 새로운 동서대립을 날조할 위험이 생겨났으며, 아시아적 가치론이 이 "신형 오리엔탈리즘"에 대해 방어와 공격의 자세를 되풀이할 가능성이 있다고 주장하였다.[54] 이노우에 다쓰오도 아시아적 가치론—특히 마하티르의 유교-이슬람제휴론—이 "현대판 오리엔탈리즘"의 지정학적 세계전략과 공범관계를 유지하면서 헌팅턴의 종교적 문명권 분할론에 대항할 경우 오히려 서구중심적 세계상과 세계전략을 강화시킬 것이라 말하였다.[55] 오구라 가즈오의 아시아 복권론도 서양문명은 다른 문명과의 외부충돌에 의한 문명형성과 서양의 내부충돌에 의한 비서구세계로의 외연적 발전이라는 이중과정을 통해 "보편성의

53 김상일, 「아시아적 가치와 문명충돌론」, 『아시아적 가치?』(한신대학교 철학연구소 심포지엄자료집, 1998년 5월 29일), 48-50쪽.

54 山崎正和, 「東アジア文明の誕生」, 11쪽.

55 井上達夫, 「リベラル·デモクラシーと'アジア的価値'」, 40쪽.

신화"를 획득했다는 문명관에 기초한다.[56]

문명충돌론과 아시아적 가치론 사이에서 소외되고 가치-발전 복합의 지배문명을 구축할 이니셔티브를 갖지 못한 일본에서 문명론은 문명의 충돌과 대립을 회피하는 방향을 모색한다. 한 가지 방법은 조화나 대화, 공생을 통한 대립구도의 완화이다. 세계의 인권 법제도가 서구적 가치에 근거하고 있음을 들어 일본은 경제선진국으로서 국제규칙을 엄수하면서 아시아의 경험과 아시아적 가치를 반영시켜 미비한 국제규칙을 형성하고 서양이 폐쇄적이 되지 않도록 '대화'를 증진해야 한다는 주장[57]은 그리 특별한 것이 아니다. 사카키바라는 '문명충돌'은 비서구문명이 서구문명의 진보주의와 접하면서 생긴 것이라 보고 진보주의적 자연지배나 인간중심주의에서 벗어나 진보에서 공생으로 문명원리를 전환시키고 문명 간 조화와 공존을 추구할 것을 요구한다.[58]

문명의 대립구도를 변형시키는 방식도 있다. 근대적 물질문명의 보편성을 인정하고 서구건 비서구건 고전적 문명을 상대화함으로써 기존의 문명관을 재해석하는 것이다. 사토 세이자부로佐藤誠三郎는 초월적인 것을 추구하지만 근대 산업문명으로 충족될 수 없는, 그렇다고 고전문명으로 돌아갈 수도 없는 현대인의 정체성 위기를 문명충돌의 본질로 본다. 사토 히카루佐藤光도 동서 문명대립을 근대산업문명 대 고전문명(고전서양문명, 고전유교문명)의 대립관계로 바꾸면서 "문명의 몰락"으로 해석한다.[59] 한편 근대문명을 동아시아문명의 존재근거로 삼는 변형방식도 보인다. 야마자키는 서구문명과 일본문명의 발전과정을 분석

56 小倉和夫, 「'アジアの復権'のために」, 490-491쪽.
57 赤阪清隆, 「西洋文明とアジアの価値」, 『外務省調査月報』(1997年 2月), 17-19쪽.
58 Eisuke Sakakibara, "The End of Progressivism," pp. 12-14.
59 佐藤光, 「'文明の没落'のなかのアジア的価値」, 231-235쪽.

하면서 민족문명은 보편적인 세계문명을 촉매로 화학변화를 일으키는 "문명의 이중구조"를 가질 때 큰 단위의 문명으로 성장한다는 논리를 펼치고 있다. 아시아문명도 근대문명이 세계문명을 우산으로 삼는 이중구조가 생기면서 창출된 근대화의 소산이라는 것이다.[60]

아태지역 공간의 탄생과 맞물려 나타난 문명통합론으로써 대립구도 자체를 소멸시키는 융합의 방식도 있다. 후나바시 요이치는 새로운 아태공간에서 경제적 상호의존이 약동적인 공간을 만들어 내면서 아시아적 가치와 서구자본주의의 "융합"fusion이 이루어질 것이라는 견해를 펴면서 일본은 단순한 가교가 아니라 주도적 역할을 수행해야 한다고 주장한다.[61] 후나바시의 견해는 류 빈옌Binyan Liu의 문명융합론[62]이나 아태지역의 평화 번영을 "아시아 영광의 부활"이 아니라 "태평양공동체"를 창조하는 동서문화의 융합에서 찾고 상호 무역투자가 이를 촉진시킬 것이라고 본 마흐부바니Kishore Mahbubani의 발상[63]과도 통한다고 할 수 있다.

7. 동아시아 신화의 초월

러일전쟁 직후 도쿠토미 소호德富蘇峰는 일본은 황인종과 백인종을 융화시켜 모든 인류를 "인도人道의 귀추歸趨"에 도달하도록 해야 한다고 주장한 바 있다. 메이지 초기부터 제기된 동서문명 이원론은 러일전쟁을 계

60 山崎正和, 「東アジア文明の誕生」, 17-24쪽.

61 船橋洋一, 『アジア太平洋フュージョン』. 특히 서장과 제12, 13장 참조.

62 Binyan Liu, "Civilization Grafting," *Foreign Affairs* 72:5 (September/October 1993).

63 Kishore Mahbubani, "The Pacific Way," *Foreign Affairs* 74:1 (January/February 1995), pp. 102-108.

기로 급부상하였고, 동서문명의 충돌, 황백인종의 충돌을 막고 조화를 이루려는 사명의식과 일본의 장래를 동서공존이나 융합에서 찾는 신념이 통용하기 시작됐다. 이 사명의식과 신념은 한편으로 일본인의 희망과 동서공존에 대한 심리적 불안을 드러낸 것이고, 다른 한편으로 일본외교의 장래에 안정감을 제공하는 것이었다.[64] 21세기 전환기에 출현한 문명충돌론과 융합론은 20세기 벽두의 그것과 흡사하였다.

물론 양자가 똑같지는 않다. 20세기 초 일본은 동양문명의 맹주로 부상하였고 서구중심의 질서에 도전하는 현상변경 국가로 발돋움하는 문명충돌 구도의 형성자였다. 문명충돌에 대한 우려는 충돌을 일으킬 여지가 있는 주체가 보이는 법이다. 21세기 초 일본은 동아시아의 경제적 맹주이지만 전후체제하에서 정치적 맹주의 역할을 봉쇄당한 처지에 있다. 21세기 전환기에 문명충돌 구도는 동아시아 국가들의 부상에서 촉발된 것이다. 융합의식도 다르다. 융합의 발상은 충돌할 의지와 능력은 있지만 상대방을 압도할 수 없는 상황에서 생겨나는 도전세력의 발상이다. 헌팅턴의 문명충돌론은 탈냉전기에 세계(타 문명)를 압도한 미국의 능력이 약화된 것을 배경에 깔고 있다. 융합의 발상은 미국이 아니라 새롭게 부상하는 동아시아국가들에서 나왔다.

일본은 서구에 맞설 만큼 성장한 동아시아에 속한다. 일본은 서구에 대해 동아시아를 대변해야 한다든가 동아시아 국가들에게 발전한 중심국가로서 어떤 메시지를 발신해야 한다는 의무감을 갖지만, 동시에 동아시아에 대해 거리감을 느낀다. 일본은 서구의 틀 속에서 편안하면서도 때로 자유로워지고 싶어한다. 사명감과 신념의 표현인 발신의 행위는 구조적으로 희망과 불안의 상반된 심리를 수반한다. '서구 대

64 이리에 아키라, 이성환 옮김, 『일본의 외교』(서울: 푸른산, 1993), 27쪽.

일본' 구도와 '아시아 대 일본' 구도를 양팔에 품고 서구와 아시아의 사이를 사는 한 일본의 이중성은 벗어나기 어려울 것이다. 아시아적 가치는 그 사이에서 무의미할 수도 있고 의미가 있을 수도 있다. 아시아적 가치는 과거에는 일본적 가치에 악용되거나 쓸모없었고 지금은 서구적 가치에의 연루와 동아시아와의 거리 때문에 논의의 대상은 되어도 유력한 가치가 되기는 어렵다. 일본은 전통적으로 아시아의 특정 사상/가치체계에 이념적 지배를 허용한 적이 없는, 실용과 실제를 중시하는 사회였다. 아시아적 가치가 일본의 이중 정체성을 구제할 것을 기대하기는 어려울 것이다.

그렇다고 아시아적 가치가 전혀 무의미한 것은 아니다. 얼마간 아시아 정체성을 공유해야 할 숙명을 지닌 일본으로서 아시아적 가치는 아시아와의 공유점을 제공하는 것일 수 있다. 아시아적 가치는 아시아가 유산처럼 보지하는 한 아시아 인식의 준거로서 상정하지 않을 수 없을 것이다. 다만 아시아적 가치가 동아시아 상상과 동아시아 국제사회를 위한 궁극적 가치가 되기는 어렵다. 아시아적 가치가 진정한 의미를 가질 수 있으려면 발전을 해석하는 수단으로서가 아니라 스스로 견고한 가치체계로 성립할 수 있어야 한다. 하지만 근대문명과 근대적 가치가 동아시아에 구축된 상황에서 아시아적 가치가 독자적인 체계를 구성하기는 어렵다. 오누마의 문제적(간문명적) 인권관과 이노우에의 아시아판 자유민주주의론은 근대적(서구적) 가치에 아시아적 가치를 수용할 여지를 탐색한 것으로 평가할 만하지만, 또는 지웨이동의 평가처럼 아시아적 가치가 비판적 해석을 통해 새로운 전기를 맞이했음을 시사할 수도 있지만,[65] 이들이 시도한 서구적 가치와 아시아적 가치의 조화나

65 季衛東, 「'アジア的価値'論に基づく道義外交の可能性」, 289쪽.

융합은 제한적일 수밖에 없다. 서구적 가치와 아시아적 가치의 조화와 융합이라는 발상도 개인 윤리의 차원에서는 가능해도 국제사회의 국제 윤리로서 성립하기는 어렵다.

아시아적 가치론은 동아시아의 변화와 생성에 대한 욕구와 필요성의 산물로서 '초월될 수 없는 신화'일 수밖에 없다. 아시아의 복권을 얘기하는 편이 더 현실적일지도 모르지만, 차별과 모순의 공간이라는 존재론적 성격을 벗어나 동아시아를 하나의 지역으로 상상하는 인식론적 토대를 구축하는 데 아시아의 신화와 아시아적 가치라는 허구가 필연적으로 요구될지도 모른다. '요괴'는 그러한 신화의 한 표현이다. 동아시아라는 "한 마리의 요괴가 세계를 배회하고 있다"는 야마자키의 패러디는 동아시아에 관한 진실의 한 면을 꿰뚫은 것이 아닐까.

제12장

탈냉전의 동아시아 상상과 정체성

현대한국 지식인의 동아시아론과 동아시아 정체성

1. 자기문제로서의 '동아시아'

21세기 전환기 한국에서는 동아시아의 존재방식과 발전을 다루는 담론이 지식사회를 주도하였다. 하지만 동아시아론의 열기는 얼마간 식은 듯이 보인다. 한국에서 이론이나 의제의 유통기한이 10년을 넘지 못한 경우가 많은데, 동아시아론도 그러한 운명에 처한 것일까. 한국의 동아시아론도 한때의 유행에 불과했던 것일까. 설사 그렇다 해도 일정 부분 시대적, 장소적 의미를 가졌던 것은 아닐까. 그것은 한때의 유행이 아니라 19세기 개항 이래 영위해 온 국제정치적 상상력의 재현일 수 있다. 탈냉전과 지구화 맥락에서 어떤 시대정신과 정체성을 발현한 것일 수 있다. 한국인의 동아시아론은 동아시아라는 지역을 매개로 한국인의 자기문제를 성찰하는 행위이기 때문이다. 한국인에게 동아시아론은 무엇일까. 이 장에서는 이러한 문제의식을 토대로 탈냉전, 지구화 맥락을 민감하게 감지했던 1990년대, 2000년대 초반 한국 지식인들의 동아시아론이 어떠한 인식론적, 존재론적 의미를 가졌는지 탐색할 것이다.

한국은 중국이나 일본에 비해 동아시아에 덜 연루되어 있지만 한국의 학자, 전문가들은 더 깊은 관심을 보이면서 한동안 동아시아론을 생산하는 데 적극적이었다.[1] 한국의 지식인들은 동아시아 정체성에 대해 별반 의문을 갖지 않는다. 일본의 지식인들이 아시아관과 아시아주의에 깊은 관심을 보이면서 애매한 동아시아 정체성을 영위해 온 것과도, 중국 지식인들의 동아시아 정체성이 취약한 것과도 대조를 이룬다. 탈냉전기 한국의 동아시아론은 동아시아 경제발전과 동아시아 금융위기를 문화적 관점에서 설명하는 아시아적 가치론과 유교자본주의론, 유교와 민주주의의 결합과 조화를 모색하는 유교민주주의론, 동아시아 경제협력과 지역공동체의 창출을 모색하는 동아시아 공동체론 등 다양한 형태로 나타났다. 또한 동아시아의 발전을 설명하는 수준에서 근대를 초극할 대안문명을 모색하는 수준에 이르기까지 다양한 스펙트럼을 보였다.

동아시아론은 지구화와 문명의 실재에 대한 기술인 동시에 실재의 변화를 유도하고자 하는 구상이다. 담론은 실재를 표상하지만 실재 자체는 아니다. 구상은 담론과 실재의 사이를 드러내는 허구이거나 소망이다. 허구나 소망에는 발화자의 정체성이 담겨 있다. 특히 한국의 비판적 지식인들은 동아시아를 자기문제의 반영으로서 포착한다. 한국의 동아시아론은 다른 나라와 마찬가지로 일차적으로 지구화나 지구자본주의에 대응하는 지역협력의 발상에서 성립한다. 하지만 더 나아가 동아시아를 매개로 동아시아 지역의 국민국가를 비판적으로 성찰하고 국

1 한국의 동아시아담론 연구현황에 관해서는 다음 논고를 참조. 백원담, 「동아시아담론 비판: 왜 동아시아인가?」, 『실천문학』 1999년 겨울호(실천문학사); 김희교, 「한국의 동아시아론과 '상상된' 중국」, 『역사비평』 2000년 겨울호(역사문제연구소); 박명규, 「한국 동아시아 담론의 지식사회학적 이해」, 성균관대학교 동아시아학술원 개원기념 국제학술대회(2002); 윤여일, 『탈냉전기 동아시아 담론의 형성과 이행에 관한 지식사회학적 연구』(서울대학교 대학원 사회학과 박사논문, 2015).

가와 사회의 존재방식을 탐구하는 탈근대적 관심을 표명하는 수단이기도 하다. 또한 한반도의 모순을 해결하고 발전을 모색하는 고민과 실천 의지의 표현이기도 하다. 탈냉전기 한국에서 동아시아론자들의 주장과 비평은 한국 지식사회의 주류 담론이었던 민족담론과 통일담론을 대체하거나 이에 비견하는 것으로서 일정한 담론권력을 확보하였다. 이 글에서는 '지적 실험으로서의 동아시아'를 모색하는 창비 그룹을 중심으로 성찰적 동아시아론의 인식론적, 존재론적 근거를 밝힘으로써 동아시아에 연루된 한국인의 존재방식과 동아시아 정체성을 해명한다. 아울러 성찰적 동아시아론의 한계를 극복하는 대안으로서 '국제사회로서의 동아시아' 개념을 제시한다.

2. 지구화와 동아시아론

비판적 동아시아 상상

2003년 창비출판사는 『동아시아의 비판적 지성』(전6권)이란 주목할 기획총서를 발간하였다. 이 총서는 서구의 관점이 아니라 동아시아인의 눈으로 동아시아 세계를 보는 "비판적 지성 6인"의 동아시아론과 이들이 발신하는 "동아시아의 비전"을 담았다. 6인은 대만의 천꽝싱陳光興, 중국의 쑨거孫歌, 추이즈위안崔之元, 왕후이汪暉, 일본의 사카이 나오키酒井直樹와 야마무로 신이치山室信一다.[2] 총서의 기획 의도는 "자신의 사상 모색

2 『동아시아의 비판적 지성』 전6권(창비, 2003)의 권별 저자와 제명은 다음과 같다. 천꽝싱, 『제국의 눈』(백지운 외 옮김), 쑨꺼, 『아시아라는 사유공간』(류준필 외 옮김), 추이 즈위안, 『새로운 아시아를 상상한다』(이욱연 외 옮김), 사카이 나오키, 『국민주의의 포이에시스』(이규수 옮김), 야마무로 신이치, 『여럿이며 하나인 아시아』(임성모 옮김).

의 기반인 개별 정치사회의 역사와 현실에 대해 비판적 시각을 견지하되 그것을 동아시아적, 지구적 근대성의 맥락과 연결하여 파악함으로써 동아시아 근대질서, 나아가 근대 세계질서에 대한 근본적인 문제제기를 통해 새로운 대안으로서의 미래, 지구적 희망의 근거지로서의 새로운 동아시아의 상을 모색"하는 한편, "자민족중심주의를 비판하고 동아시아의 근대성이 지닌 내재적 모순을 직시하면서 21세기 새로운 사회의 구상력을 동아시아라는 공간에서 탐색"하는 데 있다.[3]

이 기획물은 새로운 동아시아 상상을 자극한다. 1990년대 유교자본주의론이나 유교민주주의론, 아시아적 가치론은 서구문명이나 서구자유주의(자유주의 시장경제론)와 대결하는 대항 담론의 성격이 강했다. 동아시아의 문화와 가치를 동원하여 한국의 발전과 민주화를 정당화하기도 했다. 이와 달리 비판적, 성찰적 동아시아론자들의 새로운 동아시아 상상은 한국사회의 과제와 동아시아의 과제, 지구적 과제를 하나의 유기적 총체로서 구성하는 관점에서 안(한반도)에서 "평화공존과 호혜평등의 동아시아를 건설하는" 이론적, 실천적 모색이며, 밖(동아시아)으로 동아시아 지식인이 공유하는 "열린 토론 공간"을 확산시키고 "주체적 참조체계 형성의 연결고리"를 형성할 것을 기대한다.[4] 새로운 상상은 한국적 경험을 확인하는 동시에 동아시아적 시각을 표방하면서 담론의 공간적 범위를 한국사회에서 동아시아 사회로, 담론전략을 내포화의 수준에서 외연화의 수준으로 확충시키는 시도라 할 수 있다.

이러한 새로운 동아시아 상상은 1990년대 중반 이래 『창작과비평』, 『상상』 등 출판매체를 통해 이미 모습을 드러내기 시작했다. 이 시

3 「비판적 지성이 만드는 동아시아」, 『동아시아의 비판적 지성』 각 권에 실린 '기획의 말'.

4 「비판적 지성이 만드는 동아시아」, 7쪽.

기에 『전통과 현대』, 『동아시아: 문화와 사회』 등 잡지가 창간되었고 동아시아적 가치의 현재적 의미를 성찰하는 담론을 생산하였다. 이와 달리, 창비 그룹은 "동아시아적 시각"을 기반으로 동아시아의 존재방식을 새롭게 조명하는 것을 지향하였다. 서남동양학술총서를 기획한 창비 지식인들은 『발견으로서의 동아시아』, 『동아시아인의 '동양' 인식』, 『동아시아, 문제와 시각』 등 동아시아의 문화나 정신현상에 관한 비판적, 성찰적 연구를 통해 동아시아의 새로운 상상을 자극하는 '동아시아학'의 구축을 꾀하였다.

'동아시아의 상상'은 지적 논의를 넘어 실천운동의 차원으로 연결되었다. 경제전문가와 사회과학자들은 다양한 형태의 포럼과 협의체를 구성하고 이를 통해 동아시아의 지역협력과 공동체 형성에 관한 논의를 전개하는 한편, 지적 연대를 통해 동아시아 정체성과 응집력을 높이고자 했다. 몇 가지 예를 보자. 2001년 10월에는 동아시아 국가들 사이의 이해와 협력을 증진하는 방안을 모색하고 동아시아 공동체의 실현을 주장하는 지식인포럼 한국동아시아 지식인연대NAIS Korea가 발족하였다. 이 지식인연대는 동아시아 공동체의 실현 전략을 모색하는 국제회의를 개최하였다.[5] 2002년 2월에는 "신자유주의의 패권적 지배로 절대적 피해 현실에 처한 동아시아의 소통과 상생의 창을 열기 위해" 한중일 삼국의 학자와 문화예술인이 참여한 지식인 포럼인 동아시아 문화공동체 포럼이 출범하였다.[6] 수많은 국제학술회의들이 동아시아 공

5 NAIS Korea는 결성 직후 국제회의를 열고 동아시아 지식인연대의 국제적인 조직결성을 꾀하는 '2001인천선언'을 선포했고, 2002년 10월에는 한중일 국제회의를 열어 '동아시아공동체'를 실현하기 위한 전략을 모색하고 '동아시아 중심도시로 발전하기 위한 인천의 역할'에 대해 논의하였다.

6 일본의 사카모토 히로코(坂元ひろ子), 중국의 왕샤오밍(王曉明), 왕후이(汪暉), 위화(余華) 등이 발기인으로 참가하였다. 기조강연은 '21세기 동아시아의 새로운 관계

동체를 주제로 개최되었다. 1990년대, 2000년대 한국의 지식사회는 동아시아 공동체와 지역협력의 실현과 동아시아 시대의 도래를 몽상하였다.

동아시아론의 유형

한국의 동아시아론은 대체로 네 유형으로 구분할 수 있다.[7] 첫째, 동아시아 정치경제의 발전과 위기를 가치의 관점에서 설명하는 아시아적 가치론, 유교자본주의론, 유교민주주의론을 들 수 있다. 둘째, 세계경제의 지구화와 신자유주의적 경향, 그리고 지역주의에 대응하는 동아시아/동북아 공동체론이다. 셋째, 국민국가의 권력성에 대항하여 민간 차원의 협력을 주장하는 연대론을 들 수 있다. 넷째, 동아시아 자체의 존재방식을 따지는 성찰적 동아시아론이다.

첫째 유형의 아시아적 가치론, 유교자본주의론, 유교민주주의론은 서구문명을 타자로 설정하고 서구문명 대 동아시아문명의 대립구도에서 동아시아의 정치적, 경제적 존재방식을 모색하는 대항담론의 성격을 갖는다. 이들 담론에서 동서양 대립구도는 동아시아 국가들, 국민들의 생존 번영을 모색하는 사유의 조건이다. 여기서 가치는 발전의 설명변수로서 동원된다. 이들 담론의 논자들은 타자(서구문명과 서구지역)의 존재를 통해 자기 존재를 모색하는 경향이 있다. 서구문명에 대항하는 동아시아의 존재근거로서 동아시아문명을 설정한다. 문명은 동아시아의 일체감과 정체성을 확인하는 유력한 근거가 된다('문명으로서의 동아

지향을 위하여'(신영복), '21세기 동아시아의 문화적 전통과 현재적 의미'(洪子誠), '동아시아 문화공동체 방향에 대한 제안'(坂元ひろ子) 등이었다.

7 이 분류는 김희교의 유형화를 참고하였다. 김희교는 '아시아적 가치'에 주목한 동아시아론, 국가권력 차원의 동아시아론, 민간차원의 연대, '지적 실험으로서 동아시아'에 주목하는 동아시아 공동체론으로 구분한다(김희교, 「한국의 동아시아론과 '상상된' 중국」, 35쪽).

시아').

두 번째 유형의 동아시아론에서 공동체론자들은 경제적 지구화와 신자유주의에 일정한 이해를 보이면서 지역경제협력을 통해 지구화에 대응하고 자국의 성장과 이익을 극대화하려는 의지를 보인다. 1980년대 동아시아 국가들이 일본형 발전모델을 좇아 발전생존 전략을 추구하는 과정에서 동아시아 표상이 부상했는데, 동아시아 금융위기를 계기로 지구화와 신자유주의적 세계경제에 공동대응하려는 의식이 출현하면서 동아시아를 경제적 차원의 연대협력의 장으로서 보는 동아시아 상상이 강화되었다. 협력체나 공동체 형성의 주창자들은 지구화와 신자유주의의 경제세계에서 지역협력을 통해 공동 이익을 추구하고 개별 국가의 발전을 꾀하고자 한다.

세 번째의 연대론에서는 앞의 두 담론과 달리 권력과 이익을 추구하는 국민국가의 속성을 극복하려는 의지를 보인다. 시민연대를 통해 시민/국민을 억압해 온 국가를 극복하려는 동아시아 연대 구상은 국민국가 비판론(西川長夫)이나 지구민주주의론(D. Held)이나 지구시민사회론의 관점에 조응하면서 국민의 자유평등과 억압의 이중과제를 극복하려는 탈국민국가를 적극 지향한다. 즉 지역을 매개로 서구문명에서 비롯된 국민국가의 해체나 상대화를 통해 동아시아의 윤리 규범에 맞는 개인의 자유와 해방을 실현할 가능성을 모색한다.

네 번째의 성찰적 동아시아론은 바로 총서『동아시아의 비판적 지성』의 기획자들을 비롯한 창비 지식인그룹이 내세우는 이른바 '기획으로서의 동아시아', '지적 실험으로서 동아시아'(최원식, 백영서)를 지향하는 동아시아론이다. 이들은 탈냉전에 뒤따른 탈정치화와 지구화의 영토 침투성(초국가성)이 국민국가의 변용을 유발하는 현실에 민감히 반응한다. 동아시아 지역의 관점을 매개로 자국 중심적인 일국주의와 일국사의 한계를 극복하고자 한다. 동아시아는 한국의 발전과 미래를 규정하는 존재론적 근거일 뿐 아니라 인식론적 근거다. 동아시아는 단순히 세계와 국가의 중간영역이 아니라 세계와 국가를 성찰하는 방법으로서 상정된다.

3. '동아시아의 새로운 상상'

'기획' 혹은 '지적 실험'

비판적 동아시아론자들은 21세기 전환기의 탈냉전, 지구화 맥락에서 동아시아 지역의 역사적, 현실적 의미를 누구보다도 민감하게 인지하고 동아시아의 존재 방식을 성찰하면서 '동아시아적 시각'이라는 개념을 제시한다. '동아시아적 시각'은 "1970-80년대 민족민주운동 진영이 1990년대 이후 변화한 나라 안팎의 상황에 맞춰 새로운 이념 모색을 하는 과정에서 민족주의를 다시 보게 된 결과 일국적 시각과 세계체제적 시각의 매개항으로" 제기된 것이다.[8] 이들 성찰적 동아시아론자들은 창비 지식인들, 특히 백낙청, 최원식 같은 인문학자들을 중심으로 지적 실험으로서 동아시아론을 주장한다.

이들은 1970, 1980년대에 민족주의를 내걸고 민족문학론과 통일담론을 이끌었던 자들이다. 성찰적 동아시아론이 민족주의와 민족담론, 통일운동의 후속물로서 출현한 것은 매우 흥미롭고 주목할 만한 사실이다. 민족담론과 통일담론의 주체에서 동아시아 담론의 주체로 전환했다는 사실에서 탈냉전, 지구화 현상이 한국 지식사회에 부과한 영향을 엿볼 수 있다. 아울러 맥락에 민감히 반응하면서 담론권력을 창출

8 백영서, 「중국에 '아시아'가 있는가?: 한국인의 시각」, 정문길 외 편, 『발견으로서의 동아시아』(문학과지성사, 2000), 73쪽.

하는 창비 지식인들의 전략적 속성을 읽을 수 있다. 탈냉전과 지구화 현상을 감지하는 예민함, 사회변혁을 추구하는 진보적 발상, 민족담론의 '열린 민족주의'가 '열린 동아시아론'으로의 전환을 가능하게 만들었을 것이다. 이러한 점에서 창비 지식인들의 진보적 동아시아론은 전통적 가치를 동원하여 현상을 정당화하는 보수지향적인 유교자본주의나 유교민주주의론과 구별된다.

'동아시아의 새로운 상상'을 시도하는 성찰적 동아시아론도 지역의 출현과 관련된다. 성찰적 동아시아론자들은 국민국가를 비판하고 극복하는 방법으로서 지역을 상상한다. 이들의 동아시아 상상은 동아시아의 존재가치를 높이는 정치경제적 현상의 부상에서 촉발된 것이기도 하지만, 무엇보다 탈냉전, 지구화 맥락에서 국민국가를 극복하려는 의지의 소산이기도 하다. 새로운 동아시아 상상은 '기획으로서의 동아시아', 혹은 '지적 실험으로서의 동아시아'라는 말로 표현된다. 동아시아의 '기획'이나 '지적 실험'은 동아시아를 고정된 실체로 보지 않고 자기성찰 과정에서 유동하는 것으로 파악하는 사고와 이에 기초한 실천, 동아시아 정체성을 모색하는 주체적인 지적 실험을 뜻한다.[9] 그것은 지역인식 혹은 지역 형성을 통해 국민국가와 일국사를 넘어서려는 바람의 표현이다. 인식과 희망은 현실을 초월한다. 백영서는 이렇게 말한다.

> ['지적 실험으로서의 동아시아'는] 동아시아를 어떠한 고정된 실체로도 간주하지 않고 항상 자기성찰 속에서 유동하는 것으로 파악하는 사고와 그에 입각한 실천의 과정을 뜻한다. 이런 태도를 몸에 익힘으로써 자기 속

9 '동아의 구상'(大沼保昭), '프로젝트로서의 동아시아'(아리프 딜릭) 등의 용어도 동아시아의 자기규정성을 모색하고 동아시아 정체성을 주체적으로 확인하려는 의지의 표현이다.

의 동아시아와 동아시아 속의 자기를 돌아보는 성찰적 주체가 형성될 것으로 기대한다. 물론 '서구'와의 관계가 (동)아시아라는 개념 형성에 일정한 영향을 미쳐 왔지만 그렇다고 해서 동아시아인의 동아시아란 정체성을 찾기 위한 주체적인 지적 실험이 덜 중요할 리 없다. 더욱이 이 발상은 세계시장의 논리에 대한 대안을 찾는 데 도움이 될 자원으로서 동아시아에 더 많은 관심을 갖자는 의도를 담고 있다. 또한 지난 한 세기 동안 국민국가의 성취와 그 폐해를 남달리 격렬히 겪은 한국인의 경험이 반영된 지적 모색의 한 자락이기도 하다.[10]

미조구치 유조溝口雄三는 '방법으로서의 중국' 개념을 제시하면서 서구와의 대립을 상정한 가운데 중국의 내재적 발전을 모색한 바 있는데,[11] '방법으로서의 동아시아' 개념도 이와 마찬가지로 동아시아가 서구와의 관계 속에서 형성된 것임을 자각하면서 "동아시아인의 동아시아란 정체성을 찾기 위한 주체적인 지적 실험"을 추구한다. 동아시아인은 "자기 속의 동아시아와 동아시아 속의 자기를 돌아보는 성찰적 주체"가 되어야 한다는 것이다. 동아시아 정체성을 찾기 위한 성찰적 주체의 주체적인 지적 실험은 "세계시장의 논리에 대한 대안"이자 "국민국가의 성취와 그 폐해를 남달리 격렬히 겪은 한국인의 경험이 반영된 지적 모색"으로 규정된다.

새로운 동아시아 상상은 지구적 자본주의에 대한 일정한 이해와 그것에 의해 추동되는 지역의 모습을 상정하지만, 동아시아의 존재를 상상하게 만드는 어떤 존재를 상정한다. 지구화 맥락에서 동아시아는 서구에 대항하는 지역이 아니라 지구 속의 지역으로서 포착된다. '동아

10 백영서, 「중국에 '아시아'가 있는가?」, 58쪽.

11 溝口雄三, 『方法としての中国』(東京: 東京大学出版会, 1989).

시아적 시각'은 지구화와 국민국가의 문제를 지역의 관점에서 보는 방법론적 시각을 가리킨다. 비판적 대안론자들은 동아시아를 "세계자본주의 체제와 국민국가의 중간 매개항"인 동시에, "'순수한' 단일문명(혹은 문화)을 공유한 한 덩어리가 아니라 동아시아 권역을 구성하는 다양한 주체가 서로 경쟁하고 타협하면서 서로 연결되어 있는 장"[12]으로 본다. 성찰적 동아시아론자들의 동아시아관은 세계와 국가의 중간에 정초하는 수직적 공간관념과 다양한 주체들이 상호 소통하는 수평적 공간관념으로 구성된다. 이중 공간의 문제에 대면하는 것이다. 성찰적 동아시아론자들은 '복합국가'(백낙청) 내지 '복합적인 국가구조'의 창안을 제안하는데, 이러한 이중 공간의 문제를 해결하려는 의지의 표현으로 해석할 수 있다.

중심과 주변

이중 공간의 문제는 어떻게 해결할 것인가. '동아시아적 시각'은 주변의 시선을 배려한다. 백영서는 일본과 중국의 두 대국 사이에 끼어 소홀하게 다루어진 주변적 주체들(민족, 지역)의 역할을 중시해야 한다고 말한다. 주변으로부터 중국과 일본을 바라보는 시각이 필요하다고 주장한다.[13] 최원식은 동아시아 연대와 "동아시아적 시각"의 필요성을 제기하면서 "동아시아적 시각"이 폐쇄적인 지역주의를 상정해서는 안 되며, 아시아의 다른 지역은 물론이고 제3세계 지역에 대한 성찰과 제3세계 민중의 시각도 절실하다고 주장한다.[14]

12 백영서, 「중국에 '아시아'가 있는가?」, 71쪽.

13 백영서, 「중국에 '아시아'가 있는가?」, 71쪽.

14 최원식, 「탈냉전시대와 동아시아적 시각의 모색」, 정문길 외 편, 『동아시아, 문제와 시각』(서울: 문학과지성사, 1995), 84-86쪽.

이들이 주변적 주체의 역할과 주변으로부터의 시선을 강조하는 것은 "수평적 사고"를 통해 지구적 자본주의체제와 국민국가 사이에 놓인 수직적 공간의 문제를 해결하고자 해서만은 아니다. 동아시아 공간을 왜곡할 수도 있는 중국, 일본의 패권이 출현할 것을 우려해서다. 백영서는 "중국위협론의 망령"이 중국의 주변을 떠도는 상황에서 동아시아에 대한 수평적 관심이 절실하다고 주장한다.[15] 최원식은 일본의 지배층들이 새로운 형태의 지역패권을 추구할 가능성에 위협을 느끼면서 "솔직히 말해서 우리가 동아시아론을 들고 나올 때 적지 않은 위험 부담이 있기는 하다. 섶을 지고 불에 뛰어드는 격이 될 수도 있"다고 실토한다.[16] 수평적 연대는 역내 패권과 쌍을 이룬다. 창비 동아시아론자들은 동아시아에 간여하는 역외 대국(미국, 러시아)을 배제하는 것은 '하나의 공상'일 뿐이며 중국과 일본의 새로운 패권주의가 출현하는 것을 저지하기 위해서도 역외 대국을 활용해야 한다고 주장한다.[17]

"동아시아적 시각", "동아시아의 새로운 상상"은 동아시아의, 그리고 그 "관건"關鍵인 한반도의 세계사적 중요성을 생각하는 자의식에 기초한다. 최원식은 동아시아를 "세계사의 향방"을 결정하는 "관건"으로 규정하고 그 관건의 중심에 "중, 일과 미, 러가 착종한" 한반도를 자리매김한다.

> 지금 동아시아는 제2의 '서구의 충격'에 버금가는 형국을 맞이함으로써 탈냉전시대로의 평화적 이행이 가능한가를 시험받고 있다. 동아시아는 특수한 지역사가 아니라 세계사의 향방에 관건으로 작용할 가능성을 풍부

15 백영서, 「중국에 '아시아'가 있는가?」, 69쪽.

16 최원식, 「탈냉전시대와 동아시아적 시각의 모색」, 86-87쪽. 김희교는 중국위협론을 허구라 비판한다(김희교, 「한국의 동아시아론과 '상상된' 중국」).

17 최원식, 「탈냉전시대와 동아시아적 시각의 모색」, 84-86쪽.

> 하게 내포한 세계사적 지역이다. 그 관건의 중심에 중·일과 미·러가 착종한 한반도가 자리하고 있다. 따라서 한반도에 작동하고 있는 분단체제를 푸는 작업은 풍부한 문명적 자산을 공유해 왔음에도 파행으로 점철되었던 동아시아가 새로운 연대 속에 거듭나는 계기로 되며, 미·소 냉전체제 이후의 새로운 시대를 여는 종요로운 단서를 제공할 것이다. 그리고 그것은 서구적 근대의 진정한 대안을 모색하는 작업과 긴절히 맞물린 사업이기도 하다.[18]

동아시아를 "세계사의 향방"을 규정하는 "세계사적 지역"으로 규정하고, 한반도를 동아시아의 "관건의 중심"에 놓는 중심의 사고는 동아시아 주체들 간의 평등과 호혜를 강조하는 "수평적 사고"와 짝을 이룬다. 중심의 사고는 세계와 지역에 관한 공간적 사유에서 "제2의 서구의 충격"에 준하는 형세와 이러한 형세에서 한반도 분단체제에 대응하는 방법적 사고이다. 중심의 사고는 서구적 근대의 대안을 추구하는 동아시아 연대의 핵심적 계기다.

한반도를 동아시아의 중심에 놓는 사유는 동아시아 역내에서도 의미를 갖는다. 한반도는 동아시아 지식인들의 지적 소통을 달성하는 "고리" 혹은 "동아시아의 균형추"로 묘사된다. "고리"는 중국과 일본이 분단 한반도를 각기 하나의 관리대상으로만 접근하는 냉전시대의 틀에서 벗어나기 위한 조건이다. 한반도를 고리로 한 지적 소통을 통해 서구 자본주의와 동구사회주의, 동아시아형 자본주의와 동아시아형 사회주의를 넘어 새로운 문명적 대안을 모색해야 한다는 것이다. "균형추"는 "[중국의] 신판 중화주의와 [일본의] 신판 동양주의의 완충에서 중형국가로서 자기의 소임에 충실"하는 것을 뜻한다. 그것은 "서구의 충격 앞에

18 최원식, 「탈냉전시대와 동아시아적 시각의 모색」, 86-87쪽.

오히려 자해적 분쟁과 갈등에 함몰되었던 20세기를 진심으로 넘어설 가능성"을 찾기 위한 "한국발 또는 동아시아발 대안 탐색의 균형점"이다.[19] '완충'과 '균형'을 통한 대안 탐색이야말로 창비 동아시아론의 존재론적 근거다.

창비 동아시아론은 공간적 정체성을 한중일 삼국의 동아시아에 투사하면서 규범론의 성격을 강하게 띤다. 창비 동아시아론자들은 다수를 희생시키는 지구적 자본의 획일화 논리와 지구적 자본의 횡포에 대항하고 민중의 삶의 질 향상을 지향한다고 말한다.[20] 하지만 창비의 동아시아론은 지구화와 세계체제, 자본주의의 맥락들이 담론의 전제로서 작용하면서 동아시아 공간에 대한 상상력을 추동하는 기본틀을 구성할 따름이다. 지구화와 세계체제, 자본주의가 동아시아 맥락에서 어떻게 기능하고 지역주체들의 행동과 관계망에 어떻게 연루되는지를 보여 주지는 못한다. 창비 지식인들의 '새로운 동아시아 상상'은 수직적 공간의 대응이란 수준에서 이루어질 뿐이다.

4. 공간관념과 동아시아 정체성

'제2의 서구의 충격'

'동아시아적 시각'은 지구화의 지역적 전개 양상을 주시하는 예민한 통찰을 토대로 1990년대의 국가 및 발전 중심의 동아시아론에 반성적 성찰을 제공했을 뿐 아니라 동아시아를 매개항으로 세계와 국가를 생각

19 최원식, 「한국발 또는 동아시아발 대안?」, 정문길 외 편, 『발견으로서의 동아시아』 (서울: 문학과지성사, 2000), 52-53쪽.

20 김희교, 「한국의 동아시아론과 '상상된' 중국」, 19-20쪽.

하는 상상력을 제공했다는 점에서 '동아시아의 새로운 상상'이라 부를 만 하다. 하지만 창비 지식인의 동아시아론을 역사적 전개의 맥락에서 본다면 '동아시아적 시각'은 '동아시아의 새로운 상상'이 아니라 '동아시아의 오래된 상상'일 수도 있다. '서구의 충격'에 의한 상상력의 발현, 동아시아에 치중한 공간관념, 규범적 동아시아관에서는 19세기적 사유와의 일정한 유사성과 연속성을 발견할 수 있다.

19세기 한국에서 동아시아의 탄생 내지 발견, 그리고 근대 동아시아공간에 대한 상상은 '서구의 충격'에 자극을 받았고 국제화 맥락에서 생성된 서구 대 동양의 대항구도는 근대 한국인의 동아시아관을 규정하였다. 그런데 동아시아의 발견은 주권체로서의 자의식을 가진 근대적 국제정치관의 출현과 맞물려 있었다. 근대 한국인들은 사대교린의 전통적 양자관계를 벗어나 한중일 삼국과 그 관계로서 구성되는 '동양'을 새롭게 인식하였고, 자국의 위상을 동아시아의 '유추'紐樞로 상정하는 자의식을 생성하였다. 아울러 동양삼국의 지역연대를 통해 역외 서양국가들과 세력균형을 유지하고 자주독립을 위한 역내 세력균형을 추구하는, 여기에 역외 및 역내의 이중적 세력균형을 '신의'와 '만국공법'의 국제규범으로 규율하려는 동아시아 국제정치관을 형성하였다.[21] '동양'이라는 '새로운 동아시아'는 삼국 간의 힘의 우열로 주권국가체제가 불완전하게 작동하고 제국주의적 세계정치가 엄습해 오는 상황에서 지구적 보편규범(만국공법)에 부응하는 형태로 유교규범(도의, 신의)을 지역에 투사하는 가운데 상상되었다. '동양 상상'은 일본의 패권화를 견제하고 한국의 자주독립을 보전하려는 희망에서 비롯된 것이었다.

이러한 동아시아관은 동아시아가 제국화와 냉전의 맥락에 놓였을

21 장인성, 『장소의 국제정치사상』(서울: 서울대학교출판부, 2002).

때 침묵할 수밖에 없었다. 제국공간에서 일본의 '(대)동아'는 동아시아의 직분적 배치와 가족국가적 관계로 구성되고 일본적 가치와 권력에 의해 규율되는 동아시아로서 상상되었고, 식민지 한국의 지식인들도 이러한 '동아' 관념에 매몰되었다. '동아'는 일본의 패권과 가치가 강하게 투사되면서 국가를 초월하는, 민족으로 구성되는, 하나의 상상된 지역으로서 각인되었다. 한편 일본의 지역패권이 종식되고 냉전체제가 동아시아를 규정하는 상황에서 동아시아는 이념과 권력투쟁으로 분절되었다. 동아시아 국가들이 대립긴장 관계를 영위하는 가운데 동아시아는 국민국가들의 집합체였을 뿐 뭔가를 공유하는 의탁할 지역으로 상상되지는 못했다.

창비 그룹의 동아시아관은 지구화, 탈냉전의 맥락을 "제2의 '서구의 충격'"(최원식)으로 받아들이는데, 이러한 인식은 성찰적 동아시아론이 19세기 후반의 동양연대론과 상통한다는 사실을 보여 준다. 창비 지식인들이 동아시아를 "제국주의에 대항하기 위한 지역연대를 꿈꾸는 상상력의 근거"(19세기)에서 "세계경제의 활력을 불러일으키는 거점으로서의 자부심을 표상하는 기호"(20세기 후반), 그리고 "세계의 번영과 쇠퇴, 평화와 전쟁을 갈음하는 핵심적 지역"(21세기 초입)으로 표상했을 때,[22] 얼마간 동아시아(동양)의 구조와 이념에 관한 발상이 부활하였음을 감지할 수 있다. 자국 한국을 동아시아의 중심에 놓는 '고리', '균형추'의 표상은 동북아 공간을 국제정치적 삶의 절대공간으로 삼는 한국인들의 국제심성을 나타낸다. 이 표상은 '서구 대 아시아' 구도에 대한 객관적 판단에서 나온 것이라기보다는 과거 유학자들이 유학 이념에 의탁하여 당위적 현실을 상상했던 것과 유사한, 그렇게 되어야 한다

22 「비판적 지성이 만드는 동아시아」, 5쪽.

는 희망에서 비롯된 것이다. 스스로를 동아시아 공간에 자리매김하고 아시아와 세계를 상상하고 관념하는 방식은 현상에 대한 실제적 파악보다 이념적 판단을 선호하는 근대한국인의 국제사상에 연속하는 것처럼 느껴진다. 그런데 탈냉전기의 한반도가 객관적으로 '균형추', '고리'로 설정될 수 있는 걸까. 한반도는 '21세기 동아시아 중심' 구상의 허구성이 곧바로 드러나는 장소가 아닌가. 동아시아적 존재('균형추', '고리')와 동아시아적 인식('동아시아적 시각') 사이에는, 그리고 '동아시아의 경험'과 '동아시아적 의식' 사이에는 공간 정체성만으로 해결될 수 없는, 시간축을 달리는 역사적 퇴적물이 쌓여 있다.

공간 관념

창비 지식인들이 말하는 '동아시아'는 거의 '동북아'에 해당한다. 한국인들의 일상감각과 상통하는 지역개념이다. 동북아의 지리적 범주는 한중일 삼국과 북한, 러시아 일부, 몽골, 대만 등을 포괄하는 아시아의 동북부이지만, 한국인들이 상상하는 동북아는 흔히 한중일 삼국에 국한된다. 근대한국에서도 '동양'은 동북아를 지칭하는 용어로 쓰였다. '동양'은 지리적 근접과 인종적 유사성과 문명적 동질감을 매개로 공동운명을 느끼는 표상이며, 동시에 역내외 국가들 간의 소통과 권력투쟁을 통해 이해와 애증이 교착되는, 아시아나 동아시아와는 차별화되는 공간이었다.[23] 지금도 동북아는 고도의 경제적 상호의존성과 효율성을 추구할 때, 지구화와 지역주의에 공동으로 대항할 때, 혹은 지역안보 형성을 구상할 때 상상된다. 동북아 공동체는 그러한 상상의 표현이다. 양자간/다자간 관계의 복합적 상호교섭을 통해 동북아에 완만한 지역 안

23 장인성, 「자기로서의 아시아, 타자로서의 아시아: 근대조선 지식인에 나타난 '아시아'와 '동양'」, 『신아세아』 제5권 3호(신아세아질서연구회, 1998), 46쪽.

전보장의 틀을 형성하고 지역통합의 기운을 확대하는 초국적 지역주의로서 '동북아 공동의 집'이란 개념도 제시된 바 있다.[24]

동북아 중심의 동아시아관은 존재론적 차원에서 중국, 일본의 공간관념과 차이가 난다. 중국의 경우 세계(서구)와 직접 대면하는 자기인식은 강하지만 동아시아 속의 중국을 생각하는 시각이 결여되어 있어 아시아적 전망도 약하고 동아시아론 자체도 취약하다.[25] 중국의 지식인들은 전 아시아에 걸친 중국의 광활함과 자족성 때문인지 주변의 시선에 대한 배려가 약하다. 쑨커孫歌는 중국 지식인들이 아시아 문제를 중국중심주의로 귀결시킨다는 견해를 부정하면서도 "대륙의 중국인들은 주변부라는 개념이 결여된 '국족관념'을 지녀 왔고, 그러한 관념은 중국의 광활한 토지와 수천 년간 지속되어 온 '격동의 역사'에서 비롯되었다"라는 해석에는 동의한다. 그는 "일본사상사를 접한 후에야 비로소 중국이 넓고 크다는 것이 궁극적으로 무엇을 의미하는지 인식할 수 있었다"고 토로한다.[26] 쑨커의 예외적인 자기고백에서조차 중국의 취약한 동아시아 인식을 엿볼 수 있다. 일반적으로 중국인의 지역세계관에서 동아시아/동북아는 아직도 부분적 관심의 대상일 뿐이다.

일본은 서양과 아시아 사이에서 양가적 정체성을 영위해 왔다. '탈아입구'와 '입아입구', '입아탈구'는 방향성은 달라도 아시아에의 구속성과 심리적 거리를 동시에 내포한 존재론적 표상이라는 점은 같다. 일본의 아시아관은 서양과의 대응구도에서 성립하였지만 역사적 경험에 따라 공간적 중층성을 보였다. 일본의 아시아관은 일본이 역외 세력에

24 강상중, 「동북아시아 공동의 집과 북일관계」, 『창작과비평』 121호(2003년 가을호), 50쪽.

25 백영서, 「중국에 '아시아'가 있는가?」, 56쪽.

26 쑨꺼, 류준필 외 옮김, 『아시아라는 사유공간』(서울: 창작과비평사, 2003), 54쪽.

대응하기 위해 아시아에 군사적, 경제적, 문화적으로 연루하는 방식과 정도에 따라 연동한다. 서구제국주의의 압제를 당하는 아시아 민족에 공감했을 때(大川周明), 서구문명에 대항하는 아시아문명의 예술적, 사상적 가치를 발견했을 때(岡倉天心) 아시아 상상이 작동하였다. 동아시아는 역사문화적 의식에서, 현실 외교관계나 경제공동체 구상에서, 혹은 냉전체제의 안보의식에서 상상된다. '동아시아'는 제국과 대동아공영권의 형성, 그리고 전후의 경제시장화와 경제원조, 동아시아의 경제성장 등 일련의 역사적 경험을 통해 일본에서 가장 널리 통용된 용어다.[27] 일본의 동아시아 상상은 경제공간으로서의 동북아와 동남아에 투사된 것이었다.

한국의 동아시아 공간관념이 일본과 편차를 보인다는 사실은 동아시아 정체성에서 중요한 의미가 있다. 일본인의 아시아관에는 '서구-아시아' 구도와 '아시아-일본' 구도가 상관적으로 공존한다. 전자는 후자의 조건이다. 일본 역사상 '서구-아시아' 구도가 실존의 문제였을 때(예컨대 일본이 서구에 대항하는 현상변경국가나 발전형 국가로 등장했을 때를 생각해보라), '아시아-일본' 구도도 절실한 의미를 가졌다.[28] 그것은 일본이 서구와 아시아의 사이에 있었기 때문이 아닐까. 서구와 아시아 사이의 양가적ambivalent 정체성은 일본의 존재론적 분열과 주체적 관점의 결여, 혹은 '무사상'과도 관련된다. 이러한 점에서 "일본은 아시아에 있다

27 일본에서 동남아 개념과 지역의 출현에 관해서는 渡辺昭夫, 『アジア·太平洋の国際関係と日本』(東京: 東京大学出版会, 1992)을 참조.

28 이러한 점에서는 우익보수의 반미론(石原慎太郎)이나 '아시아의 아시아화', '입아입구'를 주장하는 자유주의자의 아시아중시론(船橋洋一)은 같은 맥락에 있다. Yoichi Funabashi, "Asianization of Asia," *Foreign Affairs* 72:4 (September/October 1993); 船橋洋一, 『アジア太平洋ヒュージョン: APECと日本』(東京: 中央公論社, 1995); 船橋洋一, 『日本の対外構想』(東京: 岩波書店, 1993).

는 것과 아시아라는 것 사이에서 분열되고 자가 중독을 일으켜 왔다."[29] 라는 지적은 타당하다. 이와 달리 외부에 대해 권력을 행사할 여지를 갖지 못하고 '동북아'라는 절대공간에서 생존을 모색해야만 했던 한국의 경우 '서구-아시아' 구도와 '아시아-한국' 구도는 어느 것이나 성립하기 어려웠다. 동아시아 속에서 세계와 지역을 상상했을 때 중요한 것은 이러한 구도 자체가 아니라 상상의 방식일 것이다. 지구화와 지구적 자본주의의 상황은 그러한 구도를 무의미하게 만들 것이다.

창비 동아시아론자들의 인식론적 성찰도 이러한 모습을 보인다. 지구적 자본주의체제를 전제로 세계-지역-국가의 수직공간을 상정하는 비판적 사유에서 '서구-아시아'와 '아시아-한국'의 구도는 간과될 수밖에 없다. 동아시아로 향하는 수평적 사고와 스스로를 균형추와 고리로 설정하는 재중심화의 심리는 공존할 수 있을까. 동아시아 속에서 세계로 향하는 수직적 확산이 수평적 사고를 압도하는 것이 아닐까. '동북아' 속에서 '동아시아'를 상상할 때 '동아시아'는 '동북아'로 재귀再歸할 수밖에 없을 것이다. 그렇다면 지역패권을 경계하면서 중국에 대해 수평적 사고를 요구하는 것은[30] 비현실적일 수밖에 없다. 창비 지식인의 수평적 사고는 중국과 일본의 패권에 대한 우려와 결부된다는 사실을 다시 상기할 필요가 있다.

동아시아에서 연대의식은 국민국가의 존립을 전제로 한다. 때문에

29 山室信一, 「'多にして一'の秩序原理と日本の選択」, 青木保·佐伯啓思 編, 『'アジア的価値'とは何か』(東京: TBSブリタニカ, 1998), 46-47쪽.

30 백영서, 「중국에 '아시아'가 있는가?」, 69쪽. 이에 반해 중국이 아시아에 관심이 없었다거나 아시아 인식이 수평적이지 않았다고 보기는 어렵다는 지적도 있다. 사회주의 지식인들의 대체적인 아시아 인식은 상대를 타자화하고 자신을 보편화하는 팽창주의적 민족주의와 달랐다는 것이다(김희교, 「한국의 동아시아론과 '상상된' 중국」, 25쪽).

지역연대의 구상과 지역패권에 대한 우려는 동시적이다. 역사상 국민국가를 초월한 아시아주의는 약소국에서는 비현실적 이상주의로서 나타났고 강대국에서는 패권주의를 정당화하는 이념으로 기능하였다. 이상적인 동양주의를 강대국이 패권주의를 실현하는 수단으로 간주하고 국가주의를 선결조건으로 설정한 신채호의 주장은 지금도 시사적이다. '지적 실험'을 통한 "자기 속의 동아시아와 동아시아 속의 자기를 돌아보는 성찰적 주체의 형성"은 국민국가의 존재를 간과한 지적 담론에 그칠 수도 있는 것이다.[31] 여전히 동아시아에 만연한 국가 중심적 사유와 민족주의는 지구화 상황에서조차 국민국가를 극복하는 것이 지난하다는 사실을 보여 준다. 동아시아의 '지적 실험'과 '새로운 상상'은 국민국가가 작동하는 현실과의 긴장감을 잃지 않았을 때 현실감을 갖게 될 것이다.

5. '국제사회로서의 동아시아'

'동아시아 국제사회'

대립적 이항구도는 타자를 주관적으로 포착하고 타자의 시선을 의식하면서 자기를 규정하는 자기상을 만들어 내는 경향이 있다. 대립구도를 강하게 의식할수록 타율성은 커진다. 자율성을 높이려면 대립구도 자체에서 벗어나 자기의 존재방식에 관한 내적 성찰이 필요하다. 동아시아의 경우도 마찬가지다. 동아시아 지역의 자율성을 담보하기 위해서는 동아시아 공간의 구성과 성질에 관한 성찰이 요구된다. 동아시아 공

31 박명규, 「복합적 정치공동체와 변혁의 논리」, 『창작과비평』 107호(2000년 봄호).

간의 내적 성찰은 균열의 현실에 집착하는 현실주의나 연대협력을 당연시하는 이상주의를 극복할 지평을 열 수도 있다. 창비 지식인들의 즉자적 관점은 내재적 성찰과 맞닿아 있고 이들의 '지적 실험', '기획'은 동아시아 현실의 변화를 유도할 수도 있을 것이다. '동아시아의 새로운 상상'은 수직공간에서의 존재방식을 새롭게 깨닫게 함으로써 관습적 공간관념을 성찰하고 경제활동과 소통의 방식, 지역의 물적 기반을 바꿀 계기를 제공할 수도 있을 것이다.

그런데 '지적 실험'은 기본적으로 지적 구상이자 상상인 한 실재로부터의 거리, 현실과의 괴리를 벗어나기 어렵다. 이익과 권력을 추구하는 이기적 주체들은 지적 실험의 현실적 구현을 방해하기 마련이다. 동아시아 국가들은 개항 이래 타율적 근대와 공동 위협의 경험은 공유했지만 근대 극복의 기획이나 경로는 서로 달랐다.[32] 동아시아는 공간적 존재이자 역사적 경험의 축적물이다. '동아시아의 새로운 상상'은 세계와 지역과 국가의 중층성 속에서 자기-타자의 이원적 대립관계를 넘어 자기, 우리의 존재방식을 모색하지만, 지역의 시간적 과정에 관한 성찰은 취약하다. 상상은 공간적 상상만이 아니라 경험과 전망이 응축된 시간축에 대한 상상이며, 목적론적 당위성이 아니라 역사적 과정의 사실관계에 기초한 비전으로 구체화되어야 한다.

동아시아 상상의 비현실성, 허구성을 제어하는 데는 '국제사회' 개념이 유용할 수 있다. 국제사회는 규칙, 규범, 제도에 의해 질서가 유지되는 국제영역이다(제1장 참조). '국제사회로서의 동아시아'는 서구와 동아시아를 대립구도가 아니라 상관구도에서 포착하며, 서구에 대응한 타율적 구성이 아니라 동아시아 지역사회의 자율적 구축을 지향한

32 백원담, 「동아시아 담론 비판: 왜 동아시아인가?」, 381쪽.

다. 동아시아 국제사회는 공동체community가 아니라 사회society를 지향한다. 공동체는 촌락공동체, 종교공동체, 생활공동체 등에서 보듯이 공통의 규범과 관습과 문화를 공유하고 연대와 결속력이 강한 결사체를 지향한다. '국제사회로서의 동아시아'는 지역공동체를 지향하는 당위론적 상상보다는 동아시아 지역세계의 실제적 사회구성 방식에 주목한다. 하나 됨을 지향하는 동아시아공동체 구상과 달리 '국제사회로서의 동아시아'는 '하나이면서 여럿'[33]인 사회를 지향한다.

동아시아 국제사회는 지역에 기반을 둔다. 지역 국제사회는 지역의 주체들이 역외 주체들과 상호작용하면서 일정한 요소를 공유하고 상호 소통하는 장이다. 지역 국제사회는 주체와 구조와 행위로 이루어진, 국가 및 사회세력들이 역외세력과의 상관관계에서 정치, 경제, 문화 등 제 영역을 영위하는 지역 수준의 사회 영역으로 간주된다. 지역은 자연적 요소를 기반으로 하지만 고정된 실체가 아니라 인간의 활동영역이 반영된 역사적 형성물이다. 국제사회는 주어진 고정물이 아니라 부단히 생성되는 역사적, 간주관적 구성물이며, 국가는 국제사회와 상호관계를 영위하면서 존재한다. '국제사회로서의 동아시아'라는 관점은 이러한 지역에 기반을 두면서 지역을 살아가는 주체와 지역을 규율하는 구조의 상호 구성적 측면에 주목한다. 지역의 구조는 관련 국가들의 상호작용에 의해 역사적, 경험적으로 축적된 결과를 추론하여 실재하는 것으로 상정된다.[34]

33 山室信一山室信一, 「'多にして一'の秩序原理と日本の選択」.

34 이러한 관점은 구성주의적 시각을 받아들인 것이다. 구성주의에 의하면, 비가시적인 것들이 경험적으로 추론되는 결과를 산출할 때 사회구조는 실재로서 존재한다. 구성주의에 관해서는 Alexander Wendt, *Social Theory of International Politics* (Cambridge: Cambridge University Press, 1999).

권력, 규범, 정체성

동아시아 국제사회의 사회적 구성은 권력, 규범, 관념의 측면에서 파악될 수 있다. 제도와 관념은 국제사회의 행위양식과 양해구조를 형성하며, 권력관계는 국제사회의 성격을 규정한다. 그런데 제도는 국제사회 구성의 필요조건이지 충분조건은 아니다. 국제사회는 실재일 뿐 아니라 상상력과 심성의 투사체이기도 하다. 지역 국제사회는 역외 위협에 공동 대응하고 다른 국제사회에 비견하는 국제사회를 형성하려는 의지에서 상상된다.

동아시아 국제사회의 사회적 구성은 근대의 경험에서 시사를 얻을 수 있다. 근대 '동양'의 지역연대는 '보거순치'輔車脣齒의 수사로서 표현되기도 했는데, 일본에서는 '오월동주'吳越同舟의 발상에, 한국에서는 '정립'鼎立의 발상에 기초하였다. '오월동주'는 권력이 취약했던 일본과 한국의 전략적 연대를 뜻하는 말이었다. 오월동주는 외적 요인에 의한 연대의 발상을 나타낸다. '정립'의 발상은 역내 권력균형을 통해 동양삼국의 자주독립과 지역안정을 보전하고, 삼국연대에 의한 역간 세력균형을 이룩함으로써 국제안정을 꾀하며, 이를 통해 동아시아 국제사회의 연대성과 공공성을 확보하고자 한 국제사상이었다. '정립'은 국제사회의 공공성은 연대를 전제로 하지만, 연대는 주권과의 균형을 전제로 한다. '정립'은 역외로부터의 위협에 공동 방어하고 역내 열강의 패권화를 견제함으로써 삼국의 자주독립과 안전보장을 확보하는 것을 지향하였다.[35] 한국인의 동양 정체성은 지리적 근접(지리), 인종적 유사성(동종), 문명적 동질성(동문)을 매개로 모색되었다. 정립 구상은 일본의 패권화와 제국주의 팽창으로 좌절될 수밖에 없었다. 권력의 편차와 일본

35 장인성, 『장소의 국제정치사상』, 132-141쪽.

의 권력 지향성은 동아시아 국제사회의 자율적 구성의 가능성을 없앴고, 공간의 사사화를 초래했으며, 공간의 파탄(대동아전쟁)을 가져왔다.

동아시아의 자율적 형성은 냉전기에도 봉쇄당하였다. 동아시아 국가들은 안으로는 민족정체성을 기반으로 삼고 밖으로는 냉전적 규정을 받는 탈식민지 질서에서 형성되었고, 민족을 준거로 삼는 인적 구별, 국제질서에 의해 규정된 영토적 구분, 이데올로기적 대결이 복합적으로 작용하면서 역내 경계를 이루었다.[36] 냉전체제와 이데올로기 대립, 역외세력의 관여에 따른 동아시아 공간의 분절화는 구성국가들 간의 상호소통을 억제하고 제도의 형성을 방해하였다. 역외세력이 동아시아 공간을 제어함으로써 동아시아 정체성과 국제사회 형성의 자율적 기반은 생성될 수 없었다. 동아시아 삼국의 역외세력(미국과 소련)과의 양자관계는 제도 및 관념상의 분절을 초래하였다. 침략과 식민지주의의 역사적 유산은 지역정체성의 형성뿐 아니라 주체의 상호인정마저 용인치 않는 심성을 낳았다. 동아시아 국가들의 이기심과 상호불신, 경쟁의식, 군사적 긴장 등도 부정적으로 작용하였다.

탈냉전, 지구화 맥락에서 동아시아 국제사회의 양태는 권력, 규범, 관념의 새로운 전개에 의해 새롭게 조명될 가능성을 보인다. 탈이념화는 동아시아 공간의 정치군사적 속성을 완화시키고, 에고이즘의 대립갈등을 줄이며, 경제발전과 사회발전은 동아시아 국가들의 속성을 바꾸고 있다. 동아시아 국가들의 자율성이 늘면서 다자제도들도 모색되고, 비국가 주체들의 초국적 활동도 늘고 있다. 하지만 동아시아 국가들은 국가의 성격이 다르다. 경제적, 군사적 영역에서의 존재 양태도 상이하다. 지역에 연루되는 사회세력들의 속성도 차이가 있고 복수의 양자

36 박명규, 「복합적 정치공동체와 변혁의 논리」, 14쪽.

관계도 이질적이다. 국제사회를 형성하기 위한 문명적/문화적 기반도 취약하다. 경제적 지역주의만으로 이 같은 취약성은 개선하기 어렵다.

하지만 분절된 공간이 소통과 대화의 공간으로 진화하는 추세에 있음은 분명하다. 지구화와 동아시아 발전은 안팎에서 동아시아 국제사회의 형성을 추동한다. 이러한 맥락에서 '정립'의 발상에서 동아시아 국제사회의 내적 구성과 관련한 일정한 함의를 얻을 수 있다. 여전히 역내 균형과 국제규범('신의')은 동아시아 연대를 위한 조건이다. 세력균형과 국제규범에 의한 연대성은 동아시아 국제사회 형성의 조건이다. 지역정체성도 이러한 세력균형과 국제규범 위에서 상정될 수 있다. 지역정체성의 구성요소는 지리, 인종, 문명에서 경제, 지리, 문명으로 바뀌어 있다. 동종의식은 더 이상 유효하지 않고 경제가 역내 소통을 늘리는 변수가 될 수 있다.

물론 경제가 국제소통의 물질적 기반을 제공하는 충분조건은 아니다. 경제는 이익을 추구하는 행위이며 사회적 공공성을 형성하는 데는 한계를 갖는다. 지역이 경제적 공간을 넘어 사회적 공간으로 진화하려면 사회적 결집력을 높이는 지역정체성이 요구되며, 지리와 문명은 동아시아 국제사회를 형성하는 인적·물적 교류의 기본요건으로서 여전히 의미가 있다. 지정학적 공간으로서의 지리가 사회세력과 경제의 초국가성을 높이면서 지경제적, 지정문화적 공간으로 진화할 때 지역 국제사회를 삶의 터로 생각하는 감각을 높일 수 있다. 동아시아 국제사회의 형성은 국가와 사회세력의 복합적 행위에 의한 사회적 실험을 요구한다. 지역세계(동아시아 국제사회)를 또 하나의 생활공간으로 인식하고 사회생활의 일부분을 투사시키는, 국민국가에서의 삶과 지역세계에서의 삶을 동시에 생각하는 복수의 정체성을 가질 것을 요구한다.

6. 동아시아의 문명과 공공성

국제사회는 문명의 규율을 받는다. 국제사회에 질서를 제공하는 규칙, 규범, 제도는 문명의 표현이기 때문이다. 문명은 일상생활의 물적 기반에 일정한 공통감각을 제공할 뿐 아니라 국제사회의 양해구조와 공공성의 형성을 뒷받침한다. 문명은 문화의 집합 내지는 문화요소의 공통분모로 간주된다. 다만 국제관계에서 문명은 문화가 보편적 권력을 획득했을 때 생겨나며 세계적 보편성을 획득하려는 타 문명의 간섭을 받음으로써 의식되는 측면이 있다. 국제관계에서 문명과 문화는 상관적이며 일정한 권력관계를 갖는다. 일본문명은 타 문명(중국문명, 서양문명)을 내재화하는 가운데 일본문화의 독자성과 보편성을 나타내고, 나아가 동아시아적 보편성을 얻고자 했을 때 적극적으로 자각되었다. 중국문명도 근대문명이 중국문화에 적극 개입하면서 새롭게 자각되었다. '조선문명'에 대한 한국인들의 자각은 일본의 국제권력과 서구문명에 압도되면서 '조선문화'의 개별성과 보편성을 의식했을 때 생겨났다.

동아시아 문명에 대한 자각도 근대문명의 지구적 확장과 국제정치적 계기에 의해 나타났다. 근대동아시아 문명은 근대문명을 수용하고 이를 매개 삼아 성립하였다. 중화문명은 유교가 정치현실에 대한 규정력을 상실하고 형해화한 가운데 동아시아적 보편성을 상실하였다. 근대문명은 동아시아에 내재화하는 과정에서 동아시아 개별문화들의 반발에 봉착했지만 '문명개화'라는 이름으로 우월적 권력과 결합하면서 새로운 표준을 형성하였다. 아울러 근대문명이나 근대적 문화요소에 압도되는 가운데 고유성이 강한 개별문화가 유교의 보편관념('왕도')을 차용하여 동아시아적 보편성을 가장하는 사태도 출현하였다. 동아시아의 역사적 경험은 중심(제국)의 문화가 주변에 대해 권력을 획득하면서 문명으로서 기능했음을 보여 준다. 근대문명은 동아시아 국제사회에서도 이미 자기의 일부로서 내재화되어 있다. 동아시아 문명이 실재의 표상이라기보다 근대문명이라는 보편적 유산을 받아들임으로써 의식되고 성립한 것[37]이라면, 동아시아 국제사회를 구성하는 근거로서 동아시아문명은 근대문명을 기축으로 삼고 여기에 기왕의 유산을 반영하는 형태로 구성해야 할 것이다.

21세기 동아시아 국제사회의 공공성은 근대문명에 기반하되 세계적 보편성에 열려 있을 것이 요구된다. 19세기 동양연대론자들은 저항을 위한 연대의 정체성을 유교문명에서 찾았지만, 21세기 지구화시대의 동아시아 연대협력은 자립을 위한 협력의 정체성을 근대문명에서 찾아 국제사회의 자율성과 공공성의 근거를 찾아야 한다. 동아시아의 진정성을 모색하는 **동아시아의 진정한 상상**은 연대성과 공공성이 보전되는 국제공공권의 형성을 상상하는 것이다. 어떠한 상상이 요구될까.

이념상으로는 중첩적, 중층적 공간관념에 기초한 동아시아 정체성을 축조하는 상상이 필요하다. 복합적 공간관념은 동아시아를 생각하는 토대이며, 역내의 대립갈등을 완화하는 매개물이 될 것이다. 동아시아 중심의 내포적 공간관념(한국), '서구 대 아시아'의 이원적 공간관념(일본), '세계(서양) 대 자기'의 자기충족적 공간관념(중국) 간의 조정이 필요하다. 문명정체성은 지역정체성을 규정하며 국민정체성을 완화할 뿐 아니라 상호양해를 수월하게 해 준다. 문명은 동아시아 국가들의 자기중심적인 지정학적 자의식을 완화하고 지역정체성을 높이는 촉매가 될 수도 있다.

제도상으로는 동아시아 국제사회의 주체들이 서로를 인정하는 가

37 山崎正和,「東アジア文明の誕生」,『文明の構図』(東京: 文藝春秋社, 1997); Masakazu Yamazaki, "Asia, a Civilization in the Making," *Foreign Affairs* 75:4 (July/August 1996).

운데 대화나 토론이나 협의를 행하는 절차적 민주주의를 구현할 제도의 창출이 필요하다. 제도의 형성은 지역패권의 부정과 자기의 탈중심화, 상호성과 평등성을 전제로 한다. 동아시아 국제사회의 존재방식(제도와 이념)에 대한 부단한 성찰은 동아시아의 공공성을 구현하려는 의지의 표현이다.

권력관계에서는 국민국가가 존속하는 한 상호평등과 상호견제는 공공성의 요체일 수밖에 없다. 연대성은 외부의 위협에 대응하는 것이지만 진정성을 가지려면 내부의 공공성에 근거해야만 한다. 역외세력의 지나친 관여와 역내국가의 세력불균형이 가져올 위험성에 대해 부단히 경계해야 하며 국제사회의 공공성을 추구하는 비판규범이 요구된다는 점에서 정립의 사유는 지금도 시사적이다. 주체의 상호인정, 연대성과 공공성의 균형, 소통망의 구축은 동아시아 국제사회 형성에 필요한 조건이다.

제13장

갈등과 협력의 동학

탈냉전기 한일관계와 일본사회, 동아시아 국제사회

1. 동아시아의 협력과 갈등

탈냉전, 지구화 맥락에 들어 동아시아 지역의 협력과 통합을 모색하는 목소리가 커졌다. 사람, 재화, 정보의 역내 이동이 늘고 국가 간 관계가 깊어지는 가운데 지역 형성과 지역주의에 대한 욕망이 고양되었고, 동아시아를 하나의 지역으로 상상하면서 공동체의 창생을 강구하는 동아시아론이 유포되었다. 하지만 상상력과 소망적 사고에서 부상한 동아시아론이나 동아시아 공동체 구상은 동력을 많이 잃었다. 국가 간 갈등이 불거지고 내셔널리즘이 고조되는 가운데 동아시아론의 기세는 한풀 꺾였고 동아시아 표상도 약해졌다. 동아시아 현실을 호도했던 착시현상도 많이 사라졌다. 동아시아 창생에 대한 원망願望과 의지가 경제적 욕망에서 나오는 한, 또한 국익을 모색하는 에고이즘이 우선되는 한, 그 원망과 의지의 실현이 멀어지고 국가 간의 긴장과 갈등이 생기는 것은 필연일 것이다. 원래 연대협력을 지향하는 동아시아론(구상)은 국익을 우선하는 국가의 정책(실제)을 규제할 힘regulative power을 갖고 있지 않다. 한중일 삼국은 자국 중심적 사고에 입각한 국익 중심의 보수적 외교정책을 견지하고 있다.

동아시아 지역구상이 추락하고 역내 국제관계의 갈등이 심화되는 현실에서 동아시아 국제관계를 새롭게 성찰할 필요가 있다. 동아시아는 글로벌 경제체제하에서 초국가적인 경제현상을 보이고 있지만, 정치군사 레벨에서는 주권국가체제가 성립하기 시작했다는 인식이 필요하다. 탈냉전의 동아시아 국가들은 역사상 유례없이 주권평등과 상호인정에 기초한 국제관계를 형성하는 중이다. 정치군사적 대립은 이러한 새로운 국제관계가 형성되는 가운데 생겨난 부산물일 수 있다. 갈등의 분출은 냉전체제에서 형성된 관습이 더 이상 정상이 아님을 암시한다. 독도, 역사교과서, 종군위안부 등 역사문제를 둘러싼 갈등의 일상화는 동아시아 국제관계의 패러다임 전환이 이루어지고 있음을 시사한다. 진정한 주권국가체제의 형성을 생각했을 때, 갈등은 평등성을 향한 지향이며 상호성과 인정성을 유발하는 촉매일 수도 있다. 역내 갈등은 이상異常이 아니라 정상正常으로 보는 관점이 필요하다. 협력에의 전망은 갈등을 정상으로 상정했을 때 보다 현실감을 가질 것이다.

이 장에서는 일본 보수가 한일관계에 연루되는 방식에 초점을 맞추어 동아시아 문제와 한일 갈등에 대해 살펴보기로 한다. 역내 갈등은 근대 일본의 팽창적 대외정책에서 비롯된 역사의 기억을 둘러싼 투쟁이며, 한일관계는 역사의 기억과 미래의 비전이 착종하고, 갈등과 협력이 교착하는 하나의 전형이다. 이 장에서는 탈냉전, 지구화 맥락에서 생겨난 동아시아 주권국가체제의 성립을 새로운 사회적 관계social relations의 형성으로 파악하고, 국제영역의 사회적 관계를 중시하는 국제사회international society의 관점에서 한일관계의 갈등에 대해 고찰한다. 또한 동아시아 국제사회와 갈등적 한일관계를 규율하는 일본의 국가와 사회의 존재 양태에 대해서도 검토할 것이다.

2. '사회'와 갈등

갈등 혹은 비틀림

탈냉전기 동아시아 질서변동은 국내와 국제의 두 수준에서 새로운 사회 형성을 요구한다. 1990년대 이래 동아시아 지역에서는 국내사회가 변동하였고 이에 따라 국가-사회 관계가 바뀌기 시작하였다. 한국에서는 경제발전과 민주화가 전개되었고, 일본에서는 경제침체와 더불어 사회의 보수화가 진행되었다. 중국은 개혁개방과 경제발전에 따른 사회변동을 경험하고 있다. 동아시아 삼국은 각각 민주사회(한국), 개방사회(중국), 보수사회(일본)로 나아가는 사회의 재편을 보이고 있다. 한국의 민주화는 탈권위주의를 촉진하였고, 중국의 개혁개방은 사회의 변화를 가져왔으며, 일본의 보수화는 탈전후체제를 지향하는 국가의식을 높이고 있다. 사회의 변용과 더불어 사회와 국가의 관련 방식도 변모하고 있다.

동아시아 국제영역에서도 사회적 관계를 형성하는 움직임이 보인다. 협력과 갈등이라는 상반된 동력에 의해 생겨난 것이다. 동아시아에서는 한편으로는 경제발전과 경제적 상호의존이 깊어지면서 역내 협력이 증대되고, 또한 이에 대한 요구가 강해지고 있다. 하지만 다른 한편, 탈이념과 탈중심의 세계정치가 전개되고 지구 규모의 자유주의 경제에 연루됨에 따라 국가들의 이기적 욕망이 커지고 국가이익을 극대화하려는 경쟁도 격화되고 있다. 더구나 냉전체제에 억눌러 있던 역사의 기억이 부활하고 역사문제가 역내 국제관계를 규정하는 쟁점으로 정치화되면서 갈등이 증폭되고 있다.

역내 갈등은 동아시아 국제관계가 명분과 실제 사이에 '비틀림'[1]을 내장하고 있음을 뜻한다. 이익경쟁, 역사의 기억, 국력 차이에 따른 권력불균형 등에 의해 초래된 비틀림이다. 이익경쟁은 공정한 규칙에 의거한다면 합리적 사고와 행동을 유발할 수 있지만, 합리적 이익경쟁이 국가의 개입으로 그 공정성을 방해받는 일도 적지 않다. 역사의 기억은 합리적 경쟁을 저해하는 비틀림의 커다란 요인이다. 역사교과서 문제, 야스쿠니 문제, 영토 문제, 종군위안부 문제 등 역사의 기억을 둘러싼 쟁점이 국가 간, 사회세력 간 갈등을 유발하고 있다. 국력의 불균형이 장기간 지속된 것도 비틀림을 초래한 요인이다. 동아시아에 보이는 비틀림은 동아시아의 구조변동(공간축)과 구조변동의 순로順路를 저해하는 역사의 기억(시간축)이 어긋나면서 생겨난 것이라 말할 수 있다.

비틀림이 갈등으로 표출된 것은 역내 권력불균형이 권력균형을 향해 움직이기 시작했음을 시사한다. 냉전체제하에서는 중심국가와 동맹국 사이에서 권력의 격차와 체제이데올로기가 작용하였고, 역내의 모순과 갈등은 봉인되어 있었다. '권력의 편중'(福澤諭吉)은 전제정치(국내사회)와 제국주의(국제사회)를 초래한 역사적 사례에서 보듯이 사회의 모순과 갈등을 은폐한다. 사회의 모순과 갈등은 '권력의 편중'으로부터 '권력의 균형'으로 나아가고자 할 때 부각된다. 글로벌 레벨과 리저널 레벨에서의 세력구도와 세력관계의 변동을 가리키는 질서변동은 은폐된 모순과 갈등을 드러내는 과정이다.

사회적 관계의 형성

동아시아 질서변동과 모순 갈등의 표출은 맞물려 있다. 동아시아는 냉전체제하에서는 역외 대국(미국, 소련)의 정치적 이념과 군사적 경쟁에 의해 분절되고 역내 상호작용이 쉽지 않았지만, 냉전체제에 들어선 뒤

1 '비틀림'은 가토 노리히로(加藤典洋)의 용법에서 시사를 받은 것이다. 가토는 미국에 의해 구성된 일본 전후체제와 일본사회의 현실 사이에 존재하는 비틀림의 해소를 전후체제 극복의 과제로 보았다. 이에 관해서는 후술한다.

에는 양자 관계의 변용과 새로운 다자 관계의 새로운 형성이 모색되었고, 지역질서가 재편되어 가는 과정에서 역내 국가들이 에고이즘을 드러내고 이익 경쟁을 전개하고 있으며, 이에 따라 역내 국제관계의 구조적 모순과 역내 갈등이 표면화되고 있다. 이것은 역내의 새로운 사회적 관계가 출현하고 있으며, 이를 바라는 의지가 작용하고 있음을 뜻한다. 갈등은 규제적 이념이나 규범이 갖춰져 있지 않는 한 꼭 비정상적인 것은 아니다. 그것은 주체들이 대등함을 지향하는 요구나 권력불균형을 개선하고자 하는 의지를 가졌을 때 나타난다. 힘이 압도적인 차이를 보이면 갈등은 표출되기 어렵다. 갈등은 일종의 상호성reciprocity과 대등성equality을 확보하고자 하는 의지의 표명이다. '사회'는 이러한 의지가 경합할 때 비로소 모습을 드러낸다.

현재의 동아시아 지역을 성찰할 때 19세기 개항기의 동아시아 국제관계로부터 의미 있는 시사를 얻을 수 있다. 서세동점은 글로벌, 리저널, 내셔널 세력구도의 상관적 변화를 촉발하면서 동아시아의 질서변동을 초래하였다. 개항과 개혁의 질서변동기에 근대적 주권 개념으로 갖추기 시작한 역내 국가들은 자유무역과 국제법에 의거한 상호작용의 새로운 사회적 관계의 형성을 요구받았고, 교역과 외교를 통해 국가 간 관계의 새로운 틀을 구축해 갔다. 당시 일본의 계몽사상가들은 '인간교제'(福沢諭吉) 혹은 '동료집단[仲間連中]', '회사'(中村正直) 등과 같은 번역어를 사용하였고, 마침내 '사회'라는 번역어를 만들어 냈는데,[2] 이 과정에서 사람들이 상호작용하는 사회의 출현과 필요성을 감지하고 있었다. 후쿠자와의 경우 '인간교제'는 "어른과 어른의 동료[仲間]"이자 "타인과 타인의 사귐"으로서[3] 사람들 사이에 성립하는 사회적 교환관계

2 근대일본에서의 '사회' 개념의 번역과 형성에 관해서는 야나부 아키라, 서혜영 역, 『번역어 성립사정』(서울: 일빛, 2003).

를 상정한 것이었다. 전제적 상하관계를 가져오는 '권력의 편중', '권력 불균형'은 힘의 평균에 기초한 사회질서로 대체해야만 하는 것이었다.[4] 상호성과 평등성에 기초한 사회가 상정되었던 것이다. '개인', '자유', '권리', '의무'와 같은 개념도 '개인'의 탄생뿐 아니라 사회적 교환관계에 기초한 평등한 상호적 인간관계를 상정하는 '사회'의 등장과 관련된다.

만국이 교제하는 국제사회도 상상되었다. '국제사회'라는 말은 한참 뒤에 등장하지만,[5] 국제사회의 질서에 관한 사유는 이미 개항기부터 보였다. 메이지 계몽사상가들이 물품의 교역과 인간의 교제에 큰 관심을 보였던 것은 교환 관계로 구성된 사회의 출현을 의식했거나 그 필요성을 인식했기 때문이다. 물품교역과 인간교제라는 교환 관계는 인간관계의 상호성과 평등성을 전제하거나 이것들을 촉발한다. 상호부조적 질서관과 투쟁적 질서관에 따라 사회의 모습은 달리 상상되었다. 유길준과 나카무라 마사나오中村正直는 마을 공동체의 평화적 질서에 비정하여 국제사회를 호조互助의 협력적 사회로 보았지만,[6] 국제사회를 국가들이 경쟁하는 투쟁적 질서로 보는 견해가 많았다. 후쿠자와는 '외국교제'의 상호성과 평등성을 용인하지 않았다. 교역은 이익을 다투는 지혜를 요구하는 것으로서 인민의 지견智見을 열고 문학기예를 왕성하게 하지만, 국제 수준에서는 일본의 "여광餘光을 밖으로 떨치는" "국가 번영의 징후"로 보았다.[7] 천황제 국가는 만국투쟁적 질서에서 국가의 생존과 발전을 모색하는 전략적 사고에서 성립했다. 동아시아 국제관계는

3 福沢諭吉, 『学問のすすめ』(『福沢諭吉全集』 第3巻, 東京: 岩波書店, 1959), 97쪽.

4 福沢諭吉, 『文明論之概略』.

5 平野健一郎, 「概念の文化触変ー「〈国際〉社会」という日本語の登場と変遷」, 平野健一郎 他 編, 『国際文化関係史研究』(東京: 東京大学出版会, 2013).

6 유길준, 『서유견문』(東京: 交詢社, 1895), 제5편 "방국의 권리".

7 福沢諭吉, 『文明論之概略』, 191쪽.

권력(이익) 관계가 변동하고 질서규범(제도)이 변모함에 따라 국내적, 국제적 갈등을 내포한 맥락으로 이행하였고, '사회'를 새롭게 구성하려는 움직임이 생겨났다. 다른 한편, '개인', '자유', '권리', '주권', '평등' 등의 개념군을 가지고 근대적인 국내사회와 국제사회를 구축하고자 하는 구상(이념, 사상)이 생겨났다. 호조적 사회이건 갈등적 사회이건 상호성과 평등성이 전제가 되었다.

이익을 추구하면서 일정한 규범을 지닌 사회적 관계가 형성될 때 국내, 국제 수준의 질서는 성립한다. 이익 경쟁에 기초한 사회적 관계가 안정되려면 국익 조정의 기제나 규범이 필요하지만, 그렇게 되기까지는 갈등이 발생하기 마련이다. 이익의 확보와 욕망의 실현은 교역을 통해 가능하지만, 합의된 규범과 규칙이 갖춰지기 이전에 개별 문화와 국가의 간섭이 강한 동안에는 물품 교역과 국가 교제에서 개방성, 상호성, 평등성은 완전히 구현될 수는 없다. 근대 동아시아에서는 제국주의가 국가 간의 상호성과 평등성의 성립을 저해하였고, 자유로운 교역과 평등한 교제가 행해지는 국제사회는 실현되지 못했다.[8]

탈냉전, 지구화 맥락에서 표면화된 이익 경쟁과 역사 투쟁에 보이는 역내 갈등은 바야흐로 주권국가체제가 작동하기 시작한 것과 더불어 동아시아의 주권체가 보다 실질적인 평등에 기초해서 상호작용하기 시작했음을 뜻한다. 동아시아 지역 수준의 새로운 '사회'의 형성, 즉 동아시아 '국제사회'의 출현을 의미한다. 역내 갈등은 익숙하지 않은 상호작용의 표현이며, 기존 관습의 관성도 있고 새로운 규범 형성에 익숙지 않은 데서 발생하는 것일 수 있다. 하지만 갈등은 동아시아 지역에

8 일본제국이 글로벌 세력구도에 대항하여 내셔널 세력의 팽창을 통해 지역을 세력권에 포섭하고자 했던 1920년대 초반 제국 팽창의 질서변동에서도 '사회의 재발견'이 문제되었다.

서 사회적 관계의 형성을 유발하는 촉매이며 역내 소통의 한 표현일 수 있다. 동아시아 지역의 권력 관계가 변동하고 규범이 미확립된 상황에서, 이익과 욕망을 제어할 규제적 가치가 없는 상태에서, 19세기 후반에 확인되었듯이 공동체 이념만으로는 갈등의 현실을 호도할 수는 있어도 갈등 자체를 해결할 수는 없었다. 동아시아 주권국가체제의 진정한 출발, 즉 '역사의 시작'은 동아시아 지역에서 '사회' 형성, 즉 동아시아 국제사회의 성립을 지향하는 것이며, 갈등은 협력과 더불어 사회적 관계를 만들어 내는 조건이다. 갈등은 비틀림의 구조를 드러나지 않고는 해소될 수 없다.

3. 비틀림의 동학: 동아시아 국제사회와 일본

'주체'와 '역사'

동아시아에서 '역사의 시작'은 냉전체제에서 억눌러 있던 역사의 재발견, 즉 식민지지배와 태평양전쟁을 둘러싼 기억이 부활하고 과거사 문제가 정치화하는 것을 뜻한다. 기억의 부활은 냉전체제라는 기제가 풀리고 한국과 중국이 경제적 성장을 보이면서 주권체로서 발언하기 시작하였다는 사실, 유보되어 왔던 기억을 발화하기 시작했다는 사실에서 비롯된다. 일본에서도 다른 의미에서 역사의 기억이 소환되고 부활하였다. 역사 기억의 부활 혹은 재구성은 식민지 지배와 태평양전쟁의 책임 문제와 야스쿠니 문제가 핵심 쟁점인데, 이들은 동아시아 문제와 일본 문제라는 양면성을 지닌다. 동아시아 문제로서는 동아시아 지역의 새로운 구성을 위한 진보적 계기로서, 일본 문제로서는 전후체제를 부정하고 전후일본의 국가와 사회를 재조직화하는 보수적 시도로서 성립한다. 역사 쟁점은 동아시아 문제와 일본 문제가 교착하는 양상을 보였다. 역사문제를 둘러싼 한국, 중국에서의 주체 문제와 일본에서의 주체 문제는 다른 모습을 보였다.

1990년대 일본사회는 탈이데올로기 세계정치와 자유주의 지구경제에 의해 전개되는 글로벌 세력구도와 이와 연동해서 변동하는 리저널 세력구도에 대응해야만 했다. 글로벌 국제사회의 변용과 동아시아 국제사회의 출현에 대응해야만 했다. 일본은 걸프전쟁을 계기로 국제공헌을 확대할 것을 요구받았다. 국가개혁은 일본의 국제공헌을 바라는 국제사회의 요구에 부응하기 위한 유엔평화협력법안(PKO법)의 성립을 둘러싸고 정치적 쟁투가 벌어졌다. 미일동맹에 부응하면서 평화헌법 개정과 자위력 강화(집단적 자위권)를 통해 탈냉전 맥락의 국제사회에 대응하는 국가의 능력을 배양한다는 정책 의제가 급부상하였다. 일본은 거품경제의 붕괴에 뒤따른 경제침체에도 대처해야만 했다.

탈냉전, 지구화 맥락에서 탈냉전 질서의 국제사회에 대응하고 경제침체에 따른 경제적 불안감을 극복하기 위해 '국가'를 재구축해야 한다는 의식이 팽배해졌다. 일본의 국제적 역할과 국내 경제침체에 대응하여 국가를 개혁하고 사회를 재편하려는 의식이 고조되었다. 냉전체제가 종식되면서 냉전에 기초했던 전후체제에서 벗어나려는 심리가 나타났다. 지구화 경제와 경제침체에서 유발된 불안감이 초래되었고, 정치적 유동성과 경제적 불안감이 상승하면서 관습화된 전후체제에 대한 전면적인 비판과 전후체제를 벗어나려는 심리가 고조되었다. 보수/우익들은 미일동맹을 대미종속으로 간주하면서 자주방위론을 적극 주장하기 시작하였다.

전후체제 비판은 일본국가의 존재양태에 대한 비판뿐 아니라 역사의 기억도 부활시켰다. 1980년대 나카소네 정권에서 한일, 중일 간에 교과서 문제가 발생하면서 일본의 전쟁책임과 식민지 지배에 관한 기억이 쟁점화되고 한국, 중국과 교과서 분쟁을 일으킨 바 있지만, 역사문제가 크게 정치화되지는 않았다. 하지만 탈냉전 맥락에 들어 한일관계, 중일관계가 유동화하면서 역사 문제는 정치화하게 된다. 식민지 지배, 전쟁책임, 위안부 강제연행 등에 관한 기억이 정치화되었다. 탈냉전기 동아시아 역내 관계의 재형성을 둘러싸고 역사 청산이 정치 아젠다로 부상한 것이다. 일본정부의 위안부 강제동원을 인정하고 사죄한 1993년 고노河野담화와 일본의 전쟁범죄를 인정하고 사죄한 1995년 무라야마村山 담화는 동아시아 질서변동이 맞물려 역사의 기억이 봉인에서 해제되고 정치화한 것에 대한 응답이었다.

역사 기억의 재구성은 동아시아 국제문제로 연결된다. 식민지지배와 전쟁책임 문제와 야스쿠니 문제는 핵심적 쟁점인데, 이 쟁점들은 동아시아 국제관계에 의해 쟁점화하였고 전후일본의 국가와 사회를 재조직화하는 보수적 견해와 운동에서 일본문제로 정치화하는 양상을 보였다. 일본의 지식인들은 역사의 기억을 동아시아 문제로 보느냐 일본 문제로 보느냐에 따라 견해가 갈렸다. 전후일본의 국가와 사회를, 보수지식인들은 일본 레벨에서 비판적으로 성찰하였고, 진보지식인들은 동아시아 맥락에서 성찰하였다. 이 양상은 전쟁책임과 야스쿠니 문제를 둘러싼 보수-진보 논쟁에서 확연히 드러났다. 보수지식인 가토 노리히로加藤典洋의 『패전후론』(1997)을 둘러싸고 가토와 진보지식인 다카하시 데쓰야高橋哲哉가 벌인 논쟁은 역사의 기억을 소환하는 데 일본과 동아시아라는 터(토포스)가 달리 자리잡고 있음을 보여 준다. 가토는 태평양전쟁에서 희생된 3백만 자국민에 대한 '애도'를 선행해야 한다고 주장하였다. 다카하시는 이를 비판하면서 전쟁에서 희생된 1,200만 아시아인에게 먼저 '사죄'해야 한다고 역설했다. 아시아의 요구에 "응답response하는 능력ability"으로서의 책임resonsibility을 실천함으로써 화해와 공존을 모색해야 한다고 주장하였다.[9] 가토가 전쟁에서 희생된 자국민에 관한 일본문제로서 전쟁책임 문제를 얘기했다면, 다카하시는 전쟁책임 문제를 아시아에 대한 사죄에서 풀고자 했던 것이다.

이들 논쟁은 탈냉전 맥락에서 주체와 책임윤리의 문제를 보여 준 것이다. 가토가 '애도'의 문제를 제기한 것은 일본의 전후체제에 내장된 '비틀림'을 해소하기 위해서였다. 가토는 전후체제가 미국에 의해 강제된 평화헌법과 민주주의에 의해 구성된 타율적인 것으로 전후 일본사회에 명분과 실제 사이의 비틀림이 존재한다고 보았고, 국민이 자율적으로 평화헌법을 제정하는 절차를 거쳐 비틀림을 해소해야 한다고 주장한다. 평화헌법과 전후민주주의의 가치를 신봉하는 다카하시는 과거사 문제를 둘러싸고 아시아에 반성하지 않는 것에 비틀림의 원인이 있다고 보았다. 가토-다카하시 논쟁은 비틀림의 소재와 주체를 모색하는 방식은 달랐지만 탈냉전 질서변동 과정에서 주체성 문제를 제기한 것이다. 리버럴 보수인 가토가 일본사회에 내재된 전후체제의 비틀림을 해소함으로써 주체적 실존을 모색했다면, 진보지식인 다카하시는 아시아를 매개로 아시아에 대한 일본의 비틀린 책임의식을 각성시킴으로써 실천적 주체를 모색한 것이라 할 수 있다. 패전 직후 민주화와 냉전체제 형성의 질서변동 과정에서 민주주의적 사고에 기초한 주체성 문제가 제기되었듯이,[10] 탈냉전 질서변동 과정에서 주체의 문제가 재등장한 것이다. 가토는 리버럴 보수로서 일본의 국가와 일본적 가치를 우선시키는 수정주의 역사관을 가진 보수논객이나 우파 행동가들과는 달랐지만 동아시아와 관련해서 주체를 모색하는 시선은 약했다. 다카하

9 加藤典洋,『敗戰後論』(東京: 講談社, 1997). 한국어역은 가토 노리히로, 서은혜 옮김,『사죄와 망언의 사이에서: 전후일본의 해부』, 서울: 창작과비평사, 1998); 高橋哲哉,『戦後責任論』(東京: 講談社, 1999). 한국어역은 다카하시 데쓰야, 이규수 옮김,『일본의 전후책임을 묻는다』(역사비평사, 2000).

10 전후 일본지식인의 주체성 논쟁에 관해서는 J. Victor Koschmann, *Revolution and Subjectivity in Postwar Japan*, Chicago (University of Chicago Press, 1996).

시는 탈냉전을 계기로 객체로 여겨졌던 동아시아의 시선 속에서 일본의 주체를 생각하는 관점을 보여 주었다. 과거사 문제의 쟁점화는 진보 지식인에게 동아시아를 보는 시선을 갖게 해 주었다.

관점의 차이는 있지만 가토-다카하시 논쟁은 탈냉전 질서변동의 맥락에서 동아시아와 역사에 내재된 비틀림을 각성하였고 동아시아의 시선을 의식하면서 과거사 문제와 주체 문제를 생각지 않을 수 없는 지적 상황이 출현했음을 보여 주었다. 다카하시의 주체성 논리는 진보론에 흔히 보이듯이 논리적 정당성에 기초한 주장이었고 일본사회가 안고 있는 비틀림의 현실을 천착한 것은 아니었다. 가토는 일본사회 자체의 비틀림에 착목함으로써 자율적 주체의 회복이라는 관점을 얻을 수 있었다. 가토-다카하시 논쟁은 1990년대 후반 탈냉전의 질서변동에 대응하는 공론 영역에 비록 진보 정치세력은 몰락했어도 진보적 견해가 아직 발화될 여지가 있었고 리버럴 보수가 이에 부응하여 발언할 수 있는 여지가 있었음을 보여 준다. 하지만 동아시아와의 화해를 모색했던 리버럴 지식인의 탈냉전적 사고는 역사의 재해석을 통해 일본적 가치와 일본의 역사적 행동을 정당화하는 우익 운동에 압도당하게 된다.

'역사의 수정'과 비틀림

언론 투쟁이나 우익 운동에 적극 관여하는 보수 우익들은, 진보나 리버럴 보수와 달리, 과거사 사죄나 비틀림을 논리적, 이념적으로 전면 부정함으로써 주체를 모색하고자 했다. 역사문제는 전후체제에서 진보에 의해 구성된 '자학사관'을 부정하고 자긍심을 불러일으킬 수 있는 역사 재서술을 의미하는 것이다. 니시베 스스무西部邁, 사에키 게이시佐伯啓思와 같은 보수 이론가들은 전후체제에서 운용된 국가와 사회의 존재 양태를 문제 삼았다. 이들은 1980년대 일본이 경제대국을 달성하고 고도 대중사회에 진입하면서부터 전후체제와 전후민주주의를 비판하기 시작했는데, 냉전 종식 이후에는 전후체제에서 형성된 민주주의와 역사관을 전면 부정하였고 국가의식과 애국심의 고양을 모색하는 국가론을 적극 개진하였다. 투쟁적인 저술 활동을 벌이면서 '싸우는 보수'로 등장하였다.

한편 우익 지식인, 활동가들은 보수적 주장들을 실천하는 정치적 행동을 보이면서 보수의 정치화를 부추기고 있다. 후지오카 가쓰노부藤岡勝信 등은 자유주의사관과 역사수정주의를 표방하면서 1996년 자유주의사관 연구회를 결성하였고, 니시오 간지西尾幹二 등은 '새로운 역사교과서를 만드는 모임'을 만들었다. 이들 행동가들은 진보 지식인들이 전후체제에서 구축한 역사관을 '자학사관'이라 부정하면서 자국사 재해석을 시도했고, 아시아침략을 부정하고 대동아전쟁을 아시아 해방전쟁으로 보며 근대일본의 역사를 긍정적으로 서술하는 역사 교과서의 발간 및 채택운동을 통해 일본사회의 보수적 재편을 꾀하였다. 이러한 운동은 일본 여론의 반발뿐 아니라 한국, 중국과의 외교적 갈등을 유발하면서 역사문제의 정치화를 초래하였다.

가토-다카하시 논쟁과 우파 행동가들의 수정주의 역사관에서 일본의 탈냉전적 사고는 '전후체제의 종식'을 함축한다는 것을 알 수 있다. 그런데 '전후체제'는 냉전체제를 통과한 일본의 경험을 일본의 관점에서 포착한 말이다. 이 말에는 동아시아의 경험이 반영되어 있지 않다. 1960년대에 에토 준江藤淳 등 보수지식인들이 태평양전쟁론과 평화헌법론을 통해 미국적 해석에 매몰된 일본의 비주체성을 지적한 이래 일본의 비주체성은 전후체제의 비틀림에 국한된 것이고, 미일동맹과 미국이 '강제'했다고 본 평화헌법의 비주체성에서 도출된 것이다. 보수건 진보건 전후체제를 산출한 동아시아 냉전체제에 대한 시선은 결여되어 있었다. 냉전이 전후체제에 투사한 부정적 함의만을 생각할 뿐, 일본의 전후체제가 냉전체제에서 갖는 의미를 따지지는 않았다. 동아시아에서 전쟁책임을 면죄받은 까닭에, 유일한 발전국가였기에, 동아시아적 시선을 유인할 여지는 없었다.

보수 우파의 전후체제 해체론은 냉전기 보수지식인의 견해를 시간적으로 계승한 것만은 아니다. 탈냉전, 지구화 맥락의 공간적 간섭에서 비롯된 것이기도 했다. 일본의 보수 우익은 한국, 중국의 경제발전과 국가위상 제고, 역내무역 증대에 힘입어 중요한 지역으로 부상한 동아시아 공간을 의식하고 역내 관계를 조정해야 하는 상황을 맞이하였다. '전후체제의 종식'을 주장할 때 보수 우익은 냉전체제로 동아시아에서 유보된 '전후의 시작'을 감수해야만 했다. '시간(역사)의 수정'이 아니라 '공간(관계)의 수정'이 요구되는 상황에 있다. 하지만 이들 역사 수정주의자들은 변용한 공간에서 부상한 타자를 인정하는 데 주저하면서 왜곡된 것으로 여기는 자기 역사를 수정하고 정당화함으로써 자신들 시간 속에서 주체성을 모색하는 데 몰두하고 있다. 니시베 스스무, 사에키 게이시 등 보수지식인들이나 우파 행동가들에게 전후체제는 일본사의 시간 속에서 소멸해야 할 비정상적 현상이다. 주체는 국가의식national identity과 애국심의 부활을 통해 국가를 공동체적 삶의 터로 상정하는 방향에서 모색된다. 사에키는 지구화에 대응하는 기능적 국가를 상정하면서도 일본의 역사적 시간 속에서 형성된 문화 공동체로서의 국가에 개인을 귀결시킨다.[11] 싸우는 보수의 언론 활동이나 '새역모'의 교과서 운동은 일본의 정신과 문화가 축적된 역사적 시간에서 정체성을 모색하는 행위다.

아베 정권은 이러한 움직임을 정책 차원에서 실천하고 있다. 아베 신조安倍晋三 수상은 수정된 역사를 확립된 사실로 상정하고 동아시아,

11 佐伯啓思, 『国家についての考察』(東京: 飛鳥新社, 2001), 27-29쪽.

나아가 세계의 국제사회에서 인정받으려는 정책을 추진한다. 기존 정권은 탈냉전기 질서변동 과정에서 불거진 역사 문제를 일정 부분 용인하면서 동아시아 국가와의 관계를 유지하고자 했다. 고노담화와 무라야마담화는 그 정책적 표현이었다. 이와 달리 아베 정권은 일본의 제국주의 정책을 정당화하는 보수우익의 역사관을 공유하고, 그 전제 위에 동아시아 국가와의 관계를 설정하고 있다. 아베 정권의 성립과 더불어 위안부문제, 영토문제 등 역사문제를 둘러싸고 한일 간, 중일 간 외교갈등이 불거졌다. 특히 한일관계는 이명박 대통령의 독도 방문과 박근혜 대통령의 과거사 문제 제기로 더욱 악화되었다.

아베의 역사 지우기 정책은 군위안부 강제연행을 둘러싼 역사 지우기에서 보듯이 우파적 역사 해석을 역사적 사실로 구축하려는 의지의 표현이다. 아베는 고노담화 검증을 통해 일본정부의 위안부 강제연행 사실을 부정하고자 했고, 아사히신문이 요시다 세이지吉田清二의 위안부 강제연행 증언에 관한 보도가 오보였음을 인정하자 위안부 강제연행뿐 아니라 군위안부 제도의 강제성까지 부정하는 논리로 이용하였다. 또한 일본군 위안부를 '성노예'로 규정하고 사죄배상을 권고한 1996년 유엔 보고서의 일부 철회를 요구하는 등 위안부 강제연행을 부정하는 국제홍보 활동도 강화하였다. 아베는 사실을 부정하고 홍보를 강화하는 전략을 취하고 있다.

사회 영역에서도 역사 지우기는 우익단체들의 반한 활동 강화로 증폭되고 있다. 아베의 편향적 보수화와 맞물려 우익정당 '일본유신의 모임'이나 '넷우익', '재특회' 등 우익 세력들은 반한 활동을 강화하면서 '분노하는 우익'의 면모를 드러냈다.[12] 분노하는 우익은 '싸우는 보

12 예를 들면, 넷우익은 홋카이도 사루후쓰(猿拂) 마을이 한국인 강제징용 피해자를 위한 추모비 건립을 추진하자 생산품 불매 공세를 펴서 좌절시켰다. 군마(群馬)현에

수'의 언론 활동에 머무르지 않고 타자 증오와 타자 배제의 정치적 행동을 통한 주체화를 드러내고 있다. 넷우익과 재특회在特会의 반한 활동과 혐한서 범람, 그리고 재특회의 혐한 시위에 난무하는 전쟁 전야를 방불하는 선동 문구에는 극단적인 쇼비니즘이 느껴진다. 한국의 타자화, 배제, 부정을 통해 자기존재를 증명하려는 폐쇄된 주체의 모습에서 자폐증적 증후마저 감지된다.

역사문제와 관련된 기존의 동아시아 정책을 전복시키려는 아베의 우경화 정책, 내셔널리즘과 애국심의 고양을 통해 국가의식을 부활시킴으로써 주체를 회복하려는 '싸우는' 보수지식인들의 언론 활동이나 '분노하는' 우익의 정치적 행동에 보이는 배타적 내셔널리즘은 장기간의 경제침체로 누적된 사회적 불만과 고립감에 편승한 측면이 없지 않다. 하지만 동아시아 질서변동에서 요구되는 공간의 존재방식에 대한 관습적 생각이 더 중요한 이유가 될 것이다. 중국위협론과 반한론, 혐한론에 나타난 일본사회의 반감은 일본 근대의 성공과 일본제국의 영광에 관한 역사적 기억과 결부되어 있다. 보수의 투쟁과 우익의 분노는 보수 우익(나아가 일본사회)의 심성과 행동이 지역 레벨에서 과거사와 관련된 역사적 시간과 과거사에 의해 구율되는 동아시아 공간에 묶여 있음을 뜻한다.

동아시아 지역에 한정된 이러한 심성과 행동의 특수성은 역사의 기억이 세계문제로서 정치화했을 때 뚜렷이 드러난다. 일본은 동아시아 역사문제를 보는 세계국제사회의 보편적 기준과 판단을 수용하기보

압력을 가해 다카사키(高崎) '군마의 숲'에 있는 조선인 강제동원 희생자 추도비의 철거 결정을 이끌어 냈다. 나라(奈良)현 덴리(天理)시에 항의해 "조선인 노동자와 위안소의 여성이 강제연행되었다."라는 문구가 적힌 일본군 비행장터 안내문 철거를 실현시켰다.

다는 일본의 입장 혹은 일본이 생각하는 '객관적 사실'을 국제사회에 이해시키겠다는 전략을 취하고 있다. 여기에도 커다란 비틀림이 존재한다. 일본정부는 국제적 기준을 수용하지 않고 있다. 2014년 8월 유엔 인종차별철폐위원회는 "혐한 단체들의 발언, 행동은 인종차별이며 이를 금지하는 법과 형사처벌 규정이 필요하다"며 일본 정부에 시정을 권고했지만 일본 정부는 대응책을 내놓지 않고 있다. 오히려 아베 정권은 미국 자치단체의 위안부 기림비 설립을 저지하고자 했고, 일본국가의 위안부 모집 관여와 위안부 강제연행을 부정하면서 국제사회의 이해를 구하는 국제홍보 활동을 강화하겠다는 의지를 표명하였다. 미국 역사 교과서의 위안부 관련 서술을 삭제해 줄 것을 맥그로힐 출판사에 요청하여 미국 역사학자들의 반발을 사기도 했다.

국제사회의 보편적 인권보다 자국의 역사와 위신과 국익을 앞세우는 아베 정권은 동아시아 역내에서는 회귀적 역사관을 동원하여 국가의 이익과 위신을 재구축하고자 하며, 글로벌 차원에서는 자신들이 해석한 역사적 사실을 진실로 치부하면서 인류의 보편적 가치에 대항하는 형국이다. 여기에서도 일본과 세계 사이에 자리잡은 비틀림이 확인된다. 하지만 아베의 의도와는 달리 위안부 문제가 글로벌 레벨에서 정치화되었을 때, 인류의 보편적 가치와 일본의 개별적 견해의 격차가 극명해지고, 위안부 문제의 쟁점화와 갈등에서 일본의 관점과 행위의 특수성이 드러날 뿐이다. 특수성은 보수우익에 국한되지 않고 일본 국가와 사회의 일반적 속성으로까지 확충된다. 역사문제가 세계 레벨에서 쟁점화하고 정치화할수록 일본의 고립된 불의injustice만이 불거질 따름이다.

수정된 역사관으로 탈냉전의 동아시아 질서변동과 세계의 보편적 기준에 대응하는 아베 정권의 방식에서는 역사의 보수적/우파적 시간 관념(기억)이 공간 관념의 변화를 억제하고 있다. 동아시아 국제관계의 비틀림은 역사적 시간이 현재의 공간을 규정하며, 역사적 시간이 어긋난 역사관에 의해 고정되어 있다는 사실에서 비롯된다. 과거의 기억이 현재의 관계를 규정하고 있다. 가해자의 기억과 피해자의 기억은 차이가 나기 마련인데, 이 차이는 자국의 역사적 시간만을 고집했을 때 수정될 수 없다. 어긋난 역사관념에 의탁해서는 동아시아 공간의 변용은 힘들 수밖에 없다. 냉전기에는 한일관계가 글로벌 냉전체제의 종속 변수였기에 일본은 역사 쟁점을 유보한 채 자신들의 필요에 맞게 동아시아 공간에 대응할 수 있었지만, 탈냉전기에는 한일관계가 더 이상 세계정치의 종속 변수가 아니며 오히려 세계의 보편적 기준을 일깨우는 요소가 되었다. 일본의 일방적 요구나 희망에 의해서가 아니라 동아시아 국가들의 상호구성적 조율이 요구되는 사항으로 바뀌어 있다. 한일관계는 동아시아 국제사회의 새로운 형성을 지시하는 바로미터가 되어 있다. 한일 갈등은 '공간의 수정', 즉 동아시아 국제사회의 새로운 형성과 관련해서 이해할 수 있다.

4. 갈등의 한일관계와 일본사회

협력의 재구축

아베 정권에 들어 한일관계는 갈등이 일상화되어 있고 일본사회에는 반한 감정이 크게 확산되고 있다. 동아시아 질서변동 상황에서 사회의 공동성을 확보하고자 적을 설정하고 적에 배타적 태도를 보이는 보수우파들의 전투적 습성이 부활한 듯이 보인다. 개체의 이익을 우선하는 현실주의적 관점과 경제적 국익에 집착하는 습성이 탈냉전, 지구화 맥락에서 현저해졌기 때문일 수도 있다. 역사적 필연성이 아니라 질서변동기에 흔히 보이는 불안감의 표현일 수도 있다.

한일관계를 움직이는 동력은 역사적이며 구조적이다. 흔히 최근 한일 갈등의 원인을 정치지도자의 정책적 행위에서 찾는 경우가 많다. 이명박 대통령의 독도방문과 박근혜 대통령의 과거사 문제 쟁점화가 양국 관계의 악화를 초래하고 일본인의 반한 감정을 부채질했다고 보는 견해가 많다. 한일관계 전문가인 오코노기 마사오小此木政夫는 한국 대통령의 독도방문이 위안부 문제에 항의하는 성격을 지닌 것으로 "역사문제와 영토문제를 일체화시킨" 행위로 이해한다. 정치지도자들의 행동이 일본의 국민감정에 악영향을 미쳤고, 상호불신이 역사논쟁의 고레벨화를 초래했다고 말한다.[13] 한국 측 학자들도 비슷한 생각이면서도 일본의 정치지도자들, 특히 아베의 역사관과 우경화 정책이 더 근본적인 원인이라고 생각하는 경향이 있다. 정치지도자들의 정책과 행동이 한일관계를 악화시킨 근인近因일 수는 있다. 그러나 그러한 정책과 행동을 야기한 역사적, 구조적인 것에 유의해야 한다.

독도문제와 위안부문제가 고도의 한일갈등을 초래했다는 사실은 역설적으로 한일관계의 취약성을 보여 준다. 한류에 끌렸던 기성세대들이 젊은 세대보다 반한 감정을 강하게 드러냈다는 사실에서도 한일협력의 허구성을 읽을 수 있다. 한일관계를 규정해 온 '협력'이라는 말과 협력담론의 취약성을 감지할 수 있다. 민간교류를 통한 상호소통 증대, 역사(정치)문제와 경제문제의 분리, 내셔널리즘의 극복 등은 한일협력론의 상투성을 보여 준다. 경제적 상호의존에 있고 자유민주주의와 시장경제체제를 공유하며 산업구조가 유사하기 때문에 한일 양국이 협력해야 한다는 견해[14]도 비슷한 논조다. 이러한 협력론은 현실의 갈등에 대한 성찰을 결여한 당위론에 불과하다. 이러한 상투적인 한일협력

13 오코노기 마사오(小此木政夫), 「기로에 선 한일관계: 새로운 공생전략을 생각한다」, 오코노기 마사오 외, 『동북아 국제정치 질서, 어디로 가나』(서울: 푸른역사, 2015).

14 오코노기 마사오, 앞의 논문. 오코노기는 '쌍둥이 국가'로 표현한다.

론은 지역협력의 동학을 보는 시선을 결여한다.

한일협력론은 협력 패러다임의 전환을 간과한다. 냉전기에는 미국의 글로벌 전략과 미국과의 동맹에 부응하여 한일협력이 성립하였다. 한일협력은 미국의 동아시아 전략과 상관적이었다. 1965년 한일협정 체결로 한일협력이 개시된 것이 전형적인 사례다. 이러한 한일협력은 일본의 우월감과 시혜의식에서 성립한 것이다. 한일협력은 미국의 동아시아 안보전략과 경제적 이익 위에 성립한 비자발적 협력이었다.

탈냉전, 지구화 맥락에 들어 협력 방식은 변화를 요구받고 있다. 복수의 양자협력 관계에서 다자협력 관계로, 비자발적 협력에서 자발적 협력으로 패러다임 전환을 요구받고 있다. 오구라 가즈오小倉和夫 전 주한대사의 발언은 시사적이다. 그는 서울에서 열린 한일미래포럼(2014)에서 "동아시아의 역할 단계가 바뀌고 있습니다. 아시아에서 중국의 영향력이 커졌으며, 미국의 영향력은 상대적으로 작아졌고, 한국의 경제력은 이제 상당한 수준에까지 도달했습니다. 이것을 어떻게 받아들여야 할까요? 한국과 일본은 이제 대등한 파트너 관계입니다. 이전까지는 이런 패턴에 익숙지 않았지만 이제 한국이 일본보다 더 뛰어난 부분도 분명 존재합니다"라고 말했다. 일본의 경제적 우월감이 수정되어야 하고 기존의 패턴을 바꿔야만 하는 패러다임 전환을 감지한 것으로 이해할 수 있다.

협력 패러다임의 전환은 습성화된 현실주의적 국제관념을 극복했을 때 가능할 것이다. 일본 측의 한일협력론은 중국의 대국화에 대응하여 중국봉쇄(중국포위)를 강화하려는 중국배제론적 사고를 바탕에 깔고 있다. 중국과의 경제적, 안보적 관계까지 포괄하는 역내 협력을 상정해야 하는 한국에게 이러한 한일협력론은 비현실적일 수밖에 없다. 역사의 기억을 둘러싼 쟁투도 협력 패러다임 전환을 막고 있다. 역사문제가 한일갈등의 핵심인 상황에서 역사에 관한 당위론적 요구도 공상적일 수밖에 없다. 아베 총리는 "객관적 사실에 근거한 올바른 역사 인식이 형성되고, 일본의 대응이 국제사회에서 정당한 평가를 받도록 요구할 생각이다"라고 말했다. 박근혜 대통령은 "역사문제에 대한 올바른 인식과 위안부 문제의 해결 없이 한일관계 개선은 기대하기 어렵다"라고 역설했다. 양자 간에는 '객관적 사실'과 '올바른 역사인식'에 대한 상반된 생각이 드러나 있다. 이러한 생각은 지식인들, 시민들 사이에도 보인다. 역사의 기억이 상존하는 한, 현안인 독도 문제와 위안부 문제가 역사문제로서 기능하는 한, 역사를 덮어 둔 채 협력을 논하기도 어려울 것이다.

협력은 갈등을 전제로 얘기되어야 한다. 한일관계에서 협력과 갈등은 순환적 시간 속에서 반복되는 변주가 아니라 연속적 시간 위에서 구조화된 이중주라 할 수 있다. 달리 말하면 구조화된 갈등의 저음 위에 협력의 멜로디가 배치되어 있다고 할 수 있다. 갈등이 역사적이고 구조화되어 있는 한 갈등은 정상적인 것이다. 갈등을 정상적 상태로 본다면 갈등 과정을 거치면서 갈등을 줄여 나가는 것이 현실적인 길일 것이다. 여기서 협력은 갈등을 줄여 나가기 위한 타협으로 이해할 수 있다. 갈등을 효율적으로 줄이기 위해 협력의 공동 목표를 상정하는 것은 바람직하겠지만, 이러한 목표는 이상적 당위가 아니라 갈등의 현실에서 도출되어야 한다. 여기에는 이익투쟁과 상호인정의 과정이 요구된다.

국제사회, 주체, 인정성

동아시아 공간은 냉전 종식이라는 지구적 현상과 동아시아 국가들의 경제발전이라는 동아시아적 현상이 중첩되면서 비로소 주권국가체제가 제대로 작동할 토대를 마련하였다. 동아시아 국가들이 주권체로서 상호작용하는 초유의 지역 국제관계가 영위되기 시작하였다. 동아시아에서 주권국가체제가 작동하게 된 것은 동아시아 구성체들의 관계가 근대적 관계성을 보이기 시작했음을 뜻한다. 이러한 의미에서 동아시아에서 탈냉전은 '탈근대'가 아니라 '근대의 시작'이며, '역사의 종언'이 아니라 '역사의 시작'이다. '역사의 시작'은 동아시아 국가들이 상호성reciprocity과 평등성equality을 상정하는 관계에 들어섰음을 뜻한다. 동아시아 지역 수준의 국제사회가 형성되고 있음을 의미한다.

1880년대 서세동점의 맥락에서 일본의 한 논자는 아시아국가들이 서양세력에 함께 대응하려면 서로 소통해야 협력의 가능성도 생기는데 아시아 국가들은 싸움조차 없는 소원한 관계라 개탄한 적이 있다.[15] 싸움도 소통의 한 방식이라는 말이다. 서양세력에 대응하는 과정에서 발생할 역내 갈등은 집안 내 형제 싸움을 뜻하는 '혁장'鬩墻이란 말로 표현되기도 했다.[16] 갈등도 소통의 한 표현이다. 다만 '혁장'은 형제들의 익숙한 문화와 애정에 기초한 갈등을 뜻한다. 탈냉전, 지구화 맥락에서 역외 국가/지역에 배타적이지 않으면서 동아시아 공간의 자율적 구성을 요구받는 상황에서는 익숙하지 않은 것들 사이의 갈등을 상정해야 할 것이다.

동아시아의 국제적 갈등은 한중일이 대등한 상호작용을 지향하고 있음을 암시한다. 냉전 종식 이후 전개된 동아시아의 질서 변동은 역내 국제관계를 조정하는 과정이며, 역사의 기억을 둘러싼 갈등은 국가 간 관계의 조정을 함축한다. 갈등은 사회적 소통에서 나타나는 현상이다. 갈등은 이익 경쟁과 인정 투쟁의 표현이다. 상호성과 평등성은 자연적으로 주어진 것이 아니라 사회적 관계를 통해 생성된다. 사회적 관계를

15 渡辺洪基 演説, 『興亜公報』 第1輯(東京: 興亜会, 1880), 7-11쪽. 유럽 국제사회의 역내갈등은 '교통의 친밀함'에 기초한 소통의 징표인데, 아시아에서는 '지리의 불편'으로 교통이 소원하여 역내 갈등마저 찾아보기 어렵다고 지적하고 있다.

16 이를테면, 草間時福, 「東洋連衡論」(1879)을 들 수 있다. 芝原拓自 外 編, 『對外觀』(東京: 岩波書店, 1988), 265-268쪽.

형성하는 과정에는 주체로서의 자격, 주체 간의 관계성으로서의 상호성과 평등성이 요구된다. 상호성과 평등성은 인정recognition을 얻기 위한 쟁투, 즉 인정투쟁을 위한 조건일 수도 있지만, 인정투쟁의 과정에서 생성되는 것이기도 하다.

이익 충돌과 타자 인정의 과정은 익숙하지 않은 것에 대한 새로운 경험이며, 갈등은 익숙하지 않은 것을 익숙한 것으로 만들어 가는 관습(규범)의 형성 과정으로 볼 수 있다. 여기서 지역 수준의 국제사회를 상정할 수 있다. 19세기 주권국가체제에서 형성된 유럽 국제사회에서 그 전형을 찾을 수 있다. 동아시아에서 지역 국제사회를 지향하는 것은 동아시아 지역의 국제영역에서 사회적 관계를 형성하는 것을 뜻한다. 사회적 규범과 제도, 공통의 정체성, 공통의 이익을 상정했을 때 갈등을 줄일 수 있지만, 이익 경쟁도 상호 인정을 유도한다. 상업사회에 기초한 시민사회에서는 공통의 이익을 추구하는 과정에서 상호평등이 성립하고 상호인정이 작동한다. 그런데 공통의 이익은 이익 경쟁을 통해 상정된다. 공통의 양해나 감정도 이러한 사회적 관계에서 생성될 수 있다.

공감을 어떻게 형성할 수 있을까. 상대에 대한 반감, 호감의 감정은 역사적 형성물이지만, 역사적 형성물인 한 역사 인식을 공유하기는 어렵다. 역사 인식의 공유를 통한 공통감각이나 공감의 형성은 어려운 일이다. 공감은 갈등을 포함한 사회적 관계 속에서 생성되는 것이 아닐까. 공감의 형성은 공공성 형성과 관련된다. 공공성은 상호성과 평등성을 모색하는 사회적 관계에서 생성될 수 있고, 이러한 공공성에 기초했을 때 공감도 형성될 수 있다. 배타적 타자의 설정을 통해 확보되는 공동성은 일시적으로 공감을 강제할 수는 있지만, 배타적 타자를 설정하는 한 일국적 감정에 기초할 수밖에 없다. 상호성과 평등성을 지향하는 국제사회는 배타적 타자 설정이 아니라 관용적 타자 수용에 의한 자율적 구성에 기초한다. 주체는 이러한 사회적 관계 속에서 생성된다.

지역 국제사회의 형성이라는 관점에서 본다면 한일 갈등은 비정상이 아니라 정상을 향한 진통의 과정으로 이해될 수 있다. 이명박 대통령의 독도방문, 박근혜 대통령의 과거사 쟁점화는 개인의 퍼스낼리티에서 나온 사적 행동이라기보다는 상호관계 형성을 지향하는 역사적 흐름을 나타낸 것일 수 있다. 지금까지 익숙하지 않았던 발언과 행동을 할 수 있는, 상호성과 평등성으로 나아가는 하나의 징표의 출현으로 이해할 수 있다. 상호성과 평등성을 모색하는 인정투쟁의 표현으로 볼 수 있다.

'분노하지 않는 시민': 국가-시민 관계

국가 간 갈등이 국제사회의 형성과 진화를 자연스럽게 도출하는 것은 아니다. 국제사회의 사회적 관계가 국가 간 협력이나 갈등에 의해서만 영위되는 것은 아니다. 국가의 이기심은 경제적 이익 경쟁을 통한 사회적 소통을 진작시키기도 하지만, 정치적 의도를 개입시킬 경우 국제사회의 사회적 소통을 저해하거나 제한하고 국가 간 갈등을 초래하기도 한다. 국제사회의 주체들이 어떠한 모습을 띠고 어떠한 성격을 갖는지에 따라 주체들의 사회적 행태도 달라진다. 동아시아 국제사회의 모습은 동아시아 개별국가들의 성격에 일정 부분 영향을 받기 마련이다. 국제사회가 확립되어 안정적으로 운용될 때 국가들의 성격은 국제사회에 의해 규율되겠지만, 국제사회가 미확립되거나 형성 중인 동안에는 국가의 성격이 국제사회의 존재 양태를 상당 부분 좌우하게 된다.

여기서 동아시아 국가들의 사회적 관계—협조적인가 갈등적인가—를 규정하는 국내적 조건을 생각해 볼 수 있다. 국내의 정치체제, 경제체제. 사회체제가 어떤 성격을 가지느냐의 문제다. 국내체제는 국가와 사회의 관계 양상으로 치환될 수 있다. 국가와 사회가 어떠한 관계—통합적인가 다원적인가—에 있고, 사회가 국가를 변화시킬 수 있는지가 문제될 수 있다. 한일관계의 갈등적 양상은 규범(제도, 규칙)이 확립되어 있지 않고 권력과 이익이 우선시되는 동아시아 국제사회의 현실에서 비롯된 부분도 있지만, 국가와 사회의 관계가 서로 다르다는 사실에서 비롯된 측면도 크다.

한국은 탈냉전, 지구화 맥락에서 민주화를 이룩하면서 사회 영역의 급속한 성장을 이루었고 국가-사회 관계는 냉전기 때와 달라졌다. 민주화는 사회 영역이 국가에 대항할 수 있는 여지를 높였고, 사회영역이 성장하면서 반일 내셔널리즘이 많이 완화되었다. 반면 일본의 경우 탈냉전, 지구화 맥락에 들어서도 국가-사회 관계가 별로 변하지 않았다. 오히려 냉전 이후에 진보세력이 무너지면서 국가를 공동체로 인식하고 국가의식을 제고시키려는 보수적 경향이 강해지고 사회 영역이 국가에 포섭되는 양상을 보였다. 일본의 시민사회는 국가에 구속된 인간의 국민적 사고와 일국주의에 의해 시민적 사고와 활동을 제한받고 있다. 보수우익은 '강한 국가'와 '애국심'(국가의식)을 요구한다. 아베 내셔널리즘이 호응을 얻고 있다.

일본의 시민사회는 전후민주주의하에서 성장했지만 국가에 대항하는 자율적 영역을 확보한 것은 아니다. 전후민주주의가 미국에 의해 주어졌듯이 사회 영역은 국가의 보호 속에서 영위되어 왔다고 해도 과언이 아니다. 사회는 비정치적 영역에서 자율적일 뿐 정치적 영역에서는 국가에 순종적이다. 냉전 종식과 더불어 진보 진영이 몰락하면서 보수 우익은 '싸우는 보수', '분노하는 우익'으로서 국가나 공동체를 중시하는 정치적 발언과 행동을 통해 사회 영역을 주도하였다. 아베 정권은 이러한 분위기에 편승하면서, 혹은 그것을 이끌면서 강력한 국가를 회복함으로써 탈냉전/지구화의 질서변동에 대처하는 길을 모색하고 있다. 역사 기억의 수정을 통해 힘의 미학을 동반한 '아름다운 국가'의 실현을 꿈꾸고 있다.[17]

흔히 논자들은 일본 시민은 보수우익과 다르기 때문에 일본 시민과의 교류협력, 연대를 통해 동아시아의, 한일관계의 갈등을 해소하는 노력을 기울어야 한다고 말한다. 소수의 보수우익과 다수의 시민을 구별해서 다수의 시민과는 연대협력을 강화해야 한다고 말한다. 이러한 견해는 한일관계의 허구적 협력을 연장시킬 뿐, 근본적인 치유책이 될 수 없다. 사회가 국가에 자율적으로 예속되는 국가-사회 관계가 존속되는 한, 우익단체의 역사교과서 채택운동과 보수정권의 연합에서 보듯이 국가를 운용하는 정권의 정치적 의지와 행동이 손쉽게 사회 영역에 간섭할 것이기 때문이다. 시민 차원의 평화적 교류협력은 언제든 국가의 정치적 의지에 의해 분단될 수 있다.

평화로운 사회질서가 최선의 미덕으로 간주되는 국가-사회 공동체의 이미지는 한일관계에서도 의미가 있다. 1980년대 후반 경제대국화한 일본의 폐쇄적 시장을 개방하고자 '일본때리기'Japan bashing를 했을 때 미국의 수정주의자들은 일본을 국가-사회 복합체인 '일본시스템' Japan System이란 말로 형용한 바 있다. 이러한 일본 이미지는, 탈냉전과 '잃어버린 20년'의 경제침체에도 불구하고 사회영역이 국가를 변화시킬 여지가 취약한 상황에서, 더구나 전후체제를 지탱한 '미국식' 민주주의를 전면적으로 부정하는 보수의 목소리가 우세한 가운데, 여전히 유효하다. 3·11 원전 사태 때에도 국가에 침묵하는 '분노하지 않는 일본인'의 모습이 보인다. 국가나 공동체에 동조하거나 침묵하는 시민사회의 단면이 엿보인다. 반대하지 않는 묵종은 공범일 수밖에 없다.

갈등이란 바람직한 것은 아니지만 표출되지 않는 모순을 드러내고 의식되지 않는 문제를 깨닫게 한다는 면에서 필요악일 수도 있다. 한일

17 아베 신조의 보수미학에 관해서는 장인성, 「'잃어버린 20년'과 보수의 미학」, 조관자 엮음, 『탈 전후 일본의 사상과 감성』(서울: 박문사, 2017) 참조.

갈등은 한국의 국가와 사회가 지닌 문제를 자각시키기도 하지만 일본의 국가와 사회의 모습, 국가-사회 관계의 성격을 드러내는 계기가 될 수도 있다. 역사의 기억을 둘러싼 투쟁은 일본 시민사회로 하여금 동아시아 국제관계를 동아시아적, 세계적 시선에서 볼 수 있는 관점을 깨닫게 할 수도 있다. 역사문제는 동아시아 국가들 사이에 인정 투쟁을 유발할 뿐 아니라 일본 시민들에게 그러한 시선이 가능한지를 가늠케 하는 잣대로서 기능할 수도 있다. 한일 갈등과 역사문제는 '싸우는 보수'와 보수정권의 우경화를 더욱 부채질할 수도 있지만, 일본 시민들에게 국가를 넘어선 보편적 관점을 깨닫게 해 주는 모멘텀이 될 수도 있다. 이러한 의미에서 한일 갈등은 한일문제일 뿐 아니라 동아시아문제이자 세계문제로서 성립한다.

5. 갈등과 기억의 공간학

한일관계에서 갈등과 협력은 이중주로서 공존해 왔다. 포괄적인 협력 관계가 일상적인 가운데 정치적 갈등이 간헐적으로 불거지는 형태였다. 그런데 탈냉전, 지구화의 질서변동을 계기로 역사의 기억을 둘러싼 쟁투가 정치화하면서 한일관계에서 갈등이 간헐적이거나 일시적인 것이 아니라 역사 속에서 형성된 구조화된 현상임이 드러났다. 협력도 국제체제의 성격과 발전의 우열에서 성립한 얼마간 허구적인 것이었음이 드러났다. 냉전체제에서는 동아시아의 역내 국제관계를 유보시킨 채 국민국가의 발전 혹은 형성을 위한 협력 관계가 만들어졌다면, 탈냉전, 지구화 맥락에서는 국민국가의 발전과 형성에 촉발되어 그동안 유보되었던 역내 국제관계가 활동하면서 갈등 양상이 추가되었다. 협력과 갈등의 사회적 관계를 만들어 가는 동아시아 지역 수준의 국제사회가 보이기 시작한 것이다.

주권국가체제에 기초한 국제사회가 막 성립한 상황에서 동아시아 국제관계는 국민국가 패러다임에 의거할 수밖에 없고, 시민, 기업 등 비국가 주체들의 협력이 증대할지라도 강고하게 그림자를 드리운 제국체제와 냉전체제의 역사적 유산이 결부되면서 정치적 갈등과 이에 촉발된 내셔널리즘은 지속적으로 협력을 저해할 것이다. 이러한 현실을 도외시한 탈국민국가적 발상이나 공동체 구상은 정책론으로서는 유효하지 않다. 국제사회의 형성 과정에서 규범론적 공동체 구상이나 작위적인 동아시아 표상이 규제적 상상력으로서 기능할 수도 있지만, 동아시아 국제사회는 합리적 이성에 의한 계몽이 아니라 갈등의 현실에서 자각되는 계몽이어야 할 것이다.

갈등의 한일관계는 한일관계의 역사성에서 비롯된 것이기에 흔히 기억의 시간학이라는 관점에서 조명된다. 하지만 역사적 사실이 한국과 일본의 각자의 정치적 관점에 의해 확립되어 있는 한, 역사적 사실에 대한 객관적 규명이 정치적 판단을 바꾸는 것은 쉽지 않아 보인다. 여기서 기억의 공간학이라는 관점이 유효할 수도 있다. 역사문제를 둘러싼 갈등을 통해 역사의 기억을 소환하는 방식이다. 한일관계에서 비틀림은 역사에서 비롯된 것이기에 역사를 매개로 하지 않는 한 해소되기 어렵다. 비틀림을 치유하려면 역사의 기억을 둘러싼 갈등을 드러내야 한다. 망각도 치유의 방법이지만, 망각할 수 없는 트라우마가 지속되는 한, 근본적인 치유는 기억의 재현을 통해야만 가능하다. 현재 무대에서의 갈등 표현을 통해 가해/피해의 실제를 드러냈을 때 상흔은 치유될 수 있다. 재연=재현representation을 통해 기억은 소환되고 해석되고, 관객과 배우는 공감을 만들어 낼 수 있다. "우리는 현재를 이해하기 위해 끊임없이 과거의 기억을 소환하며, 이 기억은 또다시 현재의 상황을 통해 재구성된다. 기억을 말한다는 행위는 우리 내부의 감정을 소환하여 새로운 상황으로 이끌어 가는 것이다"(富山一郎). '기억이 말해지는' 것이 아니라 '기억을 말할' 때 공감은 얻어질 수 있다.

공감은 상식과 교양에 기초했을 때 얻어질 수 있다. 합리적인 사회는 주체적, 자율적 인간이 욕망과 이익을 추구하는 이기심과 사람들과의 공생을 배려하는 교양으로 성립한다. 지구화 시대의 상식과 교양은 국제사회의 시선에 열려 있어야 한다. 현대 일본의 보수는 왜곡된 역사의 기억을 가지고 일본의 현재와 미래를 규정하고자 한다. 하지만 정치화된 보수, '싸우는 보수'에게는 상식과 교양이 결여되어 있다. 진정한 보수는 국제사회에 통하는 상식과 교양을 가져야 할 것이다. 역사는 현재의 상식과 교양을 일깨우는 바로미터다.

제14장

동아시아 국제사회와 국제문화

동아시아 지역의 사회적 구성과 국제문화의 창생

1. '사회'와 '문화': 동아시아의 주체적 재구성

탈냉전, 지구화 맥락에 들어 동아시아 지역은 구조변동을 보이고 있다. 분절된 양자관계는 복합적 양자 관계로 바뀌고, 다자 관계의 형성이 모색되고 있다. 사람, 재화, 정보의 역내 이동이 늘고 상호의존과 상호교류가 늘면서 역내 주체들의 사회적 관계도 깊어지고 있다. 동아시아는 역외 대국에 규율되거나 다른 지역과의 대비에서 호명되는 수동적 지역에서 벗어나 역내 국가들의 주체적, 자율적 관여가 증대된 능동적 지역으로 변모하였다. 지역화론이나 지역주의와 결부되어 동아시아 협력과 공동체에 관한 구상이 출현하고 널리 유포된 것은 이와 관련된 현상이다.

동아시아론에서는 흔히 사회성과 결집력을 가진 동아시아 지역을 상상하거나 국민국가 틀을 넘어선 제도의 형성을 주장한다. 하지만 이러한 희망적 사고나 기대와 달리, 동아시아론의 기세는 약해졌고, 동아시아 구상은 동력을 상실한 듯이 보인다. 연대협력을 모색하는 지역 구상이나 이념은 국익 중심의 국가를 제어할 힘이 약하다. 역내 국가들의 개별 이익을 조정하고 공통 이익을 늘리기 위한 지역 협력은 강구될 수는 있어도, 국민국가 패러다임을 변경하거나 주권을 제한하는 지역 구상은 생각하기 어렵다. 한중일 사이에 경제 차원의 이익경쟁도 치열하다. 에고이즘에 기초한 국익 추구의 보수적 외교정책이 강화되고 있다. 무엇보다 영토문제, 종군위안부문제, 역사교과서문제 등 역사의 기억(역사문제)을 둘러싼 문제들이 정치화하고 내셔널리즘이 고조되면서 대립갈등이 깊어지는 실정이다.

동아시아에서는 국가들 사이에 연대협력과 대립갈등의 공존 혹은 교착이 일상화되어 있다. 이는 역내 주체들의 주권평등에 기초한 상호작용이 어느 때보다도 활발하다는 것을 시사한다. 동아시아에 주권국가체제가 제대로 작동하기 시작했음을 말해 주는 것일 수 있다. 탈냉전과 지구화 현상은 동아시아 질서변동을 초래할 뿐만 아니라 동아시아에서의 '지역'의 새로운 존재 양태를 일깨우는 계기를 제공한다. 동아시아 협력체, 공동체 구상은 탈냉전, 지구화에 의해 추동된 지역화나 지역주의의 표현과 다름없다. 하지만 외재적 조건의 변화에 호응하여 지역의 이상적 상태를 구상하는 것은 당위론적 전망일 뿐이다. 동아시아 지역의 내재적 현실을 반영한 지역의 주체적 재구성이 요구되고 있다는 사실이 더 중요하다.

연대협력과 대립갈등의 교착은 동아시아 지역의 주체적 재구성이 시작되었음을 시사한다. 이러한 관점은 동아시아 국제체제의 역사적 존재양태에 관한 성찰에서 비롯된다. 이제 동아시아 지역에서 전개되는 주권국가체제와 지역 국제사회에 관한 역사적 성찰이 요구된다. 이를 통해 당위론과 에고이즘 사이, 이상과 현실 사이에서 역내 국제관계를 영위하고 질서를 구축해야만 하는 동아시아적 과제에 대처할 수 있는 방법론적 관점이 확보될 수 있을 것이다. 동아시아 지역의 재형성을 위해서는 동아시아 제도의 형성에 관한 전략을 강구하기에 앞서 동아시아 국제관계의 현실에 기초하여 지역을 성찰하는 작업이 선행되어야 한다. 이 장에서는 탈냉전, 지구화 맥락의 동아시아 지역에서 영위되는 '사회'와 '문화'의 양태를 주권국가체제와 국제사회의 관점에서 성찰한다. 주권국가체제에 부응하는 동아시아 지역에서 영위되거나 형성해야 할 '국제사회'와 '국제문화'에 대해 고찰한다.

2. 동아시아 국제지역의 사회적 구성

동아시아와 '국제사회'

탈냉전기 동아시아의 지역적 변환은 경제적 지구화에 의해 추동되지만, 역내 국가들이 지구화에 부응하여 국민국가와 국민경제를 재편하는 국가적 변환과도 관련된다. 지역은 두 세력구도의 상관작용을 통해서만 주어지는 것이 아니다. 지역이 타율적인 반응적 지역에서 자율적인 능동적 지역으로 진화하려면 역내 상호작용이 늘어나고 지역의 사회성이 커져야 한다. 경제발전과 사회발전을 이룩함으로써 역내 국가들의 자주성이 증대하고 국가주권의 평등화가 진전됨에 따라 역내 국가들 간의 경제적 상호의존이 깊어지고 상호교류도 활발해지고 있다. 하지만 탈냉전에 따른 기억의 정치가 대두하면서 역내 주체들 간의 대립갈등도 잇따르고 있다. 동아시아의 역내 국가들은 지구적 자본주의(지구화)에 주체적 대응을 해야 하며, 역내 갈등(탈냉전)에도 능동적인 대처를 해야만 하는 상황에 있다. 지역은 세계와 국가 사이에서, 연대협력과 대립갈등 사이에서 사회적 구성을 요구받고 있다. 지역의 구성은 '국제사회'의 관점에서 생각할 수 있다.

동아시아에서는 오랫동안 역내 중심국가가 지역 패권을 장악하거나 역외 열강이 세계 패권을 이 지역에 투사했기에 주권 평등의 국제사회를 형성할 기회가 없었다. 중화체제, 제국-식민지체제, 냉전체제 등 제국체제에서는 양상이 같지는 않았지만 지역 국제사회가 온전히 영위되지는 못했다. 19세기 후반에 동아시아 주권국가체제는 짧은 시기에 불완전하게 작동했을 뿐이다. 주권, 국제법, 권력균형의 원리들이 제대로 기능하지 못했다. 냉전체제하에서도 동아시아 수준의 지역 국제사회는 형성되지 못했다. 동아시아는 역간 권력불균형 때문에 대외적 취약성을 보이고 역내 국가권력(경제력, 주권)의 상대적 차이로 역내 권력불균형이 커지면서 대내적 취약성을 드러냈기에 주권국가체제에 걸맞은 온전한 국제사회의 모습을 갖추기는 어려웠다. 역외 대국의 규정성이 역내 상호작용을 억제하고 역내 권력불균형이 사회성의 형성을 해치고 왜곡시켰다. 동아시아 국제사회는 성립하기 어려웠다.

동아시아 국제사회를 생각할 때 우선 국제사회와 국제체제를 구분할 필요가 있다. 체제system는 구조, 행위자, 상호작용으로 이루어지는 메커니즘으로 사회society의 성질을 규정하는 틀을 제공하지만 사회 자체는 아니다. 국제체제는 국제사회의 성격을 규정하는 틀을 제공하지만 국제사회 자체는 아니다. 주권국가체제는 동아시아 국제영역의 사회성을 변모시키지만, 사회성은 역내의 권력배분이나 권력작용에 의존한다. 유럽에서는 국제사회는 국제체제와 동시적으로 전개되면서 규범과 사회성을 형성했지만, 근대 동아시아의 경우 근대국제체제의 수용과 국제사회의 형성은 동시적이지 않았다. 사회적 관계를 규율하는 주권, 국제법, 권력균형과 같은 주권국가체제의 원리들이 수용되었지만 동아시아 국제사회를 만들어 내지는 못했다. 영국학파 국제사회론자들은 '유럽 국제사회의 팽창'라는 전제에서 비서구 지역에서 전개된 유럽 국제사회의 규범, 가치, 관습의 수용을 '국제사회화'international *socialization*로 간주한다. 동아시아 지역은 글로벌 수준에서 이루어지는 사회화의 객체로 여겨질 뿐이다. 하지만 '유럽 국제사회의 팽창'이 아니라 '주권국가체제의 팽창'을 전제로 해야 한다. 주권국가체제의 팽창에 의해 수용된 새로운 국제체제의 원리들에 의거하면서도 동아시아적 국제관습의 유산에 일정 부분 의존하는 사회적 관계를 생각해야 한다. 동아시아 제국 질서에서 익숙했던 원리나 관습(규범, 가치, 관념)은 변형된 형태이긴 해도 동아시아 역내의 권력관계에도 일정 부분 존속하기 마련이다. 여기서 동아시아의 관습과 새로운 권력관계를 토대로 사회적 관계를 형성하는 동아시아 국제지역의 사회적 구성을 논의할 필요가 있다. '국제영역의 사회적 구성'international *societalization*을 상정할 수 있다. 이 개념에서 동아시아 국가들은 국제사회화의 객체가 아니라 국제사회 형성의 주체로 상정된다.

제1장에서 언급했듯이, 국제사회는 "어떤 공통의 이익과 공통인 가치를 자각하는 일군의 국가들이 다른 집단에 속한 나라와의 관계에서 자기의 공통의 규칙 군에 의해 구속되는 것이라 인지하고, 공통의 제도의 운용을 함께한다는 의미에서 하나의 사회를 형성할 때" 존재한다. 공통의 이익과 가치, 그리고 법적, 도덕적 규칙에 대한 공통의 이해가 있고 규범으로서의 국제법이 작용할 때 국제사회는 성립한다. 여기서 주목할 것은 국제사회의 구성 요소를 자각하고 거기에 구속되는 것을 인지한다는 주관적 인식, 혹은 그것을 공유한다는 의식이다. 국제사회는 여러 국가들이 공유하는 이익, 가치, 제도의 실재뿐 아니라 이에 대한 양해에 의해 성립한다. 양해는 실재에 대한 공감을 가리킨다. 국제사회는 양해가 넓을수록 포괄적이며 깊을수록 결속력이 강하다. 국제지역의 사회적 구성은 공통의 이익이나 가치를 공유하고, 규칙과 제도를 형성하여 양해의 체계를 구축하는 것이다. 달리 말하면 사회성을 높이는 것이다. 사회성sociality은 어떤 범위 내에서 이루어지는 양해나 결속이나 커뮤니케이션의 정도이며, 행위자들의 속성과 배열에서 생겨나는 사회적 관계의 성질을 가리킨다. 사회성은 국제체제가 바뀌어도 남아

있다. 지구적 수준의 세계 국제사회가 성립해도 지역 수준의 지역 국제사회가 성립하는 까닭은 이러한 사회성 때문이다.

물론 권력불평등 구도와 결부된 국제사회관, 특히 지역관념의 차이는 동아시아 국제사회의 형성을 어렵게 만들 수도 있다. 하지만 동아시아 국제사회에 대한 상상을 자극할 수도 있다. 주권 균형이나 국가 발전에의 의지는 사회성을 생성할 전망을 제공한다. 탈냉전과 지구화와 경제발전은 동아시아의 국제사회 형성을 촉진하는 계기일 수 있다. 냉전의 종언은 동아시아 지역에 대한 역외 대국의 규정력을 약화시키고 역내 관계의 양상을 바꾸었다. 경제발전은 자율적 주체들의 자격을 허용하고, 한·중·일의 역내 밸런스와 상호 인정의 여지를 높여 준다. 지구화는 역내 경제활동의 활성화를 조성한다. 외재적 규정력의 약화, 역내 밸런스의 개선, 역내 경제활동의 증진을 통해 동아시아 지역을 하나의 국제사회로 상정하는 상상력이 생겨날 수도 있다.

국제사회의 형성은 국가 간의 협력과 갈등의 변증법적 과정을 수반한다. 경제적, 문화적 상호작용(역내교역, 문화교류), 경제발전에 따르는 사회영역의 성장, 비국가 주체들의 역내 활동 증가 등은 지역 국제사회의 형성에 기여할 것이다. 국가 주체와 비국가 주체가 협력 교류의 프로세스를 공유하는 사례도 늘고 있다. 하지만 국가 중심적 사고와 자국중심주의가 완화된 것은 아니다. 상호작용과 역내 활동이 많아지면 갈등 마찰도 더 많이 생기기 마련이다. 역내 경쟁과 마찰, 갈등과 대립이 지역 국제사회의 형성을 방해하거나 더디게 할 수도 있다. 실제 경제적 이익을 다투는 경쟁, 영토문제와 역사문제를 둘러싼 대립갈등이 동아시아에는 구조화, 일상화되어 있다, 하지만 이러한 경쟁과 마찰, 갈등과 대립은 국제사회 형성의 동력이기도 하다. 협력과 갈등의 교착된 양상은 동아시아 국제지역에 일정한 긴장감을 부여하지만, 경쟁 갈등의 과도화는 억지되어 있고 상호파멸적 분쟁을 초래하지는 않는다. 이러한 긴장감과 억지력이야말로 동아시아 국제영역에 상호작용과 커뮤니케이션에 기초한 사회적 관계가 형성되고 있음을 시사한다.

동아시아 지역의 사회적 구성

흔히 동아시아론자들은 동아시아 공동체를 꿈꾼다. 동아시아에서 공동체적 사회를 지향하는 것은 장기적 전망일 수는 있어도 실제적이지는 않다. 동아시아 지역에는 '공동체'는커녕 '사회'조차 온전하지 않기 때문이다. 동아시아 공동체에 관한 전망은 지역 국제사회가 성립하고, 이를 토대로 모색될 때 희망적 전망에 그치지 않고 실현 가능성을 높일 것이다. 국제사회의 관점은 동아시아 지역의 미래에 대한 당위론적 전망이 아니라 실제적, 현실적 과정에 관한 성찰을 요구한다. 이 성찰은 역사적 경험과 논리적 구성의 양쪽에서 이루어져야 한다. 자연과 작위에 의한 국제사회의 동시적 생성에 관한 성찰이다.

동아시아 국제지역의 사회적 구성은 이기적 주체들 간의 자기파멸적 경쟁을 억지하는 규범과 그것을 규율하는 가치를 형성하고 커뮤니케이션의 여지를 높여 사회성을 강화하는 것을 뜻한다. 지리적 근접성, 경제적 상호의존, 문명적 유사성은 사회적 관계의 형성 가능성을 높이고 커뮤니케이션을 강화하는 환경적 조건이다. 사회는 공동체보다 유연하며 개방적이다. '공동체'가 주어진 영역에서 **공동**의 이익, 가치, 규범이 구성원을 강하게 규율하고 구성원의 결집력, 소속감이 강한 집합체라면, '사회'는 상호작용의 범위와 **공통**의 이익, 가치, 규범이 형성되는 정도에 따라 경계는 유동적이며 구성원의 정체성도 비확정적이다. 사회 구성원의 자격은 공동체 구성원에 비하면 개방적이지만, 지역 국제사회의 경우 국내사회에 비해 지리적, 지정학적 소여성으로 인해 구성 국가들의 자격은 얼마간 한정될 수밖에 없다.

국제지역의 사회적 관계는 지역 주체들의 관여commitment와 활동

activity으로 만들어진다.[1] 국익을 추구하는 행위자들의 관여와 활동은 협력과 갈등을 동시에 조장한다. 대립갈등에도 불구하고 연대협력을 향한 상호작용이 지속된다면, 개별이익과 공통이익의 사이, 경쟁과 협력의 사이를 왕복하는 가운데 합의(계약)와 제도화(규범)의 전망이 생겨나고 관행이 형성될 수도 있다. 비국가 주체들의 초국적 관여와 활동이 국가들의 사회적 관계에 내포된 긴장을 완화하고, 비정치 영역에서 비권력적 사회성을 강화하며, 지역의 사회적 관계를 대립 경쟁에서 협력 호조互助로 바꾸는 것도 예상할 수 있다. 국제사회는 이익을 모색하는 주체들의 상호작용의 결과다. 경제발전(근대화)과 사회발전(민주화)을 거쳐 성장한 시민사회가 국가의 성질을 바꿀 정도로 협력의 제도화가 진행될 때, 호조적 국제사회는 국가 에고이즘을 제어하고 지역 주체들의 관여와 활동을 규제할 것이다. 호조적 국제사회가 성립하고 제도나 관행이 축적될 때 비로소 지역 공동체의 형성에 관해 말할 수 있다. 동아시아 공동체는 추상적 이성과 비역사적 합리성이 아니라 역사적 경험과 현실적 합리성에 의거한, 자연적인 지역 형성의 시간학에서 상상되는 진화evolution의 산물이 된다.

그런데 지구the globe가 세계the world로 받아들여지고, 주체들이 글로벌리즘에 노출되어 지구자본주의에 관여하며 초국적 행위가 일상화되어 있는 한, 또한 다중심의 중첩적 네트워크 속에서 활동하는 한, 동아시아 지역이 근대 이전의 동아시아 세계와 같은 완결된 지역세계the regional world일 수는 없다. 동아시아 국제사회는 역내 관계의 특수성으로

1 '관여'(commitment)와 '활동'(activity)은 풀(Ross Poole)에게서 차용한 말이다. 풀은 자유주의적, 민주적 제도를 형성하려면 자유주의적, 민주적 문화가 필요하다고 보고, 이를 실현하는 조건으로서 시민의 관여와 활동을 들고 있다. Ross Poole, "Patriotism and Nationalism," Igor Primoratz and Aleksandar Pavkovic, eds., *Patriotism: Philosophical and Political Perspectives* (Hampshire: Ashgate, 2002), pp. 134-135.

인해 자연적 추이에 맡겨서 마을공동체나 유럽공동체 같은 고도의 규범과 소속감을 가진 공동체로 진화하는 것은 기대하기 어렵다. 네트워크의 중첩성과 주체들의 초국적 행위에서 비롯된 경계의 유동성, 글로벌리즘에 대응하는 지역적 변환, 무엇보다 국가 에고이즘은 지역 공동체의 형성을 방해하기 마련이다. 공동체의 구축construction을 역사적, 논리적 귀결로 상정하는 데는 결단의 행위가 필요하다. 사회에서 공동체로의 이행은 진화가 아니라 창조적 비약, 즉 **작위**가 요구된다. 동아시아 공동체는 역사적 경험과 실제적 합리성에서 구상해야 할 뿐 아니라 **지역 구축의 공간학**에서 작위해야 할, 추상적 이성과 비역사적 합리성에 의거한 **창생**creation의 산물이다.

하지만 공동체의 자연적 형성(역사적 생성)은 동아시아 국제지역의 갈등 요소 때문에 지난할 수밖에 없다. 공동체를 형성해야 한다는 확고한 목적을 공유하지 않는 한, 동아시아 지역의 분절을 해소하고 결속력을 강화하려는 작위적 구축(합목적적 창생)은 현실적이지 않다. 규범(제도)의 창생은 현재 구성해야 할 국제사회와 장차 지향할 공동체 사이의 격차를 축소하는 것을 겨냥한다. 이러한 창생은 **동아시아 국제사회의 진화**를 전제로 한다. 여기서는 공동선을 통해 개별선을 추구하는 공동사회Gemeinschaft가 아니라 개별선이 서로 경쟁, 충돌하면서 조정되는 이익사회Gesellschaft가 상정된다. 이익사회는 대립갈등과 연대협력의 변증법적 과정에서 성립한다. 합의(계약)에 의한 규범의 형성은 이러한 변증법의 표현이라 할 수 있다. 계약에 기초한 합리적 구성은 경쟁과 협력을 되풀이하는 이익사회의 속성에 기초한다. 국제사회의 주체들은 이익을 추구하는 존재이며 국제사회는 이익 조정의 과정에서 성립한다.

이익사회에서 사회적 관념(이념)과 규범(제도)은 주체들이 이익(권력)을 추구하고 공익을 모색하는 가운데 모습을 갖추게 된다. 공통의 문화(양해의 틀)가 취약한 상태에서는, 공유된 관념 혹은 공통의 양해가 먼저 존재하지 않는 한, 지역의 사회적 구성은 이익 경쟁과 공익 추구의 사이를 왕복하는 조절의 과정일 수밖에 없고, 이 과정에서 주체의 관여와 활동을 통해 공익 추구를 위한 관념이 공유되고 규범이 창출될 수 있다. 주체의 관여와 활동은 개별 이익의 충돌 대립을 거쳐 공통 이익을 도출하고 이 과정에서 관념이 공유되고 규범이 창출된다. 관념의 공유는 이익을 매개로 지역에 대한 일체감을 증대시키는 것이며, 규범의 창생은 공통/공동 이익을 구현하는 제도를 형성하는 것이다. 공유된 관념은 주체들의 이기적 욕망을 제어하는 규제적 이념regulatory idea으로 기능하며, 창출된 규범은 주체들의 이기적 욕망과 이익 경쟁을 제어하고 이념(관념)을 형성할 수 있다. 국제 공동체의 구상은 이러한 과정에 직접적으로 간여하지 못한다. 다만 공동선과 공통 이익과 공동체 정체성에 대한 지향을 환기시키는 북극성 같은 역할을 할 따름이다.

이익 경쟁과 공익 추구의 변증법적 과정에서 국제규범을 창출하려는 의지는 무엇보다 중요하다. 국제규범의 창생은 특정의 쟁점영역에서 핵심 규범을 먼저 형성하고 이를 다른 쟁점영역으로 확산하는 것으로 생각될 수 있다. 이는 저위정치low politics의 협력을 거쳐 고위정치high politics의 제도형성으로까지 파급spillover하는 방식은 아니다. 쟁점 영역이 병렬적으로 분절되고 정치안보 영역의 권력 관계가 사회성을 크게 규정하는 동아시아 맥락에서는 기능주의적 파급의 발상은 유효하지 않다. 확산은 특정 쟁점 영역이 다른 쟁점 영역을 주도하는 우월적 지배력을 갖게 된다는 것을 뜻한다. 제국(중화제국, 일본제국)의 맥락에서는 국가권력의 우월적 지배가 제국체제의 사회성을 규정하고 여기에 패권적 문화 이데올로기가 동원되었지만, 탈냉전기 주권평등의 맥락에서는 주체들의 이익 경쟁이 치열한 특정 쟁점 영역에서 우월적인 제도 형성을 구축하고 다른 쟁점 영역으로 확산시키는 규범화 과정을 생각할 수 있다.

3. 동아시아와 '국제문화'

국제사회와 '문명', '문화'

지역 국제사회의 존재 양태는 국제사회의 문화와 깊이 연관된다. 사회는 문화에 기초한다. 사회 형성은 문화변용에 의거한 문화 형성과 관련된다. 사회화는 구성원이 특정 사회의 문화를 받아들이고 이에 적응하는 것을 뜻하는데, 국제 수준에서도 구성원들이 안정된 질서가 유지되고 국제문화가 확립된 국제사회의 규칙과 관습을 수용하는 국제사회화가 상정될 수 있다. 하지만 근대 이래의 동아시아처럼 기존의 규칙과 관습이 무너져 가는 변동기 사회에서는 기존 문화가 외부에서 수용된 이질적 문화와 접촉하면서 변용하는 이른바 문화변용acculturation이나 외부의 이질적 문화에 압도되는 문화파괴vandalism가 일상적이다. 국제영역에서도 이질적인 국제체제의 원리나 제도가 수용되어 지역 국제사회의 관습과 결부되어 기존의 문화 요소들이 변형되거나 재해석되는 국제영역에서의 문화변용international acculturation을 생각할 수 있다. 국제지역의 사회적 구성이나 국제사회의 형성은 국제영역에서의 문화변용과 맞물린 현상이다. 또한 동아시아 국제사회의 형성에는 '문명'과 '문화'의 문제가 연루되어 있다. 국제영역에서의 문화변용은 문명을 주도하는 대국의 팽창적 권력에 의해 추동된 것이기 때문이다.

기왕에 동아시아론에서도 동아시아의 역사적 존재 방식을 파악할 때 문명과 문화의 문제는 얼마간 의식되고는 있다. 경제사가들은 동아시아의 경제발전을 자본주의 '문명'의 전개 과정에 비추어 파악하면서 '문화'를 무시하거나 종속변수로 여기는 경향이 있다. 프랑크Andre G. Frank는 경제발전의 수준을 들어 자본주의 문명이 산업화로 개화하기 전까지는 동아시아가 세계경제의 중심이었음을 논증한다. 스기하라 가오루杉原薫는 노동집약적 생산과 근면 혁명을 근거로 동아시아의 경제적 우월과 동아시아적 패턴의 유효성을 논증하였다. 하마시타 다케시浜下武志는 동아시아 해양 공간의 교역 네트워크를 규명함으로써 동아시아 경제의 동학을 해명한 바 있다.[2] 한편 하라 요노스케原洋之介의 동아시아 경제론은 경제협력체나 경제공동체 구축을 통해 "신동아", "동아문명의 지역학" 형성을 전망한다. 하라는 지구 자본주의에 대한 경제적 대응을 국민경제에 기초한 경제적 합리성에서 찾는다.[3] 이처럼 동아시아 경제론에서는 경제발전의 관점에서 자본주의 문명에 대항하는 동아시아 문명을 상정한다. 경제협력체나 경제공동체 구상에서는 자본주의 문명에 조응하는 동아시아 문명이 상정될 뿐이다. 여기서 문화는 문명에 갇혀 있거나 국민문화로 간주된다.

이와 달리 1990년대, 2000년대에 풍미했던 아시아적 가치론, 유교자본주의론, 유교민주주의론 등에서는 문화를 중시하는 관점이 엿보인다. 이들 동아시아론은 '아시아적 가치'나 '유교'를 동원하여 동아시아의 경제현상(경제발전, 경제위기)과 정치현상(민주화)을 문화의 관점에서 파악한다. 하지만 문화는 독립 개념이 아니라 대항 문명으로서의 동아시아 문명이란 가구假構를 지탱하는 가치로 여겨진다. 서양발 자본주의 문명에 대항하는 동아시아 문명의 부흥을 정당화하고 지역 정체성을 높이는 가치로 상정되고 있다. 동아시아가치론은 동아시아 경제론과 더불어 동아시아 국제지역의 사회적 구성에서 문명과 문화가 의미가 있음을 시사하지만, 서구문명 대 동아시아문명의 이항 구도에서 동아시아의 문명/문화는 서구 자본주의 문명과의 대비에서 포착되고 있다. 여기에는 동아시아 지역의 주체적 구성이라는 시선은 약하거나 결락되어 있다.

2 제12장을 참조.

3 原洋之介, 『新東亜論』(東京: NTT出版, 2002).

성찰적 동아시아론은 동아시아의 주체적 존재 방식을 적극 모색한다. 최원식, 백영서 등 성찰적 동아시아론자들은 서구문명 대 동아시아 문명의 이항 구도를 지구자본주의 대 동아시아 지역의 문제로 치환하면서 포스트모던 문명을 지향하고 동아시아의 주체적 존재방식을 모색한다. 이들은 탈냉전 질서변동에서 역내 패권의 출현을 경계하는 한편, 세계경제의 지구적 자본주의에 대항하여 역내의 연대협력을 증진하기 위해 국민국가 패러다임을 극복하기 위한 "방법으로서의 동아시아"를 제기한다. "기획으로서의 동아시아", "지적 실험으로서의 동아시아"를 표방한다.[4] 그런데 이러한 방법론적 시각은 지구적 자본주의에 대한 저항과 지역 패권에 대한 비판의 심성에서 나온 것이다. 오키나와, 대만과 같은 주변의 시선에서 동아시아를 재구성하려는 시도도 이와 관련된다.[5] 주변의 시선에서 패권을 비판하고 약자를 중시하는 관점은 소중하지만, 동아시아의 주체적 성찰은 지구문명(지구자본주의)에 대한 대항적 관점에서 포착된 비판적 심성의 표현일 뿐이다. 동아시아 지역을 문명과 문화의 관점에서 구성하고자 하는 관점은 취약하다.

동아시아론에 국민국가 패러다임에 입각한 '국민문화' 관념의 잔영이 짙다는 것은 이상한 일은 아니다. 지구화 시대의 주권국가체제에서는 글로벌 차원의 자본주의 지구문명에 대항하는 내셔널 차원의 국민문화는 실제적 의미를 갖기 때문이다. 국민문화가 엄존하는 현실에서 동아시아 지역 수준의 '문화공동체'나 '규범공동체', '인식공동체'는 허구에 불과하다. 개별적인 국민문화들을 총합한다고 해서 보편성을 가진 문화공동체가 생겨나지는 않는다. 정치, 안보, 경제 등과 구별되는

4 한국의 성찰적 동아시아론에 관해서는 제12장 참조.

5 정문길 외 편, 『주변에서 본 동아시아』(서울: 문학과지성사, 2004); 최원식 외 편, 『제국의 교차로에서 탈제국을 꿈꾸다』(서울: 창비, 2008).

쟁점 영역으로서의 문화에 한정시켰을 때 문화공동체의 의미는 한정될 수밖에 없다. 규범공동체, 인식공동체 구상은 국민문화 패러다임이 상존하는 한 당위론을 벗어나기 어렵다. 여기서 자본주의 지구문명에 대응하는 문화들이 동아시아 국제지역 수준에서 생성하는 문명 내지 문화에 대해 생각할 필요가 있다. 동아시아 국제사회가 성립하려면 사회에 부응하는 문화가 필요하다. 내셔널 세력이 글로벌 세력구도에 대항하기 어려울 때 지역이 부상하듯이, 동아시아 개별 문화들이 지구문명에 대응하면서 드러내는 지역 수준의 국제문화를 상정할 수 있다.

흔히 '문화'라 하면 공동체를 지탱하는 전통문화나 국민문화를 떠올린다. 정치학에서는 정치, 경제, 안보와 같은 쟁점 영역의 하나로 여긴다. 마찰의 완화나 공생을 위해 국민문화 간의 상호이해와 이문화 간 대화를 말하는 문화교류론이나, 국민문화들에서 공통의 문화 요소를 추출하여 동아시아 문화를 구성한다는 문화공동체 구상에서 '문화'는 이러한 차원에서 이해된다. '국제문화'라는 용어도 '국제정치', '국제경제' 등에 대응해서 사용되는데, 일반적으로 문화 영역의 국제관계를 지칭한다.

지역 국제사회의 문화는 국민문화의 단순한 집적도, 지구문명/문화에 저항하는 대항물인 것만도 아니다. 사회, 공동체가 문화를 필요로 하듯이, 지역 국제사회나 지역 공동체도 국제지역 수준의 문화, 즉 '지역문화' 혹은 '국제문화'를 요구한다. 여기서는 '국제문화', '지역문화'는 국제지역을 하나의 단위로 상정해서 영위되는 문화를 지칭하는 말로 사용한다. 국제사회에서 영위되는 문화인 것이다. 여기서 문화를 "인간생활에 필요한 고안물의 총체", 즉 인간의 생활양식으로 보는 문화인류학적 정의는 유용하다. 국제지역의 수준에서 영위되는 '국제문화', '지역문화'는 국민문화들이나 시민문화들의 총합이나 공통항이 아니다. '동아시아 국제문화'는 동아시아 국가들이 영위하는 이질적 국민문화의 총합도, 국민국가들의 상이한 전통문화의 재생도 아니다. 지역 구성원들의 국제생활을 통해 생성되고 국제생활을 규율하는, 국제지역 수준에서 영위되는 문화다. 국민과 세계의 간섭을 받지만 어느 쪽으로도 환원되지 않는 지역생활의 총체적 고안물이다.

'동아시아 국제문화'

동아시아 수준의 국제문화는 일찍이 중화세계에서 영위되었다. 니시지마 사다오西嶋定生는 동아시아를 '동아시아 문화권', '동아시아 세계'라는 개념으로 파악하였다. 동아시아 문화권은 중국의 유교문화나 율령체제를 공유했던 한자문화권을 말하며, 동아시아 세계는 이러한 한자문화권이 책봉체제를 매개로 성립한 자기완결적 세계를 가리킨다.[6] 동아시아 세계는 중심(중화)이 정하는 정치질서(책봉체제)나 한자문화(유교텍스트)가 통용되는 지역세계였다. 조공무역과 교역네트워크는 동아시아 세계를 이루는 경제적 요소였다. 하지만 동아시아 세계=동아시아 문화권은 서세동점을 계기로 서양문명에 압도되면서 해체되어 갔고 일본제국이 구축한 '대동아세계'와 '동양문화'로 대체되었다. 냉전체제하에서 동아시아 지역세계는 역외 대국(미국, 소련)의 관여에 의해 분절된 가운데 내셔널리즘에 규율되는 국민문화들이 영위되었다.

니시지마의 동아시아 세계론은 세계사(지역사)의 관점에서 일본사를 포착하려는 의도를 가진 것으로 비판받기도 했다.[7] 하지만 지구화 맥락에서 국민문화를 초월한 동아시아 지역문화를 생각할 때, 니시지

6 西嶋定生,「東アジアの形成」,『岩波講座世界歴史』第4巻(東京: 岩波書店, 1970); 西嶋定生,『中国古代国家と東アジア世界』(東京: 東京大学出版会, 1983).

7 다만 이성시는 니시지마의 동아시아세계론이 일국사(일본사)를 벗어나지 못했다고 비판하고 있다. 李成市,『東アジア文化圏の形成』(東京: 山川出版社, 2000); 이성시,『만들어진 고대』(서울: 삼인, 2001), 제3부「동아시아 문화권의 형성」.

마의 '동아시아 세계', '동아시아 문화권' 개념은 의미 있는 시사를 제공한다. 먼저 이 개념을 통해 동아시아를 하나의 지역세계로 보고 동아시아 문화를 지역 수준에서 포착할 수 있는 관점을 얻을 수 있다. 또한 동아시아 지역의 문화를 정치, 경제에 결부시켜 볼 수 있게 된다. '동아시아 세계'에서 문화는 정치경제 권력과 결부된 실체 개념이었다. 일본 제국체제에서 제시된 '동아문화', '동양문화', 냉전체제에서 통용된 '미국문화'도 제국의 세력이나 문화 패권과 결부된 것이었다. 동아시아 국제문화도 동아시아의 정치경제 현상과 결부된 것이다.

동아시아 지역문화는 지구적 근대문명을 매개로 성립한다. 글로벌리즘은 지구적 자본주의에 기초한 지구문명을 추동하며, 내셔널리즘은 국민문화를 추동한다. 동아시아 국제사회의 지역문화는 동아시아가 확장된 지구문명과 동아시아 국가의 국민문화들의 상관 작용의 소산이다. 이러한 견해는 문화가 문명을 매개로 성립한다는 관점에 입각한다. 흔히 문명은 문화의 집합으로 간주되기도 하고, 문화 요소들의 공통분모로서 정의되기도 한다. 또한 문명은 인간생활을 영위하는 데 필요한 물질적 수단이나 제도이며, 문화는 사회 구성원들이 학습을 통해 공유하는 생활양식이나 정신으로 정의될 수 있다.[8] 하지만 문명과 문화가 전체와 부분의 관계만도 아니고, 물질과 정신으로 구별되는 것만도 아니다. 문명 개념에는 '기독교문명', '유교문명'의 용례에서 보듯이 생활양식이나 정신도 포함되고, 문화 개념에도 물질적인 것이 포함된다.

이러한 정의定義 문제보다 주목할 것은 특정 국제체제에서 영위되는 문명과 문화의 권력 관계다. 국제관계론적 관점에서 보면, 특정 문화

8 클루크혼(Clyde Kluckhon)은 문화를 "인간생활을 위한 고안물"로 보았고, 히라노 겐이치로는 이러한 문화 개념을 원용하여 문화현상으로서의 국제관계를 논하고 있다(히라노 겐이치로, 장인성·김동명 역, 『국제문화론』(서울: 풀빛, 2004, 88-90쪽).

가 지배적 권력을 획득했을 때 문명으로 기능한다. 타국에 우세한 혹은 압도적인 권력을 가지고 특정 대국(제국)이 문화 권력(패권)을 행사할 때 대국의 문화는 문명으로 부상한다. 대국이 주도하는 문명은 보편적 우산(매개)으로 기능하면서 주변 문화들의 변용을 유발한다.[9] 대국(제국)의 우세한 문명은 서세동점, 제국적 지배, 패권 행사 등을 통해 물질이나 제도를 주변의 문화에 투사함으로써 생활양식이나 정신을 변용시킨다. 동아시아 정치사회들의 문화도 중화문명, 일본제국문명, 근대문명, 미국문명 등 국제체제를 주도하는 보편적 문명을 매개로 성립하였다. 특히 19세기 개항 이래 동아시아 사회들의 문화는 근대문명의 관여를 통해 근대적으로 변용하였고, 근대일본의 제국권력을 토대로 일본문명이 동아시아를 압도하기 시작하면서 '동양문화' 개념이 성립하였다.

탈냉전기 주권국가체제에서는 주권평등이 증대되면서 권력의 우열 관계만이 문명/문화의 양태를 규정하지는 않는다. 국민문화들은 지구문명(지구자본주의)을 매개로 변용한다. 동아시아 국제문화는 지구문명과 동아시아 국민문화들의 상관작용으로 생성된다. (지구)문명에 대응하고 이를 수용하는 (국민)문화들의 양상은 개별적이지만, 개별 문화들의 문화변용은 유사한 양상을 보인다. 지구적 근대문명에 매개될 때 국민문화는 근대성을 늘리고, 근대성은 지역 국가들 사이에 유사한 형태로 공유되기 때문이다. 동아시아 지역문화는 국민문화들의 총화가 아니라 국민문화들이 근대문명에 매개되어 근대성을 늘려 가는 과정에서 공유되는 근대적 문화요소들의 집적이며, 동아시아 지역생활에서 주체들이 관여와 활동을 통해 만들어 내는 규칙과 관행의 축적이다. 동

9 문명과 문화에 관한 이러한 관점은 평론가 야마자키 마사카즈의 견해에 따른 것이다. 山崎正和, 『文明の構図』(東京: 文藝春秋社, 1997); Masakazu Yamazaki, "Asia, a Civilization in the Making," *Foreign Affairs* 75:4 (July/August 1996).

아시아 국제지역의 주체들이 사회적 관여와 활동을 통해 지구문명의 보편성을 매개로 국민문화의 개별성을 완화시키고 국제지역의 생활을 개별적 삶과 사유의 일부로서 영위할 때, 달리 말하면 지구문명과 국민문화가 교착하는 동아시아 국제사회를 삶과 정체성의 장소topos로 상정할 때, 동아시아 국제문화는 성립한다.

그런데 동아시아 국제사회가 미형성, 미성숙인 상태에서 동아시아 국제문화는 국제사회의 형성과 더불어 생성해야만 한다. 국내사회에서 문화는 사회를 보수하는 기능을 수행하지만, 국제사회가 미성숙된 동아시아 지역에서 국제문화는 국제사회의 형성과 더불어 생성된다. 동아시아 국제지역에서 사회나 공동체의 형성에는 **생성적 문화**가 요구된다. 문화의 개체성과 불변성에 집착하는 보수적 관점으로는 국제문화의 생성과 지역 국제사회의 형성은 기대하기 어렵다. 동아시아 지역문화는 주체들의 관여와 활동으로 생성되는 커뮤니케이션의 자연적 소산만이 아니라 규범의 작위적 창생과 이를 위한 노력이 필요하다. 지구문명, 국민문화와 공존하면서 어느 쪽으로 환원되지 않는 지역문화의 생성은 동아시아 국제사회의 형성 여하에 달려 있다.

한편 문화의 수용과 접촉에는 마찰과 갈등이 수반된다. 국제영역에서 대국과 소국 사이의 권력불균형이 심하면 대국의 문화가 압도하여 국제적 문화마찰은 노출되지 않고 잠복되지만, 권력불균형이 작고 권력균형에의 의지가 강할수록 문화마찰이 발생할 소지가 크다. 국내사회에서 문화마찰은 특정의 문화요소가 외래의 이질적 문화요소를 접했을 때 발생하지만, 국제사회에서 문화마찰은 힘의 역학 관계에서 생겨난다. 국제 수준의 문화마찰은 주권국가체제에서 이익 경쟁이나 권력 투쟁에서 흔히 보이는, 권력균형을 지향할 때 생겨나는 현상이다. 문화마찰은 대립갈등의 표현이지만, 이질적 문화요소를 수용하고 있다는 징표이자 권력균형을 이루려는 의지의 표현이기도 하다. 대립갈등은 연대협력과 더불어 지역문화 생성을 위한 동력일 수 있다.

동아시아에서의 연대협력과 대립갈등은 역내 주체들의 자율적 관여와 활동이 증대되고 권력균형을 지향하는 국제사회로 이행하고 있음을 시사한다. 문화마찰이나 갈등은 균형이나 평형을 지향하는 의지를 담고 있다. 문화는 자립적인 사회체계의 요소들이 구조적 균형을 유지하고 커뮤니케이션을 매개하는 기능을 수행한다.[10] 균형을 지향하는 동아시아 주체들(문화)들 간의 마찰이나 갈등이 상호소통을 유도하고 구조적 균형으로 나아갈 때, 동아시아 국제문화는 동아시아 정체성을 생성하는 토대가 될 수 있다. 지역 정체성은 지정학적 연대성에 의한 공동운명 의식에서도 나오지만, 역내 주체들이 관여와 활동을 통해 사회성을 키우면서 공통 감각을 배양할 때 보다 능동적인 것이 된다. 공통 감각은 지역 쟁점을 공유하고 사회성을 늘리는 과정에서 지구적 보편성(인권, 환경)을 향한 원심력과 국민적 특수성(이익지향, 내셔널리즘)을 향한 구심력 사이를 부단히 왕복하면서 동아시아를 공감의 장소로 상정할 때 생겨날 수 있다.

4. 동아시아의 '국제문화'와 '근대'

동아시아 국제사회는 정치, 안보 쟁점에 취약하다. 정치, 안보 쟁점은 종종 동아시아 국제사회의 분절을 초래하기도 하고 자유주의적 지역질서의 성립을 어렵게 만든다. 국익을 우선하는 동아시아 국민국가의 에고이즘과 민족주의는 동아시아의 균열을 초래할 개연성을 내장하고 있

10 平野健一郎, 『国際文化論』, 제4장.

다. 문화가 이러한 지역의 취약성을 완화해 줄 수 있을까. 문화는 정치, 경제, 안보 등의 규범(제도) 형성과 다른 차원에서 동아시아 국제지역에 공통감각(공감)을 제공해 줄 수 있을까. 동아시아의 이상적 구성(협력체, 공동체)을 위한 토대로서 문화를 상정하면서 동아시아의 전통 — 유교적 가치와 규범 — 에서 동아시아 문화의 근거를 찾고, 이를 토대로 동아시아 정체성을 도출하려는 시도는 거의 무의미하다. 또한 지구자본주의에 기초하건 시민문화에 기초하건 지구문화 개념을 동원하여 동아시아 정체성을 말할 수는 없다. 국민국가가 온존하고 국가 에고이즘이 강하게 작동하는 한, 동아시아인들의 일상감각은 국민문화의 구속을 받지 않을 수 없다.

국제문화가 이러한 국민문화의 구속을 풀어 내지는 못한다. 하지만 국제문화의 침투성에 의해 국민국가와 병존하면서 동아시아 지역에 대한 공통감각을 높일 여지는 있다. 국제문화는 국민문화의 공통 요소의 집합으로서 성립하는 것이 아니다. 전통으로서 정의되는 국민문화는 국제문화의 요소가 되기 어렵다. 국제문화는 국민문화가 지구화된 근대문명의 세례를 받은, 혹은 근대문명에 침투되는 상황에서 성립한다. 동아시아 정치사회들의 국민문화는 근대문명을 매개로 서로 통할 여지가 생겨나는 것이다. 국제문화는 국민문화에 투과된 근대문명을 매개로 공통감각을 배양할 수 있다. 국제문화는 국제지역의 사회적 제도를 만들어 낼 뿐 아니라 공통감각을 길러 내는 요소가 될 수 있다.

공통감각을 배양하는 국제문화에서 대중문화는 일정한 의미를 갖는다. 탈냉전, 지구화 맥락의 대중문화는 동아시아 국제문화와 국제사회에 어떤 의미를 가질까. 대중문화는 국제문화와 국민문화의 사이에 걸쳐 있다. 대중문화는 한편으로 국민문화와 연결되고 다른 한편 국민문화를 초월하여 국제지역에 관여할 가능성을 갖는다. 대중문화는 국민문화를 초월하는 지역의 공통감각을 배양할 여지가 있다. 동아시아의 대중문화는 국민문화와 세계문화 사이에서 세계성을 지향할 운동성을 내장하지만, 그것의 실질적이고 효율적인 유통 범위는 지리적 근접성과 유사한 문명관, 그리고 경제적 교역의 효율성이 만들어 내는 동아시아 지역이다. 이러한 사실은 한류韓流, 일류日流, 화류華流가 국민문화에 기초하면서 그것을 넘어 세계적으로 확산될 가능성을 가졌는데, 그럼에도 불구하고 동아시아 지역에서 가장 농밀하게 소비된다는 사실에서 확인할 수 있다. 이러한 의미에서 이익을 위해 무한한 원심적 팽창을 추구하면서도 지역적 근접성의 효율성, 편의성으로 인해 동아시아 지역에 구심적 수축을 지속하는 동아시아 경제와도 비슷한 측면이 있다. 대중문화는 국가를 초월하여 동아시아 국제문화를 형성하는 데 일정한 의미를 가질 수도 있다. 동아시아의 대중문화는 시민문화와 더불어 동아시아인의 공통감각을 늘리고 국제문화를 형성하는 촉매가 될 수 있다.

대중문화가 동아시아인의 공통감각을 높이는 유력한 토대가 될 수 있는 까닭은 대중문화가 근대문명에 의해 매개된다는 사실 때문이다. 대중문화는 근대문명을 우산으로, 근대문명의 세례를 받아 성립한다. 동아시아 국제문화에서 찾을 수 있는 공통감각은 개별문화들의 과거 전통이 아니라 개별문화들이 현재 공유하는 근대성을 매개로 배양될 수 있다. 대중문화는 이익(자본)과 결부되어 지역성을 획득한다. 대중문화는 이익 추구의 욕망에 추동되면서 향유자들의 공감의식을 높일 수 있다. 동아시아의 대중문화는 근대성을 매개로 이익과 문화가 결합해서 성립한 것이다. 이익이 공통의 감성을 추동한다. 이익은 동아시아 국제사회의 질서를 구성하는 동력일 뿐 아니라 동아시아인들의 공통감각을 키우는 근거가 될 수 있다.

종장

'역사의 시작'과 '사회'의 재구성

동아시아 국제사회와 공공성, 평등과 균형

1. 동아시아, '역사의 시작'

'역사의 시작'

동아시아인들은 역사상 유례없는 지역공간의 출현을 목도하고 있다. 탈냉전의 체제변동에서 초래된 시간축의 새로운 전개와, 지구화의 맥락변동에서 야기된 공간축의 새로운 확장으로 동아시아 지역이 새롭게 부상하였다. 탈냉전의 구조변동과 경제적 자유주의의 지구적 확산이 모멘텀이 되어 동아시아 국가들이 더 많은 자율성을 확보하면서 동아시아에 주권국가들의 국제관계가 작동하기 시작했다. 지구적 자본주의와 문화제국주의를 주도하는 제국(미국)의 외연적 규정력이 약해지고 역내 국가들이 괄목할 만한 경제발전을 이룩한 결과다.

한때 냉전종식(사회주의권의 몰락)을 자유주의의 승리로 보고 '역사의 종언'(Francis Fukuyama)을 구가한 적이 있다. 이 관점은 더 이상 유효하지 않다. 설령 '역사의 종언'을 말한다 해도 글로벌 세력구도에서 글로벌 냉전에 한정해서일 뿐이다. 동아시아 지역 수준에서 냉전 종식은 '역사의 종언'이 아니라 오히려 '역사의 시작'일 수 있다. 글로벌 냉전의 종결과 더불어 동아시아 지역이 부상하고 동아시아 국제관계가 새롭게 전개된 것은 '역사의 시작'이라 부를 만하다. '역사의 시작'은 냉전체제의 빗장이 풀리면서 억압받았던, 제국주의와 식민지지배와 관련된 '역사의 기억'이 소환되고 역사의 기억을 둘러싼 쟁투가 벌어지게 된 것과 중첩된다.

'역사의 시작'이란 관점은 동아시아에 탈냉전, 지구화라는 외적 계기와 동아시아 국가들의 경제성장과 주권 확립이라는 내적 계기가 결부되면서 동아시아에 역사상 유례없이 주권국가체제가 운용되기 시작했다는 사실에 기초한다. '역사의 시작'은 근대동아시아에서 미완으로 끝났던 주권국가체제가 재현되었음을 뜻한다. 탈근대론자, 근대비판론자들은 흔히 탈냉전과 지구화를 국민국가를 넘어서는 방법론적 계기로서 이해하는 경향이 있다. 이들은 지구 시민사회의 관점에서 개인을 억압하는 국가폭력을 해소하고 개인의 자유와 권리를 구현하기 위해 인간(시민)을 억압해 온 국민국가 패러다임을 폐기할 것을 주장한다. 시민의 관점에서 동아시아를 재구성해야 한다고 말한다. 이러한 견해는 초국적 교류협력이 늘어나는 현실을 반영한 것이지만 동아시아 지역주의, 지역공동체 구상조차 강고한 국민국가를 전제로 한다는 사실을 생각할 때 소망적 사고의 표현에 지나지 않는다. 탈냉전, 지구화 맥락에서 역내 교류협력과 역내 대립갈등의 교착과 심화, 지역과 국가의 상관적 분출, 지역주의와 국가관념의 동반적 상승은 국민국가들의 행동 방식을 규율하는 주권국가체제의 의미 있는 작동을 암시한다.

주권국가체제의 재현을 뜻하는 '역사의 시작'에서 동아시아 지역의 현상을 설명하는 국제관계 이론들이 경쟁적으로 동원되는 것은 우연이 아니다. 냉전 종결 이후 한국사회에 국제정치적 지식이 넘쳐흐르고 국제관계이론들이 경쟁적으로 수용되고 널리 유통되었다는 사실은 이론의 적용을 논할 만한 현실이 동아시아에 전개되고 있음을 말해 준다. 탈냉전, 지구화 맥락의 전개, 지식사회의 동향, 동아시아 지역의 부상은 서로 연결되어 있다. 탈냉전, 지구화 맥락에서 국제관계를 보는 시선은 변용하였다. 현실주의와 자유주의 이론은 신현실주의(구조주의), 신자유주의(제도주의)로 탈바꿈했고, 양자를 포괄하는 구성주의가 제시되기도 했다. 새로운 국제관계 상황의 출현에 대응하여 변용한 것이다. 이러한 변용은 냉전기—거슬러 올라가 전간기—이래 전개된 현실주의와 자유주의의 끈질긴 생명력을 보여 준다. 탈근대이론이나 비판이론이 힘을 얻지 못한 것도 주권국가체제의 강고한 생존력과 현재적 의미를 말해 준다. 하지만 주류 국제정치이론이 이론적 보편성과 확산성에도 불구하고 동아시아 국제관계 현상에 얼마나 적실성이 있는지는 따져 봐야 할 일이다.

이론에서 역사로

주류 국제이론의 이론적 적실성은 제한적일 수밖에 없다. 세계정치를 통해 지역을 보는 구미의 국제정치 경험과 지역정치를 통해 세계를 보는 한국의 국제정치 경험은 다를 수밖에 없기 때문이다.[1] 성숙한 단계의 주권국가를 발전시키고 주권국가를 넘어선 국가연합까지 창출한 유럽과 세계정치를 주도하는 글로벌 대국 미국의 경험이 반영된 국제관계 이론에서 조망했을 때, 동아시아 국가들의 경험은 제한적으로 포착될 수밖에 없다. 주류 이론의 적실성이 제한적이라는 것은 국가의 생존 발전과 결부된 리저널 세력구도의 운용, 즉 지역정치에 실존적인 문제

1 같은 동아시아 국가이지만 중국, 일본은 한국과도 다르다. 중국은 자국을 세계의 중심에 놓는 세계정치 지향적 관점이 강하고, 일본은 서구의 글로벌 대국과 자국을 병치시키면서 세계와 지역을 동시에 조망하는 시선을 가지고 있다. 이에 관해서는 제3장을 볼 것.

의식과 의제들, 주체들의 의식과 의지를 반영하기 어렵다는 말이다. 주류(미국) 사회과학과 국제정치학에 압도되는 한국 지식사회의 현실에서 한국의 사회과학자, 국제정치학자들이 이 한계를 극복할 것을 기대하기도 어렵다.[2] '역사의 시작'이라는 말은 '미국화'='이론화'한, 즉 미국적 혹은 글로벌 관점에서 한국(동아시아)을 바라보는 시선에 대한 비판적 시선을 함축한다. '역사의 복원'을 의도한다.

탈냉전, 지구화 맥락에서 한국의 인문학자들이 동아시아 국가와 지역의 존재 양태를 비판적으로 성찰하는 동아시아 담론을 주도한 것은 우연이 아니다. 이들은 동아시아 국가와 지역의 역사적 경험을 토대로 탈냉전, 지구화 — 지구적 자본주의와 미국 주도의 신자유주의 — 가 부과한 지역적 과제를 성찰하는 비판적 동아시아론을 제기한다(제12장). 비판적 동아시아론에서 동아시아 경험은 탈냉전, 지구화 맥락에서 전개되는 동아시아 국가들의 대립갈등의 현실과 연대협력의 이상을 성

2 한국에서의 (국제)정치학의 존재양태에 대한 성찰 혹은 비판은 1980년대 이후 간헐적이나마 되풀이되었다. 이에 관해서는 박상섭, 「한국국제정치학 40년: 현황, 방향 및 가능성」, 『한국정치학회보』 21:2(1987); 이호재 외, 『한국적 국제관계이론의 모색』(서울: 화평사, 2005); 우철구, 「국제관계학의 한국적 정체성 모색」, 우철구·박건영 편, 『현대 국제관계이론과 한국』(서울: 사회평론, 2004); 전재성·박건영 편, 『현대 국제관계이론과 한국』. 한편 한국 정치학의 정체성 모색에 관해서는 김영명, 김석근의 문제제기가 있었다(김영명, 『우리 정치학 어떻게 하나?』, 서울: 오름, 2006; 김영명, 『담론에서 실천으로: 한국적 정치학의 모색』. 서울: 한국학술정보, 2010). 이 밖에도 적지 않은 논저가 있다. 이것들은 한국 (국제)정치학을 덮고 있는 미국 (국제)정치학의 무거운 하중에 대한 자각에서 나온 문제 제기라 할 수 있다. 그런데 (국제)정치학 이론의 '한국적 수용'을 논하는 글에서는 거의 대부분 '한국적'이 무엇인지 드러나지 않는다. '한국적 관점'을 얘기하는 글에서도 그 '관점'이 무엇이며 어떻게 구성할 수 있는지는 찾아보기 힘들다. 시지프스의 무게를 느끼면서 도돌이표마냥 질문만을 되풀이하는 형국이다. 학문적 정체성을 찾아야 한다는 당위적 주장만으로는 그 무게를 벗겨 낼 수 없다. 문제의식으로서는 의미가 있지만 존재론적 의미를 구축하려는 노력이 필요하다.

찰하는 근거가 되어 있다. 이들은 주류 국제정치이론에 결락된 동아시아인, 한국인의 경험과 심성에 주의를 기울인다. 이들은 인문학적 감성뿐 아니라 사회과학, 국제정치학에 관한 이해를 덧붙여 동아시아적, 한국적 심성이 담긴 동아시아론을 전개한다. 비판적 인문학자들이 동아시아론을 주도할 수 있는 까닭이기도 하다. 다만 이들이 발견한 동아시아 경험은 탈식민, 반패권(반제국)의 심성과 시민연대의 감성으로 분칠되고 감성의 당위론에 기대여 국가와 지역의 실재와 구조에 대한 경험적 분석은 취약하다.

동아시아의 지역과 국가는 주류 국제정치이론과 인문학적 상상력의 사이에서 때로 이론과 개념틀을 통해, 때로 권력비판적 상상력에 의해 탐색된다. 그런데 동아시아 국제관계의 특수한 지정학(구조), 역사의 정치화가 국제관계를 규정하는 양상(역사)은 이론보다는 경험에 의거한 성찰이 중요하다. 물론 이론과 경험 어느 한쪽만이 아니라 이론과 경험의 교호과정을 통해 객관적 진실을 파악할 수 있어야 함은 말할 나위 없다. 그런데 이론과 경험을 연결하는 것은 역사다. '역사의 시작'은 동아시아에서 역사가 중요한 변수로서 부상했음을 뜻한다. 동아시아 역내의 대립갈등은 역사에서 기원한다. 역내 대립갈등이 영토분쟁, 종군위안부 문제, 역사교과서 문제 등 역사의 정치화라는 형태로 전개된 것이야말로 동아시아적 특수성을 보여 준다. 역사의 기억은 냉전제국이 권력과 이데올로기로써 동아시아 공간을 규정하는 가운데 봉인되어 있었다. 냉전 종결을 계기로 이 봉인이 해제되면서 역사의 기억이 되살아났다. 일본 제국주의와 식민지 지배와 관련된 기억, 즉 피지배, 피식민의 체험에 관한 기억이 소환되기 시작한 것이다. 냉전기에 유보된 탈식민화가 실질적으로 전개되면서 동아시아 국가들 사이에 역사의 해석을 둘러싼 갈등이 표출된 것이다. 역사가 정치화되기 시작하였다.

'역사의 시작'이란 말은 동아시아의 국가와 지역을 파악하는 시선을 이론에서 역사로 옮겨야 한다는 의도를 내포한다.[3] 이론과 경험의 간극을 어떻게 줄일 수 있을까. 보편적 이론의 보편성과 확산성은 동아시아의 국가와 지역의 존재 양태의 보편적 측면을 포착하는 지침을 제공한다. 하지만 이 경우 동아시아의 개별적 경험을 구조화하거나 상수화할 여지는 좁아지기 쉽다. 국제정치학자들은 동아시아의 존재 양태에 관련하여 흔히 이런 질문들을 제기한다. '동아시아에는 왜 NATO와 같은 지역기구가 존재하지 않는가', '왜 유럽연합과 같은 공동체가 성립할 수 없는가', '왜 지역정체성이 없는가', '왜 국제이론이 존재하지 않는가'. 이러한 질문들이 일상적으로 제기되지만 제대로 된 답변을 기대하기는 어렵다. 역사적 경험에서 성찰하지 않고 논리적 합리성에서 답을 찾기 때문이다. 이 질문들은 흔히 보편(구미) 이론과 구미적 경험을 준거로 삼는 것으로 동아시아의 개별성은 보편 이론의 보조적 설명 내지 한계로밖에 취급되지 않는다. 때문에 이들 질문은 그 자체 일정 부분 허구이다.

경험에서 출발하여 현상을 해명하고자 시도할 때 개별적 경험의 의미들은 세밀하게 주목받을 수 있다. 사소한 것들은 보편적 이론을 가지고 볼 때 간과되기 쉽고 설사 포착된다 해도 그 의미는 제한적으로 파악되기 십상이다. 그런데 개별적 경험에서 사소한 것들은 장소의 특수

3 '이론에서 역사로'의 관점은 '역사에서 이론으로'의 관점을 의식한 것이다(전재성, 『동아시아 국제정치: 역사에서 이론으로』, 서울: EAI, 2011). 국제정치학이 역사적 경험의 역사학적 서술에 그치지 않고 국제정치학 관점에서 이론적 설명을 할 수 있어야 한다는 생각은 타당하다. 하지만 기왕의 한국 국제정치학 연구들이 그래왔듯이 이론적 설명을 통해 역사가 선택적으로, 작위적으로 서술할 위험성이 다분하다. 이러한 서술 방식에서는 개별적 경험의 이론화를 기대하기는 어렵다. 역사에 축적된 개별적 경험에 세밀한 주의를 기울어야만 한국의 경험에 적실성을 갖는 이론을 구축할 수 있을 것이다.

성을 보여 주는 중요한 의미를 갖는다. 개별적 경험의 전체와 유기적으로 결부된 부분을 보여 주며, 따라서 부분을 통해 경험의 전체를 포착할 여지를 얻을 수 있다. 경험은 역사에서 도출된다. 역사는 경험의 축적이다. 그런데 역사에 축적된 경험들을 파악한다고 해서 경험의 의미 있는 전체가 드러나는 것은 아니다. 역사적 의미를 갖는 경험을 발견하고 그 경험에 간직된 시대정신이건 사유구조이건 정책적 사유를 읽어 내야 한다. 이때 이론이나 개념이 의미를 갖는다. 이론과 개념은 경험의 의미를 발견하는 준거가 되기 때문이다. 역사적 경험에서 출발하여 그 경험에서 이론과 개념에서 시사를 얻어 구조와 사유의 의미를 읽어 낼 때, 이론과 개념은 보편적 이론의 확산성이라는 허구성을 벗어나 장소성과 적실성을 확보할 수 있다. 이 경우 역사는 이론과 개념의 편의적 적용에 필요한 데이터를 제공하는 저장고가 아니라 현재적 삶의 근거이며 현재적 삶을 유추하는 근거로서 존재한다. 여기서 역사적 경험은 이론과 개념의 실재적 의미를 탐색하는 소재가 된다. 이 경우 이론은 시공간을 초월하여 보편적으로 적용될 수 있다는 전제보다 인간의 삶의 경험과 사유가 시공간을 넘어 보편적일 수 있다는 전제에서 상정된다.

인간의 삶과 사유를 조건 짓는 구조와 동학은 연속적이라는 전제에 섰을 때, 현재의 경험과 의미를 통해 과거를 유추하고 과거의 경험과 의미를 통해 현재를 성찰할 가능성이 열린다. 동아시아를 둘러싼 글로벌, 리저널, 내셔널 세력구도라는 구조와 권력(불)균형의 동학, 이에 구속받는 주체들의 상상력과 정체성은 탈냉전기로부터 개항기로 소급하여 추론할 수도 있고, 개항기에서 탈냉전기로 내려와 유추할 수도 있다. 시간적 거리를 넘어선 추론과 유추가 가능한 것은 주체들의 상상력과 정체성을 조건 짓는 구조와 동학에 연속적이고 상관적인 요소가 있다고 상정하기 때문이다. 동아시아적 개별성이 반영된 현상의 의미를 제대로 발견하려면 보편적 이론에 손쉽게 의탁해 버려서는 안 된다. 역사적 경험을 면밀히 관찰하지 않을 경우 이론적 보편성의 편의에 의존해 개별성을 이해하는 안일함에 빠지기 쉽다. 동아시아의 역사적 경험을 즉자적으로 포착하는 노력이 뒤따라야 한다.

동아시아 국제사회와 동아시아 상상을 매개로 개항기와 탈냉전기의 국제정치사상을 탐색하는 작업은 동아시아의 국가와 지역을 규정하는 세력구도와 동학을 이해하고 이것들에 구속되면서, 그리고 주체들의 생존과 발전을 모색하는 의지들에 추동되면서 동아시아 국제관계를 영위하고 동아시아를 상상하는 심성과 의식을 입체적으로 해명하는 과정이었다. 동아시아 국제사회와 동아시아 상상은 구조적 산물이자 역사적 형성물이며, 동아시아 국제영역에서 전개된 사회의 역사적 형성과 이에 대한 상상이다. 이러한 상상력은 동아시아 삼국 중에서도 한국에 특징적으로 나타났다.

2. 동아시아 국제사회와 공공성

공동성과 공동체

동아시아에서는 어느 때보다 국가들의 자율성이 확대되었고 경제적 상호의존이 심화되었다. 비국가 주체들의 초국적 교류도 늘고 있다. 하지만 동아시아 공간은 여전히 양자관계의 복합체이며, 다자관계나 다자제도는 취약하다. 정치안보, 경제, 문화 등 제반 영역에서 역외국가(미국)가 한국, 중국, 일본 각각에 대해, 그리고 동아시아 삼국들끼리도 양자관계를 유지하고 있다. 이익경쟁과 민족주의, 군사적 갈등과 영토분쟁, 남북한 군사대결 등 대립갈등도 동아시아 국제사회의 공공성 형성을 저해하는 요소다. 동아시아 국제사회는 역내국가 간 양자관계와 역외국가와의 양자관계의 복합적 구성을 어떻게 극복할 것인가, 동아시아 공간의 양적, 질적 변용을 유발하는 지구적 차원의 조건과 역외세력(미국)에 부응하면서 어떻게 공간의 공공성을 확보할 것인가라는 과제를 안고 있다.[4] 동아시아 국제사회는 국가주권의 평등성, 주권국가 간의 상호소통과 상호작용, 규칙과 제도의 형성을 토대로 국제공공권을 구축하고 진정한 공공성을 모색할 것을 요구받고 있다.

동아시아는 모순의 공간이다. 모순은 이질적인 이항二項 사이에서 배태된다. 19세기 후반 동양에서는 개항, 국제화 맥락에서 새롭게 수용된 근대문명과 기존 유교문명의 어긋남, 새로 부과된 글로벌 세력구도와 기존 사대질서의 교착, 근대적 윤리와 전통적 윤리의 길항 등 이질적인 이항 요소들이 공존하면서 새로운 것으로 이행하는 과정에 있었다. 20세기 후반 탈냉전, 지구화 맥락의 동아시아도 모순된 공간이었다. 경제, 정보의 지구화와 주권국가체제 사이의 상극, 서구국가들의 보편적인 인권 추구와 발전도상국의 개별적인 발전 추구 사이의 상극, 경제력과 지적 패권의 국제적 균열과 같은 상극적 현상[5]이 보였다. 동아시아론은 이러한 모순 내지 상극을 감지해 내고 그것을 해소하려는 의식의 표현이다. 어떻게 동아시아의 이러한 상극을 치유하고 동아시아성을 확보할 수 있을까. 공동성(연대성)을 높이든가 아니면 공공성을 높이는 데 있을 것이다.

근대한국의 관점에서 본다면, 공동성은 역외 권력에 공동 대항하고자 지역안보를 형성하고 이를 발판으로 국가안보를 확보하고자 연대협력을 지향하는 성향이다. 공공성은 국가안보와 지역안보를 확보

4 미국과의 복합적 양자관계(동맹)는 동아시아 공간의 안정성(안보)을 유지시켜 주지만, 반드시 동아시아 국제사회의 공공성을 보장하는 것은 아니다.

5 大沼保昭, 『人権·国家·文明: 普遍主義的人権観から文際的人権観へ』(東京: 筑摩書房, 1998), 13-33쪽.

하기 위한 역내균형에 의거했을 때 가능한 공정성을 가리킨다. 공동성이 국제사회의 외적 원리라면, 공공성은 국제사회의 당위적 양태를 보전하는 내적 원리다. 공동성은 공공성이 통용하는 공간과 경계를, 공공성은 공동성을 제약하는 구조와 규범을 제공한다. 공동성과 공공성의, 지역안보와 국가안보의 상보성을 확보했을 때 국제사회는 제대로 작동할 수 있다. 공동성과 공공성은 상보적이지만 공공성이 더 근원적이다. 공동성이 역외 위협에서 성립하는 타율성을 벗어나 지속성을 갖추려면 역내 주권평등과 세력균형에 뒷받침되는 공공성이 있어야 한다.

연대성solidarity에 기초한 공동성communality은 동양연대, 동아시아 공동체 구상에서 보듯이 외부세력의 위협에 공동 대응해야 한다는 발상에서 찾을 수 있다. 개항기 서세동점의 맥락에서는 지리, 문명(동문), 인종(동종)을 매개로, 탈냉전, 지구화 맥락에서는 지리, 문명, 경제를 매개로 공동성이 모색되었다. 글로벌 세력구도에 대항하는 역내 국가들이 연대협력을 모색하는 과정에서 상정되는 동아시아 공동체community는 공동성의 가장 극적인 표현이다. 동아시아론자들은 동아시아 공동체의 창생을 말한다. 인식공동체나 양해공동체를 만들어야 한다고 얘기한다.[6] 공동체라는 말은 개별적 이익과 문화를 통제하는 강력한 규범과 공통의 문화를 상정한다, 공동체 구상은 동아시아 국가들의 모순적 관계를 일거에 해소할 수 있다는 믿음에 기초한다. 하지만 일거에 모순, 상극을 일거에 극복하는 논리적 구성을 갖는 동아시아 공동체 구상은 진보주의적인 논리일 따름이다. 현실의 구조화된 모순, 상극은 단번에 초월되는 것이 아니다. 공동성은 때로 논리적 비약을 통해 현실을 급진적으로 재구성하는 파시즘적 모습을 보이기도 한다. 동아협동체, 대

6 박광주, 「아시아공동체, 현실인가 신화인가」, 세종연구소 편, 『아시아와 세계화: 동아시아국가의 대응』(성남: 세종연구소, 1988), 152쪽.

동아공영권이 그것이다. 이러한 공동성은 동아시아 공간의 사사화私事化를 초래한다. 이 경우 '동문동종'은 주권국가체제의 연대 논리를 넘어 제국체제 형성의 논리로 동원된다. 특정 국가의 이기적 권력이 공공성을 독점하는 권력불균형이 일상적인 국제사회에서는 공공성이 작동한다 해도 비자유주의적 공공성[7]일 수밖에 없다. 패권국가가 국제질서를 독점하고 대화와 협의의 여지를 상실했을 때 자유주의적 공공성은 성립할 수 없게 된다.

공공성, 국제공공권과 동아시아 국제사회

공동성은 타 지역의 존재와 위협에 의해 촉발되는 한 타율적이고 일시적일 수밖에 없다. 그것이 견고하고 지속적이기 위해서는 역내 국가들의 자립성과 호혜성에 기초한 공공성이 있어야 한다. 사회의 온전한 운용은 공공성을 필요로 한다. 국제사회도 공공성이 있어야 제대로 작동한다. 국제사회가 상호소통을 토대로 양해와 질서의 체계를 갖는 공공의 의미권으로 상정될 때 공공성이 존재한다. 규칙과 메커니즘, 관습과 규범을 토대로 국제 주체들이 언설의 공적 교환(대화, 토론, 협의)을 통해 관심사를 공유하는 양해 공간인 국제공공권international public sphere은 공공성을 확보할 수 있는 유력한 국제사회의 형태다. 린치Marc Lynch에 따르면, 국제영역에서 국제공공권은 "주체들이 담론의 공적 교환을 통해 공유된 관심사의 논쟁거리에 대한 이해에 도달하는 상호작용의 장소"다. 국제공공권에서 쟁점들은 논쟁을 통해 공유의 관심사가 된다. 국제공공권은 세계시민이 주체로 참여하는 지구적 공공권을 상정하는 것이

7 '비자유주의적 공공성'의 개념은 佐藤卓己, 「ファシスト的公共性: 公共性の非自由主義的モデル」, 井上俊 外 編, 『民族·國家·エスニシティ』(岩波書店, 1996)에서 차용하였다.

아니라 합리적 합의, 문제 해결, 공통의 정체성과 이익들의 접합을 지향하는 토론을 교환하는 잠재력을 포함한 협의를 위한 국제공간을 상정한다.[8] 국제공공권은 국가 간 협의가 중시되고 국가뿐 아니라 비국가 주체나 세계시민이 활동하는 영역으로서 상정된다. 하버마스가 국가권력에 대항하는 근대 부르주아의 자율적 사회영역으로서 설정한 공공권(공공영역)[9]을 국제영역으로 확장시킨 개념이다.

국제사회는 국제공공권을 지향한다. 국제공공권은 현실 자체는 아니지만 이것을 상정할 때 국제사회는 성립한다. 국제공공권은 지역 국제사회에서 역내 대화와 소통을 통한 공공성을 모색하는 지침이 될 수 있으며, 현실의 국제사회를 규율하는 규제적 개념이 될 수도 있다.[10] 그런데 동아시아 국제사회에서 국제공공권이 진정 의미를 가질 수 있을까. 국제공공권 개념은 동아시아 국제사회의 당위적 모습을 기획하는 데 의미를 갖지만 현실 자체는 아니다. 주체들 간에 협의와 대화가 이루어지는 국제공공권이 성립한다면 공공성은 확보될 수 있다. 그런데 국제공공권 개념에 함축된 국제사회의 공공성은 일종의 기획이지 현실 자체는 아니다. 국제공공권 개념으로 상정된 동아시아는 '기획으로서

8 Marc Lynch, "The Dialogue of Civilisations and International Public Spheres," *Millennium: Journal of International Studies* 29:2 (2000), pp. 315-316. 린치의 국제공공권 개념은 지구적 수준에서 문명 간 대화와 소통의 관점에서 제시된 것이다. 국제공공권 개념은 문명 간 혹은 지역 국제사회 간 위협과 대립 충돌의 개연성을 전제로 하며 국제공공성의 생성과 발전에 대한 소망을 담고 있다.

9 Jürgen Habermas, *The Structural Transformation of the Public Sphere*, translated by Thomas Burger (Cambridge: The MIT Press, 1991).

10 헌팅턴의 문명충돌론은 '국가'를 '문명'으로 대체한 현실주의적 입장에서 국제공공권의 존재와 문명 간 대화의 가능성을 부정하는 가정에 기초한다. 국제공공권론과 현실주의는 비양립적이다(Marc Lynch, "The Dialogue of Civilisations and International Public Spheres," p. 311).

의 동아시아'일 뿐이다.

공공성은 이념과 제도와 권력의 상관작용에서 모습을 드러낸다. 이념상으로 본다면 동아시아 국제사회의 공공성은 자유주의(혹은 자유민주주의)의 보편성과 동아시아 규범을 어떻게 관계지울 것이냐는 문제를 해결해야 한다. 손쉽게 어느 한쪽을 택하거나 양자의 결합을 얘기할 수도 있다. 자유민주주의는 동아시아의 내적 다양성과 갈등을 포용할 사상적, 제도적 자원이지만 동아시아의 공동체 규범과 결합해야만 한다는 견해도 있다.[11] 하지만 자유민주주의의 동아시아적 적용이나 자유주의적 사고와 공동체주의적 사고의 친화적 결합이 동아시아 국제사회의 공공성을 높일 수 있는 것일까. 이것이야말로 당위론의 전형이 아닌가.

이보다는 다자제도의 형성에서 공공성을 모색하는 것이 더 실제적일 것이다. 공공성은 다자관계에서 성립한다. 동아시아에서 분절된 양자관계의 복합체에서 나아가 다자관계를 구축하는 것은 동아시아 국제사회를 형성하고 공공성을 배양하는 핵심적 조건이다. 다자관계의 표현인 다자제도는 개별국가의 권력 추구나 배타적 양자관계에 의한 균열상을 벗어나 대화와 협의의 여지를 높일 수 있다. 다자주의는 특정한 원칙에 의해 셋 이상의 국가 간 관계를 규율하는 것으로서 불가분성, 일반화된 행위원칙, 포괄적 상호성이라는 속성을 갖는 세계 또는 지역 수준의 공유와 제도화를 뜻한다. 다자주의는 국가 간의 소유권의 정의와 유지, 공동의 손실을 막기 위한 조정과 공동이익을 실현하기 위한 협조가 핵심이다. 다자주의 실현은 개별국가들의 상호작용과 연계의 총체인 국가 간 체제의 구축을 넘어 국제사회의 존재를 상정한다.[12] 다자관

11 井上達夫, 「リベラル·デモクラシーと'アジア的価値'」, 大沼保昭 編, 『東亜の構想』(東京: 筑摩書房, 2000), 21-24쪽.

12 신욱희, 「다자주의의 동아시아 적용의 문제」, 『한국과 국제정치』 제13권 제1호

계를 토대로 한 다자주의에서 공공성을 높이는 다원주의적 사고와 제도가 성립할 수 있다. 문제는 다자주의를 어떻게 구현할 수 있는가에 있다.

3. 근대문명, 주권국가체제, 공공성

주권평등과 상호균형

공공성은 국제공동체나 국제공공권이 성립되면 쉽게 확보될 수 있다. 하지만 동아시아에 국제공동체나 국제공공권이 일거에 성취될 수 없다. 동아시아 국제사회에서 국제공동체나 국제공공권은 지향할 목표이다. 동아시아 국제사회의 존재 양태는 동아시아 공간에 경쟁과 갈등의 구조가 성립해 있고, 대립갈등의 현실과 연대협력의 이상이 교착하는 공간이라는 사실에서 출발해야 한다. 현실의 동아시아 국가들은 권력관계에 놓인 존재다. 동아시아의 역사적 경험은 역내 상호작용이 국가권력이 간여해서 단절되는 경우도 많고 역내 국가들 사이에는 이익 충돌로 인한 대립갈등이 끊이지 않았음을 보여 준다. 대립갈등의 현실이 상존하는 동아시아 국제영역에서 공공성은 권력을 빼고서는 논할 수 없다.

동아시아 국제관계는 역사상 힘의 격차로 인해 주권평등과 상호균형을 이루지 못했다. 동아시아 지역은 제국체제에서는 말할 것도 없고, 19세기 후반 주권국가체제에서도 불완전한 권력불균형의 질서였다. 냉전체제에서도 미소제국의 글로벌 세력구도가 리저널 세력구도를 압도하면서 주권평등과 상호균형이 작동할 여지조차 없었다. 주권평등과

(1997년 봄·여름), 243-244쪽.

상호균형의 여지는 없거나 약했다. 탈냉전, 지구화로 역외 대국의 타율적 규정성이 약화되고 경제발전으로 한국과 중국이 주권체로서 활동하면서 비로소 주권국가체제가 제대로 작동하기 시작하였다. 19세기 유럽 국가들이 주권국가체제에서 전쟁, 분쟁, 갈등을 거치면서 협조와 평화를 모색하는 유럽 국제사회를 형성했던 것과 비슷하다.

탈냉전기에 협력과 갈등이 심화한 것은 상호성과 평등성을 상정하는 동아시아 국가들의 사회적 관계가 전개되고 있음을 시사한다. 협력과 갈등이 교착하는 국가 간 경쟁은 주권체의 명분적 평등을 전제로 하는 주권국가체제가 작동하고 있음을 뜻한다. 대립갈등은 힘의 균형을 이루거나 힘의 우열을 변경하고자 할 때 발생한다. 탈냉전기 동아시아의 역내 갈등은 역내 국가들의 관계에서 상호성과 평등성이 커진 데서 비롯된다. 역사문제와 공동체 구상의 쟁점화는 주권평등과 상호인정이 동아시아 국제관계에서 작동하기 시작했음을 뜻한다. 상호성과 평등성이 완전히 실현되었다는 말은 물론 아니다. 주권평등이 선언적 명분이나 원리로만 기능하는 것이 아니라 현실 국제관계에서 실제적 의미를 갖게 되고 권력균형의 여지가 과거보다 커졌다는 말이다. 주권국가체제는 과거 어느 때보다 실제적 의미를 갖게 되었다.

공공성은 단순히 이념의 문제가 아니라 구조와 역학 관계의 소산이다. 동아시아 국가들의 사회적 관계는 주권평등과 권력균형에 기초해야 공공성을 확보할 수 있다. 공공성은 주권평등과 권력균형이 성립할 때 견고할 수 있다. 주권평등과 상호균형은 주권국가체제에서 통용되는 관계성이다. 주권평등 이념은 19세기에 만국평등관념이 그랬던 것처럼 지금도 명분으로서 기능한다. 하지만 동아시아 국가들의 발전을 계기로 보다 실제적인 의미를 갖게 되었다. 권력균형, 즉 세력균형은 여전히 힘의 동학에서 성립한다. 하지만 두 개의 세력구도와 다원적 역내 관계에서 권력균형은 단순히 힘의 동학이 아니라 세계와 지역 수준에서 규범(제도)에 의해 규율된다. 대화와 협의가 가능한 자유주의적 공공성은 힘의 동학이 규범에 규율되면서 동아시아 국가들 사이에 주권평등과 권력균형이 성립할 때 구현될 수 있다. 자유주의와 공공성은 힘의 균형과 주체의 평등 위에 가능한 것이다.

주권평등과 상호균형에 의거한 공공성의 실현은 근현대 한국인들의 국제정치사상을 규정하는 핵심적인 주제라 할 수 있다. 글로벌 세력구도와 리저널 세력구도의 상관작용에 가장 민감한 국제정치적 삶을 영위한 한국인들에게 동양삼국 간의 주권평등과 상호균형은 양 세력구도에 대응하면서 자국의 생존과 발전을 모색하는 핵심 조건이었다. 만국공법과 만국공론은 주권평등과 상호균형을 보전하는 규범으로 간주되었다. 주권평등과 상호균형에 의거한 공공성을 모색한 근대동아시아의 경험, 특히 한국의 경험은 21세기 동아시아 국제사회에서도 유효하다, 두 세력구도와 권력균형의 양태는 연속적이며 현재적 의미를 갖는다. 주권평등과 상호균형은 동아시아 공공성의 조건인 것이다.

근대문명과 이익사회

공공성의 질서는 사회세력들의 균형 위에 성립한다. 국가들이 이익 경쟁을 벌이면서 권력균형과 상호평등에 의거한 질서가 영위될 때 국제공공성은 성립한다. 정의로운 대국이 공정한 질서를 유지하는 세계가 구현되지 않는 한, 공공성을 추구하는 데 적합한 덕목과 보편적 가치가 국제사회를 규율할 수 있는 것은 권력평형이 성립했을 때다. 주체들이 불균형하면 공공성은 강자에 의해 왜곡된다. 그런데 국제사회의 주체들은 이익을 추구하는 이기적 존재다. 동아시아 지역의 공공성은 근대국가의 이기심과 내셔널리즘에 기초한 국가문화와 국가권력을 전제로 해야만 한다. 패권이나 폭력에 의존하는 비자유주의적 공공성을 견제하려면 지역패권을 배제해야 하지만 개별국가의 자국중심적 이기심까지 없앨 수는 없다. 이기적 존재인 국가가 구성하는 이익사회로서의 국제사회에서 공공성을 실현하기 위해서는 욕망을 규제하는 윤리덕목이나 이익을 규제하는 법제도의 형성이 요구되지만, 이에 앞서 이익경쟁의 과정이 필요하다. 국제사회는 '보이지 않는 손'에 의해 움직이는 자유주의 시장경제의 성격을 갖는다. 상업사회에서는 이익을 추구하는 개인의 욕망은 무한정 허용되는 것이 아니다. 과도한 이익 추구는 자기이익을 훼손하기에 이익경쟁은 사회질서를 해치지 않는 한에서 이루어진다. 개인의 욕망을 인정하되 그 욕망이 제한되는 지점에 질서가 성립하는 사회에서, 개인의 자율성과 사회의 질서가 양립할 때, 공공성은 성립한다. 여기에는 개인과 사회의, 자율성과 규제 사이의 균형이 요구된다.

동아시아 국제사회의 공공성은 국가-사회 문제와 밀접히 결부된다. 국제사회의 공공성을 확보하기 위해서는 국제사회의 주체인 국가들의 속성이 중요하다. 민주국가들이 국제사회를 구성할 경우 자유주의적 공공성이 성립할 공산이 크지만, 전제국가들이 국제사회를 이룬다면 비자유주의적 공공성 혹은 공동성이 성립할 가능성이 크다. 국가의 존재 양태는 국제와 국내의 양 수준에서 각각 국제사회, 국내사회와의 관계에 영향을 받는다. 공공의 의미권을 공유하는 국가들의 속성은 국제사회에 의해 규율된다. 국가들의 이기심과 이기적 행위는 국가들의 권력균형과 국제사회의 규범에 의해 규율되는 것이다.

하지만 국가-사회관계의 조정을 통해 국가 자체의 성격을 바꿀 수 있어야 한다. 한국의 민주화, 중국의 개방화, 일본의 보수화라는 상이한 현상을 수반하였고, 각각 탈권위정치, 탈사회주의, 탈전후체제의 욕망을 부추기면서 국내사회에서 국가의 의미도 바뀌고 있다. 한국은 경제발전을 통해 국가의 대외행동력을 키운 반면, 민주화로 시민사회가 성장하고 권위주의를 탈피하면서 사회 영역에 대한 국가의 통제력은 약해졌다. 중국은 개혁개방을 통해 자본주의 시장경제를 도입하면서 공산국가의 모습을 많이 바꾸었고 발전국가로서의 면모를 강화하였다. 일본은 냉전체제에서 고도 경제성장을 통해 경제대국을 달성했지만 냉전이 끝난 뒤 오히려 '잃어버린 20년'의 경제침체를 겪었고, 진보세력이 몰락하면서 보수화 성향을 강화하고 있다. 국내 수준에서 사회 영역이 국가의 속성을 바꿀 '사회'는 국내, 국제 양 수준에서 '국가'를 제어할 가능성을 갖는다. 국내와 국제의 양 수준에서 국가와 사회가 어떻게 존재하느냐의 문제가 중요하다. 국가에 대응하는 시민사회가 자신을 규율하는 국가와 동아시아 국제지역에 대해 어떻게 존재하는지, 구성국가들로 구성된 국가들의 사회인 국제사회에 어떻게 관여하는지를 생각해야만 한다. 동아시아라는 지역은 국가와 국내사회, 국가와 국제사회의 상관성을 통해 상정된다. 국가와 사회는 글로벌 수준에서 전개되는 탈냉전의 국제정치체제와 지구화의 세계경제체제에 의해 일정 부분 좌우되며, 다른 지역의 국가, 사회와의 상호작용으로 영향을 받는다. 국가는 타국과의 상호작용뿐 아니라 사회(국내사회와 국제사회)와의 상호작용을 수행하는 주체이다. 국내질서는 국가와 국내사회의 상관성 속에서, 국제질서는 국가와 국제사회의 상관성 속에서 영위된다. 사회는 국내와 국제 수준에서 국가의 존재 방식이 모색될 때, 혹은 국가와 국내질서가 변동할 때 개념적 의미를 갖는다.

문명은 힘의 동학을 규율하는 규범(제도)에 틀을 제공한다. 문명은 개별문화를 넘어 보편적 의미를 부여하는 매개다. 문명이 제공하는 의미권을 공유했을 때 의미권 내에서 보편적으로 타당한 공공성이 성립할 수 있다. 개항기 동양 상상에서는 유교문명이 공공의 의미권을 구성한다고 여겨졌지만, 탈냉전기 동아시아 상상에서는 과거의 동양문명이 더 이상 공공의 의미권을 구성하지 못한다. 근대문명이 동아시아 공간을 규정하고 근대화와 개체평등의 주권국가체제가 성립한 상황에서 동아시아 국제사회의 공공성은 근대문명과 근대국가 패러다임에 정초하지 않을 수 없다. 유교와 같은 전통적 문화요소의 부활 내지 현대적 변용으로 모색할 수 있는 것은 아니다. 동아시아 국가들은 근대문명의 틀에서 경제적 이익과 발전을 추구하는 존재다.

참고문헌

1. 사료
『삼국사기』.
『고려사』.
『조선왕조실록』.
『高宗實錄』.
『龍湖閒錄』(대한민국국사편찬위원회, 1980).

『漢城旬報』.
『漢城周報』.
『한성순보』(신영연구기금, 1983).
『뎨국신문』.
『독립신문』.
『한겨레신문』.
『대한매일신보』.
『뎨국신문』.
『독립신문』.
『매일신문』.
『皇城新聞』.
『東亞日報』.
『每日申報』.
『大東共報』.

『개벽』 제46호(1924. 4).
『太極學報』.
『대한자강회월보』 제7호(1907. 1).
『大韓學會月報』.
『大韓協會會報』.
『대조선독립협회회보』.

『西友』.
『國民小學讀本』(학부편집국, 1895).

宋時烈,「皇輿考實序」,『宋子大典』 卷138.
魯認,『錦溪日記』.
卞季良,『春亭集』 권6.
정약용, 이익성 역,『茶山論叢』(을유문화사, 1972).
『개정판 단재신채호전집』(하)(서울: 형설출판사, 1995).
『明南樓全集』(驪江出版社, 1990).
『朴珪壽全集』(亞細亞文化社, 1978).
「朴瓛齋集」,『朝鮮學報』 第87集(1979).
『龍湖閒錄』 4(서울: 국사편찬위원회, 1980).
『金允植全集』(亞細亞文化社, 1980).
『金玉均全集』(아세아문화사, 1979).
兪吉濬,『西遊見聞』(東京: 交詢社. 1895).
兪吉濬,『兪吉濬全書』 전5권(一潮閣, 1971).
尹致昊,『尹致昊日記』 제6권(국사편찬위원회, 1976).
尹致昊, 송병기 역,『국역 윤치호일기』(하)(탐구당, 1975).
閔泳煥,『閔忠正公遺稿』(國史編纂委員會, 1958).
李沂,『海鶴遺書』 卷3(國史編纂委員會, 1955).
李承熙,『韓溪遺稿』(7)(서울: 국사편찬위원회, 1980).
李恒老,「辭職告歸兼陳所疏」,『華西集』 卷三疏箚, 94張.
崔益鉉,『勉菴集』.
尹宗儀,『闢衛新編』(韓國敎會史硏究所, 1990).
「朝鮮策略」,『修信使記錄』, 國史編纂委員會, 1971.
「嶺南萬人疏」,『日本外交文書』 卷14.
『湖岩文一平全集』(民俗苑, 2001).
李能化,『朝鮮基督敎及外交史』(朝鮮基督敎彰文社, 1925).
玄采 編,『幼年必讀』 권4(서울: 휘문관, 1907).
『근대한국 명논설집』(『신동아』 1966년 1월호 부록, 동아일보사, 1966).
崔昌圭 編,『韓末憂國名上疏文集』(서울: 서문당, 1973).
최원식·백영서 편,『동아시아인의 '동양' 인식: 19-20세기』(서울: 문학과지성사, 1997).

『海國圖志』.
『瀛環志畧』.

『萬國公法』.
『日本外交文書』 第21卷.
『哲學字彙』(1881).
『改訂增補 哲學字彙』(1884).
『英獨佛和 哲學字彙』(1912).
植木枝盛,『無上政法論』(1880).
福澤諭吉,『福澤諭吉全集』 전21권(東京: 岩波書店, 1959~1964).
『興亞會報告·亞細亞協會報告』 전2권(東京: 不二出版, 1993).
樽井藤吉,『復刻 大東合邦論』(東京: 長陵書林, 1975).
岡倉天心(淺野晃譯),『東洋の理想』(1938).
芝原拓自 外 編,『對外觀』(『日本近代思想大系』 12, 東京: 岩波書店, 1988).
伊東昭雄 編,『アジアと近代日本』(東京: 社會評論社, 1990).
渡邊洪基 演説,『興亜公報』 第1輯(東京: 興亜会, 1880).
草間時福,「東洋連衡論」(1879), 芝原拓自 他 編,『対外観』(東京: 岩波書店, 1988).

岡倉天心,『東洋の理想:他』(東京: 平凡社, 1983).
高山岩男,『超近代の哲學』(東京: 燈影舍, 2002).
近衛文麿,「英米本位の平和主義を排す」, 北岡伸一 編,『戦後日本外交論集』(東京: 中央公論社, 1995).
近衛文麿首相 施政方針演說, 第71回帝國會議(1937년 7월 27일)·第73回帝國議會(1938년 1월 22일).
吉野作造,『吉野作造選集』(東京: 岩波書店, 1995).
內村鑑三,『內村鑑三全集』(東京: 岩波書店, 1933).
大川周明,『復興亞細亞の諸問題』(東京: 大鐙閣, 1922).
德富蘇峰,『蘇峰文選』(東京: 民友社, 1916).
德富蘇峰, 神島二郎 編,『德富蘇峰集』(東京: 筑摩書房, 1978).
德富蘇峰,『吉田松陰』(東京: 岩波書店, 1985).
蠟山政道,『東亞と世界』(東京: 改造社, 1941).
陸奥宗光,『蹇蹇錄』(東京: 岩波書店, 1933).
森哲郎 編,『世界史の理論』(東京: 燈影舍, 2000).
西田幾多郎,『西田幾多郎全集』 第12卷(東京: 岩波書店, 1966).
中村敬宇,「送李月南序」,『敬宇文集』 卷4, 17-18張.
『興亞公報』 第1輯(興亞會, 1880).
日本經濟産業省,『通商白書』(2003年度版).
日本外務省 編,『日本外交年表竝主要文書』(上)(東京: 原書房, 1965).

「朝鮮国内政ニ関スル朴泳孝建白書」,『日本外交文書』第21巻.

나카무라 미츠오·니시타니 게이지 외, 이경훈 등 옮김,『태평양전쟁의 사상』(이매진, 2007).
민족문학사연구소 엮음,『근대계몽기의 학술·문예사상』(서울: 소명출판, 2000).
장인성·김현철·김종학 편,『근대한국 국제정치관 자료집』 제1권 개항·대한제국기(서울: 서울대학교 출판문화원, 2012).
장인성·김태진·이경미 편,『근대한국 국제정치관 자료집』 제2권 제국·식민지기(서울: 서울대학교 출판문화원, 2014).

2. 연구문헌

〈국문〉
가토 노리히로, 서은혜 옮김,『사죄와 망언의 사이에서: 전후일본의 해부』, 서울: 창작과비평사, 1998).
강상규,「동아시아 문명권에서 '주권'과 '국제' 개념의 탄생:『만국공법』의 판본 비교와 번역」,『중국학보』 제62집(2010).
강상중,「동북아시아 공동의 집과 북일관계」,『창작과비평』 121호(2003년 가을호).
강상중, 이경덕·임성모 옮김,『오리엔탈리즘을 넘어서』(서울: 이산, 1997).
강정인,『서구중심주의를 넘어서』(파주: 아카넷, 2004).
고야스 노부쿠니, 이승연 역,『동아 대동아 동아시아: 근대 일본의 오리엔탈리즘』(서울: 역사비평사, 2005).
구춘권,『지구화, 현실인가 또 하나의 신화인가』(서울: 책세상, 2000).
권덕영,「나당교섭사에서의 조공과 책봉」, 여호규 외,『한국 고대국가와 중국왕조의 조공·책봉관계』(서울: 고구려연구재단, 2006).
금장태,『한국근대의 유교사상』(서울: 서울대학교출판부, 1990).
김광억,「동아시아 담론의 실체: 그 분석과 해석」, 정재서 편,『동아시아 연구: 글쓰기에서 담론까지』(파주: 살림, 1999).
김기봉,『역사를 통한 동아시아공동체 만들기』(서울: 푸른역사, 2006).
김기석,『동아시아 공동체로의 머나먼 여정』(서울: 인간사랑, 2015).
김상일,「아시아적 가치와 문명충돌론」,『아시아적 가치?』(한신대학교 철학연구소 심포지엄자료집, 1998년 5월 29일).
김석근,「아시아적 가치의 계보학」,『오늘의 동양사상』 제2호(1999).
김수암,『한국의 근대외교제도 연구: 외교관서와 상주사절을 중심으로』(서울대학교 외교학과 박사논문, 2000).
김영명,『담론에서 실천으로: 한국적 정치학의 모색』(서울: 한국학술정보, 2010).
김영명,「동아시아의 문화와 정치」,『동아시아비평』 제2호(한림대학교 아시아문화연구소, 1999).
김영명,『우리 정치학 어떻게 하나?』(서울: 오름, 2006).
김용구,『만국공법』(서울: 소화, 2008).
김용구,『세계관 충돌의 국제정치학: 동양 예와 서양 공법』(서울: 나남출판, 1997).
김용직,「개화기 한국의 근대적 공론장과 공론형성 연구: 독립협회와『독립신문』을 중심으로」,『한국동북아논총』 제38권(한국동북아학회, 2006).
김종욱,「동아시아 문화공동체의 실현을 위한 한국의 전략」,『동남아연구』 제19권 3호(한국외국어대학교 동남아연구소, 2010).
김태진,「근대 일본과 중국의 'society' 번역: 전통적 개념 속에서의 '사회적인 것'의 상상」,『개념과 소통』 제19권(한림대학교 한림과학원, 2017).
김형국·김석근,「동북아문화공동체 형성을 위한 여건과 전망: 문화적 동질성과 다양성 그리고 정체성」,『세계지역연구논총』 제23권 1호(한국세계지역학회, 2005).
김홍수,『한일관계의 근대적 개편과정』(서울: 서울대학교출판문화원, 2009).
김희교,「한국의 동아시아론과 '상상된' 중국」,『역사비평』 2000년 겨울호(역사문제연구소).
나카무라 미츠오·니시타니 게이지 외,『태평양전쟁의 사상』(서울: 이매진, 2007).
노명호,『고려국가와 집단의식: 자위공동체·삼국유민·삼한일통·해동천자의 천하』(서울: 서울대학교출판문화원, 2009).
노태돈,「고구려와 북위간의 조공책봉에 대한 연구」, 여호규 외,『한국 고대국가와 중국왕조의 조공·책봉관계』(서울: 고구려연구재단, 2006).
노태돈,「5세기 금석문에 보이는 고구려인의 천하관」,『한국사론』 19(1988).
니시카와 나가오, 윤대석 옮김,『국민이라는 괴물』(서울: 소명출판, 2002).
니시카와 나가오, 한경구·이목 옮김,『국경을 넘는 방법』(서울: 일조각, 2006).
니콜슨, 해롤드, 신복룡 역,『외교론』(서울: 평민사, 2004).
다나카, 스테판, 박영재·함동주 역,『일본 동양학의 구조』(서울: 문학과지성사, 2004).
다카하시 데쓰야, 이규수 옮김,『일본의 전후책임을 묻는다』(역사비평사, 2000).
동아시아공동체연구회,『동아시아공동체』(서울: 아산정책연구원, 2014).
동아시아공동체연구회,『동아시아공동체와 한국의 미래』(서울: 이매진, 2008).
딜릭, 아리프,「아시아-태평양권이라는 개념」, 정문길 외 편,『동아시아, 문제와 시각』(서울: 문학과지성사, 1995).
딜릭, 아리프,「역사와 대립되는 문화인가?: 동아시아 정체성의 정치학」, 정문길 외 편,『발견으로서의 동아시아』(서울: 문학과지성사, 2000).

라이샤워, 에드윈 O.·존 K. 페어뱅크, 전해종·고병익 공역, 『동양문화사』(서울: 을유문화사, 1964).

마루야마 마사오, 「일본에서의 내셔널리즘」, 김석근 역, 『현대정치의 사상과 행동』(서울: 한길사, 1997).

마상윤, 「영국학파의 국제사회론」, 『세계정치』 제10호(서울대학교 국제문제연구소, 2008).

뮌클러, 헤어프리트, 공진성 옮김, 『제국: 평천하의 논리』(서울: 책세상, 2015).

미야지마 히로시, 「근대를 다시 본다」, 『창작과비평』 120호(2003년 여름호).

미타니 히로시, 「'아시아' 개념의 수용과 변용: 지리학에서 지정학으로」, 와타나베 히로시·박충석 공편, 『한국·일본·'서양'』(서울: 아연출판부, 2008).

박광주, 「아시아공동체, 현실인가 신화인가」, 세종연구소 편, 『아시아와 세계화: 동아시아국가의 대응』(성남: 세종연구소, 1998).

박명규, 「복합적 정치공동체와 변혁의 논리: 동아시아적 맥락」, 『창작과비평』 107호(2000년 봄).

박명규, 「한국 동아시아담론의 지식사회학적 이해」, 성균관대학교 동아시아학술원 개원기념 국제학술대회 발표논문(2002).

박명규, 「한말 '사회' 개념의 수용과 그 의미 체계」, 『사회와 역사』 제59권(한국사회사학회, 2001).

박배근, 「동아시아 국제법 수용기의 조선의 국제법적 지위에 관한 일고」, 『서울국제법연구』 제11권 1호(2004).

박사명 외, 『협력에서 공동체로』(서울: 이매진, 2009).

박상섭, 「한국국제정치학 40년: 현황, 방향 및 가능성」, 『한국정치학회보』 21:2(1987).

박승우, 「동아시아 담론의 현황과 문제」, 동아시아공동체연구회, 『동아시아공동체와 한국의 미래』(서울: 이매진, 2008).

박영규, 「평화와 번영의 동북아 문화공동체 형성을 위한 정책연구」, 통일연구원 연구정책세미나(통일연구원, 2004).

박원호, 『명초조선관계사연구』(서울: 일조각, 2002).

박충석, 『한국정치사상사(제2판)』(서울: 삼영사, 2010).

박헌호·류준필 편, 『1919년 3월 1일에 묻다』(서울: 성균관대학교출판부, 2009).

백영서 외, 『동아시아의 지역질서: 제국을 넘어 공동체로』(파주: 창비, 2005).

백영서, 「중국에 '아시아'가 있는가?: 한국인의 시각」, 정문길 외 편, 『발견으로서의 동아시아』(서울: 문학과지성사, 2000).

백원담, 「동아시아 담론 비판: 왜 동아시아인가?」, 『실천문학』 1999년 겨울호(실천문학사).

비즐리, W. G., 장인성 옮김, 『일본근현대사』(개정판)(서울: 을유문화사, 2004).

사이드, 에드워드, 박홍규 역, 『오리엔탈리즘』(서울: 교보문고, 2000).
사카이 데쓰야, 장인성 역, 『근대일본의 국제질서론』(고양: 연암서가, 2010).
서준섭 외 역, 『의암 유인석의 사상: 우주문답』(서울: 종로서적, 1984).
설석규, 『조선시대 유생상소와 공론정치』(서울: 선인, 2002).
송기돈, 「국제정치의 '사회성(Sociality)'에 관한 이론적 분석: 국제시스템과 국제사회론 논의를 중심으로」, 『한국정치외교사논총』 제23집 2호(2002).
신욱희, 「다자주의의 동아시아 적용의 문제」, 『한국과 국제정치』 제13권 제1호(1997년 봄·여름).
쑨꺼, 류준필 외 옮김, 『아시아라는 사유공간』(서울: 창작과비평사, 2003).
안정희, 「조선초기의 사대론」, 『역사교육』 64호(1997).
야나부 아키라, 서혜영 역, 『번역어 성립사정』(서울: 일빛, 2003).
야마무로 신이치, 임성모 옮김, 『여럿이며 하나인 아시아』(서울: 창비, 2003).
오코노기 마사오, 「기로에 선 한일관계: 새로운 공생전략을 생각한다」, 오코노기 마사오·조용남·박명규·신범식·김영희, 『동북아 국제정치질서, 어디로 가나』(서울: 푸른역사, 2015).
오상학, 「조선후기 원형 천하도의 특성과 세계관」, 『국토지리학회지』 제35권 3호(국토지리학회, 2001).
오상학, 『조선시대 세계지도와 세계인식』(파주: 창비, 2011).
옥창준, 「이용희의 지식체계 형성과 한국국제정치학의 재구성」, 『사이』 22(2017).
와타나베 히로시, 「'조선국' '일본국' 관계와 '도리'」, 현대일본학회 편, 『21세기 한일관계』(서울: 법문사, 1997).
와다 하루키, 이원덕 옮김, 『동북아시아 공동의 집』(서울: 일조각. 2004); 강상중·이경덕 옮김, 『동북아시아 공동의 집을 향하여』(서울: 뿌리와이파리, 2002).
우철구, 「국제관계학의 한국적 정체성 모색」, 우철구·박건영 편, 『현대 국제관계이론과 한국』(서울: 사회평론, 2004).
윤여일, 『탈냉전기 동아시아 담론의 형성과 이행에 관한 지식사회학적 연구』(서울대학교 사회학과 박사논문, 2015).
이광린, 「개화기 한국인의 아시아연대론」, 『개화파와 개화사상 연구』(서울: 일조각, 1989).
이광린, 『한국개화사 연구』(서울: 일조각, 1985).
이광린, 「한국에 있어서의 『만국공법』의 수용과 그 영향」, 『동아연구』 1(서강대학교 동아문제연구소, 1982).
이근관, 「동아시아에서의 유럽 국제법의 수용에 관한 고찰: 『만국공법』의 번역을 중심으로」, 『서울국제법연구』 제9집 2호(서울: 국제법연구원, 2002).
이동주, 「세력균형과 국제연합」, 『학풍』 제9호(1950년 1월호).

이리에 아키라, 이성환 옮김, 『일본의 외교』(서울: 푸른산, 1993, 2003).
이삼성, 『제국』(서울: 소화, 2014).
이상익, 「유교와 자유민주주의」, 강정인 외, 『민주주의의 한국적 수용』(서울: 민음사, 2002).
이성규, 「중화사상과 민족주의」, 『철학』 37호(1992).
이성시, 『만들어진 고대』(서울: 삼인, 2001).
이승환, 「'아시아적 가치'의 담론학적 분석」, 이승환 외, 『아시아적 가치』(서울: 전통과 현대, 1999).
이승환 외, 『아시아적 가치』(서울: 전통과현대, 1999).
이용희, 『국제정치원론』(서울: 장왕사, 1955).
이용희, 『일반국제정치학(상)』(서울: 박영사, 1960).
이용희(노재봉 편), 『한국의 민족주의』(서울: 서문당, 1977).
이익주, 「세계질서와 고려-몽골관계」, 이익주 외, 『동아시아 국제질서 속의 한중관계사』(서울: 동북아역사재단, 2010).
이철호, 「지역의 재등장과 새로운 아시아: 동아시아 지역화 논의와 새로운 국제공간으로서의 지역에 대한 성찰」, 『국제정치논총』 제41집 4호(2001).
이태환, 「동아시아공동체와 중국」, 하영선 편, 『동아시아공동체: 신화와 현실』(서울: 동아시아연구원, 2008).
이한우, 「동아시아공동체에 대한 일본과 중국의 시각과 이해」, 박사명 외, 『협력에서 공동체로』(서울: 이매진, 2009).
이호재 외, 『한국적 국제관계이론의 모색』(서울: 화평사, 2005).
이홍종, 「동북아공동체의 구축현황과 전망: 정치, 경제, 및 문화공동체를 중심으로」, 『국제정치연구』 제5권 1호(동아시아국제정치학회, 2002).
임성모, 「대동아공영권 구상에서의 '지역'과 '세계'」, 『세계정치』 26-2(서울대학교 국제문제연구소, 2005).
임지현 · 이성시 엮음, 『국사의 신화를 넘어서』(서울: 휴머니스트, 2004).
자오팅양, 노승현 옮김, 『천하체계』(서울: 도서출판 길, 2010).
자카리아, 「문화는 숙명이다」, 이승환 외, 『아시아적 가치』(서울: 전통과현대, 1999).
장인성, 「근대동아시아 국제정치와 '인종'」, 국제관계연구회 엮음, 『근대국제질서와 한반도』(서울: 을유문화사, 2003).
장인성, 『근대한국의 국제관념에 나타난 도덕과 권력』(서울: 서울대학교출판부, 2006).
장인성, 「근대한국의 세력균형 개념: '균세'와 '정립'」, 『세계정치』, 제25집 2호(2004년 가을·겨울)(서울대학교 국제문제연구소, 2004).
장인성. 「근대한국의 평화관념: '동양평화'의 이상과 현실」, 와타나베 히로시·박충석 공편, 『한국·일본·'서양'』(서울: 아연출판부, 2008).
장인성, 「동아시아 국제사회론을 찾아서: 방법론적 성찰」, 서울대학교국제문제연구소 편, 『세계정치10 국제사회론과 동아시아』(논형, 2009).
장인성, 「동아시아의 문명과 국제사회: 구성원리와 존재방식」, 『한국정치외교사논총』 제24집 2호(한국정치외교사학회, 2002).
장인성, 「3·1운동의 정치사상에 나타난 '정의'와 '평화'」, 『대동문화연구』 제67집(성균관대학교 대동문화연구원, 2009)(박헌호·류준필 편, 『1919년3월1일에 묻다』, 서울: 성균관대학교출판부, 2009에 재수록).
장인성, 「아시아적 가치와 일본적 정체성」, 『신아세아』 제8권 제1호(신아세아질서연구회, 2001년 봄).
장인성, 「영국학파 국제사회론과 근대동아시아의 국제사회화에 관한 고찰: 동아시아 국제사회론의 구축을 위한 시론」, 『세계지역연구논총』 제27집 1호(한국세계지역학회, 2009).
장인성, 「'인종'과 '민족'의 사이: 동아시아연대론의 지역적 정체성과 '인종'」, 『국제정치논총』 제40집 4호(2000).
장인성, 「'잃어버린 20년'과 보수의 미학」, 조관자 엮음, 『탈 전후 일본의 사상과 감성』(서울: 박문사, 2017).
장인성, 「자기로서의 아시아, 타자로서의 아시아: 근대조선지식인에 나타난 '아시아'와 '동양'」, 『신아세아』 제5권 3호(신아세아질서연구회, 1998).
장인성, 『장소의 국제정치사상』(서울: 서울대학교출판부, 2002).
장인성, 「중화체제와 '사대': 한중사대관계에 관한 정치학적 해석」, 『한국동양정치사상사연구』 제13권 2호(한국동양정치사상사학회, 2014).
장인성, 「지구화·정보화시대 동북아 국제사회의 균열과 협력: 동북아의 국제사회화와 문명에 관한 성찰」, 『한국과 국제정치』 20:4(2004년 겨울)(경남대학교 극동문제연구소).
장인성, 「한국의 동아시아론과 동아시아 정체성: '동아시아의 새로운 상상'과 '국제사회로서의 동아시아'」, 『세계정치』 제26집 2호(서울대학교 국제문제연구소, 2005).
전복희, 「사회진화론의 19세기말부터 20세기초까지 한국에서의 기능」, 『한국정치학회보』 제27집 1호(한국정치학회, 1993).
전복희, 「19세기말 진보적 지식인의 인종주의적 특성: 『독립신문』과 『윤치호일기』를 중심으로」, 『한국정치학회보』 제29집 1호(한국정치학회, 1995).
전재성, 『동아시아 국제정치: 역사에서 이론으로』(서울: EAI, 2011).
전재성, 「영국의 국제사회학파 이론」, 우철구·박건영 편, 『현대국제관계이론과 한국』(서울: 사회평론, 2004).
정낙근, 「개화지식인의 대외관의 이론적 기초」, 『한국정치학회보』 제27집 1호(한국정치학회, 1993).
정다함, 「여말선초의 동아시아 질서와 조선에서의 한어, 한이문, 훈민정음」, 『한국사학보』 36호(2009).
정문길 외 편, 『주변에서 본 동아시아』(서울: 문학과지성사, 2004).
정용화, 「사대중화질서 관념의 해체과정: 박규수를 중심으로」, 『국제정치논총』 제44집 1호(2004).
정용화, 「조선의 조공체제 인식과 활용」, 『한국정치외교사논총』 27(한국정치외교사학회, 2006).
정재서, 「오래된 미래, 동아시아 문화공동체를 향하여: 한중 문화갈등의 극복 방안」, 『중국어문학지』 37권(중국어문학회, 2011).
조동일, 『동아시아 문명론』(서울: 지식산업사, 2010).
조동일, 『문명권의 동질성과 이질성』(서울: 지식산업사, 1999).
조동일, 『하나이면서 여럿인 동아시아문학』(서울: 지식산업사, 1999).
조병한, 「90년대 동아시아 담론의 개관」. 정재서 편, 『동아시아 연구: 글쓰기에서 담론까지』(파주: 살림, 2000).
지명관, "전환기의 동아시아: 지정학적 발상에서 지정문화적 발상으로」, 정문길 외 편, 『발견으로서의 동아시아』(서울: 문학과지성사, 2000).
천꽝싱, 백지운 외 옮김, 『제국의 눈』(서울: 창작과비평사, 2003).
최영종·이승철, 『동아시아공동체: 비전과 전망』(서울: 한양대학교출판부, 2005).
최원식, 「탈냉전시대와 동아시아적 시각의 모색」, 정문길 외 편, 『동아시아, 문제와 시각』(서울: 문학과지성사, 1995).
최원식, 「한국발 또는 동아시아발 대안?」, 정문길 외 편, 『발견으로서의 동아시아』(서울: 문학과지성사, 2000).
최원식 외 편, 『제국의 교차로에서 탈제국을 꿈꾸다』(서울: 창비, 2008).
탈리, 제임스 편, 유종선 옮김, 『의미와 콘텍스트』(서울: 아르케, 1999).
프랑크, 앙드레, 이희재 역, 『리오리엔트』(서울: 이산, 2003).
하병주, 「이슬람문명권의 국제관계사상」, 권선홍 외, 『비서구문명권의 국제관계사상』(부산: 부산외국어대학교 출판부, 1998).
하영선 편, 『동아시아공동체: 신화와 현실』(서울: 동아시아연구원, 2008).
하정식, 「조선 관인의 태평천국관」, 『숭실사학』 3(1985).
허태용, 『조선후기 중화론과 역사인식』(서울: 아카넷, 2009).
헌팅턴, 새뮤얼, 소순창·김찬동 옮김, 『문명의 충돌과 21세기 일본의 선택』(서울: 김영사, 2001).
형려국, 「유교와 동아시아 문화공동체」, 『공자학』 18권(한국공자학회, 2010).
히라노 겐이치로, 장인성 · 김동명 역, 『국제문화론』(서울: 풀빛, 2004).

〈일문〉
「日本はどこまでアジアか」(座談會),『中央公論』(1998年 7月號).
アルチュール・デジヤルダン, 支那調査会 訳,『国際支那』(東京: 文献社, 1901).
ジョン・ウエストレーキ, 深井英五 補訳,『国際法要論』(東京: 民友社, 1901)
ベイン, ウィリアム,「秩序と正義の相克」,『思想』993(東京: 岩波書店, 2007).
マハティール・石原慎太郎,『'NO'と言えるアジア: 対欧米への方策』(東京: 光文社, 1994).
加藤典洋,『敗戦後論』(東京: 講談社, 1997).
岡本隆司,『属国と自主のあいだ: 近代清韓関係と東アジアの命運』(名古屋: 名古屋大学出版会, 2004).
姜尚中,『オリエンタリズムの彼方へ』(東京: 岩波書店, 1996).
岡倉天心,『東洋の理想』(東京: 講談社, 1986).
岡倉天心,「日本の覚醒」(1904),『東洋の理想 他』(東京: 平凡社, 1983).
建部遯吾,『社会静学』(『普通社会学』第3巻, 東京: 金港堂, 1909).
建部遯吾,『社会学講義』(東京: 早稲田大学出版部, 1910).
季衛東,「'アジア的価値'論に基づく道義外交の可能性」,『世界』(1999年 10月号).
高橋哲哉,『戦後責任論』(東京: 講談社, 1999).
高山岩男,『超近代の哲學』(京都: 燈影舍, 2002).
古田和子,『上海ネットワークと近代東アジア』(東京: 東京大学出版会, 2000).
廣瀨克哉,「'情報革命'と東アジアの国際秩序」, 大沼保昭 編,『東亜の構想』(東京: 筑摩書房, 2000).
橋川文三·松本三之介 共編,『近代日本政治思想史』1(東京: 有斐閣, 1971).
溝口雄三,『方法としての中国』(東京: 東京大学出版会, 1989).
溝口雄三,「儒教ルネッサンスを考える」, 溝口雄三·中嶋嶺雄 編,『儒教ルネッサンスを考える』(東京: 大修館書店, 1991).
溝口雄三,『中国の思想』(東京: 放送大学教育振興会, 1991).
宮本光晴,「日本はどのように'入亞'するのか」, 青木保 外 編,『'アジア的価値'とは何か』(東京: TBSブリタニカ, 1998).
宮田光雄,『平和の思想史的研究』(東京: 創文社, 1978).
近衛文麿,「英米本位の平和主義を排す」(1918), 北岡伸一 編,『戦後日本外交論集』(東京: 中央公論社, 1995).
金容九,「朝鮮における万国公法の受容と適用」,『東アジア近代史』第2號(1999).
吉見経綸,『倫理学』(東京: 徳育書屋, 1888).
大熊英二,『単一民族神話の起源』(東京: 新曜社, 1995).
大沼保昭,「文際的人権観を目指して」, 渡辺昭夫 編,『アジアの人権』(東京: 日本国際問題研究所, 1997).
大沼保昭,『東亜の構想』(東京: 筑摩書房, 2000).
大沼保昭,『人権·国家·文明: 普遍主義的人権観から文際的人権観へ』(東京: 筑摩書房, 1998).
大沢真幸,「他者·関係·コミュニケーション」,『他者 · 関係 · コミュニケーション』(東京: 岩波書店, 1995).
徳富蘇峰,「東亜の日本と宇内の日本」,『蘇峰文選』(東京: 民友社, 1916).
徳富蘇峰,「日露戦争の副産物」,『蘇峰文選』(東京: 民友社, 1916).
渡辺昭夫,『アジア · 太平洋の国際関係と日本』(東京: 東京大学出版会, 1992).
柳父章,『翻訳語成立事情』(東京: 岩波書店, 1982).
柳父章,『一語の辞典文化』(東京: 三省堂, 1995).
馬児顛(マルテンス), 福地源一郎 訳,『外国交際公法』(東京: 無鳥郷, 1869).
茂木敏夫,『変容する近代東アジアの国際秩序』(東京: 山川出版社, 1997).
茂木敏夫,「中華帝国の「近代」的再編と日本」,『近代日本と植民地』第1巻(東京: 岩波書店, 1993).
梶原景昭,「アジアの進展とデモクラシ-」, 青木保 外 編,『'アジア的価値'とは何か』(東京: TBSブリタニカ, 1998).
福沢諭吉,『文明論之概略』,『福沢諭吉全集』第4巻(東京: 岩波書店, 1959).
福沢諭吉,『学問のすすめ』,『福沢諭吉全集』第3巻(東京: 岩波書店, 1959).
富山一郎,「国民の誕生と'日本人種'」,『思想』845(東京: 岩波書店, 1994年 11月).
浜下武志,『近代中国の国際的契機: 朝貢貿易システムと近代アジア』(東京: 東京大学出版会, 1990).
山崎正和,『文明の構図』(東京: 文藝春秋社, 1997).
山崎正和,「環太平洋文明の誕生」,『中央公論』1996年 9月號.
山本有造,『帝国の研究 — 原理 · 類型 · 関係』(名古屋: 名古屋大学出版会, 2003).
山室信一,「「国民帝国」日本の形成と空間知」, 山室信一 編,『「帝国」日本の学知8 空間形成と世界認識』(東京: 岩波書店, 2006).
山室信一,「'多にして一'の秩序原理と日本の選択」, 青木保·佐伯啓思 編,『'アジア的価値'とは何か』(東京: TBSブリタニカ, 1998).
山室信一,『思想課題としてのアジア』(東京: 岩波書店, 2001).
山室信一,「日本と東アジアの関連をめぐる新視角を求めて」, 古屋哲夫·山室信一 編,『近代日本における東アジア問題』(東京: 吉川弘文館, 2001).
山室信一,「日本外交とアジア主義の交錯」, 日本政治学会 編,『日本外交におけるアジア主義』(東京: 岩波書店, 1998).
三谷博 編,『東アジアの公論形成』(東京: 東京大学出版会, 2004).

森嶋通夫,『日本にできることは何か: 東アジア共同体を提案する』(東京: 岩波書店, 2001).
森哲郎 編,『世界史の理論』(京都: 燈影舍, 2000).
西嶋定生,「東アジアの形成」,『岩波講座世界歴史』第4巻(東京: 岩波書店, 1970).
西嶋定生,『中国古代国家と東アジア世界』(東京: 東京大学出版会, 1983).
石田雄,「'同化'政策と創られた觀念としての'日本'」(上·下),『思想』892·893(1998年10月·11月).
石田雄,『日本の政治と言葉』(東京: 東京大学出版会, 1989).
石井米雄 編,『アジアのアイデンティティー』(東京: 山川出版社, 2000).
船橋洋一,『アジア太平洋フュージョン: APECと日本』(東京: 中央公論社, 1995).
船橋洋一,『日本の対外構想』(東京: 岩波書店, 1993).
盛田昭夫·石原愼太郎,『'NO'と言える日本: 新日米関係の方策』(東京: 光文社, 1989).
小熊英二,『単一民族神話の起源』(東京: 新曜社, 1995).
小熊英二,『'日本人'の境界』(東京: 新曜社, 1998).
沼田哲,「壬午事変後における元田永孚の朝鮮政策案」,『青山史学』6(青山大学文学部史学科研究室, 1980).
小倉和夫,「新しいアジアの創造」,『VOICE』(1999年 3月号).
小倉和夫,「'アジアの復権'のために」, 北岡伸一 編,『戦後日本外交論集』(東京: 中央公論社, 1995).
小風秀雅,「華夷秩序と日本外交: 琉球·朝鮮をめぐって」, 明治維新史学会 編,『明治維新とアジア』(東京: 吉川弘文館, 2001).
松本健一,「日本におけるアジア観」, 石井米雄 編,『アジアのアイデンティティー』(東京: 山川出版社, 2000).
松本三之介,「国民的使命観の歴史的変遷」, 唐木順三·竹内好 共編,『近代日本思想史講座』第8巻(東京: 筑摩書房, 1961).
植木枝盛,「通俗無上政法論」,『明治文化全集』(政治篇)(東京: 日本評論社, 1929).
植手通有,『日本近代思想の形成』(東京: 岩波書店, 1974).
榊原英資,『新世紀への構造改革: 進歩から共生へ』(東京: 読売新聞社, 1997).
阿部浩已,「アジアの人權: 地域人權機構への道」,『國際問題』第449号(1997年 8月).
我妻洋 · 米山俊直,『偏見の構造: 日本人の人種観』(東京: 日本放送出版協会, 1967).
安田浩,「近代日本における'民族'觀念の形成: 国民 · 臣民 · 民族」,『季刊思想と現代』第31号(東京: 白石書店, 1992).
原洋之介,『新東亜論』(東京: NTT出版, 2002).
原田環,『朝鮮の開國と近代化』(東京: 溪水社, 1997).

李成市,『東アジア文化圏の形成』(東京: 山川出版社, 2000).
李孝德,『表象空間の近代: 明治'日本'のメディア編制』(東京: 新曜社, 1996).
庄司潤一郎,「新秩序の模索と国際正義·アジア主義—近衛文麿を中心として」,『国際政治』91(日本国際政治学会, 1989).
庄司潤一郎,「日中戦争の勃発と近衛文麿「国際正義」論」,『国際政治』91(日本国際政治学会, 1989).
張寅性,「近代東アジア国際社会の公共性と'万国公論': 近代韓国の経験と観点」, 三谷博 編,『東アジアの公論形成』(東京: 東京大学出版会, 2004).
赤阪清隆,「西洋文明とアジアの価値」,『外務省調査月報』(1997年 2月).
井上達夫,「リベラル · デモクラシーと'アジア的價値'」, 大沼保昭 編,『東亞の構想』(東京: 筑摩書房, 2000).
諸橋轍次,『大漢和辭典』(東京: 大修館書店, 1955-1960).
佐藤光,「'文明の沒落'のなかのアジア的価値」, 青木保 外 編,『'アジア的価値'とは何か』(東京: TSBブリタニカ, 1998).
佐藤誠三郎,『「死の跳躍」を越えて — 西洋の衝擊と日本』(東京: 都市出版株式会社, 1992).
佐藤愼一,『近代中国の知識人と文明』(東京: 東京大学出版会, 1996).
佐藤卓己,「ファシスト的公共性: 公共性の非自由主義的モデル」, 井上俊 外 編,『民族 · 国家 · エスニシティ』(東京: 岩波書店, 1996).
佐伯啓思,『国家についての考察』(東京: 飛鳥新社, 2001).
酒井直樹,『死産される日本語·日本人: '日本'の歴史-地政的配置』(東京: 新曜社, 1996).
酒井哲哉,『近代日本の國際秩序論』(東京: 岩波書店, 2007).
酒井哲哉,「〈解説〉吉野作造の国際民主主義論」,『吉野作造選集』第6卷(東京: 岩波書店, 1995).
竹内好,『日本とアジア』(『竹内好評論集』第3巻, 東京: 筑摩書房, 1966).
樽井藤吉,『復刻大東合邦論』(東京: 長陵書林, 1975).
中村敬宇,「萬國公法蠡管序」, 大久保利謙 編,『明治啓蒙思想集』(東京: 筑摩書房, 1967).
中村研一,「帝国と民主主義」, 坂本義和 編.『世界政治の構造變動』(東京: 岩波書店, 1994).
芝原拓自 外 編,『對外觀』(『日本近代思想大系』12, 東京: 岩波書店, 1988).
川島真,『中国近代外交の形成』(名古屋: 名古屋大学出版会, 2004).
川勝平太,『文明の海洋史観』(東京: 中央公論社, 1996).
青木保,「近代日本のアジア認識」, 青木保 編,『日本人の自己認識』(東京: 岩波書店,

1999).
青木保 編,『日本人の自己認識』(東京: 岩波書店, 1999).
青木保·佐伯啓思 編,『'アジア的価値'とは何か』(東京: TBSブリタニカ, 1998).
草間時福,「東洋連衡論」, 芝原拓自 外 編,『対外観』(東京: 岩波書店, 1988).
秋田茂,『イギリス帝国とアジア国際秩序』(名古屋: 名古屋大学出版会, 2003).
春日直樹,「東と西, そして南」, 青木保·佐伯啓思 編,『'アジア的価値'とは何か』(東京: TBSブリタニカ, 1998).
平野健一郎,「概念の文化触変—『〈国際〉社会』という日本語の登場と変遷」, 平野健一郎 外 編,『国際文化関係史研究』(東京: 東京大学出版会, 2013).
平野健一郎,『国際文化論』(東京: 東京大学出版会, 2000).
平野健一郎,「世界人権宣言とアジアの人権」,『国際問題』459号(1998年 6月).
平野聡,『大清帝国と中華の混迷』(東京: 講談社, 2007).
河東哲夫,「アジア的価値の神話を越えて」,『中央公論』(1995年 12月号).
河上徹太郎,『近代の超克』(東京: 冨山房, 1979).
丸山眞男,「近代日本思想史における國家理性の問題」,『忠誠と反逆』(東京: 筑摩書房, 1992).
丸山眞男,『「文明論の概略」を読む』(東京: 岩波書店, 1986).

〈영문〉

Anderson, Benedict R., *Imagined Communities: Reflections on the Origin and Spread of Nationalism* (London & New York: Verso, 1991).
Balibar, Etienne and Immanuel Wallerstein, *Race, Nation, Class: Ambiguous Identities* (London & New York: Verso, 1991).
Benedict, Ruth, *Race and Racism* (London: Routledge & Kegan Paul, 1942).
Berger, Peter L. and Samuel P. Huntington, eds., *Many Globalizations: Cultural Diversity in the Contemporary World* (Oxford: Oxford University Press, 2002).
Berry, Mary Elizabeth, "Public Life in Authoritarian Japan," *Daedalus* 127:3 (1998).
Bull, Hedley, *The Anarchical Society: A Study of Order in World Politics* (London: Macmillan, 1977).
Bull, Hedley and Adam Watson, eds., *The Expansion of International Society* (Oxford: Clarendon, 1984).
Burton, John Hill, *Political Economy, for Use in Schools and for Private Instruction* (Edinburgh: William and Robert Chambers, 1852).
Butterfield, Herbert and Martin Wight, eds., *Diplomatic Investigations: Essays in the Theory of International Politics* (London: Allen & Unwin, 1966).

Buzan, Barry and Richard Little, *International Systems in World History: Remaking the Study of International Relations* (New York: Oxford University Press, 2000).

Buzan, Barry, *From International Society to World Society?: English School Theory and the Social Structure of Globalisation* (Cambridge: Cambridge University Press, 2004).

Buzan, Barry, *People, States and Fear: An Agenda for International Security Studies in the Post-Cold War Era* (Boulder: L. Rienner, 1991)[김태현 역, 『세계화시대의 국가안보』 (나남출판, 1995)].

Calhoun, Craig, "Nationalism and Ethnicity," *Annual Review of Sociology* 19 (1993).

Craig, Albert, *Civilization and Enlightenment: The Early Thought of Fukuzawa Yukichi* (Cambridge: Harvard University Press, 2009).

Dent, Christopher M., *East Asian Regionalism* (London & New York: Routledge, 2008).

Dikötter, Frank, ed., *The Construction of Racial Identities in China and Japan: Historical and Contemporary Perspectives* (London: Hurst & Co., 1997).

Dittmer, Lowell, "East Asia in the 'New Era' in World Politics," *World Politics* 5:1 (2002).

Doty, Roxanne L., "The Bounds of 'Race' in International Relations," *Millennium* 22:3 (1993).

Dougherty, James E. and Robert L. Pfaltzgraff Jr., *Contending Theories of International Relations*, 2nd edition (New York: Harper & Row, 1981).

Dower, John W., *War without Mercy: Race and Power in the Pacific War* (New York: Pantheon Books, 1986).

Doyle, Michael, *Empires* (Ithaca: Cornell University Press, 1986).

Fawcett, Louise and Andrew Hurrell, eds., *Regionalism in World Politics: Regional Organization and International Order* (Oxford: Oxford University Press, 1995).

Featherstone, Mike, *Global Culture: Nationalism, Globalization, and Modernity* (London: Sage Publications, 1990).

Fukuyama, Francis, "Confucianism and Democracy," *Journal of Democracy* 6:2 (April 1995).

Funabashi, Yoichi, "Asianization of Asia," *Foreign Affairs* 72:4 (September/October 1993).

Funabashi, Yoichi, *Asia Pacific Fusion: Japan's Role in APEC* (Washington, D.C.: Institute for International Economics, 1995).

Gong, Gerrit W., *The Standard of 'Civilization' in International Society* (Oxford: Clarendon, 1984).

Gulick, Edward V., *Europe's Classical Balance of Power* (Ithaca: Cornell University Press, 1955).

Habermas, Jürgen, *The Structural Transformation of the Public Sphere*, translated by

Thomas Burger (Cambridge, Massachusetts: The MIT Press, 1991).

Haas, Ernst, "The Balance of Power: Prescription, Concept, or Propaganda," *World Politics* 5:4 (July 1953).

Howe, Stephen, *Empire: A Very Short Introduction* (Oxford: Oxford University Press, 2002).

Hsu, Immanuel C. Y., *China's Entrance into the Family of Nations: The Diplomatic Phase, 1858-1880* (Cambridge: Harvard University Press, 1960).

Huntington, Samuel P., "The Clash of Civilizations?," *Foreign Affairs* 72:3 (Summer 1993).

Hurrell, Andrew, "Forword," Hedley Bull, *The Anarchical Society*, 3rd edition (New York: Columbia University Press, 2002).

Hurrell, Andrew, "Regionalism in Theoretical Perspective," Louise Fawcett and Andrew Hurrell, eds., *Regionalism in World Politics: Regional Organization and International Order* (New York: Oxford Univesity Press, 1996).

Jang, In-Sung, "Remapping East Asia as an International Society: The Discourses on East Asia and Asian Identity in Contemporary Korea," Kazuko Mori and Kenichiro Hirano, eds., *A New East Asia: Toward a Regional Community* (Singapore: NUS Press, 2007).

Jones, R. J. Barry, *The World Turned Upside Down?: Globalization and the Future of the State* (Manchester and New York: Manchester University Press, 2000).

Katzenstein, Peter J., "Japan, Asian-Pacific Security, and the Case for Analytical Eclecticism," *International Security* 26-3 (2001/2002).

Katzenstein, Peter J. and Takashi Shiraishi, eds., *Beyond Japan: The Dynamics of East Asian Regionalism* (Ithaca: Cornell University Press, 2006).

Keene, Edward, *Beyond the Anarchical Society: Grotius, Colonialism and Order in World Politics* (Cambridge: Cambridge University Press, 2002).

Kim, Dae Jung, "A Response to Lee Kuan Yew: Is Culture Destiny?," *Foreign Affairs* 73:6 (November/December 1994).

Klineberg, Otto, *The Human Dimension in International Relations* (New York: Holt, Rinehart and Winston, 1964).

Koschmann, J. Victor, *Revolution and Subjectivity in Postwar Japan* (Chicago: University of Chicago Press, 1996).

Koselleck, Reinhart, *Futures Past: On the Semantics of Historical Time* (Cambridge: MIT Press, 1985).

Koshiro, Yukiko, *Trans-pacific Racisms and the U.S. Occupation of Japan* (New York:

Columbia University Press, 1999).

Krugman, Paul, *Geography and Trade* (Leuven & London: Leuven University Press & The MIT University Press, 1991).

Leviste, Jose P. Jr., ed., *The Pacific Lake: Philippine Perspectives on a Pacific Community* (Manila: The Philippine Council for Foreign Relations, 1986).

Linklatter, Andrew and Hidemi Suganami, *The English School of International Relations: A Contemporary Reassessment* (Cambridge: Cambridge University Press, 2006).

Liu, Binyan, "Civilization Grafting," *Foreign Affairs* 72:5 (September/October 1993).

Lynch, Marc, "The Dialogue of Civilisations and International Public Spheres," *Millennium: Journal of International Studies* 29:2 (2000).

Mahbubani, Kishore, "The Pacific Way," *Foreign Affairs* 74:1 (January/February 1995).

Mahbubani, Kishore, "An Asia-Pacific Consensus," *Foreign Affairs* 76:5 (September/October 1997).

Mayall, James, *Nationalism and International Society* (Cambridge: Cambridge University Press, 1990).

Mohamad, Mahathir and Shintaro Ishihara, *The Voice of Asia: Two Leaders Discuss the Coming Century* (Tokyo; Kodansha International Ltd., 1996).

Moody, Peter R. Jr., "Asian Values," *Journal of International Affairs* 50:1 (Summer 1996).

Mosse, George L., "Racism and Nationalism," John Hutchinson and Anthony Smith, eds., *Nationalism: Critical Concepts in Political Science*, vol. 3 (London: Routledge, 2000).

Okakura, Kakuzo, *The Ideals of the East with Special Reference to the Art of Japan* (London: John Murray, 1903).

Parkinson, F., *The Philosophy of International Relations: A Study in the History of Thought* (Beverly Hills: Sage, 1977).

Pempel, T. J., ed., *Remapping East Asia: The Construction of a Region* (Ithaca: Cornell University Press, 2005).

Pocock, J. G. A., *Politics, Language and Time: Essays on Political Thought and History* (New York: Atheneum, 1971).

Poole, Ross, "Patriotism and Nationalism," Igor Primoratz and Aleksandar Pavkovic, eds., *Patriotism: Philosophical and Political Perspectives* (Hampshire: Ashgate, 2002).

Pye, Lucian W., "The Asian Values Ballyhoo," *Foreign Affairs* 77:6 (November/December 1998).

Pyle, Kenneth B., *Japan Rising: The Resurgence of Japanese Power and Purpose* (New

York: PublicAffairs, 2007).

Richter, Melvin, *The History of Political and Social Concepts: A Critical Introduction* (New York: Oxford University Press, 1995).

Roshchin, Evgeny, "(Un) Natural and Contractual International Society: A Conceptual Inquiry," *European Journal of International Relations*, 19:2 (2013).

Sakakibara, Eisuke, "The End of Progressivism," *Foreign Affairs* 74:5 (September/October 1995).

Smith, Anthony D., *National Identity* (University of Nevada Press, 1993).

Suganami, Hidemi, "Japan's Entry in International Society," Hedley Bull and Adam Watson, eds., *The Expansion of International Society* (Oxford: Clarendon, 1984).

Suzuki, Shogo, "Japan's Socialization in Janus-faced European International Society," *European Journal of International Relations* 11: 1 (2005).

Suzuki, Shogo, "Reimagining International Society through the Emergence of Japanese Imperialism," *Working Paper* 2003/3, Department of International Relations, RSPAS, ANU(Canberra, 2003).

Suzuki, Shogo, *Civilization and Empire: China and Japan's Encounter with European International Society* (Routledge, 2009).

Tanaka, Stefan, *Japan's Orient: Rendering Pasts into History* (Berkeley: University of California Press, 1993).

Vincent, R. J., *Human Rights and International Relations* (Cambridge: Cambridge University Press, 1986).

Walker, R. B. J., "The Concept of Culture in the Theory of International Relations," Jongsuk Chay, *Culture and International Relations* (New York: Praeger, 1990).

Watson, Adam, "European International Society and Its Expansion," Hedley Bull and Adam Watson, eds., *The Expansion of International Society* (New York: Oxford University Press, 1984).

Weiner, Michael, "The Invention of Identity: Race and Nation in Pre-war Japan," Frank Dikötter, ed., *The Construction of Racial Identities in China and Japan: Historical and Contemporary Perspectives* (London: Hurst & Co., 1997).

Wendt, Alexander, *Social Theory of International Politics* (Cambridge: Cambridge University Press, 1999).

Wight, Martin, "The Balance of Power," H. Butterfield and M. Wight, eds., *Diplomatic Investigations* (London: Allen & Unwin, 1966).

Wight, Martin, *International Theory: The Three Traditons*, edited by Gabriel Wight and Brian Porter (New York: Holmes & Meier, 1992).

World Bank, *The East Asian Miracle: Economic Growth and Public Policy* (New York: Oxford University Press, 1993).

Yamazaki, Masakazu, "Asia, a Civilization in the Making," *Foreign Affairs* 75:4 (July/August 1996).

Zakaria, Fareed, "Culture Is Destiny: A Conversation with Lee Kuan Yew," *Foreign Affairs* 73:2 (March/April 1994).

Zhang, Feng, "Rethinking the 'Tribute System': Broadening the Conceptual Horizon of Historical East Asian Politics," *Chinese Journal of International Politics* 2 (2009).

Zhang, Yongjin, "China's Entry into International Society: Beyond the Standard of 'Civilization'," *Review of International Studies* 17:1 (1991).

Zhang, Yongjin, *China in International Society since 1949: Alienation and Beyond* (Basingstoke: Macmillan, 1998).

Zhang, Yongjin, *China in the International System: The Middle Kingdom at the Periphery* (Macmillan, 1991).

Zhao, Tingyang, "Rethinking Empire from a Chinese Concept 'All-under-Heaven' (Tian-xia)," *Social Identities* 12:1 (2006).

찾아보기

ㅊ

발간사

다가오는 미래가 아시아의 시대가 될 것이라는 인식은 이제 우리에게 그리 새롭지는 않습니다. 그렇다면 우리에게 주어진 과제는 한국인과 한국사회는 어떤 존재로서 아시아의 시대를 살아가고자 하는가 하는 질문을 통해 우리와 남의 모습을 상상하고, 우리와 남의 관계에 대한 그림을 그라고, 그것들을 실천하는 일일 것입니다.

그러나 아시아의 시대가 온다고 해서 아시아 사람들이 저절로 잘 살게 되는 것도, 아시아가 저절로 평화롭고 정이 넘치는 공동체가 되는 것도 아닐 것입니다. 그러므로 우리는 아시아 지역을 살아가는 사람들이 어떤 공동체를 만들어가고 싶은가, 아시아 공동체가 잘 되면 인류에게 무슨 도움이 되는 것인가 하는 질문을 해야 하지 않을까 싶습니다. 오히려 아시아의 시대가 왔다고 생각하기 시작한 지난 20여 년 간 아시아 내부의 갈등과 적대, 민족주의와 인종차별 등은 더 심해지고 있다는 착각이 듭니다. 그것을 착각이라고 생각하는 까닭은 외양으로 보면 그렇게 보이지만, 실제 내부에서 일어나는 현상을 찬찬히 살펴보면, 아시아 내부의 상호이해와 교류가 느리지만 거대한 규모로 일어나고 있다고 믿기 때문입니다. 지표면에서 보면 날씨 변화도 심하고 지진도 자주 일어나지만, 땅속 깊은 곳에서 아시아의 시대를 만들어가는 지하수의 물줄기가 형성되고 있는 것 아닌가 싶습니다.

20세기 유럽과 미국이 축적한 자연과학과 인문·사회과학 등 근대의 학문적 지식은 인류 문명의 새로운 길을 열었고, 인류의 행복과 안정에 커다란 기여를 했습니다. 물론 제국주의 지배와 전쟁, 차별과 빈곤을 동시에 가져다주기도 했습니다. 아시아의 세기는 서양의 근대를 넘어서서 새로운 '근대 이후'를 만들어나가는 일이어야 합니다.

지식의 생산과 공유, 인재 양성을 책임지고 있는 대학이라는 공간에서 아시아에 대한 어떤 지식을 생산하고, 아시아에 대해 무엇을 어떻게 가르칠 것인가 하는 문제의식이야말로 서울대학교 아시아연구소에 주어진 책무일 것입니다. 서울대학교 아시아연구소는 2009년 9월 출범한 이래 지역과 주제의 결합에 기초한 아시아 연구의 세계적 허브 구축을 목표로 아시아 연구 기반 구축과 우수 연구활동 지원 등의 다양한 학술 활동을 진행해왔습니다. 특별히 아시아에 대한 지식 생산의 기반을 다지는 작업으로서, 우수한 기초 연구 활성화를 위해 노력해왔습니다.

서울대학교 아시아연구소총서는 바로 이러한 학문적 노력의 결실입니다. 앞으로도 서울대학교 아시아연구소는 국내외 연구자들의 우수한 연구를 지원하여 그 결과물을 지속적으로 발간해나갈 것입니다. 이러한 아시아연구소총서가 아시아의 시대를 열어가는 데 필요한 기반을 만드는 중요한 지적 자산이 되기를 기대합니다. 이를 바탕으로 아시아 시대를 만들어가는 지하수를 실증적으로 드러내고, 아시아 내부의 상호 이해와 교류를 넓혀갈 수 있길 바랍니다.

서울대학교 아시아연구소

장인성

서울대학교 정치외교학부 교수. 서울대학교 외교학과와 동 대학원 석사과정을 마쳤고, 도쿄대학 총합문화연구과 국제관계론 전공에서 개항기 한일 국제정치사상에 관한 비교 연구로 박사학위를 받았다. 연구 분야는 동아시아국제정치사상, 한일 정치사상사, 동아시아 개념사. 주요 저서로 『장소의 국제정치사상』(서울대학교출판부, 2002), 『근대 한국의 국제관념에 나타난 도덕과 권력』(서울대학교출판부, 2006), 『메이지유신』(살림, 2007), 『서유견문: 한국 보수주의의 기원에 관한 성찰』(아카넷, 2017) 등이 있다.